KB041727

Understanding American Private Law

미국사법의 이해

권영준·조인영 편저

박영사

머리말

이 책은 미국사법(私法)의 주요 개념에 대한 해설을 담고 있다. 개념의 이해는 법학의 출발점이자 종착점이다. 그런데 외국법의 개념을 이해하는 것은 쉬운 일이 아니다. 우리나라 법과는 사뭇 다른 배경을 가지고 있는 미국법의 개념도 그러하다. 종래 '영미법' 또는 '미국법'에 관한 개설서는 다수 존재하였지만, 단순한 용어집 정도의 차원을 넘어서서 미국사법의 주요 개념을 망라하여 심도 있게 다룬 해설서는 찾아보기 어려웠다. 이 책은 미국사법의 주요 개념을 선정한 뒤 각 개념의 정의뿐만 아니라 그 개념의 배경과 내용, 나아가 우리 법과의 비교까지 담았다는 점에서 기존의 개설서 또는 용어집과는 다르다. 개념별로 각각 3면 내지 5면 정도의 분량을 할애함으로써 간략하지도 않고 장황하지도 않은 가독성 있는 책을 지향하였다.

이 책의 개념별 집필자들은 공동편저자인 권영준 교수가 2021년 2학기에 서울대학교 대학원에 개설한 미국사법 강좌를 수강한 석사 또는 박사과정 학생들이다. 대다수는 현직 법률가이기도 하다. 공동편저자들은 우리 민법의 계약법, 물권법, 불법행위법에 대응한다고 볼 수 있는 미국의 Contracts, Property, Torts 과목을 중심으로 주요한 개념을 선별하여 집필자들에게 2개씩 배분하였다. 집필자들은 관련 문헌들이나 판례를 참고하여 해당 개념에 대한 해설 초안을 집필하였다. 그 이후 여러 차례 조별 토론 및 전체 발표 과정을 거치면서 해설 초안을 수정, 보완하였다. 공동편저자인 조인영 교수는 용어와 서술 방식의 통일 등 편집 작업과 더불어 집필자들의 동의 아래 해설 초안을 수정, 보완하는 감수 작업을 행하였다. 다른 공동편저자인 권영준 교수는 독자들이 미국사법의 전체적인 그림을 이해할 수 있도록 전론(前論) 형식의 「미국사법 개관」을 작성하는 한편, 감수 작업을 최종적으로 검토하고 승인하였다.

이 책의 출간은 집필자들의 성실한 연구가 없었으면 불가능하였다. 이 책의 집필 작업에 동참해 주신 집필자들께 진심으로 감사드린다. 아울러 이 책의 편집

및 출간 과정에서 많은 도움을 주신 박영사 조성호 이사님과 이승현 차장님께도
진심으로 감사드린다. 아무쪼록 이 책이 독자들의 미국사법 이해에 조금이나마
도움이 될 수 있기를 희망한다.

2023년 2월
공동편저자 권영준·조인영

차 례

제 2 편　개념별 해설

A

B

C

D

I

J

L

M

N

P

R

S

T

U

V

W

Z

제 1 편

미국사법 개관

미국사법 개관

권영준(서울대학교 법학전문대학원 교수)

Ⅰ. 왜 미국사법인가?

미국은 종종 과거의 로마에 비견된다. 당시의 로마 못지않은 국제적 영향력을 발휘하고 있기 때문이다. 법 분야는 어떠한가? 미국법의 영향력은 미국의 군사력이나 경제력만큼 강력하지는 않다. 여기에는 이유가 있다. 법은 주권의 산물이다. 따라서 법은 그 탄생 기반이 되는 주권의 범위에 존속된다. 바꾸어 말하면 국가는 그 주권이 미치는 범위에서 법을 독점한다. 가령 한국의 법은 오로지 한국의 의회가 만들어 한국 땅, 한국 국민에게 적용될 뿐이다. 이러한 법의 속성 때문에 일국의 법이 타국에 가지는 힘에는 한계가 있다. 하지만 타국의 법에 눈을 감은 채 독야청청할 수만은 없는 세상이다. 법은 서로 교류하고 영향을 주고받으며 발전해왔다. 그 상호영향의 강도와 속도가 높아진 현대에는 더욱 그러하다. 일국의 법은 타국의 법에 영향을 미친다.

다만 법 교류의 장에서 각 국가의 법이 지니는 무게감이 똑같지는 않다. 전체적으로 보면 몇몇 국가의 법이 훨씬 큰 무게를 지니며 수많은 국가의 법에 수직적 영향력을 행사하는 양상이 발견된다. 교류가 꼭 대칭적인 상호성을 띠지만은 않는다는 이야기이다. 그러한 법 교류의 장에서 미국법은 비유하자면 유명인사(celebrity) 중 하나이다. 미국법은 국제거래의 준거법으로 자주 활용된다. 미국 로스쿨에는 세계의 법학도들이 모여든다. 이들은 미국법을 공부하고 자국으로 돌아가 미국법의 슈퍼 전파자가 된다. 미국 로펌은 세계 법률시장의 큰 손이다. 오랜 법 전통과 역사를 지닌 유럽에서도 미국 로펌은 맹위를 떨친다. 미국식 계약서는 거래 실무에서 널리 활용된다. 델라웨어(Delaware)주의 회사법은 세계의 주목을 받는다. 국제중재 현장에서도 미국법에 익숙한 중재인들이 다수 활약하고, 디스커버리(Discovery) 같은 미국식 절차가 빈번하게 활용된다. 미국법은 입법의 장면에서도 단골 참조 메뉴로 등장한다.

학술적으로도 미국법은 중요한 비교법적 분석 대상이다. 그래서 우리나라의 비교법 문헌에는 미국법이 약방의 감초처럼 등장한다. 이러한 미국법의 전방위적 비중을 생각하면 미국 법 제국주의(American Legal Imperialism)[1]라는 표현이 어색하지 않다.

처음부터 미국법의 영향력이 이토록 막강했던 것은 아니다. 주지하다시피 미국법은 영국법의 후손이다. 식민지 상태를 갓 벗어난 초기 미국법은 영국법과 크게 다르지 않았다. 아니, 크게 다를 수 없었다. 사법(私法) 분야로 좁혀서 말하자면, 미국법은 19세기 중반에 이르러서야 본격적으로 독자성을 획득하기 시작했다. 미국법은 영국법의 후손이나 그 성장 과정에서는 독일법을 비롯한 유럽의 대륙법제로부터 상당한 영향을 받기도 했다.[2] 다분히 미국적이라고 여겨지는 미국통일상법전(Uniform Commercial Code, UCC)의 탄생 배경과 내용도 곰곰이 살펴보면 대륙의 흔적이 발견된다. 요컨대 미국법은 유럽법의 추종자이자 후발주자였다.

그러나 시간이 흘렀고 어느덧 "바람이 바뀌었다(the wind changed)".[3] 법학 분야에서 유럽이 발휘하던 지적 지도력은 상당 부분 미국으로 넘어갔다. 법의 미국화(Americanization of Law)는 여기저기서 발견된다.[4] 물론 미국법이 과거의 로마법 같은 압도적 지위를 누린다고 말하기는 어렵다. 특히 미국법의 자양분이 된 범 유럽법은 여전히 비교법적으로 상당한 중요성을 띤다. 하지만 미국법은 이제 그 누구도 무시할 수 없는 무게와 점유율을 가지게 되었다.

이러한 현상이 꼭 미국법 자체의 절대적인 우월성을 증명하는 것은 아니다. 법의 힘은 그 법을 만든 국가의 힘에 좌우되곤 한다. 똑같은 상품이라도 어느 브랜드로 파는가, 그 브랜드 주체가 시장에서 가지는 권위와 힘이 얼마나 큰가에 따라 가격이 달라질 수 있는 것처럼 말이다. 심심치 않게 발견되는 미국법의 과감한 역외적용(extraterritorial application)도 미국의 압도적 국력과 무관하지 않다. 그렇다고 미국법의 영향력이 오롯이 그 배후의 정치·경제적 힘 덕분이라는 말에는 쉽사리 동의할 수 없다. 중국은 어느덧 미국에 도전할 만한 힘을 과시하며 국제 사회에서 무게 있는 지위를 차지하게 되었으나 막상 중국법은 법의 국제적인 시장에서 제대로 힘쓰지 못하고 있는 것을 보아도 그렇다. 법이 오랫동안 강한 생명력을 발휘하려면 법의 배후에

---

1) Bruce W. Bean & Abbey Farnsworth, *The U.S. Foreign Account Tax Complaince Act: American Legal Imperialism?*, 21 ILSAJIntl&CompL, 333 (2015).

2) Roscoe Pound, *Influence of Civil Law in America*, 1 La. L. Rev. 1, 7, 16 (1938).

3) Ugo Mattei, *Why the Wind Changed: Intellectual Leadership in Western Law*, 42 Am. J. Comp. L. 195 (1994).

4) Wofgang Wiegand, *Americanization of Law: Reception or Convergence*, in Legal Culture and the Legal Profession, Routledge (1996), 137－152.

있는 국력 외에도 법 자체의 합리성, 보편성, 설득력이 필요하다. 그것이 법의 지속 가능성을 위한 전제조건이다.

　　미국법은 실용주의(pragmatism)의 영향 아래 어떤 문제의 실질을 포착하고 이를 광범위하고 다양한 관점에서 논의해 나가다가 결국에는 합리적인 해결책에 이르는 장점을 지닌다. 그러한 논의 중에는 다소 과격하거나 사변적이거나 돌출적이거나 파편적인 내용도 많다. 미국의 법학 논문들을 읽어보면 생각이 정리되기보다는 오히려 미궁에 빠져버리는 경우도 많다. 그만큼 법의 체계성, 논리성, 세밀성이라는 측면에서 미국법을 바라보면 고개를 갸우뚱하게 된다. 하지만 엉뚱하다 싶을 정도로 다채롭고 자유로운 논의가 넓은 스펙트럼에 걸쳐 켜켜이 쌓여 미국법의 내공을 형성한다. 이 과정에서 다른 나라의 법적 논의와는 차별화되는 법적 상상력과 창의적 통찰이 탄생한다. 이는 미국법의 연구가 법계를 뛰어넘어 시사점을 주는 부분이다. 우리나라 민법학에서도 그러하다. 우리 민법 규정을 해석하는 데 신속한 도움을 받으려면 대륙법계 국가들 — 예컨대 일본이나 독일 — 의 논의를 살펴보는 것이 미국법의 논의를 살펴보는 것보다 더 유용하다. 하지만 더 깊은 층위 — 가령 법리에 대비되는 이론의 층위 — 로 내려가면 미국의 법학은 창의적이면서도 보편적인 관점과 시각을 제공한다. 가령 법경제학이나 법철학의 층위에서는 미국 법학은 세계에 상당한 영향력을 행사한다.

　　미국법의 영향력은 법 분야별, 나라별로 다르게 나타난다. 우리나라에서도 경쟁법, 금융법, 지식재산권법 등 미국법의 영향력이 강한 분야가 있는가 하면, 형법이나 민법, 행정법처럼 여전히 대륙법계의 강력한 영향력 아래에 있는 분야도 있다. 하지만 전체적으로 보면 후자의 분야에서도 미국법은 서서히 영향력을 확장해 나가는 추세이다. 민사법의 예를 보면 제조물책임법, 신탁법, 도산법, 자산유동화법 등 일부 민사특별법 분야를 중심으로 미국의 강세가 확연하게 발견된다. 2011년에 제정된 「동산·채권 등의 담보에 관한 법률」도 미국 통일상법전(UCC) 제9편의 영향을 받은 산물이다. 기본법은 대륙법계의 기본 골격을 취하면서 특별법은 영미법계의 내용을 반영하는 것은 법제의 역동성을 높일지는 모른다. 하지만 법리의 정합성이라는 측면에서는 도전적 과제를 부여한다. 자칫 잘못하다 보면 유기적으로 움직여야 할 기계가 여기저기서 들여온 부품의 이질성으로 인해 이상하게 작동될 수도 있다는 말이다.

　　이러한 도전은 법 실무에서도 직면하게 된다. 국제상거래에서는 미국법이 준거법이 되는 경우도 많거니와, 심지어 한국법에 기초한 계약에서도 미국식 계약서나 계약조항을 작성하는 경우가 적지 않다. 예컨대 M&A나 주식양수도거래 등 기업 간

거래에서는 미국식 계약서가 널리 활용된다. 그러한 계약서에는 진술 및 보증조항 (representation and warranty clause), 상환조항(indemnification clause), 최선노력조항 (best efforts clause), 중대한 불이익 조항(material adverse change clause), 동반매도요 구조항(drag-along clause), 동반매도참여조항(tag-along clause), 완전합의조항(entire agreement clause) 등 다분히 미국적 배경을 가진 조항들이 다수 포함된다. 이러한 조 항들을 한국법의 맥락에서 어떻게 이해하고 해석할 것인가는 쉽지 않은 문제이다.

　　이러한 문제들이 실무에서 빈발하다 보니 종종 대법원 판례에서 이러한 조항들 이 다루어지기도 한다. 예컨대 대법원 2015. 10. 15. 선고 2012나64253 판결은 M&A 계약에서 자주 활용되는 진술 및 보증조항의 법적 성격과 의미를 다루었다. 이 판결 에서는 주식양수도계약에서 주식매수인인 원고가 계약 체결 당시 주식매도인인 피 고들의 진술 및 보증 조항 위반 사실을 알고 있는 경우에도 그 위반을 이유로 손해배 상을 청구할 수 있는가가 문제되었다. 대법원은 매수인이 악의인 경우에도 손해배상 책임이 있다는 원칙을 천명하였다. 한국법상 계약 해석과 신의칙에 관한 법리를 적 용한 결론이다. 하지만 그 과정에서 이전부터 진술 및 보증조항이 빈번하게 활용, 적 용되던 미국법의 태도, 특히 충분한 전문성과 경험을 지닌 기업들이 계약에 따르는 위험을 미리 진술 및 보증조항의 형태로 분배하기로 한 결정을 존중한다는 자유주의 적 시각이 고려되었을 가능성이 크다.

　　최선노력조항(best efforts clause)도 그러한 예이다. 본래 우리 대법원은 최선노 력조항의 법적 구속력에 대해 상당히 엄격한 태도를 취하여 왔다(대법원 1994. 3. 25. 선고 93다32668 판결, 대법원 1996. 10. 25. 선고 96다16049 판결 등). 그러나 미국법상 최선노력조항은 상당히 다양하고 풍부하게 활용될 뿐만 아니라, 그 법적 구속력이 인정되는 경우도 많다. 대법원 2021. 1. 14. 선고 2018다223054 판결에서 최선노력조 항에 따른 의무에 관하여, "계약서의 전체적인 문구 내용, 계약의 체결 경위, 당사자 가 계약을 체결함으로써 달성하려는 목적과 진정한 의사, 당사자에게 의무가 부과되 었다고 볼 경우 이행가능성이 있는 것인지 여부 등을 종합적으로 고려하여 당사자가 그러한 의무를 법률상 부담할 의사였다고 볼 만한 특별한 사정이 인정되는 경우에는 … 법적으로 구속력이 있는 의무로 보아야 한다."라는 일반론을 덧붙인 것도 이와 궤를 같이한다.

　　이처럼 사법(私法) 분야에서 미국법이 가지는 실질적인 영향력과 확장 가능성을 생각할 때, 미국사법에 대한 이해는 중요하다. 그리고 법학이 으레 그러하듯이 미국 사법에 대한 이해는 미국사법의 근간을 이루는 법 개념의 이해에서 출발해야 한다.

이 책에서는 미국사법의 주요 개념을 선별하여 개념별로 너무 길지도 않고 너무 짧지도 않은 해설을 담았다. 이러한 개념별 해설은 해당 개념의 정의뿐만 아니라 그 개념의 역사적, 법리적 배경과 발전상도 다루었다. 다만 이 책이 단순한 개념들의 나열에 머무르지 않으려면 그 개념들이 구성하는 미국사법의 전체적인 풍경과 의미를 좀더 높은 곳에 올라 일별해 보면 좋으리라. 아래에서는 이 점을 염두에 두고 미국사법의 배경과 주요 내용을 개관하고자 한다. 이 책에서 다루어진 개념 옆에는 괄호 안에그 개념에 관한 해설 집필자의 이름과 이 책의 해당 면수를 참고로 기재하였다.

Ⅱ. 미국사법의 배경

1. 보통법?

미국법 또는 영미법이라고 하면 일반적으로 보통법(common law, 이인환, 132면)이라는 단어를 떠올린다. 보통법에 대한 올바른 이해 없이는 미국사법도 제대로 이해할 수 없다. 그런데 보통법은 맥락에 따라 다양한 의미로 사용되므로 주의해야 한다. 심지어 이 용어는 대륙법계 국가들의 법 역사에 등장하기도 하여 혼란스러움을 더한다. 즉 Jus Commune은 특정한 지역에만 적용되던 지역법을 넘어서서, 로마법의 영향아래 광범위하고 일반적으로 적용되던 중세의 세속법을 의미하는데 이는 보통법이라고 번역되기도 한다. 따라서 미국법과 관련하여 보통법이라는 용어가 사용될 때에는 그 사용의 배경과 맥락에 따라 그 의미를 세심하게 구별하여 이해하여야 한다.

첫째, 대륙법(continental law 또는 civil law)에 대응하는 의미에서의 보통법(common law)이 있다. 이는 법계(法系)에 관한 명칭이다. 보통법을 법의 근간으로 삼는 법계를 보통법계라고 한다. 보통법계는 영미법계라고 불리기도 한다. 이 법계에속하는 국가로는 영국, 미국, 캐나다, 오스트레일리아, 뉴질랜드, 도미니카, 인도, 파키스탄, 네팔, 싱가포르, 자메이카, 피지 등이 있다. 영국과 미국 외에는 주로 역사적으로 영국 또는 미국의 영향력 아래에 있던 국가들이다. 영미법계는 대륙법계와 함께 전 세계 법계의 양축을 형성한다. 그 외에 이슬람법계 또는 공산주의 법계도 있으나 이들은 특정 종교나 이념과 결합된 특수 법계이기에 영미법계와 대륙법계의 아성에는 미치지 못한다. 대륙법계와 영미법계의 비중은 어떠할까? 캐나다 오타와 대학은 세계의 법제 분류 작업을 해 오고 있다.[5] 오타와 대학의 법계별 인구분포 분석

---

5) http://www.juriglobe.ca/eng/index.php. 또한 같은 대학에서 발간된 저서로 N. Mariani & G. Fuentes, World Legal Systems, Ottawa: Wilson & Lafleur, 2000.

결과에 따르면 범 대륙법계의 인구는 60.06%, 범 영미법계의 인구는 35.17%이다. 물론 대륙법계가 양적으로 우위를 점하고 있으나 영미법계도 결코 무시할 수 없는 비중을 차지하고 있다.

대륙법과 영미법의 혼합법계 국가들도 있다. 이스라엘, 스코틀랜드, 사이프러스, 남아프리카공화국, 나미비아, 말타 등이 여기에 속한다. 또한 미국의 루이지애나주, 캐나다의 주인 퀘백주는 영미법계 국가에 있으면서 대륙법계의 전통을 주로 따른다는 면에서 혼합법계로 분류되기도 한다. 수많은 국가의 법 체계 중 어느 스펙트럼까지를 혼합법계로 파악하는가에 관한 획일적 기준은 없다. 사실 '혼합'의 의미를 가장 넓게 파악하여 대륙법계적 요소와 영미법계적 요소가 혼재하는 국가들을 혼합법계 국가라고 부른다면 대부분의 국가들이 혼합법계 국가로 불릴 수도 있다. 양 법계는 현대에 이를수록 다양한 측면에서 상호작용하며 영향을 주고받고 있고, 그 교류의 흔적은 대부분의 국가들에서 발견되기 때문이다. 국회의 비준을 통해 우리 법질서에 편입된 「국제물품매매계약에 관한 유엔협약」(CISG)도 양 법계의 절충적 산물이다. 그러므로 법계라는 관점에서 본 보통법(common law)이 대륙법에 대비되는 개념이라고 하더라도 그 법이 우리의 관심 시야에서 벗어날 이유가 없다.

둘째, 성문법(statutory law)에 대응하는 의미에서의 보통법(common law)이 있다. 이는 법원(法源)에 관한 명칭이다. 성문법은 입법부 또는 입법부의 위임을 받은 행정부에 의해 성문의 형태로 만들어지는 법이다. 반면 보통법은 사법부가 개별 사건에 대한 재판을 통해 형성, 발전시켜 온 법이다. 즉 보통법은 이른바 사법적 입법(judicial legislation)을 통해 형성된다. 불문법 또는 판례법이라고도 부른다. 판례법이라고 불리는 데에서도 알 수 있듯이 법의 형성 과정에서 법관의 힘과 영향력이 강하다. 성문법과 그 해석을 기반으로 한 대륙법이 "대학의 법(law of the universities)"이라고 불리는 것[6]과 대조적이다. 보통법은 영국법의 본원적인 존재 형식이었고, 그것이 미국에도 이식되었다. 물론 미국법에는 헌법을 위시하여 각종 연방법은 물론이고 주의 차원에서도 다수의 성문법이 존재한다. 법원이 이러한 성문법을 해석하여 내놓은 판례는 여기에서 말하는 보통법을 구성하지 않는다. 성문법의 영향력이 점점 커지면서 「미국법＝보통법」이라는 도식도 약화되고 있다. 그러나 사법 분야, 특히 계약법이나 불법행위법, 재산법 등 전통적인 민법 분야에서는 여전히 보통법의 영향력이 상당히 크다. 이러한 보통법은 주 법원에 의하여 형성되므로 보통법의 내용은 각

---

6) Roscoe Pound, *Influence of Civil Law in America*, 1 La. L. Rev. 1, 15 (1938).

주마다 다를 수 있다. 하지만 사실상 모든 주에 의해 공통적으로 채택되어 있는 일반적 보통법(general common law)도 있다.

한편 미국에는 성문법으로서의 민법을 가진 주들도 있다. 잘 알려진 주로는 대륙법계(프랑스법계)의 전통 아래 있는 루이지애나주가 있다. 우리나라에는 널리 알려져 있지 않지만 캘리포니아에도 민법전이 있다. 캘리포니아 민법전은 제1편(Division 1) 인(person), 제2편(Division 2) 재산(Property), 제3편(Division 3) 채무(Obligations), 제4편(Division 4) 일반 규정(General Provisions)으로 구성되어 있다. 여기저기에서 흥미로운 조항들이 발견된다. 제43조는 인격권에 관한 조항이다. 제43.1조는 태아의 출생 이후 이익(interests)에 영향을 미치는 범위에서는 태아는 사람으로 간주된다는 조항이다. 의료정보(medical information)의 비밀유지(confidentiality)에 관한 조항들도 있다(제56조 이하). 약인(consideration)에 관한 조항들도 흥미롭다(제1605조 내지 제1615조). 통일사해행위취소법(Uniform Voidable Transaction Act)이 민법전의 일부로 편입되어 있는 것도 흥미롭다. 통일적인 민법전에 이르지는 않으나 민법에 상응하는 내용의 부분적인 성문법전화는 상당한 정도로 진행되어 있다. 예컨대 South Dakota 주는 Title 53으로 Contracts를 성문법화하였다. 여기에는 우리 계약법 총론과 유사한 조항들이 다수 규정되어 있다.

셋째, 형평법(equity law)에 대응하는 의미에서의 보통법(common law)이 있다. 이는 미국법의 모체인 영국법의 형성 및 발전 경위에 관한 명칭이다. 영국법은 11세기 노르만 정복 이후 국왕이 설립한 법원(King's bench)의 재판에 의해 보통법 형태로 형성, 발전되어 왔다. 이러한 재판절차는 국왕의 영장(writ)이 있어야 개시될 수 있었다. 그러나 이러한 영장에 의한 재판 유형이 엄격하게 제한되어 있어 그 유형에 속하지 않으나 형평상 구제를 받아야 하는 사건들에 대한 탄원이 잇따르자 형평의 이념에 따른 귀족원(Chancery)이 보통법 규율 범위 밖에 있는 사건들을 처리하기 시작하였다. 형평법은 보통법을 보완하는 기능을 수행하였다. 이처럼 보통법과 형평법은 그 기원을 달리하여 발전되어 왔다. 형평법과 보통법은 유사한 대상을 다르게 표현하기도 한다. 예컨대 보통법원은 판결을 judgment, 형평법원은 decree라고 불렀다. 보통법 아래에서 소장은 complaint, 형평법 아래에서 소장은 petition이라고 불렀다.

미국은 1938년에 연방민사소송규칙(Federal Rules of Civil Procedure) 제2조를 통해 보통법과 형평법을 단일한 법원에서 관할하도록 변경하였으나,[7] 양자의 구분은

---

7) 다만 Delaware처럼 여전히 형평법 법원(Court of Chancery)을 존치시키는 주도 있다.

법제 곳곳에 흔적을 남겼다. 예컨대 보통법상 구제수단(legal remedy)과 형평법상 구
제수단(equitable remedy, 정영태, 225면)은 구별된다. 손해배상(damages, 박정현, 165
면) 또는 동산점유회복청구(replevin, 강예영, 445면)는 보통법상 구제수단이고, 금지
명령(injunction, 정영태, 312면) 또는 특정이행(specific performance, 이정현, 468면)은
형평법상 구제수단이다. 보통법은 법리의 틀이 중시되나, 형평법에서는 형평(equity,
김보라, 231면)이 중시된다. 따라서 법관의 재량은 보통법보다 형평법에서 더욱 폭넓
게 인정된다. 한편 보통법은 배심제도와 친하나 형평법은 그렇지 않다. 다만 주에 따
라서는 형평법 사건에 대해서도 예외적으로 배심제도를 허용하기도 한다.[8]

　　이처럼 보통법이라는 용어는 다양한 의미로 다양한 맥락에서 사용되나, 어떤 의
미의 보통법이건 법관에 의한 법 형성은 핵심적인 공통점으로 자리 잡고 있다. 아울
러 이는 미국법의 중요한 배경을 이루고 있다. 법관의 법 형성은 선례구속의 원칙
(stare decisis, 이인환, 483면)으로 연결된다. 선례구속의 원칙은 상급심 법원이 특정한
쟁점에 대해 내린 판단은 그 법원의 관할구역 내에서는 해당 사건을 넘어서서 해당
법원 및 그 하급심 법원을 법적으로 구속하게 되는 원칙이다. 물론 선례구속의 원칙
이 선례 변경을 금지하는 것은 아니다. 오히려 선례의 축적 못지않게 선례의 변경은
법 발전을 주도한다. 다만 선례구속의 원칙이 추구하는 정신을 생각하면 선례가 지
나치게 자주 변경되는 것은 바람직하지 않다고 여긴다. 따라서 선례를 변경하려면
특별한 정당화 사유가 필요하다. 한편 선례구속의 원칙은 보통법 내에서의 원칙이다.
따라서 성문법을 통해 선례를 배제하거나 변경하는 것은 가능할 뿐만 아니라, 실제
로 흔하게 일어난다.

　　우리나라에서도 상급법원 재판에서의 판단은 해당 사건에 관하여 하급심을 기
속하나(법원조직법 제8조, 민사소송법 제436조 제2항), 해당 사건을 넘어서는 기속력은
인정되지 않는다. 그 점에서 미국법상 선례구속의 원칙은 우리나라에 비해 훨씬 광
범위하고 강력한 내용을 지닌다. 이에 대해서는 대법원 2021. 12. 23. 선고 2017다
257746 전원합의체 판결에 부기된 대법관 김재형의 의견을 참조하라.

　　영미법계의 기본원리인 선례구속의 원칙(*the doctrine of stare decisis*)에 관하여 살
펴본다. 이 원칙은 상급심 법원이 일정한 법률 쟁점에 관하여 한 판단은 법규범으로

---

8) 오래된 문헌이기는 하나 M T. Van Hecke, *Trial by Jury in Equity Cases*, 31 N.C.L. Rev 157
　(1953); Edward E. Erickson, *Right to a Jury Trial in Equitable Cases*, 69 N.D. L. Rev 559
　(1993).

서 구속력을 갖게 되어 그 후 동일 쟁점의 사건을 담당하는 하급심 법원은 그에 따라야 하는 법적 의무가 인정되는 것을 말한다. 선례구속의 원칙이 엄격하게 준수되는 국가에서는 선례가 법으로 작용하기 위해서는 후행 사건의 논점이 선례와 동일하거나 유사한 것으로 평가될 수 있어야 하고, 그렇지 않을 경우에는 선례가 법으로 작용하지 않는다. 결국 상급심 법원의 판결 중 해당 사건의 결론과 직접 연관되는 쟁점에 관한 부분에 한하여 선례로 인정받을 수 있고, 그 밖에 재판 과정에서 실질적으로 다루어진 부분이 아니거나 그 부분을 제외하더라도 판결의 결론에 영향이 없는 경우에는 선례로 인정받을 수 없다.

선례구속의 원칙이 적용되지 않는 우리나라에서는 판례에 기속되지 않고 하급심 법원이 판례와 반대되는 자신의 견해를 표명할 수 있다. 그러나 쟁점이 같은 사건에서는 선행 판결에서 한 대법원의 판단이 후행 사건을 담당하는 법관의 판단에 사실상의 영향력을 행사한다는 점에서 선례구속의 원칙과 유사한 측면이 있다. 사안의 해결 과정에서 법령을 일관성 있게 적용하고 법관의 자의적 판단을 줄이기 위해서 실질적으로 동일한 쟁점에 관한 선행 판결의 판단이 판례로서 후행 판결에 영향을 끼치고 있다.

이러한 선례구속의 원칙에 기초한 법 형성은 귀납적이고 실용적인 접근방법, 법관이라는 직업에 대한 존중과 관심, 점층적이고 변증법적인 법 발전에 대한 선호, 당사자의 상호논변을 중시하는 자치적 사고, 개별 문제에 대한 구체적 해결책의 제시 등의 미국법에서 흔히 발견되는 성향의 중요한 배경을 이룬다. 하지만 이처럼 판례의 축적을 통한 법 형성을 핵심으로 삼는 보통법은 필연적으로 복잡다기하고 불명확한 모습을 띨 수밖에 없다. 본래 판례는 해당 사건의 배경과 맥락을 떠나서는 제대로 이해할 수 없다. 따라서 판례가 선언한 법리의 내용이 무엇인지, 또 그 적용 범위가 어디까지인지도 해당 판례가 다루었던 사건의 배경과 맥락을 염두에 두고 결정하지 않으면 안 된다. 그런데 이러한 작업은 상당히 어려울 뿐만 아니라 어떤 관점을 취하는가에 따라 다른 결론으로 이어지곤 한다. 자신에게 유리하게 선례를 확장하려는 편과 그 선례와 해당 사건의 차이점을 부각하여 선례의 적용을 막으려는 편의 치열한 다툼이 여기에서 벌어진다. 선례구속의 원칙이 가지는 불명확성과 동태성을 보여주는 장면이다. 다만 우리나라를 비롯한 대륙법계 국가라고 해서 정도의 차이가 있을 뿐 본질적으로 다르지는 않다. 판례가 법원(法源)인가 하는 어려운 논쟁은 차치하더라도, 필연적으로 불명확성을 내포할 수밖에 없는 성문법을 해석하는 과정에서는 대륙법계 국가에서도 이와 유사한 장면이 재현되기 때문이다.

2. 법 통일의 노력 — UCC와 리스테이트먼트를 중심으로

복잡하더라도 시간을 두고 개별 사건에 대한 판결에 의해 하나하나씩 천천히 문제를 풀어나가는 보통법의 특징은 대륙법계의 법제에 익숙한 사람들의 입장에서는 다소 답답하게 느껴지기도 한다. 이는 안전한 법의 진화 전략이기는 하다. 하지만 이러한 법의 점진적 진보 방식이 과연 빛의 속도로 변화하는 오늘날의 사회에 적합한가, 또한 구체적인 사실관계에 관한 법관의 판결이 일반적인 법으로서 얼마나 명확하게 이해되고 제시될 수 있는가 등 여러 의문도 제기된다. 이는 비단 지금에만 유효한 의문이 아니다. 일찍이 영국의 Jeremy Bentham(1748-1832)도 보통법에 대한 맹렬한 비판자였다. 그는 보통법의 대책 없는 복잡성을 '길잡이실 없는 미로(labyrinth without a clew)'로 표현하였다.[9] 또한 보통법의 불명확성을 꼬집으며 그 수범자들을 이유를 알지 못한 채 주인으로부터 얻어맞는 개에 비유하였다.[10] 다만 이처럼 정곡을 찌르는 비유는 보통법에만 국한되는 것은 아니다. 성문법도 결국은 판례를 통해 구체화되는 경우가 많기 때문이다.

미국법의 복잡성을 심화시키는 또 다른 요소는 미국의 연방제도이다. 연방제도 아래에서는 연방법과 주법이 병존한다. 이와 관련하여 연방법과 주법의 관계는 무엇인가, 연방법 사항과 주법 사항은 각각 무엇인가 등 복잡한 문제가 야기된다. 또한 주법은 주마다 그 형식과 내용이 다르다. Louis Brandeis 대법관이 주(州)를 "민주주의의 실험장(laboratories of democracy)"[11]이라고 표현한 것에 빗대어 말하자면, 각 주는 다른 주에서 실험된 법의 장점만 취하고 단점은 차단할 수 있는 혜택도 있다. 그러나 50개 주법이 병존하는 데에서 오는 혼란스러움과 피곤함은 결코 과소평가할 수 없다. 외부적으로는 그러한 모든 법이 미국법이라는 단일한 이름 아래 나열되기도 하나, 실상을 보면 미국법은 분열적 모습을 보인다. 단일법으로서의 미국법이 허상임을 일깨워 주는 대목이다. 무엇이 미국법인가를 논할 때는 이러한 점을 염두에 두지 않을 수 없다.

---

9) University College London Library, Bentham Papers, Box ⅹⅹⅶ. 172 (1780). Xiaobo Zhai, Bentham's Exposition of Common Law, Law and Philosophy, Vol. 35, No. 5 (2017), 525, 각주 2에서 재인용.
10) Jeremy Bentham, Collected Works of Jeremy Bentham, Of Law in General, H.L.A. Hart(ed.), London: Athlone Press (1970), 184.
11) New State Ice Co v. Liebmann, 285 U.S. 262 (1932) 중 Brandeis 대법관의 반대의견.

가. UCC

이러한 미국법의 복잡다기함 및 이로 인한 혼란과 불명확성을 극복하기 위한 노력은 이미 오래전부터 이루어져 왔다. 1892년 통일법 위원회(Uniform Law Commission, ULC[12])가 결성되어 1896년 통일유가증권법(Uniform Negotiable Instruments Law), 1906년 통일매매법(Uniform Sales Act) 및 통일창고증권법(Uniform Warehouse Receipt Act), 1909년 통일선하증권법(Uniform Bills of Lading Act) 및 통일주식이전법(Uniform Stock Transfer Act), 1918년 소유권유보부매매법(Uniform Conditional Sales Act)을 제정하였다. 그 후 ULC는 보다 포괄적이고 체계적인 통일법을 제정하기로 하고 1942년부터 미국법률협회(American Law Institute)와 미국 통일상법전(Uniform Commercial Code, UCC) 제정 작업을 개시하였다. UCC 초안 제정에는 다수의 법률가와 법학자들이 관여하였는데 특히 Karl N. Llewellyn과 Grant Gilmore가 주도적 역할을 수행했다. 이들은 모두 미국 법학사에서 중요한 의미를 지니는 인물들이기도 하므로 잠시 시선을 돌려 이들에 대해 알아보자.

Karl Llewellyn은 인류학을 비롯해 다양한 분야에 관한 관심을 토대로 20세기 전반 미국의 법 현실주의(legal realism)를 이끌던 대표적 법학자이다. 그는 예일, 컬럼비아, 시카고 로스쿨 교수로 재직하였다. 독일에서 공부하고 강의하며 미국 판례법에 관한 법학 서적(Präjudizienrecht und Rechtsprechung in Amerika)을 출판하는 등 독일과 친한 인물이라는 점에서도 흥미롭다.[13] Grant Gilmore는 계약법 학자로서 예일, 시카고 로스쿨 교수 등으로 재직하였다. 그 역시 법 현실주의를 대표하는 학자 중 한 명이다. 그는 1974년에 출판한 「계약의 죽음(The Death of Contract)」이라는 단행본으로도 잘 알려져 있다. 이 책에서 Gilmore는 Langdell이 그의 케이스북에서 전개하고 그 후 Holmes, Williston 등에 의해 심화된 계약법의 일반이론은 산업혁명으로 인한 사회경제적 변화에 대응하기 위해 개별적으로 등장한 유가증권법이나 매매법 등으로부터 사후적으로 가공한 산물이라는 점을 강조한다. 이러한 산물은 자연스러운 보통법의 발전상을 담고 있기보다는 상아탑에서의 추상화(abstraction) 과정을 거친 인위적 산물이라는 것이다. 계약법이 그 독자성을 상실하면서 불법행위법에 통합되는(contort) 경향성을 보인다고 지적하였다.

이처럼 Llewellyn이나 Gilmore 등 당대 최고 수준의 법학자들과 법률가들이 노

---

12) National Conference of Commissioners on Uniform State Law(NCCUSL)라고도 부른다.
13) Michael Ansaldi, *The German Llewellyn*, 58 Brook. L. Rev. 705 (1992). Llewellyn은 심지어 젊은 시절 독일군으로 자원하여 제1차 세계대전에 참전하기까지 하였다.

고를 기울여 작성한 UCC는 1951년에 채택되어 1952년에 모두 9개의 편(Article[14])으로 출간되었다. 9개의 편은 총칙(General Provisions, Article 1), 매매(Sales, Article 2), 유가증권(Negotiable Instruments, Article 3), 은행예금과 추심(Bank Deposits and Collections, Article 4), 신용장(Letter of Credit, Article 5), 사업용자산포괄매매(Bulk Sale, Article 6), 권원증서(Document of Titles, Article 7), 투자증권(Investment Securities, Article 8), 담보부 거래(Secured Transactions, Article 9)으로 구성되었다. 그 이후 리스(Article 2A), 자금이체(Article 4A)가 추가되어 현재의 UCC는 모두 11개 편으로 구성되어 있다.

  UCC는 주별로 다른 법을 통일하기 위해 미국 전역에 적용될 것을 염두에 두고 만든 규범이다. 하지만 UCC 그 자체는 법적 구속력을 가지는 연방법 또는 주법이 아니다. 오히려 그 속성은 모델법에 가깝다. 그러나 각 주가 그 내용을 주법으로 채택하도록 권유하고 유도함으로써 주법 간 통일이라는 UCC의 목적을 사실상 달성하게 된다. 이를 통해 주의 보통법이 성문법으로 전환되는 부수적인 효과도 발생한다. 이는 각 주법의 명확화와 안정화라는 다른 부수적인 효과로도 이어진다. 하지만 미국의 주는 UCC를 주법으로 채택할 의무가 없다. UCC가 성공하려면 각주가 자발적으로 UCC를 주법으로 수용해야 한다. 그만큼 UCC의 내용이 채택할 생각이 들 정도로 설득력 있고 합리적인 것이라야 한다. 설득력과 합리성의 정도는 UCC의 각 편마다 다르다. 그러한 점에서 보면 UCC의 각 편은 자신의 능력을 놓고 경쟁하게 된다.

  이러한 잣대에 따르면 매매에 관한 제2편과 담보부 거래에 관한 제9편이 가장 성공적인 편으로 평가받고 있다. 제2편은 매매에 관한 제반 법률관계를 조항의 형태로 만들었다. 계약의 성립, 조정, 권리와 의무, 해석, 권원 이전, 이행, 위반, 면책, 구제수단 등 계약 관련 법리를 두루 담고 있어 매매를 넘어서서 일반 계약법 차원에서도 매우 의미 있는 규범이다. Llewellyn은 제2편을 "법전의 심장(heart of the Code)"이라고 표현하기도 하였다.[15] 제9편은 각 주가 파편적으로 가지고 있던 복잡다기한 동산 및 채권담보에 관한 법리를 새로운 틀에서 현대적으로 재정비한 규범이다. 기능적 접근방법(functional approach), 통지등기(notice filing) 제도의 도입 등으로 현대적 동산담보법제의 출발점이자 모법(母法)으로 일컬어지며 수많은 국가의 동산담보법제 현대화에 영감을 주었다. 영국법에 뿌리를 두지 않은 미국법의 사법상 제도로

---

14) Article은 일반적으로 조항을 의미하나 UCC의 Article은 그 안에 수많은 조항을 품고 있어 편(Chapter)의 개념에 가깝다.

15) Karl Llewellyn, *Why We Need the Uniform Commercial Code*, 10 U. Fla. L. Rev. 367. 378 (1957).

서 가장 성공적인 사례로 평가할 만하다.

나. 리스테이트먼트

리스테이트먼트(Restatement)도 UCC와 마찬가지로 미국 각 주의 법을 통일하기 위한 주요한 도구 중 하나이다. 리스테이트먼트는 각 주의 방대한 판례나 입법을 토대로 미국의 일반적인 법리(black letter rule)를 분야별로 축약 기술한 성과물이다. 리스테이트먼트는 1923년에 설립된 미국 법률가 협회(American Law Institute)에 의해 작성되어왔다. 1923년 Benjamin N. Cardozo는 예일 로스쿨 강연에서 미국 법률가 협회가 만들어나갈 리스테이트먼트의 모습에 대해 다음과 같은 예언적 선언을 하였고,[16] 리스테이트먼트는 지금까지 그 선언에 부합하는 기능을 수행하여 왔다.

　　리스테이트먼트가 수많은 시험과 재시험을 거쳐 협회의 이름 및 통제하에 마침내 발표될 때, 그것은 법에는 미치지 못하나 주해서보다는 우월한 모습을 띠게 될 것이다. 리스테이트먼트는 무언가를 명하기보다는 무언가를 설득해 나가는 독특한 권위를 지니게 될 것이다. 그것은 복합적인 사상을 내포하고 복합적인 목소리로 말하게 될 것이다. 대학과 법원, 변호사협회는 그 탄생에 각각의 역할을 수행하게 될 것이다. 나는 법을 통일하는 리스테이트먼트의 이러한 힘에 강한 믿음을 가진다.

　　리스테이트먼트는 법리를 조항 형태로 표현하고 이를 해설하는 형식으로 존재한다. 조항 형태로 표현하였다는 점에서는 법과 비슷하고, 해설이나 예시가 부가되었다는 점에서는 주해와 비슷하다.[17] 위에서 Cardozo가 설명하였듯 리스테이트먼트는 법과 주해의 중간 정도에 위치한다. 리스테이트먼트는 법적 구속력이 없는 2차적 법원(secondary source of law)에 불과하다. 그러나 리스테이트먼트는 상당한 권위와 설득력을 지닌 참고자료로서 입법이나 재판 과정에 활용된다. 아울러 그 과정에서 리스테이트먼트는 법 또는 판례의 외투를 입고 규범력과 강제력을 가지게 되기도 한다.[18]

---

16) Benjamin N. Cardozo, The Growth of the Law, Yale University Press (1924), 9.

17) 그 외에도 리스테이트먼트에는 보고자(Reporter)가 참고로 부기한 "Reporter's note"도 있으나, 이는 리스테이트먼트를 참고하기 위한 내용일 뿐 ALI의 공식적인 입장을 담은 리스테이트먼트 자체는 아니다.

18) 예컨대 플로리다 대법원은 West *v.* Caterpillar Tractor Co, Inc., 336 So. 2d 80 (1976)에서 불법행위법 제2차 리스테이트먼트 § 402 A에 규정된 제조물책임 관련 엄격책임(strict liability) 법리를 채택한다고 명시적으로 선언하였다.

리스테이트먼트는 대리(Agency), 자선 비영리법인(Charitable Nonprofit), 아동법
(Children and the Law), 저촉법(Conflict of Laws), 고용법(Employment Law), 계약법
(Contracts), 대외관계법(Foreign Relations Law of the United States), 판결(Judgments),[19]
변호사 관련법(Law Governing Lawyers), 책임보험(Liability Insurance), 재산법(Property),
부당이득(Restitution and Unjust Enrichment),[20] 보증(Suretyship and Guaranty),[21] 불
법행위(Torts), 신탁(Trusts), 부정경쟁(Unfair Competition) 등 다양한 분야에 걸쳐 작
성되었다. 재산법(Property)에 관하여는 재산법 일반에 관한 리스테이트먼트 외에도
임대차(Landlord and Tenant), 저당권(Mortgage), 역권(Servitudes)에 관한 리스테이트
먼트가, 불법행위법(Torts)에 관하여는 불법행위법 일반에 관한 리스테이트먼트 외
에도 책임배분(Apportionment of Liability), 경제적 손해에 대한 책임(Liability for
Economic Harm), 신체적 및 정신적 손해에 대한 책임(Liability for Physical and
Emotional Harm), 제조물책임(Products Liability)이 작성되었다. 리스테이트먼트가 다
루는 분야는 지속적으로 업데이트되고 있다.

미국법률가협회는 리스테이트먼트 외에도 법의 일반원리(Principles of Law)를 출
간하고 있다. 리스테이트먼트가 주로 사법부를 염두에 둔 것이라면, 법의 일반원리는
주로 입법부를 염두에 둔 것이다. 법의 일반원리는 집단소송(Aggregate Litigation), 조
직의 컴플라이언스와 집행(Compliance and Enforcement for Organizations), 기업지배
구조(Corporate Governance), 데이터 경제(Data Economy), 데이터 프라이버시(Data
Privacy), 선거행정(Election Administration), 가족해체(Family Dissolution), 정부 윤리
(Government Ethics), 지식재산(Intellectual Property), 경찰작용(Policing), 소프트웨어
계약(Software Contracts), 학생들의 성적 비위(Student Sexual Misconduct), 국제민사
소송(Transnational Civil Procedure), 국제도산(Transnational Insolvency) 분야에서 출
간되어 있다. 그 외에도 형사법, 증거법, 소송법 등 다양한 분야의 모델 법전(Model
Code)도 출간되어 있다.

리스테이트먼트는 문자 그대로 미국법을 재기술(restate)하는 것이다. 즉 '있는
법'을 이해하기 쉬운 형태로 정리한 결과물이다. 다만 '있는 법', 즉 현존하는 미국법
이 무엇인가가 꼭 명확하지는 않기 때문이다. 비유를 하자면 미국법은 독립성을 가
진 여러 주법들을 주된 구성요소로 하여 느슨하게 존재하는 일종의 연방체이다. 물

---

19) 주로 기판력(res judicata) 문제를 다룬다.
20) Unjust Enrichment는 부당이득 그 자체, Restitution은 부당이득의 반환에 초점을 맞춘 개념이다.
21) Suretyship은 주채무에 대한 부종성 있는 보증, Guaranty는 주채무로부터 독립성을 가지는 보
     증에 초점을 맞춘 개념이다.

론 연방법도 미국법의 중요한 구성요소이기는 하나, 전통적인 미국사법 분야는 주법이 핵심적인 비중을 차지한다. 주법은 공통점도 많지만 차이점도 있다. 그러다 보니 어느 주법에 초점을 맞추어 미국법을 재기술할지도 어려운 문제이다.

주법의 공약수를 추출하는 과정에서 리스테이트먼트 작성에 관여하는 개인의 주관적 판단이 개입하기도 한다. 또한 의도적으로 리스테이트먼트에 장차 법이 나아가야 할 방향을 담기도 한다. 이러한 과정을 통해 '있는 법'의 이름 아래 '있어야 할 법'의 내용이 투영되기도 한다. 제1차 계약법 리스테이트먼트의 약속적 금반언(promissory estoppel)은 기존 보통법의 법리를 확장하여 해당 법리를 선도적으로 기술한 예이다. 이처럼 법의 현존하는 모습과 발전해 나가야 할 모습이 리스테이트먼트에 어떻게 반영되어야 하는가를 놓고 상반된 비판이 가해지기도 한다. 한편으로는 리스테이트먼트가 1920년대에 이미 쇠퇴해 가던 랑델식 법 형식주의에 따라 현존하는 법만을 보수적으로 기술하여 법의 발전을 가로막는 비판이 가해지는가 하면, 다른 한편으로는 리스테이트먼트가 향후 있어야 할 모습을 과도하게 담아 현존하는 법을 재기술해야 하는 리스테이트먼트의 본령에서 벗어난다는 비판이 가해지기도 한다.

Ⅲ. 미국사법의 학문적 동향

미국사법은 보통법과 성문법을 법원(法源)으로 한다. 따라서 미국사법을 공부한다는 것은 우선 판례와 법률의 내용을 익힌다는 것을 의미한다. 이는 우리나라 사법을 공부하거나 연구하는 모습과 대동소이하다. 우리나라 로스쿨 학생들도 판례 학습에 많은 시간을 투자하고 이를 기초로 성문법의 체계와 내용을 머리에 그려나간다. 우리나라 법학자들, 특히 실정법학자들이 법학을 탐구하는 모습도 크게 다르지 않다. 실정법을 어떻게 해석할 것인가가 여전히 우리나라 법학 논의의 중심을 차지한다. 미국에서도 이처럼 법의 내용을 규명하고 구체화하기 위한 학문적 논의가 이루어지는 것은 매한가지이다. 하지만 전체적으로 보면 미국에서 법 도그마틱 논의가 차지하는 비중은 우리나라만큼 높지 않다. 최상위권 로스쿨 교수들은 판례나 법률을 해설하는 전문적인 해설가(commentator)의 역할보다는 그 배후에 있는 이론적 또는 정책적 문제에 관해 새로운 통찰을 제시하는 이론가(theorist)의 역할을 자처하는 경향이 있다. 그 과정에서 다양한 학제적 접근(interdisciplinary approach)을 시도하는 경향도 농후하다. 또한 그러한 성과물이 더 학술적인 것으로 평가받는다. 이는 미국의 실정법이 주마다 다르다는 점과도 관련 있다. 특정 주의 실정법에 대한 지나친 집착은 전국 단위 로스쿨(national law school), 나아가 세계적인 로스쿨(global law school)이라는 위상과도 잘 어울리지 않는 측면도 있다. 역사적으로 보면 예일대, 하버드대, 시카고대가 이러한 이론 중심의 사조를 이끌며 미국 법학계에 가장 큰 영향력을 행사해 왔다.

학제적 접근의 지배는 이러한 최상위권 로스쿨 교수들의 상당수가 법학이 아닌 다른 분야에서 박사학위를 보유하고 있다는 점과도 무관하지 않다. 예컨대 2022년 8월을 기준으로 예일대 로스쿨에서 계약법(contracts)을 강의한 경력이 있는 현직 교수는 모두 11명이다.[22] 이들이 꼭 우리나라의 민법 교수에 정확하게 대응하는 연구자들이라고는 할 수 없으나, 적어도 민법의 핵심인 계약법을 강의한다는 점에서는 일단 우리나라 민법 교수와 비교해 볼 수 있는 대상이다. 그런데 이들 중 경제학 박사가 4명(Ian Ayres, Richard Brooks, Henry B. Hansmann, Yair Listokin), 철학 박사가 2명(Anthony T. Kronman, Daniel Markovits)으로 타 분야 박사학위 소지자가 절반을 넘는다. 법학부가 없는 미국의 특성상 로스쿨 교수들 전원이 다른 학문 분야의 배경을 가지고 있다는 점까지 감안하면, 미국은 애당초 학제적 접근과 친한 환경에 노출되어 있는 셈이다.

법리 자체의 분석과 기술을 넘어서서 입체적이고 다학제적인 접근을 시도하는 미국 법학의 전통은 법현실주의(legal realism)와 밀접한 관련이 있다. 법현실주의는 1920년대와 1930년대에 콜롬비아와 예일대 로스쿨 교수들을 중심으로 주창되었다. 이는 1870년대부터 법의 과학성, 독자성, 자유주의와 시장주의를 강조하며 기계론적, 연역적, 논리적 색채와 함께 등장한 랑델주의에 대항하는 사조이다. 법현실주의는 법의 도구성, 정책성을 강조하며 윤리상대주의적, 후견주의적인 특징을 지닌다. 경제대공황으로 인한 경제의 붕괴, 양극화의 심화, 사회모순의 양지화가 법현실주의의 태동 배경이 되었다. 판례에 의한 점진적 해결보다 입법부나 행정부의 과감한 법 적용 또는 법 집행에 의한 신속한 해결이 빛을 발하였다. 이러한 시대적 배경을 등에 업고 탄생한 이론이 법현실주의이다.

법현실주의는 비록 정교하게 정립된 이론 체계에는 이르지 못하였으나 하나의 운동(movement)으로서는 중요한 의미를 지닌다. 법을 정책적 목표의 도구로 파악하는 도구주의적 관점, 경험과 실증을 중시하는 경향, 사회과학적 법학 연구에 대한 강조 등은 지금의 미국 법학에 큰 발자취를 남겼다. 법현실주의적 사고방식은 그 이후

---

22) 2022. 8. 30. 예일대 로스쿨 웹사이트(law.yale.edu)에서 검색한 결과이다.

에 펼쳐지는 법 이론에도 영향을 끼쳤다. 가령 미국 계약법은 우리나라에 비해 사회적 맥락 또는 사회과학적 배경에 비추어 탐구되는 경우가 많은데 법의 경제적 분석(economic analysis of law), 비판적 인종이론(critical race theory), 여성주의법 이론(feminist legal theory), 조직이론(organizational theory), 관계적 계약이론(relational contract theory) 등이 대표적인 예이다. 인종이라는 요소는 미국 사회의 맥락에서 특히 중요한 의미를 가지는데, 1983년 Cedric J. Robinson이 그의 책 Black Marxism: The Making of the Black Radical Tradition에서 주창한 인종 자본주의(racial capitalism)가 로스쿨 1학년 계약법 과목의 기본적인 배경 이론으로 활용되기도 한다.[23]

이러한 이론적이고 학제적인 접근이 각광받고 있다는 점은 미국에서 어떤 법학논문이 많이 인용되고 있는지를 보아도 알 수 있다. 예일대 로스쿨의 전문 사서인 Fred Shapiro는 법학자들이나 법학논문의 인용수 분석을 통해 미국 법학계의 동향을 추단할 수 있는 요긴한 자료를 제시하였다.[24] 그가 2012년 Michigan Law Review에 기고한 글인 "The Most-Cited Law Review Articles of All Time"[25]에서는 미국 역사상 가장 많이 인용된 법학논문들의 목록이 소개되어 있다. 편의상 1위에서 10위까지의 목록만 발췌한다.

순위	필자	논문
1	R.H. Coase	*The Problem of Social Cost*, 3 J.L. & ECON. 1 (1960)
2	Samuel D. Warren & Louis D. Brandeis	*The Right to Privacy*, 4 HARV. L. REV. 193 (1890)
3	O. W. Holmes	*The Path of the Law*, 10 HARV. L. REV. 457 (1897)
4	Gerald Gunther	*The Supreme Court, 1971 Term Foreword: In Search of Evolving Doctrine on a Changing Court: A Model for a Newer Equal Protection*, 86 HARV. L. REV. 1 (1972)
5	Herbert Wechsler	*Toward Neutral Principles of Constitutional Law*, 73 HARV. L. REV. 1 (1959)

23) Chaumtoli Huq, *Integrating a Racial Capitalism Framework into First-Year Contracts: A Pathway to Anticapitalist Lawyering*, 35 J. Civ. Rrts. & Econ. Dev. (2022).
24) 우리나라의 경우 한국학술지인용색인(www.kci.go.kr)에서 논문 및 연구자에 관한 각종 인용통계를 검색할 수 있다.
25) 110 Michigan L. Rev. 1483 (2012).

6	Guido Calabresi & A. Douglas Melamed	*Property Rules, Liability Rules, and Inalienability: One View of the Cathedral*, 85 HARV. L. REV. 1089 (1972)
7	Charles A. Reich	*The New Poperty*, 73 YALE L.J. 733 (1964)
8	Charles R. Lawrence III	*The Id, the Ego, and Equal Protection: Reckoning with Unconscious Racism*, 39 STAN. L. REV. 317 (1987)
9	William J. Brennan, Jr.	*State Constitutions and the Protection of Individual Rights*, 90 HARV. L. REV. 489 (1977)
10	Robert H. Bork	*Neutral Principles and Some First Amendment Problems*, 47 IND. L.J. 1 (1971)

목록을 보면 우선 기초법 이론에 관한 논문들이 눈에 띈다. 1위인 "The Problem of Social Cost"와 6위인 "Property Rules, Liability Rules, and Inalienability: One View of the Cathedral"은 법경제학의 역사에서 가장 중요한 논문들이다. 이 논문들은 미국 사법의 각종 쟁점들을 경제적 관점에서 분석하는 유용한 이론적 틀을 제시했다. 3위인 "The Path of the Law"는 Oliver Wendell Holmes 대법관이 1897년 보스톤대 로스쿨에서 한 강연문을 하버드 로 리뷰에 실은 것인데 이 역시 기초법 논문으로 분류할 수 있다. 헌법 이론에 관한 논문들이 여럿 포함되어 있는 점도 주목할 만하다. 4위, 5위, 7위, 8위, 9위, 10위 논문들이 여기에 해당한다. 7위인 "The New Property"는 얼핏 보면 민법 논문 같지만, 실제 내용은 헌법 이론 논문에 가깝다. 실정법으로서의 민법에 관한 논문으로 분류할 수 있는 것은 2위인 "The Right to Privacy"이다. 다만 이 논문 역시 기존의 권리를 해설한 글이라기보다는 새로운 권리의 인정을 역설한 글이다.

이러한 이론 지향의 경향성은 역대 인용수 1위부터 10위까지의 법학자 목록에서도 잘 나타난다. Fred Shapiro가 2021년 University of Chicago Law Review에 기고한 글인 "The Most−Cited Legal Scholars Revisited"[26]를 보면 글이 가장 많이 인용된 1위부터 10위까지의 법학자는 ① Richard A. Posner, ② Cass Sunstein, ③ Ronald Dworkin, ④ Laurence H. Tribe, ⑤ Richard A. Epstein, ⑥ Oliver Wendell Holmes, ⑦ William N. Eskridge, ⑧ Mark A. Lemley, ⑨ Frank H. Easterbrook, ⑩ Willam L.

---

26) 88 Chicago L. Rev. 1595 (2021).

Prosser이다. 법관이 3명(Richard A. Posner, Oliver Wendell Holmes, Frank H. Easterbrook)이나 포함된 점이 특기할 만하다. 다만 이들은 모두 법관이 되기 전에 법학교수로 재직한 경력이 있다. 전체적으로 보면 위에 열거된 법학자들은 대부분 이론 지향적인 모습을 보인다.

사법(私法) 분야에 관한 논문 동향은 어떠할까? 샌디에이고 로스쿨의 Ted Sichelman 교수는 2015. 4. 22. 하버드대 New Private Law 블로그에 기고한 글에서 1990년부터 2015년까지 기간 동안 가장 많이 인용된 사법 분야 논문을 다루고 있다.[27] 그는 불법행위법, 재산법, 계약법, 지식재산권법, 상법, 유언 및 신탁법, 구제수단법 분야를 사법 분야로 획정한 후 미국 법학논문 데이터베이스인 Heinonline을 활용하여 조사한 결과를 밝혔다. 흥미로운 점은 1위부터 10위까지 논문 중 8편이 지식재산권에 관한 논문이라는 점이다. 1위 논문은 Pierre N. Leval의 "Toward a Fair Use Standard"이다. 우리나라 민법 분야에 상응하는 논문으로 눈에 띄는 것은 Robert P. Merges & Richard R. Nelson의 "On the Complex Economics of Patent Scope"(2위), Michael A. Heller의 "Tragedy of the Anticommons: Property in the Transition from Marx to Markets"(11위), Michael J. Saks의 "Do We Really Know Anything About the Behavior of the Tort Litigation System - and Why Not"(12위), Melvin Aron Eisenberg의 "Limits of Cognition and the Limits of Contract"이다. 미국 사법의 연구 동향 역시 순수한 법리 탐구 또는 비교법적 연구보다는 경제학이나 철학, 정책학, 사학 등 다른 분야와 결합하여 이루어지는 이론 연구 또는 해당 분야의 통계를 기초로 정책적 시사점을 찾는 실증 연구가 더욱 각광받으며 학문의 주류적 흐름을 형성하는 모습을 보이고 있다.

이러한 이론 지향, 학제 접근 지향의 연구 동향은 미국의 사법학(私法學)이 다른 여느 나라의 사법학과는 다분히 다른 독자적인 모습을 띠는 중요한 원인이다. 이러한 동향의 배후에는 여러 가지 요인들이 있겠지만, 특히 미국에서 맹위를 떨친 법현실주의의 사고방식이 중요한 요인일 것이다. 미국법의 기반이 되었던 영국법만 보아도 이른바 민법학이라고 할 만한 것이 상당히 뚜렷한 경계를 가지고 존재한다. 또한 자신을 계약법학자, 불법행위법학자 또는 재산법학자라고 여기고 활동하는 학자들도 많다. 이는 법현실주의 또는 이와 유사한 사상적 기조가 20세기의 영국에서는 미국처럼 뚜렷하게 발견되지 않는다는 점과 관련성이 있다. 특히 영국은 대학에서의

---

27) http://blogs.harvard.edu/nplblog/2015/04/22/most-cited-private-law-articles-published-in-the-last-25-years/ (2022. 8. 30. 최종 방문).

법학교육과 연구가 오히려 미국보다 늦었지만 20세기 중반 이후부터는 번성하였고, 법리적 차원에서의 사법학 연구도 왕성하게 이루어져 왔다. 그러므로 우리 민법의 법리적 차원의 문제점들을 분석하고 해결하는 데에는 미국법보다 영국법의 논의 성과물이 더 직접적으로 도움이 되는 경우가 많다. 하지만 미국사법 특유의 창의적이고 도발적인 이론 차원의 연구 역시 우리 민법학에 신선한 자극을 줄 수 있음은 물론이다.

Ⅳ. 분야별 개관

지금까지 미국사법의 기초배경과 학문적 동향에 관하여 살펴보았다. 아래에서는 미국사법의 중심 분야인 계약법, 불법행위법, 재산법 분야를 차례대로 개관하고자 한다. 모든 법리에 관하여 교과서적이고 체계적인 설명을 하기보다는 이 책에서 다루는 개념들의 배경을 소개하는 데 주안점을 둔다.

1. 계약법

가. 배 경

미국 계약법은 수많은 판례의 축적을 통하여 형성되어 왔다. 그러나 이러한 판례들은 다양한 분야에 산재하여 있을 뿐 하나의 거대한 이론 체계로 결집하지는 못했다. 계약에 관한 제반 법리는 특정물의 권원(title) 이전을 위한 법적 장치로서 재산법(law of property)에 복속된 채 그 독자성과 비중이 충분히 확보되지 못한 경향이 있었다.[28] 4권에 걸쳐 영국법을 체계적으로 서술한 「Blackstone's Commentaries on the Laws of England」(1765-1769)에서도 계약법은 독자적인 법 분야로 지정되지 않았다. 그러나 이웃 나라 프랑스의 Robert Josehp Pothier가 1761년 발간한 채무법 주해서는 영국에도 영향을 미쳤다. John Joseph Powell이 1790년에 영국에서 「Essay Upon the Law of Contracts and Agreements」라는 최초의 계약법 주해서를 발간하면서 영국부터 계약법의 체계화가 본격적으로 시작되었다. 19세기에 들어오면서 Henry Colebrooke의 「Treaties on Obligations and Contracts」(1818), Joseph Chitty와 Thompson Chitty의 「Chitty on Contracts」(1867), Frederick Pollock의 「Principles of Contract at Law and at Equity」(1876) 등을 통해 계약법의 이론화·체계화가 진전되었

---

28) Morton J. Horwitz, *The Historical Foundations of Modern Contract Law*, 87 Harv. L. Rev. 917, 920 (1974).

다. 이러한 영국 계약법의 흐름이 미국 계약법에 영향을 미쳤을 것임은 쉽게 상상할 수 있는 일이다.

산업의 발전과 대량생산 및 대량판매,·종류물(fungible)의 거래 증가, 장래의 약속을 신뢰하는 기반 위에서 이루어지는 executory contract의 중요성 증가 등은 계약법의 독자적인 체계화를 부추겼다. 미국에서는 계약법을 비롯한 법의 체계화와 공리화의 필요성이 제기되었다. 그 점에서 1870년은 중요한 해이다. Christopher Langdell은 이 해에 하버드 로스쿨의 학장으로 취임하였다. 그는 법의 과학성과 독자성의 신봉자였다. 그는 선도적인 사례를 통해 법의 공리와 규칙을 추출하는 것이 중요하다는 점을 강조하였다. 이처럼 개별 사례를 통해 일반 공리를 추출하는 법 추론의 교육 기법으로 소크라테스 방법을 도입하였다. 아울러 선도적인 개별 사례들을 추출하고 교육 소재로 활용하기 위해 케이스북을 만들었다. Langdell은 법의 형식성과 체계성을 강조하는 고전주의 법학(classical jurisprudence)을 이끌었다. 고전주의 법학은 기계적 법학(mechanical jurisprudence)이라고도 불린다. 법 내부의 규칙(rule), 공리(axiom), 원리(principle)를 신뢰한다. 그만큼 법 외부적 요소 또는 법 외부적 방법론의 영향력이 줄어든다. 이러한 법의 독자성은 법학은 출판된 책에서 찾을 수 있다는(contained in printed books)[29] 랑델의 언명에도 나타난다. 법의 독자성과 자족성의 강조는 국가 개입의 경계로 이어진다. 자유주의 및 시장주의와 연결되는 지점이다. 이는 계약의 자율성을 강조하는 쪽으로도 발전하였다.

20세기에 들어와 미국 계약법은 더욱 체계화되었다. 하버드 로스쿨의 Samuel Williston은 1920년 「The Law of Contracts」라는 방대한 주해서(treaties)를 발간하여 계약법의 체계화에 기여하였다. 그는 1932년에 발간된 제1차 계약법 리스테이트먼트의 보고자(reporter)로도 활동하였다. 참고로 예일 로스쿨의 Arthur L. Corbin은 제1차 계약법 리스테이트먼트의 특별 고문(special adviser)으로 활약하였는데, 그는 후일 제2차 계약법 리스테이트먼트에도 큰 영향을 끼치게 된다. 제1차 계약법 리스테이트먼트는 계약의 자유를 중시하고 계약 법리의 엄격성과 체계성을 추구하는 고전주의 계약법의 정신을 담아낸 것으로 평가된다. 제1차 리스테이트먼트에 결정적 기여를 한 Samuel Williston은 1921년에 「Freedom of Contract」를 저술하기도 하였다. 하지만 자유주의에 대한 도전이 거세지면서 고전주의 계약법에 대한 비판적 시각도 증가하였다. 특히 계약의 자유가 마땅히 갖추어야 할 토대가 결여된 상태에서 계약 법리를

---

29) Professor Langdell Speech at the 'Quarter−millenial' Celebration of Harvard University (Nov. 5, 1886), in 3 Law Q. Rev. 123, 124 (1887).

형식적으로 적용하면, 사실상의 힘을 가진 당사자에게 유리한 결과가 나올 수밖에 없다는 한계도 인식하기 시작했다. 법 현실주의의 융성도 이러한 분위기에 일조하였다.

Arthur Corbin이 1950년에 발간한 계약법 주해서 「Corbin on Contracts: A Comprehensive Treatise on the Working Rules of Contracts Law」는 이러한 흐름 위에 있는 책이다. 그는 법 현실주의의 영향 아래 지나치게 형식적이고 자유주의적인 고전주의를 비판하였다. 계약 해석에 있어서도 문언에만 집착할 것이 아니라 거래의 경위, 거래 관념 등을 통해 당사자의 실질적인 의사를 탐구하는 데에 관심을 가졌다. 이러한 Corbin의 사상은 UCC와 제2차 계약법 리스테이트먼트에 큰 영향을 미쳤다. UCC 제2편은 신의성실(good faith, 조인영, 280면)에 관한 일반 규정을 도입하여 신의성실의 원칙에 무게를 더하였다. 제2차 계약법 리스테이트먼트는 하버드 로스쿨 교수였던 Robert Braucher와 콜럼비아 로스쿨 교수이자 계약법 주해서로 유명한 E. Allen Farnsworth가 리포터(reporter)로 주도적 역사를 수행하였다. 제1차 리스테이트먼트는 Samuel Williston 당시 전성기에 이르렀던 법 형식주의 또는 고전주의 계약법을 반영하였다면, 제2차 리스테이트먼트는 이를 수정한 신 고전주의(neo classicism)의 계약법을 반영하였다.

역사는 다시 흘러 20세기 후반에는 법 현실주의에 대한 재반박이 이어지고 있고, 1960년대 이후 꽃피기 시작한 법경제학 역시 자유주의의 토대 위에 서 있다. 이처럼 자율과 후견의 역학관계를 둘러싼 미국 계약법의 이론적 공방은 여전히 현재 진행형이다. 아울러 양자의 긴장관계가 빚어내는 다양한 논의는 신의성실의 원칙의 비중, 계약 해석의 방법(특히 text와 context의 긴장관계), 이행과 이행장애에 대한 법리, 계약위반에 대한 구제수단 등 곳곳에서 미국의 계약법학의 모습을 형성해 나가는 데 기여하고 있다. 아래에서는 이러한 이론적 배경을 염두에 두고 미국 계약법에서 일반화할 수 있는 법리(black-letter law)를 간략하게 소개한다.

나. 계약의 성립과 약인

계약의 성립(formation of contract, 이민령, 260면)은 어떻게 이루어지는가? 이 점은 우리나라, 나아가 다른 대부분의 국가들이 관념하는 바와 마찬가지이다. 계약은 둘 이상 당사자 사이의 약속을 내용으로 하는 자발적인 법적 합의[30]를 통해 성립한다. 합의의 개념은 우리나라와 마찬가지로 청약(offer)과 승낙(acceptance)으로 분해

---

30) 여기에서의 합의는 청약(offer)과 승낙(acceptance)으로 설명되는 경우가 많다. 궁극적으로는 마음의 만남(meeting of the minds)이 요구된다.

하여 설명하는 경우가 많다. 그러나 청약과 승낙의 구분이 언제나 명확한 것은 아니다. 무엇이 청약이고 무엇이 승낙인가가 궁극적으로 중요한 것이라기보다는 마음의 만남은 약속의 교환이라고 바꾸어 표현될 수도 있다. 약속(promise)은 미국 계약법에서 중요한 개념이다. 그 점에서 약속이라는 표현이 잘 사용되지 않는 우리나라 계약법학과 다르다. 약속을 하는 사람을 약속자(promisor), 그 상대방을 수약자(promisee)라고 한다. 약속자와 수약자 외에 그 약속 이행의 법적인 혜택을 받는 사람은 수익자(beneficiary)라고 한다. 제3자를 위한 계약(third-party beneficiary contract, 윤현수, 502면)에서 등장하는 개념이다.

　왜 약속에 법적인 힘을 부여하는가를 둘러싸고는 이론적인 논의가 많다. 견해에 따라서는 약속 그 자체가 가지는 도덕적 힘에서 법적 힘의 정당성을 도출하는가 하면, 약속이 상대방에게 부여하는 신뢰로부터 법적 힘의 정당성을 도출하기도 한다. 약속을 지키는 것이 꼭 선(善)인가에 대한 근본적인 의문이 제기되기도 한다. 약속을 어기고 손해배상을 해 주는 쪽이 더 효율적이라면 그 약속 위반이 정당화될 수 있다는 효율적 계약위반(efficient breach of contract) 이론이 그러하다. 이 문제는 궁극적으로는 법과 도덕, 법과 효율성의 문제로 연결된다.

　한편 계약은 약속의 교환으로서의 속성은 약인(consideration, 공영진, 148면) 개념과도 연결된다. 계약은 거래(bargain)의 법적 형태이다. 거래에서는 상호성(reciprocity) 또는 교환적 정의(commutative justice)가 중요한 가치로 등장한다. 계약은 단순한 합의를 넘어서서 법적 가치 있는 무언가에 관한 약속을 주고받는 행위이다. 이러한 법적 가치 있는 무언가가 계약의 원인, 즉 약인에 해당한다. 전통적으로 약인은 약속자에 대한 이익(benefit) 또는 수약자에 대한 손실(detriment)이라는 요소를 요구하였다. 하지만 19세기 말에 이르러 미국은 이러한 이익 또는 손실을 엄밀히 따지지 않고 해당 계약이 주고받는 거래(bargain)의 요소를 내포하는가에 주목하였다(계약법 제1차 리스테이트먼트 제75조 참조).

　이처럼 주고받는(give and take) 관계에 주목한다면 증여 계약(gift contract)은 약인이 없어 법적으로 강제할 수 없다. 당사자의 의사(will)에 초점을 맞추어 당사자가 스스로 법적으로 구속되기로 하는 의사의 합치가 있다면 주고받는 관계의 유무와 상관없이 계약으로 강제할 수 있는 대륙법계의 접근방식과 차이가 있다. 물론 이는 증여가 계약으로 강제할 수 없다는 것일 뿐 증여로 인한 소유권 이전의 효력이 부정된다는 것은 아니다. 한편 약인은 약속을 주고받는 형태로 존재하는 것이 일반적이지만, 한쪽 당사자만 약속하는 편무계약(unilateral contract, 최예영, 532면)처럼 상대방 당사자의 행위 또는 이행(performance)이 약인의 구성요소가 되기도 한다. 계약 이전에 이미 이행하였던 약속(past consideration)이나 이미 성립한 의무(preexisting duty)는 약인으로 인정되지 않는다.

약인은 소인(cause of action, 박관우, 85면)이 있어야 소송을 할 수 있다는 전통적인 영미법의 사고방식과 함께 법원의 문턱을 높이는 개념으로 기능하여 왔다. 소인은 문자 그대로 소송의 원인을 의미하는 개념이다. 어떤 사건이 보통법상 인정되는 소송유형에 해당하지 않으면 소송을 할 수 없다는 것이다. 실체법적 권리와 절차법적 소송원인을 구별하는 사고방식이다. 따라서 아무리 당사자 간에 약속을 맺었고 상대방이 그 약속을 어겼더라도 법원으로 그 사건을 가지고 가려면 소인이 인정되어야 한다. 영국은 14세기부터 약속을 잘못 이행하여 상대방에게 손해를 입힌 경우에 인수소송(action of assumpsit, 김윤민, 101면)이라는 소인을 인정하기 시작하였고, 그 후 해당 소인의 적용 범위를 이를 부작위, 나아가 일반적인 약속 위반으로 확장하였다. 특히 1602년 Slade *v.* Morley 판결은 계약위반 시 법원의 구제를 받을 수 있는 길을 획기적으로 넓혀주었다. 다만 이러한 일반적 인수소송(general assumpsit)의 등장과 더불어 계약 강제력의 범위를 제한하기 위해 약인(consideration)의 법리가 본격적으로 활용되었다. 또한 약인의 엄격성도 상당히 완화되어 계약을 강제할 수 있는 범위가 현저히 넓어졌다. 약속적 금반언(promissory estoppel)에 따른 약인 없는 계약의 강제도 가능하게 되었다.

서식의 충돌(battle of the forms, 최상진, 115면)도 계약의 성립과 관련된 개념이다. 이 개념은 한국법에서는 그다지 논의되지 않아 다소 생소하므로 부연하여 설명한다. 계약 당사자가 각각 자신에게 정형화된 계약 내용을 담은 계약 서식(form)을 상대방에게 보내어 거래를 체결하는 경우가 있다. 이때 두 당사자가 모두 자기의 서식을 보냈는데 이러한 서식 교환으로 계약이 체결되는 경우가 있다. 그런데 양 서식의 내용이 서로 일치하지 않는 경우에는 계약이 성립하는지, 또한 어떤 내용으로 성립하는지가 문제된다. 원칙적으로 쌍방의 의사가 완전히 일치하지 않으면 계약은 성립하지 않는다. 청약과 승낙은 마치 거울에 비친 모습처럼 완전히 동일해야 한다는 거울상의 원칙 또는 경상(鏡像)의 원칙(mirror image rule)을 적용한 결과이다. 그러나 이러한 경상의 원칙은 UCC 제2편 제207조 제1항에서 완화된다. 이러한 완화된 경상의 원칙 아래에서는 서식이 충돌하는 경우에도 계약이 성립할 수 있다. 이처럼 계약이 성립한 경우 어떤 서식의 내용이 우선할 것인가? 이에 대해 다양한 논의가 있는데, UCC 제2편 제207조 제2항은 충돌배제원칙(knock-out rule)을 채택한다. 충돌배제원칙에 따르면 양 서식 간에 일치하지 않는 부분은 배제(knock-out)되고, 그 부분은 임의규정으로 메워진다.

　계약서의 작성은 계약성립의 요건이 아니다. 즉 계약이 반드시 서면 방식으로 체결되어야 하는 것은 아니다. 다만 사기방지법(statute of fraud)에 따라 서면으로 작성해야만 강제할 수 있는 계약도 있다. 사기방지법은 당사자가 서면으로 계약을 체결하고 서명까지 하는 신중한 과정을 거치게 함으로써 계약 사기를 미리 방지하게 하는 법이다. 사기방지법의 기원은 1677년 영국에서 제정된 Act for Prevention of Frauds and Perjuries으로 거슬러 올라간다. 이러한 법이 미국에 주법의 형태로 계수되었다. 무엇이 사기방지법의 적용대상인가는 주법에 따라 다르나, 대체로 토지에 관한 계약, 1년 이내에는 이행이 불가능한 계약, 보증계약, 일정액 이상(예컨대 500달러 이상)의 물품매매계약, 혼인을 약인으로 하는 계약, 유언집행자 또는 유산관리인이 상속채무를 자기 재산으로 변제하는 계약 등이 사기방지법의 적용 대상이다. 사기방지법의 적용 대상 계약이 서면으로 체결되지 않은 경우에 그 계약은 효력이 있으나(valid) 강제될 수는 없다(unenforceable).

　참고로 강제 가능성(enforceability)은 계약을 소구하거나 집행함으로써 법적으로 관철시킬 수 있는 속성을 의미한다. 우리나라의 경우 이와 관련된 항변으로 부제소합의나 집행금지약정에 기한 소송법상 항변을 생각할 수 있다. 그러나 미국법상 강제 가능성은 다분히 실체법적 개념이다. 여기에서 강제(enforce)는 구제(remedy)와 밀접한 관련이 있다. 미국 계약법 제2차 리스테이트먼트 제8조에 따르면 강제할 수 없는 계약(Unenforceable Contracts)은 계약에 위반하더라도 손해배상 또는 특정이행의 구제가 허용되지 않는다. 이러한 강제가능성은 계약의 효력(validity)과 구별되는 개념이다. 예컨대 약인(consideration)이 없더라도 계약은 일단 유효하게 성립할 수 있고, 그 계약에 기해 상대방의 급부를 정당하게 수령할 수도 있다. 하지만 약인이 없는 계약은 구제수단이 허용되지 않아 결국 법적으로 강제할 수 없는 상태가 된다.

다. 계약의 유형

　채무 부담 주체라는 측면에서 보면, 계약의 일방 당사자만 약속에 따른 채무를 부담하는 편무계약(unilateral contract, 최예영, 532면)과 계약의 쌍방 당사자가 서로 채무를 부담하는 쌍무계약(bilateral contract, 최예영, 120면)이 있다. 편무계약에서는 한쪽 당사자가 약속자(promisor), 다른 당사자가 수약자(promisee)가 되지만, 쌍무계약에서는 양쪽 당사자가 동시에 약속자 겸 수약자가 된다. 거래(bargain)를 상정하는 미국법상 계약 개념에 비추어 보면 쌍무계약이 원형적 계약이다. 편무계약의 대표적인 사례는 현상광고이다. 가출한 강아지를 찾아주면 돈을 지급하겠다는 형태의 계약에서 돈을 지급하겠다는 약속은 한쪽 당사자에 의해서만 이루어지고, 다른 당사자는 가출한 강아지를 찾는 행위를 하면 현상광고계약에 따라 돈의 지급을 요구할 수 있다.

계약의 명시성이라는 측면에서 보면, 명시적 계약(express contract)과 묵시적 계약(implied contract)이 있다. 명시적 계약은 서면 또는 구두로 해당 내용을 명시적으로 합의한 계약이고, 그 외의 계약이 묵시적 계약이다. 묵시적 계약은 다시 사실에 의한 묵시적 계약(implied-in-fact contract)과 법에 의한 묵시적 계약(implied-in-law contract)으로 나뉜다. 그중 법에 의한 묵시적 계약은 우리나라의 사고방식에 따르면 명시적이건 묵시적이건 '합의'라는 요소가 결여되어 있으므로 계약의 한 유형으로 보기는 어렵다. 그러한 점에서 법에 의한 묵시적 계약은 법의 힘으로 합의를 의제하는 경우이다. 참고로 미국법에서는 가령 부당이득의 문제를 준계약(quasi-contract)이나 의제신탁(constructive trust)으로 설명한다거나 동시이행의 문제를 계약의 조건(condition)으로 설명하는 등 의제(fiction)의 기법을 여기저기서 사용한다.

계약의 장기성이라는 측면에서 보면, 단발적 계약(discrete contract)과 관계적 계약(relational contract)으로 유형화하기도 한다. Ian Macneil 교수는 기존의 고전적 계약이론이 지나치게 단절적이고 정적이어서 관계적이며 역동적인 계약 현실을 충분히 담아내지 못한다는 문제의식을 가지고 있었다. 이러한 문제의식하에 관계적 계약이론(relational contract theory)을 전개한다. 그는 양 이론의 차별성을 설명하기 위해 고전적 계약이론이 상정하는 계약을 단발적 계약(discrete contract), 관계적 계약이론이 상정하는 계약을 관계적 계약(relational contract)이라고 부르면서 양자를 대비한다.[31] 단발적 계약은 계약 체결 시점에 계약관계가 확정되는 계약이고, 관계적 계약은 계약체결 시점 전후 일련의 과정을 통해 계약관계가 변화할 수 있는 계약이다. 즉 단발적 계약은 어느 한 시점에 시선이 고정되고, 관계적 계약은 계약 체결 전후의 과정(process) 전반에 시선이 미친다. 단발적 계약은 고전적 계약법이 잘 작동하는 계약이고, 관계적 계약은 고전적 계약법만으로는 잘 설명할 수 없는 계약이다. 단발적 계약에서는 계약 체결 시점에 존재한 당사자의 의사가 중요한 역할을 수행하고, 관계적 계약에서는 당사자의 의사보다는 법률, 거래관행, 상대방의 기대, 평판 등의 영

---

31) 이하는 권영준, "정적 계약과 동적 계약", 자율과 정의의 민법학: 양창수 교수 고희기념논문집 (2021), 7에서 발췌.

향을 지속적으로 받는 당사자 간의 사회적 관계가 중요한 역할을 수행한다. 어떤 계약에서 관계적 요소가 강할수록 관계적 계약의 특성도 강해진다.

계약의 내용이라는 측면에서 보면, 매매(sales), 임대차(lease), 대출(loan), 고용(employment), 임치(bailment, 박정언, 111면), 프랜차이즈(franchise), 조인트 벤쳐(joint venture, 김영진, 327면), 파트너쉽(partnership, 김영진, 393면), 경개(novation, 성아윤, 380면), 인수합병(M&A) 등 다양한 유형의 계약들이 있다. 미국법에서는 우리나라 민법처럼 전형계약이 별도로 정해져 있지 않으나, 가장 원형적인 계약 유형은 UCC 제2편에서 다루는 매매(sales)일 것이다. UCC 제2편은 매매라는 특정 유형의 계약을 소재로 삼긴 하였으나, 계약의 성립과 변경, 계약 성립과 서면의 상관관계, 계약 당사자들의 일반적인 의무, 목적물의 인도(delivery, 임동민, 186면) 및 이에 따른 위험배분, 보증(warranty, 심인혜, 540면), 권원(title, 윤현수, 511면)의 이전, 계약의 이행(performance, 김민주, 403면), 계약위반(breach of contract, 김민주, 123면)과 그 구제수단(remedies) 등 계약법의 일반적인 법리들을 두루 담고 있다. 그 점에서 UCC 제2편은 미국 계약법을 전반적으로 이해할 수 있는 중요한 자료이다.

계약의 유형을 논의하는 기회에 계약의 존재 방식이라는 측면에서 몇몇 개념을 추가로 살펴보자. 우선 약관(standard term, 최상진, 477면)이다. 약관은 특정 유형의 거래에 관하여 미리 마련되어 반복적으로 사용되는 계약 조항을 의미한다. 이러한 약관은 교섭력이 강한 사업자가 자신의 이익을 염두에 두고 미리 작성하는 경우가 많고, 상대방 당사자는 그 약관을 따르지 않을 수밖에 없는 처지에 빠지게 된다. 따라서 약관의 불공정성에 대한 우려와 통제 필요성은 미국에도 존재한다. 다만 미국에는 우리나라와 같은 약관규제법을 별도로 두고 있지 않다. 약관에 대한 통제는 계약 편입에 관한 합리적 통지의 법리(약관의 존재에 대한 합리적인 통지를 하여 고객이 이를 검토할 기회를 부여해야 한다는 법리), 작성자불이익의 원칙(contra proferentum), 계약 내용에 관한 비양심성의 법리 등에 의해 행한다. 미국법률협회(American Law Institute)가 소비자계약 리스테이트먼트(Restatement of Law, Consumer Contracts) 초안을 작성하였는데 그 대부분이 약관에 관한 것이다.[32]

조건(condition, 공영진, 137면)도 계약에서 흔히 발견된다. 미국 계약법상 조건은 계약상 의무 이행에 단서로 붙은 발생이 불확실한 사건을 의미한다. 계약의 효력 발생 여부를 넘어서서 계약상 의무 이행에 영향을 미치는 단서까지 포함한다는 점에서

---

32) 보고자는 하버드 로스쿨의 Oren−Bar−Gill, 시카고 로스쿨의 Omri Ben−Shahar, 뉴욕 로스쿨의 Florencia Moratta−Wurgler 교수이다.

법률행위의 효력 발생 여부를 좌우하는 사건만을 의미하는 우리나라 민법상 조건보다 넓은 개념이다. 예컨대 선이행의무(예컨대 상대방이 그 의무를 먼저 이행해야 자신의 의무도 이행하기로 하는 경우) 또는 동시이행 관계(상대방이 그 의무를 이행 제공해야 자신의 의무도 이행 제공하기로 하는 경우)도 조건의 개념으로 설명된다. 조건은 선행조건(condition precedent)과 후행조건(condition subsequent)으로 나뉜다. 우리나라의 정지조건과 해제조건에 대응하는 개념이다.

약정(covenant, 남현우, 160면)이라는 개념도 있다. 약정(covenant)은 연혁적으로 날인(seal)을 수반하는 작위 또는 부작위의 약속이다. 오늘날에는 날인(seal)의 요소는 더 이상 요구되지 않고 계약의 내용을 구성하는 개별적인 작위 또는 부작위의 약속을 일컫는 개념으로 이해된다. 다만 모든 계약이 약정으로만 구성되어 있는 것은 아니다. 예컨대 관할합의나 중재합의, 완전합의조항(entire agreement clause)은 계약이지만 어떤 작위나 부작위의 약속은 아니므로 약정은 아니다. 약정은 작위를 요구하는 적극적 약정(affirmative covenant, 예컨대 물건인도약정)과 소극적 약정(negative covenant, 예컨대 경업금지약정)으로 나뉜다. 또한 특정 재산에 관한 물적 약정(real covenant, 예컨대 타인의 부동산을 침입하지 않기로 하는 약정)과 특정 재산과 무관한 인적 약정(personal covenant, 예컨대 전직금지약정)으로도 나뉜다.

라. 계약 해석

계약 해석(interpretation, 오흥록, 316면)은 계약으로 표현된 당사자의 의사를 확정하는 작업이다. 미국법상 계약 해석은 여러 가지 점에서 우리나라의 계약 해석과 유사하다. 당사자의 의사를 확정하는 작업이라는 점, 여기에서 당사자의 의사는 내심의 의사가 아니라 계약으로 표시된 의사라는 점, 계약에 관한 문서가 작성된 경우에는 해석은 그 문언으로부터 출발한다는 점, 계약서는 부분부분 단절하여 해석하지 않고 전체로서 유기적으로 해석한다는 점, 해석 과정에서 거래 과정이나 경위 또는 거래계의 관행 등 문언을 둘러싼 제반 사정을 참고할 길이 열려 있다는 점 등이 그러하다. 계약 해석은 주로 보통법과 학술적 논의를 통해 발달하여 왔다. 하지만 캘리포니아,[33] 델라웨어,[34] 조지아,[35] 아이다호,[36] 아이오와,[37] 루이지애나,[38] 몬태나,[39] 네

---

33) Cal. Civ. Code § 1635 이하.
34) Del. Code Ann. tit. 10 § 5403.
35) Ga. Code. Ann. §§ 13-2-1 to 13-2-4.
36) Idaho Code § 29-109.
37) Iowa Code Ann. § 622.22.
38) La. Civ. Code Ann. § 2045 이하.

브래스카,[40] 노스다코타,[41] 오클라호마,[42] 오레곤,[43] 테네시,[44] 텍사스[45]와 같이 계약 해석에 관한 성문법 규정을 두는 주들도 있다.[46] 미국에서는 문언(text)과 맥락(text) 중 어떤 요소에 더욱 무게를 둘 것인가를 둘러싸고 논의가 많다. 이와 관련된 해석의 규칙으로 구두증거배제의 원칙(parol evidence rule)과 명백한 의미 원칙(plain meaning rule)이 있다.

구두증거배제의 법칙(parol evidence rule, 윤혜원, 389면)은 당사자들이 서면으로 계약의 모든 내용을 통합하기로 한 경우 이에 반하는 구두증거는 제출할 수 없다는 법 원칙을 의미한다. 구두증거배제의 원칙은 사기방지법(statute of fraud)과 구별해야 한다. 사기방지법은 일정한 경우 계약이 서면으로 작성되어야 한다는 법을 의미한다. 반면 구두증거배제의 원칙은 계약의 서면화를 요구하지 않는다. 다만 일단 계약을 서면으로 작성하고 그 서면으로 계약을 통합(integration)한 경우에는 그 계약서의 내용에 반하는 외부 증거를 제출할 수 없도록 하는 법칙이다. 이처럼 서면에 의한 통합이 이루어진 계약을 통합된 계약(integrated contract), 서면에 의한 통합의 취지를 규정한 조항을 완전합의조항(entire agreement clause), 통합 조항(integration clause), 합병 조항(merger clause) 등이라고 한다. 이러한 조항을 통해 완결 또는 통합이 이루어지면 계약의 해석은 계약서에 기초하여 이루어져야 하고, 계약서 내용에 반하는 구두증거(외부증거라고도 한다)의 제출은 허용되지 않는다. 다만 계약 후 새로운 합의가 있는 경우, 계약서의 명시적인 잘못을 수정하고자 하는 경우, 계약의 무효 또는 취소를 주장하려는 경우, 계약서 내용이 애매하여 이를 보충하려는 경우, 완결 또는 통합이 부분적으로만 이루어졌고 그 이외의 부분에 관한 증거를 제출하려는 경우, 완결 또는 통합이 조건부로 이루어졌고 그 조건에 관한 증거를 제출하려는 경우에는 구두증거배제의 원칙이 적용되지 않는다. 즉 계약서 외의 증거를 제출할 수 있다.

구두증거배제의 원칙과 마찬가지로 계약서의 문언에 무게를 두는 해석 규칙으로 명백한 의미 원칙(plain meaning rule)이 있다. 이는 계약서에 사용된 문언은 그 문

---

39) Mont. Code. Ann. §§28－3－101 to 28－3－704.
40) Neb. Rev. Stat. §25－1217.
41) N.D. Cent. Code §§9－07－01 to 9－07－23, §1－02－02.
42) Okla. Stat. Ann. tit. 15, §§151 to 178.
43) Or. Rev. Stat. §§42.210 to 42.300; Or. Rev. Stat, §174.010.
44) Tenn. Code Ann, §47－50－112(a).
45) Tex. Gov't Code Ann. §311.011(a)－(b).
46) Jeffrey W. Stempel, *What is the Meaning of "Plain Meaning"*, 56 Tort Trial Insur Pract Law J. 551, 619－620 (2021).

언이 일반적으로 가지는 의미에 따라 해석해야 한다는 규칙이다. 다만 이러한 원칙이 실제 계약 해석 과정에서 차지하는 비중은 주마다 다르다.[47] 문언과 맥락 중 가급적 문언을 더욱 중시하려는 흐름과 맥락을 너그럽게 참조하려는 흐름이 있다. 전자의 흐름을 대표하는 주는 뉴욕주이고, 후자의 흐름을 대표하는 주는 캘리포니아주이다. 밀러 교수는 이러한 양주의 상반된 흐름을 다음과 같이 설명한다.[48]

> 뉴욕과 캘리포니아 계약법의 차이는 계약이론에서 형식주의적-맥락주의적 구별과 일치한다. 뉴욕 판사들은 형식주의자이다. 특히 상사사건에서 그들은 계약을 다시 써서(re-write) 더욱 공정하고 형평에 맞게 만들려는 시도를 용납하지 않고 해석의 확실한 원천으로 서면합의를 살펴본다. 반면 캘리포니아 판사들은 도덕성 또는 공공정책에 부합하도록 더욱 의욕적으로 계약을 개조하거나 (그 계약대로의 이행을) 거절한다. 그들은 당사자들 간의 서면합의에 초점을 덜 두고, 그 대신 이성과 형평, 실질적 공정의 원칙에 의해 규정되는 넓은 맥락 아래에서 그들의 상업적 관계의 윤곽을 찾아내고자 한다.

기업과 같이 숙련된 상거래 주체들은 더욱 높은 예측 가능성을 담보하는 뉴욕주 법을 선호하는 경향이 있다. 어느 한 문헌이 2,865건의 계약을 분석한 결과에 따르면 그중 46%가 뉴욕주를 준거법으로 채택하였고, 8%만 캘리포니아 법을 준거법으로 채택하였다.[49] 물론 이러한 선호도는 숙련되지 않은 주체들로 초점을 옮기면 달라질 수 있다. 하지만 그 경우에도 협상력이 강한 주체는 숙련된 상거래 주체일 가능성이 높고, 결국은 준거법 경쟁의 장에서 예측 가능성이 높은 계약 해석을 제공하는 준거법이 선택될 가능성이 현실적으로 더욱 높다.

마. 계약에 관한 항변

당사자가 소로써 계약에 따른 권리를 행사하려는 경우를 생각해보자. 이러한 경우는 상대방 당사자가 계약상 의무를 스스로 이행하지 않았다고 생각하기 때문에 일

---

47) Harry G. Prince, *Contract Interpretation in California: Plain Meaning, Parol Evidence and Use of the Just Result Principle*, 31 Loy. L.A.L.Rev. 557, 570 (1998).

48) Geoffrey P. Miller, *Bargains Bicoastal: New Light on Contract Theory*, 31 Cardozo. L. Rev. 1475, 1478 (2010).

49) Teodore Eisenberg & Geoffrey P. Miller, *The Flight to New York: An Empirical Study of Choice of Law and Choice of Forum Clauses in Publicly-Held Companies' Contracts*, 30 Cardozo L. Rev. 175 (2009).

어나게 된다. 이러한 상황에서 상대방 당사자는 여러 가지 항변(affirmative defense)[50]을 제출할 수 있다. 이러한 항변은 능력의 결여(lack of capacity), 성립의 결여(lack of formation), 약인의 결여(lack of consideration), 서면성의 결여(violation of statute of fraud), 사기(fraud), 부실표시(misrepresentation), 강박(duress), 부당위압(undue influence), 착오(mistake), 비양심성(unconscionability), 불법성(illegality), 이행불능(impossibility), 실행불가능(impracticability), 불가항력(force majeure), 분쟁해결 합의(settlement), 면제(release), 포기(waiver), 조건미성취(non-fulfillment of condition), 과실상계(comparative negligence), 시효(statute of limitations), 해태(laches), 금반언(estoppel) 등 다양한 형태로 존재한다. 대체로 우리나라 계약관련소송에서 제기되는 항변과 유사한 모습이다. 아래에서는 몇 가지 대표적 항변사유를 중심으로 설명한다.

(1) 능력의 결여 ─ 계약 주체에 관한 항변

능력의 결여는 계약 주체에 관한 항변 사유이다. 계약 당사자에게는 일정한 능력(capacity, 권효진, 128면)이 요구된다. 법인에게는 당연히 이러한 능력이 인정된다. 자연인에게도 원칙적으로 이러한 능력이 인정된다. 하지만 미성년자나 정신적으로 능력이 결여된 성년자에게는 이러한 능력이 부정된다. 미성년자가 몇 살부터 능력을 갖추게 되는지는 주법에 따라 다르다. 일반적으로는 18세를 기준으로 삼는 경우가 많다. 다만 미성년자도 생활필수품 구입 등 일정한 범위 내에서 부분적으로 능력을 가질 수 있다. 또한 미성년자가 혼인하여 가정을 꾸린 경우나 혼인하지 않았더라도 독립하여 생계를 꾸리는 경우에 무능력 상태에서 해방되기도 한다(emancipation of minors). 구체적인 요건은 각 주법에 따른다. 성인이라고 하더라도 정신적 장애가 있는 사람(mentally impaired person) 또는 술 또는 마약에 취한 자(intoxicated person)는 무능력자이다. 정신적 장애를 이유로 후견이 선언된 경우는 당연히 무능력 요건이 충족되고, 그렇지 않은 경우에도 계약 체결 당시의 무능력 상태를 개별적으로 증명하는 것도 가능하다. 지금까지 살펴본 무능력자의 계약은 무능력자 측에 의해 취소될 수 있다. 하지만 이를 취소하지 않거나 추인하면 그 계약은 유효하다. 다만 한국법처럼 미성년자가 자신의 나이를 속이는 등 사술을 쓴 경우 금반언(estoppel) 법리에 따라 취소권이 제한된다.

(2) 사기, 강박, 부당위압, 착오 ─ 계약 체결 과정에 관한 항변

사기(fraud, 김경우, 265면)는 타인을 고의로 기망하는 행위를 의미한다. 기망은

---

50) 우리 민사재판실무에서는 항변과 부인을 구별하는데, 미국에서는 이에 대응하여 affirmative defence와 negative defence라는 표현을 쓴다.

허위 사실을 진술하거나 중요한 사실을 은폐하는 모습으로 이루어진다. 기망과 유사한 개념으로 부실표시(misrepresentation, 김승재, 353면)가 있다. 부실표시에는 사기적 부실표시(fraudulent misrepresentation), 과실의 부실표시(negligent misrepresentation), 선의의 부실표시(innocent misrepresentation)가 있다. 그중 사기적 부실표시는 기망의 일종이다. 사기는 계약의 취소사유이다.

강박(duress, 김경우, 201면)은 상대방에게 계약을 체결하도록 협박하여 강제하는 행위이다. 강박은 부당한 위협(improper threat)을 요건으로 한다. 신체적 위협이 전형적 예이나 경제적 위협을 통한 강박, 즉 경제적 강박(economic duress)도 강박의 일종이다. 강박의 정도에 따라 계약의 효력이 달라진다. 예를 들어 총을 겨누어 계약서에 서명하도록 강제하는 경우처럼 사실상 의사결정의 자유가 박탈될 정도에 이르는 강박은 계약의 무효 사유이다. 그 외의 강박은 계약의 취소 사유이다.

부당위압(undue influence)은 위협(threat)이라는 수단이 사용되지 않아 강박에는 이르지 못하지만 자신보다 열후한 지위에 있는 상대방에게 부당하게 영향을 미쳐 그의 자유로운 의사결정을 방해하는 행위이다. 강박(duress)은 보통법, 부당위압(undue influence)은 형평법의 법리로서 발달하여 왔다. 부당위압에서는 계약 당사자 간의 관계가 중요한 고찰 대상이 된다. 당사자 간의 신인관계 또는 지배종속관계가 존재하는데 그 관계를 악용한 경우에 부당위압이 성립하기 쉽다. 부당위압의 경우에도 계약을 취소할 수 있다.

착오(mistake, 김승재, 357면)는 사실과 부합하지 않는 믿음을 의미한다. 착오는 계약 체결 당시에 존재해야 한다. 이 점에서 착오는 계약 체결 이후 사정으로 발생하는 실행불가능성(impracticability) 또는 목적 좌절(frustration)과 구별된다. 착오의 대상과 관련하여 사실에 관한 착오(mistake in fact)와 법에 관한 착오(mistake of law), 착오의 주체와 관련하여 일방적 착오(unilateral mistake)와 쌍방의 착오(mutual mistake)로 나뉜다. 착오 역시 계약의 취소사유이다. 쌍방의 착오에 관하여는 계약의 수정이 허용되기도 한다.

(3) 불법성, 비양심성 — 계약 내용에 관한 항변

불법성(illegality, 윤호열, 291면)은 계약 내용이 법에 반하여 강제할 수 없는 상태를 의미한다. 여기에서의 '법'은 성문법뿐만 아니라 법질서 전체의 정신과 이념에 포섭될 수 있는 도덕적 요청까지 미치는 넓은 개념이다. 또한 민사법뿐만 아니라 형사법도 아우르는 넓은 개념이다. 다만 여기에서의 법은 강행적인 성격의 법을 의미한다. 따라서 임의규정(default rule, 남현우, 178면)에 반하는 합의는 허용된다. 불법한 계약의 전형적인 예는 살인청부계약처럼 불법적인 목적을 가진 계약이다. 이처럼 계약의 목적 또는 내용에 불법성이 명시적으로 드러나는 경우 외에도 계약의 목적 또는 내용 그 자체는 불법적이지 않으나 다른 사정과 결부하여 불법성을 띠는 경우도 있다. 예컨대 상대방이 도박에 사용할 것을 알면서도 체결하는 소비대차계약이 그러하다. 불법성을 띤 계약은 강제 가능성이 없다. 또한 불법한 계약에 기초하여 이루어진 당사자의 급부 반환 청구는 원칙적으로 부정된다. 법원이 불법에 조력할 수 없다는 생각이 깔려 있다. 그러나 우리나라 불법원인급여의 법리처럼 계약 당사자가 모두 불법에 관여되어 있으나 그중 한 당사자의 불법성이 훨씬 높다면 다른 당사자의 계약상 권리는 관철될 수도 있다.

　　비양심성(unconsciouability, 이다나, 527면)은 계약이 양심에 반할 정도로 불공정하고 일방적인 상태를 의미한다. 비양심성의 법리는 본래 영국의 형평법에서 비롯되어 미국법에 수용되었다. 형평법상 법리이므로 배심원이 아닌 법관이 적용하여 판단한다. UCC 제2-302조는 이 법리를 명문화하였다. 우리 민법 제103조 소정 공서양속의 법리 또는 민법 제104조 소정의 불공정행위의 법리에 상응한다. 다만 우리 민법상 제103조 내지 제104조 위반은 법률행위의 무효 사유이지만 미국법상 비양심성은 계약 집행(enforcement)의 장애 사유이다. 비양심적 계약에 대한 법원의 집행 거부는 그러한 계약의 집행에 조력함으로써 법원의 고결성을 해치지 않겠다는 사고방식의 발로이다. 비양심성은 실체적 비양심성과 절차적 비양심성의 두 가지 측면으로 나누어 설명하기도 한다. 실체적 비양심성(substantive unconscionability)은 계약의 내용이 현저하게 불공정하고 일방적인 상태를 의미한다. 절차적 비양심성(procedural un-conscionability)은 정보력이나 교섭력의 격차 등으로 인해 계약 체결 과정이 억압적이고 기습적으로 이루어진 상태를 의미한다. 두 가지 비양심성 요소가 모두 갖추어져야 비양심성의 법리가 적용될 수 있다. 우리나라처럼 별도의 약관규제법을 두고 있지 않은 미국에서는 불공정한 약관을 규제하기 위하여 비양심성의 법리가 적극적으로 활용된다.

⑷ 금반언 또는 깨끗하지 않은 손 ― 계약 당사자의 행태에 관한 항변

　　금반언(estoppel, 김보라, 240면)이나 깨끗하지 않은 손(unclean hands, 윤호열, 523면)은 계약 당사자의 행태에 관한 형평법상 항변 사유이다. 금반언은 당사자가 자신의 과거 언동과 모순되는 권리를 주장할 수 없다는 형평법상 원칙이다. 우리나라의 신의칙상 분칙인 모순금지원칙에 비견되는 원칙이다. 금반언은 보통법을 그대로 적용할 때 형평에 어긋나는 결과에 이르는 경우 법원이 재량에 기해 적용하게 된다.

한편, 깨끗하지 않은 손(unclean hands) 역시 형평법상 항변 사유이다. 깨끗한 손(clean hands), 더러운 손(dirty hands) 등 다른 표현으로 불리기도 한다. 깨끗하지 않은 손 항변은 스스로 사기, 비양심성, 악의 등 형평에 반하는 행동을 한 자에게는 형평법적 구제수단을 부여해서는 안 된다는 상대방의 항변 형태로 제기되는 경우가 많다. 형평법의 보호를 받으려는 자는 스스로 형평에 부합하는 상태, 즉 비유하자면 구제를 요청하는 자신의 손이 깨끗해야 한다는 취지이다. 깨끗하지 않은 손은 금반언과 같은 형평법상 항변에 대한 재항변으로 제기되기도 한다. 즉 금반언으로 항변하는 상대방의 더러운 손을 지적하여 금반언이라는 형평법상 보호를 받지 못하게 하는 것이다. 요컨대 이 항변은 상대방의 형평법상 청구 또는 주장에 대항하기 위한 수단으로도 활용된다.

⑸ 불능, 목적좌절, 불가항력, 실행불가능 ─ 계약 이행 장애에 관한 항변

계약상 의무를 제대로 이행할 수 없는 사정이 있을 때 이를 들어 상대방의 계약상 권리 청구에 대응하여 항변하기도 한다. 원칙적으로 계약상 의무를 부담하는 자는 그 의무를 제대로 이행해야 한다. 만약 그 의무를 제대로 이행하지 못하면 계약을 위반하는 것이다. 그렇게 되면 계약 위반에 따른 책임을 부담해야 한다. 하지만 계약상 의무를 제대로 이행할 수 없거나 그 이행이 의미가 없어지게 된 사태가 의무자의 책임으로 귀속될 수 없는 경우라면 이야기는 달라진다. 이때는 계약상 책임을 부담하지 않으면서 해당 사정을 들어 항변할 수 있다. 이러한 계약 이행 장애에 관한 항변 사유로는 이행불능(impossibility), 실행불가능(impracticability), 불가항력(force majeure), 목적좌절(frustration of purpose)이 있다.

이행불능(impossibility, 최지영, 295면)은 계약 당사자가 자신의 의무를 이행할 수 없게 된 상태를 의미한다. 미국법상 이행불능은 본래 절대적이고 객관적으로 이행이 완전히 불가능한 경우(목적물의 멸실 등)를 의미하였다. 그 점에서 객관적으로 불가능한 것은 아니지만 예견할 수 없던 비용, 시간, 손실등의 급증 등을 이유로 실질적인 측면에서 이행할 수 없는 실행불가능(impracticability)과 구별되었다. 우리법상 이행불능은 절대적이고 객관적인 불능 뿐만 아니라 사회관념상 불가능한 경우도 이행불능으로 보고 있으므로, 미국법상의 이행불능 뿐만 아니라 실행불가능까지 포함하는 개념이라 할 수 있다. 다만, 미국에서는 이행불능 뿐만 아니라 실행불가능 역시 계약책임에 대한 면책사유로 인정하는 방향으로 발전해왔기 때문에, 미국에서도 양자를 꼭 명확히 구분하는 것은 아니다. 이행불능 또는 실행불가능의 개념을 양자를 모두 아우르는 넓은 개념으로 사용하기도 한다. 리스테이트먼트나 UCC 역시 이행불능과 실행불가능을 명시적으로 구분하지 않고 실행불가능이라는 개념으로 규정하고 있다. 이행불능이나 실행불가능은 불가항력으로 인하여 종종 발생한다.

불가항력(force majeure, 조인영, 255면)은 당사자가 예견하거나 통제할 수 없는 사정을 의미한다. 미국법상 계약책임은 고의나 과실을 불문하고 부담하는 엄격책임(strict liability)을 원칙으로 한다. 그러나 당사자의 통제 범위를 벗어난 외부적 사정으로 인해 계약상 채무를 이행하지 못한 경우까지 책임을 지우는 것은 가혹하다. 따라서 이러한 불가항력에 해당하는 사유가 있는 경우에는 예외적으로 계약책임을 면제한다. 계약에 불가항력 조항을 둔 경우 무엇이 불가항력 사유인가는 그 조항의 해석에 의한다. 그러한 계약 조항이 없는 경우에는 화산 폭발이나 지진, 폭우 등 자연재해나 당사자의 죽음이나 뇌졸중 등 act of God이라고 불릴만한 자연력이 작동한 때에 원칙적으로 불가항력이 인정되나, 그 외에 경제적 격변, 수출제한조치, 전쟁 등 당사자의 통제 범위를 벗어난 외부 사정에 대해서도 불가항력이 인정될 수 있다. 이행불능, 목적좌절이나 실행불가능에 해당하는 사유가 불가항력의 원인이 되기도 한다.

목적좌절(frustration of purpose, 백혜, 275면)은 당사자가 계약을 체결한 주된 목적이 좌절되어 계약상 의무이행이 무의미해진 상황을 의미한다. 이러한 경우 계약상 의무이행을 강제하는 것은 무의미할 뿐만 아니라 가혹하다. 이 법리는 영국의 Krell v Henry 판결[51]에서 비롯되었다. 에드워드 7세의 대관식 행렬을 구경할 수 있는 방을 임차하였는데 대관식이 취소된 사안에서 계약목적(대관식 구경)이 좌절되었으므로 임차인의 잔금지급의무가 면제된다는 취지의 판결이다. 계약상 의무이행(방의 임대 및 차임 지급)은 여전히 가능하였으므로 이행불능 법리는 적용될 수 없으나, 계약목적 좌절을 의무면제의 근거로 제시한 것이다. 미국도 Mineral Park Land Co. *v.* Howard 판결,[52] UCC 제2편 제615조 등을 통해 목적좌절 법리를 수용하였다. 다만 미국법에서는 목적좌절 법리가 수행할 역할의 상당 부분을 실행불가능(impracticability) 법리가 수행하고 있다. 우리나라에서는 이러한 목적좌절 법리를 사정변경 원칙으로 포섭한다.[53]

실행불가능(impracticability, 백혜, 301면)은 실행이 절대적, 물리적으로 불가능하지는 않지만 현저히 곤란하거나 그 실행을 강제해서는 지나치게 과도한 일방적인 부

---

51) Krell v Henry, 〔1903〕 2 KB 740.
52) Mineral Park Land Co. *v.* Howard, 156 P. 458 (Cal. 1916).
53) 대법원 2017. 6. 8. 선고 2016다249557 판결.

담을 안기는 상태를 의미한다. 이행불능이 절대적, 물리적 불능으로 좁게 이해되던 때에 경제적 불능으로까지 계약상 채무면제의 범위를 확장하기 위해 등장한 미국적 개념이다. 이행불능의 개념을 넓히면 실행불가능의 개념을 포섭할 수 있으나, 미국에서는 여전히 이를 실행불가능이라는 별도의 개념으로 대처하고 있다. 이는 상업적 실행불가능(commercial impracticability)이라고도 불린다. 이는 실행이 불가능하지는 않지만 이를 위해 지나치게 과도하고 비합리적인 비용이 들어가므로 상업적 관점에서는 그러한 실행을 요구하는 것이 비현실적이라고 여겨지는 경우를 뜻한다.[54] 상업적 실행불가능에 해당하는지를 판단함에 있어서는 예견 가능성과 가혹성(hardship)을 고려한다.

(6) 해태, 소멸시효 ― 시간의 경과에 따른 권리행사금지 항변

시간의 경과에 따라 계약상 권리행사가 금지되는 경우도 있다. 이에 대해서는 해태(laches, 장인석, 332면) 항변과 소멸시효(statute of limitations, 장인석, 488면) 항변이 있다. 해태 항변은 권리 위에 잠자는 자를 돕지 않는다는 이념 아래 자신의 권리행사를 부당하게 지연한 경우에 이로 인해 중대한 불이익을 입게 될 상대방을 보호하기 위해 형평법상 인정된다. 획일적인 기준이 있는 것이 아니라 개별 사안의 사정을 고려하여 권리 행사 가능 여부가 판단된다는 점에서 우리나라에서 신의성실의 원칙에 기해 인정되는 실효의 원칙과 유사하다. 한편 소멸시효는 법이 정한 일정한 기간 내에 소를 제기하지 않으면 그 기간 경과 후에는 더 이상 구제를 허용하지 않는 제도이다. 즉 출소기간으로서의 특징을 지닌다. 소멸시효 기간은 주별로 권리 유형에 따라 달라진다. 소멸시효 완성은 절차법상 권리 행사를 저지할 뿐 실체법상 권리를 소멸시키지는 않는다.

사. 계약위반과 구제수단

(1) 계약위반

계약은 원칙적으로 계약 당사자에게만 권리나 의무를 부여한다(privity of contract). 그러한 계약의 구속 아래에서 계약상 의무를 부담하는 계약 당사자는 그 의무를 이행해야 한다. 계약의 이행(performance, 김민주, 403면)은 계약에서 정한 바에 따른 완전한 것이어야 한다. 그 외에 대물변제(accord and satisfaction), 상계(setoff, 이정헌, 464면) 등 다른 방법으로 계약이 이행된 것과 마찬가지의 상태에 이를 수 있다.

---

54) 이러한 점에서 김상중, "사정변경 제도의 성문입법화 시도에 관한 몇 가지 비판적 단상", 재산법연구 제23권 제1호(2006), 35에서는 'impracticability of performance'를 '이행의 비현실성'으로 번역한다.

참고로 미국법상 상계는 대체로 영국법상 상계 법리의 영향 아래 보통법상 상계와 형평법상 상계로 나뉘고, 도산법상 상계에 관한 별도 규정도 있다.

계약상 의무 이행을 하지 않는 제반 상황을 계약위반(breach of contract, 김민주, 123면)이라고 한다. 계약위반은 다양한 모습으로 존재한다. 이행지체나 불완전이행, 이행불능 등 우리나라에서 주로 논의되는 채무불이행 유형은 미국에서도 고스란히 존재한다. 이행거절(repudiation, 최준학, 448면)도 계약위반의 한 유형이다. 개념상 이행거절은 이행기 전 이행거절과 이행기 후 이행거절을 모두 포함하나, 일반적으로는 이행기 전 이행거절(anticipatory repudiation)과 동의어로 사용되는 경우가 많다. 이행거절 법리는 영국 판례로부터 비롯되어[55] 미국 연방대법원에 의해 수용되었고, 리스테이트먼트와 UCC(제2편 제610조)에도 수용되었다. 이행거절의 상대방은 이로 인한 손해의 배상을 청구할 수 있고, 쌍무계약의 경우에는 자신의 채무로부터 해방될 수 있다.

또한 계약위반은 중대한 위반(material breach, 권효진, 349면)과 그 밖의 위반으로 나눌 수 있다. 중대한 위반의 경우에만 계약을 해제하거나 해지하는 등 종료(terminate)하거나 자신의 의무 이행을 유보할 수 있다. 손해배상도 청구할 수 있으나 이는 중대한 위반에만 국한된 효과가 아니다. 중대한 위반의 법리는 계약의 목적달성에 장애가 되는 정도에 이르는 주된 채무 위반의 경우에만 계약을 해제 또는 해지할 수 있도록 하는 우리나라 법리[56]와 일맥상통한다. 무엇이 중대한 위반인가는 일률적으로 말할 수 없다. 계약 위반 당사자들을 둘러싼 이익 상황과 계약위반의 정도와 양상, 치유 내지 손해회복 가능성 등을 고려하여 사안별로 판단하는 수밖에 없다.

(2) **구제수단**

(가) **손해배상**

계약위반에 대한 원칙적인 구제수단은 손해배상(damages, 박정현, 165면)이다. 이는 보통법에 따른 구제수단이다. 손해배상은 크게 보면 전보적 손해배상(compensatory damages)과 징벌적 손해배상(punitive damages, 윤혜원, 432면)으로 나뉜다. 전보적 손해배상은 발생한 손해를 회복시켜 주는 손해배상이다. 법률이 미리 정한 금액 또는 금액 범위에 따라 행해지는 법정손해배상(statutory damages), 손해가 실제로 발생하였는지와 무관하게 권리 침해 사실을 밝히기 위해 명목적인 금액(예컨

---

55) 미국법상 이행거절 법리의 기원이 된 영국법상 이행거절 법리는 우리나라 대법원 판례(대법원 2017. 5. 30. 선고 2014다233176, 233183 판결)에서도 다루어진 바 있다.

56) 대법원 2015. 6. 24. 선고 2015다204205 판결.

대 10달러)에 대해 행해지는 명목적 손해배상(nominal damages)도 있는데, 넓게 보면 이들도 전보적 손해배상의 범주에 포함시킬 수 있다.[57] 징벌적 손해배상은 손해회복을 넘어서서 징벌 또는 제재의 목적으로 부과되는 손해배상이다. 비전보적 손해배상이라고도 불린다. 영국에서 비롯되었으나 미국에서 더욱 활발하게 이용되어 왔다. 징벌적 손해배상은 악의적(malicious)이거나 무모하게 행해진(recklessness, 김기홍, 436면) 극심한 가해행위에 대해 부과된다. 액수의 산정은 배심원의 몫이다. 불법행위에 대해 부과되는 것이 원칙이나 불법행위에 준하는 정도의 악성이 인정되는 계약위반에 대해서도 예외적으로 부과될 수 있다. 우리나라에서는 3배배상 또는 5배배상과 같은 배액배상제도도 징벌적 손해배상의 일종으로 생각하기도 하나, 역사적으로나 제도적으로 볼 때 징벌적 손해배상과는 구별되는 제도이다.[58] 한 가지만 지적하자면 배액배상제도는 성문법상 제도이므로 불문법상 확립되어 온 징벌적 손해배상과는 뿌리를 달리한다.

　　전보적 손해배상의 대상이 되는 손해는 통상손해(general damages[59])와 특별손해(special damages)로 나뉜다. 특별손해(special damages)는 결과적 손해(consequential damages, 박정현, 143면)라고 표현되기도 한다. 통상손해(general damages)에 대해서는 손해배상을 당연히 구할 수 있으나, 특별손해 또는 결과적 손해에 대해서는 예견가능성이 있는 경우에만 배상을 구할 수 있다. 가까운 원인(proximate cause)에 따른 손해만 배상하겠다는 생각이 깔려 있다. 이는 영국의 Hadley 판결[60]에서 비롯되어[61] 후일 미국 판례에도 수용되었다.[62] 또한 미국 제2차 계약법 리스테이트먼트 제351조는 '예견불가능성과 손해배상에 관한 제한'이라는 표제 아래, 계약을 위반한 당사자가 계약체결 시 계약위반의 개연적인 결과로서 예견할 수 없었던 손실에 대하여는

---

57) Model Punitive Damages Act Section 1 (1)은 전보적 손해배상(compensatory damages)에 명목적 손해배상을 포함시킨다.

58) 김태선, "미국 배액배상제도 및 법정손해배상제도의 도입에 관한 소고", 민사법학 제66호(2014), 240-241; 가정준, "'징벌적 손해배상제도'의 변형과 정착 — 오해와 진실을 바탕으로", 재산법연구 제38권 제1호(2021), 119-120.

59) General damages라는 표현은 정확하게 산정하기 어려운 무형적 손해(예컨대 정신적 고통이나 명예훼손)라는 의미로 사용되기도 한다.

60) Hadley v. Baxendale, 9 Ex. 341, 156 Eng. Rep. 145 (1854).

61) Where two parties have made a contract which one of them has broken, the damages which the other party ought to receive in respect of such breach of contract should be such as may fairly and reasonably be considered either arising naturally, i.e., according to the usual course of things, from such breach of contract itself, or such as may reasonably be supposed to have been in the contemplation of both parties, at the time they made the contract, as the probable result of the breach of it.

62) 예컨대 Primrose v. Western Union Tel. Co., 154 U.S. 1 (1894).

손해배상을 받을 수 없다는 점(제1항), (a) 사건의 통상적인 과정에서 발생한 손실 또는 (b) 사건의 통상적인 과정 이외에 위반당사자가 알고 있었을 것으로 보이는 특별한 사정에 의한 결과로서의 손실은 계약위반의 개연적인 결과로서 예견가능하다고 볼 수 있다는 점(제2항)을 제시하였다. 이 법리는 통상손해에 대한 배상을 인정하되 특별손해는 예견가능성이 있는 경우에만 배상을 인정하는 우리나라 민법 제393조의 배경을 이루었다.

손해배상에 의해 보호되는 계약법상 이익은 기대이익(expectation interest, 김형진, 245면), 신뢰이익(reliance interest, 김형진, 440면), 원상회복이익(restitution interest)의 세 가지로 나뉜다. 기대이익은 이행이익에 해당하는 개념이다. 기대이익에 대한 배상이 계약위반에 대한 손해배상의 원칙적인 모습이다. 기대이익의 배상을 통해 권리자는 계약이 제대로 이행되었더라면 자신이 누렸을 이익을 누리게 된다(계약 이행에 따른 권리자의 가상적 이익상태 실현). 신뢰이익은 우리 법상 신뢰이익과 마찬가지로 계약이 유효하게 체결되었으리라고 신뢰하였기 때문에 발생한 손해에 대응하는 이익 개념이다. 신뢰이익은 Lon Fuller의 기념비적인 논문인 "The Reliance Interest in Contract Damages"[63] 이후 손해배상의 대상 이익으로 자리 잡게 되었다. 기대이익 배상의 대안으로 활용되는 신뢰이익의 배상은 계약을 체결하지 않았더라면 입지 않았을 손해를 전보시켜 준다(계약 체결 전의 권리자의 가상적 이익상태 실현). 원상회복이익은 계약위반으로 인해 상대방이 부당하게 취득하게 된 이익에 해당하는 개념이다. 원상회복이익의 배상은 계약을 위반하지 않았더라면 누리지 못했을 상대방의 부당한 이익을 반환받는 방식의 손해배상이다(계약 위반 전의 의무자의 가상적 이익상태 실현). 우리 법의 시각에서 엄밀하게 보면 이는 손해배상의 문제는 아니지만, 침해자가 받은 이익액을 손해액으로 추정하는 법 규정(예컨대 저작권법 제125조 제1항 등)에 의하여 이익반환이 손해배상의 영역에 포함되는 경우도 있다.

계약자유의 원칙에 따라 손해배상액 예정(liquidated damages, 이승현, 344면)도 가능하다. 손해배상액 예정은 계약위반에 따라 배상해야 할 손해액을 미리 정하는 당사자 간의 합의이다. 합의된 손해액은 실제 손해액과 일치하지 않아도 무방하다. 예정 손해액(liquidated damages)과 실제 손해액(actual damages) 사이의 선택권을 인정하는 특수한 형태의 손해배상액 예정이 유효한지에 대해서는 주마다 입장이 다르다. 한편, 전보되어야 할 손해의 액수를 미리 합의하는 정도를 넘어서서 계약위반에

---

63) L. L. Fuller & William R. Perdue, *The Reliance Interest in Contract Damage*, 46 Yale. L. J. 52 (1936).

관하여 상대방에게 제재를 가하기 위한 위약벌(penalty, 이승현, 398면)은 법적으로 강제할 수 없다. 위약벌로 인한 망외의 이익 취득이 계약법의 목적에 반할 뿐만 아니라, 때로는 위약이 사회적 효용을 증가시킬 수 있다는 등의 근거가 제시된다. 이처럼 위약벌이 허용되지 않는다는 점에서, 위약벌의 유효성을 인정할 뿐만 아니라 손해배상액 예정과 달리 위약벌의 직권 감액을 부정하기까지 하는 우리 판례의 태도[64]와는 사뭇 차이가 있다. 손해배상액 예정은 인정하되 위약벌은 부정하는 미국 계약법의 태도로 말미암아 미국에서는 양자를 구별하는 것이 중요한 쟁점이 된다. 이 과정에서는 해당 합의 당시 당사자의 의도, 실제 손해와 예정된 배상액 사이의 비례적 관계를 중요한 요소의 하나로 고려하게 된다.

(나) **특정이행**

계약위반에 대한 형평법적 구제수단은 특정이행(specific performance, 이정헌, 468면)이다. 이는 계약상 채무 자체의 이행을 명하는 구제수단이다. 우리나라와 달리 미국 계약법상 특정이행은 손해배상의 보충적 구제수단이다. 즉 손해배상만으로는 채권자가 적절한 구제를 받을 수 없다고 인정되는 경우 법원이 형평에 비추어 재량에 의해 특정이행을 명하게 된다. 어떤 약속을 하였다면 그 약속을 할 의무를 부담하고, 상대방으로서는 그 의무를 이행하게 해 달라고 법원에 호소하는 것이 당연하다. 그런데도 이러한 특정이행이 보충적 구제수단에 머물러 있는 이유는 보통법과 형평법의 역사에서 찾아볼 수 있다. 보통법은 계약위반에 대응하는 권리를 손해배상으로 제한하여 왔는데, 형평법상 특정이행은 이러한 구제수단의 제한으로 인해 발생하는 권리자의 어려움을 덜기 위해 보충적으로 인정되어 왔기 때문이다. 이는 과거 자신이 한 약속을 지키지 못한 것에 따른 책임(손해배상책임)을 지우는 것은 몰라도 그 약속을 지키도록 강제하는 것은 지나친 자유의 구속이라는 자유주의적 시각에서도 이해할 수 있다. 특정이행의 보충성은 채무를 이행하는 것보다 채무 이행의 약속을 어기고 손해를 배상해 주는 쪽이 더욱 효율적이라는 효율적 계약위반과의 관계에서도 옹호되지만,[65] 이에 반대하는 취지의 논변도 있다.[66]

특정이행은 주택이나 토지, 예술품 등 특정물 매매에서 인정될 가능성이 높아진

---

64) 대법원 2022. 7. 21. 선고 2018다248855 전원합의체 판결.

65) 예컨대 Steven Shavell, Specific Performance versus Damages for Breach of Contract: An Economic Analysis, 84 Tex L. Rev. 831 (2005–2006).

66) Alan Schwartz, The Case for Specific Performance, 89 Yale L.J. 271 (1979); Thomas S. Ulen, The Efficiency of Specific Performance: Toward a Unified Theory of Contract Remedies, 83 Mich. L. Rev. 341 (1984).

다. 손해배상을 받아 그 돈으로 동종의 다른 물건을 살 수 있는 종류물 매매와 달리 특정물 매매에서는 손해배상만으로 그 계약의 목적을 제대로 달성할 수 없기 때문이다. 반면 교습이나 공연처럼 인적 서비스를 제공하는 계약에서는 특정이행을 명할 수 있는 가능성이 낮아진다. 이러한 이행 강제가 채무자에게 지나친 부담이 되고 그 결과 계약 목적도 제대로 달성할 수 없는 경우에는 이를 적절하고 형평에 맞는 구제수단이라고 하기 어렵기 때문이다. 특정이행은 형평법상 인정되기 때문에 그 가능성은 형평의 이념에 비추어 판단된다. 그만큼 법원의 재량이 커진다. 예컨대 계약위반을 당한 당사자라도 스스로 부정한 행위를 하였다면 깨끗하지 않은 손(unclean hands)의 법리에 따라 특정이행의 혜택을 받지 못할 수 있다. 특정이행은 이처럼 법원의 재량으로 부여되는 구제수단(remedy)일 뿐이고, 당사자가 이에 대응하는 실체적 권리(right)를 가지는 것은 아니다.

2. 미국의 불법행위법

가. 배 경
(1) 불법행위법의 발전 배경

불법행위는 법에 의해 일반적으로 부과된 의무를 위반하여 행한 민사적 잘못(civil wrong)을 의미한다. 불법행위법은 이러한 민사적 잘못에 대한 규범적 대응을 담은 법이다. 여기에서의 민사적 잘못에 계약 위반은 포함되지 않는다는 점에 유의해야 한다. 계약 위반은 법에 의해 일반적으로 부과된 의무가 아니라 계약 당사자 사이에 체결된 계약에 의해 개별적으로 부과된 의무의 불이행이기 때문이다. 계약법과 불법행위법은 모두 사법(私法)의 일종이긴 하나 민법이라는 카테고리로 묶인 우리나라에 비해 미국에서는 불법행위법이 계약법과 일정한 거리를 유지하는 편이다. 양자는 역사적으로나 법리적으로 어느 정도의 독자성을 가지고 각각 발전하여 왔다. 미국 로스쿨에서 양자는 별도의 과목으로 강의되고 있을 뿐만 아니라 강의 교수도 구분되는 경향이 있다. 우리나라와 달리 계약법과 불법행위법에 동시에 전문성과 연구 관심을 가지는 학자들의 숫자가 적다.

보통법상 불법행위법은 세월을 두고 불법행위의 개별적 소인(cause of action)이 추가되면서 점층적으로 발전하여 왔다. 이러한 개별적 소인이 인정되지 않으면 불법행위도 성립하지 않는다. 이 점에서 "고의 또는 과실로 인한 위법행위"로 손해를 발생시켰다면 그 행위의 유형을 가리지 않고 불법행위에 따른 손해배상책임을 지우는 우리 민법 제750조의 태도와 구별된다. 그러나 실제로는 미국에서도 불법행위의 소인이 매우 다양하게 축적되어 있을 뿐만 아니라 그 각각의 유형을 신축적으로 확장·발전시켜 나가고 있으므로 결과적으로 불법행위의 총 외연은 우리나라와 크게 다르지 않다. 미국법상 불법행위의 유형은 크게 보면 고의 불법행위(intentional torts), 과실 불법행위(negligence), 엄격책임(strict liability)으로 나눌 수 있다. 그러나 과실 불법행위나 엄격책임은 19세기 중반 이후부터 본격적으로 형성된 불법행위 영역이다. 그러므로 고의 불법행위에 비하여 상대적으로 새로운 불법행위 유형이라고 말할 수 있다. 보통법상 불법행위는 오랫동안 고의 불법행위 — 그것도 개별적으로 인정된 몇몇 유형의 불법행위 — 의 형태로 존재하였던 셈이다.

　　이러한 불법행위의 단순성 때문에 불법행위에 관한 정교한 법리 체계는 오랫동안 존재하지 않았다. 계약법에 대해서는 18세기부터 그 배후의 원리를 체계화하려는 의식적인 움직임이 있었으나, Frederick Pollack에 따르면, 영국에서 불법행위 원리에 관한 진정한 과학적 접근은 1852년 Common Law Procedure Act가 통과된 이후부터 이루어졌다.[67] 한편 미국도 이러한 영국의 분위기와 흐름 아래에 있었다. 미국 불법행위의 독자성은 1870년대에 이르러서야 확보되기 시작했다.[68] 이러한 움직임은 영장(writ) 중심의 소송절차, 그리고 보통법원과 형평법원의 구분이 영국과 미국에서 폐지된 것과 관련된다. 불법행위법을 얽어매던 오랜 형식으로부터의 해방은 불법행위를 바라보는 사고의 지평을 넓혔다. 이는 불법행위법 배후의 원리를 발견하고 이에 기초하여 그 법리를 체계적으로 발전시키려는 동력으로 이어졌다.

　　불법행위법은 사회현실과 밀접한 관련성을 맺고 상호작용한다. 미국에서는 20세기에 들어와 그동안 직면하지 않았던 새로운 사고유형들이 등장하였다. 이로 인한 책임 문제가 사회적으로 더욱 중요한 비중을 가지게 되었다. 이에 대응한 불법행위 법리의 체계화와 선진화가 요구되었다. 이러한 노력은 리스테이트먼트에서 집약되었다. 미국의 불법행위법에 대해서는 UCC와 같은 존재가 없는 만큼 리스테이트먼트가 가장 중요하고 영향력 있는 전거(典據)로 자리 잡았다. 불법행위법 제1차 리스테이트먼트는 1934년, 제2차 리스테이트먼트는 1965년에 작성되었다. 제2차 리스테이트먼트는 모두 14개 장 900개 조항으로 구성되어 있을만큼 방대하다. 그 이후 제3차 리스테이트먼트는 꽤 오랜 기간에 걸쳐 세부 주제별로 나누어 작성되고 있는 중이다. 1998년에는 제조물책임(Products Liability), 2000년에는 책임배분(Apportionment

---

67) F. Pollock, The Law of Torts: A Treatise on the Principles of Obligation arising from Civil Wrongs in the Common Law (1st edn, 1887), viii.
68) 가정준, "미국 불법행위법 발전의 이론적 고찰", 비교사법 제12권 제1호(2005), 384.

of Liability), 2010년과 2012년에는 각각 신체적 및 정신적 손해에 대한 책임(Liability for Physical and Emotional Harm), 2020년에는 경제적 손해에 대한 책임(Liability for Economic Harm)이 각각 발표되었다. 2022년 현재 불법행위에 대한 구제수단(Torts: Remedies), 사람에 대한 고의 불법행위(Intentaional Torts to Persons), 명예훼손과 프라이버시(Defamation and Privacy), 기타 규정(Concluding Provisions)[69] 등에 대한 제 3차 리스테이트먼트 프로젝트가 진행 중이다. 이러한 프로젝트가 모두 끝나면 사실상 제2차 리스테이트먼트의 규율 범위를 거의 포괄하는 새로운 리스테이트먼트가 완성되는 것이다.

(2) 불법행위법의 목적을 둘러싼 논의 동향

불법행위법의 목적은 무엇인가? 이는 미국 불법행위법 이론사에서 근본적이고 진지한 논의 대상이었다. 크게 보면 공리주의적 접근방법과 정의론적 접근방법이 대립하여 왔다.[70] 직관적으로 보면 불법행위법은 정의를 실현하고 피해를 회복하는 법이다. 따라서 논쟁의 장에서는 정의론적 접근방법이 득세할 만하다. 그런데 흥미롭게도 미국은 적어도 1960년대 이후에는 공리주의적 접근방법이 우세한 양상을 보여 왔다. 그 선두에는 법경제학이 있었다. 법경제학은 법을 인간 행태에 대한 인센티브 부여의 도구로 보는 관점, 즉 도구주의적 관점을 취한다. 법경제학의 본격적 태동도 불법행위법과 밀접한 관련성이 있다. Guido Calabresi가 1961년에 발표한 "Some Thoughts on Risk Distribution and the Law of Torts"는 불법행위법에 대한 경제적 접근의 효시적 논문이다. 그의 논문에 따르면 불법행위법의 목적은 사고의 총비용을 감소시키는 데 있다. 1982년에는 Richard Posner가 그의 저서 "Tort Law: Case and Economic Analysis"에서 19세기 후반부터 20세기 초반까지 1,500건 이상의 불법행위 관련 판례를 분석한 결과 불법행위법상 제반 원리가 경제자원을 효율적으로 배분시키는 수단으로 고안되었다는 논지를 전개하였다. 이러한 법경제학적 접근은 손해의 전보(compensation)보다 불법행위의 억제(deterrence)를 강조한다. 아울러 불법행위에 대한 구제는 사회의 총비용을 감소시키고 사회의 총효용을 높이는 방향으로 결정되어야 한다고 강조한다. 경제적 분석은 여전히 불법행위법의 주된 방법론으로 자리매김하고 있다.

불법행위법을 정책적 도구로 보는 관점은 불법행위법이라는 제도가 초래하는

---

69) 직역하면 '최후의 규정들'이겠으나, 실제로는 기존의 제3차 리스테이트먼트에서 다루지 못한 나머지 내용(예컨대 의료사고, 대위책임, 불법행위에 의한 사망 등)을 다룬다.

70) 이에 대해서는 대체로 권영준, "불법행위법의 사상적 기초와 그 시사점 — 예방과 회복의 패러다임을 중심으로", 저스티스 통권 제109호(2009)의 해당 부분을 발췌하거나 참조하였다.

비용이 그 편익보다 크다면 불법행위법 제도의 운용 모습을 바꾸거나 심지어 전통적 불법행위 제도를 폐지할 수 있다는 관점으로도 연결된다. 실제로 미국에서는 전통적인 보통법에 기초한 불법행위소송이 그 과도한 비용에 비해 피해자들의 손해회복에는 그다지 효율적이지 못하다는 이유로 제정법에 기초한 불법행위법의 개혁이 필요하다는 움직임이 있었다. 여기에서 불법행위소송의 비용은 실제 소송에 들어가는 시간과 금전 외에도 법원의 사건처리 부담, 소송 우려에 따른 혁신의 저해, 소송에 대비하기 위한 법률비용 및 보험비용 증가, 소비자에 대한 이러한 비용의 전가 등을 의미한다. 디스커버리 제도를 포함해 소송으로 인한 유무형의 부담이 큰 미국에서 이러한 문제가 더욱 현저하게 대두된다. 개혁 대상으로 거론되는 불법행위소송 분야로는 인신사고소송, 의료사고소송, 제조물책임소송, 명예훼손소송이 있다. 이러한 불법행위소송을 대체할 수 있는 제도로는 무과실보상시스템, 사회복지시스템 등이 제안된다. 그러나 불법행위법이 오로지 사회를 더욱 효율적으로 만드는 도구라고만 보는 시각은 편협하다는 지적도 만만치 않다. 또한 이러한 시각은 불법행위법의 역사나 불법행위법을 바라보는 일반인의 시각과도 거리가 있다. 개혁(reform)이라는 매력적인 구호를 선점한 뒤 사실은 가진 자, 특히 집단적 불법행위소송의 단골 피고인 대기업들의 이익을 보호하여 결과적으로 가지지 못한 자, 특히 불법행위의 잠재적 피해자인 소비자들의 이익을 해치는 운동이라는 비판도 있다.

학계에서도 불법행위법은 잘못한 사람에게 자신의 잘못을 되돌려 놓도록 하여 피해를 회복하는 법이라는 정의론적 접근방법이 강하게 제기되었다. 정의론적 접근방법은 교정적 정의, 배분적 정의, 공정성, 상호성, 양극성(bipolarity) 등 여러 가지 키워드에 기초하여 다양한 모습으로 존재한다. 정의론적 접근방법은 1970년대부터 George Fletcher나 Richard Epstein을 중심으로 본격화되었다. George Fletcher는 1972년 그의 논문 "Fairness and Utility in Tort Theory"[71]에서 도구주의적 관점을 비판하면서, 상호성 패러다임(reciprocity paradigm)을 제안하였다. 이에 따르면 사람들은 누구나 다른 사람들에게 일정한 위험을 창출하며 살아가지만, 그 위험이 상호적으로 존재하는 한 서로 책임을 지지 않는다. 하지만 어느 한쪽의 위험이 비정상적으로 커진다면, 즉 비상호적 위험을 창출한다면 그때 비로소 그 위험창출자는 불법행위책임을 진다. 이 이론은 과실책임과 무과실책임을 아우르는 책임부과 정당성 근거를 제시한다는 장점을 지닌다. 상호성의 아이디어하에서 평등과 책임이 이해되어야 한다

---

71) 85 Harv. L. Rev. 537 (1972).

는 차원에서 불법행위법을 파악한 Arthur Ripstein의 "Equality, Responsibility, and the Law"(1999) 역시 그 연장선상에 있다.

Jules Coleman은 1992년 그의 저서 "Risks and Wrongs"에서 교정적 정의의 요청이 불법행위법의 핵심이라고 주장하였다. 그의 주장은 2001년 "The Practice of Principle"에서 심화되었다. 교정적 정의를 넘어서는 정의론적 접근방법도 있다. Izhak Englard는 1993년 그의 저서 "The Philosophy of Tort Law"를 통하여 이러한 정의론의 연장선상에서 불법행위법에는 교정적 정의의 요청 이외에도 다른 요청들이 혼재한다는 이른바 복합적 정의론(pluralism)을 전개하였다. 복합적 정의론은 1995년 Ernest Weinrib의 "The Idea of Private Law"에서 또다른 양상으로 전개되는데, 그에 따르면 불법행위법에는 그 법 자체에 내재하는 형식적 질서(formal ordering), 교정적 정의(corrective justice), 칸트적 권리사고(kantian right)가 복합적으로 존재한다고 한다. 칸트나 헤겔의 철학에 주목하는 사조는 같은 해 발간된 Alan Brudner의 저서 "The Unity of the Common Law"에서도 발견된다. 그에 의하면 다른 보통법 영역과 마찬가지로 불법행위법 영역도 자유와 복지의 개념들을 내적 발전(internal development), 화해(reconcile), 보존(preserves), 통합(unify)하는 헤겔적 대화과정의 사법적 전형이라고 한다. 같은 해에 출간된 논문 선집인 "Philosophical Foundation of Tort Law"가 출간되었다.[72]

불법행위법의 목적과 본질을 둘러싼 근본적인 논의는 지금도 미국에서 계속되고 있다. 이러한 이론적 논의의 넓이와 다양성은 매우 "인상적(impressive)"이다.[73] 이는 한국 불법행위법학에서는 쉽사리 발견되지 않는 광경이다. 우리에게는 불법행위법은 불법행위로 인한 피해를 민사적으로 회복해 주는 법이라고 배우고, 또 그 명제를 당연한 것으로 받아들이는 경향이 있다. 해결해야 할 실정법적 난제들이 쌓여 있는 상황에서 자연스럽게 이해되는 불법행위법의 목적과 본질을 굳이 파헤칠 여유가 없는지도 모른다. 그러나 가장 기본적인 것을 가장 깊게 파헤치고 어찌 보면 실제 문제의 해결에 큰 도움이 되지 않는 논의를 이어나가는 미국 불법행위법 학계의 모습이 우리에게 시사하는 바도 있다. 불법행위법이 지향해야 할 커다란 방향성을 설정하는 데에는 불법행위법의 전체상을 그리지 않을 수 없는 것이다.

---

72) D. Owen(ed.), Philosophical Foundation of Tort Law (1995).
73) John C. P. Goldberg & Benjamin C. Zipursky, *Tort Theory, Private Attorneys General, and State Action: From Mass Torts to Texas S.B. 8*, 14 J. Tort Law 469, 469 (2021).

나. 불법행위의 유형

⑴ 고의 불법행위

역사적으로 보면 종래 불법행위의 핵심적 유형은 고의 불법행위(intentional tort)였다. 고의 불법행위는 타인에 대해 고의로 가한 불법행위를 의미한다. 고의 불법행위는 폭행(battery), 폭행위협(assault), 토지침해(trespass to land), 동산침해(trespass to chattel), 불법감금(false imprisonment), 명예훼손(defamation), 고의적인 정신적 고통 유발(intentional infliction of emotional distress, 윤나리, 221면 참조), 재판절차의 남용(abuse of process), 악의의 소추(malicious prosecution) 등 다양한 형태로 존재한다. 특히 물리적인 침해행위와 관련된 불법행위는 대표적인 초기 불법행위 유형이었다. 이러한 고의 불법행위는 속성상 동시에 형사적인 범죄를 구성하는 경우도 많다. 불법행위법과 형법이 밀접한 관련성을 맺고 있는 이유이기도 하다. 고의 불법행위는 고의(intent), 행위(act), 결과(result), 행위와 결과 사이의 인과관계(causation)라는 공통 요소를 담고 있다.

그중 고의 불법행위의 핵심적인 정체성을 담고 있는 요소는 고의(intent)이다. 제2차 리스테이트먼트 제8조 A에 따르면 고의는 "그의 행위가 초래할 결과를 의도하거나 그 행위로부터 그 결과가 야기될 것이 대체로 확실하다고 아는 것(that the actor desires to cause consequences of his act, or that he believes that the consequences are substantially certain to result from it)"이다. 여기에서의 고의는 악의와 구별되는 개념이다. William Prosser의 표현에 따르면, 불법행위책임을 성립시키는 고의는 적대적 의사(hostile intent) 또는 해를 끼치려는 의도(desire to do any harm)를 의미하는 것이 아니라, 법이 허용하지 않는 방식으로 타인의 이익을 해치는 결과를 야기한다는 의사를 의미할 뿐이다.[74] 따라서 좋은 동기로 고의 불법행위를 저지르는 것도 얼마든지 가능하다.[75]

'전이된 고의(transferred intent)'라는 개념도 있다. 예컨대 A가 B에게 상처를 입힐 의도로 그에게 돌을 던졌으나 옆에 있던 C가 돌에 맞은 경우 A에게는 고의 불법행위 요건 중 하나인 고의가 인정되는가? 우리 법과 마찬가지로 이 경우에도 A는 C에게 불법행위책임을 부담하게 될 것이다. 하지만 A는 C에게 물리적 힘을 행사할 의도는 없었다. 이를 설명하기 위해 보통법에서는 A의 B에 대한 고의가 C에게 전이

---

74) William L. Prosser, Law of Torts (4th ed) (1971), 31.
75) Clayton *v.* New Dreamland Roller Skating Rink, Inc., 82 A.2d 458 (1951).

(transfer)되었다고 보는 것이다. 법의 세계에서 종종 등장하는 법적 의제(legal fiction)의 하나이다.

고의와 유사한 개념으로 willful misconduct(김기홍, 553면)가 있다. 우리나라 대법원은 이를 '고의적 불법행위'라고 번역하여 사용하면서[76] 중과실과는 개념적으로 구별한 바 있다.[77] 엄밀히 말하면 willful misconduct는 중과실에 가까운 고의를 의미한다. 고의와 과실은 개념적으로 구분되므로 과실 불법행위이면서 동시에 고의 불법행위일 수는 없다. 그러나 고의의 스펙트럼은 다양하다. 특히 미필적 고의는 과실 또는 중과실과의 경계선이 흐릿하다. willful misconduct는 이러한 회색지대를 파고드는 개념이다.

willful misconduct에 가장 가까운 한국법 개념은 상법 제746조, 제789조의2 제1항 단서, 제789조의3 제2항 단서에서 발견된다. 이 조항들에는 "고의 또는 손해발생의 염려가 있음을 인식하면서 무모하게 한 작위 또는 부작위"라는 표현이 등장한다. 이 표현은 "고의"와 "손해발생의 염려가 있음을 인식하면서 무모하게 한 작위 또는 부작위"를 구별한다. 후자는 「국제항공운송에 있어서의 일부 규칙의 통일에 관한 협약(이른바 개정된 바르샤바 협약)」[78] 제25조에서 사용된 "recklessly and with knowl-edge that damage would probably result"란 표현에서 비롯되었다. 이 표현은 바르샤바 협약 개정 전의 "willful misconduct"를 풀어쓴 것이다. 따라서 상법에 등장하는 "손해발생의 염려가 있음을 인식하면서 무모하게 한 작위 또는 부작위"는 영미법상 willful misconduct와 유사한 개념이라고 보아도 무방하다.

아래에서는 고의 불법행위의 대표적 유형 몇 가지를 살펴본다.

⑺ 폭 행

폭행(battery)은 일반적으로 용인할 수 있는 한도를 넘어서는 해롭거나 공격적인 접촉을 의미한다. 일반적으로 용인할 수 있는 한도인지는 피해자의 지위에 있는 합리적 사람이라면 그 특정 상황에서 해당 행위를 해롭거나 공격적인 접촉으로 받아들일 것인가를 기준으로 판단한다. 지인 간의 가벼운 포옹, 모르는 사람에게 시간을 묻기 위해 어깨를 가볍게 치는 행위, 친한 사람들끼리 장난으로 목을 조르는 시늉을 하는 행위는 일반적으로 용인할 수 있는 한도 내에 있으므로 폭행이 아니다. 반면 상대

---

76) 대법원 2005. 11. 25. 선고 2002다59528 판결.
77) 대법원 2012. 4. 17.자 2010마222 결정.
78) 이는 화물운송인의 책임제한에 관한 협약이다. 동 협약 제22조 제2항 (a)에 의하면 화물운송인의 책임은 1kg당 250프랑의 금액을 한도로 한다. 단 가액을 신고하고 추가요금을 지불한 경우는 그렇지 않다.

방의 동의 없이 머리를 툭툭 치는 행위는 폭행에 해당할 가능성이 높다. 이러한 접촉은 상대방의 신체에 대한 직접적인 물리적 접촉을 의미하는 경우가 많지만, 긴 장대로 상대방의 몸을 쿡쿡 찌르거나 상대방의 자전거를 접촉하여 넘어뜨리거나 미리 철사줄을 설치하여 상대방이 이에 걸려 넘어지게 하는 경우처럼 간접적이고 매개적인 접촉도 접촉의 개념에 포함된다. 폭행은 상해와 같은 실제의 손해 발생을 요구하지 않는다. 이 점에서 우리나라의 폭행과 마찬가지이다.

㈏ 폭행위협

폭행위협(assault)은 상대방으로 하여금 즉각적인 해롭고 공격적인 접촉이 발생할 수 있다는 공포 또는 불안을 느끼게 하는 고의적 행위이다. 접촉이 요구되지 않는다는 점에서 폭행과 구별된다. 이러한 폭행위협은 실제 폭행으로 이어질 수도 있다. 그 점에서 폭행위협은 폭행의 전 단계 범죄라고도 할 수 있다. 이러한 공포 또는 불안은 즉각적인(imminent) 접촉에 대한 합리적인 우려(reasonable apprehension)라야 한다. 합리적인 우려인지는 행위자와 상대방의 관계, 경험, 지식, 맥락에 따라 달라질 수 있다. 예컨대 친구 간에 탄알이 들어 있지 않은 권총을 겨누는 장난을 쳤다면 총에 맞으리라는 공포 또는 불안은 합리적인 우려의 범주에 들어가지 않는다. 또한 일반적으로 단순히 공격적인 말만으로는 이러한 공포 또는 불안의 합리적인 우려가 당연히 인정되지는 않으나 그 말을 하는 사람의 다른 행동이나 주변 정황에 비추어 이러한 말이 곧 폭행위협을 구성할 수도 있다. 폭행위협은 폭행과의 밀접한 상관관계 때문에 하나의 짝으로 취급되기도 한다(assault and battery).

㈐ 불법감금

불법감금(false imprisonment)은 법적 권한 없이 상대방을 제한된 공간 내로 가두는 행위이다. 상대방의 신체적 이동의 자유를 제한하는 행위이다. 이러한 행위를 통해 상대방의 자율성과 존엄성이 침해된다. 감금의 주체는 사인일 수도 있고, 공권력일 수도 있다. 다만 감금은 '불법'이라야 한다. 예컨대 경찰관이 법적 권한에 기초하여 사람을 유치장에 가두는 행위는 불법감금이 아니다. 감금은 상대방이 자신의 의사에 따라 이동할 수 없도록 하는 일체의 행위이다. 감금 시간이 짧아도 상관없다. 불법감금의 피해자는 본인의 감금 상황을 인식해야 한다. 따라서 만취자가 방에서 잠을 자는 동안 밖에서 문을 걸어 잠그더라도 감금이 성립하지 않는다. 또한 감금의 의도로 피해자를 차량에 태워 운전하였으나 피해자가 전혀 이를 인식하지 못하였다면 감금이 성립하지 않는다. 감금은 피해자의 의사에 반할 것을 요구한다. 그러므로 피해자의 동의가 있으면 감금은 성립하지 않는다. 감금에 특유한 위법성조각사유로

서 가게주인의 특권(shoekeeper's privilege)이 있다. 가게에서 물건을 훔쳤다고 합리
적으로 의심되는 사람을 합리적 시간 동안 붙잡아 놓을 수 있는 권리이다.

⑷ 불법침해

불법침해(trespass, 강예영, 515면)는 토지침해(trespass to land)와 동산침해(trespanss
to chattel)로 나뉜다. 이는 타인이 유형재산에 대해 가지는 배타적 점유권을 침해하
는 일체의 침입행위(invasion)를 일컫는다. 불법침해의 피해자는 점유자일 것을 요할
뿐이고 꼭 소유자라야 하는 것은 아니다. 토지침해는 처음부터 타인의 토지에 무단
침입하는 행위뿐만 아니라 일단 타인의 동의를 받고 토지에 들어갔으나 그 동의 범
위를 벗어나 타인의 의사에 반하여 그 토지를 떠나기를 거부하는 경우에도 성립한
다. 동산침해는 타인의 동산 점유를 박탈(dispossess)하는 경우뿐만 아니라 타인의 동
산을 사용(use)하거나 그 타인의 점유에 간섭(intermeddle)하는 경우에도 성립한다.
불법침해는 고의로 피해자의 토지 또는 동산의 점유권을 침해하면 성립하는 것이고,
손해를 발생시켜야 하는 것은 아니다. 제2차 리스테이트먼트 제158조는 "그가 이로
써 타인의 법적으로 보호받는 이익에 손해를 발생시키는지와 무관하게(irrespective
of whether he thereby causes harm to any legally protected interest of the other)"라고
함으로써 이를 분명히 한다. 이때에도 법원은 명목적 손해배상(nominal damages)을
명할 수 있다.

⑸ 명예훼손

명예훼손(defamation, 조서연, 175면)은 타인의 평판을 훼손하는 거짓의 진술을
의미한다. 명예훼손은 서면에 의한 명예훼손(libel)과 구두에 의한 명예훼손(slander)
으로 구별된다. 서면에 의한 명예훼손이 더욱 중대한 잘못으로 평가되므로 손해배상
을 받을 수 있는 요건이 구두에 의한 명예훼손보다 완화된다. 사실에 대한 진술이 아
닌 단순한 의견은 명예훼손에 해당하지 않는다. 또한 적시된 사실이 진실한 경우에
도 명예훼손이 성립할 수 있는 우리나라와 달리 미국에서는 명예훼손이 성립하려면
해당 진술의 내용이 허위라야 한다. 허위성에 대한 고의가 반드시 요구되지는 않으
나, 적어도 과실은 있어야 한다. 명예훼손은 표현의 자유와 밀접한 연관성을 맺고 있
으므로 명예훼손에 따른 책임을 물을 때에는 표현의 자유 보호를 고려한다. 하나의
예로 연방대법원은 1964년 New York Times 판결[79]을 통해 허위사실에 의한 공인에

---

79) New York Times Co, v, Sullivan, 376 U.S. 254 (1964). 이 사건에서 연방대법원은 미국 수
정헌법상 표현의 자유에 대한 보호는 공직자가 자신에 대한 명예훼손에 대하여 소를 제기할
수 있는 능력을 제한한다고 판시하였다. 특히 법원은 명예훼손 소송의 원고가 공직자(public
official)이거나 공적 인물(person running for public office)인 경우 그는 일반적인 명예훼손의

대한 명예훼손은 현실적 악의(actual malice)가 있을 때에만 성립한다고 하여 명예의
보호와 표현의 자유 사이의 균형점을 찾고자 하였다.

(바) 프라이버시 침해

프라이버시 침해(invasion of privacy, 방지혜, 416면)는 타자의 관여로부터 자유로
워야 할 삶의 사적 영역을 통제할 권리의 침해이다. 프라이버시라는 용어 자체는 이
미 영국에서 15세기부터 발견되나, 프라이버시를 독립적인 권리로 파악한 것은 미국
의 Samuel Warren과 Louis Brandeis가 1890년에 공동으로 발표한 "The Right to
Privacy"[80]라는 논문에서 비롯되었다.[81] 그 이전에는 보통법의 여러 법리를 통해 프
라이버시가 부분적으로 보호되기는 하였으나 프라이버시를 독립적인 권리로 인정하
지는 않았다. 그런데 위 논문의 저자들은 기술 발전으로 인한 프라이버시 위협에 대
한 대응의 하나로 프라이버시권이라는 독자적인 권리를 인정할 필요성을 역설했다.
오늘날 중요성을 더해가는 프라이버시권의 탄생에 대해 이처럼 미국은 가장 큰 지
분을 가진다. 그 후 프라이버시에 대한 법리는 미국의 판례와 입법에 서서히 반영되
었고, 미국 연방대법원의 Griswold v. Connecticut 판결[82]로도 승인되었다. Prosser는
프라이버시에 관한 판례와 입법을 집대성하여 프라이버시 침해를 ① 사적 영역에
대한 침입, ② 알려지기 원하지 않는 사적 사항의 공표, ③ 공중에게 개인에 대한 잘
못된 인식을 심어주는 행위, ④ 성명 등 동일성 표지의 도용의 네 가지로 유형화 하
였다.[83]

(2) 과실 불법행위

과실 불법행위(negligence, 방지혜, 368면)는 상당한 주의를 기울이지 않은 채 타
인의 법익을 침해하는 행위를 의미한다. 과실 불법행위가 성립하려면 ① 상당한 주
의를 기울여야 할 의무(duty), ② 의무 위반(breach), ③ 손해(damage), ④ 의무 위반

요건뿐 아니라 그러한 명예훼손적 진술이 "현실적 악의(actual malice)"에 의해 이루어졌다는
점을 입증해야 한다고 하였다.

80) Samuel D. Warren & Louis D. Brandeis, *The Right to Privacy*, 4 Harv. L. Rev. 193 (1890).

81) Samuel Warren은 1883년에 당시 상원의원이던 Thomas Bayard의 딸로서 언론에도 잘 알려져
있던 Mabel Bayard와 결혼하였다. 언론은 당시 일반화되어가던 최신 사진 기술을 이용하여
Mabel Bayard에 접근하여 촬영하곤 하였는데, Warren은 이 문제를 Brandeis와 상의하다가 프
라이버시권을 정립하는 기념비적인 논문 집필에 이르게 되었다고 한다. Amy Gajda, "What if
Samuel D. Warren Hadn't Married a Senator's Daughter?: Uncovering the Press Coverage
That Led to 'The Right to Privacy'", 2008 Mich. St. L. Rev. 35, 36 (2008).

82) 381 U.S. 479.

83) William L. Prosser, "Privacy", 48 Cal. L. Rev. 383 (1960); Prosser and Keeton on Torts, 5th
ed., West Group (1984), 850−851. 또한 미국 불법행위법 제2차 리스테이트먼트 제652A조에
도 이러한 분류방법이 반영되어 있다.

과 손해 사이의 인과관계(causation)가 인정되어야 한다. 그중 ② 요건을 negligence 라고도 부르는데, negligence는 이러한 모든 요건을 충족하면 성립하는 불법행위 유형 그 자체의 명칭이기도 하다. 그러므로 negligence가 어떤 의미로 사용되는지는 그 사용 맥락에 따라 개별적으로 판단해야 한다. 과거에는 고의 불법행위가 불법행위의 핵심 유형이었으나 오늘날 과실 불법행위가 그 자리를 차지하였다. 특히 과실 불법행위는 성립요건이 포괄적이어서 불법행위의 외연을 넓히는 데 크게 기여하였다. 하지만 과실 불법행위의 역사는 그리 길지 않다. 종래에도 전문가(예컨대 의사)의 과실에 따른 불법행위를 묻는 소송은 허용되고 있었으나, 1850년 Brown v. Kendall 판결[84]을 계기로 그 대상이 일반인으로 확장되었다.

　　과실 불법행위는 주의의무 위반을 의미하므로 과실 불법행위의 핵심은 주의의무의 기준(standard of care, 이한길, 473면)을 설정하는 데 있다. 주의의무는 합리적 사람이라면 해당 상황에서 일반적으로 기울이리라 기대되는 주의를 기울여야 한다는 의무이다. 합리적 사람 기준(reasonable person standard)은 우리 법상 사회평균인 기준[85])에 상응한다. '합리적 사람'을 어떠한 사람으로 상정하는가는 주의의무 판단에서 중요한 문제이다. 하지만 그는 실재하는 사람이 아니다. 법관의 상상에 존재할 뿐이다. 그러므로 합리적 사람의 모습을 미리 확정하기는 쉽지 않다. 영국의 허버트 경 (Sir Alan Patrick Herbert)은 합리적 사람을 "수수께끼의 인물"이라고 표현하면서, "이 사람은 이상적이고, 표준적이며, 우리가 훌륭한 시민에게 기대할 수 있는 모든 자질을 갖춘 사람"이고, "안전제일을 삶의 가장 중요한 목표"로 하므로 "항상 자신이 다음 발을 디딜 곳을 확인하며, 뜀뛰기라도 할 때에는 바닥이 무너지지 않을지 반드시 확인하고, 회전문 옆이나 부두 근처에서 멍하니 공상에 잠기는 적이 절대로 없는 사람이고", "어떤 개를 쓰다듬기 전에는 미리 그 개의 성질을 자세히 조사하고 사람을 문 적이 있는지 기록을 뒤져보며, 절대로 소문을 믿거나 들은 소문을 다른 사람에게 옮기지 않는 사람"이면서 "바로 이 사람이 정의로운 법정에 커다란 기념비처럼 서서 모든 시민들이 자신을 따라 행동할 것을 요구하고 있는 것"이라고 일갈한 바 있다.[86]

---

84) 60 Mass. (6 Cush) 292 (1850). 원고인 Brown의 개와 피고인 Kendall의 개가 싸우자 Kendall 이 막대기로 개들을 떼어놓으려고 했는데 그 과정에서 실수로 Brown의 눈을 찔러 상해를 입힌 사안이었다. 매사추세츠 법원은 합리적 인간 기준(reasonable person standard)에 입각한 주의의무에 위반한 경우에만 불법행위책임을 부담한다고 판시하였다.

85) 대법원 2001. 1. 19. 선고 2000다12532 판결.

86) 권영준, "불법행위의 과실 판단과 사회평균인", 비교사법 제22권 제1호(2015), 123면 각주 144에서 발췌하였다. 번역문은 Robert D. Cooter / Thomas Ulen 저, 한순구 역, 법경제학(6th Edition), 2012, 251－252 참조.

이처럼 주의의무의 기준을 사전에 획일적, 구체적으로 결정하기는 어려우므로 주의의무 위반 여부의 판단은 개별 사안에 따라 행해질 수밖에 없다. 하지만 거칠게나마 그 판단의 틀이 마련되어 있다면 도움을 받을 수 있다. 이러한 틀로 핸드 공식(hand rule)이 있다. 핸드 공식은 미국의 러니드 핸드(Learned Hand) 판사가 United States *v.* Carroll Towing Co. 판결[87]에서 바지선 예인 시 발생한 사고에서 주의의무 위반 여부를 판단하는 과정에서 제시한 규칙이다. 사고를 방지하는 데 드는 비용과 사고의 기대손실(사고확률×사고비용)을 비교하여, 후자가 전자보다 큰데도 그 사고를 방지하기 위한 조치를 취하지 않았다면 주의의무 위반을 인정한다는 내용이다. 핸드 공식의 실무적 유용성에 대해서는 논란이 있으나, 비용/편익 분석에 기초하여 주의의무 판단을 좀 더 체계적이고 객관적으로 행하도록 도와준다는 의미를 가진다. 이 공식은 불법행위 제3차 리스테이트먼트에 수용되었고,[88] 우리나라 대법원 판례에도 소개된 바 있다.[89]

주의의무 위반, 즉 과실을 증명하기 어려운 경우도 있다. 이와 관련하여 과실증명을 완화하는 법리가 있다. 과실추정의 법칙(Res Ipsa Loquitur, 윤나리, 453면)의 법리가 그것이다. 이 법리는 영국의 Byrne v Boadle 판결[90]에서 비롯되었다. Res Ipsa Loquitur는 "The thing speaks for itself"라는 의미를 가진 라틴어 표현이다. 이 판결 사안에서 원고는 피고의 가게 선반에서 떨어진 밀가루 포대에 맞아 부상을 입었다. 왜 그 밀가루 포대가 떨어졌는지를 직접적으로 증명하기는 어려운 상황이었다. 법원은 그 상황 그 자체가 피고의 과실을 증명한다고 보았다. 이는 특별한 원칙이라기보다는 어떤 상황 및 그 상황에 관한 정황증거로부터 어떤 결론을 도출할 수 있다는 상식의 표현일 뿐이다. 그래서 영국의 Shaw경은 Ballard 판결[91]에서 만약 위 표현이 라틴어로 존재하지 않았다면 아무도 이를 원칙이라고 부르지 않았을 것(If that phrase had not been in Latin, no one would have called it a principle)이라고 지적하기도 했다. 과실추정의 법칙은 주로 불법행위법의 영역에서 피고의 과실에 대한 직접증거가 없더라도 결과가 특성상 피고의 주의의무 위반 없이는 일어나기 어려운 경우에 정황증거만으로 주의의무 위반이 존재한다고 추정하는 법리로 활용된다. 물론

---

87) United States *v.* Carroll Towing Co., 159 F. 2d 169 (2d. Cir. 1947).
88) Restatement (Third) of Torts: Liab. for Physical & Emotional Harm §3 cmt. d, reporter's note (2010).
89) 대법원 2019. 11. 28. 선고 2017다14895 판결.
90) Byrne v Boadle, 159 Eng. Rep. 299 (1863).
91) Ballard v North British R. Co., 1923 Sess. Cas. 43 (1923).

이러한 추정은 절대적인 것이 아니어서 반증에 의해 번복될 수 있다. 그러므로 이는 과실의 증명책임 면제가 아닌 완화에 관한 법칙이다.

과실 불법행위는 손해라는 요건을 요구한다는 점에서 원칙적으로 손해를 요구하지 않는 고의 불법행위와 구별된다. 그런데 여기에서의 손해에서 순수재산손해(pure economic loss)가 제외된다는 점에 유의할 필요가 있다. 순수재산손해는 피해자의 생명, 신체, 물건에 대한 침해를 수반하지 않은 채 소유권 이외의 순수한 재산적 이익에만 발생하는 손해를 말한다. 예컨대 교통사고로 부상을 입은 피해자에게 발생한 치료비, 개호비, 일실이익처럼 피해자의 신체침해에 수반되는 손해나 교통사고로 손상된 자동차의 경제적 가치하락처럼 물건침해에 수반되는 손해는 순수재산손해가 아니다.[92] 그러나 이러한 교통사고로 부상을 당한 남편을 돌보기 위해 자신이 운영하는 가게를 닫아야 했던 손해나 그 남편을 고용한 사업주의 손해는 순수재산손해이다.[93] 과실 불법행위의 요건으로 환원하여 달리 설명하자면, 일반인에게는 타인의 순수한 경제적 이익까지 보호할 주의의무는 요구되지 않는다. 이러한 법리는 19세기 중반부터 과실 불법행위가 인정되면서 이로 인한 과도한 손해배상책임의 위험으로 인해 산업활동이 위축되어서는 곤란하다는 사고에 기초한다.

(3) 엄격책임

엄격책임(strict liability, 신유리, 492면)은 고의나 과실 등 귀책사유가 없더라도 어떤 활동으로 인한 결과에 대해 부담하는 책임이다. 무과실책임(no-fault liability) 또는 절대적 책임(absolute liability)이라고도 불린다. 다만 이러한 대체 용어는 다음 점을 염두에 둔 상태에서 사용되어야 한다. 무과실책임은 마치 무과실이라야만 엄격책임이 성립한다는 오해를 불러일으킬 수 있으나, 엄격책임은 무과실인 경우는 물론이고 고의나 과실이 있는 경우에도 성립할 수 있다. 절대적 책임은 그 책임 요건을 충족하는 한 일체의 항변(defense)을 불허하는 좁은 개념으로도 사용되는데, 엄격책임에는 항변이 허용된다는 차이가 있다.

엄격책임은 과거에도 존재하였다.[94] 예컨대 야생동물 보유자는 그 야생동물로 인하여 타인이 손해를 입은 경우 고의나 과실을 불문하고 책임을 부담하여 왔다. 그러나 고의 불법행위, 과실 불법행위와 동등한 차원의 책임 유형으로서의 엄격책임에 대한 자각과 발전은 뒤늦게 이루어졌다. 영국의 Rylands v Fletcher 판결[95]은 자신의

---

92) 권영준, "미국법상 순수재산손해의 법리", 민사법학 제58호(2012), 147-148.
93) 권영준, "미국법상 순수재산손해의 법리", 민사법학 제58호(2012), 148.
94) C. Peck, *Negligence and Liability WIthout Fault in Tort Law*, 46 Wash. L. Rev. 225, 225-226 (1971).

방앗간을 위해 만들어 놓은 저수지에서 물이 넘쳐흘러 이웃 토지의 광산에 피해를 입힌 경우 고의나 과실을 불문하고 책임을 부담한다는 판시를 담았다. 이 판결이 엄 격책임의 법리를 정면으로 제시한 것은 아니지만, 엄격책임의 법리로 일반화될 수 있는 정신, 즉 통상적인 범위를 넘어서는 중대한 위험을 야기하는 활동에 대해 고의 와 과실을 불문하고 책임을 지울 수 있다는 정신은 담겨 있었다. 이 판결은 영국 불 법행위법에서 엄격책임의 법리가 본격적으로 발전하는 계기가 되었다. 이 판결은 미 국에도 영향을 미쳤고, 엄격책임은 이제 고의 불법행위, 과실 불법행위와 같은 차원 에서 하나의 독립한 상위 책임 유형으로 평가받고 있다.

엄격책임은 일반적으로 허용되는 범위를 벗어난 위험이 내재한 활동을 하는 주 체가 공동체에 실제로 창출하는 위험에 대응하여 부과되는 책임이다. 근본적으로 이 러한 책임은 개별적인 잘못된 행위가 아니라 애당초 위험한 활동을 하기로 선택한 것으로부터 비롯된다. 그는 그러한 활동을 하면서 편익을 얻으나 그로 인한 위험을 감수하기도 한다. 제조물책임, 동물 점유자의 책임, 그 외에 비정상적으로 위험한 활 동(abnormally dangerous activities)에 대한 책임이 엄격책임으로 분류된다. 동물에는 가축(livestock)과 야생동물(wild animal)이 모두 포함된다. 비정상적으로 위험한 활동 의 예로는 인화물질 보유, 암반 폭파, 항공 방제, 매연 배출 등이 있다. 아래에서는 편의상 대표적인 엄격책임인 제조물책임에 대해서만 살펴본다.

제조물책임(product liability, 이다나, 422면)은 제조물에 결함(defect, 임동민, 180 면)이 있는 경우에 제조자가 부담하는 불법행위책임이다. 제조물의 하자에 대해서는 과실(negligence)로 인한 불법행위책임 또는 보증위반(breach of warranty)에 따른 책 임, 부실표시(misrepresentation)에 따른 책임 등으로 대응할 수 있다. 특히 보증위반 의 경우 제조자와 소비자 사이에 직접적인 계약관계가 없어도 보증(warranty) 사실이 인정되면 책임을 추궁할 수 있어[96] 소비자의 보호에 크게 기여하였다. 그러나 이 경 우에도 여전히 어떠한 형태이건 보증(warranty)이 인정되어야 보증책임도 물을 수 있 고, 그러한 보증책임도 계약으로 면제될 수 있다는 제약이 있다. 미국에서는 자동차 부품결함으로 발생한 사고에 대해 피해자가 계약관계가 없는 제조자에게 직접 책임 을 물을 수 있도록 허용한 1916년 Macpherson *v.* Buick 판결[97] 이래 독자적인 불법 행위책임으로서의 제조물책임 법리가 발전하여 왔다. 20세기 초반의 생활을 극적으

---

95) Rylands v Fletcher (1868) LR 3 HL 330.
96) U.C.C., §2－318; Randy Knitwear, Inc. *v.* Amer. Cyanamid Co., 11 N.Y.2d 5 (1962).
97) 217 N.Y. 382, 111 N.E. 1050 (1916).

로 바꾸어 놓은 자동차, 그리고 명성이 자자하던 Benjamin Cardozo 판사(그가 MacPherson 판결을 선고하였다)의 과감하고 창조적인 법리를 배경으로 탄생한 제조물책임 법리는 21세기 불법행위법의 풍경을 바꾸어 놓은 중요한 계기였다.

제조물책임은 1963년 Greenman 판결[98]에서 엄격책임의 성격을 가지는 것으로 판시되었다. 이러한 태도는 1965년 발간된 불법행위 제2차 리스테이트먼트(Restatement (Second) of Torts) 제402조 A에 반영되었다. 이 조항에 따르면 이용자, 소비자 또는 그들의 재산에 비합리적인 위험을 야기하는 결함이 있는 제품을 판매한 자는 그 결함으로 인해 이용자, 소비자 또는 그들의 재산에 발생한 물리적 손해에 대해 책임을 부담하고(제1항), 이러한 책임은 제조물 판매자가 제조물을 준비하여 판매하는 과정에서 모든 가능한 주의의무를 이행한 경우에도 성립한다(제2항). 그런데 이러한 넓은 책임 범위의 인정은 제조물책임소송의 홍수로 이어졌고, 자연스럽게 제조물책임의 법적 성격에 대한 논의로 이어졌다. 그 이후 1998년 발간된 불법행위법 제3차 리스테이트먼트(제조물책임)는 아마도 제조상 결함을 주로 염두에 두었을 제2차 리스테이트먼트보다 결함의 개념을 확장하면서 제조물의 결함을 제조상 결함, 설계상 결함, 표시상 결함으로 유형화하였다(제2조). 한편 제조상 결함에 대해서는 엄격책임을 유지하되 설계상 결함과 표시상 결함에 대해서는 예견가능성과 회피가능성이라는 요건을 부가함으로써 과실책임의 성격을 부여하였다. 이러한 유형별 고찰론은 미국 각 주에 널리 받아들여졌다.[99]

다. 다수인이 관여된 불법행위

⑴ 대위책임

대위책임(vicarious liability, 신유리, 536면)은 직접 행위자가 아니라 그와 일정한 관계에 있는 자가 직접 행위자의 행위에 관하여 부담하는 불법행위 책임이다. 과실을 요하지 않는 엄격책임(strict liability)이자 2차적 책임(secondary liability)이다. Respondeat Superior('상급자가 답하게 하라'라는 라틴어 법언)의 정신에서 유래한 법리이다. 사용자가 피용자의 행위에 대해 지는 사용자책임이 대표적인 대위책임 사례이다. 미국의 사용자책임이 성립하려면 직접행위자의 불법행위가 있어야 하고, 대위책임자와 직접행위자 사이에 고용관계 등 일정한 지배감독 관계가 있어야 하며(따라서 이러한 관계 없는 독립 계약자의 행위에 대해서는 대위책임이 성립하지 않음),

---

98) Greenman *v.* Yuba Power Products, Inc., 59 CaM.2d 57, 62 (1963).
99) 예컨대 Uniroyal Goodrich Tire Co. *v.* Martinez, 977 S.W. 2d 328 (Tex. 1998), cert. denied, 526 U.S. 1040 (1999).

직접행위자의 직무 범위 내에서 이루어진 행위라야 한다. 그리고 이에 대해 사용자는 피용자의 책임과 별도로 피해자에 대해 책임을 부담한다. 이때 사용자는 피용자에게 구상권을 행사할 수 있다. 미국의 사용자책임은 대리(agency, 김윤민, 92면)의 법리에 의거하여 설명하는 경우가 많다. 미국법상 대리는 우리 민법상 대리처럼 대리인이 본인을 위하여 '법률행위'를 하는 경우만을 지칭하는 것이 아니라 어떤 행위자가 본인(principal)의 지배관계하에서 행위하면서 제3자와의 관계에서 책임을 발생시키는 경우를 포괄적으로 지칭한다. 이러한 점 때문에 본인과 대리인의 지배관계에 관한 대리의 법리가 사용자책임에 원용되는 경우가 많다. 그 외에도 자동차 소유자와 운전자의 관계, 부모와 미성년 자녀의 관계에서 대위책임이 성립하는 경우도 있다.

(2) 다수인에 의한 불법행위

다수인에 의한 불법행위인 공동불법행위(co-tort)도 가능하다. 공동불법행위의 책임 형태는 일종의 부진정연대책임(joint and several liability, 최준학, 321면)이다. 용어만 놓고 보면 joint and several liability는 공동책임(joint liability)과 분할책임(several liability)을 결합해 놓았다. 공동책임은 각 채무자가 채무 전체에 대한 책임을 부담하는 형태를 말한다. 복수의 채무자가 하나의 채무를 부담한다는 점에 유의한다. 공동책임 아래에서 채권자는 전체 채권에 대해 하나의 소인(cause of action)을 가진다. 채권자는 전체 채무자를 상대로 전체 채권을 행사할 수도 있고, 일부 채무자를 상대로 전체 채권을 행사할 수도 있다. 어느 한 채무자가 채무를 이행하면 다른 채무자도 면책된다. 하지만 각각의 채무자를 상대로 별도로 전체 채권을 행사할 수는 없다. 분할책임은 각 채무자가 자신의 분담 부분에 대한 책임만 부담하는 형태를 말한다. 분할책임 아래에서 채권자는 각각의 채무자에게 분담 부분에 대한 각각의 소인(cause of action)을 가진다. 채권자는 각각의 채무자의 분담 부분을 넘어서는 채권을 행사할 수는 없다. 그런데 joint and several liability는 양 책임을 아울러 부르는 용어이다. 채권자는 전체 채무자를 상대로 전체 채권을 행사할 수 있다. 이 점에서 공동책임의 요소를 지닌다. 또한 채권자는 각각의 채무자를 상대로 전체 채권을 행사할 수도 있다. 각각의 채무자에 대해 별도의 소인을 가진다는 점에서는 분할책임과 닮았다. 이 개념은 엄밀히 말하면 우리 법의 연대책임 또는 부진정연대책임과 동일하지 않으나, 결과적으로는 이와 유사하다. 영국 계약법에 관한 것이기는 하나, 대법원은 'joint and several liability'를 "수인의 채무자들이 각각 동일한 내용의 채무를 이행할 책임을 부담하되, 채무자 중 1인이 채무를 만족시키는 행위를 하면 나머지 채무자도 채무

를 면하는” 것으로 정의하였다.[100]

   ⑶ 구 상

   이러한 부진정연대책임은 각각의 공동불법행위자가 피해자와의 관계에서 불법 행위 전체에 대한 책임을 부담하는 책임 형태이다. 하지만 공동불법행위자 상호간에 는 분담 부분이 있다. 자신의 분담 부분을 초과하여 배상한 공동불법행위자가 다른 공동불법행위자에게 그 상환을 구할 수 있는가가 바로 구상(contribution, 박윤경, 154 면)의 문제이다. 구상권은 공동면책행위를 한 자가 다른 공동귀책자에게 자신이 지 출한 비용의 상환을 구하는 권리이다. 미국 불법행위법은 영국 보통법의 영향 아래 구상금지원칙(no-contribution rule)을 따르고 있었다. 그러나 공모된 또는 고의의 공 동불법행위 이외의 공동불법행위의 경우에는 구상권을 허용해야 한다는 비판이 제 기되자 20세기부터는 제정법(statute)을 통해 구상금지원칙을 입법적으로 폐기하는 주들이 늘어났다. 공동불법행위자의 구상 문제에 대한 통일법으로는 1939년 통일 불 법행위자간 구상법(Uniform Contribution Among Tortfeasors Act)이 제정되었고, 1999 년 책임배분에 관한 불법행위법 리스테이트먼트 제3판(Restatement(Third) of Torts: Approtionment of Liability)이 채택되었다.

   참고로 구상은 자신이 지출한 비용의 상환을 구하는 권리이기는 하지만, 별도 개념으로 존재하는 상환(indemnity, 박윤경, 306면)과는 구별해야 한다. 상환은 한 당 사자가 다른 당사자에게 발생한 손실, 손해 또는 책임을 보상함으로써 다른 당사자 가 아무런 해를 입지 않도록 하는 것을 뜻한다. 계약서에 상환 조항의 형태로 편입되 어 구속력을 가지게 되는 경우가 많으나, 묵시적 합의 또는 형평법에 기초하여 인정 되기도 한다. 구상과 상환은 자신이 부담해야 할 몫 이상의 책임을 부담하지 않는다 는 기본 원리에 기초한다는 점에서 공통된다. 또한 이를 구현하기 위해 자신이 부담 하지 않아도 되나 부담했던 책임 부분을 회복하는 것을 내용으로 한다는 점에서도 공통된다. 하지만 구상은 내부적인 공동책임자의 책임 배분에 관한 것인 반면, 상환 은 책임의 전가에 관한 것이다. 구상과 구별해야 할 또 다른 개념으로 대위 (subrogation)가 있다. 대위 역시 형평법에서 유래한 제도이다. 이는 타인의 권리를 대신 행사하는 것을 의미하므로 자신의 권리로서 행사되는 구상권과는 다르다. 다만 대위는 구상을 강화하기 위한 수단적 제도로 활용된다는 점에서는 양자가 관련성을 맺는다.

---

100) 대법원 2016. 5. 27. 선고 2014다67614 판결.

3. 미국의 재산법

가. 배 경

(1) 재산법의 외연

미국 재산법(property law)은 일단 우리 물권법에 상응하는 법 분야라고 말할 수 있다. 그러나 그렇다고 우리의 물권법과 똑같은 모습을 지닌다고 말할 수는 없다. 재산법(property law)의 탐구 대상인 재산(property, 오흥록, 427면)은 우리 물권법의 탐구 대상인 물건에 대한 권리보다 넓은 개념이기 때문이다. 미국법상 재산은 크게 보면 물적 재산(real property)과 인적 재산(personal property)으로 나뉜다. 물적 재산은 토지 및 토지 정착물을 의미한다. 이는 우리 민법상 부동산에 대응하는 개념이다. 인적 재산은 그 외의 재산을 의미한다. 이는 우리 민법상 동산에 대응하지만 사실 이보다는 더 넓은 개념이다. 우리 민법상 동산에 포함되지 않는 채권이나 지식재산권 같은 무형적 재산(intangible property)도 여기에 포함되기 때문이다. 이처럼 미국법상 재산, 특히 인적 재산의 개념은 개방적이고 유연하다. 역사의 발전에 따라 재산의 목록은 변동한다. 과거에는 사람인 노예에 대한 재산권도 인정되었으나,[101] 이제 그러한 관념은 사라졌다. 하지만 과학기술의 발달에 따라 암호화폐나 NFT와 같은 가상자산이 재산의 목록에 추가되기도 하였다. 이처럼 물건에 국한되지 않는 미국 재산법은 물권(right in rem)보다는 이익(interest)에 초점을 맞추면서 사회 변화에 유연하게 대응한다.

미국 재산법이 구체적으로 어떤 문제를 다루는지는 리스테이트먼트의 주제를 통해 엿볼 수 있다. 재산법 제1차 리스테이트먼트(1936년)가 발간된 이후 제2차 리스테이트먼트는 임대인과 임차인(1977년), 증여적 이전(1983년), 제3차 리스테이트먼트는 저당권(1997년), 유언 및 그 외의 증여적 이전(1999년), 지역권(2000년)을 다루었다. 현재는 소유권과 점유권을 중심으로 한 재산법 제4차 리스테이트먼트 작업이 진행 중이다. 동산 및 채권 담보거래(secured transaction)도 재산법 영역에 있기는 하나, 강학상으로나 학술상 이 분야는 별도의 독자적인 분야처럼 논의되는 경향이 있다. 신탁법(trust law)이나 지식재산권법(intellectual property law)도 마찬가지다. 신탁(trust, 윤정운, 518면) 역시 재산법과는 별도의 법 분야로 논의되는데, 유언(wills)(심인혜, 547면)과 함께 사망에 대비한 자산관리(estate planning)의 차원에서 함께 다루어

---

101) *The Antelope*, 23 U.S. 10 Wheat 66 (1825).

지기도 한다. 지식재산은 미국 재산법상 재산의 한 유형이나, 주 차원의 보통법에서 다루어지는 일반적인 재산법 분야와는 달리 저작권법, 특허법, 상표법 등 연방법으로 규율되기 때문에 그 독자성이 더욱 두드러진다.

(2) 재산권의 본질

미국 재산법은 재산권을 사회적 맥락에서 바라보는 전통을 가지고 있다. 재산권에는 당연히 사회적 맥락이 존재할 수밖에 없으나, 미국법은 이를 이론적으로 더욱 파고들어 왔다는 특징을 가진다. 권리의 다발(bundle of rights)이라는 미국 재산법의 개념은 이를 상징적으로 보여준다. 권리의 다발은 권리가 여러 막대기가 한 군데 묶여 있는 이미지를 개념화한 것이다. 이러한 이미지에 따르면 권리는 단일한 불가분체라기보다는 여러 개별 권능과 의무의 느슨한 연합체이다. 이러한 권리는 사회적 필요에 따라 합체되거나 분리, 해체될 수 있다. 그만큼 권리의 개념적 강고함은 떨어지나 권리의 정책적 유연함은 높아진다. 이는 영국의 전통적인 재산법에서 비롯된 것이 아니라 20세기 초반부터 중반에 걸쳐 진보주의(progressivism)와 법 현실주의(legal realism)를 사상적 배경으로 하여 사회 지향적인 미국 재산법 학자들을 중심으로 형성된 미국적 개념이다. 우리나라에서는 행정법 문제로 다루어질 용도지역제(zoning, 이한길, 557면)나 공용수용(eminent domain, 임한솔, 216면)이 미국에서는 재산법의 중요 쟁점으로 다루어지는 것도 재산권의 사회적 맥락을 사법 분야에서도 중시한다는 방증이다. 이처럼 재산권의 사회적 맥락을 중시하는 입장에서는 재산법이 사람과 물건의 관계에 관한 법이 아니라 물건에 관한 인간의 상호작용에 관한 법임을 강조한다. 즉 수직적 관계가 아닌 수평적 관계를 강조한다. 여기에서 물건은 인간의 상호작용을 가능하게 해 주는 매개체일 뿐이다.

권리의 다발로 이미지화되는 느슨하고 유연한 개념의 소유권은 여러 가지 법리적인 장치를 가능하게 한다. 예컨대 소유권은 보통법상 소유권(legal title)과 형평법상 소유권(equitable title)으로 분할될 수 있다. 대륙법계의 일물일권주의 아래에서는 하나의 물건에 대한 소유권이 공유가 아닌 형태로 둘 이상의 주체에게 나누어 분할 귀속되는 것은 부자연스러운 일이다. 그러나 영미법에서는 이러한 분할 귀속이 부자연스럽지 않다. 이러한 소유권의 분할은 신탁제도 탄생과 발전의 개념적 기초가 되었다. 소유권 개념의 유연성은 소유권이 시간적으로도 분할된다는 점에서 발견된다. 후술하듯 부동산권이 현재의 권리와 장래의 권리로 나누어진다는 점이 대표적인 사례이다. 또한 타임쉐어(timesharing, 방지훈, 506면)도 소유권의 시적 분할 사례이다. 타임쉐어는 콘도 이용을 떠올리면 이해하기가 쉬워진다. 콘도를 분양받으면 법적으로 콘도의 소유자가 되지만 그 소유의 실질은 1년 중 일정한 기간(가령 20일)의 범위 내에서만 소유자처럼 콘도를 사용할 수 있는 것이다. 즉 이러한 법률관계는 소유권의 시적 분할이라는 실질에 가깝다. 우리나라는 소유권의 시적 분할 개념이 없지만, 미국법에서는 이를 타임쉐어라는 시분할적 개념으로 설명할 수 있게 된다.

최근에는 물건(thing)에 대한 법으로서의 재산법, 물권법정주의(numerus clausus principle)와 배제권(right to exclude)의 효율성을 강조하며 종래 법현실주의의 영향 및 권리의 다발이라는 관념 아래 재산권의 유연성과 사회성에 과도하게 주목하는 지배적인 이론 흐름에 반기를 드는 유력한 움직임도 있다.[102] 재산법의 예측 가능성과 확실성을 제고하려는 의미도 가진다. 우리나라를 비롯한 대륙법계의 전통적인 물권법에서는 어찌 보면 당연하게 여겨지는 원리에 기초한 논변이나, 영미법계의 역사와 미국의 지적 흐름에 기초하여 형성되어 있는 유연하고 사회적인 재산권에 대한 관념을 뒤흔드는 의미를 지니고 있어 오늘날 새로운 재산법 이론으로서 주목받고 있다.

나. 부동산권

(1) 부동산권의 역사적 발전과 분화

미국의 재산법에서는 동산보다는 부동산에 관한 법이 비중 있게 다루어진다. 부동산은 토지 및 그 정착물을 의미한다. 미국의 토지법은 영국 보통법에 기초한다. 이에 관한 영국 보통법은 1066년부터 형성되었다. 1066년은 노르만 왕조가 개창된 해이다. 노르망디의 듀크 공 윌리엄(William)은 헤이스팅스 전투를 기점으로 영국 정복(Norman Conquest of England)에 성공하여 왕위에 올랐다. 그 이후에 그는 앵글로 색슨족의 반란을 진압해 나가며 자신의 왕권을 공고하게 만들었다. 그리고 자신에게 충성을 맹세한 노르만 기사들에게 영지(領地)를 하사하고 귀족의 지위를 부여했다. 그렇다고 토지를 받은 귀족들이 영지의 소유권을 완벽하게 이전받은 것은 아니다. 영국의 모든 토지는 국왕의 소유였다. 귀족들은 국왕의 소유를 인정하는 전제에서 그의 허락 아래 영지에 대한 사용(use) 또는 보유(tenure)의 권한을 부여받은 것이다. 이처럼 부여받은 권한을 부동산권(estates, 이호영, 236면)이라고 한다. 여기에서 말하는 부동산권은 우리가 이해하는 부동산의 소유권이라기보다는 부동산에 관한 여러 종류의 이익을 형태를 달리하여 보유하는 상태를 의미한다. 따라서 부동산은 어떤 이익을 대상으로 하는가에 따라 다양한 모습으로 존재하게 된다.

이처럼 부동산권은 절대적 소유권이 아니었으므로 여기에 어떠한 제약이 붙을

---

102) Henry E. Smith, *Property as the Law of Things*, 125 Harv. L. Rev. 1691 (2012).

수 있었음은 물론이다. 봉건제 하에서 그러한 제약은 토지를 받는 대신 평시에는 봉물을 바치고 전시에는 국왕을 위해 싸운다는 등의 조건 내지 의무였다. 이는 국왕과 영주 사이의 신분적 상하관계에 결부된 구속이기도 했다. 이러한 신분적 구속은 그 하위 관계에도 비슷한 모습으로 확장되었다. 영주는 자신의 부동산권을 같은 방법으로 농노에게 나누어 줄 수 있었다. 이를 봉토 재수여(subinfeudation)라고 한다. 이때도 농노는 소작인으로서 영주에게 충성하고 영주를 위해 싸우거나 곡식을 바치는 등 신분적 구속을 받았다. 봉건제가 폐지되면서 토지에 부가된 봉건적 구속도 결국 사라졌다. 그러나 토지는 궁극적으로 국왕의 소유이고, 신민(臣民)은 그 제약 아래 토지를 보유할 뿐이라는 사고방식은 계속 살아남았다.

토지 보유의 형태는 역사를 통해 계속 분화, 발전하였다. 토지에 대한 권리는 크게 점유적 권리(possessory interest)와 비점유적 권리(non possessory interest)로 나뉜다. 앞에서 언급한 부동산권(estate)은 보통 점유적 권리만을 의미한다. 비점유적 권리는 지역권(easement), 부동산특약(real covenant), 형평법상 역권(equitable servi-tude) 등 역권(servitude, 양희석, 459면)이나 우선특권(lien), 저당권(mortgage) 등 각종 담보적 권리, 방해행위(nuisance, 성아윤, 385면)에 대응하는 권리를 의미한다. 점유적 권리는 다시 자유보유부동산권(freehold estate)과 비자유보유부동산권(non freehold estate)으로 나뉜다. 그중 비자유보유부동산권은 우리의 임차권과 유사한 개념이다. 우리 법에서는 채권의 일종으로 논해지는 부동산 임차권이 미국법에서는 재산법에서 부동산권의 하나로 논해진다는 점이 흥미롭다.

⑵ **점유적 권리**

㈎ **자유보유부동산권**

자유보유부동산권은 크게 보면 절대적 단순부동산권(fee simple absolute, 양희석, 250면), 한사(限嗣)부동산권(fee tail), 생애부동산권(life estate), 소멸가능 단순부동산권(defeasible fee simple)으로 나뉜다. 절대적 단순부동산권은 우리 법상 소유권과 유사하다. 기간과 조건에 구애받지 않는 사용, 수익은 물론이고, 상속과 처분에도 아무런 제한이 없다. 다만 관념적으로 국왕이 궁극적으로 소유권을 가진다는, 이제는 별 의미가 없는 역사적인 전제가 숨어 있을 뿐이다. 한사(限嗣)부동산권, 즉 한정적으로 (限) 대를 잇는(嗣) 부동산권은 직계자손에게만 상속될 수 있는 부동산권을 의미한다. 직계자손이 끊어지면 한사부동산권은 이를 부여한 주체에게 복귀하게 된다. 오늘날 미국에서는 몇몇 주를 제외하고는 한사부동산권을 더 이상 인정하지 않는다. 생애부동산권은 문자 그대로 부동산권자가 살아 있는 동안만 존속하는 부동산권이다. 최초의 부동산권 형태이기도 하다. 생애부동산권은 개념상 상속의 대상이 되지 않는다. 양도는 가능하나 그 경우에도 생애 기준의 주체가 된 자의 생존기간 동안만 존속한다. 소멸가능 단순부동산권은 어떤 장래 사건의 발생 또는 미발생으로 인해 소멸할 수 있는 부동산권이다. 일종의 해제조건부 부동산권이다. 해제조건이 성취된 경우 부동산권이 자동적으로 복귀하는 경우도 있고(fee simple determinable), 그렇지 않고 복귀권의 행사가 요구되는 경우도 있다(fee simple subject to condition sub-sequent). 또한 이러한 복귀권은 제3자에게 양도될 수도 있다(fee simple subject to executory limitation).

위에서 살펴본 재산권은 모두 현재의 재산권(present estate)이다. 그런데 절대적 단순부동산권(fee simple absolute)을 제외한 나머지 재산권은 장차 변동 가능성이 있다. 즉 그 재산권이 원 소유자(양도인)에게 복귀될 수도 있고, 반대 측면에서 말하면 현재의 재산권자는 장차 더욱 완전한 권리를 취득할 수도 있다. 영국 보통법은 이러한 장래의 혜택을 입을 수 있는 자는 장래의 재산권(future estate)을 가진다고 관념하였고, 이러한 사고방식은 미국법에도 전수되었다. 이러한 장래의 재산권은 권리 주체, 확정성, 조건 부가 여부 등에 따라 복귀권(reversion), 복귀가능권(possibility of reverter), 종료권(power of termination), 잔여권(remainder), 미발생 장래권(executory interest)과 같이 다양하게 분류된다.[103]

(나) 비자유보유부동산권

비자유보유부동산권은 점유적 권리 중 자유보유부동산 이외의 부동산권을 의미한다. 단순화하여 말하면 어떠한 형태이건 부동산을 소유하지 않은 채 점유, 사용, 수익할 수 있는 권리를 의미한다. 이러한 권리는 임차권(tenancy, 방지훈, 497면)에 가장 가깝다. 미국에서는 이를 리스(lease)라고도 부른다. 우리나라에서는 부동산 임대차의 문제를 채권법에서 다루나 미국에서는 임대차의 문제를 재산법상 부동산권의 일종으로 다룬다. 재산법 제2차 리스테이트먼트의 하나(1977년)로 임대인과 임차인(Landlord and Tenant)이라는 주제가 다루어졌고, 각주에서도 부동산법의 일환으로 부동산 임대차의 문제가 다루어지고 있다. 가령 뉴욕주 부동산법(Real Property Law) 제7조는 부동산 임대차에 관한 내용을 담고 있다.

부동산 임차권은 ① 임차기간이 확정되어 있고, 그 임차기간이 만료되면 종료되는 확정형 임차권(tenancy for years), ② 임차기간이 확정되어 있되 그 임차기간이 만

---

103) Restatement (First) of Property §§ 153-158 (1936). 상세한 내용은 김현수, "미국 재산법상 장래권에 관한 소고", 민사법의 이론과 실무 제23권 제2호(2020) 참조.

료되면 원칙적으로 자동 갱신되는 정기형 임차권(periodic tenancy), ③ 임차기간이 확정되어 있지 않고 어느 당사자이건 일방적으로 종료시킬 수 있는 임의형 임차권(tenancy at will), ④ (처음부터 무단점유하는 경우와 구별하기 위해) 임대차 종료 이후 사실상 부동산 점유가 계속되는 묵인형 임차권(tenancy at sufferance)의 네 가지로 나뉜다. 그중 묵인형 임차권은 임대차 종료 후에도 마치 임대차가 존재하는 것처럼 의제된 임차권이다. 그 점에서는 우리나라 주택임대차보호법 제4조 제2항에서 규정하는 임대차기간 이후의 법정임대차와 닮은 면이 있다.

임대차의 법률관계는 각주별로 차이가 있으나, 크게 보면 우리나라와 대동소이하다. 그 대체적인 내용은 다음과 같다. 임대차의 법률관계는 계약에 의해 성립한다. 임대차 기간이 1년 이상인 경우의 계약은 사기방지법(Statute of Fraud)에 따라 서면으로 체결해야 한다. 임대인은 임차인에게 부동산의 점유를 이전하고, 임차인이 목적물을 평온하게 향유할 수 있도록 보장해 주어야 한다. 주택임대차의 경우에는 임대인이 임차인을 상대로 거주 적합성에 대한 묵시적 보증(implied warranty of habitability)을 한 것으로 본다. 임대차 종료 후 임차인으로부터 부동산 점유를 회복할 수 있고, 임차인이 이에 응하지 않는 경우 부동산 점유회복소송(ejectment, 김재경, 211면)을 할 수 있다. 한편 임차인은 임대인에게 차임을 지급해야 하고 임대차가 종료되면 부동산의 점유를 임대인에게 회복시켜 주어야 한다. 아울러 임대차기간 동안 임대차 목적물을 훼손하지 않고 보존·관리해야 할 의무를 부담한다. 임차권은 양도하거나 전대할 수 있다.

⑶ **비점유적 권리**

㈎ **역　권**

역권(servitude, 양희석, 459면)은 다른 사람의 토지를 점유 없이 이용하는 토지 보유자의 재산권이다. 역권에는 지역권(easement), 부동산특약(real covenant), 형평법상 역권(equitable servitude)이 있다. 지역권(easement, 김재경, 206면)은 특정한 요건 아래 자기의 편익을 위해 다른 사람의 토지를 이용할 수 있는 부동산권이다. 지역권의 편익을 받는 부동산을 요역지(dominant tenement), 지역권의 제한을 받는 부동산을 승역지(servient tenement)라고 한다. 지역권은 합의, 시효, 금반언의 원칙에 의해 성립한다. 부동산특약(real covenant)은 특정한 토지에 관한 작위 또는 부작위의 의무를 부과하는 특약을 의미한다. 이를 통해 얻는 이익도 부동산권의 일종이다. 계약에 의해 성립하나, 시효취득이나 금반언의 원칙에 의해 성립하지는 않는다. 이러한 특약에 따른 법률관계는 얼핏 보면 순수한 계약관계와 비슷하나, 토지의 이전과 함께 양수인에게 승계된다는 점에서 순수한 계약관계를 넘어서는 제3자적 효력을 지닌다. 형평법상 역권(equitable servitude)은 이러한 부동산특약이 없는 경우에도 해당 토지에 존재하는 제한 또는 그 제한으로 인하여 얻게 되는 편익을 승계인에게 확장하는 것이 형평에 부합하는 경우에 인정된다. 형평법상 역권은 그러한 인정이 형평에 부합한다는 요건 외에도 승계인이 그러한 제한을 인지하거나 통지를 받았다고 볼 수 있어야 한다는 요건을 요구한다.

(나) 우선특권

우선특권(liens, 정홍주, 336면)은 채권 담보를 위해 타인의 재산에 성립하는 담보적 권리 또는 이익을 의미한다. 법(보통법, 형평법, 제정법), 계약 또는 판결에 의해 성립한다. 우선특권은 종종 우리나라의 유치권과 비교되는 경우가 많으나, 이는 점유를 요건으로 하되 경매권이나 우선변제권은 원칙적으로 인정되지 않는 보통법상 우선특권만을 염두에 둔 것이다. 형평법상 우선특권은 점유를 요건으로 하지 않으면서 경매권이나 우선변제권이 인정되는 경우가 많아 점유를 핵심 요건으로 하는 우리나라의 유치권과는 차이가 있다. 제정법상 우선특권에는 기존의 보통법 또는 형평법상 우선특권을 성문화한 것도 있고 제정법 자체에 따라 새롭게 인정하는 것도 있다. 전체적으로 보면 우선특권은 우리나라의 유치권, 질권, 저당권뿐만 아니라 각종 법률에 규정된 우선변제권이나 수급인의 저당권설정청구권(민법 제666조)에 상응하는 각종 담보적 권리까지 포함하는 넓은 개념이다. 저당권(mortgage)이나 질권(pledge, 김준우, 408면)도 이러한 관점에서는 일종의 우선특권이다. 요컨대 우선특권은 물적 담보를 통칭하는 넓은 개념이다.[104]

대표적인 우선특권은 건축공사 우선특권(constructions lien)[105]이다. 건축공사 우선특권은 건축공사에 관여한 회사나 개인이 건축공사에 관한 보수를 지급받을 수 있도록 인정되는 우선특권이다. 이 권리는 건축공사와 관련하여 빈번하게 활용되는 우리나라 유치권과 유사하다.[106] 다만 공사에 관여한 노동자, 재료를 제공한 자에게도

---

104) 그러한 점에서 우선특권이라는 번역은 lien의 외연을 좁게 이해할 여지를 줄 수 있는 문제가 있으나, 우리나라에서는 대체로 이 번역을 사용하고 있다. 참고로 일본에서는 이를 선취특권으로 번역하는 경우가 많다.

105) 이는 mechanic's lien이라고도 불린다. 여기에서의 mechanic은 사전적(辭典的)으로는 정비공(특히 자동차정비공)을 뜻하나, 실제로는 건축공사에 관여하는 건설업자, 건설노동자, 자재공급자 등을 총칭하는 의미이다.

106) 건축공사 우선특권과 우리나라 부동산 유치권의 비교에 관하여는 이종구, "미국의 주법상의 건축공사 우선특권(Construction Lien)과 부동산 유치권의 비교법적 연구", 비교사법 제19권 제2호(2012) 참조.

널리 인정된다는 점에서 우리나라 유치권보다 더 넓다. 또한 등기와 무관하게 성립하는 우리나라 유치권과 달리 건축공사 우선특권은 등록을 요구한다. 우선특권이 등록되면 우선특권자는 집행절차를 통해 해당 부동산의 매각을 강제하고 그 등록신청일보다 앞선 기준 시점(예 : 건축공사 착수일)에 따른 우선순위에 기해 우선변제를 받을 수 있다.

㈐ 저당권

저당권(mortgage, 정홍주, 361면)은 실질에 있어서는 우리나라의 저당권과 유사하나 법적 구성에 있어서는 우리나라의 저당권과 다르다.[107] 종래 영국법상 저당권은 채무자가 담보 목적 재산의 소유권을 채권자에게 양도하되 채무를 변제하면 이를 환수해 오는 방식으로 존재하였다. 소유권 이전방식을 취한다는 점에서 소유권이 저당권설정자에게 유보되는 우리의 저당권과는 사뭇 달랐다. 미국법상 저당권 역시 소유권 이전방식을 취한다. 그러나 그 실질에 있어서는 소유권을 완전히 이전한다기보다는 저당권 목적물에 저당권자의 담보적 권리(이를 앞서 살펴본 우선특권으로 파악할 수도 있다)가 설정되는 것과 마찬가지이다. 그래서 미국에서는 이를 제한물권의 일종으로 본다. 미국법상 저당권은 주로 부동산에 설정되나 그 외에도 동산이나 권리에 대해서도 설정될 수 있다는 점에서 우리나라와 다르다. 저당권의 실행은 저당권설정자의 환수권을 상실시키는 절차를 밟아 저당목적물을 매각하고 그 매각대금으로부터 채권을 만족받는 방식으로 이루어진다.

⑷ **부동산권의 공시**

부동산권은 다양한 이유로 발생, 변경, 소멸한다. 가령 부동산권은 취득시효 완성으로 발생하기도 하고, 매매로 그 귀속 주체가 변경되기도 하며, 포기(abandonment, 김효손, 75면)로 소멸하기도 한다. 이러한 부동산권의 발생, 변경, 소멸은 어떻게 공시되는가? 부동산권이 매매로 이전되는 장면을 중심으로 살펴보자.

미국의 부동산권 이전은 그 원인이 되는 계약(예컨대 매매계약)과 양도증서(deed, 이호영, 170면)[108]의 교부로 이루어진다. 하지만 이는 당사자 간에만 이루어지는 과정이므로 제3자가 그 권리이전 사실을 알기 어렵다. 이를 제3자에게 알리려면 우리나라의 부동산 등기제도와 같은 공시제도가 필요하다. 미국에는 이러한 공시제

---

107) 미국법상 저당권에 대해서는 전원열, "미국의 등기제도 및 저당권(mortgage)에 대한 검토", 자율과 정의의 민법학: 양창수 교수 고희기념 논문집(2021), 1050-1070 참조. 아래 저당권에 대한 설명도 대체로 이에 의거한 것이다.

108) Deed는 부동산 이전 이외에도 다양한 용도로 사용되고 있고, 여기에는 날인이라는 공통요소가 있으므로, 넓은 개념으로 사용될 때는 '날인증서'라고 번역할 수 있다.

도로 레코딩 시스템과 토렌스 시스템이 있다. 레코딩 시스템이 주류를 이룬다. 토렌스 시스템은 등기를 통해 권원이 창설된다. 즉 "권원의 등기(registration of title)"가 아니라 "등기에 의한 권원(title by registration)"을 내용으로 한다. 이는 등기를 통해 비로소 물권을 취득하게 되는 우리나라의 등기 제도와 유사하다. 반면 레코딩 시스템은 부동산 거래 관련 증서를 편철하는 데 그칠 뿐 이를 통해 어떠한 권원을 창설하거나 확정하지 않는다. 등기관의 심사를 거치지 않고, 물권변동의 요건이 되지도 않는다는 점에서 우리나라의 등기제도와는 상당히 다르다. 엄밀히 말하면 등기의 범주에도 들어가지도 않는다. 그러므로 등기만으로는 누가 진정한 권리자인지를 확인하기 어렵다. 따라서 권원조사회사나 변호사에 의한 권원 조사의 도움을 받아야 하는 경우가 많다. 아울러 권원의 흠결로 인한 사고는 권원보험으로 보상받는다. 이러한 권원보험 제도는 매우 잘 정비되어 있어 실제로는 부동산 사고로 인한 문제는 생각처럼 많지 않다. 공적 시스템의 부재를 사적 시스템이 메우는 형국이다.

다. 그 밖의 재산법리

지금까지는 부동산에 특유한 문제들을 살펴보았다. 그 외에도 동산과 부동산을 아우르는 재산법의 법리들이 있다. 그중 몇 개만 살펴본다.

(1) 취득시효

취득시효(adverse possession, 박관우, 88면)는 본권자의 의사에 거스르는(adverse) 실제의 배타적 점유(possession, 김준우, 412면) 또는 사용(use, 지역권과 같은 비점유적 권리의 경우)이 일정한 기간 공연히 계속될 때 성립한다. 취득시효에 요구되는 기간은 주마다 다른데 대체로 5년과 30년 사이에서 정해진다. 시효취득으로 인한 소유권 취득에는 별도로 등기가 요구되지는 않는다. 우리나라와 달리 미국에는 등기부취득시효와 같은 제도는 없다. 취득시효 제도는 법적 권원을 갖추지 못한 상태에서 행해지는 점유라도 그 사실 상태를 유지하여 권리관계를 안정시키고 소송을 방지함으로써 사회평화를 보장하려는 정책적 목적을 가지고 있다. 공리주의적 관점에서 시효취득이 해당 토지를 가장 효율적으로 이용하여 그 효용을 극대화할 수 있는 사람에게 재산권을 재배정하는 역할을 수행한다고 설명하기도 한다. 부동산과 동산이 모두 시효취득의 대상이 되나 부동산의 시효취득이 주로 문제된다.

(2) 첨 부

첨부(accession, 김효손, 80면)는 기존의 재산에 부가된 가치에 대한 권리취득 원인이다. 선점(first possession)과 함께 거래에 의하지 않은 재산권취득원인의 대표적 유형의 하나이다. 미국법상 첨부 법리는 우리 민법상의 부합, 가공 등 첨부 법리에 일단 상응하나 「물건＋물건」의 구도뿐만 아니라 「물건＋노동」의 구도도 다룬다는 점에서 우리의 첨부 법리보다 적용 범위가 넓다. 예컨대 타인의 재료에 자신의 노동을 부가하여 제품이 완성된 경우 그 제품의 소유권 귀속 문제도 첨부 법리의 영역에 있다. 첨부는 담보부 거래(secured transaction)의 맥락에서도 등장한다(UCC 제9편 제335조). 첨부는 로마법 이래 존재한 오래된 법리이고, 현대에는 실무적으로나 학술적으로 그다지 주목받지 못하는 고루한 법리이기도 하다. 하지만 최근 데이터에 대한 권리 귀속에 관하여 지혜를 제공할 수 있는 법리로 주목받기 시작했다.[109] 데이터는 결합과 연결을 통해 그 가치를 더해가는데 이때 그 데이터의 권리 귀속 주체를 누구로 할 것인가는 고전적인 첨부 법리가 다루는 문제와 일맥상통하기 때문이다.

(3) 선의취득

미국법에도 선의취득(bona fide purchase)의 관념이 있다. 해당 물건의 무권리성에 대한 통지를 받지 못한 채 무권리자에게 정당한 대가(valuable consideration)를 지급하고 그로부터 물건을 산 경우에는 진정한 소유자의 청구(claim)로부터 보호받는다. 하지만 도품에 관하여는 "누구도 자신이 보유하지 않은 것을 양도할 수 없다"(nemo dat quod non habit)는 원칙에 따라 원소유자는 소유물의 점유자에게 소유물의 반환을 청구할 수 있고, 절취자나 그 승계인은 원소유자에게 선의취득을 주장하지 못한다. 예를 들어 렌터카 회사에서 자동차를 절취한 자가 그 자동차를 전전양도하여 선의의 제3자가 정당한 대가를 지급하고 매수한 경우에도, 도품의 점유자는 아무리 선의라고 하더라도 적법한 소유권을 취득할 수 없으므로 본래 소유자의 반환청구에 응하여야 한다.[110] 이 경우 보상을 지급해야 하는 것은 아니다. 양수인이 도품 또는 유실물을 경매나 공개시장에서 또는 동종류의 물건을 판매하는 상인에게서 선의로 매수한 때에는 피해자 또는 유실자는 양수인이 지급한 대가를 변상하고 그 물건의 반환을 청구할 수 있도록 하는 우리 민법 제251조와는 구별되는 부분이다. 원소유자가 점유자에게 행하는 도품반환청구의 법률적 구성에서도 특유한 점이 있다. 대륙법계에서는 일반적으로 이를 물권적 반환청구권의 문제로 접근한다. 하지만 영미법계에서는 이러한 청구권을 보통법에 따른 불법행위법상 소인(訴因, cause of action)의 일종인 동산점유회복청구(replevin, 강예영, 445면)로 구성한다는 특징을 가진다. 도품의 반환청구 기간에 대하여는 대체로 2년 내지 10년이라는 청구기간의 제

---

109) Note: *Accession on the Frontiers of Property*, 133 Harv. L. Rev. 2381 (2020).
110) Schrier *v.* Home Indem. Co., 273 A. 2d 248 (App. Ct. D.C. 1971).

한을 두고 있다.[111]

⑷ 담보부 거래

담보부 거래(secured transaction, 조서연, 456면)는 담보약정에 기초한 담보 제공에 관한 일체의 거래를 의미한다. 개념 자체만 놓고 보면 부동산 담보거래도 담보부 거래이다. 다만 관용적으로 이 개념은 부동산 외 객체(동산, 채권, 지식재산권 등)에 대한 담보부 거래만을 지칭하는 개념으로 사용된다. 보증(guaranty, 이민령, 286면)과 같은 인적 담보도 여기에서의 담보부 거래의 개념에 포함되지 않는다. 담보부 거래는 UCC 제9편에 의하여 규율된다. UCC 제9편은 복잡하게 나뉘어 있던 각 주별 담보 관련 법리를 통일하기 위해 제정되었다. Grant Gilmore와 Allison Dunham이 보고자로 초안을 작성하였고, 1951년에 UCC의 다른 편들과 함께 정식으로 채택되었다. 1972년, 1998년과 2010년에 대폭 개정되었다. 오늘날 미국의 담보부 거래에 관한 법제는 UCC 제9편에 기초한 것이다.

UCC 그 자체는 법적 구속력을 가지는 규범이 아니므로 결국 각 주가 주법의 일부로서 UCC의 내용을 채택하는 과정이 필요하다. 그런데 UCC 제9편은 미국의 모든 주에 의하여 채택될 정도로 공전의 성공을 거두게 된다. 이는 미국에서는 드물게 대륙법계 전통을 가지고 있는 루이지애나주도 마찬가지다. 루이지애나주는 처음에는 UCC 제9편을 채택하지 않았지만 1988년에 이를 채택하게 이른다. UCC 제9편과 함께 UCC를 대표하는 UCC 제2편은 끝내 채택하지 않고 이를 참고하여 루이지애나 민법전을 일부 개정한 정도에 그친 것과 비교된다. UCC 제9편이 담고 있는 동산 및 채권 담보법제 모델은 미국 국내는 물론이고 세계적으로 상당한 영향력을 떨치고 있다. UNCITRAL의 동산 및 채권담보 관련 입법지침이나 모델법 등 관련 규범의 기초가 되었고, 해당 법제를 정비하는 개발도상국에도 영감의 원천이 되고 있다.

UCC 제9편은 형식을 불문하고 담보의 실질을 가지는 모든 제도를 포괄하여 담보권으로 파악하는 기능적·통합적 접근방법을 특징으로 한다.[112] 우리나라 동산채권담보법은 법 형식과 무관하게 담보약정의 실질을 가지고 담보 등기가 이루어지는 한 해당 법의 담보권으로 파악하는데 이 역시 UCC 제9편의 기능적·통합적 접근방법으로부터 영향을 받은 결과이다. 또한 UCC 제9편은 당사자 간 담보권의 성립(attachment)과 제3자에 대한 대항력 취득(perfection)을 구별하는 접근방법을 채택한

---

111) Kurt Sieher, International Art Trade and the Law, 1993, 69−72 참조.
112) UCC 제9편의 특징과 국제적 영향력에 관해서는 권영준, "국제적 동향에 비추어 본 한국 동산채권담보법제", 법조 통권 제743호(2020), 55−62 참조.

다. 아울러 담보권자와 다른 권리자 사이의 우선순위(priority)에 관하여 상세한 규정을 둔다. 담보권의 실행에서 법원을 거치지 않는 사적 실행을 광범위하게 허용하는 것도 UCC 제9편의 특징이다. 무엇보다도 UCC 제9편을 독보적으로 만드는 제도는 담보권의 공시방법으로서 통지등기(notice filing) 제도이다. 통지등기는 채권자의 일방적인 통지(notice)를 기록하는 제도라는 점에서 우리나라와 같은 의미의 등기는 아니다. 이러한 일방성은 허위의 등기로 이어질 위험이 있으나 이는 사후적인 말소나 정정으로 해결한다. 등기의 간편성과 신속성으로 인한 금융의 원활화가 더욱 큰 편익을 가져온다는 생각이 깔려 있다.

V. 마치며

지금까지 미국사법의 배경을 살펴보고 계약법, 불법행위법, 재산법의 주요 내용을 간략하게 개관하였다. 이 책에는 이러한 영역 외에도 절차법상 개념을 포함하여 미국사법에서 중요한 개념들이 다루어지고 있다. 법정조언자(amicus curiae, 정선호, 97면), 가압류(attachment, 윤정운, 106면), 공탁(deposits in court, 박정언, 191면), 증거개시(Discovery, 정선호, 196면), 사해행위(fraudulent conveyances, 임한솔, 270면), 유통증권(negotiable instrument, 최지영, 374면)이 그러한 개념들이다. 이를 포함하여 각각의 개념에 대한 상세한 해설은 이 책의 해당 부분을 참조하기 바란다.

이제는 유학이나 연수 등의 형태로 미국 현지에서 미국법을 접하는 법학도나 법률가들이 많다. 미국 변호사 자격증을 취득하는 사람들도 꽤 있다. 민법은 법률가라면 누구나 다 아는 법이라고 오해하듯이 미국법 역시 미국에 다녀온 사람이라면 누구나 다 아는 법이라고 생각해 버릴 수도 있다. 로펌에도 미국 변호사들이 많다. 한국 현대사에서 느껴지는 미국의 가까움만큼이나 미국법도 가까운 존재가 되었다. 그러나 과연 우리나라, 특히 민사법 분야에서 미국사법에 대한 이해가 얼마나 깊은가, 또한 미국사법이 얼마나 체계적이고 치밀하게 연구되어 왔는가 하는 물음에 이르면 여전히 의문부호가 남는다. 이 책이 그러한 의문을 해소할 만한 깊이 있는 연구물이라고 말하기는 어렵다. 하지만 최소한 미국사법의 주요 개념의 이해에 도움이 될 수 있는 하나의 보조 자료가 될 수 있으리라고는 생각한다.

제 2 편

개념별 해설

Abandonment
포기

김효손

1. 개 념

미국법에서 Abandonment는 재산권(property)이나 그밖의 권리를 가진 자가 향후 다시 주장할 의사 없이 완전히 '포기하는(relinquish)' 것을 의미한다.[1] 다른 사람에게 권리가 이전되지 않는 점에서 양도(transfer)와 구별되며, 당사자 일방의 계약상 중대한 위반 등으로 인한 계약의 해제(rescission)와도 구별된다.

한편 가족법(family law)에서는 부모나 배우자 등 부양의무 있는 사람이 자녀나 상대 배우자를 유기하는(desertion) 행위를, 보험법에서는 보험위부(委付)를 말하기도 하는데, 이하에서는 주로 문제되는 재산법(property law)의 내용을 살펴본다.

2. 배 경

미국은 재산권(property)을 "권리들의 묶음(bundle of rights)"이라는 다소 추상적인 표현으로 개념화하고 있다. 즉 재산권은 이전권(right to transfer), 배제권(right to exclude), 사용권(right to use)과 같은 독립적인 권리들이 재산권이란 개념으로 묶음(bundle)처럼 결합되어 있는 것으로 설명한다.[2] 미국의 역사에서 알 수 있듯이 재산권을 정당화하는 근거는 선점이론, 노동이론, 공리주의, 법경제학 접근법 등 많은 이론적 근거가 있으나, 넓게 보면 사회적 가치를 투영하여 사유재산권을 조정하고 그 한계를 설정하는 것이라는 점을 주목할 필요가 있다. Abandonment는 권리자의 의도와 행위에 따라 재산권(property)을 소멸시키는 것이지만, 그 인정 여부를 엄격하게

---

[1] Black's Law Dictionary (11th ed. 2019).
[2] 이는 우리나라 민법상 가장 중심이 되는 물권인 소유권을 획일적인 권리로 이해하고 이러한 획일적인 권리로부터 물건의 사용, 수익, 처분권능이 도출되는 것으로 보는 관점과 차이가 있다.

판단하는 것도 재산권이 갖는 사회적 가치의 맥락에서 이해할 수 있다.

3. 내 용

Abandonment가 인정되면 권리의 소멸이라는 법률효과가 발생한다. 이는 법적인 불확실성을 초래하는 것이 아니고, 종국적·자발적·일방적인 행위로서의 성격을 갖지만, 그 행위자에게 상응하는 대가가 없는 경우도 종종 발생하기 때문에 이를 쉽게 인정할 것은 아니다. Abandonment는 대체로 직접적 의도가 드러나는 경우보다는 정황증거(circumstantial evidence)를 기반으로 인정되는 경우가 많다.[3] Abandonment를 인정하기 위해서는 명백하고 결정적인 포기 행위(unequivocal and decisive acts of relinquishment)가 입증되어야 한다.[4] 이하에서는 소유권·역권·임차권 세 가지로 나누어 살펴본다.[5]

소유권의 경우 Restatement에서 직접 언급하고 있지는 않지만, 지역권에 관한 경우보다 엄격하게 인정해야 한다고 한다.[6] 재산의 소유자가 재산에 대한 모든 권리를 포기할 의도로 불특정 다수인이 자유롭게 사용할 수 있는 상태로 둔 경우, 자발적이고 의도적으로 모든 권리를 포기한 것이 아니라면 Abandonment를 인정하기 어렵다.[7] 한편 금반언(estoppel)의 경우 통상 포기의 요소로 설명되는 것이 아니라서 양자 간에 직접적 관련은 없지만, 일부에서는 특정인의 재산권(property)에 대한 권원을 제한하는 경우 금반언의 상황에 더하여 청구의 포기까지 요구하기도 한다.[8] 한편 포기는 취득시효(adverse possession)에서 문제되기도 하는데, 점유자의 소유권 포기 의사가 인정되는 경우 취득시효의 전제인 점유의 연속이 상실된다.[9]

---

3) Restatement (Third) of Property (Servitudes) §7.4 (2000).
4) C.J.S. Abandonment §7.
5) 미국법상 재산은 물적 재산(real property)과 인적 재산(personal property)로 나뉜다. 물적 재산은 토지 및 토지 정착물을 의미하고, 인적 재산은 그 외의 재산을 의미한다. 물적 재산권은 점유적 권리(possessory interest)와 비점유적 권리(non possessory interest)로 구분된다. 점유적 권리는 부동산권(estate)을 말하며, 이는 다시 자유보유부동산권(freehold estate)과 비자유보유부동산권(non freehold estate)으로 구분된다. 전자는 소유권에 근접한 개념이며, 후자는 임대인이 임차인과의 관계를 설정하는 관계로 설명할 수 있다. 한편 비점유적 권리에는 지역권(easement), 역권(servitude), 담보권(charge), 방해행위(nuisance) 등이 속한다, 김영주, "미국법상의 부동산권 — 연혁 및 체계를 중심으로 —", 저스티스 제166호(2018), 122.
6) Restatement (First) of Property §504 (1944).
7) C.J.S. Abandonment §1.
8) Ark.—Hendrix v. Hendrix, 256 Ark. 289, 506 S.W.2d 848 (1974).
9) Am. Jur. 2d Adverse Possession §89.

　　법원은 단순한 재산 불용(不用)(nonuse of property),[10] 재산을 주장하거나 사용하지 않은 상태에서의 시간의 경과(lapse of time without claiming or using property),[11] 소유자의 일시 부재(temporary absence of the owner)[12]만으로는 Abandonment를 인정하기 어렵다고 한다. 또한 토지에 대한 납세를 불이행하거나 거부하는 것만으로는 Abandonment를 인정하기 어렵지만[13] 그러한 불이행이 장기간 지속되는 경우 포기의 증거가 될 수 있다고 한다.[14] 토지에 대한 정당한 권원(valid title)을 주장하지 않거나 이를 게을리한 경우라고 하여 곧바로 Abandonment에 해당하는 것은 아니지만, 특정한 경우에는 작위나 부작위가 Abandonment라고 본 사례도 있다.[15]

　　역권(役權, servitudes)에 대해서 살펴본다. 역권은 토지 등 재산을 타인이 사용할 수 있는 권리를 의미한다. 대표적인 것이 지역권(easement)이며, 이를 약속(promise)에 기한 의무(obligation)로 설정할 수도 있다. 역권에 관한 Abandonment는 보통 수익자가 역권의 전부 또는 일부를 사용할 권리 또는 특약상 권리를 포기하여 위 권리가 소멸한 상태를 의미하며, Restatement §504와 §558에 설명되어 있다.[16]

　　Restatement §504는 지역권(easement)의 포기에 관한 내용으로, 지역권에 대해서는 토지에 대한 대부분의 다른 이익에 비해 쉽게 Abandonment가 인정될 수 있다. Abandonment는 release와 구별되는데, 양자는 모두 의도(intention)에 주목하나, release가 승역지 소유자의 이익을 위하는 것과 달리 abandonment는 승역지 소유자 등 타인에 대한 이익을 고려하지 않는다.[17] 이와 유사하게 Restatement §558은 당사자간 토지 사용에 관한 약속(promise)[18]에 기반하여 역권이 발생하는 경우에도 해당 이익을 받는 자는 의도적으로 이를 포기(intentional relinquishment)할 수 있다고 언급하고 있다.[19]

---

10) Ohio―Long *v.* Noah's Lost Ark, Inc., 158 Ohio App. 3d 206, 2004―Ohio―4155, 814 N.E.2d 555 (7th Dist. Mahoning County 2004).

11) Kan.―Botkin *v.* Kickapoo, Inc., 211 Kan. 107, 505 P.2d 749 (1973).

12) Kan.―Botkin *v.* Kickapoo, Inc., 211 Kan. 107, 505 P.2d 749 (1973).

13) Vt.―Sowles *v.* Minot, 82 Vt. 344, 73 A. 1025 (1909).

14) Minn.―Mulvihill *v.* Finseth, 396 N.W.2d 889 (Minn. Ct. App. 1986).

15) C.J.S. Abandonment §9, 한편 U.S.―In re G.M.P. Land Co., 33 B.R. 729 (Bankr. E.D. Pa. 1983)에서는 타인의 토지에 그의 허가 없이 광물을 매장하고 이를 회수하려는 시도도 하지 않았다면 abandonment를 인정한다.

16) 참고로 Restatement에서 abandonment라는 표제로 언급된 것은 역권에 관한 두 개의 조항뿐이다.

17) Restatement (First) of Property §504 (1944).

18) 이는 토지의 양도를 수반하는 특약(conveyance)과는 다르다.

19) Restatement (First) of Property §558 (1944).

입증책임과 관련하여 Abandonment는 추정되지 않으며, 이를 주장하는 자에게 입증책임이 있다. 보통법(common law)과는 별도로 법률상 Abandonment 간주 조항을 두는 경우도 있다.[20]

임차권에 대해서도 살펴본다. 임차인도 임차부동산(leased property)에 관한 권리를 포기할 수 있다.[21] 이 경우 임대차관계는 종료하고, 임차인은 임대인이 포기를 수락(acceptance)하기 전까지 발생한 차임 및 해당 포기로 인한 손해에 대해서책임을 부담하며, 이후 장래에 발생하는 차임 등에 대해서는 책임이 면제된다. 임대인 자신이 직접 점유를 회복한 경우라면 임대인은 임차인의 포기를 수락한 것으로 본다. 따라서 임대인이 점유를 회복하기 전에 발생한 목적물의 훼손에 대해서는 임차인이 책임을 부담한다. 임차인의 포기를 임대인이 수락하기 전에, 임차인은 임대 부동산에 관한 점유를 회복하고 포기를 철회(cancellation)할 수 있다. 임대인의 수락 전에 임차인이 임차권을 양도(assignment)하거나 전대(sublease)하였다면 포기를 철회하는 것에 해당한다.[22]

4. 우리 법과의 비교

미국은 물권의 종류를 한정하고 그 내용을 확정하는 물권법정주의(物權法定主義)를 채택하고 있지 않기 때문에 그 개념이 상대적이고 불확정적이다. 반면 우리나라에서는 물권법정주의에 따른 물권을 비롯하여 권리 전반에 대하여 '포기'개념을 인정하고, 이를 '상대방 없는 단독행위'로 설명한다.

미국법과 우리 법상 포기 법리에 있어서 또 다른 주요한 차이는 우리 물권법은 '공시주의'를 취하고 있어서 포기에 따른 법적 효과가 발생하려면 동산의 경우 점유의 포기까지, 부동산의 경우 말소 또는 변경등기까지 필요하다는 것이다.[23] 예컨대 저당권을 일부 포기한 경우 등기원인으로 일부 포기를 기재하고 변경등기를 마쳐야만 포기에 따른 법적 효과가 발생할 수 있다.

앞서 본 임차권 포기의 경우 임대인의 수락(acceptance)을 요구하는 점도 차이가 있다. 포기의 철회에 해당하는 임차권 양도·전대의 경우 임대인의 동의를 필요로 하

---

20) Tenn.—Presley v. City of Memphis, 769 S.W.2d 221 (Tenn. Ct. App. 1988).
21) Restatement (Second) of Property, Land. & Ten. § 12.1 (1977).
22) Restatement (Second) of Property, Land. & Ten. § 12.1, 12.2 (1977).
23) 지원림, 민법강의(제17판), 홍문사(2020), 525.

지 않지만 우리나라의 경우 동의가 필요하다는 점도 마찬가지이다.[24]

　　법률효과의 측면에서 보면 포기시 권리가 소멸되고, 소급효가 인정되지 않음이 원칙이다. 다만 상속포기의 경우에는 소급효가 인정된다(민법 제1042조). 인격권이나 가족법상 권리는 포기가 제한된다. 소멸시효 이익은 시효완성 전에는 포기할 수 없다는 제한이 있고(민법 제184조), 기한의 이익은 포기가 가능하나 상대방의 이익을 해칠 수 없다는 제한이 있다(민법 제153조).

---

24) 전장헌, "미국부동산에서 임차권의 양도와 전대에 대한 고찰", 동북아법연구 제13권 제2호 (2019), 190.

Accession
첨부

김효손

1. 개 념

  미국 재산법(property law)에서 accession은 부동산에 대한 물건의 부합(附合) 또는 동산 간의 부합, 가공 등에 의하여 물건의 소유권을 취득하거나 그 소유권이 이전되는 '첨부(添附)'를 의미한다.[1] 양털로 좋은 원단을 만드는 것처럼 투입한 노동과 비용에 따라 물건의 형상이 바뀌거나 가치가 증대되는 Accession이 발생할 경우,[2] 이에 대해 소유권의 변동을 인정할 것인지가 문제된다.[3] Accession은 다양한 의미를 가지고 있다. 상대방의 요구를 받아들이거나 권한 있는 직위에 '취임'하는 것을 의미하기도 하며, 국제법에서는 조약에 '가입'하는 것을 의미하기도 하는데, 이하에서는 첨부의 의미를 중심으로 살펴본다.[4]

2. 배 경

  첨부는 민법학에서 오랜 역사적 배경을 갖는 개념으로서, 로마법 시대부터 accessio라고 일컬어져 왔다.[5] Accession 법리는 그 오랜 배경만큼이나 영국의 보통법(common law)은 물론 미국 법학에서도 오랫동안 논의되어 왔는데,[6] 미국 재산법에

---

[1] Black's Law Dictionary (11th ed. 2019), accession.
[2] Am. Jur. 2d Accession and Confusion § 1.
[3] 참고로 미국통일상법전(UCC)에서는 가공에 초점을 맞추어 accession을 정의하고 있다. Ray D. Henson, Handbook on Secured Transactions Under the Uniform Commercial Code(2d ed.), West Group (1979), § 4 – 22, 93.
[4] 법무부, 법령용어한영사전(2008)은 accession을 '가입, 동의'로 번역하면서 joining, entry 등과 동의어로 사용하고 있다.
[5] 로마법상 accessio 사안은 매우 다양하며, 유형별 및 사안별로 해결책을 모색하였다. 상세 내용은 최병조, "로마법상 부합의 법리", 서울대학교 법학 제57권 제4호(2016) 참조.
[6] C.J.S. Accession § 1.

서는 accession의 이론적 기반을 로크(J. Locke)의 '노동이론'에 두고 있다. 노동이론은 사람들에게 자신의 노동을 활용하여 생산한 재산에 대하여 재산권을 인정하는 이론이다.[7] 예를 들어 조각가 A가 주인이 없는 찰흙을 가치 있는 조각상으로 변화시켰다 A는 자신의 노동을 활용하였기에 그 조각상에 대하여 재산권을 갖는다. 즉, 소유자가 없는 상태인 어떠한 사물에 자신의 노동을 더하였기 때문에 소유권을 취득하는 것은 '자연적 정의(natural justice)'의 관점에서 타당하다다는 것이다.

노동이론은 초기 미국 사회에서 재산법을 형성하는 데 많은 영향을 끼쳤다. 노동이론은 풍부한 토지 자원에 비하여 상대적으로 인구수가 적어 한 사람이 토지를 점유하더라도 다른 사람들이 다른 토지를 얻을 기회가 박탈되지 않았던 개척시대 미국의 사회경제적 환경과 잘 맞았다. 이미 대부분의 재산에 대해 일정한 소유자가 있는 오늘날에는 노동이론이 한계를 갖기도 하지만, 재산법은 물론 취득시효(adverse possession) 같은 법리부터 저작권·특허권 같은 새로운 재산권 영역에서도 accession은 여전히 유용한 법리로 기능하고 있다.[8]

3. 내 용

Accession은 일반적으로 자산 소유자가 동산·부동산이든 자연적·인공적이든 재산에 추가·결합하는 모든 것에 대한 권리를 갖게 되는 원칙을 의미한다. Accession은 어떤 재산이 노동에 의해 완전히 다른 재산으로 전환(conversion)되거나 그 재산이 다른 재산과 결합하여 하나의 단일한 재산을 형성함으로써(incorporation into a union with other property) 그 재산에 대해 취득하는 권원(acquisition of title)을 설명하기 위하여 논의된다. 그러나 정의의 개념이 변화하고, 현대 사회 여건이 복잡해지면서 Accession의 원칙은 완화되고 그 의미와 적용이 다양해져 왔기 때문에 Accession을 포괄적으로 정의하려는 시도는 자칫 위험할 수도 있다.[9]

Accession이 일어나는 양상에 따라 내용을 살펴보면, 먼저 제작물품(manufactured goods)의 경우 일반원칙에 따라 A의 노동이 B의 원재료와 결합되면 원재료의 소유자인 B가 소유권을 갖는다. 다만, 그 물품의 동일성이 파괴되거나 그 속성이 실질적으로 변하거나 가치가 현저하게 증대한 경우라면, 가공한 사람인 A가 소유권을 갖고,

---

7) 권경휘, "로크의 재산권 이론", 법철학연구 제18권 제3호(2015), 188.
8) Justin Hughes, "The Philosophy of Intellectual Property", 77 Geo. L. J. 287, 296-329 (1988).
9) C.J.S. Accession § 1.

B는 소유권을 상실한 물품의 가치 상당을 청구할 권리를 보유할 수 있을 뿐이다.[10] 법원은 목재로 목공품을 만든 경우, 풀을 말려 건초를 만든 경우, 캔버스로 돛을 제작한 경우 모두 동일성이 유지된다고 한다.[11]

원재료 결합(materials of different person united in joint product)의 경우, 즉 여러 사람의 재료를 결합하여 물건을 제작하는 경우, 달리 합의된 바 없다면 주된 원재료(principal materials) 소유자가 제품의 소유권을 취득한다. 결합 여부는 사실 판단의 문제이며, 결합된 정도와 분리할 수 있는 준비 상태에 따라 달라진다.[12]

이상의 논의를 합쳐보면 어떻게 될까? A는 노동력을 제공하였고 일부 재료도 제공하였다. B는 재료만 제공하였지만 이는 상품 제작에 필수적인 재료이다. 이 경우 필수적인 재료를 제공한 B가 소유권을 갖는다고 보아야 한다. 그러나 해당 상품의 속성이나 가치가 중대하게 변했다면 A가 소유권을 갖는다.

수선(repairs)의 경우 원래 물품의 소유자가 그대로 소유권을 유지한다. 그러나 수선할 때 추가한 재료의 소유자가 소유권을 보유하고, 해당 원재료가 심각한 손상 없이 제거될 수 있는 경우라면 수선으로 인해 소유권이 넘어가지 않는다. 예컨대 오래된 수레에 새 바퀴를 장착한 경우 (바퀴는 비교적 용이하게 탈착이 가능하므로) 수리한 사람이 이를 회수할 수 있다.[13] 즉 원래의 재산과 쉽게 식별할 수 있고 이를 손상하지 않고 분리될 수 있는 경우라면 첨부의 법리는 적용되지 않는다. 이를 이른바 'readily identifiable, easily detachable test'라고 한다. 부동산에 물건이 부합되는 경우도 위와 같은 법리가 그대로 적용된다.

불법침해자(trespasser)는 선의(innocent)인 경우 재산의 동일성(identity)이 변경되는 정도에 이른다면 소유권을 취득할 수 있으나, 악의(willful)인 경우 재료나 노동력의 가치와 무관하게 소유권 취득이 인정되지 않는다.[14]

4. 우리 법과의 비교

우리나라는 물권에 해당하는 민법 제256조 내지 제261조에서 첨부에 대해 규정하

---

10) C.J.S. Accession § 3.
11) Ark.—Stotts *v.* Brookfield, 55 Ark. 307, 18 S.W. 179 (1892), Iowa—Murphy *v.* Sioux City & P. R. Co., 55 Iowa 473, 8 N.W. 320 (1881), Me.—Eaton *v.* Munroe, 52 Me. 63, 1862 WL 1193 (1862).
12) C.J.S. Accession § 5.
13) C.J.S. Accession § 4.
14) C.J.S. Accession § 10.

고 있는데, 소유권 귀속의 논의가 주를 이룬다는 점에서는 미국과 맥락을 같이한다.

그러나 미국과 달리 우리나라의 경우 부동산의 부합에 관한 논의가 상당히 많다. 우리 민법 제256조에 의하면 부동산의 소유자는 그 부동산에 부합한 물건의 소유권을 취득하나, 타인의 권원에 의하여 부속된 것은 예외로 한다. '권원'에 대해서는 견해가 대립하나 통설과 판례[15]는 부동산의 사용·수익에 관한 권능을 의미한다고 보고 있다. 미국의 경우 우리 민법 제256조 단서와 같은 규정은 없으나 이를 불법침해(trespass)에 기한 첨부로 본다면 악의의 경우 재료나 노동력의 가치와 무관하게 소유권 취득을 인정하지 않기 때문에 결론에 있어서 큰 차이는 없다.

또한 부합대상인 '물건'에 대해 통설[16]은 동산으로 한정하지만, 판례[17]는 부동산까지 포함하고 있다. 독립된 부동산으로서 건물, 「입목에 관한 법률」에 따라 등기된 입목, 명인방법을 갖춘 수목 등은 권원 여부를 살펴야 한다는 법리[18]가 미국에서는 부합 등 첨부와 관련하여 논의되지는 않는다. 농작물의 경우 경작자의 부단한 관리나 점유 귀속이 비교적 명백한 점을 들어 아무 권원 없이 경작하였더라도 토지에 부합하지 않고 경작자가 소유권을 취득한다는 법리[19] 등도 우리나라에 특유한 것이다.

동산 간의 첨부에 대해서도 대체로 유사하다. 동산과 동산이 부합된 경우에는 분리가능성을 고려하는데 훼손되거나 과다한 비용이 발생하면 주된 동산의 소유자가 소유권을 취득하며, 주종을 구별할 수 없는 때에는 부합 당시의 가액의 비율로 공유한다(민법 제257조). 이는 혼화의 경우에도 준용된다(민법 제258조). 가공의 경우 소유권은 원재료의 소유자에게 속하지만, 가액이 현저히 증가한 경우에는 가공자가 소유권을 갖는다(민법 제259조). 한편 동산의 소유권이 소멸된 경우 해당 동산을 목적으로 한 다른 권리도 소멸하나, 단독소유자가 된 때에는 합성물 등에, 공유자가 된 때에는 그 지분에 존속한다(민법 제260조).

물론 여기에도 차이는 있다. 미국은 앞서 본 대로 불법침해(trespass)에 기한 첨부를 다루면서 선의의 경우 동일성(identity)이 변경되는 정도에 이른다면 소유권을 취득할 수 있도록 하는데, 악의의 경우 재료나 노동력의 가치와 무관하게 소유권 취득을 인정하지 않는다.[20] 한편 우리나라는 소유권 귀속의 문제는 동산에 한정해 점

15) 곽윤직·김재형, 물권법(제8판), 박영사, 276; 대법원 1989. 7. 11. 선고 88다9067 판결.
16) 곽윤직·김재형, 전게서, 276.
17) 대법원 1999. 7. 27. 선고 99다14518 판결.
18) 대법원 1991. 4. 12. 선고 90다20220 판결.
19) 대법원 1979. 8. 28. 선고 79다784 판결.
20) C.J.S. Accession § 10.

유의 모습이 평온·공연·선의·무과실이면 즉시 소유권을 인정하는 선의취득을 인정할 뿐(민법 제249조 이하),[21] 이를 첨부와 관련해 다루고 있지 않다.

　　보상의 문제는 양자 모두 부당이득으로 보고 있다. 미국은 이를 원상회복과 부당이득에 관한 제3차 Restatement에서 이를 다루고 있다.[22] 우리나라도 첨부에 따라 손해를 받은 자를 위해 물권법에 별도 규정을 두고 있는데 그 본질은 부당이득이다(민법 제261조).

---

21) 일정한 점유기간을 요건으로 하는 점유취득시효는 제외하였다(민법 제245조 및 제246조).
22) Restatement (Third) of Restitution and Unjust Enrichment Index A10.

Action
소송

박관우

1. 개 념

Action이란 민사상 또는 형사상 법적 절차, 즉 소송을 의미한다. Action은 cause of action과 구별된다. 소송은 일반적으로 권리를 주장하거나 잘못에 대한 배상을 구하는 등의 사법 절차로 정의된다. 일부 법적 맥락에서 '소송'이라는 용어는 '청구원인(cause of action)'[1]과 유사한 의미로 쓰이지만, '소송'은 사법적인 절차를 의미하는 반면 '청구원인'은 소송을 일으킨 원인 사실이라는 점에서 구별된다. 한편 항소, 즉 'appeal'은 기존 소송의 연속이지 새로운 소송의 제기로 보지 않는다.[2]

'Action'과 유사한 용어로 'suit'이 있다. 보통법과 형평법의 구분이 거의 무의미해진 오늘날 양자는 사실상 동의어로 간주되지만, 엄밀히 보면 'suit'은 민사적 성격의 소송절차나 중재절차에 더욱 방점을 두어 활용된다. 또 다른 유사한 용어로 'claim'이 있다. 'claim'은 재판상 또는 재판외 청구 내지 주장을 의미한다. 소송의 원인이 되는 'cause of action'은 소송을 이유있게 만드는 재판상 주장이라는 점에서 'claim'보다는 좁은 개념이다.

한편 미국통일상법전(UCC) §1−201(b)(1)에 의하면 action은 사법절차상의 배상(recoupment), 반소(counter−claim), 상계(set−off), 형평법원 상의 소송(suit in equity) 및 그 밖의 권리가 결정되는 기타 모든 절차를 포함하는 의미로 사용된다.

2. 배 경

Action의 어원은 '권리, 주장(a right or claim)'을 의미하는 라틴어 'actio'에서 비롯

---

1) 이는 소인(訴因)이라고도 불린다.
2) 1. Am. Jur. 2d Actions §4.

되었다. 고대 로마법에서 'actio ad exhibendum'은 원고의 소유임을 입증하기 위해 재산을 강제하는 행위(action)를 의미하였는데, 그 목적은 '정당하고 이유가 있는 사람'이 재산의 소유자에게 조사를 위해 그 재산을 제시하도록 강요하는 것이었다고 한다.[3]

앞서 설명했듯이 suit, lawsuit, actions, case, cause와 같은 명사는 권리를 행사하거나 다른 방식으로 정의를 추구할 목적으로 제기된 절차를 의미한다. 하지만 각 언어의 어원학적 발달을 살펴보면 약간의 차이가 존재한다.[4] 과거에는 suit와 action의 개념은 더 구분되어 사용되어 왔다.

과거에는 일반적으로 보통법(Common law)에 의한 법원의 절차를 'action'이라 하고, 형평법(court of equity)의 절차를 'suit'라고 하였다.[5] 이는 우리나라 법체계가 따르는 대륙법계와 다르게, 영미법계는 보통법과 형평법으로 나뉘어 있었기 때문이다. 보통법은 고대의 관습과 법원의 선례로 구성되며, 이에 따라 '보통법'이라 불리게 되었다. 반면 형평법은 1873년 전의 형평법원(Court of chancery)에서 형성한 원칙들로 구성되었는데, 이는 보통법이 알지 못하는 새로운 권리와 구제를 제공하고, 보통법이 너무 고정되었거나 유연성이 없는 경우 발생하는 공백을 메우고 보통법의 경직성을 완화시키기 위해 만들어진 것이다.[6]

이 둘의 차이는 우선 보통법에 의한 법원의 절차는 배심제도를 따른다는 점이고, 형평법에 의한 법원은 배심제도 없이 판사에 의한 판결을 내린다는 것이다. 두 번째 차이로는 보통법상 구제책은 금전배상이 유일하였고 형평법상 구제책은 금전으로 배상받을 수 없는 것들, 예컨대 이행에 관한 사항, 금지명령 등 금전적인 배상 이외의 것들을 포함한다는 것이다. 보통법원을 보완하는 개념으로 형평법원이 존재하였다. 따라서 형평법 관할의 구분이 존재하는 경우, action은 판결에 따른 금전배상을 함으로써 종료되지만, suit는 판결과 그에 따른 집행이 완료되어야만 종료된다. 그러나 오늘날 모든 거의 모든 관할 구역이 법과 형평의 관할을 통합했기 때문에 suit와 action의 개념 차이는 거의 없어지게 되었고 이에 따라 두 용어가 유사한 의미로 사용되고 있다.[7]

---

3) John Geroge Phillimore, Private Law among the Romans from the Pandects, MacMillan, London (1863), 182.
4) Bryan A. Garner, Garner's Dictionary of Legal Usage(3rd ed.), Oxford University Press (2011), 862－863.
5) Edwin E. Bryant, The Law of Pleading Under the Codes of Civil Procedure (2d. ed), Boston, Little Brown (1899), 3 (1899).
6) W. Geldart, Introduction to English Law, Oxford University Press(1984), 18.
7) Bryan A. Garner, ibid, 862－863.

3. 내 용

소송의 성격은 일반적으로 원고가 청구한 소장에 명시된 사실에 따라 결정된
다.[8] 크게 분류를 해보자면 물적 소송(real actions)은 토지, 공동주택, 상속재산의 회
복을 위한 소송 또는 개인의 소유권의 인정 또는 소유권의 집행을 추구하는 행위를
의미한다. 이러한 소송은 지역적인 특성을 갖고 있으므로 일반적으로 해당 토지가
위치한 관할구역 내에서 이루어져야 한다. 한편, 인적 소송(personal actions)은 개인
재산의 회복, 계약의 집행 또는 위반에 대한 배상 또는 사람의 부상 및 재산의 손해
에 대한 손해배상을 위해 제기된 소송을 뜻한다. 계약법상의 인적 소송은 계약상 의
무위반에 근거한 것이고 불법행위법상 인적 소송은 계약과 무관하게 법률이 부과한
의무위반에 근거한 것을 뜻한다.[9]

4. 우리 법과의 비교

앞서 살펴보았듯이 미국법상 소송의 의미로 보통법상의 action과 형평법상의 소
송인 suit이란 개념이 있고 영미법계에서는 우리나라에는 없는 보통법과 형평법이라
는 상호보완적인 법이 존재함을 알 수 있다.[10] 그러나 미국에 보통법과 형평법이라
는 두 가지 법이 존재함으로써 여러 가지 문제점이 발생하자 New York주는 1848년
David Dudley Field가 제안한 Code of Civil Procedure를 채택함으로써 양 법의 융합
이 이루어졌고, 그 이후 1938년에 연방대법원규칙에 의하여 쌍방이 통합된 제도가
마련됨으로써,[11] action과 suit의 의미 차이가 크게 없게 되었다. 결국 우리나라와 같
은 대륙법계의 '소송'과 큰 차이가 없게 되었다. 물론 미국법은 판례법에 따르고 우리
나라는 성문법을 따른다는 점, 미국은 배심제도를 사용하나 우리나라는 판사에 의한
판결을 내린다는 점 등 체계 차이에서 오는 실무상의 차이가 존재하겠으나, 소송의
의의가 재판과정에서 사인간, 국가와 사인간의 분쟁을 해결한다는 점에서는 그 의미
가 같다고 볼 수 있다.

---

8) Am. Jur. 2d Actions § 26.
9) Am. Jur. 2d Actions § 27 Real, personal and mixed actions.
10) P.W.D. Redmond, General Principles of English Law, Macdonald & Ewan(1981), 1.
11) 피정현, "영미법상의 Common Law", 원광법학 제16권(1999. 12. 26.), 40.

Adverse Possession
시효취득

박관우

1. 개 념

　　Adverse possession이란 타인의 권리에 반하는 권리를 주장하여 실제적이고 명시적으로 재산을 전용(appropriation of property)하고 이를 유지하는 것이라고 정의되어 왔다.[1] Adverse possession은 우리 법상 '취득시효'와 유사한 개념으로, 주로 부동산에 관하여 논의되나, 동산에 대해서도 적용될 수 있다.[2] 미국법상 adverse possession는 성문법과 보통법(common law) 모두의 규율을 받는데,[3] 소유권을 박탈할 수도 있기 때문에 그 요건은 엄격히 정해져야 하고, Adverse possession 해당 여부도 엄격하게 해석되어야 한다.[4] 관할에 따라 다르지만, Adverse possession이 인정되기 위해서는 일반적으로 연속성(continuous), 적대성(hostile), 공개성(open and notorious), 실제성(actual), 배타성(exclusive) 및 일정 기간의 경과(throughout prescribed period of time)를 요건으로 하는데, 각 요건에 대해서는 아래에서 상술한다.

2. 배 경

　　Adverse possession은 common law에서부터 인정되어 온 원칙으로, 재산(통상적으로 토지)을 점유하는 자가 법적인 권원(legal title)을 갖추지 못한 경우라고 하더라도, 일정한 요건을 충족한 경우 그에 대한 권원(title)을 취득하는 것을 말한다.[5] 미국

---

1) Am. Jur. 2d Adverse Possession §2.
2) Am. Jur. 2d Adverse Possession §11.
3) Am. Jur. 2d Adverse Possession §3.
4) Am. Jur. 2d Adverse Possession §5.
5) Andrew Dick, "Making sense out of nonsense: a response to adverse posessin by governmental entities", 7 Nevada Law Journal 348 (spring 2007).

법상의 Adverse possession는 13세기부터 나타난 영국법상의 소멸시효 법리(statute of limitations)를 거의 그대로 이어받아 발전된 제도이다. 소멸시효 법리상 점유가 일정 기간 계속되면 부동산의 소유자는 점유자에 대하여 점유회복소송(ejectment action)을 제기할 수 없는데, 이는 장기간 계속된 사실상태를 그대로 유지하여 권리관계를 안정시키고 소송을 방지함으로써 사회의 평화를 보장하려는 정책적 목적을 갖고 있다.[6]

　Adverse possession의 원칙은 미국 초기에 증가하는 토지소유권 관련 분쟁을 해결하는 데 큰 역할을 하였다. 대부분의 주에서는 건국 초기 영국법을 차용하여 20년의 시효기간을 두었다. 그러나 점차 경제가 발전됨에 따라 토지의 중요성이 부각되는 반면 토지는 희소하게 되어, 시효기간이 5년까지 축소된 주도 있게 되었으며, 정부 소유의 토지에 대해서는 Adverse possession이 적용되지 않게 되었다.[7]

　한편, 적대적 점유자에 의한 권리취득의 논리적 근거는 소유자가 당해 토지를 적대적 점유자에게 포기 또는 양도한 것으로 추정하는 데 있다.[8]

3. 내 용

　Adverse possession의 요건을 정리하면 다음과 같다.[9] ① **연속성(continuous)**: 단독의 불법점유자(adverse possessor)가 해당 재산을 계속해서 점유해야 한다. ② **적대성(hostile)**: 적대성이란 소위 '비우호성'을 의미하기보다는 실소유자의 권리를 침해한다는 뜻이다. 실제 소유자가 불법점유자(adverse possessor)의 재산 사용에 동의하거나 라이센스를 부여하는 경우 그 점유는 적대적이지 않으며 실제로 불리한 점유가 아니다. ③ **공개성(open and notorious)**: 침해자가 점유하고 있다는 사실을 진정한 소유자에게 알릴 수 있도록 그 점유 여부가 분명해야 한다. ④ **실제성(actual)**: 불법점유자(adverse possessor)는 실제 다른 사람의 재산을 점유하고 있어야 한다. 실소유자는 침해에 대한 소를 제기할 수 있으며 이는 시효기간 내에 이뤄져야 한다. ⑤ **배타성(exclusive)**: 불법점유자는 재산에 대한 통제권을 다른 사람과 공유해서는

---

6) 주지홍, "미국법상 불법점유원칙의 비교법적 연구", 강원대 비교법학연구소, 강원법학 제35권 (2012. 2.), 399.

7) Lynn Foster, J. Cliff Mckinney, II. "Adverse possession and boundary by acquiescence in Arkansas : some suggestions for reform", 33 University of Arkansas at Little Rock Law Review 199, appendix B (Spring 2011).

8) 3 Am. Jur. 2d. Adverse Possession §7.

9) 3 Am. Jur. 2d. Adverse Possession §15−64.

안 된다. 반대소유자는 마치 실제 소유자인 것처럼 다른 사람들의 소유를 배제시켜
야 한다. ⑥ 일정 기간의 경과: 관할에 따라 기준은 다르지만 많은 주들이 5년, 10년,
15년, 20년의 기간을 규정하고 있다. 어떤 주들은 점유자가 문제된 부동산에 대하여
세금을 지급하여 왔거나 양도증서(deed) 등을 가지고 있는 경우 등에 관하여는 더
짧은 기간을 규정하고 있다.

4. 우리 법과의 비교

우리 민법상 취득시효란 무권리자가 일정 기간 점유하는 경우 그 재산을 취득하
는 제도를 말한다. 우리 민법 제245조 제1항은 그 요건으로 '20년간' '소유의 의사'로
'평온, 공연하게' 부동산을 '점유'하고 '등기'할 것을 명시하고 있고, 제2항은 '10년간'
'소유의 의사'로 '평온, 공연하게' '점유'할 것과 아울러 소유자로 '등기되어 있을 것'
및 '선의 무과실'의 요건을 명시하고 있다. 제1항은 일반취득시효, 제2항은 등기부취
득시효라 부른다.

우리나라의 자주점유란 소유의 의사를 가지고 하는 점유로서 자주점유 판단은
권원의 성질에 의하여 객관적으로 정하여야 한다고 보는 것이 판례[10]와 학설의 태도
이다. 또한 점유권원의 성질이 분명하지 아니한 때에는 민법 제197조 제1항에 근거
하여 자주점유가 추정된다.[11]

반면 미국법상 Adverse possession에서의 적대적 점유는 다수의 주에서 '허락받
지 않은 점유'를 말한다. 이는 객관적으로 판단하며 허락을 받았는지 여부가 불분명
한 경우 허락받지 않는 점유로 추정된다. 즉 우리 민법상 점유는 자주점유로 추정되
나, 미국에서 허락받지 않은 점유인지 여부가 불분명하면 적대적 점유로 추정된다는
점에서 차이가 있다.[12]

우리나라의 점유취득제도와 또 다른 차이점은 우리나라의 경우 취득시효에 따
른 소유권 취득에 등기를 요구하는데 반해 미국의 경우 이를 요건으로 요구하지 않
는다는 점이다. 공시제도에 의해 등기를 하여야만 완전한 권리를 취득하는 우리나라
와 달리 미국에서는 시효법리에 의한 기간의 완성으로 완전한 권리를 취득하게 되어
제3자와의 관계에서도 권리취득의 효력이 발생한다.[13]

---

10) 대법원 1996. 1. 25. 선고 95다28502 판결; 대법원 1995. 12. 24. 선고 95다53341 판결 등.
11) 대법원 1983. 7. 12. 선고 82다708, 709 판결 등.
12) 주지홍, 전게 논문, 411.
13) 주지홍, 전게 논문, 418.

위와 같은 차이에도 불구하고, 우리나라의 점유취득시효와 미국의 Adverse pos-
session는 인정 이유나 요건, 대상, 효과 등에서 유사한 부분이 있다. 예컨대 정당한
권원이 없음을 알면서도 목적물을 점유하는 무단점유의 경우 우리 판례[14]는 자주점
유의 추정이 번복되는 것으로 정리하였기 때문에 취득시효가 인정되지 않는다. 미국
의 경우 실제로 허락받지 아니한 점유이므로 '적대성' 요건이 충족되나 법원은 실제
사건을 판결함에 있어 선의가 아닌 경우 Adverse possession의 요건 중 하나를 엄격
히 해석하여 점유자에게 불이익이 돌아가도록 운영의 묘를 발휘하고 있다고 한다.[15]
실제로 1966년 이후 미국 판례를 분석한 내용에 따르면 점유자가 악의인 경우 Ad-
verse possession에 의한 소유권 취득을 인정한 사례는 거의 없다고 한다.[16] 즉 그
요건은 다르더라도 실제 운용상 취득시효 제도의 의의를 감안할 때 그 효과는 비슷
하다.

---

14) 대법원 2000. 3. 16. 선고 97다37661 판결; 대법원 2000. 1. 14. 선고 99다41893 판결 등.
15) 주지홍, 전게 논문, 406.
16) Robert C. Ellickson, Perspectives on Property Law(3rd ed.), Aspen Law & Business, 2002,
    191.

Agency
대리

김윤민

1. 개 념

Agency란 본인이 대리인에게, 대리인이 본인의 지배에 따라 본인을 위하여 행위를 하는 데에 동의한다는 표시를 하고, 대리인도 그렇게 행위하는 데에 동의한다는 표시를 한 경우에 본인과 대리인 사이에 존재하는 신인관계(fiduciary relation)를 의미한다.[1] 보통법상 Agency의 개념은 본인의 법적 권리와 의무에 영향을 미칠 수 있는 권한(power)을 가진 대리인이 본인을 위하여 행위하는 '합의된 관계(consensual relationship)'를 상정한다.[2]

2. 배 경

Agens, agentis라는 라틴어에 어원을 두고 있는 대리(agency)는 타인의 행위를 통하여 본인이 의욕하는 어떤 일의 결과를 달성하기 위한 제도이다. 타인의 행위를 통해서 본인의 활동영역을 확장시켜 주는 대리제도는 거의 모든 국가에 존재하며, 대륙법계이든 영미법 국가이든 대리행위의 효과를 본인에게 미치도록 하고 있다.[3]

전술한 것처럼, 대리관계는 본인과 대리인 사이의 '합의된 관계'를 상정하지만, 이러한 대리관계의 성립에 계약이 필수적인 요소인 것은 아니다.[4] 영미법상 계약이 성립하기 위해서는 약인(consideration)이라는 대가관계가 존재하여야 하는데, 무상대리인(gratuitous agent)의 경우에는 이러한 대가관계가 존재하지 않기 때문이다.[5]

---

1) Restatement (Third) of Agency § 1.01.
2) Restatement (Third) of Agency § 1.01 comment c.
3) 이성희, "영미법에서의 대리권 발생에 관한 약간의 고찰", 성균관법학 제23권 제2호(2011), 61.
4) 3 Am. Jur. 2d Agency § 15.
5) 무상대리인(gratuitous agent)도 다른 대리인과 마찬가지의 의무를 부담하며, 자신의 의무를 이

93

한편, 독립계약자(independent contractor)는 고용주로부터 감독을 받지 아니하고 일정한 용역을 독립적으로 수행하므로, 본인의 지배 또는 감독의 대상이 되는 대리인(agent)과 구별된다.[6]

3. 내 용

실재(實在) 대리관계(actual agency relationship)를 인정받기 위해서는 ① 대리인이 본인을 위하여 행위를 한다는 사실에 대한 본인의 동의가 존재한다는 점, ② 대리인도 이러한 행위에 동의한다는 점, ③ 대리인의 행위가 본인의 지배 또는 감독(control)하에 있다는 점이 입증되어야 한다. 대리관계의 또 다른 특징은 대리인이 본인과 제3자, 본인과 대리인 사이의 법률관계를 발생 또는 변경시킬 수 있는 권한(power)을 갖는다는 점이다.[7] 미국법상 대리관계의 존재는 전술한 요건을 갖추었는지 여부에 따라 판단되며, 당사자 사이의 계약 또는 일반적인 용례에서 어떠한 관계를 대리관계로 칭하고 있다는 사실이 대리관계의 존부 판단에 있어 지배적인 기준이 되는 것은 아니다.[8]

한편, 대리관계에 있어 대리인이 한 행위가 본인을 구속하게 되는 원칙 내지 귀속근거(attribution rules)로 크게 (i) 실재 대리권(actual authority), (ii) 표현 대리권(apparent authority) 내지 금반언에 의한 대리(agency by estoppel), (iii) 추인(ratification)을 들 수 있다.[9] 이하에서 차례로 살펴본다.

먼저, 실재 대리권(actual authority)은 대리인이 본인을 위한 행위를 한다는 점에

행함에 있어 주의의무를 위반한 경우 이에 대한 책임을 부담한다. 2A C.J.S. Agency §306.

6) D'Amico *v.* New York Racing Ass'n, 203 A.D.2d 509, 611 N.Y.S.2d 252 (2d Dep't 1994); 3 Am. Jur. 2d Agency §3.

7) 3 Am. Jur. 2d Agency §2.

8) Restatement (Third) of Agency §1.02.

9) William A. Gregory, The law of agency and partnership, Westgroup (2001), 35; 이에 더하여 Restatement (Second) of Agency §8A에서는 대리권(authority), 외관대리권(apparent authority) 또는 금반언의 원칙(estoppel) 등에 근거하지 아니하고 오로지 대리관계에 기초하여 발생하는 것으로서 직원(servant)이나 기타의 대리인으로부터 손해를 입은 자 또는 이들과 거래하는 자를 보호하기 위하여 인정되는 권한(power)을 지칭하는 "고유대리권(inherent agency power)"을 별도로 정의하고 있었는데, Restatement (Third) Of Agency에 이르러 이러한 고유대리권(inherent agency power)의 개념은 더이상 사용되지 않게 되었다. Restatement (Third) Of Agency §2.01; 외관대리권(apparent authority)과 금반언의 원칙(estoppel doctrines)의 개념 범위가 확장되어 이들 개념이 고유대리권(inherent agency power)이 사용되던 맥락을 설명할 수 있게 되자, 고유대리권(inherent agency power)의 개념은 독자적인 의의를 상실하게 되었다. The Proposed Abolition of Inherent Agency Authority by the Restatement (Third) of Agency: An Incomplete Solution, 45 Santa Clara L. Rev. 337 (2005).

대하여 동의한다는, 본인의 대리인에 대한 표시(manifestation)에 의하여 발생한다.[10] 실재 대리권(actual authority)은 명시적 또는 묵시적으로 부여될 수 있으나, 본인의 동의는 필수적이다.[11] 또한, 이러한 본인의 표시에 따라 대리인은 본인을 위하여 일정한 대리행위를 할 권한을 부여받은 것으로 합리적으로 해석하여야 한다.[12] 이때 실재 대리권(actual authority)의 범위에 관한 대리인의 해석이 합리적인지 여부는, 대리인의 대리권의 범위에 대한 해석이 본인의 표시와 일치하고, 합리적인 제3자가 대리인의 지위에 있다면 이러한 대리관계를 발생시키는 정황으로부터 이끌어 낼 수 있는 추론과 일치하는가를 기준으로 판단한다.[13]

다음으로, 표현 대리권(apparent authority)은 본인의 표시에 따라 제3자가 대리인 기타의 행위자에게 본인을 대리하여 행위를 할 권한이 있다고 합리적으로 신뢰한 경우, 대리인 기타의 행위자가 본인과 제3자 사이의 법률관계에 영향을 미칠 수 있는 권한(power)을 의미한다.[14] 외관 대리권(apparent authority)과 금반언에 의한 대리(agency by estoppel)는 모두 금반언(estoppel)의 원칙에 근거를 두고 있으며, 서로 대체적으로 사용되는 경우가 많다.[15]

마지막으로, 대리관계에 있어 추인(ratification)은 타인에 의하여 이루어진 행위를 승인함으로써 마치 적법한 실재대리권(actual authority)을 갖는 대리인이 행한 행위처럼 유효하게 만드는 것을 말한다.[16] 추인은 주로 대리인의 행위로 인하여 본인이 제3자에게 의무를 부담하게 되는 상황에서 문제되지만, 대리인이 승인되지 아니한 행위를 하거나 본인의 지시를 준수하지 아니하여 본인에게 손해를 발생시킨 경우에도 문제될 수 있다.[17]

한편, 미국법상의 대리관계는 신인관계(fiduciary relation)의 특성을 갖기 때문에 대리인은 본인에게 일정한 의무를 부담하게 된다. 미국의 Restatement (Third) of

---

10) Restatement (Third) of Agency § 3.01.
11) East County Recycling, Inc. *v.* Pneumatic Const., Inc., 214 Or. App. 573, 167 P.3d 464 (2007).
12) Restatement (Third) of Agency § 2.01.
13) Restatement (Third) of Agency § 2.02(3).
14) Restatement (Third) of Agency § 2.03.
15) Daly *v.* Aspen Center for Women's Health, Inc., 134 P.3d 450 (Colo. App. 2005); Carl's Italian Restaurant *v.* Truck Ins. Exchange, 183 P.3d 636 (Colo. App. 2007).
16) Restatement (Third) of Agency § 4.01(1).
17) Manufacturers Cas. Ins. Co. *v.* Martin–Lebreton Ins. Agency, 242 F.2d 951 (5th Cir. 1957); Rakestraw *v.* Rodrigues, 8 Cal. 3d 67, 104 Cal. Rptr. 57, 500 P.2d 1401, 11 U.C.C. Rep. Serv. 780 (1972).

Agency에 따르면, 대리관계에서 비롯되는 대리인의 본인에 대한 의무로는 합리적 주
의의무,[18] 충실의무,[19] 이익향수금지의무[20] 등을 들 수 있다.[21]

　　대리관계에 있어 대리인이 부담하는 합리적 주의의무는 유사한 상황에 놓인 대
리인들에게 통상적으로 요구되는 정도의 주의를 가지고 대리행위를 성실하게 하여
야 할 의무를 의미한다. 합리적 주의의무는 대리인이 본인을 위하여 어떠한 행위를
하겠다는 약속을 하였고, 본인이 그러한 약속을 신뢰할 것임을 대리인이 예측할 수
있었으며, 대리인이 이러한 약속을 지키는 것이 사회적으로 유용하다는 점을 근거로
인정된다.[22] 대리인이 부담하는 충실의무는 대리관계가 신인관계(fiduciary relation)
의 특성을 갖는다는 점에서 비롯되는 것으로서, 대리인은 대리인과 본인의 이익이
상충할 수 있는 상황에서도 대리관계에 관한 한, 항상 본인의 이익을 위하여 충실하
게 행위를 하여야 한다는 의무를 말한다.[23] 이익향수 금지의무는 대리인이 대리행위
로부터 또는 대리인의 지위를 이용하여 수행한 거래와 관련하여 제3자로부터 중대한
이익(material benefit)을 취득할 수 없다는 것을 의미한다. 대리인이 중대한 이익
(material benefit)의 취득을 시도한 것만으로도 이러한 이익향수 금지의무를 위반한
것으로 해석될 수 있다.[24]

　　한편, 미국법상의 대리관계에 있어서는 본인도 대리인에 대하여 일정한 의무를
부담한다. 본인이 대리인과 신의성실에 따라 거래할 의무가 그중 하나이다. 이에 따
르면, 대리인이 수행하여야 하는 업무에 어떠한 신체적 손해 또는 금전적 손실의 위
험이 존재하고 있으나 대리인은 그러한 위험의 존재를 알고 있지 못한 반면, 본인은
이미 그러한 위험의 존재를 알았거나, 이를 알 만한 이유가 있거나, 또는 알았어야
하는 경우에는 본인은 대리인에게 해당 위험에 대한 정보를 제공하여야 한다.[25]

---

18) Restatement (Third) of Agency §8.08.
19) Restatement (Third) of Agency §8.01, §8.03.
20) Restatement (Third) of Agency §8.02.
21) 그 밖에 대리관계에 고유한 대리인의 본인에 대한 의무로 본인의 지시를 따를 의무, 적절한
　　능력보유의무, 경업피지의무, 기밀정보이용금지의무, 분별관리의무 등을 함께 설명하기도 한다.
　　이에 관한 구체적인 내용은 이지민, "본인과 대리인 사이의 권리의무에 관한 검토", 비교사법
　　제21권 제1호(2014), 85-93.
22) Restatement (Third) of Agency §8.08 comment b; 이지민, 전게 논문, 87.
23) Restatement (Third) of Agency §8.01 comment b.
24) Restatement (Third) of Agency §8.02; Science Accessories Corp. *v.* Summagraphics Corp.,
　　425 A.2d 957, 16 A.L.R.4th 170 (Del. 1980).
25) Restatement (Third) Of Agency §8.15.

4. 우리 법과의 비교

우리 민법상 대리권은 본인의 대리인에 대한 대리권 수여의 의사표시, 즉 수권
행위에 의하여 발생한다. 일반적으로 수권행위는 상대방 있는 단독행위로 이해된다.
미국법상 대리관계는 주로 계약에 의하여 성립하는 경우가 많은데,[26] 우리 민법은
개념적으로는 위임, 고용, 도급 등 기초적 관계를 발생시키는 행위와 이러한 수권행
위를 준별하고 있다.[27] 또한 우리 민법은 미국법과는 달리 '본인과 대리인 사이에서'
문제될 수 있는 권리·의무를 대리의 법률관계에서 통일적으로 파악하기보다는, 위
임, 고용, 도급 등 대리관계의 기초가 되는 개별 법률관계에 관한 규정을 통하여 해
결하는 경향을 보인다.

---

26) 3 Am. Jur. 2d Agency § 14, § 15.
27) 이지민, 전게 논문, 80.

Amicus Curiae
법정조언자

정선호

1. 개 념

Amicus curiae는 "법정의 친구"라는 의미를 가진 라틴어 문구로, 미국법상 "소송의 당사자는 아니나 소송과 관련된 이해관계를 가진 자로서 본인 또는 법원의 요청으로 법원에 의견서를 제출하는 자"를 의미한다.[1]

2. 배 경

Amicus curiae 제도 초기에 관한 자료들이 많이 소실되어 그 기원이 분명하지는 않지만, 로마시대 consilium이 Amicus curiae의 기원으로 논의된 바 있다. Consilium은 법원에 의하여 임명된 자로서, 사안에서 불명확한 쟁점에 관하여 의견을 진술하는 임무를 수행하였다.[2] 중세 이후의 Amicus curiae는 ① 형사재판에서 변호인이 선임되지 않은 피고인을 위하여 법원이 임명하여 법적인 조언을 제공하는 경우, ② 사건의 당사자와 직접적인 이해관계를 보유한 제3자가 소송절차에 관여하는 경우, ③ 법원에서 공무원이 정책에 관한 설명을 제공하는 경우의 3가지 기능을 수행하였다.[3]

본래 보통법상의 소송절차(common law procedure)에서는 양 당사자가 외부의 개입 없이 분쟁을 해결할 권리를 가진다는 견지에서 제3자가 사건에 영향을 끼치는 것을 엄격하게 배제하지만, 그로 인하여 발생할 수 있는 부당한 결과를 방지하기 위하여 Amicus curiae 제도가 예외적으로 이용되었다. 단적인 예로, 1738년 *Coxe v.*

---

1) Black's Law Dictionary (11th ed. 2019).
2) Frank M. Covey, Jr, "Amicus Curiae: Friend of the Court", 9 DePaul L. Rev. 30, 33 (1959－1960).
3) Samuel Krislov, "The Amicus Curiae Brief: From Friendship to Advocacy", 72 Yale L.J. 694, 695 (1963).

Phillips 사건[4]에서는 원고와 피고가 공모한 사실이 Amicus curiae 제도를 통하여 밝혀짐으로써 원고와 피고가 모두 법정모독죄로 처벌받게 되었다. 초기 Amicus curiae 제도는 사안에서 중요한 쟁점이 누락되지 않도록 법관을 보조하거나, 유사한 사례를 법관에게 환기시키는 역할을 수행하였다. 사건에 영향을 미치는 것이 아니라, '법정의 친구'로서 법원의 판단을 조력하기 위한 수단으로써 활용되었다고 할 수 있다.

19세기 이후 Amicus curiae는 초기 모습과는 달리 당사자 이외의 제3자가 그 이익을 대변하기 위한 수단으로 활용되었다. 특히 Florida v. Georgia 사건[5]을 기점으로 Amicus curiae 제도를 통하여 정부의 정책 또는 이익을 대변하는 경우가 종종 발생하였다. 1908년 Muller v. Oregon 사건[6]에서는 Louis Brandeis가 여성들의 근로시간을 제한한 주법을 옹호하는 취지로 의견서를 제출하였다. 19, 20세기를 거치면서 법원의 조력자 기능을 수행하였던 Amicus curiae가 이해관계인의 이익을 대변하는 수단으로 변모한 것이다.

3. 내 용

Amicus curiae 제도는 연방대법원규칙(Rules of the Supreme Court of the United States) 제37조에 명문으로 규정되어 있다. Rule 37.1에서는 사건 당사자가 제기하지 않은 쟁점에 관하여 법원의 주의를 환기시키는 Amicus curiae brief는 상당한 도움이 될 수 있다고 하는 동시에, 위와 같은 목적으로 제출되지 않은 Amicus curiae brief는 우호적으로 고려되지 않는다고 하여 의견서의 남용 가능성을 지적하고 있다.

Amicus curiae brief는 상고허가(writ of certiorari) 신청, 관할에 대한 의견서 심리 단계에서 제출할 수 있다. 상고허가신청인 또는 상고인을 지지하는 의견서는 신청인 내지 상고인 사건일람표에 기재된 날 또는 법원으로부터 답변서 제출을 요청받은 날 중 더 늦은 시점으로부터 30일 이내에 제출되어야 하는데, 30일의 기간은 불변기간에 해당한다.[7] 반면 피상고신청인 또는 피상고인을 지지하는 의견서는 반박준비서면 또는 소각하 신청서(motion to dismiss) 제출기한까지 제출되어야 한다. 이 기간 또한 상고인을 지지하는 의견서의 제출기한과 마찬가지로 불변기간으로 파악된다. 나아가 의견서를 제출하려는 Amicus curiae는 의견서 제출기한 10일 이전에 양 당사

---

4) Coxe v. Phillips, 95 Eng. Rep. 152 (K.B. 1736).
5) Florida v. Georgia, 58 U.S. (17 How.) 478 (1854).
6) Muller v. Oregon, 208 U.S. 412, 419 (2908).
7) Rules of the Supreme Court of the United States(이하 Sup. Ct. R.로 표기한다) 37.2(a).

자 측 변호사(counsel of record)에게 의견서를 제출할 것이라는 사실을 전달하여야 한
다. 다만, 제출기한 10일 이전에 의견서를 제출한 경우 위 의무는 면제된다. Amicus
curiae brief에는 양 당사자 측 변호사에게 의견서 제출 의사를 담은 서면이 기한 내
에 전달되었는지 여부, 어떤 당사자의 동의를 얻었는지 여부, 어떤 당사자를 지지하
는 서면인지에 관한 내용이 포함되어야 한다.

　　본안 구술변론 이전에는 양 당사자의 서면 동의가 있거나 법원이 Rule 37.2.(b)
에 따라 제출을 허가한 경우에 Amicus curiae brief를 제출할 수 있다. 이 경우 제출기
한은 지지하는 당사자가 있는 경우 그 당사자가 제출할 수 있는 기한으로부터 7일
이내, 지지하는 당사자가 없는 경우 상고신청인 또는 상고인이 제출할 수 있는 기한
으로부터 7일 이내에 해당한다. 7일의 기간을 연장하기 위한 신청은 허용되지 않는
다. Rule 37.2(a)에서 규정한 '10일 통지의무'는 이 단계에서의 의견서 제출의 경우 적
용되지 않는다.[8]

　　Brief의 표지에는 지지하는 당사자의 표시 또는 인용이나 기각을 촉구하는지 여
부를 기재하여야 한다. 만일 일방 당사자 또는 양 당사자가 Amicus curiae brief 제출
에 동의하지 않는 경우, 법원에 Amicus curiae brief 제출 신청을 할 수 있다. 이 경우
제출하려는 자는 의견서 제출기한 내에 신청서에 제출하려는 의견서를 동봉하여 제
출하여야 하고, 제출에 동의하지 않은 당사자를 명시하여야 한다.[9] 의견서를 제출하
려는 자는 의견서 전부 또는 일부 작성에 당사자 측 변호사가 개입하였는지 여부, 그
변호사 또는 제3자가 의견서의 준비 또는 작성을 위하여 금전적인 제공을 하였는지
여부를 명시하여야 한다.[10]

4. 우리 법과의 비교

　　2002년 민사소송법 개정 과정에서 미국의 Amicus curiae 제도를 모델로 하여 상
고절차에서의 참고인 진술에 관한 규정이 신설되었다.[11] 민사소송법 제430조 제2항
에 따르면 상고법원은 소송관계를 분명하게 하기 위하여 필요한 경우에는 특정한 사
항에 관하여 변론을 열어 참고인의 진술을 들을 수 있다. 우리나라의 참고인 진술 제

---

8) Sup. Ct. R. 37.3(a).
9) Sup. Ct. R. 37.3(b).
10) Sup. Ct. R. 37.6.
11) 정영수, "미국 연방대법원의 Amicus Curiae 제도에 관한 소고", 원광법학 제34권 제3호(2018),
　　38.

도는 참고인의 신청이 아닌 법원의 직권으로만 참고인 진술이 가능하다는 점에서 미
국의 Amicus curiae 제도와 가장 큰 차이점이 있다. 구체적인 참고인 진술 방법이나
의견서 제출 절차는 민사소송규칙 제134조와 제134조의2에서 규정하고 있다. 참고인
의 진술을 듣고자 하는 때에는 법원은 당사자의 참여권을 보장하여야 하고, 참고인
의 진술 요지를 반드시 조서에 기재하여야 한다. 국가기관과 지방자치단체는 공익과
관련된 사항에 관하여 대법원에 재판에 관한 의견서를 제출할 수 있고, 대법원은 이
들에게 의견서를 제출할 것을 요구할 수 있다. 반면에 공공단체와 그 밖의 참고인의
경우에는 소송관계를 분명하게 하기 위하여 대법원이 요구한 경우에만 의견서를 제
출할 수 있다.

Assumpsit
인수(소송)

김윤민

1. 개 념

Assumpsit은 일정한 계약책임의 근거가 되는 '인수' 또는 소송의 한 유형으로서 '인수소송'을 의미한다. 보다 구체적으로, 실체법적인 의미로서 Assumpsit은 일방 당사자가 다른 당사자를 위하여 일정한 행위를 하거나 금전을 지급하기로 하는, 날인(seal)의 요건을 갖추지 아니한 명시적 또는 묵시적 약속(express or implied promise)을 말한다.[1] 한편, 소송법적으로 Assumpsit은 명시적 또는 묵시적 계약의 불이행으로 인하여 발생한 손해를 회복하기 위한 구제 수단으로서 보통법상의 소송 유형 중 하나인 인수소송(action of assumpsit)의 의미로 사용되기도 한다.[2] 영미법상 Assumpsit은 주로 소송법적인 의미에서 발전되어 왔으므로, 이하에서는 Assumpsit을 인수소송(action of assumpsit)의 맥락에서 주로 살펴본다.

2. 배 경

보통법상 계약에 의한 소송 유형으로는 크게 account, assumpsit, covenant과 debt를 들 수 있다.[3] 인수소송(action of assumpsit)의 개념은 대략 14세기 중반에서 15세기 초반 사이에 등장한 것으로 이해된다.[4] 그런데 인수소송(action of assumpsit)이 처음부터 독자적인 소송 유형으로 인정받았던 것은 아니다. 본래 부당한 권리침해행위에 대한 구제 수단이었던 trespass 소송이 합의의 불이행에 대한 구제 수단으로도 활

---

1) Black's Law Dictionary (11th ed. 2019).
2) 1 Am. Jur. 2d Actions § 13; Black's Law Dictionary (11th ed. 2019).
3) 1 Am. Jur. 2d Actions § 12.
4) A. W. B. Simpson, A History of the Common Law of Contract: The Rise of the Action of Assumpsit, Clarendon Press, Oxford (1975), 199.

용되기 시작하면서, 피고가 ' … 을 하기로 인수하였다(assumpsit)'라는 표현이 정착되었다.[5] 이후 피고가 일정한 행위를 하기로 '인수(assumpsit)'하고 이를 이행하겠다고 '약속(promissit)'하였음에도, 이를 적절하게 이행하지 아니하여 원고에게 손해가 발생하게 된 경우, 피고는 배상책임을 부담하게 된다는 내용이 기재된 Assumpsit 소장이 점차 독립적으로 사용되기 시작하였다.

당초 인수소송(action of assumpsit)은 합의에 기초한 소송이 아니라 약속에 기초한 소송이었다. 로마시대부터 약속(pollicitatio)은 한 당사자가 하는 일방적인 행위로, 합의(pactum)는 양 당사자의 의사의 일치에 의한 행위로 구별되는 개념이었다. 인수소송(action of assumpsit)의 개념이 사용되기 시작한 14~15세기 당시의 법률가들 또한, 인수소송(action of assumpsit)이 합의에 기초한 것이 아니라 일방적인 약속에 따른 책임의 인수에 그 근거가 있다는 점을 의식적으로 강조한 것으로 보인다.[6] 그러다가 Slade 사건[7]에 이르러 당사자 사이의 합의는 모두 그 자체로 약속을 포함한다는 점을 근거로, 이러한 합의가 인정되는 이상, 피고가 달리 어떠한 행위를 약속하거나 인수하지 아니하였어도 인수소송(action of assumpsit)이 가능하게 되었다.

3. 내 용

인수소송(action of assumpsit)은 계약이 서면 또는 구두로 체결되었는지 여부와 관계없이 제기될 수 있으며, 일반적으로 인수소송(action of assumpsit)에 의한 청구는 준계약(quasi-contract)의 집행 또는 부당이득을 원인으로 하는 보통법상의 소송유형(action at law)으로 이해된다. 보통법에서 인수소송(action of assumpsit)은 이동소송(transitory action, 피고에 대한 사적 송달이 이루어질 수 있는 곳이면 어디에서나 제기할 수 있는 소송으로, 분쟁 대상물이 존재하는 곳에서만 제기되어야 하는 local action과 대비되는 개념으로 사용된다)이자 대인소송(action in personam)에 해당하며, 크게 special assumpsit과 general assumpsit으로 구분된다.[8]

금전에 관한 인수소송(action of assumpsit) 청구는 보통법상의 소송유형(action at law) 중 하나이지만, 본질적으로 형평의 개념에 근거한 것이므로 형평의 원칙(equitable principles)이 적용될 수 있다. 만약 일정한 금전이 타인의 사용과 이익을

---

5) 김기창, "약속, 합의 그리고 계약", 법사학연구 제29호, 한국법사학회(2004), 339.
6) 김기창, 전게 논문, 340-342.
7) Slade *v.* Morley, 4 Co Rep 92b, 76 ER 1074 (1602).
8) 1 Am. Jur. 2d Actions § 13.

위하여 지급되었다면, 이는 인수소송(action of assumpsit)의 청구원인(cause of action)이 될 수 있으며, 형평과 선에 따라(in equity and good conscience[ex aequo et bono]) 해당 금전이 상환되어야 할 장소에서 이에 관한 소가 제기될 수 있다.[9]

그러나 어떠한 청구가 당사자 간의 계약과 관련이 있다는 사실만으로, 이러한 청구가 반드시 인수소송(action of assumpsit)으로 해결되는 것은 아니다. 법원은 전반적인 변론의 내용을 살펴보면서 소장(complaint)에 기재된 개별적인 청구가 인수소송(action of assumpsit)을 원인으로 하고 있는지, 불법행위를 원인으로 하고 있는지 판단하여야 한다. 만약, 계약에 관한 청구가 금전적인 손해의 만족을 위한 것이 아닌 경우, 해당 소송은 인수소송(action of assumpsit)이 될 수 없다.[10]

인수소송(action of assumpsit)은 동일한 사실관계가 보통법상 다른 소송 유형의 청구원인에 해당하는 경우에도 이루어질 수 있다. 예를 들어, 불법적으로 타인의 동산 소유권을 침해하여 자신의 배타적인 지배하에 두고 이를 사용한 경우, 동산 소유권을 침해당한 자는 해당 동산 소유권을 침해한 상대방에게 불법침해(trespass) 소송, 횡령물회복소송(trover), 동산반환청구소송(detinue) 또는 인수소송(assumpsit)에 관한 소 제기를 고려할 수 있다.[11] 또한, 변호사 과실에 따른 손해배상청구(legal malpractice claims)는 불법침해(trespass) 소송 또는 인수소송(action of assumpsit)의 형태로 이루어질 수 있는데, 만약 원고가 피고의 계약위반 사실 등을 주장하지 아니할 경우, 법원은 원고가 과실을 원인으로 손해배상청구를 한 것으로 판단하게 된다. 인수소송(action of assumpsit)의 경우 날인(seal)의 요건을 갖추지 못한 명시적 또는 묵시적 약속에 대하여도 인정된다는 점에서,[12] 날인(seal)된 문서를 요건으로 하는 covenant 소송과는 구별된다.[13]

인수소송(action of assumpsit)의 유형은 크게 special assumpsit과 general assumpsit으로 구별할 수 있다. Special assumpsit은 명시적 계약 또는 약속을 근거로 하고, general assumpsit은 계약의 존재를 유추할 수 있는 정황을 근거로 한다. Special assumpsit의 경우 청구권의 존재를 서면 계약에 의하여 증명하여야 하지만, general

9) 1 Am. Jur. 2d Actions §13.
10) 1 Am. Jur. 2d Actions §13.
11) Vines v. Branch, 244 Va. 185, 418 S.E.2d 890 (1992). 원고가 피고로부터 자동차를 구입하였으나, 피고가 매매의 목적인 자동차의 소유권을 원고에게 이전하지 아니하고 자동차를 계속 점유하여, 원고가 피고에게 손해배상을 청구한 사안. 다만, 인수소송(assumpsit)은 청구의 내용이 금전 손해배상을 목적으로 하는 경우에만 허용될 것이다.
12) Black's Law Dictionary (11th ed. 2019).
13) 1 Am. Jur. 2d Actions §14.

assumpsit의 경우에는 법원이 형평법상의 권한(equitable powers)을 바탕으로 충분히 증명된 사실로부터 계약을 구성해 내거나, 법률의 관점에서 계약의 존재를 인정할 수 있는 사실이 증명된 경우에는 계약의 존재를 인정한다. 만약, 미이행된 명시적 계약의 위반을 원인으로 하는 경우 인수소송(action of assumpsit)의 형태는 general assumpsit이 아닌 special assumpsit이어야 하지만, 금전의 지급을 제외한 나머지 계약상의 의무가 충분히 이행된 경우에는 general assumpsit의 형태로 손해의 회복을 구할 수 있다.[14]

계약 조건을 엄격하게 따르지는 아니하였으나, 계약이 신의성실의 원칙에 따라 체결되어 피고가 그에 따른 급여를 수령한 경우, 원고는 이에 대한 대가를 채무부담 지급 인수소송(indebitatus assumpsit)의 형태로 구할 수 있게 된다. 특정물인 동산을 일정한 날짜에 합의된 가격인 일정 금액을 지급하여 구입하기로 약정한 경우, 약정 인도일에 해당 특정물을 인도하지 아니하면 해당 특정물 인도의무는 금전지급의무(손해배상의무)로 전환되며, 원고는 "common counts"[15]의 형태로 해당 손해의 회복을 구할 수 있다. 계약에서 비롯된 부채를 상환받기 위하여 활용되는 common counts의 필수 요건으로 ① 일정한 금액의 부채를 입증할 수 있는 서면(the statement of indebtedness in a certain sum), ② 약인(consideration)(예를 들어, 상품의 판매, 용역의 이행 등) 및 ③ 지급의무의 불이행(nonpayment)을 들 수 있다.[16]

일부 법령에 따르면, 인수소송(action of assumpsit)은 기존에 debt 소송, assumpsit 소송 또는 covenant 소송을 통하여 만족 받을 수 있었던 권리를 공통적으로 행사할 수 있는 유효한 구제 수단이기도 하다. 법무법인이 의뢰인에게 법률자문료를 청구하기 위한 경우 인수소송(action of assumpsit)을 활용할 수 있으며, 불법행위자가 부동산을 침해하여 유형의 재산권을 횡령한 경우에도, 해당 부동산에 관한 권리의 침해로 발생한 손해를 배상받기 위하여 인수소송(action of assumpsit)의 진행을 고려할 수 있다. 이때, 횡령된 부동산의 합리적인 가치는 불법행위를 원인으로 하여 회수될 수도 있고, 부당이득(unjust enrichment)된 금액의 회수를 위한 묵시적 계약 이론

---

14) 1 Am. Jur. 2d Actions § 15.
15) Common counts는 사실관계의 추정에 따라 계약관계로 인정받는 "implied in fact" 또는 법률의 취지를 통하여 계약관계가 추론되는 "implied in law"에 근거한 손해의 회복이론을 대체하는 개념이다. Common count는 특정한 청구원인에 해당하는 것은 아니고, 소답(訴答)절차(pleading)의 단순화된 형태로서 일반적으로 인수소송(assumpsit) 이론에 따라 손해배상의 대상이 되는 의무 등을 포함하여, 다양한 형태의 금전지급의무의 존재를 주장하기 위하여 활용된다. 1 Am. Jur. 2d Action § 15.
16) 1 Am. Jur. 2d Actions § 15.

(implied contract theory)에 근거하여 배상받을 수도 있다.[17]

4. 우리 법과의 비교

　　대륙법의 영향을 받은 우리나라 민법의 경우에도 계약이 성립하기 위해서는 당사자의 서로 대립하는 의사표시의 합치, 즉 합의가 인정되어야 한다.[18] 그런데 우리나라의 경우 계약의 성립을 인정하기 위하여 계약의 청약과 이에 대한 승낙, 즉 의사표시의 합치만을 요구하고 있을 뿐이고, 별도로 대가관계 내지 거래상의 손실을 의미하는 약인(consideration)을 요구하지 아니한다. 한편, 인수소송(action of assumpsit)은 계약의 내용 그 자체의 이행을 목적으로 하지 아니하여 강제이행은 원칙적으로 허용되지 않는 반면, 우리나라 민법은 채무불이행에 대한 구제 수단으로 법원에 강제이행을 청구할 수 있음을 정하고 있다(민법 제389조).

---

17) 1 Am. Jur. 2d Actions §16.
18) 편집대표 김용담, 주석 민법 채권각칙(제4판), 한국사법행정학회(2016), 223.

Attachment
가압류

윤정운

1. 개 념

　　Attachment는 구체적인 맥락에 따라 압류, 가압류, 집행문 등을 의미할 수 있는데, 그 본질적 개념은 '채무자의 재산 동결'이다. 이는 소송에서 당사자의 권리가 확정될 때까지 상대방의 재산을 그대로 묶어두는 법적 절차로서 채무의 최종적인 집행을 담보하기 위하여 채무자의 재산에 사전적으로 취해지는 조치이다.[1] 광의의 Attachment는 본안 소송의 최종적 판결이나 법원의 추가 결정을 목적으로 계류 중인 사람이나 재산을 유치하고 보유(take and hold)하는 것을 의미하며, 법원의 감독을 받도록 할 목적으로 재산을 보유한다는 뜻으로 활용되기도 한다.[2] 경우에 따라 Attachment는 압류 절차의 목적을 실행할 수 있도록 하는 집행문(the writ)의 의미를 가지기도 한다.[3] Attachment는 채무자 소유의 재산에 관한 채권자의 권리만을 대상으로 하지만,[4] garnishment(질권)는 제3채무자(garnishee)가 소유하거나 그 지배 아래 있는 채무자의 자금(funds), 동산(effects) 및 예금(credit) 등을 대상으로 한다는 점에서 구별된다.[5] 이하의 서술은 가압류를 전제한 것이다.

---

1) 6 Am. Jur. 2d Attachment and Garnishment § 1.
2) 연방민사소송규칙(Federal Rules of Civil Procedure, 이하 'FRCP'라 한다) 제64조는 사람이나 재산을 유치하는 구제 수단으로 arrest, attachment, garnishment, replevin, sequestration을 열거하고 있다.
3) 7 C.J.S. Attachment § 1.
4) 6 Am. Jur. 2d Attachment and Garnishment § 3; Burrus v. Oklahoma Tax Com'n, 59 F.3d 147 (10th Cir. 1995).
5) 6 Am. Jur. 2d Attachment and Garnishment § 3; Foreness v. Hexamer, 971 S.W.2d 525 (Tex. App. Dallas 1997).

2. 배 경

가압류는 일반적으로 법률요건을 실질적으로 준수하여서만 취할 수 있는 완전한 실정법상 구제 수단(purely statutory remedy)으로 여겨진다.[6] 가압류 절차는 주마다 다르지만, 대체로 금전관계의 판단을 구하는 경우에만 가능하다.[7] 따라서 금전배상 이외의 청구를 요하는 형평법상 소송에서는 일반적으로 가압류가 허용되지 않는다.[8] 미국법상 가압류는 서로 상이한 각주의 제정법에 전적으로 따른다.[9] 법률은 법원에 가압류를 명할 수 있는 권한을 부여하고, 민사소송에 관한 각 주의 규칙은 가압류 신청을 인용하거나 기각하는 절차를 규정한다.[10] 연방사건의 경우라도 당해 사건의 가압류 여부는 당해 연방법원이 소재한 주법에 따라 결정된다.[11]

3. 내 용

가압류는 본안 소송(original suit)이 아니라 본안 소송에 부수하는 절차(ancillary to the original action)이다.[12] 가압류는 본안 소송에서 증명하고자 하는 채권을 만족시키기 위하여 채권자가 채무자의 재산을 확보하고 보유(secure and hold)하는 것을 목적으로 한다.[13]

가압류의 관할은 채무자(defendant), 본안 소송, 목적물과 관련하여 살펴볼 수 있다. 먼저 거주자인 채무자에 대한 관할은 송달(service), 출석(appearance) 및 응소(defending)로 발생할 수 있다.[14] 비거주자에 대하여는 준대물 관할(quasi in rem jurisdiction)이 발생할 수 있는데, 그 근거는 압류대상 재산(res)이 해당 주 영토 내에

---

6) 7 C.J.S. Attachment §4.
7) 오상용, "미국보전처분의 채무자심문제도", 민사집행법연구 제4권(2008), 226.
8) 6 Am. Jur. 2d Attachment and Garnishment §14.
9) 한충수, "계쟁물에 관한 가처분의 피보전권리 및 목적물 범위의 확장 가능성 및 필요성에 대하여", 민사집행법연구 제2권(1999), 589.
10) 6 Am. Jur. 2d Attachment and Garnishment §17. 예를 들어 뉴욕민사소송법령(New York Civil Practice Laws and Rules)은 제62장의 26개 조문을 통해 가압류를 규율하고 있다.
11) FRCP 제64조(a)는 "소제기 및 소송 계속 중에 향후 선고될 판결의 만족을 담보하기 위하여, 법원이 위치한 주의 법률에 따라, 사람 또는 재산의 유치를 목적으로 모든 구제 수단을 사용할 수 있다. 다만 연방법률이 적용 범위를 정한다."라고 규정하고 있다.
12) 6 Am. Jur. 2d Attachment and Garnishment §15. 미국법상 압류에 관한 일반적 내용을 다룬 국내 문헌으로는 이준, "미국법상의 민사 보전처분", 재판자료: 외국사법연수논집(15), 법원도서관(1998).
13) 6 Am. Jur. 2d Attachment and Garnishment §16.
14) 6 Am. Jur. 2d Attachment and Garnishment §20.

존재한다는 사실이다.[15) 한편, 많은 주에서는 본안 소송에 대한 관할권이 있는 법원에 대해서만 가압류의 관할권을 부여하고 있다.[16) 그리고 압류대상 재산은 가압류를 발령한 법원의 관할 내에 있어야 한다는 것이 기본 원칙이다.[17)

　　법률상 명시적으로 정한 압류금지 재산에 해당하지 않는 한 채무자의 모든 재산은 압류 대상이 된다. 압류대상 재산의 해당 여부는 채권자가 추구할 만한 잠재적인 경제적 가치를 보유하는 재산인지에 달려 있다.[18) 가압류는 재산권에 대하여 일시적 또는 부분적 제한을 가한다. 따라서 분쟁 중인 재산을 확보하기 위한 가압류를 하기 위해서는 헌법상의 적법절차 요건을 충족하여야 한다.[19) 적법절차의 원칙은 심문 절차에 대한 시의적절한 고지, 채무자의 심문 참여권 보장, 적용 법률 및 현출된 증거에 기초한 결정을 구할 권리 등을 요구한다. 일반적으로 가압류는 법률에 부합하는 소송상 원인이 있는 경우에만 가능하고, 본안 소송에서 승소할 가능성(likelihood of success)을 소명한 경우에만 발령된다.[20) 가압류의 발령에는 법원의 재량이 있으므로 단순히 법령상의 요건이 충족되었다는 이유만으로 가압류가 발령되어야 하는 것은 아니다. 그러나 가압류에 관한 법률상의 근거가 존재하고 필요성 및 승소가능성이 소명된 경우 특별한 사정이 없는 한 가압류를 명하여야 한다.[21) 가압류의 근거는 증거의 우월(preponderance of the evidence)에 따라 소명되거나, 일부 관할에서는 좀 더 완화된 기준인 상당한 이유의 존재(probable cause)로 소명되어야 한다.[22) 일반적으로 가압류를 구하는 채권자는 법률에서 정한 형식과 내용을 갖춘 진술서(affidavit)를 제출하여야 한다. 과잉 가압류나 남용으로부터 채권자를 보호하기 위함이다.[23) 부당한 가압류로부터 채무자를 보호하기 위하여 일부 주에는 보증보험증권(bond)을 요구하기도 하는데, 일반적으로 보증금의 액수는 법령으로 정해져 있다.[24)

---

15) 6 Am. Jur. 2d Attachment and Garnishment § 21.

16) 6 Am. Jur. 2d Attachment and Garnishment § 22.

17) 6 Am. Jur. 2d Attachment and Garnishment § 23.

18) 7 C.J.S. Attachment § 76.

19) 수정헌법 제14조는 제1항은 "어떠한 주도 적법절차(due process of law)에 의하지 아니하고는 어떠한 사람으로부터도 생명, 자유 또는 재산을 박탈할 수 없으며 ⋯ "라고 규정하고 있다. 심문 절차 불비가 위헌에 해당한다는 연방대법원 판결로는 Sniadach v. Fam. Fin. Corp. of Bay View, 395 U.S. 337(1969); Fuentes v. Shevin, 407 U.S. 67(1972); N. Georgia Finishing, Inc. v. Di-Chem, Inc., 419 U.S. 601(1975) 등.

20) 7 C.J.S. Attachment § 25.

21) 7 C.J.S. Attachment § 40.

22) 7 C.J.S. Attachment § 71.

23) 7 C.J.S. Attachment § 107, § 110.

24) 7 C.J.S. Attachment § 148, § 150.

채권자는 가압류된 재산에 대하여 선취특권(lien)을 취득한다. 가압류 선취특권(attachment lien)은 채권자의 본안 소송 결과에 따라 집행된다는 점에서 확정적이지는 않지만, 실질적인 담보(actual and substantial security)로서 기능한다.[25] 가압류권자의 청구는 법률에서 달리 정하고 있지 않은 한 가압류 이전의 선취특권이나 그에 관한 청구보다는 후순위지만 일반 채권자의 청구보다는 우선한다.[26] 가압류된 재산은 법률에 따라 유치(custody)된다. 그러나 가압류 집행으로 채권자가 그 재산을 점유 또는 보유하게 되는 것은 아니므로, 법률에 명시적인 근거가 없는 한 점유 침해(violation of possession)에 대하여 직접 소를 제기할 수는 없다. 토지에 대한 가압류 집행(levy of attachment)만으로는 가압류 채권자가 토지의 점유, 지대 및 이익에 대한 권리를 갖지 않으며 그에 대해 정당한 권리가 있는 자를 점유에서 배제할 수도 없다. 집행관에 의한 가압류 재산의 보관은 다른 담보가 없는 한 소송이 종료될 때까지 또는 가압류가 해제되거나 선취특권이 상실될 때까지 지속된다.[27]

비록 법령에 따른 가압류가 발령되었다고 하더라도 채무자는 가압류의 부당함을 주장할 수 있다. 채무자는 법정 요건의 미준수, 관할 위반의 항변 또는 절차 위반, 합의와 변제, 파산으로 인한 면책, 기망, 소멸시효와 권리 포기 등을 주장하며 가압류를 다툴 수 있다.[28]

4. 우리 법과의 비교

Attachment는 금전채권을 피보전권리로 삼는 보전처분인 가압류와 유사하다. 가압류사건은 물건이 있는 곳을 관할하는 지방법원이나 본안의 관할법원이 관할한다(민사집행법 제278조). 가압류 요건은 피보전권리와 보전의 필요성으로 나뉘고, 사실인정은 미국과 유사하게 증명보다는 낮은 정도의 개연성을 요구하는 소명에 의한다(민사집행법 제279조 제2항). 보전처분의 신속성과 밀행성의 요청으로 가압류는 실무상 신청서와 그에 첨부된 소명방법인 서면만으로 신청의 당부를 심리하고 특별한 사정이 없는 한 심문 절차를 거치지 않는다는 점에서 미국법과 차이가 있다.[29] 미국법과 같이 가압류 신청을 인용하는 재판은 담보를 조건으로 할 수 있는데,[30] 담보의 제

25) 7 C.J.S. Attachment §275.
26) 7 C.J.S. Attachment §303.
27) 7 C.J.S. Attachment §326.
28) 7 C.J.S. Attachment §106.
29) 미국법상 채무자사전심문제도를 시행할 필요가 있다는 견해로는 오상용, 전게 논문, 257.

공은 금전 등을 공탁하거나 지급보증위탁계약을 맺은 문서를 제출하는 방식으로 이루어진다. 가압류의 처분금지효는 상대적이고,[31] 가압류채권자가 가압류목적물에 대하여 우선변제를 받을 권리가 없다는 점은 미국법과 차이가 있는 부분이다. 우리 법도 채무자에 대한 구제 수단을 마련하고 있는데, 가압류신청 내지 결정의 당부를 재심사하는 이의절차와 사정변경 등을 이유로 새로운 재판에 의하여 가압류를 실효시키는 취소절차로 구별된다.

---

30) 담보를 조건으로 하는 보전명령은 일부 기각과 같은 재판의 성격을 갖는다. 대법원 2000. 8. 28.자 99그30 결정.
31) 대법원 2002. 9. 6. 선고 2000다71715 판결.

Bailment
임치

박정언

1. 개 념

Bailment는 명시적 또는 묵시적 계약에 따라 한 사람이 특정 목적을 위하여 다른 사람에게 동산(personal property)을 인도(delivery)하는 것을 말한다.[1] Bailment에서 동산을 인도하는 사람을 임치인(bailor), 동산을 인도받는 사람을 수치인(bailee)이라고 한다.[2] Bailment의 목적이 달성된 때 수치인은 해당 재산을 ① 임치인에게 반환하거나 ② 임치인의 지시에 따라 회계 처리하거나 ③ 임치인이 회수할 때까지 보관한다.[3]

2. 배 경

Bailment는 로마법상의 임치계약에서 기원하며 합의와 함께 물건의 인도가 있어야 성립하는 요물계약이었다.[4] 미국법에서도 전통적으로 Bailment는 물건의 인도를 요건으로 하는 계약으로 정의되었다.[5] 그러나 Bailment를 계약상 물건의 인도로 제한하여 정의한다면 실제 거래 양상을 모두 포괄하기 어렵다는 견해도 있다.[6] 이에 따르면 Bailment는 '소유자가 아닌 사람에 의한 물건의 정당한 점유'라고 광범위하게 정의할 수 있다.[7] Bailment 개념이 다양하고 새로운 거래를 포함하도록 확장되는 것

---

1) Black's Law Dictionary (11th ed. 2019).
2) 8 C.J.S. Bailments § 2.
3) 8 C.J.S. Bailments § 1.
4) 박희호, "민법상 임치계약에 관한 연구", 법학연구(2019), 35.
5) Black's Law Dictionary (11th ed. 2019).
6) Ray Andrews Brown, The Law of Personal Property § 73, at 252, 254 (2d ed. 1955), Black's Law Dictionary (11th ed. 2019)에서 재인용.
7) Samuel Williston, Law of Contracts 2888 (rev. ed. 1936), Black's Law Dictionary (11th ed.

이다.[8]

3. 내 용

　　Bailment에서는 임치인의 인도(delivery)를 통해 동산이 수치인의 점유(possession)로 넘어간다.[9] 매매(sales)나 증여(gift)와 달리 권원(title)이 바뀌는 것은 아니다.[10] 어음, 채권, 주식, 보험증권 등도 Bailment의 대상이 될 수 있다.[11] 서면에 있는 정보가 Bailment의 대상이 될 수 있다는 판례도 있다.[12] Bailment는 계약의 일종이므로 합의를 전제한다.[13] 임치인과 수치인의 권리, 의무 및 책임의 내용은 당사자 사이의 합의에 따라 결정된다.[14] 구속력 있는 계약을 형성하기 위하여는 계약의 필수 요소나 조건에 대한 합의가 필요하다. 묵시적인 합의도 가능하다.[15]

　　Bailment의 구체적인 목적과 내용은 상사 거래의 다양성만큼 광범위하다. 그중에는 수치인이 불완전한 물건을 제작, 수리, 개선하는 것을 내용으로 하는 Bailment도 있다.[16] 예를 들어 고객이 필름 현상소를 방문하여 비어 있는 비디오 테이프에 영화를 옮겨줄 것을 요청하는 내용의 Bailment가 성립할 수 있다.[17] 고객이 원본 필름을 필름 현상소에 인도하고 필름 현상소가 차후에 원본 필름을 고객에게 그대로 반환하는 내용의 Bailment가 성립한다. 동시에 필름 현상소가 새로 만든 비디오 테이프를 고객에게 전달함으로써 제조되지 않은 상태로 인도된 물건의 Bailment도 성립

2019)에서 재인용.

8) 8 C.J.S. Bailments § 3; Ohio—Collins *v.* Click Camera & Video, Inc., 86 Ohio App. 3d 826, 621 N.E.2d 1294 (2d Dist. Montgomery County 1993).

9) 8A Am. Jur. 2d Bailments § 4.

10) Black's Law Dictionary (11th ed. 2019).

11) 8A Am. Jur. 2d Bailments § 3.

12) Liddle *v.* Salem School Dist. No. 600, 249 Ill. App. 3d 768, 188 Ill. Dec. 905, 619 N.E.2d 530, 85 Ed. Law Rep. 198 (5th Dist. 1993).

13) 8A Am. Jur. 2d Bailments § 31.

14) 8 C.J.S. Bailments § 3. bailment가 반드시 당사자 간에 신인관계(fiduciary relationship)를 만드는 것은 아니지만 수치인은 bailment 계약이나 협정에 따라 제한된 신인의무(fiduciary duty)를 부담할 수는 있다. bailment는 신탁 또는 준신탁 계약의 한 종류로도 설명되기도 하는 이유이다. 한편, 수치인은 대리인의 한 종류로 일컬어지기도 한다. 임치인이 동산에 대한 통제력을 보유하고 있다면 수치인은 대리인으로서 자격을 가질 수 있다. 이때 수치인은 임치인에게 계약상 또는 불법행위에 대한 책임을 물을 권한이 없다.

15) 8A Am. Jur. 2d Bailments § 31.

16) 8 C.J.S. Bailments § 3.

17) Ohio—Collins *v.* Click Camera & Video, Inc., 86 Ohio App. 3d 826, 621 N.E.2d 1294 (2d Dist. Montgomery County 1993).

한다.

한편, Bailment의 수치인은 Bailment의 대상을 부주의한 손실, 손상 또는 파괴로부터 보호하기 위해 통상적인 주의를 기울여야 할 법적 의무가 있다.[18] 예를 들어 화재로 소실된 임치인의 종이 가치에 대한 손해배상 사례에서 화재가 발생한 수치인의 창고에 야간 경비와 화재 경보 모두 부족했다는 점은 수치인의 주의의무 위반에 해당하므로 수치인에게 이에 따른 배상책임이 인정된다.[19] 임치인과 수치인 사이의 일반적인 책임은 계약 내용에 따라 확대되거나 제한될 수 있다. 목적물의 손실이나 손상에 대한 보험가입과 결부되기도 한다.[20]

수치인에게 요구되는 주의 정도는 누가 Bailment를 통해 주로 이익을 얻느냐에 따라 결정된다.[21] Bailment는 임치인의 유일한 이익, 수치인의 유일한 이익 또는 두 가지 모두의 상호 이익을 위한 것일 수 있다.[22] Bailment가 임치인만의 이익을 위한 것이라면 수치인의 근면(diligence)만을 요구하며 중대한 과실(gross negligence)에 대해서만 책임을 부과한다. 반면에 수치인만의 이익을 위해서라면 경미한 과실(slight negligence)로 인한 손해에 대하여도 책임을 진다. 임치인과 수치인의 상호 이익을 위한 Bailment의 경우에는 수치인은 인도받은 물건의 훼손이나 분실을 방지하기 위해 합리적인 주의를 기울여야 한다.[23]

4. 우리 법과의 비교

미국법상 Bailment는 우리 민법상 임치와 비교할 수 있다. 로마법상 임치계약은 합의와 함께 동산의 인도가 있어야 성립하는 요물계약이었다.[24] 미국법상 Bailment 역시 동산의 인도를 계약 성립의 지배적인 요건으로 보고 있으므로 요물계약이라고 할 수 있다. 반면에 우리 민법은 임치계약을 목적물 보관에 관한 당사자의 합의만으로 성립하는 낙성계약으로 규정하고 있다.[25] 이처럼 우리 민법과 달리 미국법상

---

18) 8A Am. Jur. 2d Bailments § 77.

19) Fleetguard, Inc. *v.* Dixie Box and Crating Co., 314 S.C. 471, 445 S.E.2d 459 (Ct. App. 1994).

20) 8A Am. Jur. 2d Bailments § 77.

21) 8A Am. Jur. 2d Bailments § 77.

22) 8A Am. Jur. 2d Bailments § 1.

23) Foster *v.* The Board of Governors of the Colorado State University System, by and on behalf of Colorado State University, 342 P.3d 497 (Colo. App. 2014).

24) 박희호, 전게 논문, 법학연구(2019), 35.

25) 민법 제693조(임치의 의의) 임치는 당사자 일방이 상대방에 대하여 금전이나 유가증권 기타

Bailment는 동산의 인도를 계약 성립 요건으로 한다는 점에서 차이가 있다.

다만 미국법상 Bailment와 우리 민법상 임치는 모두 계약으로서 법적 구속력을 가진다는 공통점이 있다. 또한 명시적 또는 묵시적 계약의 형태로 체결될 수 있다는 점도 공통된다. 과실의 주의의무 정도와 관련해서도 미국법과 우리 민법은 유사성을 보인다. 미국법상 Bailment가 임치인에게만 이익이 되는 경우 수치인에게 중대한 과실이 없다면 수치인은 손해에 대한 책임이 없다. 우리 민법은 유상성을 기준으로 무상임치의 경우 수치인에게 자기 재산과 동일한 주의의무를 부과하고 있는데[26] 이는 유상임치에 비하여 주의의무의 정도를 경감하려는 취지이다.[27] Bailment가 임치인에게만 이익이 되는 경우에 상응하는 법리이다.

한편, 미국법상 Bailment 계약의 원인과 내용이 다양하다는 점에서는 우리 민법상 임치보다 그 외연이 넓다. 예를 들어 앞서 언급한 비디오 테이프 사례에서 임치인이 영화 필름 복사본을 만들기 위하여 수치인에게 비어 있는 비디오 테이프를 맡긴 것은 우리 민법상 도급에 가깝다. 일의 완성과 그에 따른 보수 지급을 약정하는 계약은 도급이기 때문이다.[28] 이때 일의 완성을 위해 비디오 테이프를 인도하는 것을 별도의 임치계약으로 관념하지는 않는다. 그런데 미국법에서는 이러한 경우에 Bailment도 성립한다고 관념한다는 점에서 차이가 있다.

물건의 보관을 위탁하고 상대방이 이를 승낙함으로써 효력이 생긴다.

26) 민법 제695조(무상수치인의 주의의무) 보수없이 임치를 받은 자는 임치물을 자기 재산과 동일한 주의로 보관하여야 한다.

27) 박희호, 전게 논문, 47 – 48.

28) 민법 제664조(도급의 의의) 도급은 당사자 일방이 어느 일을 완성할 것을 약정하고 상대방이 그 일의 결과에 대하여 보수를 지급할 것을 약정함으로써 그 효력이 생긴다.

Battle of the Forms
서식의 충돌

최상진

1. 개 념

다수의 상대방과 동종의 거래를 반복하는 기업들은 매번 계약을 체결할 때마다 계약서를 새로 작성하기보다는 사전에 계약의 조건에 관하여 일정한 서식(form)을 마련해두고 위 서식을 상대방과 주고받음으로써 계약의 체결로 나아가는 경우가 많다. 그런데 이와 같이 계약을 체결하기 위해 계약 당사자 간 주고받은 서식들 사이에서 그 내용이 충돌되는 경우가 발생한다. 이를 Battle of the forms라고 한다.[1]

2. 배 경

계약은 청약(offer)과 승낙(acceptance)을 통해 체결된다. 이때 청약자의 명확한 청약이 있고 그에 대응하는 승낙자의 승낙이 있다면 청약의 내용 그대로 계약의 내용은 확정된다. 그런데 물품 상거래에 있어서 당사자 사이에 계약의 본질적인 사항인 물품의 종류나 가격, 인도일 등은 교섭을 통해 그 내용을 확정하고, 그 외 부수적인 사항에 관하여는 별도의 교섭이나 합의를 하지 않은 채 각자가 사전에 거래를 위하여 마련해둔 서식인 주문서(purchase order)와 주문확인서(acknowledgement)를 주고받음으로써 계약이 체결되는 경우가 있다. 이와 같은 서식은 반복적인 거래를 위하여 당사자가 사전에 마련해 둔 것으로서 전면에는 계약의 본질적인 사항에 관하여 기재하도록 되어 있고 후면에는 작은 글씨(fine print)로 준거법이나 관할 등 부수적인 사항에 관하여 인쇄되어있는 것이 일반적이다.[2] 이때 계약의 본질적인 사항에 관

---

1) Black's Law Dictionary (11th ed. 2019).
2) Maria del Pilar Perales Viscasillas, "'Battle of the Forms' under the 1980 United Nations Convention on Contracts for the International Sale of Goods: A Comparison with Section 2-207 UCC and the UNIDROIT Principles", 10 Pace Int'l L. Rev. 97, 106 (1998).

하여는 양 당사자가 교섭을 거쳐 합의에 이르렀으므로 양 서식 간 그 내용이 일치하겠지만, 당사자들이 별도로 교섭하지 않은 부수적인 사항 간에는 양 서식 간 내용이 일치하지 않거나 완전히 반대되는 경우가 발생할 수도 있다.

이와 같이 서식 간 불일치로 Battle of the forms가 발생하는 경우 크게 두 가지 종류의 분쟁이 야기된다. 첫 번째는 계약의 성립에 관한 분쟁이다. 쌍방 당사자가 모두 계약의 이행으로 나아가지 않은 상황에서 계약의 구속력으로부터 벗어나고자 하는 일방 당사자는 주문서와 주문확인서 사이의 불일치를 지적하며 애초부터 의사의 합치가 없었으므로 계약이 성립하지 않았음을 주장할 수 있다. 두 번째는 계약 자체는 성립되었음을 전제로 발생하는 분쟁이다. 계약이 일부 이행된 상태에서 어떤 문제가 발생하였으나 이에 관하여 양 당사자의 서식이 다르게 규율하고 있는 경우, 어느 당사자의 서식에 의하여 문제를 해결할지에 관하여 분쟁이 발생할 수 있다.[3] 본래 Battle of the forms는 계약 교섭 과정에서 당사자들이 불일치하는 서식의 내용에 관하여 일절 교섭을 하지 않았기 때문에 발생하는 것이므로, 어떤 서식의 내용을 계약으로 할지에 관한 당사자들의 합치된 의사(intent)는 존재하지 않는다. 따라서 단순히 당사자들의 의사를 파악함으로써 이와 같은 분쟁을 해결할 수는 없다. 결국 법은 일정한 원칙 혹을 기준을 확립하고 그에 따라 하나의 서식을 선택해야만 한다.[4] 이하에서는 그 해결 원칙들의 내용에 대하여 구체적으로 살핀다.

3. 내 용

보통법(common law) 체계에서 승낙은 명백하고 무조건적이어야 하며 청약과 완전히 일치해야 한다고 본다. 이를 경상의 원칙(mirror image rule)이라고 하는데, 승낙을 하면서 청약의 내용을 수정하거나 추가하는 경우 이는 승낙이 아니라 반대청약(counter-offer)으로서 새로운 청약에 해당한다.[5] 따라서 경상의 원칙을 관철하게 되면, 일방 당사자가 서식을 통해 청약을 하고 이에 대해 반대 당사자가 내용이 불일치하는 서식을 통해 승낙을 하는 경우 이는 승낙이 아닌 반대청약에 해당하고 양 당사자가 계약을 이행하지 않은 이상 반대청약에 대하여 승낙이 있었다고 볼 수 없으므로 계약은 성립하지 않는다. 그러나 계약이 이행되면, 반대청약에 대한 묵시

---

3) Douglas G. Baird & Robert Weisberg, "Rules, Standards, and the Battle of the Forms: A Reassessment of §2-207", 68 Va. L. Rev. 1217, 1217-1218 (1982).

4) Douglas G. Baird & Robert Weisberg, ibid, 1217, 1219-1220.

5) Black's Law Dictionary (11th ed. 2019).

적 승낙이 있는 것으로 보고 이에 따라 최종적으로 제시된 서식의 내용대로 계약의 내용은 확정된다.[6] 이처럼 최후에 제시된 서식에 따라 계약의 내용이 정해진다는 원칙을 최후발포원칙(last-shot rule)이라고 하는데, 청약과 승낙에 있어서 전통적인 경상의 원칙을 따르는 영국법에서는 Battle of the forms에 따른 문제를 이와 같은 최후발포원칙을 통해 해결하고 있다.[7] 미국 또한 과거에는 영국과 마찬가지로 경상의 원칙에 따른 최후발포원칙을 통해 Battle of the forms의 문제를 해결해왔는데, 이러한 형식주의적인 태도가 사실적 교섭(factual bargain)을 무시하고 매수인의 신의성실의 원칙에 반하는 태도를 용인한다는 문제의식하에 청약의 내용을 수정하거나 추가하는 승낙에 대하여 규율하는 통일상법전(Uniform Commercial Code) §2-207이 제정되었다.[8] 해당 조문은 전통적인 경상의 원칙에서 벗어나 청약과 승낙이 부분적으로 일치하지 않더라도 계약이 성립할 수 있다고 선언하는데, 그 구체적인 내용은 아래와 같다.

우선 통일상법전 §2-207 제1항에 의하면, 합리적인 기한 내에 발송된 분명하고 적절한 승낙의 표시는 청약의 내용과 다르거나 내용을 추가한 경우라도 승낙으로서 기능한다. 다만, 다르거나 추가된 내용에 대하여 상대방(청약자)이 동의할 것을 명시적인 조건으로 하는 경우 유효한 승낙이 되지 못한다.[9] 이는 승낙은 청약과 완전히 일치해야 한다는 경상의 원칙을 완화한 것으로서, 청약의 내용과 일치하지 않는 승낙이 이뤄진 경우에도 그와 같은 승낙을 유효한 것으로 보아 계약이 체결된다고 보는 것이다. 한편, 제2항은 내용을 추가한 승낙에 대하여 다루고 있는데, 승낙에서 추가된 내용은 추가적인 제안(proposal)으로 본다. 다만, 상인(merchant) 사이에서는 (a) 청약이 명시적으로 승낙을 청약의 내용으로 제한하는 경우, (b) 추가된 내용이 계약을 실질적으로(materially) 변경하는 경우, (c) 추가된 내용에 대하여 반대하는 통지(notification)를 이미 하였거나 추가된 내용에 대한 통지를 받고 합리적인 기간 내에

---

6) Henry D. Gabriel, "The Battle of the Forms: A Comparison of the United Nations Convention for the International Sale of Goods and the Uniform Commercial Code", 49 Bus. Law. 1053, 1053-1054 (1994).

7) Giesela Rühl, "The Battle of the Forms: Comparative and Economic Observations", 24 U. Pa. J. Int'l L. 189, 191-196 (2003).

8) Henry D. Gabriel, ibid, 1053, 1058.; Poel v. Brunswick-Balke-Collender Co., 110 N.E. 619. (N.Y. 1915)

9) (1) A definite and seasonable expression of acceptance or a written confirmation which is sent within a reasonable time operates as an acceptance even though it states terms additional to or different from those offered or agreed upon, unless acceptance is expressly made conditional on assent to the additional or different terms.

그에 대하여 반대하는 통지를 하는 경우를 제외하고는 추가된 부분이 계약의 내용이 된다.[10] 따라서 당사자 중 일방이라도 상인이 아닌 경우, 승낙에서 추가된 내용은 추가적인 제안에 불과할 뿐이고 청약자가 이에 대하여 동의를 하여야 계약의 내용이 된다.[11] 한편, 제2항은 승낙이 청약에 대해 그 내용을 추가하는 경우만을 규율하고 있고 승낙의 내용이 청약과 상이한 경우에 대하여는 침묵하고 있다. 이러한 경우 서로 다른 조항들은 계약의 내용이 되지 못하고 통일상법전의 임의규정(default rule)에 의하여 보충된다는 것이 미국의 학계나 판례에서 다수의 태도이다.[12] 마지막으로 제3항에서는 당사자들의 서면이 계약을 성립시키지 못하더라도 계약의 존재를 인정하는 쌍방 당사자들의 행위로도 매매계약이 성립할 수 있고, 이때 그러한 계약의 내용은 당사자들의 서면이 합의하고 있는 부분과 본 법의 다른 규정들에 의하여 포함되는 보충규정들(supplementary terms)에 의하여 이뤄진다고 규정하고 있다.[13] 즉, 제1항에 따라 계약이 성립하지 않는 경우에도 당사자들이 계약의 존재를 인정하는 행위를 한다면 계약이 성립할 수 있고 그 내용은 쌍방 간에 합의된 내용 및 통일상법전의 규정들로 이뤄진다는 취지이다. 이와 같은 통일상법전 §2-207의 규정들은 Battle of the forms에 관하여 충돌배제원칙(knock-out rule)을 취한 것이라 평가되기도 하는데,[14] 이는 서식 간 공통되는 부분은 계약의 내용이 되고 상이한 부분은 계약에서 배제되며 법률의 임의규정에 의하여 대체된다는 원칙으로서, 최후발포원칙의 대척점에 있는 Battle of the forms에 관한 또 하나의 유력한 원칙이다.

---

10) (2) The additional terms are to be construed as proposals for addition to the contract. Between merchants such terms become part of the contract unless:
    (a) the offer expressly limits acceptance to the terms of the offer;
    (b) they materially alter it; or
    (c) notification of objection to them has already been given or is given within a reasonable time after notice of them is received.
11) Giesela Rühl, ibid, 189, 199-200.
12) Giesela Rühl, ibid, 189, 200.
13) 원문은 다음과 같다. "Conduct by both parties which recognizes the existence of a contract is sufficient to establish a contract for sale although the writings of the parties do not otherwise establish a contract. In such case the terms of the particular contract consist of those terms on which the writings of the parties agree, together with any supplementary terms incorporated under any other provisions of this Act."
14) Giesela Rühl, ibid, 189, 198-201.

4. 우리 법과의 비교

우리 민법은 제527조 내지 제534조에서 청약과 승낙에 대하여 다루고 있는데, 그 중 제534조에서 변경을 가한 승낙에 대하여 규율하고 있다. 민법 제534조에 의하면 승낙자가 청약에 대하여 조건을 붙이거나 변경을 가하여 승낙한 때에는 그 청약의 거절과 동시에 새로 청약을 한 것으로 본다. 판례 또한 매수인이 그 청약에 대하여 조건을 붙이거나 변경을 가하여 승낙한 경우, 종전의 매도인의 청약이 실효된다고 보아 법률의 문언에 충실한 해석을 하고 있다.[15] 이처럼 우리 민법은 승낙의 내용이 청약과 완전히 일치하기를 요구한다는 점에서 경상의 원칙에 따른 최후발포원칙과 유사하며 미국 통일상법전이 취하고 있는 충돌배제원칙과는 차이가 있다고 볼 수 있다. 다만, 승낙이 청약과 완전히 일치하지 않아 합의가 없는 '불합의'의 경우에도 계약이 성립할 수 있는지에 관하여는 우리 법에서도 학설상 견해의 대립이 있는데, 특히 계약의 본질적 사항에 대하여는 합의가 이뤄졌으나 부수적 사항에 대한 합의가 흠결된 경우 계약이 성립되었는지를 중심으로 논의가 진행되어 왔다. 당사자 일방이 의사표시의 내용으로 한 모든 사항에 대하여 합의가 이뤄지지 않는 한 계약은 성립하지 않는다는 견해와 계약의 중요한 사항에 관한 합의가 있다면 원칙적으로 계약은 성립한다는 견해 등이 유력하게 제기되는데,[16] 판례는 이를 의사해석의 문제로 접근하고 있다. 예컨대 판례는 건설하도급 공사 계약에서 공사금액에 관한 합의만 이뤄지고 그 외 구체적 공사시행 방법과 준비, 공사비 지급방법 등 관련 제반 조건에 대한 합의가 이뤄지지 않은 사안에 대하여 "제반 조건 등 그 부분에 대한 합의가 없다면 계약을 체결하지 않았으리라고 보이는 중요한 사항에 관한 합의까지 이루어져야 비로소 그 합의에 구속되겠다는 의사의 합치가 있었다고 보는 것이 당사자의 실제의 의사와 부합하는 해석"이라고 설시하며 합의 흠결시 계약 성립 여부를 '당사자의 계약에 구속되려는 의사'를 중심으로 판단하였다.[17]

---

15) 대법원 2009. 2. 12. 선고 2008다71926 판결. 한편 민법 제543조와 관련하여, 근로자의 퇴직금 중간정산 요구기간에 대하여 사용자가 그 중 일부 기간에 대하여만 일방적으로 중간정산을 실행하는 경우, 이는 민법 제543조의 변경을 가한 승낙으로서 새로운 청약에 해당하고 근로자가 이의 없이 중간정산 퇴직금을 수령하여 이에 동의한 것으로 볼 수 있다면 중간정산이 실행된 일부 기간의 범위 내에서 중간정산이 성립된다고 본 대법원 2008. 2. 1. 선고 2006다20542 판결 또한 참조.

16) 양창수·김재형, 계약법, 박영사(2015), 48-49.

17) 대법원 2001. 6. 15. 선고 99다40418 판결.

Bilateral Contract
쌍무계약

최예영

1. 개 념

미국법에서 Bilateral contract는 계약 당사자 쌍방에게 법적 의무나 책임(legal duty or liability)을 부여하는 상호적인 약속(mutual promises)이 있는 계약을 의미한다.[1] 이 계약을 통해 당사자 쌍방에게 권리와 의무가 발생하고,[2] 양 당사자는 모두 약속자(promisor)인 동시에 수약자(promisee)가 된다.[3]

2. 배 경

미국 계약법은 원칙적으로 보통법(common law)에 근거를 두고 있어 주마다 그 내용이 다르다. 다만 미국법률협회(ALI: American Law Institute)가 미국 전역에 걸쳐 일반적이고 공통된 계약법의 내용을 추출한 뒤 이를 조문의 형식으로 정리하여 두 차례에 걸쳐서 발간한 제1차 계약법 리스테이트먼트(Restatement First of Contracts, 1932)와 제2차 계약법 리스테이트먼트(Restatement Second of Contracts, 1981)가 있다. 이는 미국 계약법에 관한 판례와 법리의 해석에 중요한 지침을 제공한다.[4] 이하에서는 제1, 2차 계약법 Restatement의 내용을 중심으로 Bilateral conract에 관해 살펴본다.

---

1) Black's Law Dictionary (11th ed. 2019).
2) 17A Am. Jur. 2d Contracts § 8.
3) Restatement (First) of Contracts § 12 (1932).
4) 명순구, 미국계약법입문(제2판), 법문사(2008), 5-8; 엄동섭, 미국계약법 I, 법영사(2010), 19-27 참조.

3. 내 용

계약(contract)은 당사자들 간의 법적 집행이 가능한 합의(legally enforceable agreement)이다. 계약법에 의해 당사자의 의도가 실현되도록 하는 계약관계가 설정되기 위해서는 일정한 요건을 충족해야 한다. 계약의 본질적인 특징은 약속(promise)이다. 계약은 약속의 상호 교환 또는 약속의 대가로 의무를 이행하는 것으로 구성될 수 있다.[5] Bilateral contract도 계약의 일종이므로 그 계약이 성립되기 위해서는 청약(offer), 승낙(acceptance), 약인(consideration), 항변사유의 부존재(lack of defenses) 등 네 가지 요건을 충족해야 한다.

(1) 청약은 계약을 체결하고자 하는 의사의 표시로서, 당해 계약에 대한 동의를 권유하고 이로써 계약이 체결되리라는 상대방의 이해를 정당화시키는 것이다.[6] 청약이 유효하기 위해서는 계약을 체결하려는 의사표시(expression), 계약조건(terms), 의사 전달(communication)이라는 세 가지 요소가 필요하다.

(2) 승낙은 청약에 대하여 동의를 표하는 피청약자의 의사표시이다.[7] Bilateral contract에서의 승낙은 명시적인 반대약속(return promise)일 수도 있고 반대약속을 하지 않고 이행 또는 이행의 착수를 통하여서도 가능하다.[8] 이행의 착수로 승낙할 때, 청약자가 이러한 사실을 모를 수 있기에 피청약자는 이러한 사실을 합리적인 기간 내(within reasonable time)에 청약자에게 통지(notice)해야 한다. 합리적인 기간 내에 이행의 착수 사실을 통고하지 않으면 계약이 체결되었더라도 청약자의 이행의무는 면제될 수 있다.[9] 청약과 이에 대한 승낙이 있어야 합의(agreement)가 이루어진다.

(3) 당사자 사이의 합의가 법적으로 집행이 가능(legally enforceable)하기 위해서는 양 당사자 간의 대가관계, 즉 약인(consideration)이 필요하다. 약인에는 계약의 두 당사자가 서로를 위해 제공하거나 부담하는 상호교환적 대가(bargained-for exchange)와 그 대가가 법적 가치가 있어야 한다는 대가의 법적 가치성(legal value)이 요구된다. 약인은 이행을 위한 협상일 수도 있고 약속자의 약속에 대한 수약자의 반대약속일 수도 있다.[10] 약인에 있어서 교환되는 대가는 반드시 경제적·금전적으로

---

5) 17A Am. Jur. 2d Contracts §3.
6) Restatement (First) of Contracts §24 (1932).
7) Restatement (Second) of Contracts §50 (1981).
8) Restatement (Second) of Contracts §62 (1981).
9) 서철원, 미국계약법, 법원사(2015), 48.
10) Restatement (Second) of Contracts §71 (1981).

대등하고 공평한 가치를 가질 것이 요구되는 것이 아니다. 당사자 간의 대가관계가 법적 관점에서 적합하다(legally adequate)고 판단되면 약인 요건이 충족된 것으로 본다.[11] 또한 약인은 실제로 존재해야 하므로 가장된 약인(sham consideration)은 약인이 아니다.[12]

(4) 계약의 성립에 항변사유(defenses)가 존재하면 계약은 그 효력을 잃게 된다. 따라서 쌍무계약에서도 항변사유의 부존재가 성립요건으로 된다.

Bilateral contract에서 당사자 쌍방은 약속에 관한 일종의 보증인인 동시에 피보증인이다. 쌍방의 약속이 반드시 명시적으로 이루어져야 하는 것은 아니다.[13] 한쪽만 의무에 관하여 약속을 하는 계약은 unilateral contract일 뿐 Bilateral contract가 아니다.[14] 어떤 계약이 어느 쪽인지가 명확하지 않은 경우 판례는 그것을 Bilateral contract로 해석하는 경향이 있다.[15]

4. 우리 법과의 비교

우리 법에서는 Bilateral contract를 계약 당사자가 서로 이행의무를 부담한다는 의미에서 '쌍무계약'으로 해석한다. 미국법에서는 쌍무계약의 대표적인 예로 매매계약(contracts of sale)을 들고 있고,[16] 이 밖에 고용계약·리스계약·보증계약 등도 쌍무계약으로 설명된다.[17] 우리 법상 매매계약·고용계약·임대차계약 등도 미국법과 마찬가지로 쌍무계약에 속한다. 우리 법에서도 쌍무계약은 양 채무가 객관적·경제적으로 동등한 의미를 가져야 하는 것은 아니며, 급부가 두 당사자에게 주관적으로 상호의존관계에 있으면 된다.[18]

---

11) 명순구, 전게서, 57.
12) 류병운, 미국계약법(제3판), 홍익대학교 출판부(2013), 131.
13) 17A Am. Jur. 2d Contracts §8.
14) Schwegel v. Milwaukee County, WI 12, 360 Wis. 2d 654, 859 N.W.2d 78 (2015).
15) Davis v. Jacoby, 34 P.2d 1026 (Cal. 1934); Lee v. Jenkins Bros, 268 F.2d 357 (1959).
16) P.S. Atiyah, An Introduction to the Law of Contract 32 (3rd ed. 1981).
17) Wex Definitions Team, "bilateral contract", Cornell Law School Legal Information Institute, https://www.law.cornell.edu/wex/bilateral_contract (2021. 12. 18. 최종 확인).
18) 지원림, 민법강의(제18판), 홍문사(2021), 1340.

Breach of Contract
계약위반

김민주

1. 개 념

원칙적으로 계약의 당사자가 자신의 의무에서 벗어나기 위해서는 계약상 의무의 완전한 이행(full performance of a duty)이 필요하다. 계약위반(Breach of contract)은 이러한 자신의 계약상 의무를 이행하는데 실패하거나, 이행을 거절하거나, 상대방의 이행을 방해하는 등의 방법으로 이행기가 도래한 계약상 의무를 이행하지 않는 것이다.[1] 이때의 의무는 계약에 의한 것뿐만 아니라 법에서 요구하는 것, 예컨대 신의성실과 공정거래의 원칙(the duty of good faith and fair dealing)과 같은 법적 의무도 포함한다.[2]

2. 배 경

미국법상 계약의 이행(performance)은 '조건(condition)'의 충족 여부에 관한 관점에서 설명되기도 한다. 여기서 말하는 조건(condition)은 우리법상 조건보다 더 넓은 개념으로, 채무이행을 요구할 수 있는 일체의 사정을 말한다.[3] 일반적으로 계약상 의무의 이행 여부는 substantial performance rule에 의하여 계약의 본질적 조건이 실질적으로 이행되었는지에 따라 판단된다.[4] 그러므로 계약의 이행과 동전의 양면과 같은 관계에 있는 계약위반에 관한 논의 역시 위와 같은 관점에서 접근할 수 있다.

계약위반은 다양한 형태로 존재한다. 아직 의무가 이행기에 이르지 않은 경우,

---

1) Restatement (First) of Contracts §312 (1932); Restatement (Second) of Contracts §235 (1981); Black's Law Dictionary (11th ed. 2019).
2) Restatement (Second) of Contracts §235 (1981).
3) 한종술, 미국계약법, 진원사(2009), 763.
4) 17A Am. Jur. 2d Contracts §603.

즉 아직 충분한 시간이 경과하지 않거나, 조건이 성취되지 않았거나, 의무가 이미 면제되었거나, 이행불능 등으로 인해 이행기가 도래하지 않은 경우라면 계약상 의무를 이행하지 않더라도 계약위반에 해당하지 않지만, 이행기가 도래하였다면 설령 의무를 이행하지 않은 당사자에게 과실이 없고, 그가 완전히 이행하지 못한 부분이 실질적(substantial)이지 않은 경우라도 그 의무의 불이행은 계약위반이 된다.[5] 계약위반은 의무의 불이행(non-performance) 또는 이행거절(repudiation) 등에 의하여 이루어질 수 있다. 계약위반이 있는 경우 상대방은 일반적으로 손해배상청구를 할 수 있으며, 설령 상대방이 금전적 손해를 입지 않았거나 금전적 손해를 입증할 수 없는 경우라고 하더라도, 최소한 명목상의 손해(nominal damages)에 대한 배상은 청구할 수 있다.[6]

그러나 미국법은 중대한 계약위반(material breach)이라는 개념을 이용하여 계약위반 중에서도 특히 하자 치유가 허용될 수 없을 만큼 중대한 의무의 위반을 구분 짓고 있다. 이는 앞서 본 바와 같이 '계약의 이행'에 관한 substantial performance rule을 '계약위반'의 관점에서 바라본 것과 같다. 자세한 내용은 아래에서 살펴보기로 한다.

3. 내 용

가. 계약위반의 유형

계약위반은 위반 정도에 따라 3가지 유형으로 분류할 수 있는데, 부분적 계약위반(partial breach), 중대한 계약위반(material breach), 완전한 계약위반(total breach)이 그들이다. 이들은 계약위반자가 실질적으로 그 의무를 이행(substantially perform)하였다고 볼 수 있는지, 이에 따라 상대방이 계약목적의 핵심(substantial benefit of the bargain)을 달성하였다고 볼 수 있는지에 따라 구분된다.[7] 다만 물품계약에 대하여는 통일상법전(Uniform Commercial Code, UCC) §2-601에 의하여 perfect tender rule이 적용됨으로써, 매도인이 제공하는 물건의 품질(quality), 수량(quantity), 인도(delivery)가 계약에서 정한 것과 정확히 일치할 것이 요구된다.[8]

부분적 계약위반(partial breach)은 계약위반자가 실질적으로 자신의 의무를 이행

---

5) Restatement (Second) of Contracts §235 (1981).
6) Black's Law Dictionary (11th ed. 2019).
7) Ben Templin, *Contracts* (second ed.), Wolters Kluwer(2019), 556-561.
8) Black's Law Dictionary (11th ed. 2019).

하였고, 단지 의무의 이행에 경미한 결함만이 있는 경우를 말한다. 이 경우 상대방은 그 결함으로 인한 피해에 관하여 손해배상청구를 할 수 있을 뿐 자신의 의무제공을 면할 수는 없다.

중대한 계약위반(material breach)은 계약 당사자가 실질적으로 자신의 의무를 이행하지 않음으로써 의무의 완전한 위반(total breach)을 한 것이나 다름없는 경우를 말한다.[9] 이때 상대방은 자신의 의무이행을 유예하면서 계약위반을 한 당사자에게 그 위반을 치유할 기회를 줄 수 있다. 만약 계약위반자가 중대한 위반을 치유하는데 성공할 경우에는 그 계약위반은 부분적 계약위반으로 바뀔 것이지만, 계약위반자가 치유에 실패한다면 해당 계약위반은 완전한 계약위반이 된다.[10]

완전한 계약위반(total breach)은 계약위반자가 자신의 의무를 실질적으로 이행하지 못하였고, 이를 치유하는데도 실패하거나 치유하려 하지 않는 경우를 말한다. 이 경우 계약위반의 상대방은 자신의 의무이행을 면제받을 수 있다. 또한 상대방은 계약을 종료(terminate)하고 손해배상을 청구할 수 있다.[11]

나. 계약위반 정도의 판단기준

계약위반이 중대한 것인지를 판단할 때, ① 계약위반의 상대방이 합리적으로 기대할 수 있는 이익이 침해된 정도, ② 계약위반의 상대방이 침해당한 이익이 회복될 수 있는 정도, ③ 채무를 불이행한 당사자에게 부과되는 위약벌의 정도, ④ 담보의 존재 등 모든 사정을 종합적으로 고려하였을 때 계약위반자가 그의 계약위반을 치유할 가능성, ⑤ 계약위반자의 신의성실의 원칙 준수 정도가 중요한 판단요소가 된다.[12]

다. 계약위반의 효과

먼저 모든 종류의 계약위반에 대하여 손해배상책임이 인정될 수 있다. 또한 채무를 불이행한 당사자는 상대방에게 그의 의무이행을 요구할 수 없게 된다. 이에 더하여 만약 경미한 계약위반이 있는 경우라면 계약위반의 상대방은 계약위반자에게 하자 치유를 요구할 수 있는 권리를 가지고, 계약위반자로서도 하자 치유 기회를 가질 권리를 가진다. 그러나 하자 치유에 실패하는 등으로 인하여 중대한 계약위반이

---

9) Black's Law Dictionary (11th ed. 2019).
10) Ben Templin, ibid, 556.
11) id.
12) Restatement (Second) of Contracts § 241 (1981).

발생한 경우라면 계약위반의 상대방은 자신의 의무를 면제받을 수 있고, 나아가 만약 이행한 부분이 있다면 그 반환을 요구할 수도 있다.[13]

4. 우리 법과의 비교

우리나라는 민법 제390조에서 "채무자가 채무의 내용에 좇은 이행을 하지 아니한 때에는 채권자는 손해배상을 청구할 수 있다. 그러나 채무자의 고의나 과실없이 이행할 수 없게 된 때에는 그러하지 아니하다."라고 하여 일반적인 채무불이행 책임에 대하여 규정하고 있다. 여기에서 '채무의 내용에 좇은 이행을 하지 않은 때'는 채무자가 채무를 전혀 이행하지 않은 경우를 포함하여 계약에서 정한 내용과 방법에 따라 그 의무의 이행이 제대로 이루어지지 않는 모든 경우를 말하는데, 이는 의무의 불이행 및 이행거절을 포함하는 의미라는 점에서 미국법상 Breach of contract가 되는 경우와 거의 유사한 개념을 상정하고 있다고 보인다.

일반적으로 우리나라에서 채무불이행은 이행불능, 이행지체, 불완전이행이라는 3가지 유형으로 분류된다. 채무불이행을 한 당사자에게 귀책사유가 있음을 전제로 보면, 먼저 이행불능이 있는 경우 채권자는 손해배상청구권(민법 제390조) 및 계약해제권(민법 제546조)을 가진다. 이행지체의 경우 채권자는 그 이행지체에 대한 손해배상청구권(민법 제392조)을 가지며, 상당한 기간을 정하여 이행을 최고하여도 채무자가 그 기간내에 자신의 의무를 이행하지 않는 경우에만 계약을 해제하고(민법 제544조) 전보배상을 청구할 수 있다(민법 제395조). 불완전이행의 경우에는 민법상 성문의 규정이 없으나, 그 위반의 모습·정도 등을 고려하고 민법 규정들을 유추적용하여 추완이행, 손해배상, 계약해제 등을 인정하고 있다. 이때 주된 급부의무 위반의 경우에만 강제이행, 계약해제가 인정되고, 부수의무 위반에 대하여는 손해배상만이 인정될 수 있다.[14]

이러한 우리 민법의 태도를 보면 우리법상 채무불이행은 미국법상 Breach of contract와 외형적으로 다를 수는 있으나 그 실질적 기능은 상당히 유사하다고 보인다. 우선 이행불능은 계약의 목적달성이 불가능한 경우로서 미국법상 total breach에 대응되며 그 효과도 계약해제 및 손해배상이 모두 인정되는 등 유사하다. 다른 채무

13) 한종술, 전게서, 766-777.
14) 편집대표 김용덕, 주석 민법 채권총칙1(제5판), 한국사법행정학회(2020), 658-660(김상중 집필부분).

불이행의 경우 주된 급부의무 위반과 그 밖의 의무 위반을 구분함으로써 material breach와 partial breach를 구분하는 미국법과 유사하게 실질적인 위반의 정도를 나누고 있으며, 특히 이행지체에는 상당기간 동안 이행의 최고를, 불완전이행에는 일정한 경우 추완이행을 인정하는 등 의무 위반에 대한 치유의 기회를 부여하고, 그 결과에 따라 이행불능에 이를 정도인지를 판단한다는 점에서 material breach에 대한 미국법의 모습과 실질적으로 유사한 구조를 보인다.

Capacity
능력

권효진

1. 개 념

Capacity는 다음과 같이 다양한 의미로 사용된다.[1]

① 어떤 행위를 수행하는 역할로, 특히 직업, 지위, 의무를 의미한다. 가령 repre-sentative capacity(대리권)는 권한을 위임받아 다른 개체를 대리하는 지위를 의미한다.

② 법적 관계를 맺거나 맺을 수 있는 힘을 의미한다. 주로 소송을 할 수 있는 능력이나 구속력 있는 계약을 체결할 수 있는 법적 나이나 정신상태를 의미한다. 가령, corporate capacity(법인의 능력)는 법인이 계약을 체결하고 법적 권리를 행사할 수 있는 권한을 의미한다.

③ 자신의 행동의 본질과 효과를 이해할 수 있는 정신적 능력을 의미한다. 가령, criminal capacity(형법상 책임능력)는 위법행위에 대해 행위자가 책임을 질 수 있는 정신 능력을 의미하고, diminished capacity(심신미약)는 정신적 장애로 인해 범죄행위에 대해 책임을 질 수 없는 상태를 의미하며, testamentary capacity(유언능력)는 유효한 유언을 할 수 있는 정신 능력을 의미한다.

④ 그 외에 무언가를 할 수 있는 능력을 의미한다. 가령, decreased capacity란 질병, 부상, 장애로 인해 사람의 신체적 능력이 감소하는 것을 의미한다. 이하에서는 사법(私法) 분야에서 주로 문제되는 ②, ③의 개념을 위주로 설명한다.

2. 배 경

Capacity라는 개념을 법에 도입한 것은 사회적으로 약한 계층을 보호하기 위한

---

[1] Black's Law Dictionary (11th ed. 2019).

것이다. 미국에서는 과거 기혼 여성(married women), 미성년자(infants),[2] 정신질환자 (insane persons)는 계약을 맺을 능력이 없다고 보았다. 다만 기혼 여성의 경우, 형평 법원은 그 여성이 별도로 사용하는 특유재산에 관해서만 제한된 능력을 부여했다. 현재는 기혼 여성에게 완전한 법적 능력을 부여한다.[3]

3. 내 용

피후견인(under guardianship), 미성년자(infant), 정신적 결함이 있는 자(mentally ill or defective), 술이나 마약에 취한 자(intoxicated)가 아닌 이상 모든 자연인은 계약 을 체결할 수 있는 능력이 있다.[4]

구체적으로, ① 정신적으로 결함이 있는 피후견인은 계약상 의무를 발생시킬 능 력이 없고,[5] ② 18세 미만인 미성년자가 체결한 계약은 취소할 수 있으며(voidable), ③ 정신적 결함이 있는 자는 (a) 거래의 본질과 결과를 합리적으로 이해할 수 없는 경우와 (b) 거래에 있어 합리적으로 행동할 수 없고 상대방도 그의 상태에 대해서 알 고 있는 경우에 계약을 취소할 수 있다. 그러나 이 경우에도 계약의 내용이 형평성에 어긋나지 않고, 계약 상대방이 일방 당사자의 정신적 결함에 대해서 알지 못하였는 데, 계약상 의무가 전부 혹은 일부 수행되었거나 계약을 무효로 만드는 것이 불공평 할 정도로 사정이 변경된 경우에는 계약을 취소할 수 없다.[6] ④ 술이나 마약에 취한 사람이 체결한 계약과 관련하여, (a) 계약 상대방이 그 사람이 거래의 본질과 결과를 합리적으로 이해할 수 없다는 사실을 알았거나 (b) 거래에 있어 합리적으로 행동할 수 없다는 것을 안 경우에 그 계약을 취소할 수 있다.[7][8] 위와 같이 무능력자가 계약

---

2) infant는 영유아를 의미하는 개념으로 사용되는 경우도 있으나, 계약 체결능력과 관련된 맥락에 서의 infant는 통상 18세 미만의 미성년자를 의미한다. Restatement (Second) of Contracts § 14 (1981).

3) Restatement (Second) of Contracts § 12 Comment (1981).

4) Restatement (Second) of Contracts § 12 (1981).

5) Restatement (Second) of Contracts § 13 (1981).

6) Restatement (Second) of Contracts § 15 (1981).

7) Restatement (Second) of Contracts § 16 (1981). 그러나 극심하게 취한 상태에서 계약을 체결한 경우에는 계약이 완전히 무효다.

8) Restatement (Second) of Contracts § 16 (1981) Case Citations. First State Bank of Sinai *v.* Hyland, 399 N.W.2d 894, 896, 898. 알코올 중독자인 아버지는 아들을 위해 연대보증계약에 서 명을 하였다. 아들이 파산하자, 은행은 아버지를 상대로 소송을 제기했다. 원심은 아버지가 계 약서에 서명할 때 그 내용을 이해하지 못했으므로 계약은 무효라고 보았다. 그러나 상소심에서 법원은 아버지가 알코올 중독 이력에도 불구하고 계약이 무효가 아니라고 보았고, 그가 계약서 에 서명하고 이후에 이자를 지급하여 이를 통해 계약을 철회하지 않을 것이라는 점을 암시하였

을 체결한 경우 대부분의 계약은 취소할 수 있도록 규정되어 있다. 그러나 불법행위법에 따른 책임을 지거나[9] 생활필수품(necessaries)을 구입하는 등 부분적인 행위능력을 지니는 것은 가능하다.[10]

한편, 법인의 능력과 관련하여서는, 전통적으로 능력외이론(ultra vires doctrine)이 적용되어 왔다. 이는 법인의 능력을 정관의 목적 범위 내로 한정하는 것이다. 법원은 회사가 사후에 목적 범위 외의 계약을 추인하거나 일방 당사자에 의하여 계약이 완전히 이행된 때에는 그 계약을 유효한 것으로 취급하는 등 점차 위 이론을 완화하여 오다가 근래에는 각 주의 회사법에 의하여 위 이론이 제한 내지 폐지되어 가는 경향에 있으며, 개정 모범상업회사법(MBCA, Model Business Corporation Act) 제3.04조는 법무부장관이 제기한 소송에서 그 권한이 다투어지는 경우 외에는 능력외이론을 완전히 폐지하였다.[11]

4. 우리 법과의 비교

우리나라는 민법상 권리능력, 의사능력, 행위능력, 책임능력으로 능력을 나누고 있는데, 이는 영미법상 capacity의 개념과 대응된다.

권리능력이란, 권리나 의무의 주체가 될 수 있는 지위나 자격을 말한다. 구체적으로는 자연인과 국가·회사·학교·재단법인과 같은 법인은 권리능력이 있다. 자연인은 태아가 모체로부터 전부 노출한 때로부터 권리능력을 가지는 것이 원칙이고(민법 제3조), 사망으로 권리능력이 소멸한다.

의사능력이란, 자기 행위의 의미나 결과를 정상적인 인식력과 예기력으로 판단하여 이에 따라 의사결정을 할 수 있는 능력을 말한다. 술이나 약물에 취한 자·정신질환자·유아 등은 의사능력이 없으므로 법률행위를 했다 하더라도 정상적인 의사에 의한 행위라 할 수 없어 무효이다.

행위능력이란, 권리능력자가 자기의 권리·의무에 변동이 일어나게 스스로 행위할 수 있는 지위를 말하며, 일반적으로 민법상 능력이라 함은 행위능력을 가리킨다.

다고 판단했다.
 9) Restatement (Second) of Torts §895J (1979). 미국법에 의하면, 정신능력의 결여로 계약을 유효하게 체결할 수 없더라도 불법행위에 있어서는 면책되지 않는다. 미성년자의 경우에도 원칙적으로 불법행위에 있어 면책되지 않는다.
10) Restatement Second, Contracts §12 Comment (1981).
11) 편집대표 정동윤, 주석 상법(제5판), 한국사법행정학회(2014), 138.

미성년자, 피한정후견인, 피성년후견인, 피특정후견인, 피임의후견인은 제한능력자이고, 제한능력자가 혼자 한 법률행위는 취소할 수 있다(동법 제5조 제2항, 제10조, 제13조).

책임능력이란, 불법행위의 책임을 질 수 있는 능력이다. 책임능력을 결여한 사람(미성년자, 심신상실자)은 불법행위에 대하여 책임을 지지 않으며(동법 제753조, 제754조), 그를 대신하여 친권자나 후견인 등 법률상의 감독의무자가 감독의무를 다하지 않은 책임을 진다(동법 제755조).[12]

우리나라 법은 미성년자나 피한정후견인 등 제한능력자의 행위는 취소할 수 있도록 하고 있지만, 미성년자가 범위를 정하여 처분이나 영업을 허락받은 행위(제6조, 제8조), 피성년후견인의 일용품 구입 등 일상생활에 필요하고 그 대가가 과도하지 아니한 법률행위는 취소할 수 없다는 점(제10조)에서 미국법과 공통점이 있다. 또한 계약 일방 당사자가 중대한 정신적 결함이 있거나 술·마약에 만취한 경우, 우리나라 법은 의사능력이 없어 무효라고 보지만, 미국법의 경우 계약 상대방이 그러한 정신적 상태에 대해 선의였다면 계약이 무효로 되지 않을 수 있다는 점에서도 차이가 있다. 즉 미국법은 정신적 결함이 있거나 술·마약에 취한 경우에는, 다른 제한능력자인 미성년자 및 피후견인과 달리 계약 상대방의 이익을 보호할 필요가 있다고 보는 것이다.

또한, 우리나라는 민법상 미성년자와 심신상실자에게 책임능력이 없어 불법행위 책임을 물을 수 없지만, 미국법상 미성년자 및 심신상실자는 원칙적으로 책임능력이 인정된다는 점이 다르다.

법인의 권리능력과 관련하여, 우리나라 민법은 영미법의 ultra vires doctrine을 차용하여 민법 제34조에서 "법인은 법률의 규정에 좇아 정관으로 정한 목적의 범위 내에서 권리와 의무의 주체가 된다"고 규정하고 있다. 그러나 판례[13]는 그 정관으로 정한 목적의 범위를 넓게 보고 있고, 실질적으로 법인의 권리능력을 부인하는 경우는 거의 없다는 점에서 ultra vires doctrine을 거의 폐지한 미국법의 현재 상황과 유사하다.

---

12) 법률용어사전(제2판), 현암사(2013), 407－408.
13) 회사의 권리능력은 회사의 설립근거가 된 법률과 회사의 정관상의 목적에 의하여 제한되나 그 목적범위 내의 행위라 함은 정관에 명시된 목적 자체에 국한되는 것이 아니라 그 목적을 수행하는 데 있어 직접, 간접으로 필요한 행위는 모두 포함된다(대법원 2009. 12. 10. 선고 2009다63236 판결 참조).

Common Law
보통법

1. 개 념

Common law는 성문법이 아닌 사법적 결정에서 도출되는 법 내지 법원의 판결에 설시된 원칙에 근거를 두고 있는 법원칙을 의미하며, 개별 사안들을 통해 발전하고 입법자에 의해 규율되지 않은 영역의 사안들에 적용된다.[1]

Common law는 법원의 판결을 통해서만 결정될 수 있는 불가분의 관계이지만, 공개된 사법적 선례에만 국한되는 것은 아니며, 판결의 명시적인 표현 이외에도 그 판결이 설시하고 있는 내용을 통해 드러나는 원칙과 방식, 그 실질까지 포함될 수 있는 것으로, 넓은 의미에서는 사법적 이념과 법적 정의가 도출되는 원칙들의 규율 및 선언 체계를 의미한다.[2]

2. 배 경

미국의 common law는 영국에서 기원한 것으로, 미국의 독립 전까지는 13개의 최초 식민지(original colonies)에서 적용되었으나, 이후 각 주뿐만 아니라 국가 차원에서도 수용되었다.[3] 영국에서 기원한 것이기는 하나 영국의 선례에 근거하여서만 도출될 수 있는 것은 아니며,[4] 사례와 전통, 널리 알려진 법학 저서, 공인된 권위의 저작물, 국민의 행동 양식 및 관습 등에서도 발견될 수 있다.[5]

명시적으로 수용(adoption)되지 않은 경우에도 Common law가 적용된다는 견해

---

1) 15A Am. Jur. 2d Common Law § 1; COMMON LAW, Black's Law Dictionary (11th ed. 2019).
2) 15A Am. Jur. 2d Common Law § 1.
3) 15A Am. Jur. 2d Common Law § 4.
4) In re Estate of Bleeker, 2007 OK 68, 168 P.3d 774 (Okla. 2007).
5) 15A Am. Jur. 2d Common Law § 4.

가 있으나, 헌법 또는 법률 조항에서 Common law의 적용을 선언하고 있는 경우가 대부분이며,[6] 루이지애나 주를 제외한 모든 주에서 Common law를 법원으로 채택하고 있다.[7] 한편, 채택된 Common law를 확인함에 있어, 법원은 미국의 독립 이전에 영국에서 내려진 판결뿐만 아니라 Common law가 적용되는 주에서 Common law를 수용하기 전 및 그 수용 이후에 내려진 판결도 참고할 수 있다.[8]

3. 내 용

Common law는 모든 관할권에서 법원에 의해 경계 없이 적용될 수 있는 법원칙이 아니며, 각 관할권마다 고유한 Common law를 갖는다.[9] 따라서 어느 주에서 Common law에 해당한다고 하여도, 다른 주에서 당연히 Common law로 되는 것은 아니다.[10] 한편, Common law는 그 주의 성문법과 같은 해당 주의 법이며, 정당하게 제정되고 인정되는 Common law는 그 주의 입법부에 의해 제정된 법과 동등한 권위 및 구속력을 갖는다.[11]

Common law는 정적이고 불변적인 것이 아니라, 역동적이고 유연하며 성장하는 것이다. 계속적인 사법 발전의 대상이 되는 Common law는 선행하는 견해들의 간극으로부터 도출되며, 공동체를 위한 최선이 무엇인지에 대한 판단의 결과로, 성장과 변화를 위한 내재적인 역량을 보유하고 있다. Common law는 다양한 상황들에 적용될 수 있는 원칙들이며, 법적 절차의 불완전성을 시정하고자 하는 법원의 노력을 통해 사법제도의 지속적인 발전에 이바지하고 있다.[12] Common law의 장점은 새로이 인식된 오류들에 대한 구제 수단을 확산시키고 알려진 오류들의 새로운 측면에 대해 기존의 구제 수단을 적용하는 즉시성에 있다.[13]

대상 사안과 유사한 사안이 확인되지 않는다는 사실이 새로운 상황에 부합하는

---

6) 15A Am. Jur. 2d Common Law § 12.
7) 프랑스 통치 하에 있었던 루이지애나 주는 현재에도 미국 내에서 대륙법계의 성문법주의를 취하고 있는 유일한 주이다[김범준, "미국의 법률체계와 사법제도", 최신외국법제정보 제4호(2010), 182 참조].
8) Swayne *v.* Lone Acre Oil Co,. 98 Tex. 597, 86 S.W. 740 (1905).
9) 15A Am. Jur. 2d Common Law § 3.
10) Allison *v.* Boeing Laser Technical Services, 689 F.3d 1234 (10th Cir. 2012).
11) Commonwealth *v.* Adams, 482 Mass. 514, 125 N.E.3d 39 (2019).
12) 15A Am. Jur. 2d Common Law § 2.
13) Community Hospital Group, Inc. *v.* Blume Goldfaden Berkowitz Donnelly Fried & Forte, P.C., 384 N.J. Super. 251, 894 A.2d 702 (App. Div. 2006).

사법적 발견을 전제로 하는 Common law의 체계에 장애가 되는 것은 아니다.[14] Common law는 절대적, 고정적인 원칙들로 구성되어 있는 것이 아니라, 그 원칙들은 공동체의 사회적 필요에 따라 결정되어 왔고 그러한 필요의 변화에 따라 변해온 것이기 때문이다.[15] 그러나 현재의 쟁점에 대한 Common law의 적용이 비현실적인 부담이나 불가능한 의무를 부과하는 것이어서는 안 된다.[16]

   Common law는 변경, 개정 또는 폐지될 때까지 효력을 가지며, 주 헌법, 입법부 또는 주 대법원에 의하여 무효화되지 않는 한 유효하게 적용되며,[17] 법원은 명시적인 법 제정 또는 해석상 필요에 의해 변경되지 않는 한, Common law의 원칙들이 여전히 유효한 것으로 추정한다.[18] 그러나 Common law는 그 원칙의 근거가 더 이상 존재하지 않게 되거나, 공공의 필요 혹은 기본권의 보장을 위해 필요한 경우 등에 변경될 수 있다. 법원은 사회 여건의 변화에 비추어 Common law를 발전시켜야 하는 권리와 의무가 있으며, 선례 구속의 원칙(stare decisis)이나 Common law의 효력을 일반적으로 존중하도록 하는 헌법이나 법률 조항으로 인해 이러한 의무가 면제되는 것은 아니다.[19] 따라서 법원은 합리와 논리에 의해 뒷받침되지 않는 초기 Common law의 원칙에 의해 구속되어서는 안 된다.[20] Common law의 원칙을 적용하는 것이 부당한 결과를 야기하지 않도록 당대의 여건과 필요가 변경되지는 않았는지에 대한 면밀한 검토가 Common law의 본질상 요구되는 것이며, 만약 원칙이 현재의 여건에 부합하지 않거나 불합리한 것으로 판단되는 경우 이는 폐기되어야 하고 그러한 여건과 정의에 대한 요구에 부응하는 원칙이 선언되어야 한다.[21]

   의회 역시 Common law에 따른 권리 및 구제 수단 등을 변경 또는 폐지할 수 있는 권한이 있다. 주 또한 헌법을 통해 Common law를 대체 또는 폐지할 수 있다.[22] 나아가 주는 연방 헌법 또는 그 주의 헌법에 의해 금지되지 않는 한, 입법행위(legislative act)를 통해 Common law의 규칙들을 변경 또는 폐지할 수 있다.[23] 헌법

---

14) Florida Trailer & Equipment Co. *v.* Deal, 284 F.2d 567, 94 A.L.R.2d 638 (5th Cir. 1960).
15) Becker *v.* Mayo Foundation, 737 N.W.2d 200 (Minn. 2007).
16) Hensley *v.* Montgomery County, 25 Md. App. 361, 334 A.2d 542, 94 A.L.R.3d 1148 (1975).
17) 15A Am. Jur. 2d Common Law § 3.
18) Gray *v.* State, 310 Ga. 259, 850 S.E.2d 36 (2020).
19) 15A Am. Jur. 2d Common Law § 14.
20) Cowgill *v.* Boock, 189 Or. 282, 218 P.2d 445, 19 A.L.R.2d 405 (1950).
21) Missouri Pac. Transp. Co. *v.* Miller, 227 Ark. 351, 299 S.W.2d 41 (1957); Mitchell *v.* State, 179 Miss. 814, 176 So. 743, 121 A.L.R. 258 (1937); State *v.* Esser, 16 Wis. 2d 567, 115 N.W.2d 505 (1962); Stone *v.* Thompson, 428 S.C. 79, 833 S.E.2d 266 (2019).
22) U.S. *v.* Harrison County, Miss., 399 F.2d 485 (5th Cir. 1968).

상의 입법권 부여는 Common law를 변경할 권한을 내포하는 것으로,[24] 예를 들어, 주는 입법으로 과거에는 존재하지 않았던 의무 및 책임을 창설함으로써 Common law를 변경할 수도 있다.[25] 입법자는 쟁점효나 기판력(collateral estoppel and res judicata)과 같은 법원이 창설한 Common law의 적용을 제한하거나 금지할 수도 있다.[26] 또한 입법자는 헌법이 허용하는 범위 내에서 Common law에 기초한 청구의 원인을 변경하거나 폐지할 수 있으며,[27] Common law에 근거한 불법행위 관련 청구에 있어 구제 수단을 제한하는 방식의 변경이나 폐지를 할 수도 있다.[28]

　　한편, Common law 원칙들은, 그 원칙들이 미국 통일상법전(UCC)의 특정 조항에 의해 대체되는 경우가 아닌 한, 통일상법전을 보충하는 역할을 한다.[29] 따라서 미국 통일상법전의 규정이 당사자들의 권리 및 구제 수단 등을 구체적으로 규정하는 경우, 이는 이와 유사한 Common law의 원칙을 대체한다.[30] Common law의 원칙들을 대체하기 위해 대체되는 원칙들에 대한 명확하고 명시적인 언급이 요구되는 것은 아니며, 미국 통일상법전의 내용과 Common law의 내용이 어떠한 방식으로든 상충하면 Common law는 대체되는 것이다.[31]

4. 우리 법과의 비교

　　판결로부터 도출되는 법원리들을 보통법이라는 법원(法源)으로 삼고 있는 미국법과 달리, 우리나라는 대륙법계에 속하는 국가로서 국회가 제정한 법을 1차적 법원(source of law)으로 고려하는 성문법주의를 취하고 있다. 민법 제1조는 "민사에 관하여 법률에 규정이 없으면 관습법에 의하고 관습법이 없으면 조리에 의한다."고 규정

---

23) 15A Am. Jur. 2d Common Law § 16.
24) Dill *v.* State, 24 Md. App. 695, 332 A.2d 690 (1975).
25) 15A Am. Jur. 2d Common Law § 16.
26) Smith *v.* Guest, 16 A.3d 920 (Del. 2011).
27) Seisinger *v.* Siebel, 220 Ariz. 85, 203 P.3d 483 (2009).
28) Zdrojewski *v.* Murphy, 254 Mich. App. 50, 657 N.W.2d 721 (2002).
29) 15A Am. Jur. 2d Common Law § 17.
30) Gossels *v.* Fleet Nat. Bank, 453 Mass. 366, 902 N.E.2d 370, 68 U.C.C. Rep. Serv. 2d 217 (2009); Mandolfo *v.* Mandolfo, 281 Neb. 443, 796 N.W.2d 603, 74 U.C.C. Rep. Serv. 2d 547 (2011).
31) ETC Intrastate Procurement Company, LLC *v.* JSW Steel (USA), Inc., 620 S.W.3d 168, 104 U.C.C. Rep. Serv. 2d 462 (Tex. App. Houston 14th Dist. 2021). 미국 통일상법전이 적용되는 경우, 법원은 미국 통일상법전과 상충되는 common law 원칙들은 고려하지 않는다고 판시한 사안.

하여 민사의 법원으로 법률, 관습법 및 조리를 열거하고 있다. 판례의 법원성에 대해서는 정함이 없는데, 상급심의 재판은 당해 사건에 관하여는 하급심 법원을 기속하지만(법원조직법 제8조), 그 외에 일반적으로 하급심 법원이나 일반 국민에 대하여 기속력을 가지지는 않는 점, 판례가 구속력을 가진다고 하는 경우에도 엄밀히 말한다면 판례 그 자체가 구속력을 가지는 것이 아니라 판례가 해석하거나 또는 판례에 의하여 보충된 법규범이 구속을 가지는 것이라는 점 등을 근거로 판례의 법원성을 부정하는 것이 통설적인 견해이다.[32]

---

32) 편집대표 김용덕, 주석 민법총칙(I), 한국사법행정학회(2019), 93 이하 참조.

Condition
조건

공영진

1. 개 념

계약법에서 Condition은 장래 발생이 불확실한 사건으로, 그 사건이 발생하지 않는 것이 면제되지 않는 한 계약이 이행기에 도달하기 전에 반드시 발생해야 하는 사건을 말한다.[1] 이처럼 계약의 당사자들은 계약상 권리 또는 의무가 어떠한 사건이 발생 혹은 발생하지 않음에 따라 이행기에 도달하는 것으로 합의할 수 있다. 계약에서 Condition이 된 사건이 발생하지 않았다면, 계약상 의무는 이행기에 도래하지 않고 이를 강제할 수 없게 된다.[2]

2. 배 경

Common law에서 쌍무계약상 의무는 독립적인 것으로 파악되었다. 가령 매매계약의 매도인은 실제로 매매 목적물을 인도하지 않았더라도 대금의 지급을 구할 수 있었고, 매수인은 목적물이 인도되지 않았음을 이유로 대금 지급을 거절할 수 없었다. 1773년에 이르러서 쌍무계약에 대한 이러한 이해는 수정되었다. 쌍무계약에서 계약상 의무는 상호의존적인 것으로 파악되었고, 하나의 소송에서 상대방의 계약상 의무 이행을 Condition으로 주장하여 항변할 수 있게 되었다.[3]

Condition의 기능은 다음과 같다. Condition은 채무자가 Condition이 된 사건이 발생하지 않았을 때의 위험을 채권자에게 부담시키거나, 채권자를 Condition으로 된 사건이 발생하도록 협조하게 할 목적으로 부가된다.[4] 채무자는 소송상 계약의 이행

---

1) Restatement (Second) of Contracts §224 (1981).
2) 17A Am Jur 2d Contracts §443 (1991).
3) Howard O. Hunter, Modern Law of Contracts §10:2. Common law origins of conditions, Thomson Reuters (2021).

을 청구받는 경우 의무 이행에 Condition이 존재하고, Condition이 성취되지 않았다고 주장함으로써 계약상 의무를 즉시 이행하지 않을 수 있게 된다. 이처럼 이행 의무를 제한·소멸시킨다는 점에서 Condition은 약속을 수정하는 기능(promise modifier)[5]을 수행한다.

3. 내 용

Condition은 계약상 의무 이행에 단서로 붙은 발생이 불확실한 사건을 말한다. 약속은 Condition이 성취되지 않으면 이행기가 도래하지 않으나, Condition의 성취에도 불구하고 약속이 지켜지지 않으면 계약위반이 된다. Condition이 되는 사건은 장래 발생이 불확실한 사건이라는 특징을 가져야 한다. 가령 배가 돌아오면 돈을 지급하겠다는 계약에서 배가 돌아오는 사건은 불확실한 사건이므로 Condition이 될 수 있다. 반대로 기간의 도과와 같이 장래 발생이 확실한 사건이라면 Condition이 아니다. 가령 30일이 지나면, 1천 불을 지급하겠다는 약정에서 30일이 경과하는 것은 Condition이 아니다.[6]

Condition은 양 당사자 사이에 어떤 사건이 발생하여야만 이행 의무가 생긴다고 정하는 경우에 성립하고, 계약상 특정한 용어를 사용해야만 하는 것은 아니다. 당사자가 어떤 사건을 Condition으로 하였는지는 계약의 해석을 통해 정해질 수 있다. 만약 계약상 용어가 Condition에 해당하는지가 불분명하다면 일반적으로는 Condition이 아닌 것으로 해석하는 것이 선호된다.[7] 가령 하도급업자 Modern Air Conditioning, Inc.가 콘도 건설의 수급인 Peacock Construction Co.를 상대로 공사대금의 지급을 구하자, 수급인이 콘도 소유자로부터 완전한 공사대금을 지급받는 것이 공사대금 지급의 Condition이라고 주장하였으나 법원은 계약의 해석상 콘도 소유자로부터 Peacock Construction Co.가 공사대금을 지급받는 것이 Modern Air Conditioning, Inc.에 대한 공사대금 지급의 선행조건(condition precedent)에 해당하지 않는다고 판시한 바 있다.[8]

---

4) Restatement (Second) of Contracts 9 5 Intro. Note (1981).
5) 명순구, 미국계약법입문, 박영사(2004), 140.
6) Restatement (Second) of Contracts § 224 (1981).
7) 17A Am Jur 2d Contracts § 445 (1991).
8) Peacock Construction Co. *v.* Modern Air Conditioning, Inc., 353 So. 2d 840 (Fla. 1977)(계약의 해석은 사실인정의 문제라기보다는 법률문제고, 대부분의 계약에서 하도급업자는 소유자의 지급 실패라는 위험을 지지 않을 것이기 때문에, 소유자의 일반 계약업자에 대한 대금 지급을 계약상 condition precedent로 해석할 수 없다고 본 사안).

Condition에는 두 가지 유형이 있다. 선행조건(condition precedent)과 후행조건 (condition subsequent)이 그것이다. 먼저 선행조건이란 Condition이 된 사건이 반드시 이행기 전에 발생하여야 하는 것을 말한다.[9] 선행조건에서는 Condition이 된 사건이 발생하면 계약상 의무를 이행하여야 한다. 반면 후행조건이란 Condition이 된 사건이 발생하는 경우 의무가 발생하지 않게 되는 Condition을 말한다. 예를 들면 정해진 시간 내에 행위를 개시하지 못하는 사건이 발생하는 경우 계약상 의무가 사라지도록 정할 수 있는데. 이러한 Condition을 후행조건이라 한다.[10] Restatement (second) of contracts에서는 이러한 후행조건을 Condition으로 다루지 않고 계약의 종료 (termination) 문제로 다룬다.

Condition은 당사자의 의사에 의하여 설정되고, 계약상 어느 조항이 Condition이 되었는지 여부는 계약 해석의 문제이므로 당사자가 어떠한 사건을 condition으로 삼았는지는 계약상 문언을 기초로 하여 제반 사정을 모두 고려하여 해석한다.[11] 당사자가 계약상 권리와 의무의 결정에 필요한 조건(term)을 생략한 경우 법원은 제반 사정에 비추어 합리적인 조건을 보충한다. 보충된 조항이 condition에 해당하면 이를 의제조건(constructive condition)이라고 한다.[12] 법원은 계약 당사자의 의도가 어떤 사건을 Condition으로 정했다고 판단한 경우나, 당시 관습에 비추어 정의가 그러한 Condition을 요구한다고 판단하는 경우에 Condition을 구성한다.[13] 예컨대, 가맹본부가 가맹사업자의 프랜차이즈 계약상 의무 위반에 따른 손해배상 및 계약의 해소를 구하는 소를 제기한 사건에서 법원은 프랜차이즈 계약이 가맹사업자의 계약상 의무 위반 시 가맹본부의 계약해지 등에 대한 권리는 규정하고 있는 반면, 가맹본부의 계약상 의무 위반 시 가맹사업자의 권리에 대하여는 어떠한 규정도 없는 경우, 가맹본부의 계약상 의무 이행이 가맹사업자의 가맹사업 등록비 지급 의무 등의 condition precedent가 된다고 해석하여 가맹본부의 청구를 기각시킨 판례가 있다.[14][15]

---

9) 17A Am Jur 2d Contracts §447 (1991).

10) Restatement (Second) of Contracts §224 (1981).

11) 17A Am Jur 2d Contracts §449 (1991).

12) Restatement (Second) of Contracts §226 (1981).

13) Arthur L. Corbin, "Conditions in the law of contract", 28 Yale L. J. 739 (1919), 3 (Corbin 교수는 해석과 구성(construction)은 논리적으로 다른 개념이지만, 해석의 외관으로 구성이 이루어지는 예도 있고 현실에서는 해석과 구성은 중첩적으로 이루어지는 경우가 있다고 본다).

14) United Campgrounds, U.S.A. *v.* Stevenson, 175 Mont. 17, 571 P.2d 1161 (1977)(가맹본부의 계약상 의무 이행을 condition precedent로 하지 않으면 가맹사업자는 가맹본부의 계약상 의무 위반에 대한 어떠한 적절한 구제 수단도 갖지 못하게 되어 부당하다는 이유로, 가맹본부의 계약상 의무 이행이 가맹 사업자의 계약상 의무 이행의 condition precedent가 된다고 해석하여 판시한 사안).

계약상 Condition이 성취되지 않으면 그 Condition의 성취가 면제되지 않는 한 Condition이 붙어있는 계약상 의무 이행을 강제할 수 없다. 그런데 Condition의 성취가 면제되지 않더라도 Condition 발생이 불가능하게 되거나 일정 기간 내에 Condition이 된 사건이 발생하지 않으면 당사자의 의무는 면제된다.[16] 또한, 당사자에게 책임 없는 사유로 Condition이 성취될 수 없게 되었다면, 당사자는 의무로부터 면제되고, 어떠한 책임도 발생하지 않게 된다.[17] 이때 어느 정도의 기간 동안 Condition이 발생하지 않으면 의무로부터 해방되는지는 당사자가 약정으로 정할 수도 있고, 법원이 보충할 수도 있다.[18] 만약 Condition의 미성취가 불균형한 몰취[19]를 가져오는 경우, Condition의 성취가 합의의 중요한 부분이 아닌 한, Condition의 성취를 면제할 수 있다. 자기 책임하에 체결된 계약에서 몰취의 발생은 계약 당사자가 용인해야 하는 것이 원칙이나, 그 결과가 불균형하다고 평가되는 경우 Condition의 성취를 면제할 수 있다.[20] 이 외에도 상대방이 Condition의 성취를 방해한 경우, 사전적으로 이행을 거절한 경우, Condition 성취가 불가능한 경우에 Condition이 면제된다.[21]

미국 계약법에서 Condition precedent 중 하나로 동시적 조건(concurrent condition)이 있다. concurrent condition은 일방 당사자의 의무 이행이 다른 당사자의 의무의 Condition이 되는 경우를 말한다. 따라서 일방 당사자의 의무는 다른 당사자의 의무를 촉발하고, 양 당사자는 계약상 의무를 동시 이행하게 된다.[22]

4. 우리 법과의 비교

우리 민법에도 조건 개념이 존재한다(민법 제147조 이하). 장래 불확실한 사실의 성부에 의존하게 하는 법률행위의 부관을 조건이라 하는데, 이는 반드시 실현되는

---

15) 위 판례에서 가맹본부인 United Campgrounds는 가맹 사업자 Stevenson에게 그의 사업을 도울 고문을 파견할 의무, United의 트레이드마크가 있는 광고물 등을 제공할 의무, campground 운영에 필요한 교육을 제공할 의무 등이 있으나 이러한 계약상 의무를 이행하지 않았으며, 이러한 의무의 이행이 가맹사업 등록비 지급 의무의 condition precedent에 해당한다고 보았다.
16) Restatement (Second) of Contracts § 225 (1981)
17) 17A Am Jur 2d Contracts § 450 (1991).
18) Restatement (Second) of Contracts § 225 (1981).
19) 채무자의 계약상 의무 이행의 condition이 성취되지 않는 경우 채권자는 이미 채무자의 계약상 의무 이행을 기대하고 준비하는 등 비용을 지출하였으나 채무자의 의무 이행을 기대할 수 없어 손실을 보게 되는 경우가 있는데 이를 몰취라 한다.
20) Restatement (Second) of Contracts § 227, § 229 (1981).
21) Restatement (Second) of Contracts § 225 (1981).
22) 17A Am Jur 2d Contracts § 451 (1991).

사건을 말하는 기한과 구별된다. 판례에서도 "조건은 법률행위 효력의 발생 또는 소멸을 장래의 불확실한 사실의 성부에 의존하게 하는 법률행위의 부관이다. 반면 장래의 사실이더라도 그것이 장래 반드시 실현되는 사실이면 실현되는 시기가 비록 확정되지 않더라도 이는 기한으로 보아야 하며, 부관에 표시된 사실이 발생하지 않으면 채무를 이행하지 않아도 된다고 보는 것이 합리적인 경우에는 조건으로 보아야 한다."라고 판시하였다.[23] 이는 미국 계약법에서 Condition을 장래 불확실한 사건으로, Condition이 성취되지 않는 경우 채무가 이행기에 도래하지 않는다고 본 것과 상당히 유사하다.

　　민법상 조건의 종류는 정지조건과 해제조건이 있는데, 정지조건이란 조건이 성취되는 경우 법률행위의 효력이 발생하는 조건을 말하고 해제조건이란 조건이 성취되는 경우 법률행위의 효력이 소멸하는 조건을 말한다(민법 제147조). 미국 계약법의 Condition precedent는 Condition의 성취에 의하여 법률상 의무를 강제할 수 있게 한다는 점에서 우리 민법의 정지조건과 대응된다. 하지만 미국 계약법에서는 우리 민법상 동시이행 관계에 해당하는 Condition concurrent는 Condition precedent에 포함되며, Condition이 법률행위의 부관 역할뿐만 아니라 견련성의 역할을 수행한다.[24] Condition subsequent는 Condition의 성취에 의하여 법률상 의무가 소멸하게 하는 Condition이라는 점에서 우리 민법상 해제조건과 대응된다.

　　우리 민법에서는 쌍무계약에서 이행상의 견련성이 인정되는 경우 동시이행관계에 있다고 볼 뿐 이를 조건으로 포섭하지 않는다(민법 제536조). 미국 계약법에서는 Condition이 쌍무계약상 견련성의 역할을 수행하며,[25] 의무의 이행이 상대방의 의무 이행을 Condition으로 하는 동시적 조건(concurrenct condition)도 Condition으로 본다. Concurrent condition이 있는 계약에서 계약 당사자는 상대방으로부터 반대급부를 받을 때까지 급부를 거절할 항변권을 가지므로, concurrent condition은 우리 민법상 동시이행 항변권과 유사한 기능을 하는 것이다.[26] 하지만, 미국 계약법에서 Condition은 우리 민법상 선이행의무, 동시이행 의무, 정지조건 등을 모두 포괄하는 개념으로 우리 민법상 동시이행 항변권과 동일한 것은 아니다.

　　미국 계약법에서는 제반 사정에 비추어 계약을 해석해 합리적인 계약 조항을 보

---

23) 대법원 2018. 6. 28. 선고 2018다201702 판결.
24) 김영희, "미국 계약법상 동시이행 원칙", 재산법연구 제32권 제2호(2015. 8.), 216.
25) 콘라트 츠바이게르트(양창수 옮김), 비교사법제도론, 대광문화사(1998), 332.
26) 김용담 편집대표, 주석민법: 채권각칙(I), 한국사법행정학회(2016), 345.

충하는 방식으로 constructive condition을 구성하는 경우도 있다. 우리 민법은 이른바 불안의 항변권을 규정하여 당사자 일방이 상대방에게 먼저 이행하여야 하는 경우 상대방의 이행이 곤란할 현저한 사유가 있는 경우에는 동시이행관계를 인정한다(민법 제536조 제2항). 판례는 제반 사정에 비추어 당사자 일방에게 당초 계약 내용에 따른 선이행 의무를 지게 하는 것이 공평과 신의칙에 반하는 경우에는 계약상 의무는 동시이행 관계에 있다고 본다.[27] 이처럼 쌍방의 의무 이행을 동시이행관계로 두기로 한 당사자간 약정이 없으나 형평에 비추어 동시이행관계를 인정한 판결례들은 정지조건을 구성한 것은 아니지만 미국 판례에서 계약 해석을 통해 Condition precedent 를 구성한 것과 유사하다.

---

27) 대법원 2012. 3. 29. 선고 2011다93025 판결.

Consequential Damages
결과적 손해

박정현

1. 개 념

미국법상 결과적 손해(Consequential damages)는 손해배상 가운데 가해행위로부터 직접적이고 즉각적으로 도출되지는 않고, 간접적으로 도출되는 손해에 대한 손해배상을 의미하며 간접 손해(indirect damages), 또는 특정한 잘못된 상황에서부터 야기되었다는 의미에서 특별 손해(special damages)로 일컬어지기도 한다(이하 일괄하여 Consequential damages라 한다).[1] 이와 같은 손해 역시 적절하게 청구될 경우 손해배상의 범위에 포함될 수 있다.[2] 이는 계약법에서 가해행위로부터 자연스럽게 도출되는 손해를 의미하는 직접 손해(direct damage) 또는 통상손해(general damages)[3]와 대비되는 개념이다.

Consequential damages는 실제 경제적 피해나 금전적 손실에 국한되지만, 배심원들에게는 이를 인정하는 데 있어 광범위한 자유가 주어져 있다.[4]

2. 배 경

미국법상 전보배상(compensatory damages)은 채무불이행 또는 불법행위에서 가해자의 가해행위로 인하여 피해자가 입은 구체적인 손해를 배상하는 것을 목적으로 한다.[5] 피해자는 유형적 손해뿐만 아니라 평판 및 신용 손해와 같은 무형의 손해에 대해서도 배상을 받을 수 있지만,[6] 손해배상을 구하기 위해서는 법적인 손해가 실제

---

1) Black's Law Dictionary (11th ed. 2019).
2) 22 Am. Jur. 2d Damags §43.
3) 25 C.J.S. Damages §31; 22 Am. Jur. 2d Damags §43.
4) 22 Am. Jur. 2d Damags §43.
5) 22 Am. Jur. 2d Damags §24.
6) 25 C.J.S. Damages §13.

로 발생하였음을 증명하여야 한다.[7]

　계약법과 불법행위법 모두에서 1차적인 배상 대상은 통상손해(general damages)이다.[8] Consequential damages를 배상받기 위해서는 추가적인 청구 및 증명이 필요하기 때문에[9] 양자의 구별이 문제되는 상황이 발생한다.

3. 내 용

　계약법과 불법행위법의 맥락에서 Consequential damages에 대한 법리들을 살펴본다.

　계약위반으로 인한 손해배상에 대해서는 Hadley v. Baxendale 사건[10]이 리딩 케이스이다. 이 사건에서 손해배상에서의 예견가능성(foreseeability) 또는 소원성(remoteness) 개념이 명시적으로 받아들여졌다. 제분업자인 Hadley는 공장에 한 대밖에 없는 제분기의 크랭크축이 파손되자 새로운 크랭크축을 주문하였고, 운송업자인 Baxendale과 운송계약을 체결하였는데, Baxendale의 태만으로 인해 크랭크축 배달이 지연되었다. Hadley는 Baxendale을 상대로 배달 지연이 없었더라면 얻을 수 있었을 이익의 배상을 청구하였다. 위 사건에서 항소법원은 "계약위반을 이유로 받아야 할 손해배상액은, ① 그 계약위반 자체로부터 자연히, 즉 사물의 통상의 경과에 따라(naturally, i.e., according to the usual course of things) 발생한 것이라고 공정하게 그리고 합리적으로 생각될 수 있는 손해이거나, ② 계약 체결 시점에 계약위반의 개연적인 결과(probable result)로 양 당사자가 예견하였다고 합리적으로 추단될 수 있는 손해이어야 한다"는 법리를 제시한 후, 일반적으로 크랭크축이 조달되기까지 제분공장 가동이 정지되지 않으므로 청구된 손해가 통상적인 경과에 따라 발생하는 손해가 아니고, Hadley가 Baxendale에게 손해가 발생할 것이라는 사정을 통지하지도 않았다는 이유로 Hadley의 청구를 기각하였다.

　계약위반으로 인한 Consequential damages는 그것이 계약위반으로 인해 발생할 수 있는 특정한 손해로서 양 당사자에 의해 계약 체결 당시에 고려되었을 경우에만 배상의 대상이 될 수 있다.[11] 채무불이행 당사자가 계약위반을 야기한 특별한 사정

---

7) 25 C.J.S. Damages § 13.
8) 25 C.J.S. Damages § 31, 34.
9) 22 Am. Jur. 2d Damags § 41.
10) 9 Ex. 341, 156 Eng. Rep. 145 (1854).
11) 25 C.J.S. Damages § 31.

을 계약 체결 당시에 알고 있었을 경우, 그러한 사정으로 인한 Consequential dam-ages는 당사자의 고려 범위 내에 있었던 것으로서 손해배상의 대상이 된다.[12] 이와 달리 계약 체결 당시에 채무불이행 당사자가 특별한 상황을 인식하고 있었다는 증거가 없는 경우, 통상손해만이 배상될 수 있을 뿐이다.[13]

계약위반을 원인으로 한 손해배상에서 손해는 '상대방의 이행의 가치'에 의한 것인지, 의무 위반에 따른 '결과적 손실'에 의한 것인지에 따라 다르게 계산된다. 전자는 일반적인 손해배상 청구로 약정 가격과 위반 당시의 공정시장가치의 차이에 의해 계산된다. 후자의 청구는 Consequential damages에 대한 청구로 계약 체결 당시 양 당사자가 합리적으로 고려했을 수 있는 손실로 계산된다.[14]

불법행위법에서 가해자는 그의 위법행위로 인하여 자연스럽게 발생하거나, 발생할 가능성이 있는 모든 손해에 대해 책임을 지는 것이 원칙이고, 그러한 책임은 위법행위로 인하여 야기될 가능성이 있는 것으로 일반적 경험에 의해 인정되는 손해에까지 인정된다.[15] 가령, 상해 사건에서의 일반적인 손해에는 일실수입이나 병원비와 같은 계량화할 수 있는 손해 이외에도 육체적, 심리적 고통을 비롯하여 불편함, 즐거움의 상실과 같이 화폐 단위로 측정할 수 없는 손해들 역시 포함된다.[16] 한편, 위와 같은 명제의 역 역시 성립한다. 즉, 가해자는 그의 가해행위와 거리가 멀고(remote), 우발적이며(contingent), 추측적인(speculative) 손해에 대해 배상책임을 지지 않는다.[17]

앞서 본 Hadley v. Baxendale 사건의 Consequential damages에 대한 법리가 불법행위 손해배상에도 적용된다고 명시한 판례는 존재하지 않는다.[18] 미국에서 예상치 못한 결과에 대한 불법행위자의 배상책임에 대해서는 견해가 나뉜다. 고의 또는 악의로 인한 가해행위(willful or wanton wrongs)에 해당하지 않는 경우, 불법행위자가 불법행위시에 고려했었거나 고려하여야 했던 것으로 일반적 경험에 따라 합리적으로 기대할 수 있는 범위에서만 책임을 진다는 견해가 있다.[19] 이와 달리, 계약법에서 손해배상을 제한하는 원칙이 불법행위법에서는 적용되지 않으며, 불법행위자가 예

---

12) 25 C.J.S. Damages § 31.
13) 25 C.J.S. Damages § 31.
14) 22 Am. Jur. 2d Damags § 44.
15) 25 C.J.S. Damages § 34.
16) 22 Am. Jur. 2d Damags § 46.
17) 22 Am. Jur. 2d Damags § 46.
18) 이우영, "영미 불법행위법상의 예견가능성 법리", 서울대학교 법학 통권 제49권 제3호(2008), 289 − 295.
19) 25 C.J.S. Damages § 35.

상하지 못했다고 하더라도 가해행위로 인하여 자연스럽게 발생하거나, 발생할 수 있
는 모든 결과에 대해 책임을 져야 한다는 견해 역시 존재한다.[20] 그러나 오늘날 미국
법원은 Hadley *v.* Baxendale 사건의 법리를 불법행위에도 실질적으로 적용하는 경향
을 보이고 있다.[21]

4. 우리 법과의 비교

우리 민법 제393조에서는 채무불이행으로 인한 손해배상은 통상의 손해를 그 한
도로 하고, 특별한 사정으로 인한 손해는 채무자가 그 사정을 알았거나 알 수 있었을
때에 한하여 배상 책임이 있는 것으로 정하고 있다. 이때 통상의 손해는 특별한 사정
이 없는 한 그 종류의 채무불이행이 있으면 사회일반의 거래관념 또는 사회일반의
경험칙에 비추어 통상 발생하는 것으로 생각되는 범위의 손해를 말하고, 특별한 사
정으로 인한 손해는 당사자들의 개별적, 구체적 사정에 따른 손해를 말한다.[22] 민법
제763조에서는 제393조를 불법행위 손해배상에 준용하고 있으므로, 계약법과 불법
행위법은 동일하게 규율된다.

판례는 "채무불이행으로 인한 손해배상의 범위를 정할 때에는 채무불이행과 손
해 사이에 자연적 또는 사실적 인과관계가 존재하는 것만으로는 부족하고 이념적 또
는 법률적 인과관계, 즉 상당인과관계가 있어야 한다."고 하여[23] 원칙적으로 상당인
과관계설의 입장을 취하고 있다. 그러나 우리 판례 역시 통상손해와 특별손해의 구
별을 전제로 하여 특별손해의 경우 채무자가 알았거나 알 수 있었는지 여부에 따라
배상범위를 판정한다.[24]

미국법상의 Consequential damages는 우리 민법 제393조 제2항의 '특별한 사정
으로 인한 손해', 즉 특별손해에 대응하는 것으로 볼 수 있다. 미국법에서는 특별손해
의 인식 주체를 '양 당사자'로 보고 있는 데 비해, 우리 민법에서는 특별손해의 인식
주체를 '채무자'로 명시하고 있다. 또한 미국법에서는 특별손해의 인식 시점을 '계약

---

20) 25 C.J.S. Damages § 35.
21) 이우영, 전게 논문, 304-306.
22) 대법원 2008. 12. 24. 선고 2006다25745 판결, 대법원 2014. 2. 27. 선고 2013다66904 판결 등
    참조.
23) 대법원 2012. 1. 27. 선고 2010다81315 판결.
24) 통상손해에 관한 대법원 1966. 5. 3. 선고 66다503 판결, 대법원 2004. 3. 18. 선고 2001다
    82507 전원합의체 판결. 특별손해에 관한 대법원 1967. 5. 30. 선고 67다466 판결, 대법원
    1992. 8. 14. 선고 92다2028 판결.

체결 시'로 보고 있는 데 비해, 우리의 판례는 '채무의 이행기 내지 채무불이행시'로 보고 있다.[25] 따라서 계약 체결 이후 이행기까지 채무자가 특별손해를 인식한 경우, 미국법에서는 손해배상책임이 인정되지 않지만, 우리 법에서는 책임이 인정될 것이다.

앞서 본 논의들은 불법행위의 국면에서도 유사하게 적용된다. 우리 법상 불법행위에서의 직접손해와 간접손해의 개념은 침해의 대상(목적물)을 기준으로 하거나, 피해의 주체를 기준으로 하는 등 여러 가지로 설명되고 있는데,[26] 가해자가 그 사정을 알거나 알 수 있었을 것이라고 인정되는 경우에만 배상책임이 인정된다는 점에서는[27] 미국법과 유사하다.

---

25) 대법원 1980. 5. 13. 선고 80다130 판결; 대법원 1985. 9. 10. 선고 84다카1532 판결.
26) 김용담 편집대표, 주석민법 채권각칙(6)(제4판), 한국사법행정학회(2016), 250-251(이연갑 집필 부분).
27) 대법원 1997. 10. 10. 선고 96다52311 판결.

Consideration
약인

공영진

1. 개 념

　미국법상 계약은 충분한 Consideration이 없으면 강제할 수 없다. 이때 Con-
sideration이란 어떤 약속과 교환하여 약속자가 얻는 이익 또는 약속의 상대방
(promisee)에게 발생하는 손해를 의미한다.[1] 오늘날에는 이익 또는 손해라는 기준보
다는 약속과 관련하여 교환거래되어야 한다는 기준으로 Consideration의 존재 여부
를 판단한다.[2] Consideration은 약속에 구속력을 부여하려면 서로 주고받는 것이 있
어야 함을 의미하고, 반대 약속과 그 이행도 Consideration이 될 수 있다.[3] 이처럼
Consideration은 단순한 선물과 계약을 구별하게 해주는 역할을 수행한다.[4]

2. 배 경

　영국의 소송제도는 합의된 바의 강제이행을 구하는 것에 친숙하지 않았다. 다만
약속이 합의된 대로 이행되지 아니한 결과 재산, 신체, 생명에 침해가 발생한 경우
trespass 소송을 이용하여 그 침해를 구제받는 것이 널리 활용되었다. Trespass 소송
중 어떤 일을 하기로 인수(assumpsit)하였음에도 그 일을 하지 않았음을 이유로 손해
배상을 구하는 유형을 assumpsit 소송이라고 하였는데, 영국에서는 assumpsit 소송이
허용되는 범위를 제한하고자 하였다. 영국의 법률가들은 모든 약속에 대하여 의무이
행을 소구할 수는 없고, 약속에 따라 자신의 의무이행이나 출연행위가 있는 경우에

---

[1] 엄동섭, 미국계약법 I, 법영사(2010), 53; Currie v, Misa [1875] LR 10 Ex 153.
[2] 김선국, "영미법상의 약인이론에 관한 연구", 경영법률 2권(1988), 211; Restatement (Second)
　　of Contracts §71, §79.
[3] 엄동섭, 전게서, 54.
[4] 17A Am. Jur. 2d Contracts §101 (1991).

만 의무이행을 소구할 수 있다고 보았다. 이러한 assumpsit 소송의 제기 요건이 Consideration의 기원이다.[5]

　　Assumpsit 소송은 17세기 초반 영국에서 그 범위가 점차 확대되어 원고가 반대급부를 이행하지 않은 경우에도 피고가 약속을 이행하지 않은 경우에는 그 손해배상을 구하는 것이 허용되었다.[6] 미국 계약법도 이러한 영향 아래에서 Consideration을 강제 가능한 계약의 요건으로 본다. 그러나 Consideration을 약속자의 이익, 약속 상대방의 손해로 파악하는 법리는 점차 흔들리게 되었고, 19세기에 이르러서는 Consideration이 대가로서 교환거래되어야 한다는 법리가 정착되었다.[7] 미국의 법률가들은 당사자 사이의 합의를 강조하는 의사주의의 영향 아래에서 청약과 승낙을 중심으로 계약 체결을 설명하게 되었고 Consideration의 모습은 변화하게 된다.[8] Consideration은 진지한 약속은 반대급부를 고려해서만 이루어지므로, 진지성이 없는 약속은 소구 가능성을 부인하는 것이 타당하다는 사상을 담고 있다.[9] 이 점에서 Consideration은 약속의 진지성에 대한 표지이다.

3. 내 용

　　Consideration은 계약이 법적 구속력을 갖기 위한 요건 중 하나이다. 약속에 대하여 교환거래된 것이 있다면 Consideration을 구성하고 약속 이외의 작위, 부작위, 법률관계의 창설, 변경 또는 해소 또는 반대 약속도 Consideration이 될 수 있다.[10] Consideration에서 약속자에 대한 이익, 약속의 상대방에 대한 손해는 법률적 의미에서의 이익 또는 손해를 말하고 실제로 당사자가 물질적·금전적으로 이익 또는 손해를 입었을 필요는 없다.[11] 예컨대 행동의 자유를 포기한 것은 부작위에 해당하나 법률적 손해로서 충분한 Consideration이 된다고 보았다.[12] Consideration이 충분하다

---

5) 김용담 편집대표, 주석민법: 채권각칙(I), 한국사법행정학회(2016), 45 - 48.
6) 김용담 편집대표, 전게서, 48.
7) 양명조, 미국계약법, 법문사(1996), 10 - 11.
8) 김용담 편집대표, 전게서, 49.
9) 콘라트 츠바이게르트(양창수 옮김), 비교사법제도론, 대광문화사(1998), 149.
10) Restatement (Second) of Contracts §75 (1981).
11) 17A Am. Jur. 2d Contracts §116 (1991).
12) Hamer v. Sidway, 124 N.Y. 538, 27 N.E. 256 (1891)(삼촌이 조카에게 성년이 될 때까지 음주, 흡연, 도박 등을 하지 않으면 5천 달러를 주겠다고 약속하였고 금연한 조카가 삼촌에게 5천 달러를 청구하였는데, 조카가 행동의 자유를 포기한 것은 부작위일 뿐이지만 충분한 consideration이 되고, 삼촌이 조카가 나쁜 버릇을 그만두게 하는 것이 5천 달러의 가치가 있다고 생각했다면 법적인 의미에서 아무런 이익도 얻지 못했다고 판단할 수 없어 consideration

면 이를 약속의 당사자가 주었는지, 제3자가 주었는지는 중요하지 않고 모두 Consideration으로서 유효하다.[13] 또한 Consideration은 반드시 명시적으로 드러나 있을 필요는 없고 계약 조항에서 Consideration의 존재를 추론할 수 있는 정도로도 충분하다.[14]

　　Consideration이 될 수 있는 것은 다양하다. 가령 법률상 의무 없는 행위의 이행, 정보, 도덕적 의무도 Consideration이 될 수 있다. 생명의 은인에게 정기금의 지급을 약속한 경우 이 약속은 도덕적 의무에 따른 것이지만 약속자가 물질적 이익(material benefit)을 얻은 이상 이 약속은 충분한 Consideration에 의하여 뒷받침된다.[15] 한편, 법률상 의무 없는 일의 이행이지만 Consideration이 될 수 없는 것이 있는데, 사랑과 애정이 그것이다. 가족 간의 관계에서 사랑과 애정은 의무 없는 일을 하게 하고, 상대방에게 혜택을 부여하게 하지만 이것이 강제할 수 있는 계약을 구성하지는 않는다.[16]

　　Past consideration(과거 약인)도 일반적으로 Consideration이 될 수 없다. 과거 약인이란 약속이 있기 전에 이미 이익이 주어지거나 손해가 발생한 경우를 의미한다. 이는 과거 약인이 교환거래 요건을 충족하지 못하기 때문인데, 과거 약인은 약속 당시 약속의 Consideration으로 교환된 것이 아니라 약속 이전에 이미 발생한 자연적 사실에 불과하기 때문이다.[17]

　　상호적인 약속은 각 약속에 대한 충분한 Consideration이 될 수 있다. 조건부 약속이나 취소할 수 있는 약속의 경우에도 마찬가지이다. Consideration이 될 수 있는 약속은 명시적인 경우 뿐 아니라 묵시적인 경우를 포괄하며 상호적인 약속이 충분한 Consideration이 될 수 있다는 규칙은 당사자 간에 맺을 수 있는 다양한 약속만큼 광범위하게 적용된다.[18] 약속이 Consideration이 되려면 약속이 적법하고 확정되어 있

의 존재를 인정한 사안).

13) 17A Am. Jur. 2d Contracts § 112 (1991).

14) 17A Am. Jur. 2d Contracts § 109 (1991); Lucht's Concrete Pumping, Inc. *v.* Horner, 255 P.3d 1058 Colo. (2011)(고용인이 경업금지계약위반으로 피고용인 및 새로운 고용인을 상대로 소를 제기하였는데, 명시적인 consideration은 없으나 고용인의 피고용인이 경업금지 약정을 체결한 이후에도 계속 고용한 것은 고용인의 법률상 권리 행사를 자제한 것이고, 적절한 consideration이 된다고 보아 약정을 강제할 수 있다고 판시한 사안); Lake Land Employment Group of Akron, LLC *v.* Columber, 101 ohio st.3d 242, 804 N.E. 2d 27. (2004)(마찬가지로 경업금지 약정이 충분한 약인(Sufficient Consideration)에 의하여 지지된다고 본 사안).

15) Webb *v.* McGowin, 27 Ala. App. 82, 168 So. 196 (Ala. Ct. App. 1935).

16) 17A Am. Jur. 2d Contracts § 119. (1991).

17) 명순구, 미국계약법입문, 법문사(2004), 65.

18) 17A Am. Jur. 2d Contracts § 123. (1991).

으며 가능하여 구속력이 있어야 한다. 약속이 법적 구속력 없이 이행 여부를 당사자가 임의로 결정할 수 있는 수의적(隨意的) 약속(illusory promise)에 불과하다면 충분한 Consideration이 될 수 없다.[19]

반면에, 당사자가 이미 법률적 의무 있는 일을 이행하도록 하는 약속은 Consideration이 될 수 없다. 이는 기왕에 의무 있는 일을 하는 것은 법률적으로 손해로 평가될 수 없기 때문이다.[20] 이를 선존의무의 원칙(pre-existing legal duty rule)이라 하는데, 계약 당사자들이 계약 성립 후에 부당하게 일방 당사자에 유리하도록 계약을 수정하는 것을 방지하기 위한 것이다.[21] 가령 이행기에 있고 다툼이 없는 채무에 대하여 이행한 것은 법률적 의무가 있었던 것이기 때문에 Consideration이 될 수 없다. 반면 이행기 전의 변제는 Consideration이 될 수 있다. 물론 기존 약속이 취소·해지된 바 없으나 원래 계약에서의 추가적인 보상 지급이 충분한 Consideration에 의해 뒷받침되었다고 인정되는 경우도 있다.[22] 이는 제반 상황에 비추어 추가 보상 약속에 대한 새로운 Consideration이 존재한다고 인정된 경우이다.

예를 들어 피고는 목공 제작자인 원고에 대하여 500개의 나무 진열대를 개당 65센트에 제작해 달라고 주문하였는데, 이후 원고가 재료비 및 임금 상승을 이유로 나무 진열대의 개당 가격을 75센트로 한 차례 인상하고, 이후 개당 가격을 85센트로 다시 인상하자 피고는 8개월간 계약을 유지하면서 원고의 가격 인상을 거부하지 않았다. 원고가 일부 나무 진열대의 인도를 마친 후 대금의 지급을 구하자, 피고는 가격을 인상하기로 한 약속이 Consideration이 없는 약속이라고 주장하며 대금의 지급을 거절하였는데, 법원은 원고가 가격 인상을 요청하고 피고가 이에 동의하였으므로 새로운 약속에 대한 Consideration이 존재하고 피고는 위 계약에 구속된다는 취지로 판시하였다.[23]

선존의무의 원칙에도 일정한 예외가 존재하는데, ① 예기치 못한 사정에 따라 계약을 수정하는 경우,[24] ② 계약 수정에 대한 신뢰가 있고, 그 신뢰가 예견 가능한 경우 ③ 미국통일상법전(Uniform Commercial Code) §2-209상 동산매매 계약을 수정하는 경우에는 Consideration이 없더라도 구속력이 인정된다.[25]

---

19) 17A Am. Jur. 2d Contracts §124. (1991).
20) 17A Am. Jur. 2d Contracts §131. (1991).
21) 명순구, 전게서, 70.
22) 17A Am. Jur. 2d Contracts §135. (1991).
23) Swartz *v.* Lieberman, 323 Mass. 109, 80 N.E.2d 5, 12 A.L.R 2d 75 (1948).
24) Restatement (Second) of Contracts §89 (a). (1981).
25) 엄동섭, 전게서, 69.

충분한 Consideration에 의해 지지되는 경우 계약은 유효하고 계약 자유의 원칙상 Consideration의 상당성에 대하여는 법원이 별도의 심사를 하지 않는다. 따라서, 그 부적절함이 현저하고, 사기로 판단되는 경우가 아니라면 불균형한 합의는 당사자 간의 문제로 본다.[26] Restatement(Second) of contracts 역시 Consideration의 존재 요건이 충족되었다면, 교환된 Consideration 간의 가치 대등 문제에 대해 판단하지 않는다고 한다.[27] 하지만 교환된 가치 사이에 현저한 불균형이 있는 경우에는 법원이 Consideration의 상당성에 대하여 조사할 수 있다.[28]

Consideration이 없지만, 대체물이 존재해 계약의 구속력이 인정되는 경우도 있다. 가령 약속적 금반언의 원칙(Promissory Estoppel)이 Consideration의 대체물이 될 수 있다. 약속적 금반언의 원칙에 의하면 약속 상대방이 약속에 따라 자신의 지위를 결정적이고 현저하게 변경하고, 이러한 약속의 상대방의 반응이 예견 가능했다면 Consideration이 없더라도 약속의 구속력이 인정된다.[29] 또한, 서면 약속, 날인증서에 의한 계약과 같이 Consideration이 없으나 그 자체 구속력이 인정되는 경우도 있다.[30]

4. 우리 법과의 비교

우리 민법에서는 법률행위의 효력 근거를 당사자의 효과의사에서 찾는다.[31] 계약도 당사자 사이 의사의 합치가 있는 경우에 성립한다. 그러나 당사자 의사를 법적 구속력의 근거로 삼는 것이 당연한 것은 아니다. 미국 계약법은 의사만으로 계약에 구속력을 부여하지 않는다. 교환거래된 Consideration이 있어야 강제 가능(enforceable)하다고 보는 것이다. 우리 민법에는 이러한 Consideration 개념은 없으나, 호의관계와 법률관계를 구별하고 있다. 이는 법률 효과의사가 있는지에 따라 판단되는데 이는 결국 법률행위 해석에 의한다.[32]

---

26) 17A Am. Jur. 2d Contracts § 163. (1991).
27) Restatement (Second) of Contracts § 79 (b). (1981).
28) 17A Am. Jur. 2d Contracts § 114 (1991).; McKinnon *v.* Benedict, 38 wis.2d 607, 157 N.W. 2d 665. (1968)(피고 Benedict가 리조트로 사용할 80에이커의 토지를 매수하고 인접 토지 소유주인 원고 McKinnon으로부터 무이자로 7개월간 5,000달러를 차입하면서 피고는 25년간 건물 증축 등을 하지 않기로 약정하였으나, 이 약정의 consideration은 피고가 이익을 얻은 7개월 분 이자 상당액 약 145달러에 불과한 데 반하여 피고는 25년간 토지의 사용에 제약을 받으므로 consideration의 부적절함이 현저(gross)하여 약정을 강제할 수 없다고 본 사안).
29) 17A Am. Jur. 2d Contracts § 108 (1991).
30) 명순구, 전게서, 83-85.
31) 편집대표 김용덕, 전게서, 34.
32) 지원림, 민법강의(제17판), 홍문사(2020), 34.

　　한편 미국 계약법에서는 Consideration이 존재하지 않은 경우에도 약속적 금반언의 원칙을 활용하여 계약의 구속력을 인정하는 사례들이 있고, 이는 계약 교섭 단계의 약속에 대하여도 적용된다. 이는 우리 판례가 교섭단계에서 계약 체결에 대한 정당한 기대 내지 신뢰를 부여하였고, 상대방이 신뢰에 따라 행동하였으나 상당한 이유 없이 계약 체결을 거부한 경우 불법행위로서 신뢰이익 배상책임이 있다고 본 경우와 유사하다.[33] 현대 미국의 계약법 이론가들은 계약구속력의 근거를 의사에서만 찾는 것이 아니라 당사자 사이의 신뢰나 사회적 관계의 관점에서 파악하는 시도를 하고 있다.[34] 계약 교섭의 부당 파기 사안에 관한 위 판례는 계약이 당사자의 의사 합치라는 한 측면뿐 아니라 신뢰라는 측면에서도 이해될 수 있음을 보여준다.

---

33) 함윤식, "계약교섭의 부당파기로 인한 책임", 민사판례연구 27(2005), 19; 대법원 2001. 6. 15. 선고 99다40418 판결.
34) 권영준, "계약법의 사상적 기초와 그 시사점 — 자율과 후견의 관점에서 — ", 저스티스 통권 제124호(2011. 6.), 177 – 178.

Contribution
구상

박윤경

1. 개 념

Contribution은 일반적으로는 기여, 공헌, 기부금, 사회보험·연금 등에 대한 정기적인 납입금 등을 뜻하는데, 미국법에서는 공동의 채무를 지는 여러 사람 중 어느 한 사람이 모두의 이익을 위해 채무를 변제하였을 때 다른 사람들로부터 비례적으로 (proportionately) 회수할 수 있는 능력을 부여하는 권리로 사용된다.[1] 특히 공동불법행위에서 자주 사용되며 어떤 불법행위자가 피해 당사자에게 자신의 부담부분보다 더 많은 금액을 지급한 경우 그 불법행위자가 다른 공동불법행위자로부터 그 범위 내에서 징수할 수 있는 권리를 말한다.[2] 여기서 Contribution은 결국 공동불법행위자 사이에 불법행위책임을 최종 배분하는 문제에 관한 것이다.[3]

Contribution과 indemnity는 유사하지만, 별개의 독립적인 구제책이다.[4] Contribution과 indemnity 모두 당사자가 자신이 잘못한 정도보다 더 크게 부당한 책임을 지지 않도록 하기 위한 시도이지만,[5] Contribution은 공동책임을 이행한 자에게 각 가해 당사자가 일정 비율의 몫을 지급하도록 하여 손실을 배분하는 것인 반면, indemnity는 법적 책임을 지는 당사자가 그들 사이에 존재하는 특별한 관계에 근거하여 전체 손실을 다른 사람에게 전가하는 것이다.[6] 양자는 상호 배타적(exclusive mutually)이어서 다른 사람에 대하여 indemnity 권리를 가진 사람은 그 사람에 대하여 Contribution을 청구할 권리가 없고, 그 사람에 대하여 Contribution의 책임을 지지

---

1) Black's Law Dictionary (11th ed. 2019).
2) Black's Law Dictionary (11th ed. 2019).
3) 권영준, "미국법상 공동불법행위자 상호간 구상관계", 민사법학 제64호(2013), 323.
4) 18 Am. Jur. 2d Contribution § 2; 18 C.J.S. Contribution § 1.
5) Sanns *v.* Butterfield Ford, 2004 UT App 203, 94 P.3d 301 (Utah Ct. App. 2004).
6) 18 C.J.S. Contribution § 1.

아니한다.[7]

2. 배 경

　　미국법은 본래 영국 보통법(common law)의 영향을 받아 불법행위자들 간에 협의된 행위(concerted action) 또는 공모(conspiracy)가 있는 경우만을 공동불법행위로 보았다. 공동불법행위자에 대하여는 피해자에게 손해 전액을 각자 배상할 책임을 지우는 연대책임(joint and several liability)[8]이 인정되며, 별도의 약정이 있는 경우를 제외하고는 공동불법행위자 상호간의 Contribution을 허용하지 않았다(구상금지 원칙, no-contribution rule).[9]

　　그런데 이후 공동불법행위가 다수의 공모 또는 고의는 없지만, 경합적 불법행위로 인하여 하나의 불가분적인 손해[10]가 발생한 경우까지 포함하는 것으로 그 인정범위가 확대되면서[11] 구상금지 원칙은 특히 과실에 의한 불법행위에서 부당하다는 비판을 받게 되었다. 결국 구상금지 원칙은 일반적으로 법률에 의해 폐지되었고,[12] 20

---

7) 18 Am. Jur. 2d Contribution § 2; Restatement Third, Torts: Apportionment of Liability § 23(c).

8) Restatement Third, Torts: Apportionment of Liability § 12는 고의의 공동불법행위자들에 대하여 연대책임(joint and several liability)을 인정하고 있다. 미국법상 연대책임은 우리와 같이 진정연대, 부진정연대 등의 구분이 없으며, 기본적으로 전원이 전액에 대하여 책임을 지되(joint), 공동으로만 책임을 지는 것이 아니라 각자 책임을 단독으로 추궁당할 수 있는(several) 다수자의 책임형식을 가리킨다. Konger v. Schillace, 875 N.E.2d 343 (Ind. Ct. App. 2007); 서울대학교 산학협력단, "공동불법행위에 대한 손해배상체계의 개선방안에 관한 연구", 법원행정처(2018), 116.

9) 구상금지 원칙은 일차적으로 '비도덕적 또는 불법적 원인으로 소권(訴權)이 발생하지 아니한다(ex turpi causa non oritur actio)'는 법언(法諺)에 근거한다. 권영준, "미국법상 공동불법행위자 상호간 구상관계", 민사법학 제64호(2013), 337-339.

10) "손해의 불가분성(indivisibility of damages)"은 공동불법행위자 각각에게 손해를 나누어 책임을 묻는 것이 불가능한 상태를 의미하는 것으로, 여러 명이 관여한 의료사고, 공해 사건, 여러 건의 화재로 인한 재산침해 등을 들 수 있다. 권영준, 전게 논문, 329-330; 손해가 하나인지 여럿인지, 가분인지 불가분인지에 관한 전통적인 기준은 Restatement Second, Torts § 433A에서 찾아볼 수 있다. 이 규정은 둘 이상의 원인으로 발생한 손해가 ① 별개의 손해(distinct harms)이거나, ② 각 원인의 기여도를 산정할 합리적인 근거가 있으면 손해를 각 원인에 할당(apportionment)하며, ③ 그 밖의 경우에는 할당할 수 없다고 한다. 박영규, "영미법상의 공동불법행위에 관한 연구", 일감법학 제21호(2010), 400.

11) 역사적으로 보면 연대책임이 부과되는 공동불법행위의 영역은 협의된 행위(concerted action) 또는 공모(conspiracy)라는 주관적 요소에 기대어 출발하였지만, 손해의 불가분성(indivisibility of damages)이라는 객관적 요소가 추가되면서 그 적용범위를 현저히 넓히게 된 것이다. 권영준, 전게 논문, 331.

12) 1939년 제정된 불법행위자간 구상에 관한 통일법(Uniform Contribution Among Tortfeasors Act) 제2조에서 고의에 의하지 않은 공동불법행위에 대해서는 contribution을 허용하면서 미국

세기 중반부터는 고의에 의하지 않은 공동불법행위에 대해서는 Contribution을 허용하는 원칙이 널리 인정되고 있다.[13]

또한 미국법에서는 전통적으로 피해자에게 조금이라도 과실이 있으면 손해배상청구를 허용하지 않는 기여과실(contributory negligence) 이론이 대세였으나, 1970년대 이후부터는 피해자의 과실을 참작하여 책임범위를 인정하는 비교과실(comparative negligence) 이론이 전면적으로 도입되었다. 비교과실 이론의 영향으로 공동불법행위자에 대한 연대책임 원칙이 흔들리게 되었고,[14] 공동불법행위자들 사이의 책임비율도 과실의 정도를 고려하여 결정하게 됨으로써 공동불법행위자들 상호 간의 Contribution 인정 범위에 영향을 주게 되었다.[15]

3. 내 용

Contribution은 명시적인 합의나 불법행위에 기초하지 않고, 형평법(equity)과 자연적 정의(natural justice)의 원칙에 근거한다.[16] 각 주(jurisdiction)에 따라 보통법(common law)에 근거하여 Contribution을 인정하는 곳도 있고, 오직 실정법에 의해서만 Contribution을 인정하는 곳도 있다.[17]

Contribution 청구(claim)의 전제조건은 ① 당사자들이 명시적·묵시적 계약, 또는 불법행위 등을 통하여 공동의 책임(liability)이나 부담(burden)을 지고 있고, ② Contribution을 청구하는 자가 공정한 자신의 몫 이상을 이행하는 것이다.[18] 또한 피해자는 Contribution 청구를 받은 자에 대하여 청구원인(cause of action)이나 구제 수단(remedy)이 있어야 하며, 따라서 제3자인 원고는 법률상 원고에게 직접적으로 책

각 주에서 입법을 통해 구상금지 원칙을 폐기하는 데 상당한 영향을 끼쳤다. 권영준, 전게 논문, 340; 18 C.J.S. Contribution §12.

13) 18 C.J.S. Contribution §12; 고의에 기한 공동불법행위자의 구상 문제에 대하여는 부정적인 태도가 우세하며 1979년 제2차 불법행위법 리스테이트먼트(Restatement Second, Torts) §886A에서는 고의의 불법행위자에게 구상권이 인정되지 않는다는 점을 명확히 규정하고 있다. 다만 2000년 제3차 불법행위법 책임분할 리스테이트먼트(Restatement Third, Torts: Apportionment of Liability) §23에서는 이러한 일반적인 입장과는 달리 고의의 공동불법행위자에게도 구상을 허용하고 있다. 권영준, 전게 논문, 340–341.

14) 공동불법행위에 대한 연대책임 제도를 폐지하거나 제한하는 주들도 있으나 소수이고, 일반적으로 공동불법행위에 대한 연대책임 제도는 원칙적으로 유지되고 있다. 권영준, 전게 논문, 335.

15) 서울대학교 산학협력단, 전게 논문, 108; 고세일, "공동불법행위자의 책임귀속과 책임분배에 관한 연구", 고려법학 제74호(2014), 139–140.

16) 18 Am. Jur. 2d Contribution §7; 18 C.J.S. Contribution §2.

17) 18 C.J.S. Contribution §2.

18) 18 C.J.S. Contribution §4.

임을 질 수 없는 제3자인 피고에 대하여 Contribution을 청구할 수 없다.[19]

각 주(jurisdiction)에 따라 Contribution이 인정되기 위해서는 당사자들이 공동으로 부담하는 책임이 연대책임(jointly and severally liability)이어야 한다는 곳도 있으나, 그것이 연대책임 또는 공동책임(joint liability)이어도 상관없다는 곳도 있다. 다만, 그것이 단순히 분할책임(several liability)인 경우에는 Contribution은 인정될 수 없다.[20] Contribution은 공동채무자가 자신의 몫 이상을 강제로 납부함으로써 발생하고, 공동채무 전체를 소멸시킬 필요는 없다.[21]

각 공동채무자 또는 각 공동불법행위자는 공동책임에 대한 자신의 몫에 비례하여 Contribution의 책임이 있는데, 각 주(jurisdiction)에 따라 그 몫을 균등하게 나누어 산정하는 곳도 있고, 의무로부터 받는 이익이나 공동불법행위자 중 상대적인 과실(relative fault)에 비례하여 산정하는 곳도 있다.[22] 비교과실(comparative negligence) 이론의 영향으로 공동불법행위자의 책임비율을 과실의 정도를 고려하여 결정하는 방향으로 바뀌게 된 것인데, 2000년 제3차 Restatement(Restatement Third, Torts: Apportionment of Liability) 제8조는 Contribution 범위 인정의 고려 요소로 (a) 행위에 의하여 발생한 위험에 대한 인식(awareness), 무관심(indifference) 또는 의도(intent)의 유무와 (b) 위험을 발생시킨 행위와 손해 사이의 인과관계의 강도(strength)를 들고 있다.[23]

각 채무자가 분담해야 하는 비율을 결정함에 있어서, 지급 가능한 채무자만 고려되어야 하며, 공동채무자가 지급불능 상태가 되어 자신의 몫을 지급할 수 없는 경우 그 채무는 다른 공동채무자에게 동등하게 귀속된다.[24]

공동불법행위자 상호간의 Contribution을 규정한 법령의 목적은 피해자에게 공동으로 책임이 있는 자들이 공평하게 책임을 분담하게 하고, 동시에 화해(settlement)를 장려하기 위해서이다. Contribution에 관한 법령은 공동불법행위자 간의 불공정성을 줄이려는 것이지 원고가 완전히 배상받는 것을 막기 위한 것이 아니며, 원고의 권리는 공동불법행위자 사이의 Contribution에 의하여 영향을 받거나 제한되지 않는다.[25]

Contribution은 일반적으로 법률이나 형평법(equity)에 따른 별도의 조치에 의해,

---

19) 18 C.J.S. Contribution §4.
20) 18 C.J.S. Contribution §5; 18 Am. Jur. 2d Contribution §6.
21) Restatement Third, Torts: Apportionment of Liability §23(a); 18 C.J.S. Contribution §6.
22) 18 C.J.S. Contribution §8.
23) 서울대학교 산학협력단, 전게 논문, 115; 권영준, 전게 논문, 350.
24) 18 C.J.S. Contribution §9.
25) 18 C.J.S. Contribution §12.

또는 공동의 책임이 확립되는 동일한 사건의 절차에 의해 집행될 수 있다. 피고는 원인이 된 손해배상 청구(underlying damage claim)와 관련된 동일한 절차에서 개별적이고 독립적인 소송을 제기하거나, 교차 청구(cross claim), 반소(counterclaim) 또는 기타 제3자 소송(third party action)을 제기하여 Contribution을 청구할 수 있다.[26] 각 주(jurisdiction)에 따라 Contribution 청구가 제3자 청구를 통해 1차 소송(prime suit)에서 결정되어야 하며, 그렇지 않으면 그 청구가 포기된다고 보는 곳도 있지만, 피고가 원래의 소송에서 제3자 소송을 제기하지 않았더라도 나중에 Contribution을 청구할 권리가 제한되지 않는다고 보는 곳도 있다.[27]

일반적으로 피고는 Contribution에 관한 권리가 발생하기 전에 피해를 입은 원고로부터 화해(settlement), 면제(release) 또는 소송을 제기하지 않겠다는 약정(covenant)을 획득함으로써 Contribution에 관한 책임을 면할 수 있다.[28] 원고와 화해한 피고는 화해하지 않은 다른 공동피고로부터 Contribution을 받을 수 없으며, 화해하지 않는 피고는 원고와 화해한 공동불법행위자로부터 Contribution을 받을 수 없다.[29] 화해를 한 피고는 그 화해가 선의(good faith)로 이루어진 경우에만 추가적인 Contribution 청구로부터 면제된다. 화해 또는 면제는 원고뿐 아니라 화해하지 않은 피고에 대해서도 선의(good faith)로 이루어져야 하며, 화해하지 않은 피고의 이익을 침해해서는 안 된다.[30]

4. 우리 법과의 비교

우리 민법 제760조 제1항에 따르면 공동불법행위자는 타인이 입은 손해에 대하여 "연대"하여 배상할 책임을 진다. 여기서 "연대"의 의미에 대하여 통설과 판례는 부진정 연대채무로 해석하고 있다.[31] 따라서 피해자는 공동불법행위자 1인에게 손해의 전액을 배상하라고 청구할 수 있는데, 공동불법행위자 중 1인이 피해자에게 채무

---

26) 18 C.J.S. Contribution § 27.
27) 18 C.J.S Contributin § 28.
28) 18 C.J.S Contributin § 33.
29) 18 C.J.S Contributin § 34; Restatement Third, Torts: Apportionment of Liability § 23는 합리적 범위 내에서 이루어진 화해에 대하여 구상을 허용하고 있다. 권영준, 전게 논문, 343.
30) 불법행위 화해(tort settlement)가 선의(good faith)로 이루어졌는지는 화해로 지불된 금액, 원고들 사이의 합의 금액의 할당, 피고 화해에 대한 보험 정책의 한도, 화해한 피고의 재정 상태, 화해하지 않은 피고의 이익을 해칠 목적의 공모, 사기 또는 불법행위의 존재 여부 등을 고려하여 판단한다. 18 C.J.S Contributin § 36.
31) 대법원 1983. 5. 24. 선고 83다카208 판결 등 다수.

를 변제한 경우 공동불법행위자내부의 구상관계에 관하여 우리 민법은 규정하고 있는 바가 없다. 원래 부진정 연대채무에서는 채무자간에 주관적 공동관계가 없기 때문에 부담부분이 없고, 구상관계도 발생하지 않는 것이 원칙이나, 우리 판례는 일관되게 "공평한 손해분담의 차원"에서 공동불법행위자 상호간에 그 "과실의 비율에 따라" 부담부분이 있다고 하고 있다.[32] 즉 공동불법행위자 중 1인이 자기의 부담부분 이상을 변제하여 공동면책이 되게 한 경우에는, 이를 주장·입증하는 것을 전제로, 다른 공동불법행위자에게 그 부담부분의 비율에 따라 구상권을 행사할 수 있다고 한다.[33]

　미국법에서는 고의로 잘못한 자에게는 법적 보호를 부여하지 않겠다는 형평법적(equity) 사고에 따라 고의의 공동불법행위자에 대해서는 Contribution을 허용하지 않는 경향이 있지만, 우리나라는 고의와 과실을 구분하지 않고 있고, '손해의 공평한 분담'을 불법행위의 중요한 이념으로 내세우고 있기 때문에 고의의 공동불법행위자에 대해서도 구상을 인정하고 있다.[34] 다만, 피해자의 부주의를 이용하여 고의로 불법행위를 저지른 경우 그가 피해자의 부주의를 이유로 과실상계를 주장하는 것은 신의칙상 허용될 수 없다[35]고 하는 등 신의칙이나 형평의 이념을 내세워 개별적인 불법행위자의 손해배상책임에 제재를 가하는 판례들이 나오고 있다.[36]

32) 김준호, 민법강의(제25판), 법문사(2019), 1263-1264.
33) 대법원 1997. 12. 12. 선고 96다50896 판결 등 다수.
34) 권영준, 전게 논문, 346-347.
35) 대법원 2007. 6. 14. 선고 2005다32999 판결 등.
36) 권영준, 전게 논문, 347.

Covenant
약정

남현우

1. 개 념

미국법에서 Covenant는 주로 계약, 약정, 약속 기타 명문으로 정한 합의 등에서 계약 등의 당사자들로 하여금 스스로 특정 행위를 하거나(affirmative covenant) 하지 않기로 하는 약정(negative covenant)을 의미한다.[1] Covenant는 위와 같은 약정을 하는 행위 자체를 지칭하기도 한다.

2. 배 경

당초 Covenant는 성서에서 출발한 개념으로, 신과 인간 사이에서 강력하게 맺는 언약의 개념으로 출발하였다. 따라서 이는 일반적인 약속보다 엄숙하고 성스럽게 취급되어야 했으며, 기본적으로 해야 할 것과 하지 말아야 할 것을 정하는 것을 그 내용으로 하였다.[2]

이후 Covenant는 점차 세속의 영역에서 일반적인 약속 또는 계약보다 더 엄중한 상황에서 당사자들의 보다 중요한 작위 또는 부작위를 정할 필요가 있을 때 사용되기 시작했다. 따라서 일반 계약상 요구되는 것보다 더 엄격한 요건들이 필요하였는데, 그 엄격한 요건은 기본적으로 ① 당사자의 의무를 기재한 서면 증서에 ② 날인(seal)을 하여 ③ 교부할 것을 요구하는 것이었고, 그중 가장 핵심적인 차이는 날인의 유무였다.[3] 일반적 합의가 아닌 엄격한 형식을 갖춘 Covenant를 하는 것은 보다 진

---

1) Black's Law Dictionary (11th ed. 2019).
2) Margaret Brinig & Steven Nock, "Covenant and Contract", 12 Regent U. L. Rev. 9, 12 – 15 (1999 – 2000).
3) Stephens Co. *v.* Lisk, 240 N.C. 289, 82 S.E.2d 99 (1954); Holmes, Eric M., "Stature and Status of Promise Under Seal as a Legal Formality", 29 Willamette L. Rev. 617, 630 (1993).

지하고 엄숙한 태양으로 합의를 하였음을 보임으로써 당사자 간 구속력을 공적으로 인정받기 위함이었는데, 이는 영국 국왕법정(King's court)이 Covenant에 따른 형식을 갖추지 않았을 경우 당사자 간의 구속력을 부정했기 때문이다.[4] 실제 14세기 영국 국왕법정에서 Covenant는 당사자 간에 약정한 내용을 강제하거나 그 위반을 이유로 권리구제를 구하는 소송양식의 일종(소권)으로 사용되었는데, 원고가 날인이 있는 문서를 법원에 제출하여 자신의 권리를 증명하지 못하면 아무리 그러한 합의가 실제로 존재한다고 하더라도 권리구제를 받을 수 없었다.[5] 위 법리는 미국에서도 이어져 왔으나, 점차 날인으로 인정받기 위한 엄격한 요건이 완화됨에 따라(많은 주에서 'seal'이라는 표시와 당사자 서명이 있으면 날인의 효과를 인정하고 있다) 현재는 날인의 유무가 Covenant의 효력 자체를 논하는 데 있어 크게 중요한 요소는 아닌 것으로 보인다.[6]

3. 내 용

미국법에서는 일반적으로 Covenant의 본질적인 성질을 계약에 기원하고 있다고 보고 있다.[7] 따라서 Covenant는 일반 여타 계약과 마찬가지 방식으로 계약 당사자 서로를 구속하고, 그 내용을 계약 당사자 중 일방이 위반할 경우 타방 당사자에게 일반 계약위반으로 인한 구제 수단들이 인정될 뿐 아니라, 그 해석 역시 기본적으로 계약 법리에 따라 이루어지게 된다.[8]

일반적으로 Covenant는 어떠한 행위가 완료되었거나 향후 완료될 것이라는 점에 대한 확인,[9] 특정 행위를 하게 하거나 하지 못하게 하는 약속,[10] 특정 방식으로 행위를 하게 하거나 하지 못하게 하는 약속[11] 등의 모습으로 활용된다. 이때 적극적으로 작위를 요구하는 Covenant를 affirmative covenant라 하고, 소극적으로 부작위를 요구하는 Covenant를 negative covenant라 한다.[12] 이와 같은 Covenant를 상대방에

---

4) Stephens Co. *v.* Lisk, 240 N.C. 289, 82 S.E.2d 99 (1954); Holmes, Eric M., ibid,. 617, 629.

5) 김기창, "약속, 합의 그리고 계약", 법사학연구 제29권(2004), 325 – 327.

6) Schram *v.* Coyne, 127 F.2d 205 (C.C.A. 6th Cir. 1942); 1 AM Jur. 2d Covenants § 2.

7) Seabrook Island Property Owners Ass'n *v.* Pelzer, 292 S.C. 343, 356 S.E.2d 411 (Ct. App. 1987); 1 AM Jur. 2d Covenants § 1.

8) 1 AM Jur. 2d Covenants § 35.

9) Stephens Co. *v.* Lisk, 240 N.C. 289, 82 S.E.2d 99 (1954); 1 AM Jur. 2d Covenants § 1.

10) Lake *v.* Sullivan, 145 N.H. 713, 766 A.2d 708 (2001); 1 AM Jur. 2d Covenants § 1.

11) Landscape Design and Const., Inc. *v.* Harold Thomas Excavating, Inc., 604 S.W.2d 374 (Tex. Civ. App. Dallas 1980); 1 AM Jur. 2d Covenants § 1.

12) 1 AM Jur. 2d Covenants § 7.

게 약속하는 자를 Covenantor라고 하고, 그 Covenant가 존재함으로 인하여 이득을 취하는 상대방을 Covenantee라고 하며, 해당 Covenant에 대한 Covenantee의 이득을 "benefit of the covenant"라고 하고, 해당 covenant의 준수를 위하여 covenantor가 부담하는 의무를 "burden"이라고 한다.[13]

Covenant는 다양한 형태로 존재하는데, 그중 가장 친숙한 개념의 Covenant로는 real covenant와 personal covenant가 있다. 전자는 Covenant가 대물적(주로 토지, 건물)으로 연동되어 있는 것이고, 후자는 대사인(對私人)적으로 연동되어 있는 것이다.[14] Personal covenant는 Covenant 당사자들 내부적인 관계에서 Covenantor에게 의무를 부과하지만, real covenant는 Covenantor에게 해당 재산에 대한 역(servitude)을 부과한다.[15] Personal covenant는 재산과 관계없이 Covenantor에게 작위 또는 부작위 의무를 부과하는 것이고, 이러한 구속력은 Covenantor에게만 미치는 반면, real covenant는 대사인적인 것이 아니라 대물적인 것이어서 Covenantor뿐 아니라 그 승계인(successors in title, subsequent owners)에게도 미친다는 점에서 차이가 있다.[16]

Covenant가 효력을 갖추기 위해서 특정한 용어가 사용되거나 형식이 요구되는 것은 아니지만 특정 행위를 하게 하거나 하지 않게 하는 등 당사자들 간의 의사가 분명히 드러나야 한다.[17] 그러나 Covenant가 real covenant로서 대물적인 효력을 가지기 위해서는(이를 covenant running with land라고도 한다), 일반적으로 ① 당사자 간에 Covenant를 만들기로 하는 의사가 있을 것, ② 해당 Covenant의 이행을 요구할 권리가 있는 자와 그로 인한 의무 이행을 하는 자 간에 특정 재산에 대한 관계가 형성되어 있을 것, ③ 특정 재산에 관여하거나 관련되어 있을 것(touch and concern),[18] ④ 서면으로 기재되고 양도증서(deed)로 작성되어 기록될 것, ⑤ 특정 토지가 명시될 것 등이 요구된다.[19] 한편, 당사자들이 real covenant에 대해 대물적 효력을 배제하기로 합의할 경우에는 다른 사정에도 불구하고 대물적 효력이 인정되지 않는다.[20]

---

13) 1 AM Jur. 2d Covenants § 1.
14) 1 AM Jur. 2d Covenants § 19.
15) Real covenant는 형평법상 역권(equitable servitude)과 유사하다. 다만 real covenant는 금전적 구제만이 허용되는 데 반해 형평법상 역권은 (가)처분(injunction)에 의한 구제만이 허용되고, 이외에 요구되는 조건이 조금 다르다는 차이가 있다. 1 AM Jur. 2d Covenants § 20.
16) 1 AM Jur. 2d Covenants § 20.
17) Manget Foundation, Inc. *v.* White, 101 Ga. App. 239, 113 S.E.2d 235 (1960); 1 AM Jur. 2d Covenants § 11.
18) 1 AM Jur. 2d Covenants § 21.
19) 1 AM Jur. 2d Covenants § 28.
20) 1 AM Jur. 2d Covenants § 21.

법원이 Covenant를 해석할 때는 가능한 당사자들이 그와 같은 Covenant를 둔 의
사를 정확하게 파악하여 해석해야 하는데, 법원은 Covenant의 문구가 문언상으로도
확실한 경우 가능한 그 문언에 충실하게 해석해야 하고, 문언의 의미가 분명한 이상
문언 외적 요소를 고려해서는 안 된다.[21] 그러나 Covenant의 의미가 불분명한 이상
법원은 문언 외적인 요소를 통하여 드러나지 않는 당사자의 의사를 추정하여 의사표
시 불일치의 간극을 메울 수 있다(rules of construction).[22] 이때 법원은 Covenant를
전체적으로 파악하여 당사자들의 가정적인 의사를 파악해야 한다.[23]

Real covenant는 그것이 부착되어 있는 부동산과 결부되어 있어서,[24] 부동산이
멸실되거나,[25] 관련 Covenant가 그것이 있는 부동산과 동일인에게 부여되는 등의 사
정이 있는 경우 소멸한다.[26] 반면, personal covenant의 경우, 당사자 일방 또는 전부
의 사망으로 그 효력이 상실되는 것이 원칙이다.[27]

4. 우리 법과의 비교

국내법상 Covenant에 정확히 대응되는 개념은 존재하지 않으나, 거래 실무에서
는 Covenant를 확약, 서약, 구속약정 등(이하 "확약 등"이라 한다)이라고 번역하여 활
발하게 사용한다. 이때 확약 등은 통상 주된 계약서 내용 중 개별 당사자들이 해야
할 의무와 하지 말아야 할 의무를 기재한 것을 의미하는데, 이는 계약에 포함된 개념
으로 계약의 일부를 이루고 있는 것에 불과하고, 계약과 별도 분리하여 보다 엄숙한
의미를 가지는 것이라고 파악되지는 않는다. 대법원 또한 확약 등을 일반적인 계약
에 비하여 고양된 수준의 계약이라고 판단한 사례는 없어 보인다.[28]

---

21) Revelle *v.* Schultz, 759 P.2d 1255 (Wyo. 1988); 1 AM Jur. 2d Covenants § 12.
22) Strader *v.* Oakley, 410 So. 2d 954 (Fla. 1st DCA 1982); 1 AM Jur. 2d Covenants § 13.
23) Good *v.* Bear Canyon Ranch Ass'n, Inc., 160 P.3d 251 (Colo. App. 2007); Wheeler *v.*
    Southport Seven Planned Unit Development, 2012 ND 201, 821 N.W.2d 746 (N.D. 2012); 1
    AM Jur. 2d Covenants § 15.
24) Slife *v.* Kundtz Properties, Inc., 40 Ohio App. 2d 179, 69 Ohio Op. 2d 178, 318 N.E.2d
    557; 1 AM Jur. 2d Covenants § 5.
25) 1 AM Jur. 2d Covenants § 5.
26) Groth *v.* Continental Oil Co., 84 Idaho 409, 373 P.2d 548 (1962); Craven County *v.*
    First-Citizens Bank & Trust Co., 237 N.C. 502, 75 S.E.2d 620 (1953); 1 AM Jur. 2d
    Covenants § 5.
27) Seiler *v.* Zeigler Coal Holding Co., 335 Ill. App. 3d 1127, 270 Ill. Dec. 122, 782 N.E.2d
    316 (5th Dist. 2002); 1 AM Jur. 2d. Covenants § 5.
28) 대법원 2012. 11. 15. 선고 2010다20228 판결 등.

　　한편, 미국법에서는 정직하고, 공정하며 신의에 좇아 법률행위를 하여야 한다는 원칙인 good faith clause를 이른바 '묵시적 약정(implied covenant)'으로 보아 모든 법률행위에 묵시적으로 적용되는 Covenant라고 파악하고 있는데,[29] 이는 한국법에서 별도 약정 없이도 모든 법률행위에 적용되는 것으로 이해되는 신의성실의 원칙(민법 제2조)과 유사하다. 그러나 미국법이 일반적으로 good faith clause를 계약 내용에 묵시적으로 포함시킨 개념으로 파악하여 위반 시에도 이를 계약책임으로 구성한다는 점[30]은 한국법이 신의성실의 원칙을 계약이 아니라 "강행규정"으로 보아 위반 시 위반당사자에게 계약책임이 아닌 불법행위책임을 묻고 있다는 점에서 다른 것으로 보인다.

---

29) UCC와 Restatement는 Good Faith Clause를 모두 implied covenant로 정하고 있다. 구체적으로 UCC §1-304(Obligation of Good Faith)는 "Every contract or duty within the Uniform Commercial Code imposes an obligation of good faith in its performance and enforcement."와 같이, Restatement (Second) of Contracts는 "Every contract imposes upon each party a duty of good faith and fair dealing in its performance and enforcement."와 같이 정하고 있다.

30) Dieckman *v.* Regency GP LP — 155 A.3d 358 (Del. 2017).

Damages
손해배상

박정현

1. 개 념

'손해배상(Damages)'은 타인의 위법한(unlawful) 작위(act) 또는 부작위(omission)
의 결과로 발생하였거나 미래에 발생할 것이 확실한 손실 또는 피해에 대한 금전적
인 보상(compensation)을 의미한다.[1] 보상적(compensatory), 실제의(actual), 결과적
(consequential), 징벌적(punitive) 등의 수식어가 붙지 않은 '손해배상'이라는 용어는
법적으로 인정된 금전적 구제 수단의 집합을 의미하는 포괄적 용어이다.[2] 손해는 원
고가 입은 손해를 금전(dollars and cents) 단위로 표현하는 단어로, 원래의 채무나 손
해는 물론 정당한 평결(just verdict)을 내리기 위해 추가되어야 하는 이자를 모두 포
함한다.[3]

Damages, damage, injury는 종종 동의어로 사용되지만, 그 법적 의미는 구별된
다. Injury는 법적 권리에 대한 불법적 침해를 의미하고, Damage는 injury로부터 야기
되는 손실(loss), 상해(hurt), 피해(harm)를 의미하며, Damages는 damage에 대한 배상
을 의미한다.[4]

2. 배 경

미국 계약법에서 특정이행 청구는 당사자가 갖는 권리가 아니라 법원의 자유재

---

1) 22 Am. Jur. 2d Damages § 1; Black's Law Dictionary (11th ed. 2019).
2) 25 C.J.S. Damages § 1; Ohio—Leininger *v.* Pioneer Natl. Latex, 115 Ohio St. 3d 311, 2007—
Ohio—4921, 875 N.E.2d 36 (2007); Whitaker *v.* M.T. Automotive, Inc., 111 Ohio St. 3d 177,
2006—Ohio—5481, 855 N.E.2d 825 (2006).
3) 25 C.J.S. Damages § 1.
4) 22 Am. Jur. 2d Damages § 2.

량에 맡겨져 있는 형평법상 구제 수단이므로,[5] 계약위반에 대한 원칙적인 구제 수단은 손해배상이다. 손해배상의 요점은 계약위반에 의한 것인지 불법행위에 의한 것인지를 묻지 않고, 가능한 한 피해자를 계약위반이나 불법행위가 없었다면 존재했을 상황으로 회복시키는 데 있다. 즉 손해배상의 일차적인 목적은 가해자를 처벌하는 것이 아니라, 피해자의 손해를 전보하는 데 있다(징벌적 손해배상에 대해서는 아래 3. 항에서 언급한다).[6]

금전 손해배상은 계약위반이나 불법행위로 인한 손해에 대해 허용되는 구제 수단 중 일부에 불과하기 때문에, 계약위반이나 불법행위로 인하여 손해가 발생하지 않은 경우에는 손해배상책임이 발생하지 않고, 다른 구제 수단에 의하여야 한다.[7]

손해배상은 통상 손해배상(general damages)과 특별 손해배상(special damages)[8]을 비롯하여 원고가 배상받을 수 있는 총액을 구성하는 모든 요소를 포함한다.[9]

3. 내 용

일반적으로 손해배상은 전보배상(compensatory damages)과 징벌적 손해배상(punitive damages)으로 나눌 수 있는데, 양자는 서로 다른 목적을 가진 손해배상제도로 이해된다.[10] 전보배상은 '실제 손해배상(actual damages)' 또는 통상손해(general damage)와 특별손해(special damage)를 모두 포함하는 '일반적인 의미의 손해배상(general damages)'과 동의어로 사용된다.[11] 전보배상은 피해자가 가해자의 부당한 행위로 인하여 입은 구체적인 손실을 배상하기 위한 것으로서, 계약법과 불법행위법을 불문하고 손해(injury)를 금전 단위로 평가하여 배상함으로써 피해자가 부당한 행위가 없었을 상황과 동일한 지위에 있도록 한다.[12] Exemplary damages로 불리기도 하는 징벌적 손해배상은 가해행위의 악의적이고, 무모하며, 억압적인 성격(wanton, reckless, malicious, or oppressive chatacter)을 고려하여 처벌의 방법으로서 부과되는

---

5) 조국현, "미국 계약법상 특정이행의 한계에 관한 연구", 홍익법학 16권 3호(2015. 9.), 819-820.
6) 25 C.J.S. Damages § 10.
7) 22 Am. Jur. 2d Damages § 4.
8) consequential damages 또는 indirect damages라고도 한다. 이에 대해서는 consequential damages 해당 부분 참조.
9) 22 Am. Jur. 2d Damages § 1.
10) 22 Am. Jur. 2d Damages § 3.
11) 22 Am. Jur. 2d Damages § 41; 25 C.J.S. Damages § 3.
12) 22 Am. Jur. 2d Damages § 24.

손해배상으로, 전보배상 이상의 손해배상을 하도록 하는 제도이다.[13]

한편, 손해배상에는 원고가 현실적인 손실을 초래하지 않은 가해행위에 대해서 법적 권리를 증명하였거나, 가해행위를 증명하였으나 손해액을 증명하지 못하였을 경우에 인정되는 명목상 손해배상(nominal damages),[14] 가해행위로부터 간접적으로 야기된 손해에 대한 손해배상인 결과적 손해배상(consequential damages),[15] 계약을 통해 일방 당사자의 계약위반 시 지불하여야 할 배상액을 미리 정해 둔 손해배상액의 예정(liquidated damages) 등이 존재한다.

보통법하에서, 원고가 청구원인을 증명하는 데 성공하면 그러한 손해가 구체적으로 분류될 수 없는 경우라 하더라도 원고에게 명목상 손해배상(nominal damages)에 대한 권리가 발생하고, 명목상 손해만 존재한다거나 손해가 적다는 사실만으로 손해배상책임이 부정되지 않는다.[16] 원고는 금전적, 재산적, 신체적 손해뿐만 아니라 평판 및 신용 손해와 같은 무형의 심리적 손해에 대해서도 배상을 받을 수 있다.[17] 그러나 손해배상을 구하기 위해서는 법적인 손해가 실제로 발생하여야 한다. 피해자는 실제로 입은 손해에 대해서만 배상을 받을 수 있으며, 그 손해는 법적으로 보호되는 것이어야 한다(가령, 피해자가 불법적인 활동에 관여하지 못함으로써 입은 손해는 인정되지 않는다).[18] 또한 권리침해 없는 손해 원칙(doctrine of damnum absque injuria) 하에서, 피해자의 손해에 대한 법적인 권리가 창설되지 않았거나, 가해자에게 손해를 야기한 행동을 하지 않을 법적 의무가 인정되지 않는 경우에는 손해가 발생하였더라도 구제 수단이 주어지지 않을 수 있다.[19]

손해 발생 여부가 소송의 주된 쟁점이 되지 않는다면, 어떤 종류의 손해들은 위반행위 또는 법적 권리의 침해로부터 추정된다.[20] 피해자가 가해자의 행위로부터 실제로는 이익을 얻었음을 증명하는 증거가 있더라도 손해 발생의 추정을 유지하는 것이 정당할 수 있지만, 손해 발생이 주된 쟁점이 되는 사건이라면 명목상 손해배상이 추정되지 않을 것이다.[21]

---

13) 22 Am. Jur. 2d Damages §556; 25 C.J.S. Damages §6.
14) 22 Am. Jur. 2d Damages §8.
15) Black's Law Dictionary (11th ed. 2019).
16) 25 C.J.S. Damages §13.
17) 25 C.J.S. Damages §13.
18) 25 C.J.S. Damages §13.
19) 25 C.J.S. Damages §13.
20) 25 C.J.S. Damages §14; 원고가 발생 가능성이 높지만 증명하기 어려운 상해에 대해 배상을 청구하는 경우, 어떠한 형태의 추정된 손해를 인정하는 것이 적절할 수 있다[King v. Zamiara, 788 F.3d 207 (6th Cir. 2015)].

징벌적 손해배상을 별론으로 한다면, 이중 배상 금지의 원칙(double-recovery doctrine) 하에서 피해자는 하나의 가해행위로부터 오직 한 차례만 배상을 받을 수 있을 뿐, 복수의 법적 구성이 가능한 경우라 하더라도 여러 차례에 걸쳐 중복하여 배상을 받을 수는 없다.[22] 한편, 법원은 손해배상이 적절한지 여부를 결정하는 데 있어 폭넓은 재량권을 가진다.[23]

4. 우리 법과의 비교

우리 법에서는 계약 불이행의 경우 원칙적으로 이행청구와 전보배상을 모두 인정하면서 택일적으로 또는 일정한 우선관계에 따라 이를 선택할 수 있게 규정하는 데 비해 미국법에서 계약불이행의 경우 손해배상을 일차적인 구제 수단으로 정하고 특정이행을 예외적으로만 허용한다.[24]

우리 민법은 제390조에서 채무불이행, 제750조에서 불법행위로 인한 손해배상책임에 대해 명문의 규정을 두고 있으면서, 제394조에서 채무불이행 손해배상에서의 금전배상 원칙을 천명하고, 제763조에서 이를 불법행위로 인한 손해배상에 준용하고 있다. 민법 제763조에 의해 채무불이행에 따른 손해배상에 관한 규정의 대부분이 불법행위에 따른 손해배상에 준용되므로, 양 책임에 의한 손해배상의 내용은 일원적으로 규율된다. 미국법에서 채무불이행법과 불법행위법은 별개의 법 영역이지만 손해배상에 있어서는 유사하게 운영된다는 점에서 우리 법과 유사하다.

우리 법에서 차액설에 따라 '채무불이행(또는 불법행위)이 없었더라면 존재하였을 상태와 현재의 상태와의 차이'를 손해로 파악하는 것이 다수설과 판례의 입장이다.[25] 또한 우리 법상 손해배상은 전보배상의 원칙에 따라 채무자의 이행에 갈음하는 범위에 한하여 인정된다.[26] 이는 미국법상의 전보배상(compensatory damages)과 유사한 것으로 이해할 수 있다. 한편, 우리 법에서는 부정경쟁방지 및 영업비밀보호에 관한 법률, 특허법 등 개별 법률에서 명문으로 인정하고 있는 경우를 제외하고는

21) 25 C.J.S. Damages § 14.
22) 25 C.J.S. Damages § 11.
23) 25 C.J.S. Damages § 12.
24) 김형석, "이행에 갈음한 손해배상", 비교사법 제28권 제2호(2021. 5), 98-99.
25) 대법원 1977. 8. 23. 선고 77다714 판결, 대법원 1978. 4. 11. 선고 77다1219 판결(각 채무불이행에 기한 손해배상), 대법원 1992. 6. 23. 선고 91다33070 전원합의체 판결(불법행위에 기한 손해배상).
26) 민법 제395조, 제543조 참조.

징벌적 손해배상이 인정되지 않는데, 이는 미국법과 다르다.

　　우리 법상 채무불이행[27]과 불법행위 모두에서 손해배상책임을 주장하는 자에게 손해의 발생에 대한 증명책임이 있다. 손해는 채무의 부담이 현실적·확정적이어서 실제로 변제하여야 할 성질의 것이어야 하고.[28] 손해가 현실적으로 발생하였다고 볼 것인지의 여부는 사회통념에 비추어 객관적이고 합리적으로 판단해야 한다.[29] 우리 법과 미국법 모두 손해배상책임을 주장하는 자가 손해의 발생을 증명하여야 한다는 점은 동일하다. 다만, 우리 법에서는 손해가 발생한 사실은 인정되나 구체적인 손해의 액수를 증명하는 것이 사안의 성질상 매우 어려운 경우에 법원이 상당하다고 인정되는 금액을 손해배상 액수로 정하여야 하고, 법원이 손해배상 액수를 정하지 않고 손해배상청구를 기각하는 것은 위법하다.[30] 이 점에서는 피해자가 실제 손해를 증명하지 못한 경우에 단지 명목상 손해배상(nominal damages)만을 인정하는 미국법과 차이가 있다.

---

27) 다만 금전채무불이행의 경우 제외, 민법 제398조 참조.
28) 대법원 1992. 11. 27. 선고 92다29948 판결.
29) 대법원 2001. 7. 13. 선고 2001다22833 판결.
30) 민사소송법 제202조의2, 대법원 2020. 3. 26. 선고 2018다301336 판결 참조.

Deed
양도증서

이호영

1. 개 념

Deed란 부동산에 대한 권리를 양도하는 수단인 증서,[1] 즉 양도증서를 의미한다.[2] 이는 부동산의 양도나 부동산권의 설정을 목적으로 하는 문서로서 양도인이 양수인에게 부동산의 권리를 처분하는 문서이다.[3]

2. 배 경

우리나라와 마찬가지로 미국에서도 물건이나 권리를 매매할 때 매매계약 (contract of sale)을 체결한다. 다만 매매계약이 체결된 것만으로 목적물에 대한 권리가 양수인에게 이전되는 것은 아니고, 양수인은 미래에 그 권리를 얻을 수 있는 자격을 취득하는 것이다. 실제로 목적물에 대한 권리가 이전되기 위해서는 양도인이 양수인에게 Deed를 작성하여 교부해야 한다. 우리 법의 개념을 사용하여 설명하자면, 양도인이 양수인에게 Deed를 인도하는 것이 물권행위에 해당하고, 이때 물권변동이 이루어진다.[4]

---

1) Black's Law Dictionary (11th ed. 2019).
2) '날인증서'라고 부르기도 한다(예컨대, 사법정책연구원, "부동산 등기제도의 개선 방안에 관한 연구", 사법정책연구원 연구총서 2015-04, 92).
3) 최창렬, "미국 부동산거래에서의 유통성 확보에 관한 소고", 국제거래법연구 제18권 2호(2009), 247.
4) 김상용, 부동산 거래의 공증과 부동산 등기의 공신력 연구, 법원사(2008), 120 참조, 사법정책연구원, "부동산 등기제도의 개선 방안에 관한 연구", 사법정책연구원 연구총서 2015-04, 92에서 재인용.

3. 내 용

Deed의 목적은 부동산에 관한 권리를 양도하는 것이고, Deed는 반드시 서면이어야 한다.[5] Deed는 거래대상에 관하여 당사자 간에 합의된 내용의 종국적 표현으로서, 거래대상에 관한 기존의 합의와 Deed의 내용이 충돌할 경우에는 Deed의 내용이 우선한다.[6] 매매계약서에 기재되어 있는 내용 중 이행되지 않은 채무는 Deed에 표시되어야만 이행을 요구할 수 있고 그렇지 않으면 그 채무는 소멸된다.[7] 매매계약서는 계약 체결 시부터 Deed의 교부 시까지만 매매 당사자의 관계를 규율할 뿐이며, Deed가 교부된 후에는 매도인과 매수인의 관계는 Deed에 의해서 규율된다.[8]

Deed는 양도인과 양수인, 양도의 목적물, 양도인이 자신이 보유하는 부동산과 관련된 권리를 양수인에게 양도한다는 내용(양도의사)을 명시해야 한다. 그로부터 양도인과 양수인이 누구인지 명확히 알 수 있고 양도인이 Deed에 서명했다면 그 양도는 법적으로 효력이 있다. 위 요건을 충족하는 이상, 어떠한 특정한 형식에 따를 것은 요구되지 않으며, 문서의 명칭이 'Deed'가 아니라고 하더라도 양도의 효력에는 영향이 없다.[9] 양도인과 양수인은 특정이 가능하도록 표시되어야 하는데, 특별히 실명을 요구하는 법이 없는 이상 가명을 사용하더라도 특정만 가능하다면 Deed는 유효하다.[10] 양도인의 성명이 본문에 '양도인'으로서 표시되어야 하는지, 아니면 본문에서 언급될 필요는 없고 말미에 서명하는 것만으로 충분한지에 관하여는 법원의 결정이 나뉜다.[11] 양수인은 본문에 특정되어야 하는데, 양수인의 성명이 명시되지 않더라도 제반 사정상 양수인이 특정될 수 있다면 Deed는 유효하다.[12] Deed는 물권양도의 합의가 아니므로 양수인의 서명은 필요가 없고 양도인의 서명만 있으면 족하다.[13] 양도의 목적물이 Deed의 문언과 제반 사정에 의해 특정되지 않는다면 Deed는 효력이 없다.

양도의사와 관련하여, Deed에 양도의사가 표현되어 있지 않으면 해당 Deed는

---

5) 23 Am. Jur. 2d Deeds §6.
6) 23 Am. Jur. 2d Deeds §1.
7) 최창렬, 전게 논문, 248.
8) 최창렬, 전게 논문, 247.
9) 23 Am. Jur. 2d Deeds §12.
10) 23 Am. Jur. 2d Deeds §25.
11) 23 Am. Jur. 2d Deeds §26.
12) 23 Am. Jur. 2d Deeds §27.
13) 최창렬, 전게 논문, 248.

다른 형식적 요건을 갖추고 있더라도 무효이다. 다만 양도의사를 표현하는 특정한 용어가 정해져 있는 것은 아니므로 어떠한 용어로든 양도의사가 표현된다면 비록 일부 부정확한 표현이나 용어가 사용되더라도 법원은 양도의 효력을 인정해준다. 반면 당사자 간 양도의사가 없었다면 양도를 표현하는 언어가 사용되었더라도 해당 문서는 Deed가 되지 못한다.[14] 양도의사는 장래가 아닌 현재 시점에서 권리를 양도한다는 의사여야 한다. 날짜의 기재는 Deed의 형식요건 중 하나이기는 하지만, 날짜가 누락되었거나 잘못된 날짜가 기재되었다고 하더라도 Deed의 효력에는 영향이 없다. Deeds 교부와 동시에 효력을 발하는 것이고, 기재된 날짜는 교부된 날짜를 추정하는 역할을 함에 그치는 것이다.[15]

대다수 주(州)의 법은 Deed에 대하여 공증을 받을 것을 요구하고 있고, 공증된 Deed에 한하여 등록제도에 따라 등록될 수 있다. 공증받지 못한 Deed는 당사자 사이에 한하여 구속력이 있는데, 이마저도 일부 지역에서는 공증 없는 Deed의 효력 자체를 부정하기도 한다.[16] 일부 주에서는 Deed가 유효하기 위한 요건으로서 seal을 요구하기도 하고, 어떤 주에서는 증인의 확인을 요구하기도 한다.[17]

Deed에 의한 자산 이전의 효력은 Deed의 교부로써 완성된다. 이때 교부란 Deed의 점유가 양도인으로부터 양수인에게 이전됨으로써 소유권도 이전되는 것을 의미한다.[18] 교부된 적이 없는 Deed를 절취하여 제3자에게 양도하는 경우 선의의 제3자라도 소유권을 취득하지 못한다.[19] 이때 중요한 것은, 양도인의 의사는 Deed가 교부 즉시 효력을 발해서 그 즉시 소유권이 이전된다는 의사여야 하고, 만약 Deed의 교부로써 소유권이 즉시 이전된다는 의사가 아니라면 이는 Deed의 유효한 교부로 볼 수 없다는 점이다.[20]

교부와 관련하여는, Deed에 의한 금반언의 원칙(estoppel by deed)이 적용될 수 있는데, 예컨대 양도인이 대리인에게 Deed의 교부를 위임하면서 일정한 조건이 성취되는 경우에 한하여 교부할 것을 주문한 경우, 조건이 성취되지 않았음에도 불구하고 대리인이 Deed를 교부하더라도 대부분의 법원은 금반언의 원칙 또는 표현대리의 법리에 따라 선의의 양수인에 대하여 교부는 유효하다고 본다.[21] 또한 양도인이

---

14) 23 Am. Jur. 2d Deeds § 13.
15) 23 Am. Jur. 2d Deeds § 18.
16) 23 Am. Jur. 2d Deeds § 88.
17) 23 Am. Jur. 2d Deeds § 97; 23 Am. Jur. 2d Deeds § 98.
18) 23 Am. Jur. 2d Deeds § 102.
19) 최창렬, 전게 논문, 248.
20) 23 Am. Jur. 2d Deeds § 106.

권원이전의 의사 없이 Deed를 검토해 보라고 임의로 양수인에게 교부하였으나 양수인이 양도인의 신뢰를 위반하여 선의의 매수인에게 이전하였다면 선의의 양수인은 소유권을 취득한다.[22]

　Deed가 교부되면 이전 대상 권리는 양도인으로부터 양수인에게 이전된다.[23] 권리가 이전된 이후에는 Deed는 양수인에게 권리가 이전되었다는 점에 대한 증거로서의 효력을 가질 뿐이다. 권리 이전의 효력요건으로서 Deed의 등록을 요하는 법이 없는 이상, 그 후 Deed가 분실되거나 변경되거나 파기되더라도 양수인은 권리를 잃지 않는다.[24]

4. 우리 법과의 비교

　우리나라에서는 민법이 부동산 물권변동에 관한 성립요건주의를 채택하고 그 수단으로서 등기제도를 두고 있다. 부동산 물권에 관한 매매계약이 체결되더라도 그것만으로 물권이 양도인으로부터 양수인에게 이전되지 않고, 양도인은 양수인에게 매매계약에 따른 소유권이전의무를 부담할 뿐이며, 매매계약서를 증빙자료로 첨부하여 이전등기를 경료함으로써 물권변동의 효력이 발생한다(민법 제186조 참조).

　미국에도 부동산 공시방법으로 증서등록제도(recording system)와 토렌스제도(Torrens title registration system)가 있지만, 한국의 등기제도와 유사한 토렌스제도는 극소수이고 대부분의 주(州)가 증서등록제도를 택하고 있다.[25] 토렌스제도는 철저한 권원조사를 통하여 권원 자체를 등기하고, 등기된 권원에 확정적 효력과 절대적 유통성을 갖도록 하는 제도이다.[26] 반면 증서등록제도는 권원에 영향을 미치는 Deed 등 관련증서의 사본을 등록소에 보관·비치하여 놓은 것으로서,[27] 당사자들이 제출하는 서류를 단지 편철하는 것이어서 엄밀히 보면 등기제도에 속한다고도 할 수 없다.[28] 즉 증서등록제도는 당사자 사이에서 소유권이전에 대한 법적 효력을 발생시키

---

21) 23 Am. Jur. 2d Deeds §109.
22) 최창렬, 전게 논문, 248.
23) 23 Am. Jur. 2d Deeds §274.
24) 23 Am. Jur. 2d Deeds §292.
25) 이상석, "미국의 공증제도와 등기제도 소개", 공증과 신뢰 통권 제9호(2016), 245.
26) 정옥태, "부동산등기의 공신력에 관한 연구", 박사학위 논문, 서울대학교(1987), 57. 사법정책연구원, "부동산 등기제도의 개선 방안에 관한 연구", 사법정책연구원 연구총서 2015-04, 90에서 재인용.
27) Roger Bernhardt, Real Property (3rd ed.), 1993, 320 참조, 최창렬, 전게 논문, 249에서 재인용.
28) 권영준, "등기의 공신력 ─1957년, 그리고 2011년─", 법조 통권 제661호(2011), 39.

기 위한 것이 아니다.[29] 증서등록제도 하에서 등록은 부동산물권변동에 관하여 어떠한 효력도 미치지 않으며, 부동산의 물권변동은 등록이 아닌 Deed의 교부에 의해 즉시 발생한다.[30] 등록소나 등록소의 직원은 그 부동산의 소유자가 누구인지 등 권원의 내용에 대하여 어떠한 확정적 표시를 하거나, 공신력이나 추정력 등 법적 효력을 부여하지 않고 단지 보관자로서의 역할만 한다.[31] 등록부를 확인함으로써 간편하게 권리관계를 확인할 수 없는 결과 부동산 거래에서 전문변호사에 의한 권원조사와 권원보험(title insurance)이 발달하였다.

---

29) 이상석, "미국의 공증제도와 등기제도 소개", 공증과 신뢰 통권 제9호(2016), 246.
30) 최창렬, 전게 논문, 249.
31) 최창렬, 전게 논문, 249.

Defamation
명예훼손

1. 개 념

    미국법에서 Defamation이란 타인의 평판을 훼손하는 거짓의 구두 혹은 서면 진술을 의미한다.[1] Defamation은 제3자에 대한 거짓 진술을 통해 타인의 평판이나 명성에 대하여 악의적이거나 근거 없는 손해를 가하는 것, 즉 올바른 사고방식을 지닌 일반적인 사회구성원의 평가를 저해시킬 만한 진술을 공개적으로 하는 것이다.

2. 배 경

    보통법상 명예훼손은 엄격책임(strict liability)[2]에 해당하여 행위자는 주의의무 위반 여부 또는 귀책사유 유무에 관계 없이 그 결과에 대한 책임을 지게 된다. 그러나 명예훼손에 이러한 엄격책임을 적용하게 되면 표현의 자유를 위축시킬 우려가 있다. 그리하여 미국 연방대법원은 미국 수정헌법 제1조의 해석을 통해 피해자가 공표 내용의 허위에 대한 입증책임을 부담하도록 하였다. 또한 연방대법원은 1964년 New York Times 판결[3]을 통해 명예훼손이 성립하기 위해서는 가해자의 신분에 따라 '현실적 악의(actual malice)[4]'라는 요건이 필요하다고 하며 명예훼손의 성립과 책임을

---

1) Black's Law Dictionary(11th ed. 2019).
2) 자신이 발생시킨 신체나 재산상의 손해에 대해 적절한 주의나 귀책사유에 관계 없이 책임을 지는 것. 결과만을 문제 삼아 책임을 지는 행위책임.
3) New York Times Co, v, Sullivan, 376 U.S. 254(1964), 이 사건에서 연방대법원은 미국 수정헌 법상 표현의 자유에 대한 보호는 공직자가 자신에 대한 명예훼손에 대하여 소를 제기할 수 있는 능력을 제한한다고 판시하였다. 특히 법원은 명예훼손 소송의 원고가 공직자(public official)이거나 공적 인물(person running for public office)인 경우 그는 일반적인 명예훼손의 요건뿐 아니라 그러한 명예훼손적 진술이 "현실적 악의(actual malice)"에 의해 이루어졌다는 점을 입증해야 한다고 하였다.
4) New York Times Co. v, Sullivan, 376 U.S. 254(1964), 현실적 악의(actual malice)란 피고(가

제한하고자 하였다.

3. 내 용

　미국법상 Defamation(명예훼손)이 성립하려면 "타인의 명예를 사회의 평가로부터 저하시킬 정도로 피해를 주거나 혹은 제3자가 그 사람과 사귀거나 거래하는 것을 억제하는 경향을 갖는[5]"것이어야 한다. 단지 불쾌하게 하거나 당황스럽게 하는 등 개인의 감정을 상하게 하지만 그 사람의 명예에 직접 또는 간접의 피해를 주지 않는다면 명예훼손적인 표현에는 해당하지 않는다.

　불법행위로서 Defamation은 서면진술(written statement)에 의한 것(libel)과 구두진술(spoken statement)에 의한 것(slander)을 모두 포함한다.[6] Defamation에 대한 일응의 입증을 하기 위해서 원고는 첫째, 사실에 대한 진술(statement of fact)이 존재하고, 그 진술이 허위일 것, 둘째, 그 진술이 제3자에게 공개되거나 전달될 것, 셋째, 귀책사유로서 적어도 과실이 존재할 것, 넷째, 진술의 대상이 되는 사람 또는 법인에 대한 손해 또는 피해가 존재할 것을 입증해야 한다.

　보통법 체계하에서 libel과 slander는 서로 다른 기준에 따라 검토되며 libel은 보다 중대한 잘못으로 평가된다.[7] Libel이란 신문이나 편지와 같이 인쇄된 수단을 사용하여 명예훼손을 가하는 것이다. 반면 slander는 구술, 즉 음성적 표현수단을 통한 명예훼손을 가리키는데, libel에 비해 명예훼손 수단의 지속성과 유형성이 상대적으로 약하다고 볼 수 있다.[8] Slander의 경우 피해자가 특별한 손해(special damage), 즉 명예훼손으로 인한 금전적 손실을 입증하여야만 소송절차를 진행시켜 손해배상을 받을 수 있다. 반면, Libel은 피해자가 특별한 손해의 입증 없이 바로 일반손해를 배상받을 수 있는데, 따라서 피해자는 명예훼손으로부터 직접적으로 야기된 피해에 대한 입증 없이도 그 피해를 상당한 금액으로 추정한 손해를 배상받게 된다.[9]

　해자)가 그러한 진술이 거짓이라는 점을 알고 있거나 혹은 사실인지 여부를 무모할 정도로 무시하는(recklessly disregarded whether or not it was true) 것을 의미한다.

5) Cohen *v.* New York Times Co., 153 A.D. 242, 138 N.Y.S. 206 (2d Dep't 1912).

6) 미국법상 민사상 불법행위뿐 아니라 criminal libel(명예훼손죄)도 존재한다. 다만 이 범죄로는 거의 기소되지 않는다.

7) Bryson *v.* News America Publication, Inc., 174Ill. 2d77, 103 (1996).

8) 전광백, "명예훼손의 민사적 법률관계", 비교사법 제15권 4호(2008), 385.

9) 전광백, 전게 논문, 387.

4. 우리 법과의 비교

　　우리나라에서 민사상 불법행위로서 명예훼손에 대한 성립요건과 면책사유 등을 규정한 별도의 규정은 존재하지 않으며, 일반적인 불법행위의 요건을 규정한 민법 제750조[10] 및 명예훼손에 대한 손해배상책임을 인정한 민법 제751조[11]의 규정이 존재할 뿐이다. 우리 법상 명예훼손을 원인으로 한 불법행위책임의 성립유형과 요건을 미국 불법행위법상 Defamation과 비교해 보면 다음과 같다.

　　첫째, 우리나라의 경우 공연히 허위의 사실을 적시하여 사람의 명예를 훼손한 경우뿐 아니라 사실을 적시하여 사람의 명예를 훼손한 경우에도 공공이익을 위한 것이라는 등의 사유가 인정되지 아니하면 역시 명예훼손죄가 성립할 수 있다. 반면, 미국 불법행위법상 Defamation은 거짓 진술을 통해 타인의 명예를 훼손하는 것을 의미하며, 만약 진술 내용이 진실한 것이라면 Defamation은 성립하지 않는다.

　　둘째, 우리 법상으로는 사자(死者)에 대한 명예훼손도 인정되나, 미국 판례법상으로는 사자에 대한 명예훼손적 표현이 개별적으로 유가족의 명예를 저하시키지 않는 한 사자에 대한 명예훼손 그 자체를 이유로는 소를 제기할 수 없다.

　　셋째, 미국의 경우 Defamation의 유형은 문서에 의한 것(libel)과 구두에 의한 것으로 구분되는바, 우리나라의 경우에는 이러한 구분이 존재하지 않는다. 다만 우리 형법 제309조는 출판물 등에 의한 명예훼손을 별도로 규정하고 있는데, 우리 형법 제309조의 출판물 등에 의한 명예훼손은 사람을 비방할 목적이라는 주관적인 요건을 추가로 요구하며 출판물 등에 의한 명예훼손이 발생하였을 경우 법익 침해가 가중되는 점 등을 참작하여 형벌도 형법 제307조의 일반 명예훼손죄보다 중하게 규정하고 있다. 또한 제307조 명예훼손죄의 구분과 마찬가지로 사실을 적시한 경우 및 허위의 사실을 적시한 경우 모두 출판물에 의한 명예훼손이 성립할 수 있다.

---

10) 제750조(불법행위의 내용) 고의 또는 과실로 인한 위법행위로 타인에게 손해를 가한 자는 그 손해를 배상할 책임이 있다.
11) 제751조(재산 이외의 손해의 배상) ① 타인의 신체, 자유 또는 명예를 해하거나 기타 정신상 고통을 가한 자는 재산 이외의 손해에 대하여도 배상할 책임이 있다.

Default Rule
임의규정

남현우

1. 개 념

미국법에서 Default rule은 계약에서 분명하게 정하지 않은 부분, 즉 계약상 공백을 메우는 데 적용되는 규범체계로서, 흔히 임의규정으로 번역된다. 이는 "gap-filling rule"과도 같은 의미로 사용된다. 이는 기본적으로 계약에 있어 계약 당사자들이 계약의 내용으로 포함시키지 못하여 누락된 내용을 보완하는 기능을 수행한다.[1]

2. 배 경

계약에서 당사자들이 예견하였으나 누락한 지점 혹은 예견 자체를 하지 못한 지점에서 당사자 간의 분쟁이 주로 발생한다. 계약 당시 정하지 못한 지점을 보충적으로 메우기 위한 시도는 영국법에서부터 시작되었다. 영국 보통법은 계약의 공백과 관련한 판례를 축적해나가면서 당사자 간 합의되지 않은 공백 상태에 적용되는 일련의 Default rule을 축적해나갔고, 이는 대체로 유사한 상황에서 예외 없이 아주 엄격하게 적용되었다. 반면, 영국의 형평법은 Default rule의 엄격한 적용으로 인하여 초래되는 과도하게 가혹하고 불합리한 결과를 조정하는 선례를 축적해나갔다(equitable standards).[2] 이후 19세기에 접어들어 영국과 미국에서 보통법 체계와 형평법 체계는 합병되었는데, 그에 따라 계약의 공백을 메우는 주체로서의 법원도 하나로 통일되게 되었고, 두 개의 근원을 둔 계약 법리들이 혼화되어 미국 계약법의 Default rule 법리를 형성하게 되었다.[3]

---

1) Black's Law Dictionary (11th ed. 2019)
2) Alan Schwartz & Robert E. Scott, "The Common Law of Contract and the Default Rule Project", 102 Virginia Law Review 1523, 1538-1539 (2016).
3) Alan Schwartz & Robert E. Scott, ibid, 1523, 1539.

그렇다면 Default rule의 개입을 요청하는 계약의 공백이 발생하는 원인은 무엇인가? 이는 단순히 당사자들의 실수일 수도 있고, 계약 체결 시점에 모든 사항들을 빠짐없이 예상하는 것이 불가능하기 때문일 수도 있다. 보다 법경제학적으로 분석하자면, 가능한 많은 돌발 상황을 예측하여 계약 내용으로 정하는 데 소요되는 시간과 비용의 가치가 그렇게 함으로써 회피할 수 있는 위험의 가치보다 크다고 판단한 계약 당사자들의 선택에 의한 것일 수도 있고, 때로는 Default rule을 잘 알고 있는 계약 일방 당사자의 전략적 선택에 의한 것일 수도 있다.[4] 이유 여하를 불문하고 당사자 간 합의로 체결되는 계약은 불완전할 수밖에 없어 모든 돌발 상황(contingency)을 예측하여 관장할 수 없고, 그러한 공백 상태에서 분쟁이 발생할 경우 미국 법원은 Default rule을 통하여 그 공백을 보충해 왔던 것이다.

3. 내 용

Default rule은 당사자 간 합의로 그 효과 발생을 배제할 수 없는 강행규정(immutable rule 또는 mandatory rule)과 대비되는 개념으로, 당사자 간 합의로 그 효과 발생을 배제할 수 있는 규정이다. Default rule은 계약 체결 시 합의되지 않은 공백을 메우는 역할을 수행한다. 즉, Default Rule은 현실적으로 완전한 계약이란 존재할 수는 없지만, 적어도 관념적으로는 존재한다는 전제하에 현실의 불완전한 계약을 완전함(completeness)에 가깝게 만들어주는 것이라고 할 수 있다.[5]

미국에서는 앞서 설명한 것과 같이 보통법과 형평법이 합병됨에 따라 Default rule 또한 보통법과 형평법의 원칙을 모두 수용한 형태로 발전하게 되었다. 그 시작은 두 개의 상이한 뿌리에 기원한 원칙들을 조화롭게 규정하는 것이었다.[6] 미국법 체계에서 Default rule을 축적해나가는 과정은 크게 두 가지가 있다고 이해된다. 하나는 법원이 당면한 사건을 해결하는 과정에서 판례를 형성해 나가면서 Default rule을 제작하는 것이고(judicial creation), 다른 하나는 미국법률학회(American Law Institute, "ALI"), 통일주법 전국위원회(National Conference of Commissioners on Uniform State Laws, "NCCUSL")와 같은 소위 법률초안작성자들이 보통법상 일반 원칙들을 모아 Default rule을 만드는 것이다.[7] 이와 같은 노력의 산물로 통일상법전(Uniform

---

4) Ayers, Ian & Gertner, Robert, "Filling Gaps in Incomplete Contracts: An Economic Theory of Default Rules", 99 Yale L. J. 87, 92-95 (1989).

5) Ayers, Ian & Gertner, Robert, ibid, 92-93.

6) Alan Schwartz & Robert E. Scott, ibid, 1523, 1541.

Commercial Code, "UCC")이 제정되었고, 2개에 걸친 계약에 관한 Restatement들이 제정된 것이다.[8] UCC와 Restatement는 비록 그 자체로 바로 법적 효력을 갖는 것은 아니지만, 미국 대부분 주에서 UCC의 전부 또는 일부를 주법으로 채택하고 있고, Restatement를 법률행위 해석의 권위 있는 문헌으로 인정하고 있다는 점에서 사실상의 법률 유사 지위를 가지고 있다. 특히 UCC는 ALI와 NCCUSL이 1942년부터 준비하여 1952년 초판을 낸 미국 사법상의 최초 통일상법전인데, 현재 49개 주에서 UCC를 실제 법률로 통과시켜(사소한 수정 포함) 미국 상거래 계약의 가장 기본법이 되었다.

대표적으로 매매계약에 관한 일반 규정을 정하고 있는 §2 UCC에서 Default rule을 상당히 많이 발견할 수 있는데, 예컨대 §2-305(Open Price Term)은 "계약 당사자들이 매매계약을 체결하였음에도 매매가격이 정해지지 않은 경우, 인도일 기준 합리적인 가격(reasonable price at the time for delivery)이 그 매매가격이 된다."고 정하고 있고, §2-307(delivery in single lot or several lots)는 "계약 당사자들이 달리 합의하지 않는 한 매매계약에 따른 목적물은 한 번에 인도되어야 하고, 대금도 동시에 지급되어야 하나, 수회에 걸쳐 인도를 요구할 수 있는 권리가 있는 경우에는 대금은 각 인도별로 나누어 지급될 수 있다."고 정하고 있으며, §2-308(absence of specified place for delivery)는 "계약 당사자들이 달리 합의하지 않는 한 계약 이행 장소는 (a) 매도인의 주소 또는 주소가 없는 경우 사업 장소가 되고, (b) 계약 당시부터 목적물이 특정되어 있던 경우에는 해당 목적물이 있는 위치가 되고, (c) 권원(title)에 대한 문서는 은행을 통하여 교부되어야 한다."고 정하고 있다. 이들은 모두 "당사자들이 달리 합의하지 않는 한(unless otherwise agreed)"과 같은 문구를 두면서 당사자 간 합의가 없을 시 적용되는 기본 원칙이라는 점을 천명하고 있다는 특징이 있다. 임의규정이 어떤 기준에 따라 만들어지는지와 관련해서는 미국에서도 학설이 대립하는 것으로 보이나,[9] 대체로 사회 구성원 다수가 동의하는 기준에 따라 형성된다고 보는 것이 일반적인 견해로 보인다.[10]

---

7) Alan Schwartz & Robert E. Scott, ibid, 1523, 1541.
8) Schwartz와 Scott은 이와 같이 재조(在朝)와 재야(在野)에서 default rule을 형성하고 이를 별도 법리로 기록하여 축적해나가는 것을 두고 "Default Rule Project"라고도 하였다. Alan Schwartz & Robert E. Scott, ibid, 1523, 1525.
9) 최준규, "계약법상 임의규정을 보는 다양한 관점 및 그 시사점", 법조 제684호(2013), 64-76.
10) Eric Posner, "There Are No Penalty Default Rules in Contract Law", 33 Fla. St. U. L. Rev 563 (2006); 최준규, 전게 논문, 65-67.

4. 우리 법과의 비교

Default rule은 한국법상 임의규정과 유사하다. Default rule과 임의규정은 모두 당사자 간 합의로 그와 어긋나는 약정을 할 수 있음을 전제하고, 다만 합의되지 않은 공백을 채우기 위하여 존재하는 일련의 예비적 규정이라는 점에서 공통적이다.

한국법상 임의규정은 민법 제105조에서 정하고 있고, 이에 따르면 임의규정은 "법률행위의 당사자가 법령 중의 선량한 풍속 기타 사회질서에 관계없는 규정과 다른 의사를 표시한 때 그 의사가 적용됨에 따라 적용이 배제되는 그 규정"을 지칭한다. 한편, 미국법상 Default rule은 각 주에서 채택하고 있는 UCC에만 존재하는 것이 아니라 정식 법률이 아닌 Restatement나 판례 법리의 형태로도 존재한다. 한국법상 임의규정이 법률상의 규정만을 지칭하여 범위가 한정적인 데 반해 미국법상 Default rule은 그 속성은 임의규정과 유사하지만 그 외연이 보다 더 넓은 것이다.

또한, 한국법상 임의규정은 민법에 따른 정의규정에도 불구하고 어떠한 법률규정이 임의규정이고 강행규정인지를 문언만을 토대로 판단하기 어렵고, 대부분 판례의 해석에 의하여 분명해지는데, 그 판단 기준마저도 분명하지는 않다.[11] 그러나 미국법상 Default rule은 앞서 살펴본 것과 같이 대부분의 경우 "unless otherwise agreed"와 같은 표현이 있어 문언만으로도 쉽게 당사자 간의 합의로 언제든지 번복할 수 있는 임의규정임을 확인할 수 있다. 이는 문언만으로 임의규정인지 파악하기 어려워 판례의 해석에 의존하는 한국과 다르다고 볼 수 있다.

---

11) 양창수·김재형, 계약법(제2판), 박영사(2015), 647.

Defect
결함

임동민

1. 개 념

　　미국법에서 product defect(제조물의 결함)란 제조물의 기능 또는 안전성에 필수적인 부분의 결함을 말한다.[1] 제조물의 결함은 ① 제조상 결함(manufacturing defect), ② 설계상 결함(design defect), ③ 표시상 결함(marketing defect)으로 나누어 볼 수 있다. 제조물의 결함이 인정되는 경우, 피해자는 ① 과실(negligence)로 인한 책임, ② 보증위반(breach of warranty)에 따른 책임, ③ 불법행위법상의 엄격책임(strict liability in tort)을 근거로 손해배상을 청구할 수 있다.

2. 배 경

　　제조물책임에 관한 미국 판례 법리는 ① 과실(negligence)로 인한 책임, ② 보증위반(breach of warranty)에 따른 책임, ③ 불법행위법상의 엄격책임(strict liability in tort) 순으로 발전되어 왔다.[2]

　　영미법상 하자 있는 물건을 만들거나 판 사람은 계약위반의 책임 외에도 과실로 인한 불법행위책임을 진다. 1842년, 미국 법원은 Winterbottom 사건에서 과실로 인한 불법행위책임이 인정되기 위해서는 가해자와 피해자 사이에 계약 당사자 관계가 요구된다고 보아, 계약관계가 없는 당사자 사이의 제조물책임을 부정하였다.[3]

---

1) Black's Law Dictionary (11th ed. 2019).
2) 나경수, "외국의 제조물책임법 사례 — 미국과 일본을 중심으로", 기술표준 제3권(2002), 18.
3) Winterbottom *v.* Wright, 10 Meeson & Welsby 109 (1842). 마부가 우편마차를 운행하던 중 마차의 결함으로 인해 상해를 입은 경우, 마차 주인은 마부에 대하여 손해배상 책임을 지지 않는다고 보았다. 마차 주인은 우체국장과 계약을 맺었을 뿐, 우체국장의 하도급자에게 고용된 마부와는 아무런 계약관계가 없다는 것이 주된 근거였다.

이후 미국 법원은 보증위반에 따른 책임을 인정함으로써 계약 당사자 요건을 폐기하였다. 1960년, 미국 법원은 Henninsen 사건에서 제조업자와 그가 상식적으로 예상할 수 있는 최종 소비자 간에 개별적인 계약 당사자 관계를 일일이 요구할 수 없다고 보았고, 따라서 결함 있는 물건의 사용에 따른 손실은 그 위험을 지배하거나 손실을 공평하게 분산시킬 수 있는 제조업자가 부담하는 것이 타당하다고 보아 계약관계가 없는 당사자 사이의 제조물책임을 인정하였다.[4] 즉 제조업자가 물건에 대한 안전성을 보증하였음에도 불구하고, 그 보증을 위반하였다는 법리를 통해 제조물책임의 인정 범위를 확장한 것이다.

미국 법원은 이후 엄격책임(무과실책임)을 인정함으로써 제조물책임의 인정 범위를 더욱 확장했다. 1963년, 미국 법원은 Greenman 사건에서 제조물 결함이 인정되는 경우 제조업자의 과실 유무를 불문하고 제조업자의 책임이 인정된다고 보아 엄격책임 법리를 채택하였고,[5] 이 법리는 1965년 미국 제2차 Restatement에 반영되었다. 제2차 Restatement는 "소비자의 재산에 비합리적으로 위험할 수 있는(unreasonably dangerous) 결함이 있는 상태의 제조물을 매도하는 제조업자는 제조 과정에서 모든 주의의무를 준수하였더라도 제조물의 결함으로 소비자나 사용자의 신체상 또는 재산상 손해가 발생한 경우 책임을 진다."고 규정하였다.[6]

그러나 엄격책임 법리로 인하여 제조물책임 소송의 증가, 막대한 손해배상으로 인한 기업파산, 보험료 상승·보험인수 거부에 따른 사회적 비용 증가 등의 문제가 발생하였다. 이에 따라 제조물책임 법리에 대한 수정 논의가 진행되었고,[7] 1998년 미국 제3차 Restatement는 제조상의 결함에 대해서는 엄격책임을 인정하면서도, 설계상 결함·표시상 결함에 대해서는 과실책임만을 인정하는 방향으로 제조물책임 법리를 대폭 수정하였다.

3. 내 용

제3차 Restatement를 중심으로 제조물 결함의 의미를 살펴본다. 제3차 Restatement

---

4) Henningsen *v.* Bloomfield Motors, 32 N.J. 358, 161 A .2d 69 (N.J. 1960).
5) Greenman *v.* Yuba Power Products, Inc., 59 CaM.2d 57, 62 (1963). 소비자가 전동공구의 결함으로 인해 상해를 입은 경우, 전동공구 제조사는 과실 유무를 불문하고 손해배상책임을 진다고 보았다.
6) Restatement Second, Torts; Products Liability §402A.
7) Mark A. Geistfeld, Principles of Products Liability 2nd ed., Foundation press (2011), 2.

는 제조물 결함을 세 가지 유형으로 구분하고 각 유형별 판단 기준을 제시하고 있다.[8] ① 제조상 결함(manufacturing defect)이란 제품의 표시에 관한 모든 주의의무를 이행하였다고 할지라도, 제품이 원래 의도한 설계와 다르게 제조됨으로써 발생한 제품상 결함을 말한다. ② 설계상 결함(design defect)이란 판매자, 공급자, 상업적 연쇄유통과정의 피승계인(선순위자)이 합리적인 대체설계를 채용하였다면, 당해 제품에 의하여 발생할 수 있는 예견가능한 위험을 감소 또는 회피할 수 있었음에도 불구하고 대체설계를 채용하지 아니함으로써 발생한 제품상 결함을 말한다. ③ 표시상 결함(marketing defect)이란 판매자, 공급자, 상업적 연쇄유통과정의 피승계인(선순위자)이 합리적인 표시, 설명, 지시를 하였다면, 당해 제품에 의하여 발생할 수 있는 예견가능한 위험을 감소 또는 회피할 수 있었음에도 불구하고 그러한 표시, 설명, 지시를 하지 아니함으로써 발생한 제품상 결함을 말한다.

① 제조상 결함의 경우, 제조업자의 과실 유무를 불문하고 원래 의도했던 설계와 다르게 제조되면 결함이 인정되기 때문에 엄격책임을 규정한 것으로 평가되는 반면에 ② 설계상 결함, ③ 표시상 결함의 경우, '합리성'과 '예견가능성'을 판단 요소로 규정하였다는 점에서 과실책임을 규정한 것으로 평가된다.[9] 이는 제2차 Restatement가 제조물의 결함을 포괄적으로 정의하고 전면적으로 엄격책임을 채택하였던 것과 대조된다.

제3차 Restatement는 증명책임을 누가 부담하는지에 관한 명시적인 규정을 두고 있지는 않다. 다만 제조물 결함의 추정을 뒷받침하는 정황증거(제3조), 결함과 피해 간의 인과관계에 적용되는 일반법칙(제15조)에 관한 규정을 두고 있다. 제3조는 "원고에게 피해를 준 사고가 다음 각항의 전부에 해당하는 경우, 특정한 결함에 관한 입증이 없어도 원고가 입은 피해는 그 제품을 판매 또는 공급하는 시점에 존재하고 있던 결함에 의하여 생긴 것으로 추정할 수 있다. (a) 사고가 통상 제품 결함의 결과로 일어날 수 있는 종류일 것, (b) 당해 사건에 있어서, 사고가 오로지 제품을 판매 또는 공급하는 시점에 존재하고 있던 제품 결함 이외의 원인의 결과로만 일어날 수 있는 것이 아닐 것"이라고 규정한다.[10] 제15조는 "제품의 결함이 인적 또는 재산적 피해의 원인인지 여부는 불법행위법상의 인과관계에 적용되는 일반법칙과 원칙에 의하여 결정된다."고 규정한다.[11] 이처럼 제3차 Restatement는 제조물 결함의 개념을 유형화

---

8) Restatement Third, Torts; Products Liability § 2.

9) 권오상, "제조물책임법 활성화 방안에 관한 연구 — 현행법의 한계와 개선안 마련을 중심으로 —", 법학연구 제30권 제4호(2020), 156.

10) Restatement Third, Torts; Products Liability § 3.

하고 엄격책임의 범위를 제한함으로써 제조업자의 이익을 고려하였지만, 동시에 일정한 요건하에 결함을 추정하는 규정을 둠으로써 소비자 보호도 꾀하였다.[12]

4. 우리 법과의 비교

제조물 결함의 개념과 관련하여, 우리 제조물 책임법은 제3차 Restatement의 결함 유형을 그대로 채택하였고, 이에 더하여 "그 밖에 통상적으로 기대할 수 있는 안전성이 결여되어 있는 것"을 결함의 유형으로 추가하였다(제조물책임법 제2조). 제조물 결함을 구체적으로 유형화했다는 점에서는 제3차 Restatement를 차용한 것이고, 제조물 결함에 대한 포괄적인 정의규정을 두었다는 점에서는 제2차 Restatement(및 그에 영향을 받은 EC 입법지침 제6조)를 차용한 것인데, 이러한 혼합적 결함 개념 정의를 채택한 입법례를 찾아보기 어렵다.[13]

제조물 결함의 추정에 관하여 우리 제조물책임법은 제3차 Restatement의 제3조와 같은 취지의 추정 규정을 두고 있다(제조물책임법 제3조의2).[14]

---

11) Restatement Third, Torts; Products Liability § 15.
12) 권오상, 전게 논문, 165.
13) 권오상, 전게 논문, 157.
14) 제조물책임법 제3조의2(결함 등의 추정) 피해자가 다음 각 호의 사실을 증명한 경우에는 제조물을 공급할 당시 해당 제조물에 결함이 있었고 그 제조물의 결함으로 인하여 손해가 발생한 것으로 추정한다. 다만, 제조업자가 제조물의 결함이 아닌 다른 원인으로 인하여 그 손해가 발생한 사실을 증명한 경우에는 그러하지 아니하다.
　 1. 해당 제조물이 정상적으로 사용되는 상태에서 피해자의 손해가 발생하였다는 사실
　 2. 제1호의 손해가 제조업자의 실질적인 지배영역에 속한 원인으로부터 초래되었다는 사실
　 3. 제1호의 손해가 해당 제조물의 결함 없이는 통상적으로 발생하지 아니한다는 사실

Delivery
인도

임동민

1. 개 념

미국법에서 인도(Delivery)란 어떤 물건을 자발적으로 넘겨주는 행위로서, 특히 물품을 특정인에게 또는 특정한 장소에 가져다주는 것을 말한다.[1] 인도는 동산 인도와 부동산 인도로 나누어 볼 수 있는데, 동산 인도는 물품매매계약에서의 위험부담(risk of loss)과 관련하여 논의되고, 부동산 인도는 부동산 양도증서(deed)의 작성 및 인도와 관련하여 논의된다.

2. 배 경

동산 인도와 위험부담에 대하여 살펴본다. 위험부담이란 쌍무계약에서 당사자의 귀책 없이 물품 또는 기타 재산권이 멸실·훼손된 경우, 그에 따른 비용을 특정 당사자의 부담으로 돌리는 위험·가능성을 말한다.[2] 원래 매도인에게 있던 물품의 멸실·훼손의 위험이 언제 매수인에게 이전(passing of risk)되는가가 위험부담의 핵심적인 문제이다.[3] 전통적인 미국의 보통법(common law), 그리고 1906년 제정된 미국의 통일매매법(Uniform Sales Act)은 물건의 소유자가 위험을 부담하도록 하는 소유권이전시주의를 택하고 있었다.[4] 이에 대해서는 ① 소유권의 이전 시점을 명확하게 판단하는 것이 곤란한 경우에는 위험부담의 주체가 불분명하다는 점, ② 통일매

---

1) Black's Law Dictionary (11th ed. 2019).
2) Black's Law Dictionary (11th ed. 2019).
3) 김영주, "미국법상 물품매매계약에서의 위험의 분배 — 통일상법전(UCC)의 규정 및 사례를 중심으로", 무역상무연구 제58권(2013), 60.
4) 위험부담에 관한 입법례는 위험의 이전시기를 기준으로 ① 계약 체결 시주의 ② 소유권이전시주의 ③ 인도시주의로 분류할 수 있다. 최준선, 국제거래법(제8판), 삼영사(2013), 188.

매법에 따라 계약 체결만으로 매수인에게 소유권이 곧바로 이전되는 경우, 물품을 점유하지도 않은 매수인에게 위험을 부담시키는 것이 부당하다는 점의 비판이 있었다.[5] 이에 1952년 제정된 미국 통일상법전(Uniform Commercial Code, UCC)은 넓은 의미의 인도시주의를 채택하였고, 이는 국제물품매매계약에 관한 UN협약(CISG)에도 상당 부분 반영되었다.[6]

　　부동산 양도증서 인도의 의미를 살펴보기 위해 미국법상 부동산 매매과정을 살펴본다.[7] 첫째, 부동산 매매계약을 체결한다. 우리나라 민법과 달리 미국의 사기방지법(statute of frauds)은 부동산 매매계약은 서면에 의하지 않으면 계약의 이행을 강제할 수 없다고 정하는데, 이에 따라 대부분의 부동산 매매계약은 서면으로 체결된다. 둘째, 매도인이 양도증서를 작성하여 매수인에게 인도함으로써 매매계약은 종료한다. 양도증서가 인도됨으로써 부동산 소유권은 매수인에게 이전되고 별도의 등록(등기)을 요하지 않는다. 셋째, 매수인은 증서등록제도를 통해 소유권을 등록함으로써 제3자에게 대항할 수 있는 우선권을 확보한다.[8] 위와 같이 양도증서의 인도는 부동산 소유권을 이전시킨다는 점에서 부동산 매매과정에서 핵심적인 기능을 수행한다.

3. 내 용

　　통일상법전상 물품매매계약에서의 위험부담 법리를 중심으로 동산 인도의 의의·기능을 살펴본다.[9] 통일상법전은 인도시주의를 채택함에 따라 물품에 대한 '지배'를 기준으로 위험을 귀속시킨다.

　　계약의 종류를 불문하고, 당사자 일방이 계약을 위반한 경우, 계약을 위반한 자가 위험을 부담한다(통일상법전 제2-510조). 예컨대, 매도인이 불완전한 이행을 한 경우의 위험은 매도인이 부담하고, 매도인이 완전한 이행을 하였음에도 불구하고 매수인이 수령거절을 한 경우의 위험은 매수인이 부담한다.

　　선적지 계약(shipment contracts)이란 당사자 간에 특정 목적지까지 운송해 준다는 특별한 합의가 없는 경우, 매도인이 운송인에게 물품을 인도한 후 이를 매수인에

---

5) 김영주, 전게 논문, 60-64.
6) 김영주, 전게 논문, 60-64.
7) 이하 가정준, "미국법상 부동산 소유권 변동과정에 대한 법적 고찰", 민사법학 제31호(2006), 139-176을 참고하였다.
8) 미국의 부동산공시제도로는 증서등록제도가 주로 사용되고, 토렌스 제도는 일부 주의 일부 지역에서만 사용된다.
9) 이하 김영주, 전게 논문, 59-98 참고.

게 통보하기만 하면 인도의무가 이행되는 계약을 말한다. 선적지 계약에서의 위험은 물품이 운송인에게 적법하게 인도된 때에 매수인에게 이전된다(통일상법전 제2-509조 제1항 (a)호). 선적지 계약에서 적법한 인도가 성립하기 위해서는 ① 매도인이 물품의 점유를 운송업자에게 이전하고 상품의 성격 및 기타 상황 등을 고려하여 합리적인 운송계약을 체결해야 하고, ② 매수인이 물품의 점유를 위하여 서류를 필요로 하는 경우에는 이를 신속하게 매수인에게 인도 또는 제공하여야 하며, ③ 매수인에게 즉시 선적의 통지를 하여야 한다(통일상법전 제2-504조).

   도착지 계약(destination contracts)이란 당사자 간의 합의로 특정 목적지에서 매수인에게 물품이 현실적으로 인도되어야만 인도의무가 이행되는 계약을 말한다. 도착지 계약에서의 위험은 매도인이 도착지에서 매수인에게 현실적으로 물품을 인도한 때 이전된다(통일상법전 제2-509조 제1항 (b)호). 도착지 계약에서 적법한 인도가 성립하기 위해서는 ① 매도인이 계약에 합치되는 물품을 매수인이 처분가능한 상태에 둔 후, 매수인에게 인도를 위해 합리적으로 필요한 통지를 하여야 하고, ② 계약상 매도인이 특정한 권리증권을 구비하여 제시하도록 요구될 때에는 이를 제시하여야 한다.

   선적지 계약, 도착지 계약과 달리 물품의 운송을 포함하지 않는 계약의 경우, 즉 수치인(bailee)이 물품을 보관하고 있는 경우의 위험부담을 살펴본다. 만약 수치인이 보관하는 물품이 이동 없이 인도되어야 할 때 매도인의 위험은 ① 매수인이 그 물품을 대상으로 하는 유통성 있는 권원증서(a negotiable document)를 취득한 경우, ② 수치인이 매수인의 물품에 대한 점유권을 인정한 경우, ③ 매수인이 유통성 없는 권원증서 또는 기타 물품 인도증서를 취득한 경우에 매수인에게 이전된다(통일상법전 제2-509조 제2항).

   부동산 인도와 관련하여, 양도증서의 작성 및 인도에 관하여 살펴본다. 양도증서는 부동산의 양도나 부동산권의 설정을 목적으로 하는 문서로서 양도자가 양수인에게 부동산의 권리를 처분하는 문서를 말한다.[10] 양도증서의 인도는 물리적인 방법에 의한 양도증서의 전달로만 가능한 것은 아니며, 부동산상의 권리를 이전한다는 양도인의 현재의 의사(present intent)에 기반하는 모든 행위에 의하여 가능하다.[11] 거래계에서 양도증서의 인도는 주로 ① 직접 전달 또는 ② 에스크로(escrow) 방법을 이용한 인도로 이루어진다. 부동산 양도증서의 인도가 이루어지면 설사 그 증서에 대한

---

10) 조국현, 미국재산법, 박영사(2017), 383.
11) 조국현, 전게서, 383.

등록(recording)을 마치지 않더라도 권리이전의 효과가 발생한다. 등록 여부는 권리의 우선순위 등에 대한 다툼이 있을 때에만 문제될 뿐이다.[12] 미국법은 합병이론(merger doctrine)으로 양도증서 인도의 효력을 설명한다.[13] 이에 따르면 매매계약서에 기재된 내용은 법적인 효력을 상실하고 양도증서에 기재된 내용이 매매계약서를 대체하게 된다. 따라서 매매계약서의 내용 중 아직 당사자에 의해 이행되지 않은 채무가 있다면 양도증서에서 다시 확언되어야 그 효력이 유지되며, 그렇지 않으면 그 채무는 소멸된다.[14]

4. 우리 법과의 비교

우리 민법은 위험부담의 일반원칙으로 채무자위험부담주의를 규정하고(민법 제537조), 다만 ① 채권자의 귀책사유로 이행불능이 된 경우, ② 채권자의 수령지체 중에 당사자 쌍방의 책임 없는 사유로 이행불능이 된 경우에는 예외적으로 채권자위험부담주의를 취하고 있다(민법 제538조). 미국 통일상법전이 계약의 종류별로 위험의 이전에 관한 구체적인 규정을 마련하고 있는 것과 달리, 우리 민법은 그러한 규정을 두고 있지는 않다. 그러나 내용에 있어서는 우리 민법 역시 인도시주의를 취하고 있다.[15] 예컨대 동산 소유권유보부매매의 경우, 매수인이 동산을 인도받은 후 대금 완납 전에 쌍방의 귀책사유 없이 목적물이 멸실되었다면, 매도인은 매수인에게 여전히 매매대금을 청구할 수 있다. 즉 동산의 인도에 따라 위험이 매수인에게 이전된 것이다.

미국법상 양도증서의 작성·인도를 우리 민법의 시각에서 바라보면,[16] 양도증서의 작성·인도는 우리 민법상 등기에 필요한 서류의 교부와 유사하다고 볼 수 있다. 미국법상 양수인은 인도받은 양도증서를 통해 소유권을 등록(record)할 수 있기 때문에, 양도증서는 우리 부동산등기법상 등기 신청시 필요한 등기서류인 검인계약서와

---

12) 일정한 형식을 갖춘 양도증서를 인도받은 매수인이 등록소(register office)에 양도증서를 제출하면, 등록소의 직원은 그 부본을 일반인들이 열람할 수 있도록 편철(filing)한다. 이러한 편철이 종료되면 등록(recording)이 완료되고, 그 시점부터 (이해관계 있는) 제3자에 대한 대항력을 갖춘다.

13) 자세한 내용은 Jesse Dukeminier & James E. Krier, Property(3rd ed.), 1993, 616, 가정준, 전게서, 146-151. 최창렬, "미국 부동산거래에서의 유통성 확보에 관한 소고", 국제거래법연구 제18집 제2호(2009), 247-248.

14) 가정준, 전게 논문, 150.

15) 지원림, 민법강의(제9판), 홍문사(2011), 1355; 최준선, 전게서, 190.

16) 이하 가정준, 전게 논문, 164-170을 참고하였다.

유사하다고 볼 수 있다. 물권행위의 독자성을 인정하는 다수설에 따르면, 미국법상 매매계약서의 작성은 채권행위이고, 양도증서의 작성·인도는 물권행위로 이해될 수 있다. 그러나 우리 민법상 등기에 필요한 서류의 교부와는 다르게 양도증서의 인도는 그 자체로 물권적 효력(소유권 이전)을 발생시킨다는 점에서 차이가 있다.

Deposits in Court
공탁

박정언

1. 개 념

Deposits in court는 소송의 결과가 있을 때까지 법원에 임시로 개인의 잠재적 책임을 나타내는 금전 또는 기타 재산을 예치하는 것을 말한다.[1]

2. 배 경

공탁제도는 로마법부터 시작된 것으로서 채무자가 채무의 목적물을 자기의 재산과 분리하여 스스로 보관하거나 제3자 내지 공공기관에 예치하는 것을 의미하였다.[2] 근대에 이르러 많은 국가에서 공탁에 관한 입법이 이루어졌다. 미국에서는 1937년 Federal Rules of Civil Procedure Rule(연방민사소송규칙, 이하 'FRCP'라고 함) 제67조에서 Deposits in court에 관한 입법이 이루어졌다.

1983년 FRCP 제67조에 대한 세 가지 중요한 개정이 있었다. 먼저, 규정의 해석을 명확히 하기 위하여 절(clause)을 추가하는 개정이 있었다. 개정 전 일부 법원에서는 소송 당사자가 예치될 자금 또는 물건에 대한 이자를 요구하지 않는 때에만 Deposits in court를 허용한다고 판단하였다.[3] 그러나 소송 당사자가 Deposits in court를 이용하면서 예치된 자금 등에 대한 이자를 취득하고 싶을 수도 있다. 어떤 경우라도 deposits in court 제도를 이용할 수 있도록 해야 하므로 해석을 명확히 할 수 있는 절(clause)[4]을 추가한 것이다. 이는 Deposits in court를 원하는 소송 당사자에게 유리한 개정이다.

---

1) Black's Law Dictionary (11th ed. 2019).
2) 편집대표 김용덕, 주석 민법 채권 총칙, 한국사법행정학회(2020), 345(김시철 집필 부분).
3) Blasin-Stern *v.* Beech-Nut Life Savers Corp., 429 F.Supp. 533 (D. Puerto Rico 1975).
4) whether or not that party claims any of it.

두 번째 개정은 Deposits in court를 할 때 법원 직원에게 deposit 허가서의 사본을 제공하도록 하는 요건을 추가한 것이다.[5] 이는 법원 직원이 Deposits in court의 대상과 그에 관한 직원의 책임이 무엇인지 알고 있다는 것을 확실히 하기 위함이다.

세 번째 개정은 예치된 모든 자금이 법원에서 승인한 이자부 계좌나 증권에 입금되도록 요구하는 것이다.[6]

3. 내 용

청구취지가 금전적 판단이거나 금전 또는 기타 인도 가능한 것의 처분인 경우[7] 당사자는 다른 당사자에게 통지하고 법원의 허가를 받아 금전 기타 물건의 전부 또는 일부를 법원에 예치할 수 있다. 민사소송 과정에서 Deposits in court에 대한 소송 당사자의 요구 또는 법원의 명령은 빈번하게 있다. 법원은 당사자의 청구에 따라 Deposits in court를 허가할 수도 있고 자의적으로 이를 명령할 수도 있는 재량이 있다.[8]

Deposits in court는 당사자 간의 계약관계 및 법적 의무를 변경하는 수단이 아니라 분쟁 대상이 된 금전 기타 물건을 보관하는 장소를 제공하는 수단이다.[9] 따라서 Deposits in court로 인하여 당사자 간의 권리 의무 관계가 바뀌는 것은 아니다.

법원은 계류 중인 소송의 목적으로 법정에 예치된 금전 기타 물건에 대해 공식적으로 책임을 진다.[10] 법원은 예치된 금전 기타 물건에 대한 폭넓은 재량권을 가지며 통상적으로 당사자는 법원에 어떠한 불만을 제기할 수 없다.[11] 법원은 최종 판결에 따라 예치된 금전 기타 물건을 분배할 때까지 금전 기타 물건의 지배를 유지하며, 일반적으로 소송 당사자는 그때까지 금전 기타 물건의 법적 또는 경제적 권리를 갖지 않는다.[12] 법원에 예치된 금전 기타 물건에 대한 제3자의 청구도 불가능하다.[13] 법원의 이러한 권한과 책임은 해당 금전 기타 물건이 지급되기 전까지는 해당 소송

---

5) The depositing party must deliver to the clerk a copy of the order permitting deposit.
6) The money must be deposited in an interest−bearing account or invested in a court−approved, interest−bearing instrument.
7) 예를 들어 상표권 분쟁의 경우 deposits in court는 허용되지 않는다. Dinkins v. General Aniline Film Corporation, 214 F. Supp. 281 (S.D.N.Y. 1963).
8) 23 Am. Jur. 2d Deposits in Court § 1.
9) Progressive Cas. Ins. v. Drive Trademark Holdings, 680 F. Supp. 2d 639 (D. Del. 2010).
10) 23 Am. Jur. 2d Deposits in Court § 8.
11) 23 Am. Jur. 2d Deposits in Court § 15.
12) 23 Am. Jur. 2d Deposits in Court § 13.
13) 23 Am. Jur. 2d Deposits in Court § 8.

에 대한 인용·기각 판결, 항소 제기 이후에도 유지된다.[14]

　　법원은 예치된 금전 기타 물건을 누가 소유하는지 판단할 수 있는 준대물관할권 (quasi in rem jurisdiction)을 가지고 있다. 법원은 법정에서 금전 기타 물건의 소유자 가 누구인지 결정하기 위하여 또는 경쟁적 청구를 해결하기 위하여 금전 기타 물건 의 지급 전에 증거 심리(evidentiary hearing)를 열 수 있다.[15] 법원은 위 판단의 결론 이 나기 전까지는 금전 기타 물건을 소송 당사자에게 지급할 수 없다.[16] 법원은 최종 판단에 따라 이해관계가 달라지는 소송 당사자와 공공을 보호하기 위해 법과 형평성 원칙에 따라 금전 기타 물건을 누구에게 분배해야 하는지 판단해야 한다.[17]

　　법원은 금전 기타 물건에 대한 권리가 있는 것으로 밝혀진 당사자들에게 이를 분배할 권한과 의무가 있다.[18] 예치된 금전 기타 물건은 적절한 소답절차(pleading), 청구(claim), 참가절차(intervention) 또는 기타 방법에서 입증된 바에 따라 법원이 진 정한 이해관계가 있다고 판단한 당사자 또는 그 대리인에게만 지급될 수 있다.[19] 소 송 당사자가 그 대가로 무언가를 받거나 특정 상황이 발생하는 조건으로 Deposits in court를 한 경우 해당 조건이 이행되기 전까지 법원은 소송 상대방에게 해당 금전 기 타 물건을 지급할 수 없다. 다만 당사자 간 합의의 담보로 적법한 소유자에게 그 금 전 기타 물건을 출급하는 것을 금지할 수는 없다.[20]

4. 우리 법과의 비교

　　미국법상 Deposits in court는 법원에 금전 기타 물건을 예치한다는 점에서 공탁 과 유사하다. 우리 법상 공탁은 반드시 법령에 근거하여야 하고 당사자들 사이 합의 를 통할 수는 없다.[21] 이는 미국에서 FRCP 제67조를 비롯한 관계 법령에 근거하여서 만 Deposits in court가 가능하다는 점과 같다.

　　우리나라에서는 1912. 4. 1. 조선민사령에 의하여 일본의 공탁법이 의용됨으로써 공탁제도가 처음 시행되어 대한민국 정부수립 후에도 유지되다가 1958. 7. 29. 공탁

---

14) 23 Am. Jur. 2d Deposits in Court § 13.
15) 23 Am. Jur. 2d Deposits in Court § 17.
16) 23 Am. Jur. 2d Deposits in Court § 15.
17) 23 Am. Jur. 2d Deposits in Court § 17.
18) 23 Am. Jur. 2d Deposits in Court § 15.
19) 23 Am. Jur. 2d Deposits in Court § 17
20) 28 U.S.C.A. § 2041.
21) 대법원 2014. 11. 13. 선고 2012다52526 판결.

법이 제정되어 공탁제도가 정립되었고 민법에도 변제공탁에 관한 내용이 규정되어 있다. 최근 공탁법은 2020. 12. 8. 형사공탁의 특례를 제정하여 형사사건의 피고인이 법령 등에 따라 피해자의 인적 사항을 알 수 없는 경우에 그 피해자를 위한 변제공탁이 가능하도록 하였고 2022. 12. 9.부터 시행된다.[22) 형사공탁 제도가 별도의 조항으로 입법되어 있다는 점에서 미국법과 차이가 있다.

　　우리나라 민법은 채권 소멸의 유형으로 공탁을 규정하고 있다. ① 채권자가 변제를 받지 아니하거나 받을 수 없는 때 또는 ② 변제자가 과실 없이 채권자를 알 수 없을 때(민법 제487조) 변제자는 채권자를 위하여 변제의 목적물을 공탁하여 그 채무를 면할 수 있다. 이때 채무 일부에 대한 공탁은 일부분에 관하여도 효력이 생기지 않으나, 채권자가 공탁금을 채권 일부에 충당한다는 유보의 의사표시를 하고 이를 수령한 때에만 채권 일부의 변제에 충당된다.[23)

　　반면에 미국법상 Deposits in court는 계약관계 및 법적 의무에 변동을 주지 않고 분쟁 대상이 되는 금전 기타 물건을 보관하는 기능만 가지고 있으므로 채무 소멸의 효과를 가지는 우리 법상 공탁과 큰 차이가 있다. 또한 Deposits in court는 소송의 목적이 된 금전 기타 물건의 전체가 아닌 일부만 대상으로 하더라도 가능하다. 이는 일부 채무에 대한 공탁이 원칙적으로 무효인 우리나라 민법상 공탁과 다르다.

　　한편 미국법에서 소송 당사자가 그 대가로 무언가를 받거나 특정 상황이 발생하는 조건으로 Deposits in court를 한 경우 해당 조건의 성취가 없다면 법원은 예치된 금전 기타 물건을 지급하지 못한다. 이는 우리나라에서 채권자가 반대급부를 이행하지 않으면 공탁금을 수령할 수 없도록 한 것과 유사하다.[24)

　　미국법에서 Deposits in court 사무를 법원의 직원이 관장하는 것처럼 우리나라에서도 공탁 사무는 법원 산하의 공탁소에서 이루어지며 법원장이 지정한 공탁관이 단독제 국가기관으로서 사무를 처리한다.[25)26)

---

22) 공탁법 제5조의2(형사공탁의 특례) ① 형사사건의 피고인이 법령 등에 따라 피해자의 인적사항을 알 수 없는 경우에 그 피해자를 위하여 하는 변제공탁(이하 "형사공탁"이라 한다)은 해당 형사사건이 계속 중인 법원 소재지의 공탁소에 할 수 있다.

23) 대법원 2009. 10. 29. 선고 2008다51359 판결.

24) 민법 제491조(공탁물수령과 상대의무이행) 채무자가 채권자의 상대의무이행과 동시에 변제할 경우에는 채권자는 그 의무이행을 하지 아니하면 공탁물을 수령하지 못한다.

25) 김용덕, 전게서, 362(김시철 집필 부분).

26) 구체적인 규정을 살펴보면 공탁은 채무이행지의 공탁소에 하여야 하며(민법 제488조 제1항), 공탁소에 관하여 법률에 특별한 규정이 없으면 법원은 변제자의 청구에 의하여 공탁소를 지정하고 공탁물 보관자를 선임하여야 하며(민법 제488조 제2항), 공탁자는 지체없이 채권자에게 공탁통지를 하여야 한다(민법 제488조 제3항). 법령에 따라 행하는 공탁사무는 지방법원장이나 지방법원지원장이 소속 법원서기관 또는 법원사무관 중에서 지정하는 자가 처리한다(공탁

　　FRCP 제67조에 따르면 Deposits in court를 통해 법원에 예치된 금전 기타 물건은 반드시 이자부 계좌에 예금되거나 법원이 승인한 이자부 금융상품에 투자되어야 한다. 우리나라에는 위와 같은 규정이 존재하지 않고 공탁금의 이자에 관한 규칙 제2조에 따라 공탁금의 이자를 연 1천분의 1로 정하고 있다.

법 제2조 제1항).

Discovery
증거개시

정선호

1. 개 념

미국법에서 Discovery는 민사소송에서 정식재판이 시작되기 전에 각 당사자가 가진 증거를 공개하는 절차로, 증언녹취서(deposition), 질의응답서 교환(interrogatories), 문서 제공(production of documents), 제3자에 대한 문서제출 요청(document subpoena), 의료감정(medical examination) 등의 방법이 존재한다.[1] Discovery 제도는 당사자로 하여금 사건 초기에 계쟁사실과 관련하여 보유하고 있는 증거를 공개하도록 함으로써, 쟁점을 명확히 하고 사건을 조기에 종결하는 데 기여하는 제도로 평가된다.[2]

2. 배 경

20세기 초 미국 민사소송절차에서는 당사자가 자체적으로 증거를 수집할 수밖에 없었기 때문에, 효율적이고 구체적 타당성에 부합하는 분쟁 해결에 상당한 어려움이 존재하였다. 이에 따라 미국 법조계에서는 변호사협회를 중심으로 사실심리절차 이전에 당사자들이 가능한 많은 증거를 수집할 수 있도록 하는 공식적인 절차가 필요하다는 합의에 이르게 되었고,[3] 그 결과 1938년 미국 연방민사소송규칙(Federal Rules of Civil Procedure, FRCP) 개정 과정에서 Discovery 제도가 처음 도입되었다. 최초 도입 당시의 Discovery 제도는 구두 증인신문, 서면 증인신문, 질의응답서 교환, 문서와 물품 제출요구, 장소 조사요구, 개인에 대한 신체·정신적 조사요구 등으로

---

[1] Black's Law Dictionary (11th ed. 2019); Jack H. Friedenthal, Mary Kay Kane & Arthur R. Miller, Civil Procedure(6th ed.) (2007), 378-379.
[2] 변진섭, "미국 민사소송에서 증거개시의 역할과 한계, 한국에 도입가능성", 미국헌법연구 제23권 제3호(2012), 130.
[3] 변진섭, 전게 논문, 134.

구성되었다.[4)]

이후 1970년대 증거개시에 관한 일반규정의 추가 및 증거개시를 제약했던 조건들의 삭제, 1980년대 증거개시 협의(Discovery conference) 절차 도입을 통해 Discovery 제도의 남용을 통제하고자 하였으며, 2000년대에는 Discovery 절차에 법원의 광범위한 개입을 허용하는 방향으로 개정이 이루어졌다. 제도 도입 초기 Discovery 제도는 본래 취지에 부합하게 당사자의 자율성을 보장하는 방향으로 운영되었으나, 제도의 남용으로 인한 소송지연과 과도한 비용 부담의 문제 등 각종 폐해가 발생하자 이를 시정하기 위한 방향으로 개정이 이루어졌다.

3. 내 용

가. 미국 민사소송절차 내 Discovery 제도

Discovery 제도를 이해하기 위해서는 미국 민사소송절차의 흐름을 파악할 필요가 있다. 미국 민사소송절차는 변론전절차(pretrial)와 변론절차(trial)로 양분되는데, 이중 pretrial 단계에서는 원고의 소장과 피고의 답변서가 교환되는 소답절차(pleading), 당사자 간 증거가 교환되는 증거개시절차(discovery), 판사와 당사자가 사안의 쟁점을 정리하고 향후 재판 진행에 관하여 논의하는 변론전 협의(pretrial conference)가 이루어진다. Trial 단계는 모두진술, 증거조사, 최종변론, 배심원의 평결의 순서로 진행되는 것이 원칙이다. 즉, Discovery 제도의 근본적인 취지가 본격적인 사실심리에 들어가기 전에 당사자가 가진 모든 증거를 공유하여 분쟁의 신속, 공평한 해결을 도모하는 것이므로, 증거개시는 pretrial 단계에서 당사자가 소장 및 답변서를 교환한 직후에 이루어진다.

나. Discovery 제도의 목적

Discovery 제도는 크게 4가지의 목적을 가지고 있다.

첫째, 당사자로 하여금 본격적인 변론절차가 시작되기 이전에 공식적인 절차를 통하여 계쟁사실과 연관된 증거들을 수집하도록 하는 것이다. 당사자가 사적인 방법으로는 수집할 수 없었던 증거들이 Discovery 제도를 통하여 법원에 제출됨으로써, 당사자에게 전적으로 증거제출을 일임하는 경우에 발생하였던 불공평이나 비효율을

---

4) 변진섭, 전게 논문, 134.

시정할 수 있게 되었다.[5]

둘째, trial 단계에서 증거를 조사할 수 없을 가능성이 존재할 경우, 당해 증거를 미리 보전하기 위하여 Discovery 제도가 이용된다. 예를 들어, 증인이 해외출국 등의 사정으로 변론기일에 출석이 제한될 때 Discovery 제도를 통해 증언을 미리 보전할 수 있다.

셋째, Discovery 절차에서 수집된 증거를 바탕으로 법원과 당사자는 당해 사안에서 쟁점을 정리하고자 한다. pleading 단계에서는 당사자 간 쟁점이 되는 사실관계만 확인하고, 그 쟁점에 관한 증거 정리를 Discovery 단계에서 수행한다.

넷째, 당사자 간의 교섭에 의한 합의를 촉진하고자 하는 목적이 있다.[6] Discovery 제도를 통하여 당사자가 보유하고 있는 증거들이 상호 공개되었을 경우, Discovery 제도를 이용하지 않았을 경우와 비교하여 정보의 비대칭성이 완화됨으로써 당사자가 합의에 이를 가능성이 높아진다.

다. Discovery 제도의 내용

1993년 도입된 의무적 증거공개절차(required disclosures)를 통하여 당사자는 Discovery 절차에서 사건의 쟁점과 관련된 증거들을 상대방의 요청이 없이도 의무적으로 공개하여야 한다. 이에 따르면 당사자는 사전증거공개(initial disclosure),[7] 전문가증언공개(expert testimony), 변론전증거공개(pretrial disclosure)를 통하여 상대방의 요청이나 법원의 명령과 관계없이 스스로 증거를 공개하여야 한다. 의무적 증거공개절차 이외의 추가적인 방법으로는 전술한 바와 같이 증언녹취서(deposition), 질의응답서 교환(interrogatories), 문서 제공(production of documents), 자백요구서(requests for admission), 제3자에 대한 문서제출 요청(document subpoena), 의료감정(medical examination) 등이 활용된다.

Discovery의 범위와 관련하여, FRCP Rule 26(b)(1)는 "청구원인이나 방어방법과

---

5) Jack H. Fridentahal, Mary Kay & Arthur R. Miller, *Civil Procedure*(3rd ed). West Group (1999), 791–792.
6) 변진섭, 전게 논문, 136.
7) FRCP Rule 26(a)(1)(B)에 기재되어 있는 (ⅰ) 행정기록을 검토하기 위한 신청, (ⅱ) 연방법령에 기인한 몰수청구, (ⅲ) 구속영장의 청구나 형사재판을 위한 다른 절차의 경우, (ⅳ) 미국 내에서 구금되어 있는 자가 변호인 없이 소를 제기하는 경우, (ⅴ) 행정소환을 집행하거나 무효로 하기 위한 소송, (ⅵ) 미국정부에 의한 지원수당을 회복하기 위한 경우, (ⅶ) 미국정부에 의하여 보증된 학자금을 반환받기 위한 미국정부의 소송, (ⅷ) 다른 법원에서 이루어지는 절차에 부수하는 절차의 경우, (ⅸ) 중재판정을 집행하기 위한 소송의 경우에는 사전공개의무가 면제된다.

연관된(relevant to any party's claim or defense)"이라고 하여 이를 광범위하게 규정하고 있다. 다만, 소송에서 당해 쟁점의 중요성, 당해 정보에 대한 당사자의 접근 가능성, 분쟁 해결에 대한 Discovery의 중요성, Discovery로 달성되는 이익이 그 비용을 초과하는지 여부 등을 종합적으로 고려하고 있다. 나아가 상대방이 당해 정보를 소유(possession), 점유(custody), 또는 관리(control)하고 있어야 증거개시의 대상이 된다.

Discovery에 관하여는 형식상 또는 내용상 제한이 가해질 수 있다. 형식상 제한에는 FRCP에서 자체적으로 규정하고 있는 제한[8]과, 증거개시방법의 횟수와 분량을 제한하는 법원의 명령이 있다. 내용상 제한은 변호인-의뢰인의 비밀유지권, 의사-환자의 비밀유지권, 성직자-신도의 비밀유지권, 배우자간의 비밀유지권 등의 비밀유지권 해당자료(privileged matter)에 해당하는 경우에 인정된다.

4. 우리 법과의 비교

미국법상 Discovery 제도는 국내에 명시적으로 도입되지는 않았으나, 2020년 9월 특허법일부개정법률안[9]에서 특허침해소송상 특허침해 및 손해액 입증을 위한 전문가 사실조사제도를 도입하려는 시도가 있었다. 위 개정안 제128조의3에서는 특허침해소송의 법원이 직권 또는 당사자의 신청으로 조사할 증거와 관련된 전문가를 지정하고, 그 전문가로 하여금 상대방 당사자의 사무실 등의 장소에 출입하여 조사를 받는 당사자 등에게 질문하거나 자료의 열람·복사, 장치의 작동·계측·실험 등 필요한 조사를 하도록 결정할 수 있도록 하였다.

한편 Discovery 제도와 유사한 국내법상 제도로 문서제출명령과 증거보전 제도가 있다. 문서제출명령은 법원이 당사자의 신청에 따라 민사소송법 제344조 제1항 각호에 해당하는 사유가 있는 문서를 소지하고 있는 사람에게 그 제출을 명할 수 있는 제도로, Discovery 제도와 마찬가지로 당사자 간 증거의 구조적 편제를 시정하기 위한 목적을 가지고 있다. 다만 당해 사건과의 관련성이 인정되기만 하면 제출책임을 인정하는 Discovery와는 달리 국내법상 문서제출명령은 그 대상이 문서이며, 제출책임도 제한적으로만 인정하고 있다. 증거보전제도는 법원이 미리 증거조사를 하지 아니하면 그 증거를 사용하기 곤란할 사정이 있다고 인정한 경우에, 당사자의 신

---

8) FRCP Rule 30(a)(2)(A); FRCP Rule 33(a).
9) 2020. 9. 24. 특허법 일부개정법률안(이수진의원 대표발의, 의안번호 2104191).

청에 따라 증거조사를 실시하는 제도이다. 그러나 실무상 증거를 가지고 있는 자의 소극적인 태도로 인하여 증거보전제도가 본래 취지에 부합하게 운영되지는 못한다는 비판이 있다.[10]

---

10) 김정환·최은영, "효율적인 증거개시·수집을 위한 제도 개선 방안에 관한 연구", 사법정책연구원, 연구총서 2015-05(2015), 158-159.

Duress
강박

김경우

1. 개 념

미국법에서 Duress는 두 가지 유형으로 구분되는데, 첫 번째 유형(duress by physical compulsion)은 행위에 가담할 의사가 없는 사람에게 물리적 강제력(physical compulsion)을 행사하여 마치 동의하는 것처럼 보이는 표시를 하도록 하는 것을 의미하고, 두 번째 유형(duress by threat)은 동의 표시를 하는 것 이외에는 다른 합리적인 대안이 없는 사람에게 부당한 협박(improper threat)을 행사하는 것을 의미한다.[1] 첫 번째 유형의 경우에는 행위의 효력 자체가 부정되므로 계약은 무효(void)이나, 두 번째 유형의 경우에는 피해자의 의사에 따라 계약을 취소(voidable)할 수 있다는 차이점이 있다.[2]

2. 배 경

미국법상 계약의 항변사유(defense)는 법률적, 사회적, 정책적 이유에서 계약의 구속력을 제한하는 것을 의미하는데, Duress는 항변사유의 하나에 해당한다.[3]

Duress의 첫 번째 유형에 비하여 두 번째 유형이 더 흔하게 발생하며 실무적으로 더 중요하게 다루어지는데, 두 번째 유형과 관련하여 전통적으로 '부당한 협박'은 생명 또는 신체에 대한 위협 또는 구속에 한하여 인정되었으나, 미국 법원은 수 세기에 걸쳐 부당한 협박의 외연을 확대하여 왔고, 부당한 협박에는 '경제적 강박(economic

---

[1] Restatement (Second) of Contracts 7 2 Intro. Note (1981); 25 Am. Jur. 2d Duress and Undue Influence §3.

[2] Restatement (Second) of Contracts §175 (1981).

[3] 가정준, "미국계약법의 구조와 이해", 재산법연구 제23권 제3호(2007), 11－13; 사법연수원, 미국민사법, 사법연수원(2012), 224.

duress)' 또는 '사업상 강제(business compulsion)'의 개념도 포함되기에 이르렀다.[4]

　　Duress와 유사하지만 구별되는 개념인 '부당위압(undue influence)'[5]에 관하여 살펴보면, 부당위압이란 Duress보다 완화된 형태의 압력의 행사 내지 설득을 의미하는 것으로서 행위자가 상대방이 자신의 지배하에(under domination) 있다는 점 또는 상대방이 그들 사이의 관계를 고려하여(by virtue of the relation between them) 자신의 이익과 상반되는 방식으로 행동하지 않을 것이라는 점을 이용하여 계약관계에 영향을 미치는 행위를 의미한다.[6]

　　한편, Duress는 손해의 발생을 야기하는 기망(deception)을 어떠한 형태로든 강요(compulsion)가 대신한다는 점에서 fraud의 한 유형으로 설명되기도 하나, fraud의 경우 피해자는 상대방의 불법적인 요소를 인식하지 못한 채 손해를 입는 반면, Duress의 경우 피해자는 상대방의 불법적인 요소를 완전히 인식한 상태에서 손해를 입는다는 점에서 양자는 구별된다. 또한 fraud와는 달리, Duress는 기망을 필요로 하지 않는다.[7]

3. 내 용

　　첫 번째 유형의 Duress는 다른 사람의 손을 강제로 잡아서 계약서에 서명하도록 하는 것과 같은 수준의 물리적 강제력이 수반되는바, 여기에서 피해자는 '기계적 도구(a mechanical instrument)'에 지나지 않는다고 표현되기도 하며, 이에 따른 계약은 무효인 계약(void contract)으로서 취소할 수 있는 계약(voidable contract)과 구분된다.[8]

　　두 번째 유형의 Duress는 ① 부당한 협박이 있을 것, ② 피해자에게 다른 합리적

---

4) 사법연수원, 위의 책, 224; Restatement (Second) of Contracts 7 2 Intro. Note (1981), § 175 (1981). Everett J. Prescott, Inc. *v.* Ross, 383 F.Supp.2d 180, 189, order amended 390 F.Supp.2d 44 (D.Me.2005). 파이프 회사가 비경쟁계약(noncompetition agreement)에 기초하여 소속 판매원으로 하여금 경쟁회사와 직접 고용계약을 체결하지 못하도록 하는 금지명령을 청구하자, 비경쟁계약 체결 당시의 회사와 판매원의 협상력에 비추어 보건대 계약 체결이 경제적 강박 또는 사업상 강제의 정도에는 이르지 않은 것으로 보인다고 판단한 사안.
5) 가정준, 전게 논문, 13에서는 부당위압을 duress와 병렬적으로 계약의 항변사유로 파악하기도 한다.
6) Restatement (Second) of Contracts § 177 (1981); 예를 들어, 문맹의 노인과 동거하며 그를 보살피던 조카가 노인 소유의 토지를 자신에게 팔지 않으면 더 이상 노인을 보살피지 않을 것이라고 압박을 가하여 토지 매매계약을 체결한 경우, 조카의 행위는 duress에 해당한다고 보기는 어려우나, 조카는 노인을 자신의 지배하에 두고 있던 것으로 인정될 수 있으므로 undue influence에 해당한다.
7) 25 Am. Jur. 2d Duress and Undue Influence § 2.
8) Restatement (Second) of Contracts § 174 (1981).

인 대안이 존재하지 않을 것, ③ 부당한 협박에 의하여 피해자가 동의의 의사표시를 하였을 것(즉, 인과관계가 있을 것)의 세 가지 요소에 의하여 구성된다.[9]

① 부당한 협박은 직접적인 언어로 표현되거나 언어 및 다른 행위로부터 추론될 수 있으며, 이미 발생한 협박으로부터 예상되는 협박 역시 부당한 협박이 될 수 있다. 어떤 협박 자체가 범죄 또는 불법행위를 구성하고 이로 인하여 협박 행위자가 재산상 이익을 얻는 경우, 범죄나 불법행위의 실행가능성, 형사소추(prosecution)가능성[10] 또는 민사 절차(civil procedure) 개시가능성 등을 고지함으로써 협박하는 경우, 계약상 의무를 제공하지 않을 것이라고 협박하는 경우, 협박에 의한 교환 결과가 불공정한 조건에 기초하는 경우, 협박에 의한 행위가 피해자에게 손해를 입히는 반면 협박 행위자에게는 중대한 이익을 가져오지 않는 경우에는 그 협박은 부당한 협박으로 볼 수 있다.[11] ② 한편 부당한 협박을 받은 피해자에게 합리적인 대안이 존재하였음에도 피해자가 그 대안을 채택하지 못한 경우에는 Duress가 있었다고 볼 수 없다. 여기에서의 대안은 법적 구제 수단을 포함하는바, 일단 부당한 협박에 굴복하여 계약을 체결한 후 민사소송을 통하여 권리를 주장하려는 경우에는 Duress가 있었다고 보기 어려울 것이나, 부당한 협박으로 인하여 피해자의 재산 장악, 정서적 종속 등의 사정이 발생하여 단순히 법적 구제 가능성이 존재하는 것에 지나지 않는 경우에는 합리적인 대안이 존재한다고 보기 어렵다. 반면 대안은 법적 구제 수단을 전혀 포함하지 않을 수도 있으며, 재화나 서비스의 공급을 거부하였음에도 시장에 대체가능한 상품이 존재하거나[12] 단순히 금전의 상환을 거부하는 경우에는 Duress가 있었다고 보기 어려울 것이다. ③ 마지막으로 어떤 부당한 협박이 피해자로부터 동의의 의사표시를 이끌어 낼 수 있는지 여부는 피해자 개인의 구체적인 특성(나이, 배경, 상호관계 등)에 따라 다르게 나타나므로 부당한 협박과 피해자의 의사표시 사이에 인과관계가 있는지 여부의 판단은 주관적으로 이루어져야 한다. 피해자가 부당한 협박 행위자에게 협박 내용을 현실화할 수 있는 능력이 있다고 믿었는지 여부, 부당한 협박

---

9) Restatement (Second) of Contracts § 175 (1981).
10) Weinberg *v.* Baharav, 553 S.W.3d 131, 136. 형사 소추가능성을 고지하는 형태의 협박은 협박의 상대방이 실제로 범죄를 저지른 경우에도 duress에 해당할 수 있다고 판단한 사안.
11) Restatement (Second) of Contracts § 176 (1981).
12) Conagra Trade Group, Inc. *v.* Fuel Exploration, LLC, 636 F.Supp.2d 1166, 1173. 원유 구매자가 공급계약이 판매자의 duress에 의하여 체결된 것이라고 항변하였으나, 계약 내용에 비추어 보건대 계약에 서명하지 않을 경우 장래 원유 공급을 보류하겠다는 판매자의 협박을 부당한 협박으로 보기 어렵고, 원유는 대체가능한 원자재로서 다른 판매자를 구하기 용이하다는 이유로 구매자의 항변을 기각한 사안.

과 피해자의 동의 의사표시 사이의 소요시간 등과 같은 정황증거(circumstantial evidence)는 인과관계 유무의 판단에 도움을 줄 수 있다.[13]

계약에 관한 소송에서 Duress가 계약의 항변사유(defense)로 인정되려면, Duress는 계약의 이익을 주장하는 사람(이하 "계약 상대방"이라 한다)에 의하여 직접 또는 계약 상대방을 대신하여(acting in his behalf) 행동하는 사람에 의하여 행사되어야 한다. 그러므로 적어도 협박에 의하여 발생한 Duress와 관련하여, Duress가 계약 상대방과 무관한 제3자에 의하여 발생하였다면 그 계약은 취소되지 않는다. 또한 계약의 효력은 계약 상대방이 알지 못하거나 동의하지 않은 상태에서 제3자가 행한 Duress에 의하여 그 이행이 이루어졌다는 사실에 영향을 받지 아니한다. 다만, 계약 상대방이 제3자에 의한 Duress를 알고 있거나, 피해자에 대한 Duress를 승낙하거나 제3자를 통하여 Duress에 가담한 경우에는 계약 상대방 또는 이를 알고 있는 계약 상대방에 대하여 계약의 무효를 주장할 수 있다.[14]

4. 우리 법과의 비교

우리 법에서 미국법상 Duress와 정확히 일치하는 개념을 찾기는 어려우나, 불공정한 법률행위(민법 제104조)에서의 불공정 또는 강박(强迫)에 의한 의사표시(민법 제110조)에서의 강박 등을 종합한 개념으로 보아 비교할 수 있다.

판례는 불공정한 법률행위에서 당사자가 궁박한 상태에 있었는지 여부는 당사자의 신분과 상호관계, 당사자가 처한 상황의 절박성, 계약의 체결을 둘러싼 협상과정 및 거래를 통한 당사자의 이익, 당사자가 그 거래를 통해 추구하고자 한 목적을 달성하기 위한 다른 적절한 대안의 존재 여부 등 여러 상황을 종합하여 구체적으로 판단하여야 한다는 입장인 바,[15] 이는 미국법상 두 번째 유형의 Duress를 이루는 요소와 상통하는 것으로 볼 수 있다. 다만, 우리 법은 불공정한 법률행위를 확정적으로 무효로 보는 데 반하여, 미국법에서는 피해자의 의사에 따라 계약의 취소 여부를 선택할 수 있다는 차이가 있다.

강박은 고의로 사람에게 해악을 가하겠다고 고지하여 공포심을 일으키게 하는 행위로서 강박에 의한 의사표시가 성립하기 위하여는 강박행위가 위법하여야 하는

---

13) Restatement (Second) of Contracts § 175 (1981).
14) 25 Am. Jur. 2d Duress and Undue Influence § 4.
15) 대법원 2017. 5. 30. 선고 2017다201422 판결.

데, 학설은 미국법에서와는 달리 보전처분의 신청, 민사소송의 제기, 수사기관에 대한 고소·고발 등 법에 의하여 인정된 정당한 권리행사는 원칙적으로 위법성이 없다고 하며,[16] 판례 역시 부정행위에 대한 고소, 고발은 부정한 이익을 목적으로 하는 것이 아닌 이상 정당한 권리행사가 되어 위법할 수 없다는 입장이다.[17]

한편, 우리 민법에 의하면 제3자가 강박을 행한 경우에는 상대방이 그 사실을 알았거나 알 수 있었을 경우에 한하여 그 의사표시를 취소할 수 있는데(민법 제110조 제2항), 이는 미국법상의 제3자에 의한 Duress에 관한 법리와도 유사하다고 볼 수 있다.

---

16) 편집대표 김용덕, 주석민법 민법총칙, 한국사법행정학회(2019), 773-780.
17) 대법원 1992. 12. 24. 선고 92다25120 판결.

Easement
지역권

김재경

1. 개 념

　미국 재산법상 Easement는 타인이 소유하는 부동산을 제한된 목적으로 사용할 수 있는 비점유적 권리를 지칭하는 개념이다. Easement로 인하여 편익을 받는 부동산을 요역지(dominant tenement)라고 하고, Easement로 인하여 제한을 받는 부동산을 승역지(servient tenement)라고 한다. Easement는 Easement appurtenant(부속지역권)와 Easement in gross(대인지역권)로 분류된다. Easement appurtenant는 요역지의 편익을 위한 권리로서 요역지에 부속된다(예: 요역지에 출입하기 위해 승역지를 통행할 권리). Easement in gross는 권리자의 편익을 위한 권리로서 특정 토지에 부속되지 않고 그 자체로 성립 가능하다(예: 승역지에서 사냥할 권리). Easement appurtenant는 요역지와 승역지가 모두 존재해야 성립하지만 Easement in gross는 요역지 없이 승역지만으로 성립한다.[1]

2. 배 경

　Easement는 역권(servitude)에 속하는 권리이다.[2] Easement와 유사하지만 구별되는 개념으로 profit(수익권)과 license(사용허가)가 있다. Profit은 타인 소유의 부동산에 출입하여 부동산의 일부나 생산물을 채취할 수 있는 권리(예: 타인의 토지에서 목재, 광물 등을 채취하거나 사냥할 수 있는 권리)로서 부동산으로부터 나오는 이익을 가져가는 것을 내용으로 한다는 점에서 Easement와 구별된다.[3] License는 타인 소유의

---

[1] Black's Law Dictionary (11th ed. 2019); Restatement (Third) of Property (Servitudes) § 1.5 (2000); 25 Am. Jur. 2d Easements and Licenses § 9, § 10.

[2] Restatement (Third) of Property (Servitudes) § 1.2 (2000).

[3] 25 Am. Jur. 2d Easements and Licenses § 4.

부동산을 특정한 목적을 위해 사용할 수 있는 특권으로서 Easement 성립에 필요한 형식적인 요건이 적용되지 않고, license 수여자가 임의로 취소할 수 있다는 점에서 승역지 소유자가 임의로 취소할 수 없는 Easement와 구별된다.[4]

3. 내 용

Easement는 affirmative easement와 negative easement로 분류할 수 있다. Affirmative easement란 Easement 권리자가 일정한 행위를 함으로써 승역지를 사용할 수 있는 권리이다(예: 승역지를 통행할 권리, 승역지에 전화선을 설치할 권리). 반면 negative easement란 Easement 권리자가 승역지 소유자에게 일정한 행위를 하지 않도록 금지할 수 있는 권리이다(예: 요역지의 빛과 공기를 방해하는 승역지 내에서의 건축행위를 금지할 수 있는 권리).[5]

Easement는 명시적인 수여에 의하여(by express grant) 또는 묵시적으로(by implication) 성립할 수 있고, 시효취득(by prescription)이나 금반언의 원칙(by estoppel)에 의해서도 성립할 수 있다.

명시적인 수여에 의한 Easement에는 부동산권(estate) 양도에 적용되는 형식적 요건과 동일한 요건이 적용된다. 명시적인 수여에 의한 Easement에는 사기방지법(statute of frauds)이나 유언법(statute of wills)이 적용되므로, 원칙적으로 당사자가 서명한 문서에 의하여 성립한다. 다만 대다수 주의 사기방지법은 단기(통상 1년 미만)의 부동산권에 대하여 예외를 인정하고 있으므로, 단기의 Easement는 구두로도 성립할 수 있다.[6]

묵시적인 Easement는 부동산 양도 당사자의 추정적인 의사에 근거하여 인정되는 것으로서 필요성(necessity), 종전의 사용(prior use), 지도나 경계 등으로부터 성립한다. 필요성에 의한 묵시적인 Easement는 양도인이 소유하고 있던 부동산 중 일부[7]를 양수인에게 양도하였는데 양도로 인하여 Easement를 인정할 필요성이 발생한 경

---

4) 25 Am. Jur. 2d Easements and Licenses §3.
5) 25 Am. Jur. 2d Easements and Licenses §7. 다만 Restatement (Third) of Property (Servitudes) §1.2 (2000)에서는 negative easement와 restrictive covenant 사이에 차이가 없다는 이유로 negative easement를 easement 대신 restrictive covenant에 포함시켜 설명하고 있다.
6) Restatement (Third) of Property (Servitudes) §2.7 (2000); 25 Am. Jur. 2d Easements and Licenses §14.
7) 여러 필지 중 일부를 양도하는 경우뿐만 아니라 하나의 필지를 분할하여 양도하는 경우도 포함된다.

우(예: 양도로 인하여 맹지가 발생한 경우)에 성립한다.[8] 종전의 사용에 의한 묵시적인 Easement는 양도인이 소유하고 있던 부동산 중 일부를 양수인에게 양도하였는데 양도 이전부터 승역지가 된 부분이 요역지가 된 부분을 위하여 사용되어 온 경우에 성립한다.[9] 지도나 경계에 의한 묵시적인 Easement는 부동산 양도 당시 양도 대상 부동산을 표시하기 위하여 지도를 참조로 사용하였고 양도인에게 해당 지도에 표시된 도로, 공원 등 공용 구역의 사용을 위한 Easement를 설정할 권한이 있는 경우 또는 양도 대상 부동산의 경계가 도로이고 양도인에게 해당 도로의 사용을 위한 Easement를 설정할 권한이 있는 경우에 성립한다.[10]

시효취득에 의한 Easement는 승역지를 시효기간 동안 공연하고 계속적으로 ① 무단 사용한 경우 또는 ② 형식적 요건의 미비로 불완전하게 성립된 Easement에 따라 사용한 경우에 성립한다. ①의 경우 무단 사용(adverse use)이란 승역지 소유자의 허락 없이 승역지를 사용하는 것을 의미한다. ②의 경우에는 당사자들이 성립시키려고 의도하였던 Easement의 내용에 따라 사용하여야 하고, 이 경우 시효취득은 Easement의 성립상 하자를 치유하는 기능을 한다. 사용행위가 반드시 끊임없이 지속되어야만 계속성이 인정되는 것은 아니고, 사용행위가 간헐적으로 이루어지는 경우에도 계속성은 인정될 수 있다. 승역지 소유자가 ① 승역지 사용을 중단시키거나 ② 승역지 사용을 종료시키기 위하여 소를 제기하는 경우에는 취득시효가 중단된다. ①의 경우 승역지 소유자가 사용자에게 사용 중지를 통보하는 것만으로는 부족하고, 승역지 사용을 물리적으로 중단시켜야 한다. 이 경우 사용이 중단된 기간은 승역지 사용의 포기를 나타낼 정도로 충분히 길어야 한다. Easement의 시효취득 기간은 별도의 법률 규정이 존재하지 않는 이상 각 주의 법률에 규정된 소유권의 시효취득 기간이 유추적용 된다.[11] 한 사람이 부동산을 무단으로 사용하기 시작한 뒤 다른 사람이 이를 이어받아 계속해서 무단으로 사용한 경우 두 사람의 사용 기간은 합산할 수 있다.[12] 정부가 소유하는 토지나 공용지는 원칙적으로 시효취득의 대상이 되지 않는

---

8) Restatement (Third) of Property (Servitudes) § 2.15 (2000).

9) Restatement (Third) of Property (Servitudes) § 2.12 (2000); Linhares v. Medeiros, 14 Mass. App.Ct. 927, 436 N.E.2d 1233 (1982); Taylor v. Lassell, 4 Mass.App.Ct. 539, 353 N.E.2d 677 (1976); Bovi v. Murray, 601 A.2d 960 (R.I.1992). 부동산이 분리될 당시 각 부동산은 동일인 소유이어야 한다. 각 부동산의 소유자가 다를 경우 묵시적인 easement는 성립하지 않는다.

10) Restatement (Third) of Property (Servitudes) § 2.13 (2000); 25 Am. Jur. 2d Easements and Licenses § 20, § 21.

11) Restatement (Third) of Property (Servitudes) § 2.16, § 2.17 (2000).

12) Bart's Body Shop, Inc. v. Hageman, 536 P.2d 1150 (Colo.Ct.App.1975).

다. 또한 빛과 공기를 위한 Easement와 같은 negative easement는 시효취득의 대상이
되지 않는다.[13]

    금반언의 원칙에 의한 Easement는 부동산의 소유자가 상대방에게 Easement가
존재한다고 진술하였고 해당 진술을 들은 상대방이 이를 합리적으로 신뢰하여 행동
을 변경한 경우와 같이 Easement 성립을 인정하여야만 부당한 결과 발생을 피할 수
있는 경우에 성립한다.[14]

    명백한 수여에 의한 Easement의 내용은 Easement를 설정한 문서에 표시된 당사
자들의 의사에 의하여 결정된다. 묵시적인 Easement의 내용은 당사자들의 Easement
설정 의사를 추정하는 배경이 된 상황으로부터 추정되는 Easement의 범위와 조건에
의하여 결정된다. 시효취득에 의한 Easement의 내용은 승역지 소유자가 보통의 합리
적인 부동산 소유자였다면 무단 사용을 중단시키는 데 실패함으로써 상실할 것으로
예상할 수 있는 범위에 의하여 결정된다. 금반언에 의한 Easement의 내용은 승역지
소유자의 진술을 신뢰한 사람 및 승역지 소유자의 입장에 있는 합리적인 사람이 예
상할 수 있는 범위와 조건에 의하여 결정된다.[15]

    Easement appurtenant는 요역지에 대한 권리에 종속된 권리이기 때문에 요역지
양도 조건이나 Easement 성립 조건에서 달리 정하지 않는 이상 요역지에 대한 권리
가 양도되면 Easement appurtenant도 함께 이전된다. 요역지의 양도에 관한 매매계
약서에 Easement appurtenant가 별도로 언급되지 않았더라도 Easement appurtenant
는 요역지에 대한 권리와 함께 자동으로 이전된다.[16] Easement in gross는 원칙적으
로 자유롭게 양도 가능하다.[17]

    Easement는 당사자들의 합의, 기간 만료, 특정 목적을 위해 성립한 경우 해당 목
적의 달성, 필요성에 의해 성립한 경우 필요성의 소멸, 혼동, 포기 등에 의하여 소멸
할 수 있다.[18]

---

13) S.A. Lynch Corp. *v.* Stone, 211 Ga. 516, 87 S.E.2d 57 (1955); Blair *v.* 305–313 East 47th
    St. Assocs., 123 Misc.2d 612, 474 N.Y.S.2d 353 (1983).
14) Restatement (Third) of Property (Servitudes) § 2.10 (2000).
15) Restatement (Third) of Property (Servitudes) § 4.1 (2000).
16) Restatement (Third) of Property (Servitudes) § 5.1 (2000); Cheever *v.* Graves, 32 Mass.
    App.Ct. 601, 592 N.E.2d 758 (1992).
17) Restatement (Third) of Property (Servitudes) § 4.6 (2000).
18) Restatement (Third) of Property (Servitudes) § 7.1, § 7.2, § 7.4, § 7.5, § 7.10 (2000).

4. 우리 법과의 비교

우리나라 민법 제291조는 설정행위에서 정한 일정한 목적을 위하여 타인의 토지를 자기 토지의 편익에 이용하는 용익물권으로 지역권을 규정하고 있다. 미국 재산법상 Easement는 요역지의 편익을 위한 Easement appurtenant뿐만 아니라 특정인의 편익을 위한 Easement in gross도 포함하는 개념인 반면, 민법은 특정인의 편익을 위한 인역권은 물권으로 인정하고 있지 않다.[19] 따라서 인역권 설정 합의는 물권법정주의 원칙상 무효이고, 당사자 사이에서 채권적 효력만 가질 수 있다. 한편, 민법은 인접하는 토지 사이의 이용을 조절하기 위하여 상린관계를 규정하고 있는데, 상린관계는 소유권의 내용 자체를 규율하는 것으로서 독립된 권리가 아니고 당사자의 합의를 전제하지 않으며 등기도 요하지 않는다는 점에서 지역권과 구별된다.[20]

---

19) 지원림, 민법강의(제10판), 홍문사(2012), 443. 다만, 민법 제302조에서 규정하는 특수지역권은 인역권의 일종으로 보는 것이 다수설이다[편집대표 김용덕, 주석 민법 물권(3)(제5판), 한국사법행정학회(2019), 175].
20) 지원림, 전게서, 697.

Ejectment
부동산 점유회복소송

김재경

1. 개 념

Ejectment(또는 action of ejectment)란 현재 부동산을 점유하고 있지 않지만 부동산을 점유할 권리를 갖는 자가 현재 해당 부동산을 불법적으로 점유하고 있는 자를 상대로 부동산 점유의 회복 및 손해배상을 구하기 위하여 제기하는 소송을 지칭한다.[1]

2. 배 경

Ejectment 소송은 원래 보통법(common law)에 근거한 것이지만, 다수의 주는 Ejectment 소송의 내용을 주 법률로 성문화하고 있다. 또한, 각 주는 부동산에 대한 점유를 신속하게 회복할 수 있는 간이한 절차인 eviction(강제퇴거) 절차를 주 법률로 규정하고 있다.[2] Eviction 절차에 비하여 상대적으로 시간과 비용이 많이 소요되는 Ejectment 소송은 Eviction 절차의 요건이 충족되지 않는 경우 또는 권원(title)에 대한 판단을 받을 필요성이 있는 경우에 주로 사용된다.[3]

3. 내 용

Ejectment 소송의 원고는 (i) 부동산에 대한 자신의 권원 또는 점유할 권리, (ii) 피고의 현재 점유, (iii) 피고의 점유로 인하여 원고가 부동산에서 불법적으로 배제되

---

1) 25 Am. Jur. 2d Ejectment § 1; Siskos *v.* Britz, 567 Pa. 689, 790 A.2d 1000 (2002).
2) 25 Am. Jur. 2d Ejectment § 1.
3) 4 L. Distressed Real Est. § 48:34; 55 Causes of Action 2d 65, § 2. 일반적으로 eviction 절차를 이용할 수 있는 경우는 임대인이 임차인을 상대로 퇴거를 구하는 경우로 제한된다.

었음을 주장·입증하여야 한다.[4]

　원고의 부동산에 대한 권원 또는 점유할 권리는 Ejectment 소송을 유지하기 위한 토대가 된다.[5] 원고는 점유할 권리를 내용으로 포함하는 권원의 존재를 입증하거나 이전에 부동산을 점유하였음을 입증함으로써 현재 부동산을 점유할 권리를 보유하고 있음을 입증해야 한다. 권원을 입증하기 위해 action to quiet title(소유권확인소송)을 먼저 제기하여야 하는 것은 아니다.[6] 원고가 이전에 부동산을 점유했다는 사실은 Ejectment 소송을 유지하기에 충분한 일응의 증거(prima facie evidence)가 된다.[7] 원고의 권원이 쟁점이 되는 경우 원고는 소송을 개시한 때부터 판결이 내려질 때까지 권원을 보유해야 한다.[8] 원고는 자신의 권원이 대세적으로 완전한 것임을 입증할 필요는 없고, 자신의 권원 또는 점유할 권리가 피고의 권원 또는 점유할 권리보다 우월하다는 것을 보이면 충분하다.[9] 강제경매나 임의경매의 매수인은 Ejectment 소송의 원고가 될 수 있다.[10] 한편, 부동산 매매계약의 매수인은 형평법상 권리만 보유하는 경우에는 Ejectment 소송을 제기할 수 없으나, 부동산 매매계약에서 소유권을 이전하기 전에 즉시 점유할 권리를 매수인에게 부여하기로 한 경우에는 Ejectment 소송을 제기할 수 있다.[11]

　원고는 Ejectment 소송을 개시하는 시점에 피고가 부동산을 점유하고 있음을 주장·입증하여야 한다.[12] 임대 중인 부동산에 관한 Ejectment 소송에서는 부동산을 실제로 점유하고 있는 임차인만 피고로 하면 되고, 임대인을 피고로 할 필요는 없다.[13] 피고의 점유는 전면적일 필요가 없으므로, 피고가 부동산의 일부를 점유하고 원고가 나머지 부분을 점유하는 경우에도 Ejectment 소송을 제기할 수 있다.[14] 인접 토지의

---

4) 55 Causes of Action 2d 65, § 4
5) 25 Am. Jur. 2d Ejectment § 1; Burke v. Permian Ford – Lincoln – Mercury, 95 N.M. 314, 621 P.2d 1119 (1981).
6) 25 Am. Jur. 2d Ejectment § 16.
7) 25 Am. Jur. 2d Ejectment § 17; Loy v. City of Hot Springs, 257 Ark. 259, 516 S.W.2d 3 (1974).
8) 25 Am. Jur. 2d Ejectment § 6; Enterprise Lodge No. 352 of Knights of Pythias, Inc. v. First Baptist Church (Colored) of Evergreen, 288 Ala. 592, 264 So. 2d 153 (1972).
9) 25 Am. Jur. 2d Ejectment § 7; Gordon v. Love, 380 So. 2d 287 (Ala. 1980).
10) 25 Am. Jur. 2d Ejectment § 12; Nuttelman v. Julch, 228 Neb. 750, 424 N.W.2d 333 (1988), Coos County v. State, 303 Or. 173, 734 P.2d 1348 (1987).
11) 25 Am. Jur. 2d Ejectment § 14; Gholson v. Watson, 495 So. 2d 593 (Ala. 1986).
12) 25 Am. Jur. 2d Ejectment § 19.
13) 25 Am. Jur. 2d Ejectment § 23; Ludwig v. Gosline, 191 N.J. Super. 188, 465 A.2d 946 (App. Div. 1983).
14) 55 Causes of Action 2d 65, § 6 ; 25 Am. Jur. 2d Ejectment § 19; Hughey v. Bennett, 264

소유자들 사이에서 경계에 대하여 다툼이 있어 경계 확정이 필요한 경우[15] 또는 인접 토지의 건물이 자신의 토지를 침범한 경우[16] 인접 토지의 소유자를 상대로 Ejectment 소송을 제기할 수 있다.

원고는 피고의 점유로 인하여 부동산에서 불법적으로 배제되었음을 주장·입증해야 한다. 이는 단순한 불법침입(trespass)을 넘어서는 것으로서 원고를 배제하고 부동산을 소유 또는 지배하는 행위를 의미한다. 불법적인 점유 배제에 해당하기 위해서 반드시 물리력이 사용되어야 하는 것은 아니다.[17]

Ejectment 소송의 피고는 원고가 양도인으로부터 권원을 양도받지 않았다거나 양도받은 권원에 결함이 있다거나 피고가 동일한 양도인으로부터 더 우월한 권원을 양도받았다는 것을 방어방법으로 주장할 수 있다. 또한, 피고는 금반언의 원칙을 방어방법으로 주장할 수 있다. 예컨대, 원고가 피고를 적법한 점유자로 오인하게 만들었고, 그로 인하여 피고가 부동산을 개량하기 위하여 비용을 지출하였다면 원고는 금반언의 원칙에 따라 부동산에 관한 배타적 권리를 주장하는 것이 제한될 수 있다.[18] 나아가 피고는 원고의 소 제기 해태(laches)를 방어방법으로 주장할 수 있다. 부동산의 점유회복 기간이나 Ejectment 소송의 제소기간을 제한하는 법률조항이 존재하는 경우 이러한 기간이 아직 경과하지 않았다는 사정은 소 제기 해태의 항변을 반드시 방해하지는 않는다.[19]

원고는 Ejectment 소송에서 부동산의 점유회복뿐만 아니라 손해배상도 함께 청구할 수 있다. 원고가 Ejectment 소송에서는 부동산의 점유회복만 구하고 손해배상은 나중에 별도의 소로 청구하는 것도 가능하다.[20] 원고가 Ejectment 소송을 제기하여 판결을 받았다는 사정은 그 이후 손해배상을 청구하는 것을 방해하지 않는다.

피고가 배상해야 하는 손해액은 통상적으로 부동산의 차임을 기준으로 산정한다. 피고가 부동산을 개량하여 가치를 증가시킨 경우에도 증가된 가치가 아니라 피고가 점유한 시점의 차임을 기준으로 손해액을 산정한다.[21] 원고는 재판 시점까지의

Ark. 64, 568 S.W.2d 46 (1978).

15) 25 Am. Jur. 2d Ejectment § 38.

16) 1 Am. Jur. 2d Adjoining Landowners § 117.

17) 25 Am. Jur. 2d Ejectment § 18; Inman *v.* Ollson, 213 Or. 56, 321 P.2d 1043 (1958).

18) 25 Am. Jur. 2d Ejectment § 20; First Nat. Bank of Cape Girardeau *v.* Socony Mobil Oil Co., Inc., 495 S.W.2d 424 (Mo. 1973).

19) 25 Am. Jur. 2d Ejectment § 21.

20) 25 Am. Jur. 2d Ejectment § 49; Texas Co. *v.* Wax, 226 Mo. App. 850, 36 S.W.2d 122 (1931).

21) 25 Am. Jur. 2d Ejectment § 50; Ex parte Meadows, 598 So. 2d 908 (Ala. 1992).

손해를 배상받을 수 있다. 법률에서 Ejectment 소 제기 직전 3년 동안의 손해배상을 허용하는 경우에도 이러한 법률조항은 소송 개시 이후의 손해를 배상받는 것을 방해하지 않는다.[22] 임대인이 Ejectment 소송을 제기한 경우에는 부동산의 사용가치에 상응하는 손해를 배상받을 수 있다. 여기에서 부동산의 사용가치란 임대인이 받을 수 있었을 차임과 임대인에게 발생하였을 관리비용을 감안하여 산정한 순가치를 의미한다.[23]

피고는 선의로 부동산을 개량하여 부동산의 가치를 증가시킨 경우 손해액에서 자신이 부동산을 개량하기 위해 지출한 비용을 공제받을 수 있다. 반면 피고가 선의가 아닐 경우에는 개량을 위해 지출한 비용을 공제받을 수 없다.[24]

4. 우리 법과의 비교

우리나라 민법은 소유권과 점유권의 개념을 구분하고 있다. 민법상 점유권은 사실적 지배, 즉 점유라는 사실을 법률요건으로 하여 인정되는 일종의 물권이다.[25] 민법은 점유권에 기한 점유회수청구권(제204조)과 소유권에 기한 소유물반환청구권(제213조)에 관한 규정을 두고, 소유물반환청구권에 관한 규정을 다른 물권에 준용하고 있다. 따라서 점유를 침탈당한 본권자는 본권의 소와 점유의 소를 동시에 제기하거나 선택적으로 병합하여 제기할 수 있고, 어느 한 청구에 대하여 패소한 후 다른 청구를 할 수도 있다.[26]

민법 제204조 제1항은 점유회수청구권과 손해배상청구권을 규정하고 있는데, 양 청구권은 하나의 소로 행사할 수도 있고 별소로 행사할 수도 있다. 학설은 위 손해배상청구권의 법적 성질을 불법행위에 기한 손해배상청구권으로 보고 있으므로 불법행위의 요건(민법 제750조)이 충족되어야 한다.[27] 한편, 점유회수청구권과 손해배상청구권은 점유를 침탈당한 날부터 1년 내에 행사하여야 하는데(제204조 제3항), 판례는 위 기간을 출소기간으로 보고 있다.[28] 점유권에 기인한 소는 본권에 관한 이유

---

22) Rohner *v.* Niemann, 380 A.2d 549 (Del. 1977).
23) Marini *v.* Lombardo, 79 A.D.3d 932, 912 N.Y.S.2d 693 (2d Dep't 2010).
24) 25 Am. Jur. 2d Ejectment § 52; Lewis *v.* Kash, 239 Ky. 117, 38 S.W.2d 978 (1931), Ex parte Meadows, 598 So. 2d 908 (Ala. 1992).
25) 지원림, 민법강의(제10판), 홍문사(2012), 535.
26) 지원림, 전게서, 561.
27) 편집대표 김용덕, 주석 민법 물권(1)(제5판), 한국사법행정학회(2019), 521.
28) 대법원 2002. 4. 26. 선고 2001다8097, 8103 판결.

로 재판하지 못하므로(제208조 제2항), 점유의 소에서 본권에 기한 항변은 제출할 수 없다.

한편, 인접한 토지의 소유자들 사이에서 경계에 관하여 다툼이 있는 경우 미국에서는 Ejectment 소송을 통해 경계를 확정할 수 있는 반면, 우리나라에서는 형식적 형성의 소인 토지경계확정의 소에 의하여 경계를 확정할 수 있다.[29]

---

29) 대법원 2021. 8. 19. 선고 2018다207830 판결.

Eminent Domain
공용수용

임한솔

1. 개 념

Eminent domain이란, 미국 연방헌법 수정 제5조에 따라 정당한 보상(just compensation)을 통해 공공의 사용(public use)을 위하여 미국의 연방정부와 주정부가 가지는 사유재산을 수용할 권한을 말하며, (드물게는) compulsory purchase라고도 한다.[1] 공용수용의 유형에는 전통적인 의미의 수용뿐만 아니라, 규제적 수용(regulatory takings)도 포함된다. 공용수용의 허용요건으로는, 수용의 대상으로서 사유재산권이 있을 것, 수용목적으로서 공공목적이 있을 것, 수용방법으로 정당한 보상이 있을 것, 수용형식으로서의 적법절차를 갖출 것이 요구된다.[2]

2. 배 경

미국 연방헌법은 Eminent domain의 권리를 명시적으로 연방정부 또는 주정부에게 부여하지 않았다. 다만 "정당한 보상이 없으면 공공의 사용을 위하여 사유재산을 수용할 수 없다"("nor shall private property be taken for public use, without compensation")는 연방헌법 수정 제5조를 통해, 정부가 사유재산을 수용할 수 있는 권한을 가진다는 점이 묵시적으로 인정된다고 평가되고 있다.[3][4] 따라서 연방정부는 연

---

1) Black's Law Dictionary(11th ed. 2019); Am. Jur. Legal Forms 2d §161: 696; 이기한, "미국헌법상의 연방대법원의 손실보상의 판단기준", 세계헌법연구 제12권 1호(2006. 6), 216; 정준영, "토지수용보상금에 대한 물상대위법리의 전면적 재검토", 민사판례연구 제27권, 민사판례연구회, 박영사(2005), 9.

2) 26 Am. Jur. 2d Eminent Domain §2; 표명환, "미국연방헌법상의 재산권보장에 관한 고찰—공용수용의 법리를 중심으로—", 미국헌법연구 제23권 제1호(2012. 4), 308-321.

3) Nowak & Rotunda, Constitutional Law, 438-40 (West Publ., 5th Ed. 1995). 이기한, 전게 논문, 216 각주 4)에서 재인용.

방헌법 수정 제5조에 따라 정당한 보상을 하지 않는 경우 공공의 사용을 위한 사유
재산 수용을 할 수 없다. 연방대법원은 보상 없는 사유재산의 수용은 연방헌법 수정
제14조의 적법절차(due process of law) 조항에 의하여 주정부에 대해서도 유사하게
금지된다고 선언하고 있다.[5][6]

　　이처럼 미국 헌법은 개개인의 재산권에 대한 국가 개입의 한계로서, 공공사용의
목적과 형식 및 방법적 요소로서 적법절차, 그리고 사인의 손실에 대한 정당보상의
지급을 규정함으로써 이를 통해 재산권의 보장을 실현하고 있다. 이같이 미국 헌법
상 재산권 보호를 위한 규정들 중에서도 연방헌법 수정 제5조의 규정이 재산권 보장
의 핵심이라고 할 것이다.[7]

3. 내 용

가. 수용의 범위

　　미국의 재산권 보장 규정은 정부의 수용으로부터 개인의 재산권을 보장하는 것
을 핵심으로 하고 있다. 연방대법원은 초기에는 정부의 재산권에 대한 박탈 내지 물
리적 점유를 보상을 요하는 것만을 수용으로 보다가 그 범위를 확대하여, 정부의 재
산권에 대한 개입행위가 규제의 수준을 넘어 재산권의 경제적 이용가치를 배제하는
경우 등까지 수용으로 보는 '규제적 수용(regulatory takings)'의 개념까지도 인정하고
있다. 규제적 수용의 경우 정부의 규제행위가 물리적 침해로 이어지지 않고 토지권
을 지나치게 침해하여 토지권의 가치가 사실상 상실된 때(the functional equivalent of
a practical outer of [the owner's] possession)에 토지권의 보유자가 규제권 행사 주체
에 대하여 역수용소송(inverse condemnation action)을 제기하여 정당보상을 받을 수
있다.[8][9]

---

4) Black's Law Dictionary (11th ed. 2019).
5) 26 Am. Jur. 2d Eminent Domain §6.
6) 이기한, 전게 논문, 216; 표명환, 전게 논문, 306－308.
7) 정하명, "역수용 소송의 주법원소송요건에 관한 미국연방대법원 판결례", 행정판례연구 제24권
　　제2호, 박영사(2019), 518.
8) 1922년 이후 연방대법원은 규제적 수용을 인정하여 개인 부동산권(fee)에 대한 정부규제가 너
　　무 지나쳐서 그 효과가 직접 전용이나 점유박탈과 동일한 것으로 나타나는 경우 정당보상을 받
　　을 권리를 인정하고 있다. Lingle *v.* Chevron U.S.A. Inc., 544 U.S. 528, 537 (2005). 위 각주
　　내용은 정하명, 전게 논문, 524 본문 및 각주 17 참고.
9) 표명환, 전게 논문, 305; 정하명, 전게 논문, 523.

나. 보상을 요하는 수용과 보상을 요하지 않는 규제의 구별기준

사유재산이 정부에 의하여 수용되면 보상하여야 한다. 하지만 주정부가 단순히 주정부의 경찰규제권(police power) 안에서 이에 상응하는 방법으로 사유재산을 규제한다면 사유재산 소유자의 사용 또는 그 가치가 심각하게 감소할지라도 보상을 할 필요는 없다. 그러므로 보상을 하여야 하는 수용과 보상이 필요 없는 규제 사이의 구별은 매우 중요한 문제이다. 수용과 규제 사이의 구분을 요하는 대부분의 사건은 토지사용규제(land use regulation)를 포함하고 있다. 이러한 것으로는 도시계획규제, 환경보호규칙, 유적지 보존계획, 정부가 토지 소유자의 권리를 수용할 생각 없이 행하지만 그 재산의 사용을 규제하는 다른 계획들이 있다. 이때 수용에 이르지 않은 토지사용규제가 되려면 다음의 두 가지 조건을 만족하여야 한다. 첫째, 그것이 본질적으로 정당한 정부의 이익을 증진하여야 하며 둘째, 소유자가 토지를 경제적으로 의미 있게 사용하는 것을 금지해서는 안 된다.[10][11]

다. 손실보상의 판단기준

손실보상의 판단기준과 관련하여 살펴본다. 미국 헌법상의 재산권 보장 구조에서 수용의 범위와 더불어 문제되는 것은 정당한 보상(just compensation)과 관련한 손실보상액을 결정하는 것으로, 그 결정기준에 대하여 오늘날 연방대법원은 공정시장가치(fair market value) 가격을 기준으로 설정하고 있다. 여기서의 공정시장가치는 수용시를 기준으로 매각을 강요받지 아니한 자발적인 매도인이, 매입을 강요받지 않는 자발적인 매수인에게 지불할 것으로 여겨지는 매매가격으로 정의되고 있다.[12]

라. 규제적 수용의 구제방법 및 보상기준

연방대법원은 규제적 수용을 인정한 초기 판결에서는 규제적 수용에 대한 사법적 구제의 내용으로서 직접 보상을 인정하지 않고 그 규제행위의 금지 및 관련 규제의 위헌무효를 주장할 수 있는 방법만 인정하였으나,[13] 오늘날에 이르러 직접 보상

---

10) Agnis v Tiburon, 447 U.S., 255 (1980). 이기한, 전게 논문, 217 각주 7을 재인용.
11) 이기한, 전게 논문, 217
12) 표명환, 전게 논문, 313, 314; 정하명, 전게 논문, 525, 528.
13) 대표적으로 San Diego Gas & Electric Co. *v.* City of San Diego, 450 U.S. 621(1981)의 다수 견해가 있다. 그러나 이 판결에서 연방대법원의 Brennan 대법관 등 4인의 대법관은 수정 제5조의 정당한 보상을 직접 근거로 하여 규제적 수용에 대한 구제 수단으로서 직접적인 보상을 인정하는 것이 타당하다고 주장하였다. 표명환, 317 각주 54 내용 재인용.

을 인정하고 있다.[14] 따라서 이 경우에 있어서도 보상액을 어떠한 기준을 통하여 결정할 것인가 하는 것이 문제되었던바, 이에 관하여 여러 가지 기준들이 제시되고 있고 아직 확정적인 보편타당한 기준을 마련하지 못하고 있는 실정이다. 이와 같이 미국헌법상의 재산권의 보장구조와 체계는 수용과 보상의 두 영역에 관한 논의로 전개되고 있으며, 그에 대한 법원의 역할이 특히 강조되고 있다.[15]

　　규제적 수용에 대한 보상지급의 기본원칙은 다음과 같다. 첫째, 연방헌법 수정 제5조에 의하여 지급되는 보상액은 토지소유자와 공공 양자 모두에게 정당한 것이어야 한다.[16] 둘째, 규제적 수용의 경우에, 보상은 수용 기간 동안 토지(재산)의 이용에 대한 공정가치(fair value for the use of the property during the period of the taking)로 지급되어야 한다.[17] 셋째, 정당한 보상을 받기 위하여 사유재산권의 가치를 입증할 책임은 소유자가 부담한다.[18] 넷째, 보상액 산정의 초점은 정부의 이익이 아니라 토지소유자의 금전적 손실에 맞추어져야 한다.[19] 다섯째, 상실이익, 이주비용, 영업권 상실 등과 같은 부대 손실(consequential damages)은 일반적으로 수정 제5조에 의하여 보상을 받을 수 없다.[20] 여섯째, 보상액을 결정함에 있어서 사실심법원은 관련된 특수한 사실관계에서 가장 적절한 평가 기준을 적용함으로써 본질적으로 구체적 사안에 적합한 분석을 하여야 한다.[21][22]

4. 우리 법과의 비교

　　우리 헌법 제23조 제3항은 "공공필요에 의한 재산권의 수용, 사용 또는 제한 및 그에 대한 보상은 법률로써 하되, 정당한 보상을 지급하여야 한다."라고 하여 (i) 공

---

14) 연방대법원은 1987년 First English Evangelical Lutheran Church *v.* Los Angeles County 판결에서, 위 Brennan 대법관의 의견을 근거로 규제적 수용에 대한 직접 보상을 인정하였다. 표명환, 전게 논문, 317, 318.
15) 표명환, 전게 논문, 316-320; 정하명, 전게 논문, 524, 525.
16) United States v Miller, 317 U.S., 369, 374-75(1943), 이기한, 전게 논문, 225 각주 22에서 재인용.
17) First English, 482 U.S. at 319, 322. 이기한, 전게 논문, 226 각주 23에서 재인용.
18) United States ex rel. Tenn. Valley Auth. v Powelson, 319 U.S., 266, 273-76(1943). 이기한, 전게 논문, 225 각주 24에서 재인용.
19) First English, 482 U.S. at 319; Kimball Laundry Co. *v.* United States, 383 U.S., 16(1949). 이기한, 전게 논문, 225 각주 25에서 재인용.
20) Kimball Laundry Co. *v.* United States, 383 U.S. at 7; United States v General Motors Corp., 323 U.S., 373, 379-80(1945). 이기한, 전게 논문, 225 각주 26에서 재인용.
21) United States v Miller, 317 U.S. at 373-74. 이기한, 전게 논문, 225쪽 각주 27에서 재인용.
22) 이기한, 전게 논문, 225, 226.

공필요에 의한 수용, 사용, 제한이 법률에 근거하여야 한다는 점과, (ii) 이러한 재산권 제한에 대하여 손실보상을 법률로써 규정하여야 하며, (iii) 손실보상은 정당한 보상이어야 함을 규정하고 있다.

　　이와 같이 우리 헌법은 미국 헌법상의 재산권보장 구조와 달리 재산권의 내용형성 및 재산권의 제한에 대하여 법원이 아니라 입법자의 역할을 강조하는 재산권 보장구조를 취하고 있다는 점에서 커다란 차이를 발견할 수 있다. 또한 미국이 재산권에 대한 정부의 수용이 목적달성을 위하여 정당한가의 문제를 합리성 심사로서 판단하는 것과 달리, 우리 헌법에서는 일반적 비례의 원칙을 심사기준으로 하고 있다(헌법재판소 2002. 10. 31. 선고 99헌바76 결정 등). 그러나 우리 헌법이나 미국 헌법은 그 공적 성질에 따라 공공목적을 달성하기 위하여 필요한 경우에 재산권이 제한될 수 있다고 본다는 점에서 공통점을 발견할 수 있다.[23]

---

23) 표명한, 전게 논문, 322, 323.

Emotional Distress
정신적 고통

윤나리

1. 정 의

Emotional distress는 직역하면 '감정적 고통'으로 번역될 수 있다. 미국법에서는 이를 mental distress(정신적 고통), emotional harm(감정적 손해)이라는 용어와 혼용해 사용하고 있다.[1]

우리 민법에는 감정적 고통에 대한 명시적 규정은 없다. 그러나 민법 제751조는 '정신상 고통'이라는 용어를 사용하고 있다. 그런데 앞서 살펴보았듯 미국법에서도 '감정적 고통'(emotional distress)과 '정신적 고통'(mental distress)을 같은 의미로 혼용하여 사용하고 있으므로 emotional distress는 우리 민법에서 사용되고 있는 용어인 '정신적 고통'으로 번역될 수 있겠다.[2]

일반적으로 Emotional distress에는 고뇌, 슬픔, 두려움, 수치심 또는 분노와 같은 매우 불쾌한 정신적 반응 등이 모두 포함된다. 그러나 다른 추가적인 손해(예를 들어 신체적 상해, 존엄의 훼손 등)를 주장하지 않고 감정적 고통만을 이유로 불법행위책임(tort)을 청구할 때에는 그러한 고통이 상당히 심할 경우에만 주장이 인정된다. 현대 사회에서는 어느 정도의 일시적이고 사소한 감정적 고통은 사람들과 함께 살아가기 위해서 감당해야 할 일상일 뿐이고 오히려 완전한 정신적 평온이야말로 달성할 수 없는 상태이기 때문이다. 따라서 일반적으로 야기된 고통이 아주 극심하여 보통의 합리적인 사람이라면 감당할 수 없을 때에만 법적인 구제를 청구할 수 있다.[3]

---

1) Black's Law Dictionary (11th ed. 2019), distress.
2) 이동진, "미국 불법행위법상 비재산적 손해의 배상과 그 한계", 민사법학 제66호(2014. 3), 286.
3) Black's Law Dictionary (11th ed. 2019), distress.

2. 내 용

미국법에서 Emotional distress는 주로 불법행위법(tort law) 영역에서 사용된다. 그러나 미국의 불법행위법은 우리나라 불법행위법과 그 체계가 다르다. 우리 민법은 불법행위의 종류를 구분하지 않고 하나의 원칙 규정과 그에 부수되는 규정들을 두는 방식으로 구성되어 있으나 미국 불법행위법은 불법행위를 고의에 의한 불법행위(intentional torts), 과실에 의한 불법행위(negligence), 엄격책임(strict Liability)으로 나누어 각각의 인정요건을 달리 정하고 있다. 따라서 Emotional distress에 대한 책임도 각각의 불법행위 유형에 따라 성립요건이 다르다.

고의에 의한 불법행위의 경우 대인적 침해행위(trespass to person)의 하위유형인 폭행위협 또는 협박(assault)이 발생한 경우, 의도적인 정신적 가해(intentional infliction of emotional distress) 행위가 발생한 경우를 Emotional distress가 발생되는 경우로 본다.[4] 각각의 경우 성립요건이 다른데 assault의 경우 타인에게 유해하거나 불쾌한 접촉을 유발하기 위한 의도적인 행위를 하거나 급박하게 그러한 유형력을 가할 것이 예상되어 타인으로 하여금 급박한 불안상태에 놓이게 할 때 책임이 인정된다.[5] 이 경우 피해자는 그러한 행위로 실제 Emotional distress가 발생하였음을 주장하거나 증명할 필요가 없다. 반면 intentional infliction of emotional distress의 경우 가해자의 행위가 극단적이고 난폭하여 타인에게 보통 사람으로서는 참을 수 없는 혹독한 정신적 고통을 야기할 때 손해배상책임이 인정된다.[6] 즉 보통의 정신적 고통 발생만으로는 책임이 인정되지 않는다.

과실에 의한 불법행위로 Emotional distress가 발생한 경우에도 일정한 경우 책임이 인정된다. 이는 두 개의 유형으로 나뉘는데, 그러한 과실에 의한 불법행위로 인한 1차 피해자만 발생한 경우와 1차 피해자의 피해를 보거나 듣고 정신적 손해가 발생한 2차 피해자도 발생한 경우로 나뉜다. 1차 피해자의 전형적인 경우는 길을 걷다가 부주의하게 운전하는 차량에 치일 뻔한 보행자를 들 수 있고, 2차 피해자의 전형적인 경우로는 자녀의 교통사고를 목격하고 정신적 충격에 빠진 부모를 들 수 있다. 이에 대해서는 각 주별로 다양하게 규율하고 있는데 일반적으로 1차 피해자의 경우에는 비교적 관대하게 책임을 인정하고 있으나 2차 피해자의 경우에는 부모관계 등 1차

---

4) John J. Kircher, "The four faces of tort law: liability for emotional harm", 90 Marquette Law Review, 3 (2007).

5) Kircher ibid, 2.

6) Restatement (Second) of Tort Law, section 46 (1965); 사법연수원, 미국민사법(2004. 8), 80.

피해자와의 관계가 밀접할 것, 근접한 시간과 장소에서 목격하였을 것, 정신적 충격으로 인한 손해가 심각할 것 등의 요건을 요구하는 경우가 많다.[7]

　　Emotional distress가 보호되는 마지막 영역으로 parasitic emotional distress를 들 수 있다. 앞의 3개의 영역은 별도의 법익침해가 발생하지 않았더라도 emotional distress만으로도 독자적인 불법행위책임이 인정되는 경우인 데 반해 마지막 유형은 신체상해 등에 부수적으로 발생하는 Emotional distress이다.[8] 이 경우는 신체적 상해에 대한 불법행위책임이 성립하면 별도의 요건 없이 일반적으로 인정되는데 이 경우 인정되는 Emotional distress가 상해로 인한 고통과 구별되는 별개의 손해인지에 대해서는 견해의 대립이 있다.

3. 우리 법과의 비교

　　우리 민법전이나 법학교재들은 정신적 고통을 적극적으로 정의하고 있지 않다. 다만 민법 제751조가 '재산외의 손해'라는 제목 하에 타인에게 정신상 고통을 가한 자는 재산적 손해 외에도 손해를 배상할 책임이 있음을 명시하면서 비재산적 손해도 배상해야 한다는 취지를 밝히고 있고 그러기 위해서는 정신상 손해가 발생할 것을 그 요건으로 적시하고 있을 뿐이다.

　　민법 제751조는 정신상 고통이 발생하는 예로 타인의 신체, 자유 또는 명예를 해하는 행위를 적시하고 있다.[9] 그리고 학설 및 판례는 정신상 고통에 대한 금전배상을 일반적으로 위자료라고 부른다.[10] 그러나 민법 제751조에 대해 통설은 법문의 명시적 표현과는 달리 정신적 고통이 발생하지 않은 상황이라도 비재산적 손해가 발생한 경우에는 본조에 의해 위자료를 청구할 수 있다고 보고 있다. 즉 본조의 재산 이외의 손해는 정신적 고통만을 의미하는 것이 아니고, 그외 수치적으로 산정할 수 없으나 사회통념상 금전평가가 가능한 무형의 손해도 포함하는 것으로 보는 것이다. 본조에 의해 배상이 인정되는 법인에 대한 명예훼손, 재산권의 침해로 인한 비재산적 손해의 경우 정신적 고통이 유발되지 않는다는 점을 근거로 든다.[11] 판례 역시 개

---

7) Kircher ibid, 9 – 22.
8) Kircher ibid, 22.
9) 민법 제751조(재산 이외의 손해의 배상) ① 타인의 신체, 자유 또는 명예를 해하거나 기타 정신상고통을 가한 자는 재산 이외의 손해에 대하여도 배상할 책임이 있다.
10) 김준호, 민법강의(제24판), 법문사(2018. 1), 1336.
11) 곽윤직 대표편집, 민법주해, 채권(11), 박영사(1995), 348.

개인의 감각적인 고통에 대한 것뿐만 아니라 피해자가 불법행위로 인하여 상실한 정신적 이익 역시 본조의 비재산적 손해에 포함된다는 취지로 판시하고 있다.[12] 다만 학설은 그럼에도 불구하고 인격권침해로 인한 정신적 손해의 배상이 위자료의 대표적인 모습이라는 점에서 일반적으로 재산 이외의 손해를 정신적 손해, 이에 대한 손해배상을 위자료라고 부른다고 한다.[13] 즉 우리 법에서는 '정신적 고통'이라는 용어와 '비재산적 손해'라는 용어를 엄밀히 구분하지 않고 양자를 혼용해서 사용하고 있는 것이다.

불법행위를 이유로 정신적 손해를 배상받기 위한 경우에도 재산적 손해배상을 받기 위한 경우와 마찬가지로 불법행위의 일반적 요건인 귀책사유, 위법성, 인과관계, 손해의 발생이라는 요건을 모두 충족시켜야 한다. 그러나 정신적 손해의 배상에서는 그 손해의 내용인 정신적 고통을 객관적으로 인정하고 또 금전으로 평가하는 것이 어렵다는 점에서 일반적인 재산적 손해의 배상과는 다른 특색이 있다.[14]

정신적 손해가 발생하는 가장 일반적인 예로 교통사고 등 신체적 손상이 발생한 경우 금전적 배상 외에 부가적으로 위자료가 발생하는 경우를 들 수 있다. 그리고 판례는 어떠한 사고의 발생으로 신체적 상해를 입지는 않았으나 정신적 충격을 받아 외상후 스트레스성 장애 등 정신질환이 발생한 경우에도 손해배상을 긍정하고 있다.[15] 또한 앞서 말했듯 학설은 명예권 등 인격권이 침해된 경우를 정신적 손해가 발생하는 전형적인 예로 들고 있다.[16] 그리고 예외적이긴 하지만 재산권이 침해되었을 때, 계약이 파기되었을 때에도 일정한 경우 정신적 손해가 인정되어 위자료가 발생하는 경우가 있다.

---

12) 대법원 1969. 4. 15. 선고 69다268 판결.
13) 민법주해, 전게서, 349.
14) 김준호, 전게서, 1336.
15) 대법원 2008. 9. 11. 선고 2007다78777 판결.
16) 그러나 인격권침해가 곧 정신적 손해로 귀결되는 것은 아니다. 인격권침해로 재산상 손해가 발생하는 경우도 있고, 정신적 고통을 느낄 수 없는 법인에 대해서도 일정한 경우 인격권이 인정되기 때문이다. 같은 취지, 권태상, "인격권침해로 인한 재산적 손해", 법조 제69권 제1호 (2020), 133; 서울고등법원 2017. 6. 9. 선고 2016나2057657 판결.

Equitable Remedy
형평법상 구제 수단

정영태

1. 개 념

미국법에서 Equitable remedy(형평법상 구제 수단)는 금지명령(injunctions), 특정이행(specific performance), 변제자대위(subrogation) 및 형평법상의 선취특권(equitable lien) 등 형평법상 인정되는 비금전적인 구제 수단을 의미한다. Equitable remedy는 equitable relief 또는 equitable damages라고도 하며, 통상 금전적인 배상을 그 내용으로 하는 보통법(common law)상 구제 수단(legal remedies)만으로 피해에 대한 충분한 보상을 받을 수 없는 경우를 위한 제도이다.[1]

2. 배 경

형평법은 영미법 체계의 일부로서 보통법(common law)과 마찬가지로 선례구속의 원칙에 따르는 판례법이며, 현재는 민사 사건에 한해서만 보통법과 구분되고 있다. 기존의 영국 보통법 체계에서 법원은 토지, 고액의 물품 및 금전에 한정되는 매우 제한적인 구제 수단만을 인정할 수 있었으며, 이에 보통법 법원에서 어떠한 구제도 받을 수 없는 사건이 증가하였다. 이러한 불합리의 시정을 위해 형평법원이 설치되었고, 특정 사건에서 법을 그대로 집행하면 부정의하거나 가혹한 결과가 발생할 경우 형평의 원칙에 따라 판결을 선고할 수 있도록 하였다. 이와 같이 영미법에서는 보통법의 경직성을 보완하기 위한 형평법(equity law)이 별도로 발전하여 왔으나, 판사에게 과도한 재량이 허용된다는 비판도 제기되었다.[2]

---

1) Black's Law Dictionary (11th ed. 2019); 조국현, 미국계약법, 진원사(2017), 458, 459.
2) 27A Am. Jur. 2d Equity §3; 김범준, 미국의 법률체계와 사법제도, 최신외국법제정보 2010년 4호(2010), 192, 193; 사법정책연구원, 각국의 사법제도 — 외국사법제도연구(27)(2020), 63.

미국에서는 보통법 법원과 형평법 법원이 병렬적으로 존재하다가 1848년 뉴욕주 「소송절차법(Code of Procedure)」에 의해 두 법원이 병합되었으며, 이후 다른 주들도 마찬가지로 보통법과 형평법의 병합(merger of law and equity)을 추진하게 되었다. 이에 연방법원의 경우 1937년 연방민사소송규칙 제정으로 양자가 통합되었고, 주 법원의 경우 현재 일부 주를 제외하고는 모두 통합되어 법원은 보통법 또는 형평법에 근거한 재판을 모두 할 수 있게 되었다.[3]

3. 내 용

역사적으로 형평법 법원의 관할권은 당사자가 보통법 법원에서 구제를 받지 못하거나 적절한 구제를 받지 못하는 경우에 인정되어 왔으므로, 적절한 구제 수단의 부재는 형평법상 소송의 요소가 아닌 전제조건에 해당한다.[4]

Equitable remedy를 청구하는 원고는 변론과 증거를 통해서 보통법상 적절한 구제 수단이 충분하지 않다는 점을 입증할 책임이 있고, 반대로 보통법적인 구제 수단이 존재하는 경우에는 Equitable remedy를 청구할 수 없다.[5] 일례로 벌금을 미납하였으나 헌법이 징역으로의 자동 전환을 금지함으로써 완전하고 충분한 구제를 받을 수 있는 궁핍한 피고, 또는 보통법 법원에서 압류를 해제할 수 있는 당사자는 Equitable remedy를 청구하지 못한다.[6] 다만 법원은 보통법상 구제 수단이 불충분한 경우에도, 당사자와 공공의 이익 모두의 관점에서 사안에 따라 그 형평성을 평가해야 한다.[7]

형평법의 기본원칙은 형평법 법원이 단순히 손해의 우려를 완화하기 위해서가 아니라, 오로지 손해가 임박하고 회복할 수 없는 경우에만 개입해야 한다는 것이다. 즉, 형평법은 보통법에 반하는 것이 아니라 부수적인 것이고, Equitable remedy가 보통법상의 명시된 규정을 위반하는 경우에는 허용될 수 없다.[8]

형평법 법원은 필수적으로 요청되는 Equitable remedy를 설정, 보호 및 집행하는 데 필요한 구제 수단을 승인하는 관할권을 보유한다. 특히 특정한 형평법 절차에서 필요한 결정, 형평성의 비교형량(balance)은 판사의 재량에 달려 있는데, Equitable

---

3) 김범준, 전게 논문, 193; 사법정책연구원, 전게서, 63.
4) 27A Am. Jur. 2d Equity §70.
5) 27A Am. Jur. 2d Equity §70.
6) 27A Am. Jur. 2d Equity §72.
7) 27A Am. Jur. 2d Equity §70.
8) 27A Am. Jur. 2d Equity §71.

remedy를 명할 수 있는 판사의 권한은 광범위하고 유연하다. 그러나 법원이 사건의 상황 또는 긴급성에 따른 Equitable remedy의 마련이나 적용에 있어 광범위한 재량을 보유하고 있다고 하더라도, 현대의 형평법 법원 판사는 구제 수단을 승인하거나 보류할 무한한 재량권을 보유한 것은 아니며, 현대의 형평법상 원칙 및 기준을 준수해야 한다. 법원은 Equitable remedy에 대하여 주의깊게 접근할 필요가 있고, 오직 법령과 규칙에 따라 요청되는 경우, 충분한 보통법상 구제 수단이 없는 경우, 또는 Equitable remedy가 완전한 정의(complete justice)의 구현을 위하여 보다 적합한 경우에만 이를 명해야 한다.[9]

　한편, 형평성은 공공의 이익과 사적 필요성 사이의 조정 및 조화를 위한 도구이나, 공익이 문제된 경우 법원의 권한은 사익이 문제된 경우와 비교하여 보다 넓고 유연하며, 형평법 법원은 공익을 위한 목적으로 광범위하게 Equitable remedy를 명할 수 있다. 다만 마찬가지로 이러한 경우에도 Equitable remedy가 당연히 허용되는 것은 아니며, 법원은 공익과 관련된 구제를 고려할 때 더욱 주의해야 할 필요가 있다.[10]

　Equitable remedy의 효력은 구제가 필요한 권리와 상응하며, "정의롭고 적절한 (just and proper)" 구제를 승인해달라는 청구는 정의 구현에 필요한 구제책을 마련하기 위해 법원의 권한에 호소하는 것이다. 구제를 집행함에 있어 형평법 법원은 엄격한 보통법의 규칙에 구속되지 않으며, 상충하는 이해관계를 조정하는 데 불가피하게 관련된 현실의 사실관계와 필요성을 고려하게 된다. 형평법 법원은 제시된 다양한 문제에 따라서 구제 및 판결을 내림으로써, 특정한 사건의 상황에 적합하도록 그 내용을 조정할 수 있다. 즉, 형평법 법원은 피해자를 온전하게 하는데 필요한 경우, 당사자간 사전 합의 조건을 연장하거나 초과하는 구제책을 고안할 수 있는 것이다. 그러나 형평법 법원의 권한은 무제한적이지 않고 사건에 적합해야 하며, 그 관할권은 구제에 필요한 범위 이상으로 확장되지 않는다. 특히 형평법 법원은 equitable remedy 를 승인하기 위해서 인식 가능한 근거를 필요로 하고, 단순히 그러한 구제가 정의롭고 적절하다고 생각한다는 이유만으로 특정 조치를 취할 권한이 없다. 형평의 원칙은 어디까지나 불의를 방지하기 위한 것이어야 하며, 당사자로 하여금 부당한 횡재를 유지하게 하거나, 가상의 손해를 처리하기 위한 것이 아니다.[11]

　형평법의 특징은 세대와 시대의 경과에 뒤처지지 않도록 보통법을 넘어서 그 범

---

9) 27A Am. Jur. 2d Equity §98.
10) 27A Am. Jur. 2d Equity §99.
11) 27A Am. Jur. 2d Equity §100.

위를 확장할 수 있다는 점이다. 형평법은 특정한 상황에 적용될 수 있도록 공정의 기준을 성장, 확대 및 형성하는데 있어 전통적인 보통법의 기준보다 우월하며, 이러한 포괄적인 구제 수단은 보통법에서 통상적으로 사용할 수 있는 구제 수단보다 훨씬 광범위하다. 이렇게 형평법은 유연성과 확장성을 구비했다는 점에서, 새로운 구제책을 고안하거나 일전의 구제책을 수정할 수 있다. 형평법 관할의 유연성은 당사자간의 복잡한 관계를 포함하여, 발생할 수 있는 모든 다양한 상황을 충족할 수 있는 구제 수단의 혁신을 허용한다. Equitable remedy의 적절성은 과거가 아닌 현재의 조건에 의존하며, 정확한 구제에 대한 선례가 없다는 점은 중요하지 않다.[12]

　　형평법에 의해 부여될 수 있는 개별적 구제의 종류를 모두 열거하거나, 사건의 상황에 부합하도록 구제를 형성하는 형평법 법원의 권한을 제한하는 것은 불가능하다. 재산권과 이해관계의 본질과 발생, 이에 수반되는 상황 및 이로 인해 형성되는 관계는 현실적으로 제한되지 않기 때문에, 이러한 상황과 관계에 적용되는 특정한 구제의 종류와 형태도 현실적으로 제한되지 않는다. 다만 보다 중요한 Equitable remedy로는 회계정산(accounting),[13] 분할(partition), 특정이행(specific performance), 금지명령(injunction), 계약의 수정(reformation)[14] 등을 들 수 있으며, 형평법 법원은 재산을 '청구(charge)'하거나, 재산에 대한 청구권을 형성하려는 목적으로 부담, 의무 및 유치권 등을 부과할 수 있다.[15]

　　Equitable remedy는 크게 3개의 유형으로 분류될 수 있다.[16] 우선 (i) 법이 허용하거나 규정하고 있는 구제 수단과 완전히 다른 유형을 들 수 있으며, 이러한 유형에는 금지명령에 따른 예방적 구제(preventive remedy of injunction), 의무적 금지명령에 따른 회복적 구제(restorative remedy of mandatory injunction), 계약의 수정에 의한 구제(remedies of reformation), 특정이행(specific performance) 등이 있다.[17]

---

12) 27A Am. Jur. 2d Equity § 101.
13) Accounting이란 신탁이나 신인관계(trust or fiduciary relationship)에서 부당이득으로 반환되어야 할 이익을 정산하여 지급하도록 하는 형평법상의 구제 수단을 의미한다. 1 Am. Jur. 2d Accounts and Accounting § 50 − 53.
14) Reformation이란 서면계약이 당사자의 공통의 실수나 착오, 기망 등에 의하여 잘못 기재되었거나 형평에 반하는 명확하고 설득력 있는 증거가 있을 경우 당사자의 본래의 합의에 맞게 서면계약을 기재하거나 해석하거나 수정하거나 변경하는 형평법상의 구제 수단을 의미한다. 66 Am. Jur. 2d Reformation of Instruments § 1.
15) 27A Am. Jur. 2d Equity § 100.
16) 이하의 유형 분류 및 그에 대한 설명은 모두 John Norton Pomeroy, A Treatise on Equity Jurisprudence, vol. 1,(4th ed.), Bancroft − Whitney company, Rochester, N.Y. (1918), 123-125; Black's Law Dictionary (11th ed. 2019)에서 재인용.
17) id.

다음으로 (ii) 법적 절차상 허용되지만 직접적으로 허용되지는 않는, 간접적인 방법을 통해 유익한 결과를 발생시키는 유형이 있는데, 그 대표적인 예로는 해제(rescission) 또는 취소(cancellation)에 따른 구제를 들 수 있다. 형평법 법원은 계약 또는 양도의 취소를 구하기 위한 목적으로 소송을 진행하며 정확한 구제를 부여하기 위한 결정을 내린다. 보통법 법원은 동산의 점유회복, 또는 특정한 상황에서 부동산의 회복, 또는 손해의 회복을 위한 소송을 하고, 설령 변론이나 판결에서 관련 내용이 언급되지 않았더라도 계약 및 증여는 사실상 철회된다. 여기서 취소를 통한 구제는 명시적으로 보통법 법원에 요청되었거나 승인되지는 않았지만, 동일한 모든 효과는 법적 조치를 통해 간접적으로 발생한다.[18]

끝으로 (iii) 형평법과 보통법에서 실질적으로 동일한 유형이 있다. 이러한 유형의 대표적인 예로는 공유자들간 토지 분할, 상속재산 분할 등을 들 수 있는데, 이에 대한 형평법상의 구제 수단은 한 당사자 또는 다른 당사자에게 유리한 잔액의 산정 및 결정 과정, 그리고 심지어 특정 상황에서 명시적인 금전적 손해배상을 포함하고 있다는 점에서, 보통법의 구제 수단인 회계정산(accounting) 등과 동일하다.[19]

4. 우리 법과의 비교

Equitable remedy의 대표적인 유형인 특정이행, 금지명령 등은 민법상 소유물방해제거, 예방청구권(민법 제214조), 명예훼손의 특칙(민법 제764조), 그리고 민사집행법상 보전처분 중 가처분(민사집행법 제300조) 등과 그 목적 및 효과가 유사하다고 볼 수 있다. 그리고 민법이나 민사집행법 외에 특허법, 저작권법, 실용신안권 등 개별법들도 법익의 침해자 또는 침해할 우려가 있는 자에 대한 중지 또는 예방청구권을 인정하고 있다.[20]

특히 우리 법원은 생활방해나 환경침해 사건에서 민법 제214조를 확대 적용하거나(대법원 1995. 9. 15. 선고 95다23378 판결), 인격권의 침해와 같은 특정 분쟁 유형에서 인격권의 배타적 지배성에 따른 금지청구권을 행사할 수 있다고 인정해 왔다(대법원 2005. 1. 17.자 2003마1477 결정).[21] 이는 보통법의 구제 수단으로 권리 구제가

---

18) id.
19) id.
20) 김현수, "불법행위에 대한 금지청구권의 요건 — 제2차 불법행위법 리스테이트먼트상 적합성 판단 요소를 중심으로 —", 법학논고 제39집(2012. 6), 600, 601.
21) 김현수, 전게 논문, 601.

충분하지 않을 경우를 승인 요건으로 하는 Equitable remedy와의 공통점으로 볼 수
있다.

　　그러나 앞에서 살펴본 바와 같이, Equitable remedy는 기본적으로 불문법인 형평
법에 기초하며, 판사에게 광범위하고 유연한 재량이 부여되어 있다. 그러나 우리법상
방해제거, 예방 및 금지청구권 등을 행사하기 위해서는 현행 법규정상 명시적인 근거
가 필요하며, 그 요건과 효과가 엄격히 법정되어 있다는 점에서 Equitable remedy
와 본질적인 차이가 존재한다.

Equity
형평

김보라

1. 개 념

미국법에서 Equity는 ① 형평, 공평, 공정, ② 공정하고 옳은 것을 구성하는 원칙의 집합체, ③ 특정한 경우에 적용되는 법을 수정하거나 보완하기 위한 정의 원칙, ④ 보통법(common law)에 대응하는 법체계로서의 형평법, ⑤ 형평법 법원(court of equity)에서 인정되는 권리, 이익, 구제책 등의 의미로 해석되고, 그 외에도 자본, 지분, 주식 등 다양한 의미로 사용되고 있다.[1] 이하에서 주로 살펴볼 Equity의 개념은 규정된 또는 관습적인 일반법 형식이 부적절해 보이는 경우에 실질적인 정의를 실현할 수 있는 법원칙 또는 법원칙의 집합으로서의 형평에 관한 내용이다.[2]

2. 배 경

영미법계에서 Equity(형평법)는 보통법의 경직성을 보완하기 위해 별도의 법제도로서 발전해오면서 특정 사건에서 법을 그대로 집행하면 부정의하거나 가혹한 결과가 발생할 경우 정의를 위해 형평의 원칙에 따라 판결을 선고할 수 있도록 허용하는 역할을 하였다. 형평법 법원의 관할은 법관의 양심과 재량에 의해 결정되는데, 보통법에 비해 유연하고 탄력적인 재판절차를 따르고, injuction(금지명령), specific performance(특정이행) 등과 같이 금전배상(monetary damages) 이외의 특별한 구제방법을 허용한다는 점 등에서 보통법과 구별된다.[3] 형평법은 보통법상 구제 수단(remedy at law)이 부적합한 경우에 제한적으로 허용되었는데 시대의 변화에 따라 보통법과

---

1) Black's Law Dictionary (11th ed. 2019).
2) 27A Am. Jur. 2d Equity §1.
3) 두 법체계가 각자의 구제 수단에 부응하여 내놓는 강제의 기법(enforcement techniques)에도 차이가 있다[Sarah Worthington(임동진 번역), 형평법, 도서출판 소화(2010), 58].

형평법의 구별은 점차 사라져갔다.[4]

미국에서는 보통법 법원과 형평법 법원이 병렬적으로 존재하다가 연방법원의 경우 1937년 연방민사소송규칙(Federal Rules of Civil Procedure) 제정으로 통합되었고, 주 법원의 경우 현재 일부 주를 제외하고는 모두 통합되어 법원은 보통법 또는 형평법에 근거한 재판을 모두 할 수 있게 되었다.[5] 대부분의 주에서 보통법상, 형평법상 구제는 한 가지 형태의 소송으로 혼합되었으나, 보통법상 권리와 형평법상의 권리의 실질적 차이는 여전히 존재하므로 보통법에 의한 구제와 형평법에 의한 구제를 구별할 중요성이 사라졌다고는 할 수 없다. 이러한 구별은 정당한 방법으로 사법을 집행하고 소송 당사자의 실질적인 권리를 보존하는 데에도 필수적이다.[6]

3. 내 용

형평은 정의를 증진, 달성하기 위한 목적으로 대립되는 주장 사이에 적절한 조정과 화해에 도달하기 위해 기능하며, 이를 위해 융통성 있는 방향으로 유연하게 적용된다. 결과적으로 형평법 법원은 엄격한 절차상 규칙에 구속되지 않고 양심에 따른 판단을 한다. 그러나 형평법상 선례나 확립된 원칙의 적용을 받고, 공평한 구제를 부여하기로 한 법원의 결정 권한은 무제한이 아니며 사실과 법률에 의해 뒷받침되어야 한다.[7] 형평법 법원은 법이 직접적으로 모든 상황 또는 특정 사항에 관한 사건을 규율하는 경우, 보통법 법원과 마찬가지로 이에 구속되고, 직접적으로 적용되는 법을 위반해서 구제를 승인하지는 않는다.[8] 형평의 원칙(maxims and priciples of equity)은 다음의 주요 원칙들을 내용으로 하고 있다.

형평은 권리에 구제가 없는 것을 내버려 두지 않는다("Equity will not suffer a wrong to be without a remedy").[9] 이는 형평은 정당한 주장을 하는 사람이 소송을 제기할 권리를 거부당하는 것을 허용하지 않는다는 것이다. 그러나 위 원칙에 따라

---

4) 사법연수원, 미국민사법(2012), 17.
5) 사법정책연구원, 외국사법제도연구(27) – 각국의 사법제도(2020. 12), 63.
6) 27A Am. Jur. 2d Equity § 3.
7) 27A Am. Jur. 2d Equity § 2.
8) 27A Am. Jur. 2d Equity § 4.
9) 위 원칙은 ① 권리 자체가 법에 의해 존재하는 것으로 인정되지 않는 경우, ② 법에 존재하는 권리, 구제책이 법이 집행할 수 없거나 전혀 집행하지 않는 것인 경우, ③ 법에 존재하는 권리와 법이 제공하는 구제 수단에 관하여 법에 따라 시행되는 구제책은 부적절하거나 불완전하거나 불확실한 경우 중 하나에 해당하는 경우 적용된다[Ver Brycke v. Ver Brycke, 379 Md. 669, 843 A.2d 758 (2004)].

법이 제공하는 구제책을 제때 청구하지 않음으로써 이를 상실한 당사자에게 두 번째 구제책을 제공하는 것으로 간주되지는 않는다.[10]

형평은 대물적이 아니라, 대인적으로 작용한다("Equity acts in personam, not in rem"). 일반적으로 형평법 법원이 시행하는 구제책은 대인적으로 운영되는 법령에 의해 효력이 발생하고, 토지 관할권 밖의 행위를 중지하거나 수행하도록 적절한 명령을 할 수 있다. 형평법 법원의 판결은 그 자체로는 원고에게 재산이나 재산상 이익을 부여하거나 직간접적으로 소유권을 피고로부터 원고에게 양도하도록 할 수 없다.[11]

형평은 실정법을 따른다("Equity follows the law"). 형평은 확립된 규칙과 판례를 따르고, 기존 법 원칙에 의해 정의되고 확립된 권리를 변경하거나 불안정하게 하지 않으며, 실체법의 원칙에 구속되고 새로운 실체적 권리를 부여할 수 없다.[12] 위 원칙은 당사자의 권리가 법률에 의해 명확하게 정립된 경우 가장 엄격하게 적용된다.[13] 형평법 법원은 당사자 간의 형평성을 결정할 수 있는 어느 정도의 유연성을 갖지만, 형평에 따라 실정법의 예외를 인정하는 것은 명시적인 법적인 요구와 충돌할 수 있으므로 신중하게 제한적으로만 인정되어야 한다.[14]

형평은 행해야 할 일을 행한 것으로 간주한다("Equity regards as done that which ought to be done"). 이는 형평이 당사자가 고려한 최종 행위가 마땅히 행해져야 하는 대로 정확히 실행된 것과 동일한 방식으로 문제를 취급한다는 것을 의미한다.[15] 또한 법원은 당사자들이 거래 당시에 계획했던 일을 하도록 강제할 수 있는 권한이 있다고 본다.[16]

형평은 형식보다 실질과 의도를 중시한다("Equity regards substance and intent rather than form"). 정의를 달성하기 위해 형식을 넘어 실질을 중시하는 것이 형평의 본질적 속성으로 당사자의 의사가 확정될 수 있다면 계약이나 약정, 거래 등에 사용된 특정한 형식이나 용어에 구속되지 않는다는 것이다.[17]

소송에서 형평의 원칙을 주장하려는 당사자는 형평의 원칙이 적용될 가능성을

---

10) People *v*. Shokur, 205 Cal. App. 4th 1398, 141 Cal. Rptr. 3d 283 (4th Dist. 2012).

11) 27A Am. Jur. 2d Equity §7.

12) 27A Am. Jur. 2d Equity §8.

13) Association of Cuyahoga Cty. Teachers of Trainable Retarded *v*. Cuyahoga Cty. Bd. of Mental Retardation, 6 Ohio St. 3D 190, 451 N.E.2d 1215 (1983).

14) 27A Am. Jur. 2d Equity §9.

15) Pleasants *v*. Pleasants, 221 Va. 1017, 227 S.E.2d 170 (1981).

16) Sizwmore *v*. H & R Farms, Inc., 638 N.E.2d 455 (Ind. Ct. App. 1994).

17) Mackiewicz *v*. J.J. & Associates, 245 Neb. 568, 514 N.W.2d 613 (1994).

입증해야 하는 부담을 진다. '형평을 추구하는 자는 형평을 행해야 한다("He who seeks equity must do equity")', '형평의 보호를 받으려는 자는 스스로도 결함이 없어야 한다("He who comes into equity must come with clean hands")', '형평은 자신의 권리 위에 자는 사람이 아니라 깨어있는 사람을 돕는다("Equity aid the vigilant, not one who sleeps on rights")'는 원칙 등과 같이, 법원은 형평에 의한 구제를 추구하는 소송 당사자의 행위가 법원의 지원을 받을 자격이 있는지를 살펴보고, 일반적으로 이러한 원칙에 따라 행동하지 않은 것으로 보이는 소송 당사자에 대해서는 구제가 거부된다.[18]

4. 우리 법과의 비교

우리나라에서 '형평'의 의미를 별도로 정의한 법 규정은 존재하지 않으나, '형평'이라는 용어는 민사소송법 제202조,[19] 제252조,[20] 채무자 회생 및 파산에 관한 법률 제217조,[21] 집합건물의 소유 및 관리에 관한 법률 제47조[22] 등 다양한 법령에서 사용되고 있다.

판례상 '형평'은 신의성실의 원칙의 의미를 설명하는 개념으로 사용된다.[23] '형평의 원칙'은 판례상 불법행위 또는 채무불이행으로 인한 손해배상청구 사건에서 책임제한 또는 과실상계 사유에 관한 사실인정이나 그 비율에 관한 판단기준,[24] 징계

---

18) 27A Am. Jur. 2d Equity § 13, 14.
19) 민사소송법 제202조(자유심증주의) 법원은 변론 전체의 취지와 증거조사의 결과를 참작하여 자유로운 심증으로 사회정의와 형평의 이념에 입각하여 논리와 경험의 법칙에 따라 사실주장이 진실한지 아닌지를 판단한다.
20) 민사소송법 제252조(정기금판결과 변경의 소) ① 정기금의 지급을 명한 판결이 확정된 뒤에 그 액수산정의 기초가 된 사정이 현저하게 바뀜으로써 당사자 사이의 형평을 크게 침해할 특별한 사정이 생긴 때에는 그 판결의 당사자는 장차 지급할 정기금 액수를 바꾸어 달라는 소를 제기할 수 있다.
21) 채무자 회생 및 파산에 관한 법률 제217조(공정하고 형평한 차등) ① 회생계획에서는 다음 각 호의 규정에 의한 권리의 순위를 고려하여 회생계획의 조건에 공정하고 형평에 맞는 차등을 두어야 한다.
22) 집합건물의 소유 및 관리에 관한 법률 제47조(재건축 결의) ③ 재건축을 결의할 때에는 다음 각 호의 사항을 정하여야 한다.
    3. 제2호에 규정된 비용의 분담에 관한 사항 4. 새 건물의 구분소유권 귀속에 관한 사항
    ④ 제3항 제3호 및 제4호의 사항은 각 구분소유자 사이에 형평이 유지되도록 정하여야 한다.
23) 신의성실의 원칙은, 법률관계의 당사자는 상대방의 이익을 배려하여 형평에 어긋나거나 신뢰를 저버리는 내용 또는 방법으로 권리를 행사하거나 의무를 이행하여서는 아니 된다는 추상적 규범을 말한다(대법원 2019. 4. 23. 선고 2014다27807 판결 등).
24) 대법원 2018. 10. 4. 선고 2015다253184, 253191 판결 등.

처분의 위법성을 판단하는 기준[25) 등으로 활용되고, 변호사의 약정 보수액 청구의 제한,[26) 호의동승자에 대한 손해배상액 경감[27) 등에서 문제된 바와 같이, 신의칙과 함께 그 위반 여부가 판단기준으로 작용하고 있다.

---

25) 대법원 2014. 11. 27. 선고 2011다41420 판결 등.
26) 대법원 2018. 5. 17. 선고 2016다35833 전원합의체 판결.
27) 대법원 2012. 4. 26. 선고 2010다60769 판결 등.

Estates
부동산권

이호영

1. 개 념

　Estates란 가장 넓은 의미로는 개인이 소유하는 일체의 자산을 의미하고, 경우에 따라 상속재산을 의미하기도 하나,[1] 본래는 재산법상 부동산에 관한 권리(interest in land), 특히 부동산에 대한 점유를 수반할 수 있는 권리(possessory interest)를 말한다.[2] 우리나라에서는 '부동산권' 또는 '부동산권리'로 번역되어 사용되며, 부동산을 현재 또는 장래에 직접 보유하거나 일정기간 이용할 수 있는 권리라고 설명되기도 한다.

2. 배 경

　전통적으로 영국의 부동산 권리는, 왕이 전쟁에서 승리한 후 충성을 바친 영주들에게 그 소유하는 토지의 점유권(possession, right to use)을 선사하는 중세의 봉건제도에서 유래하였다. 미국의 부동산 관련 법은 이러한 배경에서 형성된 중세 영국의 판례법을 바탕으로 현대사회에 맞게 이어져 오고 있다.[3]

---

1) C.J.S Estate § 1., 28 Am. Jur. 2d Estates § 1.
2) Black's Law Dictionary (11th ed. 2019), estate.
3) 전장헌, "미국부동산법 있어서 부동산권리에 대한 소고", 동북아법연구 통권 제32호(2012. 3), 211 – 236.

3. 내 용

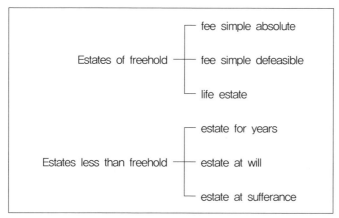

Estates의 분류

　　Estates는 권리의 내용과 기간에 따라 Estates of freehold와 Estates less than freehold로 나뉜다.[4] Estates of freehold는 우리 법상 소유권에 근접한 개념이라고 한다면, Estates less than freehold는 여러 유형의 임차권을 통칭하는 개념이라고 이해할 수 있다.[5] 구체적으로 Estates of freehold는 영속적이거나 권리자가 생존한 동안 지속된다는 점에서 Estates less than freehold와 구별된다.[6] Estates of freehold의 예로는 fee simple absolute, fee simple defeasible, life estate가 있고, Estates less than freehold의 예로는 Estate for years, Estate at will, Estate at sufferance가 있다.

　　Estates of freehold의 유형을 먼저 살펴보면, ① fee simple absolute(간단히 fee simple이라 부르기도 한다)이란 부동산에 대하여 존재할 수 있는 가장 포괄적이고 높은 단계의 권리로서 fee simple absolute의 권리자는 어떠한 조건이나 제한도 없는 완전한 권리를 가진다.[7] 하나의 부동산에 대하여는 단 하나의 fee simple absolute만이 존재할 수 있고, 다른 권리들은 모두 fee simple absolute로부터 비롯되거나 fee simple absolute에 흡수되는 관계에 있다. Fee simple absolute은 권리자가 상속인 없이 사망할 때까지 계속하여 유지된다.[8] 다만 fee simple일지라도 사회의 다른 구성원들을 해

---

4) 28 Am. Jur. 2d Estates § 2.
5) 김영주, "미국법상의 부동산권", 저스티스 통권 제166호(2018. 6), 134.
6) 28 Am. Jur. 2d Estates § 11.
7) 28 Am. Jur. 2d Estates § 13.
8) Black's Law Dictionary (11th ed. 2019), fee simple.

하는 방법으로 행사될 수 없다는 제한은 받는다.[9] ② Fee simple defeasible이란 일정한 조건이 충족될 때까지 한정적으로 존속하는 권리이다. 여기서 '일정한 조건'이란 어떤 사건의 발생 뿐 아니라 미발생이 될 수도 있고, 발생이 확실한 경우뿐 아니라 불확실한 경우도 포함한다.[10] Fee simple absolute의 권리자가 타인에게 일정한 조건으로 fee simple defeasible의 권리를 부여하는 경우, 위 조건이 충족되기 전까지는 양수인은 소유자로서 부동산에 관한 권리를 향유할 수 있으나 조건이 충족되면 자동적으로 양수인의 권리는 소멸하고 양도인에게 권리가 복귀한다. ③ Life estate란 소유자로서의 권리이지만, 권리자의 생존기간 동안만 유지되고 상속될 수 없으며,[11] 권리자 사망 시 미리 지정된 자(remainderman)에게 권리가 이전된다.

다음으로 Estates less than freehold의 유형을 살펴보면, ① Estate for years란 일정한 기간 동안 부동산을 점유·사용할 권리로서, 사전에 정해진 시기가 도래하면 만료된다.[12] ② Estate at will이란 양 당사자가 합의한 기간 동안 점유할 수 있는 권리를 의미하는데,[13] 사유를 불문하고 일방 당사자의 의사에 기해 언제든지 종료될 수 있으며, 이에 대하여 사전 통지를 요하지 않는다.[14] 현재 미국 대부분의 주(州)에서는 임대차 관계를 종료하고자 하는 경우에는 상대방에게 사전에 통지할 것을 요구하고 있기 때문에 결과적으로 Estate at will은 인정되지 않는다.[15] ③ Estate at sufferance란 적법하게 점유를 개시하였으나 권리가 만료된 이후에도 퇴거 당하지 않고 점유하는 경우를 의미한다.[16] 이는 처음부터 위법하게 임대인의 토지를 점유한 침해자와 임차권 종료 이후의 임차인을 구별하기 위한 제도라는 점에 의의가 있다.[17]

4. 우리 법과의 비교

우리나라의 경우, 물권은 법률 또는 관습법에 의하는 외에는 임의로 창설하지

---

9) 28 Am. Jur. 2d Estates § 14.
10) 28 Am. Jur. 2d Estates § 26.
11) 28 Am. Jur. 2d Estates § 56.
12) 28 Am. Jur. 2d Estates § 131.
13) 28 Am. Jur. 2d Estates § 132.
14) 김영주, "미국법상의 부동산권", 저스티스 통권 제166호(2018. 6), 134.
15) 김영주, 전게 논문, 136.
16) 김영주, 전게 논문, 134.
17) Joseph W. Singer, Bethany R. Berger, Nestor M. Davidson, Eduardo M. Penalver, Property Law:Rules, Policies, and Practices (7th ed.), Wolters Kluwer(2017), 815 참조, 김영주, 전게 논문, 134에서 재인용.

못하고 물권의 내용을 임의로 변경할 수 없다(물권법정주의, 민법 제185조). 소유자는 법률의 범위 내에서 그 소유물을 사용, 수익, 처분할 권리가 있다(민법 제211조). 따라서 우리나라 부동산 물권의 내용은 미국의 fee simple absolute와 유사한 것으로 볼 수 있다.

물권법정주의에 따라, 소유권에 대하여 기간의 제한을 두는 기한부 소유권이나 일정한 조건 성취 시 소유권이 매도인에 회복되도록 하는 등의 조건부 소유권은 인정되지 않는다. 다만 매매계약에 대하여 해제조건이나 종기를 설정함으로써 해제조건의 성취나 종기의 도래에 따라 매매계약이 효력을 잃고 물권행위의 유인성으로 인해 물권이 이전되게 함으로써 유사한 결과를 의도할 수 있을 것이다. 양수인이 생존해 있는 동안에만 행사할 수 있는 life estate를 비롯하여 각종 실효조건부 소유권으로 볼 수 있는 fee simple defeasible 역시 우리의 물권법과는 차이가 있다.

우리 민법상 임차권은 본질적으로 임대차계약에 따른 채권이고, 다만 임대차관계에서 상대적 약자인 임차인 보호를 위한 목적으로 제정된 특별법에 따라 일반적인 채권에 비하여 보호를 받는다. 반면 미국법에서 부동산 임대차는 임대인이 자기가 가지는 Estate의 일부(예컨대, A시점부터 B시점까지 사용할 수 있는 권리)를 임차인에게 양도하는 것으로 이해할 수 있다. 부동산 임차권이라는 재산권을 취득하는 것이 임대차의 목적이고, 임대차의 본질은 물권적 권리의 이전에 있다. 즉 임대차에 의하여 임차인이 부동산에 관하여 취득하는 권리는 단순히 임대인에 대한 계약상 권리가 아니라 물건에 대한 직접적이고 대세적인 권리인 것이다.[18]

---

18) 이춘원, "미국에서 부동산 임차권의 양도와 전대", 비교사법 제24권 1호(2017. 2), 335－372.

Estoppel
금반언

김보라

1. 개 념

　　미국법에서 Estoppel(금반언)은 이전에 말했거나 행한 것 또는 법적으로 사실로 입증된 것과 모순되는 권리를 주장하는 것을 금지하는 원칙이다.[1] 금반언의 핵심은 당사자가 거짓 언동으로 인해 다른 사람으로 하여금 그렇지 않았더라면 하지 않았을 일을 하도록 하고 그 결과 손해를 입게 하였다는 데 있다.[2] 따라서 금반언은 상대방이 신뢰하고 행동하는 입장을 취하도록 한 당사자가 소송에서 반대 입장을 취하여 신의에 따라 행동한 상대방에게 손해를 입히도록 허용해서는 안 된다는 것을 본질로 한다.[3]

2. 배 경

　　미국법상 금반언의 원칙은 형평법(equity)에서 유래한 법원칙으로 공공정책(public policy), 공정거래(fair dealing), 선의(good faith) 및 정의(justice) 등에 기반을 두고 있다. 금반언은 어느 당사자가 자신의 위법한 행위로부터 이익을 얻는 것을 방지하기 위해 법원에 요청할 수 있는 공평한 구제 수단으로[4] 한 당사자가 그 상태를 초래한 다른 당사자에 의해 손해를 입는 것을 방지하기 위해 고안되었다.[5] 금반언은 증거법칙일 뿐 아니라 실제 개인이 자신의 권리를 주장하는 것을 절대적으로 금지하

---

1) Black's Law Dictionary (11th ed. 2019), estoppel.
2) Steinhart *v.* County of Los Angeles, 47 Cal. 4th 1298, 104 Cal, Rptr. 3d 195, 223 P.3d 57 (2010).
3) Sheldon *v.* Kansas Public Employees Retirement System, 40 Kan. App. 2d 75, 189 P.3d 554 (2008).
4) Zurich American Ins. Co. *v.* Journey Operating, LLC, 323 S.W.3d 696 (Ky.2010).
5) Kelly *v.* Wallace, 1998 MT 307, 292 Mont. 129, 972 P.2d 1117 (1998).

는 실체법상 원리로 작용하고,[6] 과거 형평법 법원에서만 주장이 가능했으나 현재는 보통법 법원에서도 요건이 충족되면 주장할 수 있다.[7]

금반언의 원칙은 형평상 분명히 요구되는 경우에만 신중하게 적용되어야 하고,[8] 최후의 수단으로 작용한다.[9] 금반언의 적용은 법원의 재량에 속하나,[10] 금반언은 명확하고 설득력 있는 증거에 의해서만 적용된다.[11] 금반언의 원칙은 보통법을 그대로 적용함으로써 초래되는 부당한 결과를 조정하는 역할을 하지만[12] 법이 불법이고 무효라고 선언한 것을 금반언으로 합법화하거나 정당화할 수는 없고,[13] 금반언을 주장하는 당사자가 상대방과 동등하게 과실이 있는 경우에는 금반언의 원칙이 적용될 수 없다.[14]

3. 내 용

금반언의 핵심적 요소는 의도적으로 유도된, 편견을 갖게 하는 의존(intentionally induced prejudical reliance)으로,[15] 금반언이 적용되기 위해서는 당사자가 다른 사람의 행위에 의해 오도되었거나 당사자가 그 행위에 불리하게 상당히 그리고 정당하게 의존했다는 증거가 있어야 한다.[16] 또한 금반언의 이익을 추구하는 당사자의 신뢰는 합리적인 것이어야 한다.[17] 금반언에는 양도증서에 의한 금반언(estoppel by deed), 쟁점효 또는 기록에 의한 금반언(collateral estoppel or estoppel by record), 침묵에 의한 금반언(estoppel by silence), 형평법상 금반언 또는 행위에 관한 금반언(equitable

---

6) Chrysler Credit Corp. *v.* Bert Cote's L/A Auto Sales, Inc., 1998 ME 53, 707 A.2d 1311 (Me. 1998).

7) 28 Am. Jur. 2d Estoppel and Waiver § 147.

8) Hudkins *v.* State Consol. Public Retirement Bd., 220 W. Va. 275, 647 S.E.2d 711 (2007).

9) Commercial Nat. Bank *v.* Rowe, 666 So. 2d 1312 (La. Ct. App. 2d Cir. 1996).

10) Altech Controls Corp. *v.* E.I.L. Instruments, Inc., 33 F. Supp. 2d 546 (S.D. Tex. 1998); Lord *v.* Hubbell, Inc., 210 Wis. 2d 150, 563 N.W.2d 913 (Ct. App. 1997).

11) Avanta Federal Credit Union *v.* Shupak, 2009 MT 458, 354 Mont. 372, 223 P.3d 863, 70 U.C.C. Rep. Serv. 2d 653 (2009); Investors Title Co. *v.* Chicago Title Ins. Co., 983 S.W.2d 533 (Mo. Ct. App. E.D. 1998).

12) Powell *v.* City of Newton, 703 S.E.2d 723 (N.C. 2010).

13) Union County *v.* CGP, Inc., 277 Ga. 349, 589 S.E.2d 240 (2003).

14) 28 Am. Jur. 2d Estoppel and Waiver § 3.

15) Waterman *v.* Caprio, 983 A.2d 841 (R.I. 2009).

16) Fundamental Portfolio Advisors, Inc. *v.* Tocqueville Asset Management, L.P., 7 N.Y.3d 96, 817 N.Y.S.2d 606, 850 N.E.2d 653 (2006).

17) Morton Street LLC *v.* Sheriff of Suffolk County, 453 Mass. 485, 903 N.E.2d 194 (2009).

estoppel or estoppel in pais), 약속적 금반언(promissory estoppel) 등 다양한 유형이
있다.

　양도증서에 의한 금반언(estoppel by deed)은 양도증서의 일방 당사자가 증서에
기재된 내용에 반하는 주장을 하거나 증서와 달리 소유권을 주장하거나 문서상 중요
한 사실의 진실성을 부인하는 것을 금지하는 것이다.[18] 양도증서에 의한 금반언의
기능은 권리를 생성하는 것이 아니라 보호하는 것으로 증서가 유효했다면 수여된 것
보다 더 큰 소유권을 수여자에게 부여하는 데에는 사용될 수 없고,[19] 금반언을 주장
하는 당사자가 진실을 알 수 있었다면 적용될 수 없다.[20] 쟁점효 또는 기록에 의한
금반언(collateral estoppel or estoppel by record)은 이전에 제기된 소송에서 판결로
인정된 사실은 당사자 간의 이후 분쟁에서도 구속력을 가지므로 이를 부인할 수 없
다는 원칙이다.[21] 침묵에 의한 금반언(estoppel by silence)은 당사자가 말할 의무가
있으나 말하지 않을 때 발생하는 금반언이다.[22]

　형평법상 금반언 또는 행위에 관한 금반언(equitable estoppel or estoppel in pais)
은 일반적으로 증서, 기록에 의한 금반언을 제외한 나머지 금반언 모두에 적용되는
개념으로[23] 공정성에 근거하여 당사자가 그 상황을 초래한 상대방에 의해 부당한 대
우를 받는 것을 방지하기 위해 구제를 허용하는 원칙이다.[24] 가장 넓은 의미에서의
형평법상 금반언은 자신의 이전 행동이나 행위와 상반되거나 일치하지 않는 주장이
나 방어를 하는 것을 방지하는 수단이 된다.[25] 형평법상 금반언은 사실을 허위로 기
재하여 발생한 손실을, 그에 대해 가장 잘못이 많은 당사자에게 배분하고, 무고한 자
를 구제한다는 점에서 불법행위에 관한 형평법 이론으로 분류된다.[26]

　약속적 금반언(promissory estoppel)은 원래 사실의 진술에 인정되던 금반언 법
리가 장래 의사표시에 관한 약속에 대해서도 확장된 것으로, 만약 약속하는 사람이
어떤 의사를 표시하면서 상대방을 신뢰하게 만들면 그 사람은 나중에 이와 어긋나
는 행위를 함으로써 약속받은 사람에게 손실이 되는 행위를 하는 것이 금지된

18) Davidson Land Co., LLC v. Davidson, 2011 WY 29, 247 P.3d 67 (Wyo. 2011).
19) Gilstrap v. June Eisele Warren Trust, 2005 WY 21, 106 P.3d 858 (Wyo. 2005).
20) McLaughlin v. Lambourn, 359 N.W.2d 370 (N.D. 1985).
21) Black's Law Dictionary (11th ed. 2019), collateral estoppel.
22) Black's Law Dictionary (11th ed. 2019), estoppel.
23) 28 Am. Jur. 2d Estoppel and Waiver § 32.
24) 28 Am. Jur. 2d Estoppel and Waiver § 28.
25) Holland group, Inc. v. North Carolina Dept. of Admin., State Const. Office, 130 N.C. App. 721, 504 S.E.2d 300 (1998).
26) 28 Am. Jur. 2d Estoppel and Waiver § 28.

다.[27][28] 미래에 대한 명확하고 확실한 약속을 대상으로 하여 계약에 관하여 적용되고 손해배상소송의 근거가 된다는 점에서, 과거 또는 현재 사실에 대한 진술과 유인을 대상으로 불법행위에 관하여 방어적 수단으로 사용되는 형평법상 금반언과는 차이가 있다.[29]

4. 우리 법과의 비교

우리나라에서는 민법 제2조 제1항에 따른 신의성실의 원칙의 파생원칙 중 하나로 금반언의 원칙이 있다. 모순행위금지의 원칙, 자기모순금지의 원칙이라고도 한다. 법률에서 금반언을 규정한 경우로는 채권양도 통지를 받은 선의의 채무자를 보호하는 민법 제452조가 있다.[30]

판례상으로는 다양한 법 영역에서 일반원칙으로서 금반언 원칙을 이유로 선행행위와 모순되는 후행행위의 법적 효과를 부인하고 있다. 우리 법원은 해고된 근로자가 퇴직금 수령 시 아무런 이의의 유보나 조건을 제기하지 않은 후 오랜 기간이 지난 후에 그 해고의 효력을 다투는 소를 제기하는 것,[31] 임대차가 종료된 경우 배당요구를 한 임차인이 낙찰허가결정 확정 후 배당요구시의 주장과는 달리 임대차 기간이 종료되지 않았음을 주장하면서 낙찰자에게 대항력을 행사하는 것,[32] 특허발명의 출원 과정에서 특허발명과 대비대상이 되는 대상 제품을 청구범위로부터 의식적으로 제외한 특허권자가 대상 제품을 제조·판매하고 있는 자에게 대상 제품이 특허발명의 보호범위에 속한다고 주장하는 것[33] 등은 특별한 사정이 없는 한 금반언의 원칙에 위배되어 허용되지 않는다고 판시한 바 있다. 금반언은 실체법상의 법률효과이므로 종전 소송에서의 증언과 배치되는 소 제기와 같은 단순한 사실행위에는 법

27) Sarah Worthington(임동진 번역), 형평법, 도서출판 소화(2010), 409.
28) 대표적인 판결로는 프랜차이즈가맹계약을 앞두고 가맹계약자가 가맹사업자측이 제시한 요건을 모두 충족하였음에도 가맹사업자가 요건 변경을 이유로 계약 체결을 거부한 사안에서 약속적 금반언을 근거로 신뢰이익(reliance interest) 배상을 인정한 Hoffman v. Red Owl Stores, Inc. – 26 Wis. 2d 683, 133 N.W.2d 267 (1965) 판결이 있다.
29) 28 Am. Jur. 2d Estoppel and Waiver § 34.
30) 민법 제452조(양도통지와 금반언) ① 양도인이 채무자에게 채권양도를 통지한 때에는 아직 양도하지 아니하였거나 그 양도가 무효인 경우에도 선의인 채무자는 양수인에게 대항할 수 있는 사유로 양도인에게 대항할 수 있다. ② 전항의 통지는 양수인의 동의가 없으면 철회하지 못한다.
31) 대법원 2005. 11. 25. 선고 2005다38270 판결.
32) 대법원 2001. 9. 25. 선고 2000다24078 판결.
33) 대법원 2018. 8. 1. 선고 2015다244517 판결.

률상 효과가 없다.[34] 다만 선행행위가 강행법규를 위반하여 무효인 경우에는 강행법규의 입법취지를 실현하기 위해 금반언의 원칙의 적용을 배제하는 것이 판례의 태도이다.[35]

---

34) 대법원 1981. 10. 13. 선고 81다653 판결.
35) 대법원 2006. 6. 29. 선고 2005다11602, 11619 판결 등.

Expectation Interest
기대 이익

김형진

1. 개 념

　미국 계약법은 계약이 위반된 경우 피해 당사자가 계약을 체결할 때 가졌던 기대를 보호함으로써 파기된 약속을 강제한다. 이는 계약이 이행되었다면, 즉 계약위반이 없었다면 피해 당사자가 있었을 지위에 그를 놓이게 함으로써 이뤄진다. 이러한 방식으로 보호되는 이익을 '기대이익(Expectation interest)'이라 한다. 피해 당사자에게 '거래의 이익(benefit of the bargain)'을 배상한다고 표현하기도 한다.[1]

2. 배 경

　미국 계약법에서 계약위반에 대한 1차적 구제는 금전에 의한 손해배상(damages)이다.[2] 그리고 손해배상에 의해 보호되는 계약법상 이익은 기대이익(Expectation interest), 신뢰이익(reliance interest),[3] 원상회복이익(restitution interest)[4]의 세 가지로 나뉜다.[5] 이 중 기대이익 배상이 계약위반에 대한 손해배상의 원칙적인 모습이다.[6]

---

1) Restatement (Second) of Contracts §344, Comment a.
2) E. Allan Farnsworth et al., Contracts: Cases and Materials(8th ed.), Foundation Press (2013), 617; U.S. *v.* Winstar Corp., 518 U.S. 839, 116 S. Ct. 2432, 135 L. Ed. 2d 964 (1996).
3) 계약이 체결되지 않았더라면 피해 당사자가 놓였을 입장에 그를 다시 놓이게 함으로써 보호되는 이익을 의미한다. 이에 대해서는 "Reliance Interest(신뢰이익)" 항목 참고.
4) 계약의 상대방으로 하여금 자신이 받은 가치를 피해 당사자에게 돌려주도록 함으로써 보호되는 이익을 의미한다.
5) Restatement(Second) of Contracts §344.
6) Restatement(Second) of Contracts §344 Comment a; 미국 통일상법전(UCC) §1-106.

3. 내 용

기대이익은 (a) 상대방의 불이행이나 하자로 인한 이행 가치의 손실(loss in the value to him of the other party's performance caused by its failure or deficiency)과 (b) 위반으로 인한 부수적(incidental) 혹은 결과적(consequential) 손실 등 기타 손실(other loss)을 더한 것에서 (c) 피해 당사자가 자신의 의무 이행을 면함으로써 회피한 비용이나 기타 손실(cost or other loss avoided)을 제함으로써 산정된다.[7]

피해 당사자는 기대이익에 근거하여 일실이익(lost profit) 배상을 구할 수 있다. 일실이익 배상은 총이익(gross profit)이나 총수익(gross revenue)이 아닌 순이익 손실(loss of net profit)에 대한 배상을 의미한다. 수익(revenue)은 원고가 수익을 창출하는 과정에서 발생하는 원가와 무관하게 산출되기 때문에, 총수익은 일반적으로 손해배상액의 산정 근거로 적절하지 않다. 다만, 영업비용(operating expenses) 혹은 간접비(overhead)가 고정된 경우에는 총이익으로 순이익을 산정할 수 있다.[8]

다음 사례를 생각해보자.[9] A는 B에게 10만 달러에 건물을 건축해주는 계약을 체결하였다. A가 해당 건물을 건축하는데 9만 달러의 비용이 소요될 것으로 예상되었다. 그런데 양 당사자가 계약을 신뢰하여 무엇인가를 하기 전에 B가 계약을 파기하였다. 이 경우 A의 기대이익은 1만 달러이다. 이는 계약가격 10만 달러에서 의무의 이행을 면함으로써 절감된 9만 달러를 제한 액수이다. 사안을 달리하여, A가 총 건축비용 9만 달러 중 6만 달러를 소요한 후에 B가 계약을 파기했다고 가정해보자. A는 대금을 전혀 지급받지 못했고, 지출한 6만 달러의 비용도 회수할 수 없었다. 이 경우 A의 기대이익은 7만 달러이다. 이는 계약가격 10만 달러에서 의무의 이행을 면함으로써 절감된 3만 달러를 제한 액수이다.

원칙적으로 기대이익은 피해 당사자 본인이 계약에 대해 가지는 실제 가치를 의미한다. 따라서 기대이익에 기초한 손해는 피해 당사자의 주관적 가치나 그의 특이성, 자신의 필요나 기회를 포함하여 피해자에게 특유한 모든 특별한 상황을 고려한다. 그러나 실무상 다음과 같은 제한들로 인해 기대이익은 객관적으로 산정된다.[10] 첫째는 회피가능성(avoidability)으로, 피해 당사자가 과도한 위험이나, 부담 혹은 굴

---

7) Restatement(Second) of Contracts §347.
8) 22 Am. Jur. 2d Damages §57.
9) Restatement(Second) of Contracts §344 Comment a.
10) Restatement(Second) of Contracts §344 Comment b.

욕감 없이 피할 수 있었던 손실은 배상받을 수 없다.[11] 다만, 손실을 회피하기 위한 노력이 효과가 없었던 경우에도, 그 노력이 합리적인 것이었다면 해당 손실은 배상받을 수 있다.[12] 이로써 손실을 회피하기 위한 피해 당사자의 노력이 장려된다.[13] 둘째는 예견가능성(foreseeability)으로, 계약 체결 당시 계약위반의 결과로 예견할 수 없었던 손해는 배상받을 수 없다.[14] 다만, (a) 사건의 통상적인 과정에서 발생할 수 있는 손실 또는 (b) 위반 당사자가 알 수 있는 특별한 사정에 의한 손실은 예견가능한 것으로 본다.[15] 손실은 계약위반의 개연적인 결과로 예견가능하면 충분하며, 이에 대해 묵시적 합의는 필요하지 않다. 또 예견가능성 기준은 객관적인 것으로, 손실에 대한 주관적인 인식을 요하지 않는다.[16] 셋째는 확실성의 원칙(certainty)으로, 합리적인 선에서 확실하게 입증할 수 있는 정도를 초과하는 손실에 대해서는 배상받을 수 없다.[17] 전통적으로 불법행위에 대한 손해의 증명보다 계약위반에 대한 손해의 증명에 있어서 더 강한 확실성이 요구된다. 확실성 원칙은 특히 일실이익의 배상과 관련이 있는데, 이 점에서 예견가능성과 유사한 기능을 한다.[18]

한편, 기대이익은 계약 체결 당시 피해 당사자의 희망이 아닌, 계약이 이행되었을 경우 계약이 실제로 그에게 가져다 줄 가치를 기초로 산정된다. 따라서 기대이익은 계약의 체결 시점이 아닌 이행 시점의 환경을 기초로 산정된다.[19]

일반적으로 계약위반 사안에서 정신적 고통(mental suffering)에 대해서는 손해배상을 청구할 수 없다. 판례상으로 요양원 프로젝트의 자금지원 계약,[20] 보험료에 급여공제를 적용하는 계약,[21] 은행계좌에 관련된 계약,[22] 트럭에 대한 보험가입·유지계약,[23] 부동산의 소유권 조사 계약의 위반 사안[24]에서 정신적 고통에 대한 손해배상이 부정되었다. 다만, 계약의 성격상 그러한 피해가 피해 당사자의 고려 또는 기대

---

11) Restatement(Second) of Contracts § 350(1).
12) Restatement(Second) of Contracts § 350(2).
13) Restatement(Second) of Contracts § 350 Comment a.
14) Restatement(Second) of Contracts § 351(1).
15) Restatement(Second) of Contracts § 351(2).
16) Restatement(Second) of Contracts § 351 Comment a.
17) Restatement(Second) of Contracts § 352.
18) Restatement(Second) of Contracts § 352 Comment a.
19) Restatement(Second) of Contracts § 344 Comment b.
20) Price v. Blyth Eastman Paine Webber, Inc., 576 F. Supp. 431 (W.D. Pa. 1983).
21) Vanderburgh v. Porter Sheet Metal, Inc., 86 A.D.2d 688, 446 N.Y.S.2d 523 (3d Dep't 1982).
22) Nome Commercial Co. v. National Bank of Alaska, 948 P.2d 443 (Alaska 1997).
23) Sawyer v. Bank of America, 83 Cal. App. 3d 135, 145 Cal. Rptr. 623 (1st Dist. 1978).
24) Maere v. Churchill, 116 Ill. App. 3d 939, 72 Ill. Dec. 441, 452 N.E.2d 694 (3d Dist. 1983).

하에 있음이 명백한 경우에는 계약위반으로 인한 정신적 고통에 대해서도 손해배상
이 가능하다. 또 당사자가 특별히 계약내용에 포함한 경우, 계약위반에 고의적이고
악의적인(willful and wanton) 행위 또는 고의적이고 무자비한(intentional and outra-
geous) 행위가 수반되는 경우에 정신적 고통에 대한 손해배상이 가능하다.[25] 위반이
신체적 피해를 야기한 경우에도 예외적으로 정신적 고통에 대한 배상이 인정될 수
있다.[26]

4. 우리 법과의 비교

우리 민법에서 기대이익에 상응하는 개념은 이행이익이다. 민법에 명문으로 규
정되어 있지는 않으나, 우리 민법도 미국의 경우와 유사하게 채무불이행으로 인한
손해배상은 이행이익 배상을 원칙으로 한다. 판례는 "채무불이행책임에서 손해배상
의 목적은 채무가 제대로 이행되었더라면 채권자가 있었을 상태를 회복시키는 것이
므로, 계약을 위반한 채무자는 계약이 완전히 이행된 것과 동일한 경제적 이익을 배
상하여야 한다."[27]고 하였다.

우리 법은 이행이익 배상의 범위에 있어서도 미국과 유사하게 제한배상주의를
채택하고 있다. 민법 제393조 제1항은 "채무불이행으로 인한 손해배상은 통상의 손
해를 그 한도로 한다."고 규정하고, 제2항은 "특별한 사정으로 인한 손해는 채무자가
이를 알았거나 알 수 있었을 때에 한하여 배상의 책임이 있다."고 규정한다. 제1항의
통상손해는 특별한 사정이 없는 한 그 종류의 채무불이행이 있으면 사회일반의 거래
관념 또는 사회일반의 경험칙에 비추어 통상 발생하는 것으로 생각되는 범위의 손해
를 말하고, 제2항의 특별 손해는 당사자들의 개별적, 구체적 사정에 따른 손해를 말
한다.[28] 이처럼 우리 법상 이행이익의 배상범위는 예견가능성에 따라 합리적으로 제
어된다.[29]

한편, 우리 민법에서 계약불이행에 의한 정신적 손해는 특별손해로 파악된다.[30]
가령 판례는 "일반적으로 건물신축도급계약이나 임대차계약 등에서 수급인이나 임

---

25) 22 Am. Jur. 2d Damages §59.
26) Restatement(Second) of Contracts §60.
27) 대법원 2008. 12. 24. 선고 2006다25745 판결.
28) 대법원 2008. 12. 24. 선고 2006다25745 판결.
29) 권영준, "이행이익, 신뢰이익, 중복배상 — 지출비용과 일실이익의 배상청구와 관련하여 —", 인
　　권과 정의 제491호(2020. 8.), 127.
30) 양창수·김재형, 계약법(제3판), 박영사(2020), 482.

대인의 채무불이행으로 인하여 손해가 발생한 경우, 이로 인하여 상대방이 받은 정신적 고통은 재산적 손해에 대한 배상이 이루어짐으로써 회복된다고 보아야 할 것이므로, 상대방이 재산적 손해의 배상만으로는 회복될 수 없는 정신적 고통을 입었다는 특별한 사정이 있고, 수급인 등이 이를 알았거나 알 수 있었을 경우에 한하여 정신적 고통에 대한 위자료를 인정할 수 있다."라고 하였다.[31]

---

31) 대법원 1993. 11. 9. 선고 93다19115 판결; 대법원 1994. 12. 13. 선고 93다59779 판결.

Fee Simple
단순부동산권

양희석

1. 개 념

Fee simple(estate in fee simple, fee simple title)은 '단순부동산권'으로서 영구적으로(potentially infinite) 또는 어떤 장래 사건의 발생으로 인해 소유권이 종결될 때까지(terminable upon an event) 부동산에 대해 가지는 전면적이고 절대적인 권리이다 (entire and absolute interest and property in the land).[1] 현재 점유할 수 있는 재산권 (present possessory estates)으로서 Fee simple absolute(절대적 단순부동산권)와 defeasible fees simple(소멸가능한 단순부동산권)이 이에 해당하는데[2] 오늘날에는 일반적으로 Fee simple absolute와 동일한 의미로 사용된다.[3]

2. 배 경

미국 재산법(property law)은 봉건제도 등을 중심으로 발전한 영국의 재산법으로부터 많은 영향을 받았다. 영국의 부동산권은 1066년 노르만 왕조가 헤이스팅 전투에서 승리한 뒤 정복자 William이 자신을 도운 영주 내지 기사들에게 토지의 사용권 (right of use) 또는 보유권(tenure)을 제공한 것에서 시작했다고 한다.[4] 최초에는 제공받은 사람이 살아 있는 동안만 사용할 권리를 가지는 생애부동산권(life tenant)을 보유하였으나 점차 남자 후손들에게로의 상속이 허용되었다. 그리고 1290년 "The Statute Quia Emptores(concerning purchasers)"에 따라 생전에 처분할 수 있는 권리

---

1) Am. Jur. 2d Estates § 13.
2) Restatement First of Property § 14 (1936).
3) Am. Jur. 2d Estates § 12; Black's Law Dictionary (11th ed. 2019).
4) Jesse Dukeminier, James E. Krier, Gregory S. Alexander & Michael H. Schill, Property (7th ed.), Aspen Publishers(2010), 185 − 191.

가, 1540년 "The Statute of Wills"에 따라 사망 후에 양도나 처분할 수 있는 권리가 인정되었다.[5] 이러한 역사에 따라 발전한 영미법계의 부동산법은 대륙법계와 달리 아래와 같이 매우 다양한 용어들이 사용되고 있다.

3. 내 용

미국 재산법은 부동산에 대하여 소유권과 점유권을 명확히 구분하지 않고 있다.[6] 미국에서 부동산에 대한 재산권(부동산권. estate, interest in land)은 크게 점유적 권리(possessory interests)와 비점유적 권리(non-possessory interest)로 구분된다. 부동산에 대한 점유적 권리(possessory interest)는 자유보유부동산권(freehold estates)과 비자유보유부동산권(non-freehold estates, leasehold)으로 구분되며, 전자는 우리법상의 소유권, 후자는 임차권과 유사한 측면이 있다. 그러나 자유보유부동산권은 그 내용에 따라 아래와 같이 여러 유형의 권리로 세분되므로 소유권이라 명하는 것은 타당하지 않다.[7] 점유를 전제로 하지 않는 비점유적 부동산권(non-possessory interest)으로 지역권(easement), 역권(servitude), 담보권(charge) 등이 있다.[8]

부동산에 대한 점유적 권리(possessory interest)는 시간의 흐름에 따라 현재부동산권(present estates)과 미래부동산권(future estates)으로 구분된다. 이러한 권리의 분할은 현 시점에 성립되고 양 권리가 병존하는 것이 특징이다.[9]

자유보유부동산권(freehold estates) 중 현재부동산권(present estates)은 Fee simple absolute(절대적 단순부동산권), Fee tail or Fee simple conditional(한사(限嗣) 부동산권 내지 한정부동산권), defeasible fees simple(소멸가능한 단순부동산권), life estate (생애부동산권)로 나눌 수 있다. 미래부동산권(future estates)은 possibility of reverter (복귀가능권), right of entry(환수권), remainder(잔여권) 등으로 구분할 수 있다.

Fee는 봉건 시대 영주가 일정한 봉사의무의 대가로서 자신의 가신에게 지급한 토지로서 토지보유를 허가하여 상속이 가능하도록 한 부동산에 관한 권리이다.

---

5) Barlow Burke and Joseph Snoe, Property (4th ed), Wolters Kluwer(2012), 105-106.
6) 박홍래, 미국 재산법, 전남대출판부(2004), 19.
7) 김영주, 미국법상의 부동산권-연혁 및 체계를 중심으로, 저스티스 166호(2018), 111. 이 논문 124 각주 37에 따르면 미국 재산법에 관한 많은 문헌들에서 "own", "ownership"이라는 용어를 사용하기도 하지만, 토지에 대하여는 우리 민법상의 소유권과 동일한 의미가 아니라는 점을 유의해야 한다고 한다.
8) 김영주, 전게 논문, 122.
9) 김영주, 전게 논문, 124.

Simple이란 상속이 직계비속에게 한정되는 'fee tail'과는 달리 상속에 대한 제한이 없음을 의미한다. 따라서 Fee simple은 '단순부동산권'으로서 그 부동산은 자유롭게 (freely) 상속될 수 있고(descendible), 양도 가능하며(alienable or transferable) 유증될 수도 있다(devisable).[10] Fee simple absolute(절대적 단순부동산권)란 장래의 어떤 불확실한 사실이 발생하면 소멸하는 등 어떤 조건이 붙어있지 않은 완전한 권리를 의미하며(clear of any condition, limitation, or restriction),[11] 법이 허용하는 가장 넓고 포괄적인 부동산권이다.[12] 오늘날에는 양도나 유언에 대한 증서(deed)에 적극적인 반대의사가 표시되지 않는 한 절대적 단순부동산권이 인정된다.[13]

　　Defeasible fees simple(소멸가능한 단순부동산권)은 어떤 장래 사건의 발생 또는 미발생으로 인해 소멸 내지 무효로 되는 부동산권이다.[14] 어떤 사건이 발생하면 부동산권이 자동으로 소멸하거나 소멸시킬 수 있다는 내용이 증서에 표시된 경우에 성립하며 3가지로 구분된다. '자동복귀형 해제조건부 단순부동산권(Fee simple determinable)'은 일정한 사건이 발생하면 부동산권이 자동적으로 양도인에게 복귀(automatically revert)되는 것이고,[15] '권리행사형 해제조건부 단순부동산권(Fee simple subject to condition subsequent)'은 어떤 일정한 사건이 발생하면 원래의 양도인 내지 수여자(grantor)가 그 부동산권을 종료시킬 수 있는 권리가 유보된(reserved) 것이다.[16] '미발생 장래권부 제3자를 위한 단순부동산권(Fee simple subject to executory limitation)'의 경우 일정한 어떤 사건이 발생하면 양도인(grantor)이나 그의 상속인 이외의 제3자에게 부동산권이 자동적으로 이전될 가능성이 있는 것을 말한다.[17] 영국에서 200년 이상 복귀가능권(the possibility of reverter)이나 환수권(the right of reentry)은 원소유자 자신이 되찾아야 할 뿐 제3자에 대한 양도는 불가능했으나 1536년 The Statute of Uses 법이 제정되면서 양도인의 제3자에 대한 양도가 가능해졌다. 그러나 이 경우 장기 미확정 금지원칙(rule against perpetuities)에 위반되는 경우가 많다.[18]

　　반면, Fee tail or Fee simple conditional(한사(限嗣)부동산권 내지 한정부동산권)이

---

10) 박홍래, 전게서, 24.
11) Am. Jur. 2d Estates § 13.
12) Black's Law Dictionary (11th ed. 2019), Barlow Burke and Joseph Snoe, ibid, 108.
13) 박홍래, 전게서, 24.
14) Restatement First of Property § 16 (1936); Am. Jur. 2d Estates § 26.
15) Restatement First of Property § 23 (1936); Barlow Burke and Joseph Snoe,ibid, 120.
16) Restatement First of Property § 24 (1936); Barlow Burke and Joseph Snoe, ibid, 122.
17) Restatement First of Property § 25 (1936); Jesse Dukeminier, James E. Krier, Gregory S. Alexander & Michael H. Schill, ibid, 225.
18) 박홍래, 전게서, 28.

란 소유자가 토지를 양도하면서 소유권을 가족 외에 자에게 양도할 수 없다는 등 일정한 제한이 붙어있는 권리를 말한다. 상속에 의한 승계대상이 양수인의 직계의 자손에 한정되고 보통법상의 일반적인 상속에 의한 승계가 단절된다. 이에 의할 경우 토지 소유자가 대대로 자신의 가족들이 소유하기를 원하여 후손이 끊어지지 않는 한 자신의 가족들이 소유하도록 할 수 있다. 직계비속이 단절될 경우 양도인이나 그 상속인에게로 복귀하거나(reversion) 제3자에게 돌아가게 된다.[19] 그러나 이는 봉건사회의 유물이라는 비판 때문에 미국의 일부 주(州)를 제외하면 폐지되고[20] 생애부동산권(life estate)으로 대체되었다.[21]

Life estate(생애부동산권)은 어떤 부동산의 권리자나 제3자가 생존하는 동안 그 부동산을 소유할 수 있는 권리를 말한다.[22] 제3자의 생존기간 동안 생애부동산권을 보유하고 있을 경우 만일 권리자가 그 제3자보다 먼저 사망하더라도 그 권리는 상속 가능하다.[23]

4. 우리 법과의 비교

우리 민법에서는 물권은 동산과 부동산으로 구성된 물건을 객체로 하며, 물건을 사용하거나 물건을 통해 얻어지는 과실의 수취를 통해 만족을 얻거나 물건을 처분하여 금전으로 교환할 수 있다(민법 제211조). 물권은 특정의 독립된 물건을 직접 지배하여 이익을 얻는 독점적·배타적 권리이다.[24] 우리 민법에서 물권은 본권과 점유권으로 구분할 수 있고 본권은 소유권과 제한물권으로 구분할 수 있다. 소유권은 전면적·포괄적인 지배권으로서 물건을 사용·수익·처분할 수 있는 권리를 포함한다(민법 제211조). 제한물권은 소유권이 가지는 전면적 권능 중 일부를 목적으로 하는 권리, 즉 부분적 지배권으로서 그 대상에 따라 사용가치를 가지는 용익물권, 교환가치를 가지는 담보물권으로 구분되며 용익물권에는 지상권, 지역권, 전세권이, 담보물권에

---

19) Restatement First of Property § 17 (1936) ; Barlow Burke and Joseph Snoe, ibid, 116.
20) Restatement (Third) of Property, § 24.4 Will and Other Donative Transfers. 현재 남아있는 주는 델라웨어, 메인, 매사추세츠, 로드아일랜드이고, 이 4개 주에서도 광범위한 제한을 가하고 있다고 한다.
21) Jesse Dukeminier, James E. Krier, Gregory S. Alexander & Michael H. Schill, ibid, 222－223; Barlow Burke and Joseph Snoe, ibid, 117.
22) Barlow Burke and Joseph Snoe, ibid, 111.
23) Restatement First of Property § 18 (1936).
24) 지원림, 민법강의(제18판), 홍문사(2021), [3－5].

는 유치권, 질권, 저당권이 있다. 점유권은 본권으로부터 독립된 물건의 지배, 즉 사실적 지배를 말한다.[25]

　우리 민법에서 물권의 종류와 내용은 법률이 정하는 것에 한정되며(민법 제185조 물권법정주의) 절대성·배타성을 가지므로 소유권 자체를 시간적으로 분할하거나 시간적 제한을 가하거나 조건이나 기한을 붙이는 것은 불가능하다. 따라서 미국 재산법상 부동산의 경우 우리 민법을 포함한 대륙법 체계에서의 소유권과 동일한 개념의 권리는 존재하지 않으며,[26] Fee simple absolute가 우리 민법상 소유권과 가장 가까운 개념이라고 볼 수 있다.[27]

---

25) 지원림, 전게서, [3 – 12].
26) 한편, 부동산과 달리 동산에 대한 소유권(ownership)은 우리 민법상의 소유권 개념과 동일하다(김영주, 전게 논문, 123, 124 참조).
27) Black's Law Dictionary (11th ed. 2019).

Force Majeure
불가항력

조인영

1. 개 념

    미국법에서 Force majeure는 홍수, 화산, 허리케인 등의 자연재해(act of nature)를 의미하는 act of God(또는 vis major)와 같은 의미로 사용되는 경우도 있지만(이하 '협의의 Force majeure'라 한다), 통상적으로는 자연재해뿐만 아니라 파업, 정부 조치, 전쟁, 폭동 등을 포함하여 '당사자가 예견하거나 통제할 수 없었던 사정(circumstances outside a party's control; an event or effect that can be neither anticipated nor controlled. 이하 '광의의 Force majeure'라 한다)을 통칭하는 개념으로 사용된다.[1]

2. 배 경

    미국법상 계약불이행책임은 원칙적으로 채무자의 고의나 과실을 불문하고 부담하게 되는 엄격책임(strict liability)에 해당한다.[2] 그러나 당사자는 이행불능(impossibility), 실행불가능(impracticability), 목적좌절(frustration of purpose) 등의 법리에 따라 계약상의 이행의무를 면제받을 수 있는데, 협의의 불가항력, 즉 act of God는 일반적으로 이행불능 내지 실행불가능을 야기하는 유효한 항변사유(defense)로 인정된다.[3] 그러나 그 외 광의의 Force majeure에 관한 문제는 귀책사유가 아닌 위험 배분의 관점에서 접근하여, 계약 당사자들이 직접 합의한 '불가항력 조항(Force majeure clause 또는 Force majeure provision)'의 해석과 효력을 중심으로, 불가항력적인 사정의 발생으로 인한 위험을 누가 부담할 것으로 약정하였는지에 따라 해결하는 것이 통상적이다.[4]

---

1) 1 Am. Jur. 2d Act of God § 2; Black's Law Dictionary (11th ed. 2019).
2) Restatement (Second) of Contracts 11 Intro. Note (1981).
3) 1 Am. Jur. 2d Act of God § 12.

당사자 사이에 그러한 불가항력 조항이 존재하지 않는 경우에는 이행불능이나 실행
불능 등의 일반 요건에 해당하는지 여부가 문제된다(이에 대해서는 아래 3.항 참조).

한편, Force majeure는 불법행위법(Tort)에서도 일반적인 항변사유로 논의되지
만, 협의의 Force majeure를 칭할 때에는 계약법에서와 마찬가지로 act of God라는
용어를 주로 사용하고, 자연재해 외에 당사자가 예견하거나 통제할 수 없었던 사정
을 의미할 때는 Force majeure가 아니라 'inevitable accident' 또는 'unavoidable acci-
dent'라는 개념을 주로 사용하여 과실을 부정한다.

3. 내 용[5]

전술한 바와 같이 미국법상 불가항력에 의한 면책은 주로 act of God를 위주로
논의된다. Act of God는 통상적으로는 예견할 수 없는 특별한 자연력의 발현을 의미하
며, 반드시 최초 내지 최고 수준으로 가혹하였거나 인력으로는 도저히 막을 수 없을
정도의 것만을 의미하는 것은 아니다.[6] 다만 해당 자연력은 비정상적인(extraordinary)
것으로서 그로 인한 결과가 당사자의 단순한 과실 행위에 의한 것과 다른 종류의 결
과를 초래했어야 한다.[7] 또한 act of God를 이유로 면책을 주장하기 위해서는 그 사
유가 손해의 유일한 근접원인일 것(sole proximate cause)이 요구되므로, 행위자가 적
정한 주의를 다하였을 경우 그러한 손해의 발생을 막을 수 있었다면 act of God임을
이유로 면책을 주장할 수 없다.[8] 곧, act of God에 의한 면책을 주장하려는 자는 ①
어떠한 사건이 사람의 개입 없이 자연력에 의하여 직접적이고 배타적으로 발생하였
고, ② 피고의 과실 행위가 사고발생에 기여하지 않았음을 입증하여야 한다.[9] 전술
한 요건이 충족될 경우 당사자는 불법행위, 계약책임뿐 아니라 엄격책임으로부터도
면제되는데,[10] 미국 판례상으로는 순수한 자연재해에 해당하는 날씨, 지진, 야생동물
의 행위뿐 아니라 질병이나 죽음, 심장마비나 뇌졸중, 발작 등도 act of God로 인정
된 바 있다.[11] 반면 화재는 벼락이나 다른 자연력에 의하지 않는 한 act of God가 아

---

4) 1 Am. Jur. 2d Act of God § 13.
5) 이하 내용은 조인영, "불가항력의 의미와 효과—COVID 사태와 계약관계에 있어서의 불가항
   력 사유에 관한 고찰—", 법조 제69권 제4호(2020), 183−187의 일부를 요약, 보완한 것이다.
6) 1 Am. Jur. 2d Act of God § 8.
7) Restatement Second, Torts § 451.
8) 1 Am. Jur. 2d Act of God § 11.
9) 1 Am. Jur. 2d Act of God § 10.
10) 1 Am. Jur. 2d Act of God § 14.

니며, 전쟁 또한 그 해당성이 부정된 바 있다.[12]

반면, 자연재해 이외의 Force majeure는 이행불능(impossibility), 실행불가능(im-practicability) 또는 목적좌절(frustration of purpose) 등의 법리에 따라 이행의무 면제 사유에 해당하는지 여부가 결정된다. 예컨대, 미국법에서는 ① 자연재해나 제3자의 행위로 인하여 이행이 실행불능하게 되고, ② 그러한 사정이 발생하지 않으리라는 것이 계약 체결의 전제가 되었으며, ③ 그러한 사정의 발생이 당사자의 귀책사유로 인한 것이 아니고, ④ 당사자가 그러한 사정의 발생으로 인한 위험을 인수하지 않았을 경우 계약상의 의무는 더 이상 실행가능하지 않다고 보아 면책을 인정하는데,[13] Force majeure에 해당하는 어떤 사유가 발생하였다면 당사자는 위 요건을 입증하여 면책을 주장할 수 있다. 마찬가지로 목적좌절의 법리에 의하면 계약의 이행 자체는 가능하지만 후발적 사정으로 인하여 그 계약이 의도하였던 목적을 달성하는 것이 불가능하다고 인정될 때 당사자는 계약상의 의무를 면하게 되는데,[14] 미국 판례상으로는 매장 확대를 위해서 본 매장 옆 공간을 임차하였는데 화재 발생으로 본 매장을 사용할 수 없게 된 경우,[15] 영화관을 임차하였는데 도시계획이 변경되어 영화관으로 사용할 수 없게 된 경우,[16] 정전으로 오페라 공연이 취소된 경우[17] 등의 사안에서 목

11) 1 Am. Jur. 2d Act of God §4−7; Wasserman Theatrical Enterprise *v.* Harris, 137 Conn. 371, 77 A.2d 329 (1950). 주연 배우의 성대 컨디션을 이유로 공연을 취소하여 손해배상을 구하자 이를 기각한 사안; Lewis *v.* Smith, 238 Ga. App. 6, 517 S.E.2d 538 (1999). 운전자가 의사로부터 처방받은 약을 먹은 뒤 운전을 하던 중 의식을 잃고 오토바이를 충돌하여 오토바이 운전자가 손해배상을 청구하였으나 기각된 사안; Grote *v.* Estate of Franklin, 214 Ill. App. 3d 261, 157 Ill. Dec. 942, 573 N.E.2d 360 (2d Dist. 1991) 뇌내출혈로 교통사고를 일으킨 사안; 1 Am. Jur. 2d Act of God §6, §7; 한편 이러한 미국의 판례는 개인의 신병이나 부재와 같은 개인적 사유를 대체로 불가항력으로 인정하지 않는 우리 학설과 차이가 있다. 권영준, "코비드 19와 계약법", 민사법학 제94호(2021. 3), 227.
12) 1 Am. Jur. 2d Act of God §5
13) Restatement Second, Contracts §261; 통일상법전(U.C.C.) §2−615 "발생하지 않을 것을 계약 체결의 기초로 삼았던 사건의 발생, 또는 국내외 정부 조치나 명령을 신의성실에 따라 준수한 결과로 계약이 실행불가능한 경우, 당사자는 물품의 인도지연 내지 불인도에 대한 계약상의 의무 위반 책임을 지지 아니한다".
14) 목적좌절에 관한 대표적인 판례로는 공연장의 화재발생으로 공연이 불가능하게 된 경우 책임이 소멸한다고 판시한 영국의 *Talyor v. Caldwell* 판결[*Talyor v. Caldwell* (1863) 3 B.& S. 826], 왕의 질병으로 인하여 왕의 대관식이 연기된 경우 대관식 행렬을 보기 위하여 방을 임차한 피고의 채무가 소멸된다고 판시한 *Krell v. Henry* 사건[*Krell v. Henry* [1903] 2 K.B. 740]이 논의된다.
15) Smith *v.* Roberts, 54 Ill. App. 3d 910 (4th Dist. 1977).
16) Scottsdale Limited Partnership *v.* Plitt Theatres, Inc., 97−C−8484, 1999 WL 281085 (N.D. Ill. Mar. 31).
17) Opera Co. of Boston *v.* Wolf Trap Fdn. for Perfoming Arts, 817 F. 2d 1094 (4th Cir. 1987).

적좌절을 인정한 바 있다.

　　그러나 당사자 간에 적법하게 체결된 불가항력 조항(Force majeure clause)이 존재한다면 자연재해를 포함한 불가항력의 개념과 범위, 적용여부, 효과 등은 모두 동 조항에 따라 합의한 대로 정해지며 법원은 그와 달리 판단할 수 없다.[18] 다만 어떤 사정이 불가항력 조항에 포섭되는지 여부는 구체적인 사안에 따라 판단해야 하는데, 미국에서는 가수가 갑상선 암에 걸려 공연계약을 이행하지 못하게 된 경우 ‘당사자의 합리적인 통제 밖의 사유’라고 규정된 불가항력 조항이 적용된다고 한 사례,[19] 대규모 양계장 공사 중 조류독감이 발생하자 도급인이 불가항력 조항에 따라 계약 중단을 요청한 사안에서 불가항력이 인정되지 않는다고 한 사례,[20] 당사자 간에 체결된 불가항력 조항에 ‘테러’를 명시하고 있다고 하더라도, 9·11 테러로부터 5개월 후 하와이에서 열리는 음악산업 관련 회의를 취소한 것은 ‘테러’로 인한 것이 아니라 그로 인한 경제적 여건에 불과하다고 본 사례가 있다.[21]

　　한편, act of God은 불법행위에 있어서도 과실(negligence)에 의한 불법행위책임과 엄격책임(strict liability)에 대한 항변사유가 된다.[22] 단, 이에 의한 면책은 손해의 발생이 전적으로 자연력에 의하였을 경우 인정되고, 단지 행위자의 부주의한 행위(negligent conduct)에 기한 손해를 증가하거나 강화하는 정도만으로는 면책이 정당화되지 않는다.[23] 나아가 미국 불법행위법상 불가피한 사고(unavoidable accident)의 경우에는 과실(negligence)이 부정되는데, 불가피한 사고란 합리적인 주의를 다하였어도 예견하거나 회피할 수 없었고 의도하지 않은 사건을 의미하는 것으로서,[24] 불가피한 사고는 불가항력에 해당한다고 볼 수 있다.

4. 우리 법과의 비교

　　우리나라에서는 각종 법률에서 불가항력이라는 개념을 사용하고 있지만[25] 그에

---

18) 1 Am. Jur. 2d Act of God § 13; 17A Am. Jur. 2d Contracts § 647.
19) Rio Properties *v.* Armstrong Hirsch Jackoway Tyerman & Wertheimer, US Court of Appeals, 9th Cir., March 29, 200, 494 Fed. Appx. 519.
20) Rembrandt Enterprises *v.* Dahmes Stainless, No. 15−cv−4248, 2017 WL 3929308 (N.D. Iowa Sept. 7, 2017).
21) OWBR LLC *v.* Clear Channel Communications, Inc., 266 F. Supp. 2d 1214 (D. Haw. 2003).
22) 1 Am. Jur. 2d Act of God § 15.
23) Restatement Second, Torts § 450.
24) Restatement Second, Torts § 8.
25) 민법 제308조(전전세 등의 경우의 책임); 민법 제314조(불가항력으로 인한 멸실); 민법 제336

관한 일반적인 정의 규정은 존재하지 않는다. 다만 학설과 판례는 미국에서와 마찬가지로 통상 자연재해뿐 아니라 '(당사자의) 지배영역 밖에서 발생한 사건으로서 통상의 수단을 다하였어도 이를 예상하거나 방지하는 것이 불가능'한 사정을 불가항력으로 본다.[26] 채무불이행책임과 불법행위책임의 성립에 있어서 모두 귀책사유를 요구하는 우리법상, 불가항력이 손해의 유일한 원인인 경우 과실이 부정되므로 채무불이행책임과 불법행위는 성립하지 않는다. 무과실책임에 대해서는 미국법에서와 마찬가지로 우리나라에서도 불가항력이 면책사유가 될 수 있다. 당사자가 예상하거나 통제할 수 없었던 사정은 사정변경의 원칙과 관련하여서도 문제될 수 있으나, 통상 불가항력은 이행불능으로서 논의되고, 그 외 이행 자체는 가능하지만 계약의 기초에 중대한 변경을 가하는 사정은 사정변경의 원칙으로 논의되는데, 이는 미국법상의 실행불가능 법리나 목적좌절의 법리와도 유사하다고 볼 수 있다.

조(전질권), 상법 제709조(적하매각으로 인한 손해의 보상), 상법 제796조(운송인의 면책사유), 상법 제810조(운송계약의 종료사유), 상법 913조(운송물의 멸실·훼손에 대한 책임), 상법 제931조(항공기 운항자의 면책사유), 항해용선계약에 대한 829조, 선박충돌에 대한 877조, 불가항력과 기간의 연장에 관한 수표법 제47조, 어음법 제54조 등.

26) 대법원 2008. 7. 10. 선고 2008다15940,15957 판결; 학설은 통상 불가항력이 인정되려면 외부성, 예견불가능성, 회피불가능성, 인과관계가 존재하여야 한다고 본다. 권영준, 전게 논문, 227; 박영복, "책임제한사유로서의 불가항력과 사정변경", 외법논집 제35권 제4호(2011); 조인영, 전게 논문, 190－195 참조.

Formation of Contract
계약의 성립

이민령

1. 개 념

미국법상 Formation of contracts는 계약 조항과 계약 목적에 관한 계약 당사자의 상호 합의(mutual assent)를 통하여 이루어지는 것으로, 계약의 성립이라고 정의될 수 있다. 상호 합의는 청약자의 청약과 피청약자의 승낙이 완전히 일치하는 것을 뜻한다.[1] 계약은 그 성립에 필요한 마지막 행위가 이루어지면 성립한다.[2] 한편 계약의 성립 시기에 관하여 계약은 이를 완성하는데 필요한 마지막 행위가 이루어진 것에 덧붙여, 청약에 대한 승낙이 있은 때에 성립한다고 여겨지기도 한다.[3] 계약의 존재는 사실인정의 문제인 반면, 어떠한 사실상태(state of facts)가 계약을 성립시키는지는 법적 판단의 문제이다.[4]

2. 배 경

19세기 말부터 미국에서는 고전주의 계약이론(classic contract theory)의 영향으로 주관적 기준이 아닌 로마법상 객관적 기준(objective standard)이 계약 성립에 있어 중요한 요소로 발전하게 되었다. 객관적 기준은 계약 성립의 중요한 요소인 약인(consideration)에 영향을 끼쳤다.[5] 즉, 대가가 있는 때에는 그 약속에 의하여 구속받고자 하는 의사가 강한 것으로 간주되고, 따라서 법에 의한 보호가 따르는 계약으로 보는 것이다.[6] 고전주의 계약이론의 영향에 따른 약인의 법리에 대한 정형화된 결과

---

1) 3 Digest of Commercial Laws of the World § 35:26, 45:16.
2) Graham v. TSL, Ltd., 350 S.W.3d 430 (Ky. 2011).
3) Krusen v. Maverick Transp., 208 S.W.3d 339 (Mo. Ct. App. 2006).
4) 17A Am. Jur. 2d Contracts § 18.
5) 가정준, "미국계약법의 구조와 이해", 재산법연구 제23권 제3호(2007), 24 - 26.

가 교환이론(bargain theory)이다. 교환이론에 따르면 계약 상대방의 약속과 본인의 약속 또는 이행이 교환된 경우 약인이 존재한다고 하며, 약인이 존재하는 약속 또는 합의가 계약이 된다.[7]

미국법상 계약이란 그 위반에 대하여 법이 구제 수단을 부여하거나 그 이행을 어떠한 형태로든 의무로 인정한 약속[8]을 의미한다. 미국법상 계약의 주요 법원(法源)은 판례법과 통일상법전(UCC)이고, 제2차 계약법 Restatement의 경우 법적 구속력은 없으나 고도의 설득력을 인정받고 있다.[9]

3. 내 용

계약의 성립에 필요한 요건에 관하여는 다양한 판례가 있다. 판례법에서 공통적으로 언급되는 계약의 성립요건은 계약 체결 능력 있는 당사자, 청약 및 승낙, 의사의 합치 내지 상호 합의, 약인(consideration)이다. 이에 더하여 계약 목적의 적법성, 실현가능성, 확정성 또는 확정가능성, 의무의 상호성, 기타 부당한 압박의 부재, 사회정책에 반하지 않을 것, 집행가능성 등이 요구된다는 설명도 있다.[10] 아래에서는 계약의 주요 성립요건으로 당사자 및 행위능력, 청약과 승낙을 통한 상호 합의, 약인(consideration), 항변사유의 부존재에 관하여 검토한다.

계약의 성립에는 최소 2인 이상의 당사자가 필요하고, 당사자들은 행위능력이 있어야 한다.[11] 계약상의 의무를 발생시킬 행위능력이 없는 자와의 계약에 구속되지 않고,[12] 거래에 동의한 자연인은 후견 관계에 있거나, 유아이거나, 정신적 결함이 있거나 만취하지 않은 한 계약상의 의무를 발생시킬 행위능력이 있다.[13]

청약은 계약을 체결하고자 하는 의사의 표시로서,[14] 청약이 유효하게 성립하기 위해서는 청약자의 계약 체결 의도가 있어야 하고 청약의 내용이 확정적이고 명확하여야 한다. 승낙은 청약에 대하여 명확하고 무조건적이어야 한다.[15] 계약이 성립되

---

6) 명순구, 미국 계약법 입문, 법문사(2008), 56-57.
7) 가정준, 전게 논문, 31-32.
8) Restatement 2nd (Contracts) §1.
9) 권재열, "미국법상 계약의 의의, 종류 및 성립", KHU 글로벌법무리뷰 제3권 제1호(2010. 6.), 381.
10) 17A Am. Jur. 2d Contracts §18.
11) 17A Am. Jur. 2d Contracts §26-27; 17 C.J.S. Contracts §44-45.
12) Restatement 2nd (Contracts) §12(1).
13) Restatement 2nd (Contracts) §12(2).
14) Restatement 2nd (Contracts) §24.
15) 권재열, 전게 논문, 384, 388.

기 전까지는 형평의 원칙에 기초한 청약 철회의 자유가 인정되고,[16] 청약에 대한 승낙이 이루어진 순간 계약이 성립된다.[17] 구속력 있는 계약이 성립되기 위해서는 모든 주요한 요소나 조항에 대하여 당사자의 상호 합의(mutual assent) 또는 의사의 합치(meeting of the minds)가 있어야 한다. 법원은 당사자들의 의사 합치 여부를 밝히기 위하여 객관적인 의도 이론(objective theory of intent) 내지 객관적 기준(objective standard)을 적용한다.[18] 의사의 합치는 말, 행동뿐 아니라 묵시적으로나 침묵으로도 표시될 수 있다.[19]

　　미국 계약법에서 약속이 계약으로 유효하게 성립하여 구속력이 있으려면 청약과 승낙에 의한 합의 외에 약인(consideration)이 존재하여야 한다. 약인이란 약속자와 수약자가 계약을 체결함에 있어서 원칙적으로 서로 주고받는 것(give and take)이 있어야 한다는 의미이다. 약인은 일방 당사자에게만 요구되는 것이 아니라 양 당사자 모두가 약인 요건을 충족해야 하는데 이를 상호의무원칙(mutuality of obligation doctrine)이라 한다. 약인을 계약의 성립요건으로 한다는 것은 계약자의 주관적 측면보다 약속에 따르는 대가가 있는가 하는 객관적인 측면을 중심으로 약속의 법적 구속력을 판단하는 것이다.[20] 즉, 약인은 약속에 대하여 협상되고 지불된 가치, 즉 약속의 대가로 지불된 무엇인가이다.[21] 이때 교환되는 대가는 경제적, 금전적으로 대등하고 공평한 가치를 가질 것이 요구되는 것은 아니고 당사자가 주고받는 대가가 법적으로 적합한 경우에 구속력이 있다.[22] 단순한 증여의 약속은 약인이 요구하는 대가의 요소가 결여되었으므로 계약에 해당하지 않는다.[23] 약인이 없는 약속은 계약으로 성립될 수 없거나 집행될 수 없고, 약인의 부존재는 의무불이행과 일방적 철회의 근거가 된다.[24]

　　약인이 없다 하더라도 약속적 금반언의 원칙(promissory estoppel)에 의하여 약

---

16) 김기우, "계약 성립에서 합의에 관한 논의와 우리나라 민법에 편입 가능한 계약 성립에 관한 규정", 재산법연구 제28권 제1호(2011), 333-334.
17) 17A Am. Jur. 2d Contracts §65.
18) 17A Am. Jur. 2d Contracts §29-30; 17 C.J.S. Contracts §47, 객관적 기준은 상호동의가 있었는지를 판단할 때 객관적인 동의의 표시와 모든 제반사정을 고려하여 합리적인 일반인(reasonable person)의 입장에서 당사자들이 계약에 구속되려는 의사였는지를 판단하는 방식이다.
19) 17A Am. Jur. 2d Contracts §33; 17 C.J.S. Contracts §50.
20) 명순구, 전게서, 56.
21) 17A Am. Jur. 2d Contracts §101; 17 C.J.S. Contracts §87.
22) 김용길, "미국계약법상 Consideration 법리에 관한 고찰", 성균관법학 제17권 제1호(2005), 322-323.
23) 17A Am. Jur. 2d Contracts §101; 17 C.J.S. Contracts §87.
24) 17A Am. Jur. 2d Contracts §105; 17 C.J.S. Contracts §181.

속자의 이행이 강제되는 경우가 있다. 이는 약속을 신뢰한 자를 보호하기 위하여 일정한 요건을 갖춘 경우 약인이 없는 약속이나 합의도 법적으로 강제할 수 있다는 법리이다.[25] 제2차 계약법 Restatement는 "약속이 수약자나 제3자의 어떤 행위를 유발하게 될 것을 약속자가 합리적으로 예견할 수 있고, 그 약속이 그러한 작위 또는 부작위 행위를 유인한 경우, 그 약속의 강제에 의해서만 부정의가 회피될 수 있는 경우에는 그 약속은 구속력이 있다"고 규정하고 있다.[26] 또한 서면 약속, 날인증서에 의한 계약과 같이 약인이 없으나 그 자체 구속력이 인정되는 경우도 있다.[27]

나아가 항변사유가 부존재하여야 하는데, 계약의 성립을 부인하는 항변에는 의사의 결함에 기한 항변, 계약의 내용에 기한 항변, 서면성에 기한 항변이 있다.[28] 의사결함에 기한 항변은 당사자의 자발적인 의사가 제한된 경우이다.[29] 당사자의 무능력(lack of capacity), 착오(mistake), 사기(fraud), 부실표시(misrepresentation), 강박(duress), 부당 위압(undue influence)이 의사의 결함에 기한 항변의 대표적인 예이다.[30] 계약의 내용에 기한 항변은 공익성(public policy)과 비양심성(unconscionability)을 이유로 보호하고자 하는 경우이다.[31] 공익성(public policy) 문제는 계약의 목적이 국가와 사회의 관점에서 볼 때 법으로써 보호할 가치가 있는가에 관한 것이다. 공익성의 요건에 따라 약인이나 계약의 중요사항이 불법을 내용으로 하는 때에는 계약은 강제력이 없다.[32] 비양심성은 계약의 내용에 대한 공정성을 문제삼는 것으로, 일반적으로 불공정하고 기습적인(unfair surprise) 계약 내용이나 일방 당사자를 압박하는(oppressive) 계약 내용이 포함되어 있으면 비양심적인 것으로 인정된다.[33] 통일상법전에 따르면 비양심적인 계약의의 효력을 부인하기 위하여 법원은 개별 계약조항 내지 계약 전체의 실현을 거부하거나 계약을 수정할 수 있다.[34] 나아가 사기방지법(Statute of Frauds) 등 법률에서 일정한 계약을 서면 형식으로 체결하도록 요구할 수 있고,[35] 이것이 서면성에 기한 항변이다. 이와 같은 법률규정이나 임의규범이 없

---

25) 가정준, 전게 논문, 32-33.
26) Restatement 2nd (Contracts) §90(1).
27) 명순구, 전게서, 77-79.
28) 명순구, 전게서, 79-80.
29) 명순구, 전게서, 80.
30) 명순구, 전게서, 80-96; 가정준, 전게 논문, 6-8.
31) 명순구, 전게서, 96-102.
32) 명순구, 전게서, 96.
33) 명순구, 전게서, 99-102.
34) UCC §2-302.
35) 권재열, 전게 논문, 383.

는 한 계약 체결에 특정한 양식이 필요한 것은 아니고 서면계약이 구두계약보다 구
속력이 있는 것도 아니다.[36]

4. 우리 법과의 비교

우리 민법은 제2장 제1절 제1관에서 계약의 성립이라는 제목으로 청약과 승낙에
의한 계약의 성립에 대해 설명하고 있다(제527조 내지 535조). 학설[37]과 판례[38]도 일
반적으로 계약이 성립하기 위해서는 당사자 사이에 계약의 본질적인 사항이나 중요
사항에 관한 의사표시의 합치가 있어야 한다고 보고, 이때 의사의 합치는 청약과 승
낙의 합치에 의하여 성립한다고 설명한다. 다만 우리 민법은 계약목적이 적법하지
못한 경우를 계약의 무효사유로, 착오, 사기, 강박의 경우를 계약의 취소사유로 보고
있을 뿐(제109조, 제110조) 미국법에서와 같이 이를 계약의 성립요건으로 분류하지
않는다. 계약은 서로 대립하는 의사표시의 합치에 의하여 성립하고, 계약이 성립된
경우에 비로소 계약의 유효, 무효의 문제가 생긴다고 보기 때문이다.[39]
나아가 미국과 달리 우리 민법은 약인(consideration)의 개념을 인정하지 않는다
는 점에서 큰 차이가 있다. 약인은 영미법계에서 계약 성립의 요건으로 특유하게 논
의되는 개념으로, 일본 민법을 통하여 대륙법계 민법을 계수한 우리 민법에서는 약
인의 존부가 계약 성립의 요건이 되지 않는다.

---

36) 17A Am. Jur. 2d Contracts § 167; 17 C.J.S. Contracts § 87.
37) 편집대표 김용담, 주석 민법: 채권각칙 1(제4판), 2016, 제1절 제1관(백태승 집필부분); 편집대
　　표 곽윤직, 민법주해 제12권: 채권 5, 2009, 제2장 제1절 제1관 참조.
38) 대법원 2001. 3. 23. 선고 2000다51650 판결 등 참조.
39) 편집대표 곽윤직, 전게서, 45.

Fraud
사기

김경우

1. 개 념

미국법에서 Fraud는 해로운 행동이나 거래를 하지 않도록 유도하기 위하여 중요한 사실(material fact)에 대하여 알면서도 부실표시(misrepresentation)를 하거나 중요한 사실을 은폐(concealment)하는 것 또는 비공개 특권(privilege of non-disclosure) 없이 비공개하는 것을 의미한다.[1]

2. 배 경

미국법상 계약의 항변사유(defense)는 무효(void)의 대상이 되는 것과 취소(voidable)의 대상이 되는 것으로 나누어 볼 수 있는데, 무효는 그 계약의 법적 효력이 처음부터 부인되는 것이지만, 취소는 당사자의 선택에 따라 그 계약을 무효로도 혹은 유효로도 만들 수 있다. 즉, 당사자가 당해 계약을 추인(ratify)할 수 있는지 여부가 무효인 계약과 취소할 수 있는 계약을 구분할 수 있는 차이점이라고 할 수 있다.[2]

원칙적으로 Fraud 또는 부실표시로 인하여 체결된 계약은 취소할 수 있는 것이나, 예외적으로 Fraud 또는 부실표시에 의하여 ① 기망을 당한 계약 당사자(이하 "피기망자"라 한다)가 과실 없이 피기망자 본인의 행위가 어느 계약에 대한 동의의 표시도 아니라고 믿은 경우[3] 또는 ② 피기망자로 하여금 원래 성립되었어야 하는 계약과

---

[1] Black's Law Dictionary (11th ed. 2019); 37 Am. Jur. 2d Fraud and Deceit §1.

[2] 진도왕, "미국 계약법상의 무효법리", 재산법연구 제30권 제1호(2013), 69; Restatement (First) of Contracts §475 (1932).

[3] Schaeffer *v.* United Bank & Trust Co. of Maryland, 32 Md.App. 339, 360 A.2d 461, 465, affirmed, 280 Md. 10, 370 A.2d 1138 (1977). 대출기관이 숙박업체 운영자의 채무불이행 이후 어음 잔액을 회수하기 위하여 소송을 제기한 사안에서, 문맹(文盲)인 숙박업체 운영자가 자신이 서명한 계약서가 신원보증서(character reference)라고 믿고 있었다는 점을 이유로 해당 계

전혀 다른 계약에 대한 동의의 표시라고 믿도록 만든 경우에는 사실에 관한 착오가 없을 것을 전제로 피기망자의 동의의 표시는 해당 계약 관계에 영향을 미치지 않는다. 즉, 해당 계약은 무효가 된다. 다만, 무효가 되기 위해서는 피기망자의 행위는 행위의 성질에 비추어 부자연스럽지 않아야 하고 과실 없이 이루어져야 한다.[4]

이하에서는 전형적인 항변사유로서의 Fraud, 즉 취소의 대상이 되는 Fraud에 관하여 살펴보도록 한다.

3. 내 용

전술한 바와 같이 Fraud의 수단으로는 부실표시, 은폐, 비공개 등이 제시된다. 부실표시는 어떤 사실에 대한 주장에 이르는 모든 적극적인 행동(affirmative conduct)을 포함하는바, 특정 상황에서는 몸짓(gesture)이나 얼굴표정까지도 부실표시에 포함될 수 있다. 은폐란 어떤 사실에 대한 지식의 습득을 방지하거나 방지할 의도가 있는 모든 적극적 행동을 의미한다. Fraud의 수단이 되는 말이나 행동은 특정 상대방에게 직접 도달할 필요는 없으며 불특정한 누군가에게 도달할 것을 의도하는 것으로 충분하다. 또한 Fraud의 행위자가 그 Fraud로 이득을 보는 당사자일 필요도 없다.[5] 비공개 특권이 없는 자의 비공개는 중대한 부실표시(material misrepresentation)와 동일한 효과를 갖는데, 선의로(innocently) 또는 다른 의도나 기대 없이 부실표시를 한 이후에 자신의 행위로 인하여 계약이 유발되었다는 사실을 알게 되었으면서도 상대방이 그 착오(mistake)로 인하여 행위에 나아갈 것을 의도하거나 기대하는 당사자, 상대방이 공개되지 않은 중요한 사실에 대해 착오를 하고 있다는 사실을 알고 있는 당사자, 다른 법률 규정에 의해 비공개에 대한 면책이 인정되지 않는 당사자 등은 비공개 특권을 갖지 못한다.[6]

계약 당사자는 상대방이 특정 사실을 알지 못한다는 것을 인지한 경우라고 하더라도 자신이 알고 있는 모든 사실을 상대방에게 알려줄 의무를 부담하지는 않으나,

---

약에 구속될 수 없다고 판단한 사안.

4) Restatement (First) of Contracts §475 (1932).

5) Restatement (First) of Contracts §471 (1932).

6) Restatement (First) of Contracts §472 (1932); Stone *v.* Those Certain Underwriters at Lloyds, London, 81 Ill.App.3d 333, 36 Ill. Dec. 781, 401 N.E.2d 622, 626. 판매상에게 19,800달러를 지급하고 미술품을 구입한 수집가가 해당 미술품이 275,800달러 정도로 평가된다는 판매상의 평가에 기초하여 275,800달러 상당의 보험계약을 체결하면서 보험회사에는 미술품의 가격 및 평가에 관한 사실을 고지하지 않은 경우, 이러한 비공개는 중대한 부실표시에 해당한다고 판단한 사안.

만약 계약 당사자 자신만이 알고 있는 사실이 계약에 필수적인 경우에는 이로 인하여 상호 착오가 발생할 경우 해당 계약이 취소될 수 있다.[7]

한편, 단순한 약속 이행 실패는 Fraud가 될 수 없지만, 약속 자체는 그 이행의사의 표시로서 사실에 대한 주장(an assertion of fact)에 해당하므로, 상대방의 어떤 행위를 유도할 목적으로 이행의사가 없으면서도 약속을 하는 것은 Fraud에 해당한다.[8] 약속에 대한 진술이나 예상은 단순한 심리적 상태를 넘어서 약속되거나 예상된 결과가 뒤따를 것이라는 사실에 대한 주장의 암시를 필연적으로 포함할 수 있기 때문이다. 이때 약속은 반드시 서면으로 작성될 필요는 없고, 당사자의 행동으로부터 약속을 추론하는 것도 가능하다. 계약 체결 당시부터 계약을 이행하지 못할 가능성이 있었다는 사실만으로는 Fraud에 해당하지 않으나, 이는 행위자의 이행의사 유무 판단에 관한 증거로 사용될 수 있다.[9]

사안에 대한 표현(expression)이나 의견(opinion)을 표명한 것에 불과한 경우에는 당사자에게 어떤 의도나 기대가 있었다고 하더라도 해당 사안에 관하여 전문적인 지식을 가지고 있거나 가지고 있는 것으로 행세한 경우 또는 고의적인 부실표시로서 실제 사실과 매우 상이하여 합리적인 사람에게는 기대할 수 없는 정도의 의견을 표명한 것이 아닌 이상 이를 Fraud 또는 중대한 부실표시로 볼 수 없다.[10]

피기망자가 상대방의 Fraud 또는 중대한 부실표시로 인하여 의무가 없는 계약관계를 맺으면 그 계약은 상대방에 대한 관계에서 취소할 수 있다. 그러나 ① 선의의 부실표시로 기망당한 당사자가 취소할 의사를 통지하기 전에 사실(fact)과 표시(representation)가 일치하게 된 경우 및 ② 대리인(agent) 또는 대리인을 사칭한 자의 대리권한 유무에 대한 기망에 의하여 계약에 나아가게 되었으나 기망당한 당사자가 취소할 의사를 통지하기 전에 대리권한을 획득한 경우에는 더 이상 취소할 수 없다.[11] 한편, 피기망자의 적극적인 행동을 유발하지 않는 한 Fraud 또는 기타 부실표시가 있었다는 사실 자체만으로는 어떤 법적 효과가 발생하지는 않으며, 계약을 취소하기 위해서는 부실표시가 계약 성립의 유일한 원인이어야 할 필요는 없고 원인의

---

7) Restatement (First) of Contracts §472 (1932); Virginia Impression Products Co. *v.* SCM Corporation, 448 F.2d 262, 266.

8) Gladis *v.* Melloh, 149 Ind.App. 466, 273 N.E.2d 767, 770. 어머니로부터 재산을 위탁 받은 아들이 재산의 절반을 여동생에게 이전하여 주기로 약속하였으나 어머니의 사망 이후 약속의 이행을 거부한 경우, 여동생은 fraud에 관한 항변을 주장할 수 있다고 판단한 사안.

9) Restatement (First) of Contracts §473 (1932).

10) Restatement (First) of Contracts §474 (1932).

11) Restatement (First) of Contracts §476 (1932).

하나로 작용하였으면 족하다. 나아가 계약을 취소하기 위하여 피기망자에게 반드시 손해가 발생하여야 할 필요도 없다.[12]

제3자의 Fraud 또는 중대한 부실표시에 의해 유발된 계약 관계에서 피해를 입은 당사자는 계약을 체결할 당시 상대방이 제3자에 의한 Fraud 또는 부실표시가 있었다는 사실을 알고 있었다면 취소권(power of avoidance)을 행사할 수 있다. 이익을 받은 상대방은 비록 제3자를 알지 못하거나 알 수 없는 경우라도 제3자의 위법 행위로 인하여 피해를 입은 당사자로부터 얻은 이익을 유지할 수 없다.[13]

4. 우리 법과의 비교

우리 법은 사기에 의한 의사표시(민법 제110조) 등의 규정에서 '사기'라는 용어를 사용하고 있지만, 사기에 대한 일반적인 정의 규정을 두고 있지는 않다. 이와 관련하여 학설은 사기란 '고의로 사람을 기망하여 표의자로 하여금 착오에 빠지게 하는 위법행위'라고 설명하며,[14] 판례는 사기에 의한 의사표시란 타인의 기망행위로 말미암아 착오에 빠지게 된 결과 어떠한 의사표시를 하게 되는 경우라고 판시한 바 있다.[15]

우리 법은 사기에 의한 의사표시는 취소할 수 있고, 제3자가 사기를 행한 경우에는 상대방이 그 사실을 알았거나 알 수 있었을 경우에 한하여 그 의사표시를 취소할 수 있다고 규정하고 있는바(민법 제110조 제1항, 제2항), 이는 미국법상 Fraud로 인하여 유발된 계약의 효력에 관한 법리와 유사하다고 할 수 있다. 한편, 판례는 계약 상대방이 일정한 사정에 관한 고지를 받았더라면 그 계약을 하지 않았을 것임이 경험칙상 명백한 경우에는 신의성실의 원칙상 사전에 상대방에게 그와 같은 사정을 고지할 의무가 있다는 입장인바,[16] 미국법에서도 이와 마찬가지로 계약 당사자 일방이 알고 있는 사실이 계약에 매우 필수적인 정보임에도 불구하고 이를 상대방에게 알려

---

12) Stroup *v.* Conant, 268 Or. 292, 520 P.2d 337, 339; 임차인이 임차 목적을 부실표시하고 성인용 도서 판매점을 운영하여 임대인이 다른 임차인들로부터 항의를 받은 경우, 임대인은 금전적인 손해가 발생하였다는 증거가 없는 경우에도 임대차계약을 취소할 수 있다고 판단한 사안.

13) Restatement (First) of Contracts §477 (1932); Bill Stremmel Motors Inc. *v.* I.D.S. Leasing Corp., 89 Nev. 414, 514 P.2d 654, 657. 장비 임대차계약과 관련하여 제3자인 장비 제조업체가 임차인에게 부실표시를 하였다고 하더라도 임대인은 그 부실표시에 대하여 알지 못한 상태에서 임대차계약을 신뢰하고 있으므로 임차인은 장비 제조업체의 부실표시를 이유로 임대차계약을 취소할 수 없다고 판단한 사안.

14) 편집대표 김용덕, 주석민법 민법총칙, 한국사법행정학회(2019), 764.

15) 대법원 2005. 5. 27. 선고 2004다43824 판결.

16) 대법원 2007. 6. 1. 선고 2005다5812, 5829, 5836 판결.

주지 않아 상호 착오가 발생한 경우에는 해당 계약을 취소할 수 있다고 하여 우리 법과 유사한 법리를 가진 것으로 볼 수 있다.

Fraudulent Conveyances
사해행위

임한솔

1. 개 념

　　Fraudulent conveyances란 첫째, 채무자가 채권자를 방해하거나 채권 회수를 지체시킬 의사를 가지고, 대가를 거의 또는 전혀 받지 않고 부동산 등 자신의 책임재산을 다른 사람에게 양도하여 채권자의 채권 회수를 어렵게 만드는 행위를 의미한다. Conveyance in fraud of creditors 또는 fraud on creditors라고도 한다.[1] 채권자는 채권 회수에 필요한 한도에서 이러한 양도나 채무부담을 무효로 할 수 있다.[2]

　　둘째, 파산(bankruptcy) 절차에서의 부인대상 행위를 의미하기도 하는데, 채무자가 채권자를 방해하거나 채권의 회수를 지연시키거나 기망하려는 현실의 의도(actual intent)를 가지고, 대가를 거의 또는 전혀 받지 않고 채무자 자신의 파산 전에 부담한 의무나 행한 양도를 말한다. 11 USCA(United States Code Annotated) §548 Fraudulent transfers and obligations 규정의 요건을 충족할 경우, 파산관재인은 양도된 재산을 채무자의 책임재산으로 회복시킬 수 있다.[3]

2. 배 경

　　사해행위를 취소하는 제도는 로마법의 채권자취소권(actio pauliana)에서 유래하였다. 영국에서는 1570년 사해행위취소법인 엘리자베스법(Statute of 13 Elizabeth, chapter 5)이 제정되었는데, 엘리자베스법이 적용된 Twyne's Case[4]에서 채용된 사해

---

1) Black's Law Dictionary (11th ed. 2019).
2) UVTA §7(a)(1) In an action for relief against a transfer or obligation under this [Act], a creditor, subject to the limitations in Section 8, may obtain: avoidance of the transfer or obligation to the extent necessary to satisfy the creditor's claim
3) Black's Law Dictionary (11th ed. 2019).
4) Twyne's Case(1601), 3 Co Rep 80b, 76 Eng Rep 809.

의 징표(badges of fraud) 개념은 사기적 의도(fraudulent intent)를 추정할 수 있는 징표(signals and marks)를 밝힘으로써, 사기적 의도에 관한 증명을 경감하였다. 엘리자베스법상의 사해행위 관련 개념들은 이후 미국의 판례에도 반영되어 통일사해행위법(Uniform Fraudulent Conveyance Act, 이하 'UFCA'라 한다)의 기초가 되었으며, 많은 주에서 이를 다양한 형태로 채택함으로써 미국법에 큰 영향을 미쳤다.[5]

미국에서는 1918년 처음으로 14개 조문으로 이루어진 UFCA가 마련되었는데, UFCA는 1985년에 Uniform Fraudulent Transfer Act(UFTA)로 전면개정되었다. 2014년에는 Uniform Voidable Transactions Act(UVTA)로 명칭이 변경되면서 소수 조항에 대한 약간의 수정이 있었으나, UFTA의 체계를 바꾼 것은 아니다.[6] 위 통일법은 각 주에서 채택되어 주법화되어야 법적 구속력이 있으며, 주법화하지 않으면 법적 구속력이 없다. 실제로 모든 주가 위 통일법을 받아들인 것은 아니다. 가령, 뉴욕주는 2020년부터 UVTA를 시행하였다.

3. 내 용

가. 사해(fraud)

미국법에서는 사해(fraud)의 개념에 관한 적극적인 정의(definition)는 없다. 다만 신의성실(good faith)과 정의(justice)에 반한 모든 행위, 특히 악의적, 사기적, 통모적이거나 배신적인 행위가 그 대상이 될 수 있으며, 부작위(omissions)도 포함된다.[7] 권리를 주장하지 않거나 이익을 거부하는 행위(refusal to accept a benefit)는 특별한 사정이 없는 한 사해행위가 되지 않는다.[8]

사해(fraud)에는 사실상의 사해(actual fraud; fraud in fact; intentional fraud)와 법률상의 사해(fraud in law; 의제적 사해 constructive fraud)의 두 가지 유형이 있다.[9][10] 각 유형에 대한 정의 규정은 없고, 법원은 행위시의 모든 상황을 고려하여 판단한다.

---

5) 이순동, "미국의 사해행위취소소송", 저스티스 통권 제158-1호(2017. 2.), 92-94; 김가을, "미국 통일 사해 양도법(UFTA)에 관한 연구", 서울법학 제24권 제2호(2016. 8.), 152-165.

6) 이순동, 전게 논문, 94-96.

7) Dewitt C. Moore, A Treatise on Fraudulent Conveyances and Creditor's Remedies at Law and in Equity(Volume 1, 2), Matthew Bender & Co. 1908, 2쪽. 이순동, 전게 논문, 105 각주 12)에서 재인용.

8) 이순동, 전게 논문, 105.

9) Am Jur §2 Grochocinski v Schlossberg, 402 B R 825 (N D Ill 2009) (applying Illinois law). 이순동, 전게 논문, 110 각주 130에서 재인용.

10) 이순동, 전게 논문, 110; Black's Law Dictionary (11th ed. 2019).

먼저 사실상 사해는 엘리자베스법 이래 유지되던 것으로서 채무자가 채권자를 사해할 의도(fraudulent intent)를 가지고 방해(hinder)·지체(delay)·기망(defraud)의 행위를 한 경우를 의미한다. UFCA §7은 양도나 채무부담이 현실의 의도(actual intent)를 가지고 방해·지체·기망하면 사해가 된다고 하고, UVTA §4(a)(1)도 같다. 사실상의 사해가 증명되면, 적정한 약인(good consideration)이 있거나 지급능력이 있더라도 사해가 성립한다.[11][12]

다음으로 법률상의 사해(fraud in law)에 관하여 살펴본다. 원래 엘리자베스법은 사실상 사해만을 인정하였으나, 미국 판례는 현실의 의도가 없는 경우에도 채무자의 행위를 무효로 인정하는 법리를 발전시켰다. UFCA §7은 사실상 사해와 법률상 추정되는 사해를 별개로 규정하고, 법률상 사해가 성립하기 위한 공통의 요건으로 적정한 약인이 없는 것(without fair consideration)을 정하였다(UFCA §§4, 5, 6).[13]

UVTA에서는 적정한 약인이 없다는 용어를, 합리적인 상당한 대가를 수령하지 않는 것(without receiving a reasonably equivalent value)으로 규정한다{UVTA §4(a)(2) & §5(a)}. 법률상 사해가 되기 위해서는 ① 채무자가 합리적인 상당한 대가를 수령하지 않을 것과 채무자의 지급불능 및 그 인식{§§5(a), 4(a)(2)(i)(ii)}, ② 적정한 약인을 수령하지 않은 사실을 요건으로 하지 않는 내부자(insider)에 대한 기존 채무를 위한 양도에서, 채무자의 양도 시 지급불능과 내부자가 그 지급불능 사실을 알고 있었을 것{5(b)}을 요건으로 한다.[14]

나. 양도(conveyance; transfer)

한편 UFCA에서는 사해행위의 대상인 양도를 conveyance라고 하였으나, UFTA에서는 이를 transfer라고 바꾸었다. 개정된 UVTA에서는 보다 넓게 거래행위 모두를 가리키는 transactions라는 용어를 사용하고 있다. 다만 사해행위의 주된 대상은 양도(transfer)이고, 이에 관하여 UVTA §1(16)은, 직접 또는 간접으로, 무조건 또는 조건으로, 임의 여부를 불문하고, 재산 또는 재산상의 권익을 처분하거나 양도하는 것이고, 금전의 지급, 권리의 포기, 임대, 지적재산권의 실시허락과 모든 종류의 담보 설정을

---

11) Am Jur §9 Paradigm BioDevices, Inc v Viscogliosi Bros, LLC, 842 F Supp 2d 661 (S D N Y 2012) (applying New York Law) 미국 파산법 §548(a)(1)도 부인권의 행사요건에 관하여 같은 취지이다. 위 각주 및 설명은 이순동, 전게 논문, 110 각주 131에서 재인용.
12) 이순동, 전게 논문, 110; 김가을, 전게 논문, 170, 171.
13) 이순동, 전게 논문, 111; 김가을, 전게 논문, 170-173.
14) 이순동, 전게 논문, 111.

포함하는 것으로 정의[15]하고 있다.[16]

　구체적으로, 매매, 교환, 증여나 그 외의 무체재산(intangible)의 양도·구입 (purchase), 변제 기타 금전의 양도, 수표의 배서 및 교부, 저당권의 양도 등이 모두 사해행위의 대상이 되며, 권리나 채권의 포기(release and disclaimer), 이익이 되는 계 약의 취소나 수령의 포기, 토지 임차권의 양도나 해지, 사해적 소송절차에서 불리한 담합판결(suffering or confessing judgement),[17] 강제경매나 판결 및 가압류 권리의 포 기, 편파행위, 사해적 법인설립, 제3자 명의의 사업경영 등도 사해행위 대상에 포함 된다. 사해행위취소는 형평법과 정의에 터잡은 제도로서, 신의칙(good faith)은 모든 거래의 기초이므로, 양도의 성질이나 형식에 관계없이, 채무자가 채권자를 사해할 의사로 한 행위는 모두 취소할 수 있고, 그 취소의 효력은 취소채권자와 수익자 사이 에서만 상대적으로 발생한다.[18]

4. 우리 법과의 비교

　채무자가 그의 의무를 신의에 좇아 성실하게(bona fide) 이행하지 않고, 채권자 에게 손해(eventus damni)를 줄 사해적 의도(fraudandi causa)로 자신의 적극재산을 처분하는 것에 대하여 법이 적극적으로 개입하는 현상은 법계(法系)를 불문하고 존 재하는 것으로 보인다.[19]

　미국법과 우리나라 법은 영미법계와 대륙법계라는 근본적인 차이에서 오는 피 할 수 없는 운용의 차이가 있으나, 사해행위취소라는 제도의 근본 취지와 관련하여 공통되는 논점이 있다. 특히 취소(부인 포함)의 효력이 취소채권자와 피고로 된 수익 자(전득자 포함) 사이에서만 상대적으로 발생하고, 취소채권자의 채권만족을 위한 범 위 내에서 취소권을 행사할 수 있으며, 도산법상 부인권과 밀접한 관련이 있다는 점 은 세계적으로도 통용되는 법이론이다.[20]

---

15) UVTA §1(16) "Transfer" means every mode, direct or indirect, absolute or conditional, voluntary or involuntary, of disposing or parting with an asset or an interest in an asset, and includes payment of money, release, lease, and creation of a lien or other encumbrance.

16) 이순동, 전게 논문, 104, 105.

17) Puget Sound Nat. Bank *v.* Levy, 10 Wash. 499. 39P. 142 (1985). 이순동, 전게 논문, 107 각 주 113에서 재인용.

18) 이순동, 전게 논문, 107, 108.

19) 김가을, 전게 논문, 152.

20) 이순동, 전게 논문, 126.

　　우리나라의 채권자취소권은 채권자를 해함을 알면서 행한 채무자의 법률행위(사해행위)를 취소하고 채무자의 재산을 회복하는 것을 목적으로 하는 채권자의 권리를 말한다(민법 제406조 제1항). 채권자취소권이 성립하기 위해서는 채무자의 사해의사(악의)를 요구하고 있다는 점에서, 미국 판례법이 현실의 의도가 없는 경우에도 법률상 추정되는 사해(constructive fraud)를 인정하는 것과 차이가 있다. 다만 우리 민법상 사해의 의사 여부를 판단함에 있어 적극적인 의욕까지는 아니고 소극적인 인식으로 충분하며(대법원 2009. 3. 26. 선고 2007다63102 판결 등), 그것도 특정한 채권자를 해한다는 것을 인식할 필요는 없고, 일반적으로 채권자를 해한다는 것, 즉 공동담보에 부족이 생긴다는 것을 알고 있으면 족하다는 점에서(대법원 2009. 3. 26. 선고 2007다63102 판결 등) 실질적인 차이는 크지 않을 수도 있다.

　　우리 민법의 해석상으로도 취소의 효력은 채무자에게는 미치지 아니하고, 채무자의 피고적격을 인정하지 않지만, 미국은 채무자에게 사해행위취소소송의 피고적격을 부정하지 않은 점에서 우리와 다르다.[21]

---

21) 이순동, 전게 논문, 119.

Frustration of Purpose
목적좌절

백혜

1. 개 념

목적좌절(Frustration of purpose)의 법리는 당사자가 계약을 체결한 주된 목적 (principal purpose)이 예상하지 못한 변화된 상황으로 인하여 본질적으로(substantially) 좌절된 경우, 해당 당사자의 의무는 면제되고 계약이 종료된 것으로 간주하는 것을 말한다.[1) 목적좌절(frustration), 실행불가능(impracticability), 이행불능(impossibility)은 모두 계약상의 의무이행이 면제되는 사유가 될 수 있지만, 이행불능은 이행이 완전 히 불가능한 경우를 말하고, 실행불가능은 물리적으로 이행이 가능하긴 하지만, 실 질적 측면에서 이행할 수 없는 경우에 고려되며,[2) 목적좌절은 현실적으로 계약을 이 행할 수 있는지 여부와 상관없이 당사자가 계약을 체결한 목적이 상실되어 계약의 이행을 강제하는 것이 너무 가혹한 경우에 고려된다.[3)

2. 배 경

목적좌절 법리의 초석은 1902년의 영국 판례 Krell *v.* Henry 판결[4)로 평가된다.[5) 이 사건에서 피고는 Edwards 7세의 대관식 행렬을 구경하기 위해 행렬이 지나갈 길 가에 있는 방을 이틀 낮 동안 임차하고 임차료 일부를 선불로 지급하였다. 그러나 Edwards 7세의 갑작스러운 질병으로 예정된 일자의 대관식 행렬이 취소되었다. 피고

---

1) Black's Law Dictionary(11th ed.), 2019.
2) 고세일, "미국 계약법의 사정변경 법리", 재산법연구 제31권 제2호(2014. 8), 32.
3) 홍성규, 김용일, "국제상사계약에 관한 UNIDROIT원칙에 있어서 이행곤란(Hardship)의 법리", 한국무역상무학회지 제57권(2013. 2), 9.
4) Krell *v.* Henry, 2 K. B. 740 (1903).
5) 고세일, 전계 논문, 38.

가 잔금의 지불을 거절하자 원고는 소를 제기하였다. 영국 법원은 계약의 유일한 목적은 대관식 행렬을 구경하는 데에 있으며 그 행렬이 없을 경우 이 계약의 목적은 좌절되었으므로 피고의 잔금 지급의무가 면제된다고 하였다.

미국에서 영국법원의 목적좌절의 법리를 추종한 선도적 판례는 캘리포니아주 대법원의 1916년 Mineral Park Land Co. *v.* Howard 판결[6]이다. 이 사건에서 피고는 교량 축조에 필요한 자갈을 원고의 토지로부터 1 입방야드당 0.05달러에 구입하기로 계약하였다. 당초 피고는 약 10만 입방야드 정도를 채취할 것으로 예정되었으나 피고가 5만 입방야드를 채취한 후 원고 토지에서 지하수가 나와 그 지하수를 제거하고 자갈을 건조시키는 비용이 너무 높아지자 피고는 다른 채취지역으로 옮겨갔다. 토지 소유자인 원고는 계약위반으로 소를 제기하였으나 법원은 비용의 엄청난 증가는 계약목적의 달성을 불가능하게 한다고 하면서 피고의 이행책임을 면제시켰다.[7]

3. 내 용

Restatement (Second) of Contracts는 다음과 같이 목적좌절의 법리에 관한 일반 규정을 두고 있다.[8] 즉, 계약이 성립된 후 당사자의 과실(fault) 없이 그 불발생을 계약 체결의 기본전제로 하였던 사건의 발생으로 인하여 당사자 일방의 주된 목적이 좌절된 경우, 그의 이행의무는 그와 반대되는 표시나 사정이 없는 한 면제된다. 목적좌절의 법리에 따라 의무이행을 면제받으려면 아래와 같은 요건을 충족하여야 한다.

첫째, 좌절된 목적은 계약을 체결한 당사자의 주된 목적(principal purpose)이어야 한다. 주된 목적은 일방 당사자가 단지 염두에 뒀던 것을 의미하지 않고, 완전히 계약의 기초(basis of contract)가 되어 양 당사자가 이해하는 바와 같이 그 목적이 이루어지지 못하면 거래가 아무런 의미가 없는 경우에 인정된다. 그리고 계약목적이 실질적으로(substantially) 좌절되어야 한다. 좌절의 정도는 영향을 받는 당사자의 수익성이 떨어지거나 당사자에게 손실을 입힐 정도로는 충분하지 않고, 그가 계약에 따라 감수한 위험 범위 내에 있다고 간주하는 것이 공정하다고 여길 수 없을 정도로

---

6) Mineral Park Land Co. *v.* Howard, 156 P. 458 (Cal. 1916).

7) 양명조, 미국계약법, 법문사(1996), 208-211.

8) Restatement (Second) of Contracts § 265 (Discharge by Supervening Frustration) Where, after a contract is made, a party's principal purpose is substantially frustrated without his fault by the occurrence of an event the non-occurrence of which was a basic assumption on which the contract was made, his remaining duties to render performance are discharged, unless the language or the circumstances indicate the contrary.

심각해야 한다.[9]

  둘째, 계약의 주된 목적을 실질적으로 좌절시킬 사정이 발생하지 않을 것이 양 당사자가 계약 체결 시의 기본전제(basic assumption)가 되어야 한다. 이 요건은 계약 이행에 필요한 사람이 사망하거나 특정 물건이 파괴된 경우에 쉽게 적용될 수 있다. 사람이나 물건이 계속 존재하는 것(즉, 사망이나 파괴가 발생하지 않을 것)은 일반적으로 계약이 체결된 기본전제이므로 이러한 사망 또는 파괴가 발생하면 의무이행은 면제된다. 시장경기 또는 일방 당사자의 금전적 자력이 변동되었다고 해도 일반적으로 해당 법리를 적용할 수 없다. 왜냐하면 경기변동의 사정은 시장경제질서 이래 일관된 현상으로 바로 그 같은 위험에 대비하여 계약이 체결되기 때문이며, 또한 당사자는 자신의 금전적 자력을 보증하는 가운데에만 거래관계에 들어설 수 있기 때문이다.[10]

  그러나 특정 사정의 불발생이 계약 체결 시의 기본전제에 해당하는지 여부를 결정하는 것이 어려운 경우 그 사정이 발생할 위험을 어느 당사자가 부담했는지에 대한 판단이 필요하다. 예를 들어, 정해진 가격으로 상품을 제조하여 납품하는 계약에서는 매도인이 정상적인 범위 내에서 비용(cost)이 증가할 위험을 부담한다. 그러나 가령 재해로 인하여 매도인이 부담한 비용이 갑자기 10배로 증가하는 경우, 법원은 재해가 발생하지 않을 것이 계약 체결 시의 기본전제라고 결론을 내림으로써 매도인은 이러한 위험을 부담하지 않았다고 결정할 수 있다. 이러한 결정을 내릴 때 법원은 계약 조건을 포함한 제반 사정을 고려할 것이다. 특정 사정을 예측할 수 없었다는 사실은 중요한 고려 요소 중의 하나이다. 그러나 그 사정이 예측 가능했거나 심지어 예견되었다는 사실 자체만으로는 그 사정의 불발생이 계약 체결 시의 기본전제가 아니라는 결론을 도출할 수 없다. 왜냐하면 당사자들이 그러한 사정을 그들의 협상의 대상으로 삼는 것이 충분히 중요하다고 생각하지 않았을 수도 있기 때문이다. 또 다른 중요한 고려 요소는 당사자의 교섭상의 지위와 위험을 분산하는 능력이다. 예를 들어 다양한 조달원과 많은 고객을 상대로 거래를 하는 중간상인은 개별 계약을 통해 위험을 분산시킬 수 있을 것이다.[11]

  셋째, 당사자의 과실(fault) 없이 실행불가능한 사정이 발생하여야 한다. 여기서

---

9) Restatement (Second) of Contracts § 265. comment a.
10) 김상중, "사정변경 제도의 성문입법화 시도에 관한 몇 가지 비판적 단상 : 민법중개정법률안 제544조의4를 계기로 한 영미법의 Frustration 법리와의 비교·분석을 통하여", 재산법연구 제23권 제1호(2006), 151.
11) Restatement (Second) of Contracts 11 Introductory Note.

과실에는 고의적인 위법(willful wrongs)뿐만 아니라 계약위반 또는 과실(negligence)에 해당하는 기타 유형의 행위가 포함될 수 있다.[12]

넷째, 계약이나 기타 사정으로 정해진 내용과 다른 합의 내용이 존재하지 않았어야 한다.[13][14]

위 요건이 충족되어 목적좌절의 법리가 적용될 경우 원칙적으로 그 계약은 후발적 사정변경의 시점으로부터 해소되어 양 당사자는 계약상 의무로부터 면책된다.[15]

4. 우리 법과의 비교

우리나라에서 미국법상 목적좌절의 법리와 견줄 수 있는 것은 사정변경의 원칙이다. 민법에서는 사정변경의 원칙을 일반규정으로 규정하고 있지는 않으나, 학설이나 판례는 대체로 사정변경의 원칙이라는 용어를 사용하고, 이를 신의성실 원칙의 파생원칙 내지 분칙으로 다루어 왔다.[16] 사정변경 원칙은 계약 성립 당시 예견하지 못했던 현저한 사정변경의 발생으로 인해 당초의 계약 내용을 그대로 유지하고 강제하는 것이 신의성실의 원칙에 반하는 경우, 당사자가 그 법률행위의 효과를 신의, 공평에 맞게 변경하거나 해소할 수 있다는 원칙을 말한다. 대법원은 사정변경 원칙에 따른 계약 해제·해지를 허용하고 있으며, 최근 이를 명시적으로 인정한 판례도 나오고 있다.[17]

사정변경 원칙을 적용함에 있어 대법원은 ① 계약 성립의 기초가 된 사정이 현저히 변경되고, ② 당사자가 계약의 성립 당시 이를 예견할 수 없었으며, ③ 그로 인하여 계약을 그대로 유지하는 것이 당사자의 이해에 중대한 불균형을 초래하거나 계약을 체결한 목적을 달성할 수 없는 경우에는 계약준수원칙의 예외로서 사정 변경을 이유로 계약을 해제하거나 해지할 수 있다고 하였다.[18] 사정변경의 원칙과 목적

---

12) Restatement (Second) of Contracts § 261. comment d.
13) Restatement (Second) of Contracts § 265. comment b.
14) 자세한 내용은"Impracticability"3. 내용 부분 참고.
15) 조국현, 미국계약법(제2판), 진원사(2019), 380 – 381.
16) 정상현, "사정변경을 원인으로 한 계약해제의 입법동향", 한국 민법의 새로운 전개, 운로 고상룡 교수 고희기념논문집 간행위원회, 법문사(2012), 485.
17) 편집대표 김용덕, 주석 민법 총칙1(제5판), 한국사법행정학회(2019), 151; 대법원 2022. 3. 11. 선고 2020다297430 판결, 대법원 2021. 6. 30. 선고 2019다276338 판결, 대법원 2020. 12. 10. 선고 2020다254846 판결 등 참조.
18) 대법원은 2007. 3. 29. 선고 2004다31302 판결에서 사정변경 원칙의 요건을 최초로 제시하였는데, 위 판결이 설시한 사정변경 원칙의 요건은 ① 현저한 사정변경, ② 예견 불가능성, ③ 해제 주장 당사자의 귀책사유 부존재, ④ 신의성실의 원칙에 현저히 반하는 결과였다. 그러나

좌절 법리의 적용요건은 동일하지 않지만, 두 법리는 계약상의 의무 내지 계약 자체의 해소를 목적으로 두는 제도로서 계약관계를 해소해주는 기능적인 면에서 유사성이 있다.

대법원은 2017. 6. 8. 선고 2016다249557 판결 이후에는 대체로 현재와 같은 요건으로 설시하고 있다. 편집대표 김용덕, 전게서, 154-155.

Good Faith
신의성실

조인영

1. 개 념

미국법상 Good faith는 다양한 맥락에서 다양한 의미로 사용되지만,[1] 통상 ①
믿음이나 목적에 대한 정직성(honesty in belief or purpose), ② 의무에 대한 충실성
(faithfulness), ③ 공정거래에 대한 합리적인 상업적 기준의 준수(observance of rea-
sonable commercial standards of fair dealing), 또는 ④ 사술(subterfuge)이나 비양심적
인 이익 추구 의사의 결여 등의 심리 상태(state of mind)를 의미하는 개념으로 사용
된다.[2]

2. 배 경

Good faith는 통상 '신의성실'로 번역되지만 대륙법계에서의 신의성실의 원칙과
는 그 작동 방식이 다르다. 미국에서는 본래 대륙법의 신의성실의 원칙과 같이 일반
적이고 내재적인 법원리로서 Good faith가 특별히 논해진 바 없다가, 19세기 후반부
터 그에 관한 논의가 형성되기 시작하였다. 이는 19, 20세기 미국에서는 계약의 해석
에 관하여 형식주의(formalistic approach)가 주류를 이루고 있었고, 문언해석의 원칙
(plain meaning rule)에 의하면 계약상 명시적인 조항이 존재하지 아니할 경우 당사자
에게 가혹한 결과가 초래될 수도 있었기 때문이었다. 법원은 이러한 경우 'Good
faith'에 의해 당사자에게 특정한 묵시적 약정이 있었다고 봄으로써, 계약의 형식적인
해석으로 인한 부당한 결론을 방지하고 당사자를 구제하고자 하였는데,[3] 이에 관하

---

1) Restatement 2nd(Contract) § 205.
2) Black's Law Dictionary (11th ed. 2019).
3) Harold Dubroff, "The implied covenant of good faith in contract interpretation and gap-
filling : reviling a revered relic", St. John's Law Review vol. 80 no. 2, 562 (2006).

여 최초로 명시적으로 언급한 것은 Kirke La Shelle Co. *v.* Paul Amstrong Co. et al. 판결[4]로 알려져 있다. 위 사건에서 뉴욕주 대법원은 "모든 계약에는 어느 당사자도 상대방 당사자가 그 계약 이익을 얻는 것을 막거나 손상시키는 결과를 초래하는 행위를 하여서는 안 된다는 묵시적인 약정(implied covenant)이 있다. 즉, 모든 계약에는 신의성실과 공정거래의 묵시적인 약정이 존재한다."고 판시하였다.

이후 Good faith는 뉴욕주 법원을 중심으로 지속적으로 인정되어 왔고, Restatement first에서 논의되기도 하였으나 매수와 양도에 관한 사안 외에 일반적인 법리로는 인정되지 아니하였고,[5] 각 주별로 그 도입 여부도 달리하였다. 그러나 이후 1952년 미국 통일상법전(Uniform Commercial Code, 이하 'UCC'라 한다)은 Good faith에 관한 일반 규정을 도입함으로써 위 법리를 미국 전역으로 확산시키는 데 분수령을 마련하였고, 1981년 Restatement second에서도 Good faith에 관한 일반원칙을 규정함으로써, 이는 미국 대부분의 주에서 인정되는 일반원칙으로 자리잡게 되었다.[6] 그러나 포즈너(Posner)가 "판례상 Good faith의 존재 자체는 명확하나 그 의미는 수수께끼(cryptic)와 같다"고 한 바와 같이,[7] Good faith의 구체적 의미에 대해서는 여전히 다양한 학설이 제기되고 있다. 대표적으로, ① 컬럼비아 대학의 판스워스(E. Allan Farnsworth) 교수는 Good faith를 UCC에서와 같이 '정직성'에만 근거하는 것은 지나치게 제한적이라고 비판하면서, '당사자의 합리적인 기대'와 '계약으로부터 예상되는 이익'을 담보하기 위하여, 법원이 예기치 못한 새로운 상황과 관행에 비추어 유연하게 해석해야 한다고 하였고, ② 코넬 대학의 써머즈(Robert Summers) 교수는 Good faith는 그 자체로 일반적인 정의를 가질 수 없고, bad faith의 배제개념(excluder)으로서, 오직 판례의 구체적인 사례로만 설명될 수 있다고 하였다. 또한 ③ 아이오와 대학의 버튼(Steven Burton) 교수는 판스워스 교수와 마찬가지로 Good faith는 당사자의 합리적인 기대를 보호하기 위한 것이라고 하면서도, 그 기대를 공정, 정책이나 도덕 등이

---

4) 263 N.Y. 79, 188 N.E. 163 (1933). 위 사안에서 원고는 피고와 사이에 피고가 저작권을 갖고 있는 A 희곡으로부터의 상연 수입의 절반을 취득하고, A 희곡의 저작권에 영향을 미치는 모든 계약은 원고의 동의를 받도록 합의하였다. 그런데 위 합의 이후 유성영화의 상업적인 상영이 가능하게 되어 피고가 유성영화로 만들 수 있는 권리를 영화사에게 부여하자, 원고는 영화 상영으로 얻은 이익의 절반을 청구하였다.

5) Restatement 1st § 166, 488에서는 각 선의의 매수인과 양수인(bona fides purchaser and assignee)에 관해 규정하고 있었다.

6) 이하 Good Faith 원칙의 구체적 발전 과정과 학설의 대립에 대해서는 Harold Dubroff, ibid,, 564 이하; 윤진수, "미국 계약법상 Good Faith 원칙", 서울대학교 법학 제44권 제4호(2003. 12.), 42 이하 참조.

7) Mkt. St. Assocs. *v.* Frey, 941 F.2d 588, 593 (7th Cir. 1991).

아니라 비용의 관점에서 분석해야 한다고 주장하였다. 즉, 당사자가 계약 체결 당시에 포기하였던 기회(foregone opportunities)를 만회할 목적으로 계약의 이행 단계에서 임의로 재량을 행사하여 기대비용의 지급을 거부하는 것은 bad faith에 해당하고, 계약상 당사자에게 본래 부여된 이익을 포착하기 위해서 재량을 행사하는 것은 Good faith에 해당한다고 주장하였다.[8]

3. 내 용

Restatement와 UCC는 '모든 계약 당사자는 계약의 이행과 집행에 있어서 신의성실의 의무(duty of good faith)를 준수하여야 한다'고 규정한다.[9]

전술한 바와 같이 Good faith의 구체적인 의미에 대해서는 아직까지도 보편적이고 일관된 정의가 존재한다고 볼 수 없으나, UCC § 1 – 201(20) 및 § 2 – 103(1)(b)는 일응 "Good faith란 사실에 대한 정직성(honesty in fact)과 공정거래에 관한 합리적인 상업적 기준의 준수(observance of reasonable commercial standards of fair dealing)"를 의미한다고 규정한다. 이때 정직성은 주관적으로 판단해야 하며, 거래에서의 합리성이라는 객관적 요소도 갖추어야 한다.[10] 반면 Restatement에서는 Good faith란 계약의 이행과 집행이 (당사자 간에) 합의된 공통의 목적과 계약 상대방의 정당한 기대와의 일치성에 충실해야 함을 강조하는 것으로서, "품위(decency), 공정성(fairness), 합리성(reasonableness) 등에 관한 공동체의 기준을 위반하여 신의위반(bad faith)이라고 볼 수 있는 다양한 행위 유형을 제외하는 것"[11]이라고 설명한다. 이처럼 Good faith를 bad faith를 제외한 것으로 보는 소극적인 정의 방식은 전술한 써머즈 교수의 배제이론의 영향을 받은 것으로 알려져 있다.[12]

Restatement는 Good faith의 적용여부가 문제될 수 있는 영역을 크게 네 가지 측면으로 분류하여 설명한다. ① 먼저 권리취득에 있어서, 선의의 매수인(good faith purchaser)은 양도인이 본래 가졌던 것 이상의 권리를 취득할 수 있다.[13] 여기서의

---

8) 이상의 학설에 대한 보다 상세한 소개는 Harold Dubroff, ibid, 587 및 윤진수, 전게 논문, 51 이하 참조.
9) UCC § 1 – 304, 1 – 203; Restatement 2nd(Contract) § 205. Restatement는 계약의 이행과 집행 시 공정거래 준수 의무(observance of fair dealing)도 있다고 한다.
10) 15A Am. Jur. 2d Commercial Code § 19
11) Restatement 2nd(Contract) § 205, Comment a.
12) Harold Dubroff, ibid, 593.
13) 계약상 권리가 이중양도되었을 때, good faith에 의한 이중양수인은 종전 양수사실을 알지 못

Good faith는 매수인의 '정직성'을 의미하는데, 매수인에게 성실(diligence)이나 조사(inquiry) 의무가 있는 경우에는 Good faith만으로 선의취득이 어려울 수 있다.[14] ② 그러나 묵시적 약정 역시 계약적 관계의 존재를 전제로 한 것이기 때문에, 유효한 계약이 아직 체결되지 아니한 이상 계약 협상(negotiation) 단계에서는 Good faith가 적용되지 않는다.[15] 계약 협상 단계에서 bad faith에 대해서는 계약위반이 아니라 능력(capacity), 상호 합의, 약인, 기망이나 강박 등의 법리에 따라 불법행위나 원상회복(restitution)으로서만 구제받을 수 있다.[16] ③ 다음으로 계약의 이행(performance) 단계에서, 속임수(subterfuge)이나 의무 회피행위는 당사자가 그 행위가 정당화될 수 있다고 믿었다고 하더라도 Good faith에 반하는 것으로 본다.[17] 전술한 바와 같이 Restatement는 Good faith를 bad faith의 배제개념으로 설명하면서, 판례상 bad faith로 인정된 사례로 협상 정신(spirit of bargain)에 반하는 것, 성실하지 않고 게으름을 피우는 것, 고의로 불완전 이행을 하는 것, 조건(terms)을 특정할 권한을 남용하는 것,[18] 상대방의 이행을 방해하거나 협조 의무를 하지 아니하는 것 등을 열거하고 있다. ④ 마지막으로 집행(enforcement) 단계, 즉 계약상 청구 및 항변의 주장과 합의(settlement) 및 소송에 있어서, 실제로는 없는 분쟁을 작출하거나 실제 이해한 것과 반대로의 해석을 주장하거나 사실을 왜곡하는 등의 정직하지 않은 행위, 솔직하지만 불공정한 행위, 즉 상대방의 궁박한 상황을 이용하여 정당한 상업적 이유 없이 물품 판매계약을 수정하는 행위 등은 Good faith에 반한다.[19] 판례상으로는 이행 보증을 위한 성가신 요구,[20] 이유 없이 이행을 거절하는 경우, 손해 경감의무를 의도적으로

했고 알 수 있을 만한 이유가 없었다면 채무의 변제가 만족, 판결의 취득, 경개(novation)에 의한 새로운 계약의 체결, 양수받은 권리의 증거로서 관행적으로 인정되는 문서의 소유 등을 모두 유효하게 취득한다. Restatement 2nd(Contract) §342; UCC §2-403.

14) Restatement 2nd(Contract) §205, Comment b.
15) 17B C.J.S. Contracts §77.
16) Restatement 2nd(Contract) §205, Comment c.
17) Restatement 2nd(Contract) §205, Comment d.
18) Restatement 2nd(Contract) §205, Comment d에 예시된 사례 중, A가 보험사인 B를 상대로 보험을 청구하면서 손해증거와 청구서류 등을 제출하였는데, 해당 문서가 양식 요건 등에 정확히 일치하지 않았지만 B가 그 이유를 알려주지 않고 청구를 보완하라고만 이야기한 경우 보험금 지급 거절사유가 되지 않는다고 한 판례[Johnson v. Scottish Union Ins. Co., 160 Tenn. 152, 22 S.W.2d 362 (1962)]나 A가 B에게 용역을 제공하고 B가 합리적이라고 판단하는 가치를 지급하기로 하였는데 용역을 완성한 이후에도 B가 아무런 결정을 하지 않는 경우 A는 법원이 결정하는 가치를 지급받을 권리가 있다는 판례[Pillois v. Billingsley, 179 F.2d 205 (2d Cir.1950)] 등이 이에 해당할 수 있다.
19) UCC §2-209.
20) 판례는 A가 B에게 물품을 매매하되 만일 B의 재정능력에 의문이 생기는 경우 물품 선적 전에 현금이나 담보를 요청하고 그 요청이 받아들여지지 않으면 계약을 해지할 수 있도록 한 경우,

이행하지 않은 경우, 계약의 이행이나 해지 권한을 남용하는 경우 등에서 Good faith 위반이 인정된 바 있다.[21] 단, Good faith는 어디까지나 묵시적인 약정에 해당하므로, 당사자의 명시적인 합의가 있다면 그에 반하여 Good faith가 위반되었다고 인정할 수 없다.[22]

   Good faith 위반은 계약위반(breach of contract)에 해당하므로 그로 인한 손해배상을 구할 수 있을 뿐 아니라, 책임을 회피하기 위한 부정직하고 악의적이며 강압적인 행위라고 인정될 경우 고의에 의한 불법행위(intentional tort)에 해당할 수도 있다.[23] Bad faith로 인한 불법행위는 특히 보험법에 있어서 'tort of insurance bad faith'라는 유형으로 자주 논의되며, 보험금지급의 부당한 지연, 불충분한 사고조사, 소송에서 적극적인 방어를 거부하는 것, 합리적인 합의 제안의 거부, 보험계약에 대한 불합리한 해석 등이 대표적인 행위로 예시된다.[24] Good faith 위반이 단순한 계약위반이 아니라 불법행위에 해당하면 징벌적 손해배상도 청구할 수 있다.[25]

4. 우리법과의 비교

   Good faith는 통상 '신의성실'로 번역하지만, 우리나라에서의 신의성실의 원칙과는 상당한 차이가 있다. 우리나라에서의 신의성실의 원칙은 ① 민법 총칙편에 규정되어 있는 일반원칙으로서, 채권관계 뿐만 아니라 물권이나 가족법 등 법률관계 전반에 걸쳐 적용되며, ② 강행법규로서의 성질을 갖고, ③ 계약 체결 전 교섭단계에서도 신의칙상 배려의무, 보고의무, 고지의무 등의 부수의무가 인정된다고 본다. 반면, 미국에서 Good faith 원칙은 ① 묵시적인 약정의 일부로서 원칙적으로 계약법의 영역에서, 예외적으로 불법행위 영역에서 적용되며, ② 어디까지나 약정으로서의 성격을 갖기 때문에 당사자가 그와 달리 합의하면 당사자의 합의가 우선하고, ③ 계약의 이행 및 집행 단계에서만 문제될 뿐, 체결 전의 계약에서는 문제되지 아니한다. 한편,

---

   A는 실제로 B의 지급 가능성에 문제가 생긴 경우에만 현금이나 담보를 요청할 수 있다고 하였다. James B. Berry's Sons Co. *v.* Monark Gasoline & Oil Co., 32 F.2d 74 (8th Cir.1929).

21) Restatement 2nd(Contract) § 205, Comment e.

22) 15A Am. Jur. 2d Commercial Code § 19.

23) 86 C.J.S. Torts § 6.

24) Restatement of the Law of Liability Insurance § 49 (2019).

25) Bad faith를 이유로 보험자의 책임을 인정한 대표적인 판례로는 캘리포니아주 대법원의 Comunale *v.* Traders & General Ins. Co., 50 Cal. 2d 654, 328 P.2d 198, 68 A.L.R.2d 883 (1958) 및 Gruenberg *v.* Aetna Ins. Co., 9 Cal. 3d 566, 108 Cal. Rptr. 480, 510 P.2d 1032 (1973) 참조.

미국법상 권리의 취득에 관한 Good faith 법리는 우리법상 신의성실보다는 '선의'의 개념에 가깝다.

다만, 우리나라에서도 신의성실의 원칙 및 그로부터 파생된 권리남용금지의 원칙은 '법률관계의 당사자가 상대방의 정당한 이익을 배려하여 형평에 어긋나거나 신뢰를 저버리는 내용 또는 방법으로 권리를 행사하거나 의무를 이행해서는 안 된다'[26]는 추상적인 일반조항으로의 성격을 가질 뿐, 그 구체적인 의미와 적용 여부는 개별 사안에 맡겨져 있다고 본다. 이는 미국에서 Good faith를 논할 때 당사자들의 합리적인 기대와 예상되는 이익을 고려하되, 신의칙의 일반적인 정의보다는 구체적인 사안에서 신의칙에 반하는 행위를 먼저 살펴보아야 한다는 배제설의 입장과 일응 유사하다. 나아가, 최근 미국에서는 Good faith 법리가 형식주의와 문언적 해석을 강조하는 고전적 계약이론의 단점을 보완하기 위해 인정된 것이므로, 고전적 계약이론에서 벗어나 실질적인 당사자의 의사해석을 중시하는 현대적 계약이론에서는 더 이상 별도의 Good faith 법리가 아닌 계약의 해석 문제로 해결할 수 있다는 주장도 제기되고 있는바,[27] 이는 계약의 보충적 해석에 있어서 신의성실을 그 중요한 기준으로 삼는 우리 법의 태도와도 연결된다고 볼 수 있다.

---

[26] 대법원 2011. 2. 10. 선고 2009다68941 판결.

[27] 계약의 해석에 관해 문언주의와 구술증거배제법칙을 포기한 주에서는 합리적 결과를 도출하기 위해 더 이상 신의성실 의무라는 묵시적 약정을 인정할 필요가 없다는 견해로, Harold Dudroff, ibid, 615-616.

Guaranty
보증

이민령

1. 개 념

    미국법상 Guaranty는 채무의 이행에 우선적인 책임이 있는 다른 사람의 채무불이행 상황에서 보증인이 일정한 채무나 계약의 이행을 책임지기로 하는 계약으로,[1] 우리 법상 보증을 의미한다. Guaranty는 제삼자가 주채무자(debtor)의 주채무(original obligation)에 대한 채무불이행이 있는 경우 주채무자를 대신하여 채무를 변제하겠다는 채권자에 대한 약속이므로, 이는 본질적으로 조건부 지불 약정이고 조건이 성취되면 즉시 집행 가능하다.[2] Guaranty는 통상 일정한 채무의 변제(payment of debt)를 책임지는 약정이지만 다른 사람이 불이행한 의무의 이행(performance of duty)을 책임지는 약정이 될 수도 있다.[3]

2. 배 경

    Guaranty는 프랑스어 *garantie*에서 유래한 용어로, warranty와 어원이 동일하나,[4] warranty는 계약상의 채무와 동일한 채무를 대상으로 하는 주채무(primary obligation)인 반면, Guaranty는 타인이 부담하는 채무를 변제하겠다는 약속으로서, 제3자가 주채무를 부담한다는 점에서 차이가 있다.[5] 미국은 보증제도를 규율하는 성문화된 법률을 가지고 있지 않다. 보증제도에 관한 주요한 법원은 판례이고, 통일상법전(UCC)은 일반적인 보증에 관하여 규율하고 있지 않다. 다만 1996년 발간된 제3차

---

1) 38A C.J.S. Guaranty §1.
2) 38 Am. Jur. 2d Guaranty §1.
3) 38 Am. Jur. 2d Guaranty §1; 38A C.J.S. Guaranty §1.
4) Julia Cresswell, Oxford Dictionary of Word Origins, Oxford University Press(2021. 9.), 571.
5) 38 Am. Jur. 2d Guaranty §7; 67A Am. Jur. 2d Sales §598

Restatement에서 보증에 관한 법원칙을 다루고 있다.[6] 논쟁이 계속되고 있기는 하나 일반적으로 미국법상 Guaranty는 보충성을 배제 불가능한 요건으로 하고 있고, 보충성이 배제된 형태의 보증은 suretyship으로 별도로 분류된다.[7] 일반적으로 suretyship에서 보증인은 주채무자와 연대하여 독립적으로 주채무자의 채무를 이행할 의무를 부담한다. 반면 Guaranty의 경우 보증인은 주채무자가 채무를 이행하지 않은 경우에만 그 채무를 이행할 의무를 부담한다.[8] 그러나 Guaranty와 suretyship를 보충성의 존부를 기준으로 구분할 수 없고 양자를 혼용할 수 있다고 보는 판례들도 있다.[9]

3. 내 용

보증인은 주채무자가 일차적으로 의무를 이행하지 않은 경우에 이를 이차적으로 변제할 의무만을 부담한다. 보증계약에 따른 의무는 일차적이고 무조건적인 다른 계약상의 의무 이행에 대하여 보충적이므로, 계약자가 주채무자의 채무불이행과 무관하게 일차적으로 책임을 진다면 이는 보증이 아니다.[10] 또한 보증은 주계약에 따른 주채무자의 의무와 보증계약에 따른 보증인의 의무를 전제로 한다. 보증채무는 주채무 없이는 존재할 수 없으므로 주채무가 무효이거나 위법하면 그에 대한 보증도 집행 불가능하다.[11]

보증은 채권자가 특정되는지에 따라 특별보증(special guaranty)과 일반보증(general guaranty)으로 나눌 수 있고, 보증기간에 따라 지속적 보증(continuing guaranty)과 제한적 보증(restricted guaranty)으로 나눌 수 있다. 또한 조건의 부가 여부에 따라 무조건보증(absolute guaranty)과 조건부 보증(conditional guaranty)으로 나누어 볼 수 있다. 조건부 보증의 대표적인 예인 추심보증(guaranty of collection)의 경우, 채권자는 보증인에게 지불을 요할 때 채권 회수에 상당한 주의(reasonable diligence)를 다했음을 입증하여야 하는 반면, 무조건보증의 예인 지불보증(guaranty of payment)의 경우에는 이를 입증할 필요가 없다.[12]

---

6) 김용길·윤순익, "영미법상 연대보증제도에 대한 고찰", 회생법학 제2권(2010. 12), 53－54.

7) 38 Am. Jur. 2d Guaranty §8; 38A C.J.S. Guaranty §8.

8) Restatement 3rd (Suretyship and Guaranty) §15(a)(c).

9) Eclipse Telecommunications Inc. *v.* Telnet Int'l Corp., 01－271 (La. App. 5 Cir. 10/17/01), 800 So. 2d 1009 (2001); Marett *v.* Brice Bldg. Co., Inc., 268 Ga.App. 778, 781, 603 S.E.2d 40 (2004); Arnold *v.* Indcon, L.P., 219 Ga.App. 813(1), 466 S.E.2d 684 (1996).

10) 38 Am. Jur. 2d Guaranty §2; 38A C.J.S. Guaranty §3, 우리 민법상 보증의 보충성을 의미한다.

11) 38 Am. Jur. 2d Guaranty §3; 38A C.J.S. Guaranty §16, 우리 민법상 보증의 부종성을 의미한다.

보증관계가 성립하기 위해서는 주채무자, 채권자, 보증인의 세 당사자가 필요하고,[13] 주채무자의 채무와 보증인의 채무라는 두 의무가 존재해야 한다.[14] 보증계약은 다른 계약과 마찬가지로 보증계약 당사자인 채권자와 보증인의 의사합치를 통한 상호 합의(mutual assent), 즉 청약(offer)과 승낙(acceptance)의 합치를 통하여 성립된다.[15] 나아가 보증계약도 다른 계약과 마찬가지로 약인(consideration)의 요건이 충족되어야 한다.[16] 또한 미국법상 보증계약은 사기방지법(Statute of Frauds)[17]의 적용을받는 계약이므로 서면으로 체결되지 않으면 법적으로 강제할 수 없다.[18]

채권자는 보증계약에서 특별히 요구하지 않는 한 보증인에게 채무액의 증액 등 보증이 체결된 거래에 관한 고지를 할 의무가 없다.[19] 한편, 일반적으로 채권자는 보증인이 변제자대위권(subrogation rights)을 행사하는 것을 보장하기 위하여 보증인에게 주채무자의 채무불이행을 고지하여야 하지만,[20] 보증인이 주채무자의 채무불이행을 이미 알고 있는 경우에는 채무불이행의 고지가 필요하지 않다.[21]

보증인의 의무는 주채무자의 채무가 변제되거나 다른 방법으로 충족되었을 때 면제된다.[22] 만약 채권자가 주채무를 면제하였다면 통상 보증인의 채무도 면제된다.[23] 보증인의 의무는 보증채무의 면제, 채권자의 의무위반, 보증인의 동의 없는 주채무의 변경, 채권자에 의한 담보물 손상 등의 사유로도 면제된다.[24]

---

12) 38 Am. Jur. 2d Guaranty § 12 − 15; 38A C.J.S. Guaranty § 9 − 10.

13) Keesling v. T.E.K. Partners, LLC, 861 N.E.2d 1246, 1251 (Ind. Ct. App. 2007); Mathis v. U.S.I. Properties, Inc., 894 S.W.2d 278, 281 (Tenn. Ct. App. 1994).

14) RTC Mortg. Tr. 1994 − N2 v. Haith, 133 F.3d 574, 577 (8th Cir. 1998); JP Morgan Chase Bank v. Winthrop Properties, 312 Conn. 662, 675, 94 A.3d 622, 630 (2014).

15) 38 Am. Jur. 2d Guaranty § 23; 38A C.J.S. Guaranty § 12.

16) 38 Am. Jur. 2d Guaranty § 27; 38A C.J.S. Guaranty § 22.

17) 미국의 사기방지법은 1977년 제정된 영국법을 토대로 거의 모든 주에서 제정하여 시행되고 있다. 박홍래, 미국재산법, 전남대학교 출판부(2004), 80; 김용길·윤순익, 전게 논문, 56에서 재인용.

18) Restatement 2nd (Contracts) § 110(1)(b).

19) Bryant v. Food Mach. & Chem. Corp. Niagara Chem. Div., 130 So. 2d 132, 135 (Fla. Dist. Ct. App. 1961); Hassell − Hughes Lumber Co. v. Jackson, 33 Tenn. App. 477, 232 S.W.2d 325 (1949).

20) Boorstein v. Miller, 124 N.J. Eq. 526, 532-33, 3 A.2d 87, 91 (Ch. 1938).

21) Formulak v. Bank of Charles Town, No. 15 − 0643, 2016 WL 2970311, 3 (W. Va. May 20, 2016).

22) 38 Am. Jur. 2d Guaranty § 64; 38A C.J.S. Guaranty § 106.

23) Green Leaves Rest., Inc. v. 617 H St. Assocs., 974 A.2d 222, 233 (D.C. 2009); Edens Plaza Bank v. Demos, 277 Ill. App. 3d 201, 209, 660 N.E.2d 1, 6 (1995); Park Bank v. Westburg, 2013 WI 57, 348 Wis. 2d 409, 832 N.W.2d 539.

24) 38 Am. Jur. 2d Guaranty § 67, 69, 70, 71; 38A C.J.S. Guaranty § 90.

　　보증인에 대한 청구는 보증계약에 기초하여 이루어져야 하고, 주계약에 따른 청구와 별개의 구제 수단으로서 독립적으로 진행될 수 있다.[25] 주채무자의 채무불이행이 있으면 채권자는 주채무자에게 채무변제를 요구하지 않고 보증인에게 바로 채무변제를 요구할 수 있다.[26] 반면 추심보증(guaranty of collection)의 경우 통상 보증인에게 청구하기 전에 주채무자에게 청구하여야 한다.[27]

　　주채무자가 채무를 불이행하여 채권자가 보증채권을 집행한 경우 보증인은 주채무자에 대하여 변제자대위권(subrogation rights)을 가진다.[28] 또한 법원은 보증인의 주채무자에 대한 보증에 지불된 금액 상당의 보상 내지 환급(recoupment or re-imbursement) 청구권을 인정하고 있다.[29] 보증인은 채권자에게 변제한 후 상환권(indemnity)을 행사할 권리가 있고[30] 보증인의 채무면제를 위하여 채무자에게 변제를 요청할 권리도 인정된다.[31] 만약 공동보증인이 있다면 각각의 보증인은 채무의 비율에 따른 자신의 몫을 변제하여야 한다. 자신의 몫 이상을 변제한 보증인은 다른 보증인의 분담금에 대하여 구상권(contribution)이 있고 이를 집행하기 위하여 제소할 권한도 있다.[32]

4. 우리 법과의 비교

　　미국법상 Guaranty는 보충성을 배제 불가능한 요건으로 하고 보충성이 배제된 보증은 suretyship으로 분류하고 있는 것과 달리 우리 민법은 연대보증의 경우 보증인의 최고, 검색의 항변권을 배제하여(민법 제437조 후단) 보충성이 없는 형태의 보증을 명시적으로 허용하고 있다. 또한 우리 민법은 보증계약의 성립요건과 관련하여

---

25) 38 Am. Jur. 2d Guaranty § 82.
26) Ralston－Purina Co. *v.* Carter, 210 Cal. App. 2d 372, 26 Cal. Rptr. 690 (Ct. App. 1962); Bomud Co. *v.* Yockey Oil Co., 180 Kan. 109, 299 P.2d 72 (1956).
27) Citizens First Nat. Bank of Wolf Point *v.* Moe Motor Co., 248 Mont. 495, 813 P.2d 400 (1991); Peoples Fed. Sav. & Loan Ass'n *v.* Myrtle Beach Ret. Grp., Inc., 300 S.C. 277, 281, 387 S.E.2d 672, 674 (1989).
28) Behlen Mfg. Co. *v.* First Nat. Bank of Englewood, 28 Colo. App. 300, 472 P.2d 703 (App. 1970).
29) Chamberlain *v.* Marshall Auto & Truck Ctr., Inc., 293 Va. 238, 798 S.E.2d 161 (2017); Hills Bank & Trust Co. *v.* Converse, 772 N.W.2d 764 (Iowa 2009); Green Leaves Rest., Inc. *v.* 617 H St. Assocs., 974 A.2d 222 (D.C. 2009).
30) Emprise Bank *v.* Rumisek, 42 Kan. App. 2d 498, 215 P.3d 621 (2009).
31) Poling *v.* Morgan, 829 F.2d 882 (9th Cir. 1987).
32) 38 Am. Jur. 2d Guaranty § 90; 38A C.J.S. Guaranty § 153, 154.

약인(consideration)을 계약 성립 요건으로 하지 않는다. 나아가 보증계약의 종류와 관련하여 우리 실무는 미국과 달리 추심보증(guaranty of collection)과 지불보증 (guaranty of payment)을 구분하지 않고 대부분 지불보증의 형태로 보증계약을 체결하고 있는 것으로 보인다. 그 외에 우리 민법상 보증의 부종성, 개별독립성, 보증인에 대한 고지의무, 보증인의 의무 면제, 채권자의 권한과 보증인의 권한 등은 미국법상 보증 제도와 유사하다.

Illegality
불법성

윤호열

1. 개 념

미국법에서 Illegality는 행위, 성상, 상태, 조건 등의 위법성(act that is forbidden by law; quality, state, or condition of being unlawful)을 의미하는 것으로 사용되기도 하지만,[1] 일반적으로는 헌법위반, 법령위반, 선량한 풍속(good morals)에 반하는 것, 기타 공익(public policy)에 반하는 것을 포괄하는 개념이다.[2] 법령에 위반하여 Illegality가 인정되는 경우, 그 효과를 법령이 명시적으로 정하고 있거나 법령에서 도출할 수 있다면 그것에 따른다. 법령에서의 정함이 없다면 법원은 Illegality에 오염된 청구의 강제이행을 거부하고 Illegality에 오염된 소송상 주장을 배척한다.[3]

2. 배 경

미국법상 Illegality는 사적 자치에 대한 제한으로 작용하며, 그 근거는 공익(public policy)이다. 즉 법원은 공익에 반하지 않는 경우에 한하여 법률행위에 따른 강제이행을 인정한다.[4] 공익을 상술하면, 법원은 불법한 행위의 완성을 위하여 이용되지 않아야 하며, 불법한 행위 일체에 대한 조력을 거부함으로써 불법한 행위를 억제할 수 있다는 것이다.[5]

---

1) Black's Law Dictionary (11th ed. 2019).
2) 11 Am. Jur. 2d Bills and Notes § 145.
3) 17A C.J.S. Contracts § 380.
4) Key *v.* Allstate Ins. Co., 90 F.3d 1546 (11th Cir. 1996).
5) 17A Am. Jur. 2d Contracts § 291.

3. 내 용

Illegality는 사법 일반에서 문제되지만 불법한 계약(illegal contract)을 어떻게 취급해야 하는지가 논의의 중심이다. 계약법 영역에서 Illegality가 문제되는 사안을 유형화하면 다음과 같다. 1) 부도덕한 계약, 2) 공익에 반하는 계약, 3) 법령이 금지하는 계약, 4) 범죄행위나 불법행위를 저지르기 위한 계약, 5) 신인의무(fiduciary duty) 위반이 전제된 계약이 그것이다.[6]

계약을 이행하는 것이 불법한 행위를 구성하거나, 계약의 형성과정이 불법했거나, 불법한 목적을 위하여 계약을 체결한 경우 불법한 계약이라 한다.[7] 이 중 불법한 목적을 위하여 계약이 체결된 경우, 언제나 Illegality 법리가 적용되는 것은 아니고, 불법한 목적을 위하여 체결된 계약임이 명확해야 Illegality 법리가 적용된다.[8] 약인(consideration)의 내용이 불법한 경우도 불법한 계약에 해당한다. 불법한 행위를 한 당사자가 불법한 행위로 인한 이익을 얻는 것은 허용될 수 없기 때문이다.[9]

적법한 방법으로 이행 가능한 계약을 일방 당사자가 불법한 방법으로 이행하려고 했다는 점만으로 Illegality 법리가 적용되지는 않는다.[10] 타방 당사자가 불법한 방법으로 이행한 것을 방조함이 없이 이 점을 단순히 안 것에 불과했다면 Illegality 법리의 적용이 배척될 수 있다.[11] 하지만 타방 당사자가 불법한 방법으로 이행하는 것을 방조했다면 Illegality 법리가 적용된다.[12]

당사자의 불법성 관여 정도가 동등하지 않으면(not in pari delicto) Illegality 법리가 적용되지 않는다.[13] 불법성을 인정하는 정책적 근거가 계약의 일방 당사자를 보호하는 데 있는 경우, 일방 당사자가 타방 당사자의 언동으로 인하여 착오 또는 강박 상태에 빠져있었던 경우 등을 예로 들 수 있다.[14] 이 경우 불법성 관여 정도가 낮은

---

6) 17A Am. Jur. 2d Contracts § 292.

7) 17A Am. Jur. 2d Contracts § 217.

8) Rullan *v.* Goden, 134 F. Supp. 3d 926 (D. Md. 2015).

9) 17A Am. Jur. 2d Contracts § 218.

10) I. Tanenbaum Son & Co. *v.* Brooklyn Furniture Co., 229 A.D. 469, 242 N.Y.S. 381 (1st Dep't 1930), aff'd, 255 N.Y. 579, 175 N.E. 321 (1930).

11) Irwin *v.* Williar, 110 U.S. 499, 4 S. Ct. 160, 28 L. Ed. 225 (1884); International Aircraft Sales, Inc. *v.* Betancourt, 582 S.W.2d 632 (Tex. Civ. App. Corpus Christi 1979).

12) International Aircraft Sales, Inc. *v.* Betancourt, 582 S.W.2d 632 (Tex. Civ. App. Corpus Christi 1979).

13) 17A Am. Jur. 2d Contracts § 297.

14) Restatement (Second) of Contracts § 198 (b).

당사자의 청구 또는 주장에 Illegality 법리를 적용할 수 없다. 금지적 범죄(malum prohibitum)[15]에 위반한 경우에도 Illegality 법리의 적용은 없다.[16] Illegality 법리를 적용하여 당사자의 청구 또는 주장을 배척하는 것이 공익에 반하는 경우에도 Illegality 법리를 적용하지 않는다.[17]

 Illegality 법리가 적용되면 불법한 계약 내용대로의 강제이행(specific performance)이 불허된다(not enforceable). 나아가 불법한 계약에 근거한 어떠한 권리의 강제이행도 불허된다.[18] 소송법적으로 보면, 당사자는 자신이 관여한 불법한 행위(act) 또는 거래(transaction)에 전부 또는 부분적으로 의존한(rely) 것을 청구원인(cause of action)으로 구성할 수 없다.[19] Illegality 법리의 적용은 원칙적으로 소송상 주장되어야 하는 적극적 항변사항(affirmative denfense)이지만, 원고의 주장 자체로부터 불법성이 명백하다면 소송상 주장되지 않았더라도 법원이 직권으로 이를 적용할 수 있다.[20] 불법한 행위에 관여한 당사자일지라도 상대방보다 불법성 관여 정도가 낮은 (not in pari delicto) 당사자는 Illegality 법리의 적용을 주장할 수 있다.[21]

 불법한 계약에 기초하여 급부한 당사자의 급부물 반환청구는 원칙적으로 부정된다.[22] 당사자의 불법성 관여 정도가 동등하다면(in pari delicto), 법원은 원칙적으로 사법적 개입을 거부하고 현상 그대로 방치한다.[23] 다만 과도한 박탈(disproportionate forfeiture)이 되는 경우,[24] 사실의 또는 법규의 부지(ignorance of facts or legislation)가 있었던 경우,[25] 타방 당사자의 과오가 더 큰 경우(not in pari delicto),[26] 불법한 거래에서 탈퇴한 경우,[27] 반환이 위법상태를 해소하는 경우[28]에는 반환청구가 인정

15) 그 자체로 비도덕적인 것은 아니지만 정책적 목적에 의해 범죄로 규정된 행위. 법률의 규정이 없더라도 일반적으로 범죄라고 여겨지는 행위를 의미하는 Malum in se와 대비되는 개념으로 사용된다. 22 C.J.S. Criminal Law: Substantive Principles §11.
16) 27A Am. Jur. 2d Equity §38.
17) 17A Am. Jur. 2d Contracts §307. In re Leasing Consultants Inc., 592 F.2d 103 (2d Cir. 1979); Twiehaus v. Rosner, 362 Mo. 949, 245 S.W.2d 107, 28 A.L.R.2d 1192 (1952); Geis v. Colina Del Rio, LP, 362 S.W.3d 100 (Tex. App. San Antonio 2011) 등 참조.
18) 17A Am. Jur. 2d Contracts §290.
19) 1A C.J.S. Actions §67.
20) 17A Am. Jur. 2d Contracts §318.
21) 17A Am. Jur. 2d Contracts §306.
22) 17A Am. Jur. 2d Contracts §294.
23) 27A Am. Jur. 2d Equity §38.
24) Restatement (Second) of Contracts §197.
25) Restatement (Second) of Contracts §198 (a).
26) Restatement (Second) of Contracts §198 (b).
27) Restatement (Second) of Contracts §199 (a).
28) Restatement (Second) of Contracts §199 (b).

된다.

4. 우리 법과의 비교

　　Illegality 법리가 문제되는 사안은 우리나라에서 강행규정 위반으로 인하여 계약
이 무효가 되는 사안, 민법 제103조 또는 제104조 위반으로 인하여 계약이 무효가 되
는 사안, 민법 제746조의 적용 또는 유추적용을 통해 부당이득반환청구, 물권적 청
구, 불법행위로 인한 손해배상청구가 배척되는 사안을 포괄한다. 다만 그 적용 양상
은 다소 다르다고 할 수 있다.

　　우리나라는 강행규정 위반이 아닌 한 법령 위반이 계약의 무효로 귀결되지는 않
고, 법령의 강행규정 여부는 입법자의 의사 해석의 문제로 귀결된다. 이와 달리 미국
법상 Illegality는 공익의 관점에서 계약을 불법한 것으로 판단할지의 문제로 법원의
재량이 크게 작용하며, 입법자의 의사는 고려사항 중 하나일 뿐이다.

　　한편, 우리나라의 불법원인급여제도와 유사하게, 미국법상 불법한 계약에 기초
하여 급부한 당사자의 반환청구는 원칙적으로 부정된다. 다만 우리나라는 불법원인
급여에 관하여 '급부의 원인이 된 행위가 그 내용이나 성격 또는 목적이나 연유 등으
로 볼 때 선량한 풍속 기타 사회질서에 위반될 뿐 아니라 반사회성·반윤리성·반도
덕성이 현저하거나, 급부가 강행법규를 위반하여 이루어졌지만 이를 반환하게 하는
것이 오히려 규범 목적에 부합하지 아니하는 경우(민법 제746조)'에 해당할 것을 요
구하여 그 요건을 엄격하게 보는 반면,29) 미국법은 불법한 계약이기만 하면 원칙적
으로 반환을 부정한다는 차이점이 있다.

---

29) 대법원 2017. 3. 15. 선고 2013다79887(본소), 2013다79894(반소) 판결.

Impossibility
이행불능

최지영

1. 개 념

미국법에서 Impossibility는 급부가 발생, 존재하거나, 급부를 완료할 수 없는 상태나 상황 등을 의미한다.[1] 특히, 계약과 관련하여서는 (1) 그 성질상 계약상 의무를 이행할 수 없는 경우, (2) 계약상 의무 이행의 대상 또는 수단이 멸실되거나 더 이상 사용이 불가능한 경우, (3) 인도나 지급이 불가능한 경우, (4) 법률로 이행이 금지된 경우, (5) 사망이나 질병 등으로 이행이 불가능한 경우 등 계약 채무가 면제되는 사실 또는 상황을 의미한다.[2]

Impossibility는 채무를 이행하는 것이 절대적으로 불가능한 경우뿐만 아니라 현저하고 부당한 곤란, 지출, 피해, 손실 등을 이유로 이행이 실현되기 어려운 경우(impracticability, 실행불가능)를 포함하는 의미로 사용되기도 한다.[3][4] 다만, 단순히 실행하기 어려울 것으로 기대되는 정도는 Impossibility에 포함되지 않는다.[5]

---

1) Black's Law Dictionary (11th ed. 2019).
2) Black's Law Dictionary (11th ed. 2019).
3) Restatement (First) of Contracts §454에서는 이행불능을 엄격한 이행불능(strict impossibility)뿐만 아니라 실행불가능(impracticability)도 포함하는 개념으로 정의한다. 이 때 이행불능은 채무의 이행이 '물리적'으로 불가능한 경우를 의미하고, 실행불가능은 물리적으로는 이행할 수 있으나 실질적인 측면에서 목적물의 인도와 같은 채무 이행이 어려운 경우를 의미한다. 고세일, 미국 계약법의 사정변경 법리, 재산법연구 제31권 제2호(2014.8), 32. 그러나 Restatement(Second)에서는 이행불능(impossibility)을 실행불가능(impracticability)으로 대체하여 실행불가능에 이행불능이 포함되는 것으로 규율하고 있다. 이에 대해서는 Impracticability 부분 참조.
4) Am Jur, 2nd, §643. Impracticability of performance as impossibility.
5) Restatement (first) of Contracts, §454.

2. 배 경

미국 보통법상 계약위반 책임은 엄격책임(strict liability)으로서 과실이 없더라도 발생하며,[6] 판례상으로도 계약은 계약 체결 후에 발생할 수 있는 모든 상황을 고려하여 체결되는 것이라고 해석되어 왔다.[7] 이러한 엄격책임주의는 채무자가 약속한 것을 이행하겠다는 책임을 스스로 보증하고 그 책임을 인수(assumpsit)함으로써 계약이 성립된다는 것을 전제로 하였다. 따라서 계약 위반과 관련하여서 채무자가 인수한 의무를 이행했는지 여부가 중요했을 뿐, 이행불능이 무엇 때문에 일어났는지는 중요하게 고려되지 않았다.[8]

그러나 17세기와 18세기에 아리스토텔레스의 형평이론을 근거로 계약 당사자가 의도하지 않은 상황이 발생하는 경우 당사자들이 계약에 구속되지 않는다는 사정 변경의 법리가 교회법 학자를 중심으로 받아들여지기 시작했다.[9] 19세기 후반에 들어서자 보통법 법원에서도 1863년 Taylor v. Caldwell 사건을 계기로 이행불능을 계약위반 행위에 대한 유효한 항변사유(valid defense)로 인정하기 시작했다.[10] 위 사건에서 법원은 계약당사자들이 계약 체결시 예측하지 못한 사유로 계약을 파기해야 하는 경우 계약상 의무의 이행을 면책하기로 하는 묵시적인 약정(implied term)이 있다고 해석했다.[11]

---

6) Restatement (second) of Contracts Introductory Note in Chapter 11.
   이와 같은 엄격책임주의는 위험에 대한 과책이 없는 경우에도 책임을 부과하는 로마법에서 기원되었다고 설명된다. 고세일, 전게 논문, 33.
7) Henry John Stephen, Stephen's Commentaries on the Laws of England, 21st ed, Butterworth & Co. (1950), 82-83.
8) 그럼에도 불구하고 다음 세 가지의 경우에는 계약위반에 따른 면책이 적용되었다. 첫째는 급부의 이행이 불법으로 된 경우, 두 번째는 계약이 채무자에 의해 이행될 것이 요구되는데 채무자가 이행기 전 사망한 경우, 세 번째는 계약당사자의 과실 없이 천재지변에 의한 이행불능의 경우이다. 박영목, 이행불능에 관한 연구, 박사학위논문, 고려대학교(2008), 18.
9) 고세일, 전게 논문, 34.
10) John Cartwright, Contract Law — An Introduction to the English Law of Contract for the Civil Lawyer, Hart Publishing (2016), 236.
11) Taylor v. Caldwell(1863) 3 B.&S. 826. 위 사안의 내용은 다음과 같다. 1861년 5월 27일, 피고가 원고에게 정원과 음악 강당을 대여해주는 계약을 체결했다. 원고는 각각의 콘서트를 위해 100파운드를 지불하는 것과 콘서트에 참여하기로 된 예술가들을 불러 모을 의무를 부담했다. 또한, 원고는 일정한 현금을 취득할 권리와 정원의 입구에 1주 전부터 광고를 할 권리(의무는 없이)가 있었다. 피고는 정원과 음악 강당을 대여하는 것만이 아니라 정원에 일정한 부대시설을 설치할 의무도 부담했다. 6월 11일 강당이 양 당사자의 과실 없는 화재로 멸실되었고 콘서트를 하는 것은 불가능해졌다. 원고는 피고에게 광고비와 다른 준비비용을 손해배상으로 청구했다.

3. 내 용

계약은 계약 당사자간 의사의 합치로 특정한 채권·채무를 발생시키는 법률행위
이다. 따라서 계약상 채무가 면제되는 이행불능 주장은 엄격하게 해석될 필요가 있
다. 이행불능을 주장하기 위해서는 계약 당사자가 계약을 이행하기 위해 모든 가능
한 대안을 시도했음이 입증되어야 한다.[12] 다만, 이행불능의 위험을 부담하겠다는
의사를 표시한 경우 또는 당사자의 귀책사유로 이행불능 상황이 초래된 경우에는 이
행불능에 따른 면책을 적용할 수 없다.[13]

이행불능은 크게 법적 이행불능, 원시적 이행불능, 후발적 이행불능으로 구분할
수 있다. ① 법적 이행불능(legal impossibility)은 계약이 체결된 이후 그 계약상 의무
의 이행이 불법이 되는 경우를 의미하며, 법적 이행불능이 성립할 경우 계약당사자
의 의무를 면제하는 계약 조항을 두지 않더라도 그 이행의무가 면제된다. 이는 계약
의 이행이 법률 또는 정부의 명령에 위반하여 실행되어서는 안 된다는 원칙에 근거
한다. 다만 법률에 의해 발생한 이행불능이 일시적인 경우, 계약 당사자의 의무를 단
지 어렵게 하는 경우, 계약체결 당시 법적 이행불능의 위험을 미리 인지할 수 있었을
경우에는 법적 이행불능이 성립하지 않는다.[14]

② 원시적 이행불능은 계약 당사자들의 귀책사유 없이 계약 체결 당시 존재하고
있던 이행불능 사유로 계약의 목적을 달성하지 못하게 된 경우를 의미한다. 원시적
이행불능은 계약체결 당시 계약 당사자들이 이행불능 사유를 인지하지 못했음이 입
증되어야 성립된다.[15] (i) 계약 체결 당시 계약 당사자가 모두 이행불능 사유를 알고
있었을 경우, 당사자 간에 계약의 목적을 달성하고자 하는 의도가 없었다고 보아 계
약의 성립을 부정한다.[16] (ii) 계약 체결 당시 채무자만 이행불능 사유를 알고 있었을
경우, 채무자는 계약을 이행하지 못하는 상황을 인지하고 있었으므로 계약 위반에
따른 책임이 면제될 수 없다.[17] (iii) 계약체결 당시 채권자만 이행불능 사유를 알고
있었을 경우 채권자는 채무자의 이행에 대한 기대를 할 수 없었다고 보아 계약의 법
적 효력이 상실된다.[18]

---

12) C.J.S. § 694. Impossibility of performance, generally.
13) Am. Jur. 2nd § 647. Assumption of risk of impossibility; force majeure clause.
14) 17B C.J.S. Contracts § 695. Legal impossibility of performance.
15) 17B C.J.S. Contracts § 696. Impossibility of performance existing at time of contract.
16) id.
17) id.
18) id.

③ 후발적 이행불능은 계약 체결 이후 계약당사자들의 귀책사유 없이 이행불능 사유가 발생한 경우를 의미한다. 후발적 이행불능을 이유로 계약 책임이 면제되려면 계약당사자는 후발적 이행불능 사유를 알 수 없거나 아는 것이 불가능한 경우였음을 입증해야 한다.[19)]

이행불능 주장이 성립하기 위해서는 그 이행불능 사유가 계약 대상의 성격에 있어야 하며 재정 악화 등 계약 당사자의 무능력에 있지 않아야 한다.[20)] 이행불능이 입증될 경우 이를 주장하는 계약 당사자의 채무 이행 의무가 면제된다.[21)] 계약 당사자 간 계약 채무가 동시이행으로 실행되어야 할 경우, 일방의 이행불능 주장에 따라 상대방의 의무 이행 역시 중지될 수 있다.[22)] 일방의 이행불능 사유로 인하여 계약의 목적을 달성하지 못하게 된 계약 상대방은 일방에 대하여 부분 이행에 대한 반환 또는 배상을 청구할 수 있다.[23)]

4. 우리 법과의 비교

우리 민법에 따르면 이행불능은 발생시기를 기준으로 원시적 이행불능과 후발적 이행불능으로 구분된다. 원시적 이행불능은 이행불능 사유가 계약체결 당시 발생한 경우를 의미하고, 후발적 이행불능은 이행불능 사유가 계약체결 이후 발생한 경우를 의미한다. 이 때 이행불능에 대한 법리는 이행불능이 당사자의 귀책사유로 발생했는지에 따라 다르게 적용된다.

먼저, 원시적 불능은 그 불능이 객관적인지 주관적인지에 따라 적용되는 법리가 구분된다.① 당사자의 귀책사유로 원시적 객관적 불능이 발생한 경우에는 "목적이 불능한 계약을 체결할 때에 그 불능을 알았거나 알 수 있었을 자는 상대방이 그 계약의 유효를 믿었음으로 인하여 받은 손해를 배상하여야 한다"는 민법 제535조에 따라 계약이 무효가 된다.[24)] 판례 역시 원시적 불능인 급부를 목적으로 한 계약은 무효라

---

19) 17B C.J.S. Contracts § 697. Subsequent impossibility of performance.
20) id.
21) Am. Jur. 2nd § 652. Effect of impossibility or impracticability.
22) id.
23) id.
24) 원시적 불능의 법리가 법정책적으로나 이론적으로 부적절하다는 견해[최흥섭, "계약이전단계에서의 책임과 민법 제535조의 의미", 배경숙박사회갑기념논문집, 박영사(1991), 555], 원시적 불능 법리에 대한 예외를 인정하여 이 법리를 탄력적으로 운용하는 것이 바람직하나, 이 법리 자체를 부정하는 것은 옳지 않다는 견해[김형배, 채권각론, 박영사(1997), 141] 등도 참조.

고 해석하며, 귀책사유 있는 채무자에 대하여 이행이익의 배상은 구할 수 없고, 신뢰이익의 배상만을 허용한다고 판시하고 있다.[25]

② 원시적 주관적 불능[26]이 당사자의 귀책사유로 발생한 경우 계약은 유효하며 계약의 이행과 관련하여 하자담보책임 법리가 적용될 수 있다. 민법 제569조는 "매매의 목적이 된 권리가 타인에게 속한 경우에는 매도인은 그 권리를 취득하여 매수인에게 이전하여야 한다"고 규정하고 있고, 민법 제570조는 "전조의 경우에 매도인이 그 권리를 취득하여 매수인에게 이전할 수 없는 때에는 매수인은 계약을 해제할 수 있다. 다만, 계약 당시 그 권리가 매도인에게 속하지 아니함을 안 때에는 손해배상을 청구하지 못한다"고 하여, 계약체결 당시 계약 당사자에게 권리가 있다고 믿었던 상대방은 계약 당사자에게 계약해제와 손해배상을 모두 청구할 수 있도록 하고 있다.

③ 후발적 불능이 당사자의 귀책사유로 발생한 경우 "채무자의 책임있는 사유로 이행이 불능하게 된 때에는 채권자는 계약을 해제할 수 있다"는 민법 제546조에 따라 채권자는 계약을 해제할 수 있고 "채무자가 채무의 내용에 좇은 이행을 하지 아니한 때에는 채권자는 손해배상을 청구할 수 있다"는 민법 제390조에 따라 손해배상을 청구할 수 있다. 또한, 판례는 이행불능에 따라 채무자가 취득한 이득에 대하여 대상청구권도 행사할 수 있음을 인정하고 있다.[27]

우리 민법에는 계약당사자의 귀책사유가 없는 이행불능을 명문으로 규정하고 있지 않다. 다만, 채무자의 귀책사유 없는 불능이 발생한 경우 위험부담[28] 및 손해배상[29] 규정에 따라 채무자는 본래의 급부의무 및 손해배상책임으로부터 면제된다.[30]

우리 민법은 이행불능의 기준에 대하여도 명확한 규정을 두고 있지 않다. 다만,

---

25) 대법원 1994. 10. 25. 선고 94다18232 판결 등.
26) 예를 들어, 매매계약을 체결했으나, 계약체결 당시 그 해당 상품이 제3자의 소유였던 경우, 매도인은 채무를 이행할 수 없지만, 상품의 소유자인 제3자는 채무를 대신 이행할 수 있으므로 이러한 경우를 의미한다.
27) 대법원 2012. 6. 28. 선고 2010다71431 판결. 신용보증기금이 갑 주식회사를 상대로 제기한 사해행위취소소송에서 원물반환으로 근저당권설정등기의 말소를 구하여 승소판결이 확정되었는데, 그 후 해당 부동산이 관련 경매사건에서 담보권 실행을 위한 경매절차를 통하여 제3자에게 매각된 사안에서, 신용보증기금은 대상청구권의 행사로서 갑 회사가 말소될 근저당권설정등기에 기하여 지급받은 배당금의 반환을 청구할 수 있다고 한 사례.
28) 민법 제537조 쌍무계약의 당사자 일방의 채무가 당사자쌍방의 책임없는 사유로 이행할 수 없게 된 때에는 채무자는 상대방의 이행을 청구하지 못한다.
29) 민법 제390조 채무자가 채무의 내용에 좇은 이행을 하지 아니한 때에는 채권자는 손해배상을 청구할 수 있다. 그러나 채무자의 고의나 과실없이 이행할 수 없게 된 때에는 그러하지 아니하다.
30) 박영목, 이행불능에 관한 연구, 박사학위 논문, 고려대학교(2008), 14.

판례는 이행불능을 단순히 절대적·물리적으로 불능인 경우를 의미하는 것이 아니라 사회생활에 있어서의 경험법칙 또는 거래상의 관념에 비추어 볼 때 채권자가 채무자의 이행의 실현을 기대할 수 없는 경우도 포함하며 사실상의 불능뿐만 아니라 법률상의 불능을 모두 포함하고 있다고 해석하고 있다.[31]

　　미국법도 우리 법과 유사하게 이행불능을 그 사유의 발생 시점에 따라 원시적 불능과 후발적 불능으로 구분하고 있으며, 이행불능의 개념에 사실상의 불능과 법률상의 불능을 포함하고 있다. 다만, 미국법의 경우 이행불능은 채무자의 귀책사유가 없는 이행불능만을 의미하는 반면, 우리 법은 당사자의 귀책사유가 없는 이행불능에 대하여는 명문의 규정이 없고 당사자의 귀책사유가 있는 이행불능에 대하여만 관련 규정이 존재한다는 점에서 차이를 가진다. 또한, 미국법상 이행불능은 그 사유가 입증될 경우 이행 채무가 면제된다는 점에서 채무자의 귀책사유 없는 이행불능 발생시 채무자의 급부의무 및 손해배상책임을 면제하는 우리 법의 태도와 차이가 있다.[32]

---

31) 대법원 2003. 1. 24. 선고 2000다22850 판결.
32) 김영희, "미국법상 채무불이행 유형의 재구성", 비교사법 제22권 2호(2017), 675.

Impracticability
실행불가능

백혜

1. 개 념

　실행불가능(Impracticability)은 당사자가 특정 행위, 특히 계약상의 의무를 이행하는 것이 가능하지만 극도로 불합리한 어려움을 초래할 수 있다는 이유로 이행의무를 면제해주는 사실이나 상황을 말하는데, 이행이 진정으로 불가능하기 위해서는 의무를 이행하는 것이 훨씬 더 어렵거나 비용이 더 많이 들어야 하고, 이러한 어려움이나 비용은 예상하지 못한 것이어야 한다.[1] 실행불가능(impracticability), 목적좌절(frustration), 이행불능(impossibility)은 모두 계약상의 의무이행이 면제되는 사유가 될 수 있지만, 이행불능은 이행이 완전히 불가능한 경우를 말하고, 실행불가능은 물리적으로 이행 가능하지만, 실질적 측면에서 이행할 수 없는 경우에 고려되며,[2] 목적좌절은 현실적으로 계약을 이행할 수 있는지 여부와 상관없이 당사자가 계약을 체결한 목적이 상실되어 계약의 이행을 강제하는 것이 너무 가혹한 경우에 고려된다.[3]

2. 배 경

　원칙적으로 미국법상 계약책임은 엄격책임(strict liability)으로 채무자의 과실 존재 여부는 계약위반에 따른 손해배상책임을 부담하는 데 영향을 미치지 않는다. 광범위한 의무를 이행하기를 원하지 않는 채무자는 계약 해제·해지, 불가항력, 가격조정 등 조항을 계약에 약정함으로써 자신의 책임을 제한시킬 수 있다. 그러나 채무자가 약정에 의하여 그 의무를 제한하지 아니한 경우에도 법원은 그를 구제할 수 있다.

---

[1] Black's Law Dictionary (11th ed., 2019).
[2] 고세일, "미국 계약법의 사정변경 법리", 재산법연구 제31권 제2호(2014. 8), 32.
[3] 홍성규, 김용일, "국제상사계약에 관한 UNIDROIT원칙에 있어서 이행곤란(Hardship)의 법리", 한국무역상무학회지 제57권(2013. 2), 9.

특별한 상황으로 인해 의무이행이 그 본질적인 특성을 변경할 정도로(alter the essential nature of performance) 당사자가 합리적으로 예상되었던 것과 매우 달라지는 경우, 법원은 계약이 더 부담스러워지고 덜 바람직해질 수 있는 위험을 채무자가 부담한다는 일반 규칙으로부터 벗어나야 하는지를 결정해야 한다. 채무자의 이행의무는 이행불능(impossibility), 실행불가능(impracticability), 목적좌절(frustration) 등 법리에 따라 면제받을 수 있다.[4]

3. 내 용

Restatement (Second) of Contracts는 다음과 같이 실행불가능의 법리를 규정한다. 계약이 성립된 후 당사자의 귀책사유(fault) 없이 그 불발생을 계약체결의 기본전제로 하였던 사건의 발생으로 인하여 당사자 일방의 이행이 곤란하게 된 경우, 그의 이행의무는 그와 반대되는 표시나 사정이 없는 한 면제된다.[5] 해당 법리의 적용요건은 다음과 같다.

첫째, 후발적 사정이 의무이행의 곤란을 초래해야 한다. 이러한 사정은 일반적으로 불가항력(acts of God) 또는 제3자의 행위로 인한 것이다. 의무이행의 곤란은 경제적·사회적 관념 등에 비추어 더 이상 현실적이지 않게 된 경우이어야 한다. 예를 들어 전쟁, 수출금지(embargo), 주요공급처의 예상하지 못한 중단 등으로 인한 원자재 또는 공급물량의 심각한 부족으로 인해 비용이 과도하게 증가된 경우에 인정될 수 있다. 그 밖에 당사자의 생명·재산 등에 위험을 초래할 수 있는 경우에도 실행불가능이 인정될 수 있다. 그러나 의무이행의 어려움이나 비용의 증가가 통상의 정도를 넘어서지 않는 단순한 변화에 불과한 경우 의무이행자의 불이익으로 남겨질 뿐이고 실행불가능의 법리를 적용할 수 없을 것이다.[6]

둘째, 실행불가능 법리는 계약체결시 실행의 불가능을 초래하여 당사자의 의무

---

4) Restatement (Second) of Contracts 11 Introductory Note.
5) Restatement (Second) of Contracts § 261 (Discharge by Supervening Impracticability) Where, after a contract is made, a party's performance is made impracticable without his fault by the occurrence of an event the non-occurrence of which was a basic assumption on which the contract was made, his duty to render that performance is discharged, unless the language or the circumstances indicate the contrary.
6) 김상중, "사정변경 제도의 성문입법화 시도에 관한 몇 가지 비판적 단상 : 민법중개정법률안 제544조의4를 계기로 한 영미법의 Frustration 법리와의 비교·분석을 통하여", 재산법연구 제23권 제1호(2006), 149-150; Restatement (Second) of Contracts § 261. comment d.

를 면제하는 후발적 사정이 발생하지 않을 것이라는 양 당사자의 기본전제(basic assumption)를 요건으로 하고 있다.[7]

　셋째, 당사자의 귀책사유(fault) 없이 실행불가능한 사정이 발생하여야 한다. 여기서 과실에는 고의적인 위법(willful wrongs)뿐만 아니라 계약위반 또는 과실(negligence)에 해당하는 기타 유형의 행위가 포함될 수 있다.[8]

　넷째, 계약이나 기타 사정으로 정해진 내용과 다른 합의 내용이 존재하지 않았어야 한다. 계약 당사자가 이행이 곤란해도 이행하도록 약정한 경우, 실행불가능은 채무불이행의 항변사유가 되지 않는다. 그러나 당사자간 실행불가능의 위험인수에 관한 명백한 합의가 없더라도 법원은 계약 당사자의 지위, 교섭상태 등 제반 사정을 고려하여 묵시적 합의의 존재 여부를 판단할 수 있다. 구체적으로는 계약 내용이 표준화된 정도, 계약 상대방의 의지에 따라 계약조건이 반영된 정도, 특정 거래 또는 그룹에서 위험분배에 관한 내용이 사용되는 빈도 등이 계약 해석에 의미가 있을 것이다.[9] 예를 들어, 구조 분야에서 다년간 경험이 있는 선원이 좌초된 배를 인양하여 띄우기로 계약하였으나, 선원이 작성한 계약에는 악천후, 예상하지 못한 상황 등의 경우에 선원의 의무를 제한하는 조항이 포함되어 있지 않았는데,. 계약체결 후 배가 바위에서 미끄러져 깊은 물에 가라앉았고, 그곳에 진흙이 가득하여 선원이 배를 들어 올릴 수 없게 된 사안에서, 법원은 구조 경험이 풍부한 선원이 작성한 계약에 자신의 의무를 제한시키는 조항이 포함되지 않았다는 점을 감안하여 계약이행이 곤란하더라도 배를 띄워야 하는 선원의 의무는 면제되지 않는다고 판단하였다.[10]

　Restatement상 실행불가능의 사유로 인정되는 세 가지 전형적인 경우가 있다.[11] ① 계약의 이행을 위해 필요한 사람이 계약이 성립된 후에 사망하거나 무능력(incapacity)이 된 경우에 해당 법리의 적용은 비교적 쉽게 인정될 수 있다.[12] 사람이 계속 살아있거나 의무를 이행할 능력이 있는 것, 즉 사망이나 무능력이 발생하지 않을 것

---

7) 자세한 내용은"Frustration(of Purpose)"의 3. 내용 부분 참고.

8) Restatement (Second) of Contracts §261. comment d.

9) Restatement (Second) of Contracts §261. comment c.

10) Restatement (Second) of Contracts §263. comment c, illustration 5; Wills *v.* Shockley, 52 Del. 295, 157 A.2d 252 (Super.Ct.1960).

11) 전술한 바와 같이 미국법상 이행불능과 실행불가능은 강학상 구분되나 그 효과상 차이가 없어 혼용되는 경향이 있고, Restatement (Second) 역시 실행불가능에 이행불능이 포함된 것을 전제로 하여 규정하고 있다. Restatement (Second) §262－264에서 실행불가능의 전형적인 예로 규정하는 경우는 강학상의 이행불능에 해당하나, 그 밖의 실행불가능도 §261에 의해 책임면제 사유로 작용한다. 이하에서는 Restatement (Second)의 규정 내용에 따라 설명한다.

12) Restatement (Second) of Contracts §262.

은 일반적으로 계약이 체결된 기본전제로 사망이나 무능력이 발생하면 의무이행이
면제된다. ② 마찬가지로 채무의 이행에 특정물의 존재가 요구되는 경우 그것이 멸
실, 파괴 또는 이행이 불가능할 정도로 훼손된 경우 해당 법리를 적용할 여지가 있
다.[13] 예를 들면, 지붕 보수 계약에 따라 보수작업을 하는 중 작업자의 과실없이 지
붕을 비롯한 집의 대부분이 화재로 훼손되어 작업을 완료할 수 없는 경우 실행불가
능이 인정될 수 있지만,[14] 집을 건축하는 계약에 따라 작업하는 중 작업자의 과실 없
이 건물의 대부분이 화재로 파괴되어 작업자가 계속 의무이행을 거부하는 경우 실행
불가능이 인정될 수 없다.[15] ③ 그밖에 본국 또는 외국정부의 규제나 명령으로 인하
여 계약이행이 불가능하게 된 경우도 실행불가능의 사유로 인정되고 있다.[16] Bailey
v. De Crespigny 사건[17]에서는, 임대인이 임차인과 사이에 임대인이나 그의 양수인
이 임차 목적물에 인접한 토지에 건물을 짓지 않기로 약정하였는데, 이후 제3자인 철
도공사가 법률에서 부여받은 권한에 따라 토지를 강제수용하고 그 위에 철도역을 세
웠다면, 임대인이 해당 토지에 건물을 짓지 않겠다는 의무는 실행불가능으로 면제되
므로, 임대인은 계약 위반에 대한 책임이 없다고 판결하였다.

위 요건이 충족되어 실행불가능의 법리가 적용될 경우 원칙적으로 그 계약은 후
발적 사정변경의 시점으로부터 해소되어 양 당사자는 계약상 의무로부터 면책된다.[18]

4. 우리 법과의 비교

우리 민법에 의하면, 채권의 성립 후에 쌍무계약상 일방의 채무자가 쌍방의 책
임없는 사유로 이행할 수 없게 될 경우 위험부담의 법리에 따라 채무자는 자신의 채
무를 면하는 대신 상대방에 대한 이행도 청구할 수 없으며(제537조), 만일 그 이행불
능이 채무자의 책임있는 사유로 인한 것일 경우 채권자는 계약을 해제하고 손해배상
을 청구할 수 있다. 이때 이행불능에는 물리적, 법률적 불능뿐만 아니라 사회관념상

---

13) Restatement (Second) of Contracts § 263.
14) Restatement (Second) of Contracts § 263. comment a, illustration 3; Young *v.* City of
    Chicopee, 186 Mass. 518, 72 N.E. 63 (1904); Butterfield *v.* Byron, 153 Mass. 517, 27 N.E.
    667 (1891).
15) Restatement (Second) of Contracts § 263. comment a, illustration 4; Adams *v.* Nichols, 36
    Mass. (19 Pick.) 275 (1837).
16) Restatement (Second) of Contracts § 264.
17) Bailey *v.* De Crespigny, L.R. 4 Q.B. 180 (1869).
18) 조국현, 미국계약법(제2판), 진원사(2019), 379.

의 불능도 포함되는데, 급부가 실제로 가능하지만 비용이 과도하게 드는 이른바 경제적 불능의 경우를 사회관념상의 이행불능으로 볼 수 있는지와 관련하여서는 이를 인정하는 견해[19]와, 단순한 경제적 불능은 이행불능이라고 볼 수 없지만, 급부가 이론상 가능하더라도 현실적으로는 불가능한 경우에는 이행불능이라고 볼 수 있다는 견해[20]가 대립한다. 전자에 의할 때 미국법상 실행불가능성의 법리는 우리 법상 사회관념상의 이행불능과도 유사하다고 볼 수 있다.

　후자의 견해와 같이 단순한 경제적 불능의 경우 이행불능을 인정하지 않는 견해에 의하더라도 우리 법상 사정변경의 원칙이 적용될 여지는 있는데(이에 대해서는 Frustration of purpose 부분 참조), 미국법상으로도 경제적 불능에 해당하는 상업적 실행불가능성(commercial impracticability)의 경우에 목적좌절의 법리가 적용되는 경우가 있으며,[21] 미국 통일상법전(U.C.C.) §2−615 역시 "발생하지 않을 것을 계약체결의 기초로 삼았던 사건의 발생, 또는 국내외 정부 조치나 명령을 신의성실에 따라 준수한 결과로 계약이 실행불능한 경우, 당사자는 물품의 인도지연 내지 불인도에 대한 계약상의 의무 위반 책임을 지지 아니한다."고 규정한다.

　이처럼 사회관념상 이행불능에 해당하든, 사정변경의 원칙에 의하든, 우리 법 역시 미국법상 실행불가능성의 법리와 마찬가지로 당사자들을 당초 계약에 따른 본래의 의무 이행에서 해방시켜 주려 한다는 점에서는 미국법과 그 결론이 유사하다고 볼 수 있다.

---

19) 양창수·김재형, 민법 I(계약법)(제2판), 박영사(2015), 376−377.
20) 지원림, 민법강의(제17판), 홍문사(2020), 1062−1063(보석반지가 연못에 빠진 경우에는 이행불능이라 볼 수 없지만, 바다에 빠진 경우는 이행불능이다).
21) Edwin Peel, The law of Contract(14th edition), Sweet & Maxwell (2015), 1049−1050.

Indemnity
상환

박윤경

1. 개 념

　미국법에서 Indemnity는 일반적으로 한 당사자가 다른 당사자에게 발생한 손실 (loss), 손해(damage) 또는 책임(liability)을 보상할 의무로 정의된다.[1][2] Indemnity 계약은 일방 당사자(indemnitor)가 어떤 종류의 손실이나 손해에 대하여 다른 당사자 (indemnitee)를 무해(harmless)하게 할 것을 약속하는 것이다.[3] 또한 indemnity는 불법행위로 인한 손실, 손해 또는 책임에 대한 배상(reimbursement)이나 보상(compensation)을 뜻하기도 하는데, 특히, 보통법적 의무(common law duty) 위반으로 인한 손해에 대하여 2차적으로 책임이 있는 자가 피해자에게 손해배상을 한 경우 1차적으로 책임이 있는 자에게 상환받을 수 있는 권리를 지칭한다.[4][5][6]

　Contribution과 Indemnity는 모두 원인이 되는 불법행위(underlying tort)와 연결이 되어 있지만, 별개의 독립적인 구제책(remedies)이다.[7] Contribution은 공동불법행

---

1) Black's Law Dictionary (11th ed. 2019); 42 C.J.S. Indemnity §1.
2) Restatement Third, Torts: Apportionment of Liability §23(c).
3) 41 Am. Jur. 2d Indemnity §1.
4) Black's Law Dictionary (11th ed. 2019); 41 Am. Jur. 2d Indemnity §1.
5) indemnity는 일반적으로 면책(免責)으로 많이 번역되고 있으나, 공동불법행위와 관련하여서는 궁극적인 책임을 한 공동불법행위자에게 전가하는 것을 의미하는 것이므로 상환(償還) 또는 전액구상(求償)으로 번역하는 것이 자연스럽다.
6) Restatement Third, Torts: Apportionment of Liability §22(a)는 2인 이상이 동일한 손해에 관하여 책임이 있거나 있을 수 있는데, 그 중 1인이 화해(settlement) 또는 판결채무의 이행(discharge of judgment)으로 타인의 책임을 전부 또는 일부 면책시킬 때에는, 다음 각 호의 경우에, 원고에게 지급한 금액과 상당한 법률비용(reasonable legal expenses)을 합한 금액을 상환(indemnity)받을 권리가 있다고 하고 있다. (1) 상환하는 자(indemnitor)가 계약으로 상환받는 자(indemnitee)에게 상환하기로 약정한 경우, (2) 상환받는 자가 (i) 그가 상환하는 자의 불법행위에 대하여 오로지 대위책임만을 지는 경우, 또는 (ii) 상환하는 자가 상환받는 자에게 공급한 제조물의 매도인이라는 이유 외에는 책임이 없고, 상환받는 자에게 독자적인 귀책사유가 없는 경우.
7) 18 C.J.S. Contribution §1.

위자들이 상대적 과실(relative fault)에 근거하여 최종적인 책임을 분담하는 것을 의미함에 반해, Indemnity는 전체 손실(entire loss)을 실제로 과실이 있는 공동불법행위자에게 전가(shift)하는 것을 의미한다.[8] Contribution과 Indemnity는 상호 배타적 (exclusive mutually)이어서 어느 공동불법행위자가 다른 공동불법행위자에 대하여 Indemnity를 갖는 경우 이들 상호 간에는 contribution이 인정되지 않는다.[9]

2. 배 경

Indemnity는 라틴어 indemnis(unhurt, undamaged), indemnitās(security for damage)에 어원을 두고 있다.[10] Indemnity은 ① 명시적 계약을 통해 인정(express indemnity)되기도 하지만, 별도의 계약이 없는 경우에도 ② 계약 당사자 간에 공정성 (fair)과 적절성(proper)이라는 법적 개념을 기반으로 하여 묵시적으로 인정되거나 (implied indemnity, implied in fact indemnity), ③ 형평법의 관점에서 인정되기도 한다(equitable indemnity, implied in law indemnity, common law indemnity).[11] Indemnity는 또한 부당이득이론(theory of unjust enrichment)에도 근거를 두고 있는데, 공동불법행위자 중 한 사람이 피해자에게 손해배상을 하여 모두의 책임을 면제하였다면 그로 인하여 부당하게 이익을 취한 공동불법행위자로부터 상환을 받을 자격이 있다.[12]

한편, Indemnity 조항은 채무불이행책임의 성립이나 효력 범위에 있어 관련 법리를 회피하기 위한 목적에서 사용되기도 한다.[13] 미국법상 계약위반으로 인한 손해배상 청구를 하기 위해서는 인과관계(causality)와 직접성(remoteness)이 입증되어야 하며, 원고는 자신의 손해 발생을 최소화할 경감의무(mitigation)를 부담한다.[14] 그런데 당사자들은 계약에 Indemnity 조항을 두어 당사자들 각자가 부담해야 할 위험을 사전에 조정함으로써 결과적으로 책임 제한의 적용을 회피하는 수단으로 활용하는 것이다.[15][16]

---

8) 41 Am. Jur. 2d Indemnity § 3; 박영규, "영미법상의 공동불법행위에 관한 연구", 일감법학 제 21호(2010), 429-433.
9) 41 Am. Jur. 2d Indemnity § 3; Restatement Third, Torts: Apportionment of Liability § 23(c).
10) 김우성, "손해보전 조항(Indemnity Clause)의 해석", 서울대학교 법학 제58권 제1호(2017), 312.
11) 41 Am. Jur. 2d Indemnity § 2; 41 Am. Jur. 2d Indemnity § 20.
12) 41 Am. Jur. 2d Indemnity § 2; Restatement Second, Torts, § 886B(1).
13) 김우성, 전게 논문, 354.
14) Hadley v. Baxendale, [1854] EWHC J70; 김우성, 전게 논문, 316.
15) 김우성, 전게 논문, 316.
16) indemnity 조항을 통해 위험을 조정(risk allocation)하는 것을 인정한 것으로 Sherry v.

Indemnity 조항은 공급계약, 건설계약, 기업 인수·합병(M&A) 계약 등에서 많이 발견되는데, 당사자들은 이를 통해 공급제품, 서비스, 주권(株券), 기업체의 하자나 불일치, 적정성, 비침해성 등으로 인해 발생할 수 있는 손해나 위험의 책임 범위를 사전에 조정하고 있으며,[17][18] 계약 내용에 따라 거래당사자뿐만 아니라 제3자에게 발생한 손해나 결과적 손해(consequential damage)까지 Indemnity 범위에 포함되기도 한다.[19]

3. 내 용

Indemnity에 관한 명시적 조항을 두는 경우(express indemnity), 계약 당사자들은 제3자의 청구에 대한 서로의 법적인 책임을 자신들이 적합하다고 생각하는 방식으로, 공공정책 및 확립된 계약 해석 규칙에 따라 자유롭게 할당할 수 있다.[20] Indemnity 조항(clause)에서는 면책되어야 할 손실이 명확하게 기재되어야 하고, 면책의무자(indemnitor)의 의무의 취지가 명확하고 다른 의미를 부여할 수 없을 정도로 명료한 용어로(in clear and unequivocal terms) 표현되어야 한다.[21] Indemnity 조항은 당사자의 의도를 확인하고 의도한 목적을 달성할 수 있도록 공정하고 합리적으로 해석되어야 하며, 당사자들이 의도하지 않았던 의무를 면책의무자(indemnitor)에게 부과하지 않도록 엄격하게 해석되어야 한다.[22]

Indemnity 계약은 계약 당사자들 사이의 고유한 의무(original obligation)를 규정한 것이며, 다른 계약들과는 독립된 것이다.[23] Indemnity 계약에서는 계약 자체가 당사자 간의 관계를 설정한다. Indemnity 의무를 구체적으로 명시하지 않고 서면계약

Wal-Mart Stores East 사건이 있다. 월마트 매장에서 제품(코카콜라)을 꺼내다가 쌓여있던 제품들이 쏟아져 소비자(Sherry)가 상해를 입은 사건에서 법원은 코카콜라와 월마트 간의 공급계약서에 제품의 전시와 관련된 책임은 코카콜라가 진다는 내용의 indemnity 특약이 있음을 들어 월마트의 과실(negligence)을 코카콜라가 떠안는 것으로 판단하였다. Sherry v. Wal-Mart Stores East, 67 A.D.3d 992 (2d Dept. 2009). 김우성, 전게 논문, 313.

17) 예를 들어 특허관계가 명확하지 않은 신규시장에서 제조업자는 부품 공급자의 제3자에 대한 특허침해에 대한 위험을 자신이 부담한다는 조건으로 부품을 공급받는 계약을 체결할 수 있다.

18) 김우성, 전게 논문, 313.

19) 김우성, 전게 논문, 315.

20) 41 Am. Jur. 2d Indemnity § 7.

21) 41 Am. Jur. 2d Indemnity § 7.

22) 41 Am. Jur. 2d Indemnity § 13.

23) 41 Am. Jur. 2d Indemnity § 7; 42 C.J.S. Indemnity § 1; 기본계약에 부종하여 일정한 담보력을 제공하는 보증계약과 달리, indemnity 계약상의 의무는 기본계약에 부종하지 않고 독립적으로 위험을 담보한다. 김우성, 전게 논문, 320.

을 체결할 수 있으며 "Indemnity"라는 용어가 있다고 해서 Indemnity 계약이 성립됨을 보장하는 것은 아니다.[24]

　범죄, 민사상 과실, 법령 또는 공공정책에 반하지 않는 행위의 결과에 대한 Indemnity 계약은 유효하지만, 일방 당사자가 상대방에게 불법행위 결과로 인한 손해를 면책해 주기로 약속하는 계약 또는 채권(bond)은 일반적으로 불법이며 무효이다.[25] 과실이 있는 상대방을 보호하는 Indemnity 조항은 계약 문언, 당사자의 상황, 계약을 둘러싼 상황과 당사자의 의도를 고려하여 공정하고 합리적으로 해석되어야 하며, 그러한 계약은 불리하지만, 당사자들이 의도한 것이라면 유효하고 집행 가능하다.[26] 피면책자(indemnitee) 자신의 과실로 인한 결과를 면책시키는 내용의 Indemnity 조항은 그러한 의도가 구체적이고 명확한 용어로 표현되어야 한다.[27]

　Indemnity 조항의 기간은 계약에 명시적 또는 묵시적으로 규정된 바에 따르며, 기간에 관한 규정이 없을 경우 Indemnity 조항은 계약 당사자 둘 중 한 명의 의사에 따라 종료될 수 있으며, 합리적인 기간 내에 행사되어야 한다.[28][29]

　묵시적인(implied) Indemnity는 일방 당사자가 상대방을 희생시키면서 부당한 이익을 얻는 것을 막기 위하여 손실을 전가하는 것을 허용하는 배상(restitution)의 개념이다.[30] 법원은 ① 책임을 지우는 불법행위가 발생하기 전에 당사자들이 이미 기존의 관계를 맺고 있었고, ② 배상을 요구하는 당사자는 흠이 없고(blameless), 상대방은 잘못이 있는 경우 묵시적인 indemnity 계약이 있다고 본다.[31] 묵시적인 Indemnity는 당사자 간의 묵시적 계약 또는 법적 관계에서 발생하며, 전통적인 형평법상(equitable) Indemnity과 마찬가지로 손실의 공평한 분배를 위한 것이다.[32]

　일반적으로 공동불법행위자 간에는 Indemnity가 허용되지 않지만, 예외적으로 한 공동불법행위자가 기술적이거나 의제적인 것을 제외하고는(except technically or

---

24) 41 Am. Jur. 2d Indemnity §7.
25) 42 C.J.S. Indemnity §9.
26) 42 C.J.S. Indemnity §17.
27) 41 Am. Jur. 2d Indemnity §16.
28) 41 Am. Jur. 2d Indemnity §9.
29) indemnity 계약에서 공동면책의무자(coindemnitors) 중 한 사람이 30일 전에 서면 통지로서 계약을 종료할 수 있다고 규정하고 있다면, 그 중 한 사람이 사망해도 생존한 면책의무자의 계약은 해지되지 않는다. Denton *v.* Fireman's Fund Indem. Co., 352 F.2d 95 (10th Cir. 1965).
30) 41 Am. Jur. 2d Indemnity §20.
31) 41 Am. Jur. 2d Indemnity §20.
32) 41 Am. Jur. 2d Indemnity §20.

constructively) 어떠한 과실도 없는 경우 또는 모두에게 과실이 있지만 다른 공동불
법행위자의 과실이 손해의 주요한 원인이 되는 경우 다른 공동불법행위자에게 In-
demnity를 청구할 수 있다.33) 일반적으로 피면책자(indemnitee)가 면책의무자(in-
demnitor)의 지시에 따라 또는 면책의무자의 이익을 위해 명백히 잘못되지 않은 행
위를 수행하여 불법행위책임을 지게 된 경우 Indemnity를 청구할 수 있다.34)

　　Indemnity에 관한 명시적 계약 또는 법적 권리가 없는 경우 당사자는 자신에게
과실이 없는 경우에만 보통법상(common law) indemnity를 위한 소송을 제기할 수
있다.35) 보통법상 Indemnity는 과실이 경미한 자가 과실이 중대한 자로부터 회복되
도록 하는 과실 분담(fault－sharing) 제도가 아니다.36) Indemnity에 대한 의무는 오로
지 피면책자(indemnitee)에게 과실이 없고, 피면책자가 면책의무자(indemnitor)가 갚
아야 할 채무를 변제한 경우에만 존재하기 때문에 과실이 있는 자는 정당한 in-
demnity를 받을 수 없다.37)

　　Indemnity의 권리는 자신의 적극적인 과실(active fault) 없이, 2차적으로만 책임
이 있는 사람이 어떤 법적 의무로 인하여 다른 사람의 초기 과실(initial negligence)로
인한 손해를 배상해야 하는 경우 보장되는 것이다. 이 권리는 법률에 따라 피해자에
게 책임을 지는 두 사람의 책임이 1차적 또는 능동적(primary or active)인지 아니면
2차적 또는 수동적(secondary or passive)인지 그 차이에 근거하여 인정된다.38) 2차적
으로 책임이 있는 자는 1차적으로 책임이 있는 자로부터 indemnity를 받을 수 있다.

　　Indemnity에 관한 소송을 제기할 수 있는 자는 피면책자(indemnitee) 또는 in-
demnity의 권리를 가진 자이며, 제3자는 Indemnity의 대상에 대하여 이해관계가 있
고, 피면책자에게 소송을 제기할 수 있는 권리가 있다고 하더라도 자신의 이름으로
Indemnity에 관한 소송을 제기할 수 없다.39)

---

33) 41 Am. Jur. 2d Indemnity § 21.
34) 41 Am. Jur. 2d Indemnity § 21.
35) INS Investigations Bureau, Inc. v. Lee, 784 N.E.2d 566 (Ind. Ct. App. 2003); indemnity를
　　구하는 자는 과실이 없어야 하기 때문에 당사자의 상대적인 잘못을 판단하는 것은 묵시적인
　　indemnity를 위한 소송에서 설 자리가 없다. Med James, Inc. v. Barnes, 31 Kan. App. 2d
　　89, 61 P.3d 86 (2003).
36) 41 Am. Jur. 2d Indemnity § 21.
37) 41 Am. Jur. 2d Indemnity § 21.
38) 41 Am. Jur. 2d Indemnity § 22.
39) 41 Am. Jur. 2d Indemnity § 31.

4. 우리 법과의 비교

　미국법상의 Indemnity 계약은 우리 법상으로는 당사자 일방이 상대방에 대하여 일정한 사항에 관한 위험을 인수하고, 이로 인하여 발생할지도 모르는 손해를 담보할 것을 목적으로 하는 손해담보계약과 유사한 것으로 볼 수 있다. 손해담보계약은 주채무의 존재를 전제로 하지 않고 채권자에게 손해가 발생하기만 하면 이를 전보할 책임을 지는 점에서 결과책임으로 구성된 것이다. 손해담보계약은 민법에서 규정하고 있지는 않으나 계약자유의 원칙에 의하여 비전형계약으로 허용된다.[40]

　과거 법원은 신원보증 계약을 손해담보계약으로 보아 피용자의 행위로 인하여 발생한 일체의 손해에 대하여 신원보증인이 보증채무를 진다고 하였으나,[41] 1970년대 중반 이후 법원은 신원보증계약을 신원인수(身元引受)가 아닌 피용인이 사용자에 대하여 배상책임을 부담하는 경우에 한하여 채무를 이행하는 협의의 신원보증계약으로 해석하고 있다.[42] 손해담보계약은 금융거래에서 널리 사용되고 있고, 일방의 위험을 인수하는 내용의 보험계약 등이 이에 속한다.[43] 우리 판례는 손해담보계약상 담보의무자의 책임은 손해배상책임이 아니라 이행의 책임이고 따라서 민법상 과실상계 규정이 준용될 수 없다고 본다.[44]

---

[40] 김준호, 민법강의(제25판), 법문사(2019), 807.
[41] 대법원 1968. 8. 30. 선고 68다1230 판결; 대법원 1967. 7. 11. 선고 66다974 판결 등. 노성 외 2인, "신원보증계약과 손해담보계약의 구별", 전북대학교 법학연구 제29집(2009), 331-332.
[42] 김우성, 전게 논문, 318.
[43] 김준호, 전게서, 807.
[44] 대법원 2002. 5. 24. 선고 2000다72572 판결.

Injunction
금지명령

정영태

1. 개 념

미국법에서 Injunction은 형평법상 구제 수단(equitable remedy)의 일종으로서 특정한 행위를 지시하거나 금지하는 법원의 명령을 의미하는 동시에, Injunction을 제기하는 입장에서는 금지를 청구하는 권리를 의미한다.[1][2] Injunction은 크게 작위를 명하는 금지명령(mandatory injunction)과 부작위를 명하는 금지명령(prohibitory injunction)으로 구분될 수 있는데, 일반적으로 특정이행(specific performance)은 '작위적 금지명령'의 일종이지만, 부작위를 목적으로 한 계약에서 특정이행은 '금지적 금지명령'의 일종이 된다.[3]

2. 배 경

Injunction의 보호 범위는 역사적으로 형평법 법원(Court of Equity)의 관할권 확대와 밀접한 연관이 있다. 연혁적으로 형평법상 구제는 손해배상의 보충적·부수적인 성격이 강했고 그 보호 범위는 물권적 권리에 한정되었으나, 19세기 이후 미국의 산업화·도시화가 진전되고 현대 사회에서 인격적 이익이나 프라이버시권의 중요성에 관한 인식이 높아지면서, 미국 법원은 부정경쟁으로부터 자유롭게 영업할 수 있

---

[1] Black's Law Dictionary (11th ed. 2019), Injunction; 42 Am. Jur. 2d Injunctions § 1; 조국현, 미국계약법, 진원사(2017), 474.

[2] Injunction은 작위를 명하는 경우도 포함되어 이에 관한 번역이 일치하지 아니하나, 적극적 작위를 명하는 예가 지극히 이례적이므로 가장 빈번하게 사용되는 것으로 보이는 '금지명령'으로 번역하였다. 참고로 '유지명령[이효제, "미국법상 임시적 유지명령의 발령요건에 관한 검토", 재판자료 제119집: 외국사법연수논집(29), 대법원 법원도서관(2010)]', '유지청구권(조국현, 전게서)'이라는 번역도 존재한다.

[3] 조국현, 전게서, 476.

는 이익이나 인격적인 권리에 관하여도 Injunction을 인정하게 되었으며, 오늘날 미국법에서 Injunction을 통해 보호될 수 있는 법익의 범위는 실질적으로 제한이 없다고 볼 수 있다.[4]

3. 내 용

일반적인 의미에서 법원이 행위를 지시하거나 금지하는 모든 명령은 Injunction에 해당한다. 그러나 법적인 의미에서 Injunction은 특정되고 확립된 형평법의 원칙에 입각하여, 당사자가 특정한 행위를 하도록 요구하거나 금지하는 사법적 절차 또는 명령을 의미한다.[5] Injunction은 법원의 명확하고 이해 가능한(understandable) 명령이며, 그 집행을 통해 신청 절차에서 요청된 일부 또는 모든 구제 수단을 제공한다.[6] 다만 Injunction은 특정 행위를 하도록 명령하는 경우보다 특정 행위를 하지 않도록 금지하는 경우가 더 중요하고 본래적인 기능에 가깝다.[7]

또한 Injunction은 사건의 상황에 따라 법원이 정의의 구현에 필수적이라고 판단한 행위를 명령하거나, 형평법과 신의칙에 배치된다고 여겨지는 행위를 억제하기 위하여 작성된 명령(writ) 자체로 정의되기도 한다. 이는 법원이 형평법상 관할권을 집행할 목적으로 발행하는 구제적 명령(remedial writ)에 해당한다.[8] Injunction은 그 목적에 관계없이 일정 기간 동안 유효하고, 특정한 행위를 하거나 하지 말라는 명령은 별도의 명칭을 부여하지 않더라도 Injunction으로 간주될 수 있다.[9]

Injunction은 독립적인 소송 원인이 아니라 구제 수단(remedy)에 해당하며,[10] 특정 행위로 발생할 수 있는 회복할 수 없는 손해를 예방하기 위해서 이루어진다. 즉, Injunction은 소급적인 것이 아니라 장래에 대한 구제 수단이며 예방적·보호적인 특성을 지니고 있어, 장래의 구제 필요성에 관한 모든 상황을 감안한 후 내려져야 한다.[11] 또한 Injunction은 최종적인 명령일 수도 있고, 잠정적 구제 수단으로 승인될

---

4) 김현수, "불법행위에 대한 금지청구권의 요건 — 제2차 불법행위법 리스테이트먼트상 적합성 판단 요소를 중심으로 —", 법학논고 제39집(2012. 6), 606, 607.
5) Black's Law Dictionary (11th ed. 2019), Injunction
6) 42 Am. Jur. 2d Injunctions § 1
7) 사법정책연구원, 각국의 사법제도, 외국사법제도연구(27)(2020), 38.
8) Black's Law Dictionary (11th ed. 2019), injunction.
9) 43A C.J.S. Injunctions § 1.
10) 42 Am. Jur. 2d Injunctions § 1.
11) 43A C.J.S. Injunctions § 2.

수도 있다. 이는 가혹하고 과감하며 특별한 구제 수단으로서 그 요건이 명확한 경우에만 드물게 이루어져야 한다.[12]

　일례로 토지에 대한 침해가 계속적이고 이로 인한 피해가 다른 방법으로는 회복될 수 없는 경우, Injunction은 이러한 침해를 방지하거나 이미 재산을 침해하고 있는 구조물의 제거를 위해 이루어진다.[13] 그리고 행정법적인 관점에서 Injunction은 국가 공무원이나 기관의 행위가 권한 범위를 벗어나거나, 공적인 의무를 위반하거나, 개인의 권리 및 사생활을 파괴하거나, 또는 자의적이고 변덕스러운 경우, 보통법상 적절한 구제 수단이 없을 때 적합한 구제 수단이 되며, 행정기관의 재량이 남용된 경우 법원은 Injunction을 내릴 의무가 있다.[14]

　Injunction이 발령되기 위해서는 (i) 신청인에게 회복할 수 없는 손해 내지 피해 (irreparable injury)가 있고, (ii) 상대방에게 그로 인한 현저한 곤란이나 어려움(undue hardship)이 없어야 한다.[15] 다시 말해서, 신청인이 보통법(common law)상 명확하고 적절하며 완전한 구제책이 없다는 점, 구제 수단이 승인되지 않는 경우 회복할 수 없는 손해가 발생할 수 있다는 점을 입증해야 한다.[16] 다만 Injunction의 발령은 종종 헌법 조항 또는 법령에 의해 이루어지는데, 이처럼 입법부가 법에 규정된 특정한 조건에 따라 법원에게 Injunction을 내릴 의무를 부과하는 경우에는 법령에 명시된 조건이 전통적인 형평법상의 요건을 대체한다. 즉, Injunction을 개별적으로 규정한 연방법률(federal statute)에 따라 Injunction을 신청하는 원고는 회복할 수 없는 손해를 입증할 필요가 없다.[17]

　Injunction의 유형을 분류하면 (i) 예방적(preventive), (ii) 회복적(reparative), 그리고 (iii) 구조적(structural) 유형으로 나누어진다. 여기서 예방적 Injunction은 미래의 유해한 행위를 방지하기 위한 시도로서 피고가 잘못을 저지르지 않는 한 적절하지 않다. 회복적 Injunction은 과거 행위로 인한 미래의 손해를 방지하고, 피고로 하여금 원고의 원래 상태로 회복시킬 것을 요구한다. 끝으로 구조적 Injunction은 사회적 또는 정치적 제도를 개편하여 헌법상의 요청에 부응하기 위한 것으로서, 일반적으로 심각하고 만연한 권리 침해에 대한 공법적인 구제 수단으로 사용된다.[18]

---

12) 42 Am. Jur. 2d Injunctions § 1.
13) 1 Am. Jur. 2d Adjoining Landowners § 120.
14) 2 Am. Jur. 2d Administrative Law § 491.
15) 조국현, 전게서, 477.
16) Black's Law Dictionary (11th ed. 2019), Injunction.
17) 43A C.J.S. Injunctions § 3.
18) 42 Am. Jur. 2d Injunctions § 1.

4. 우리 법과의 비교

    Injunction은 형평법상 구제의 일종으로서, 우리 민법상 소유물방해제거 및 예방
청구권(민법 제214조), 명예훼손의 경우의 특칙(민법 제764조), 민사집행법상 보전처
분 중 가처분(민사집행법 제300조) 및 개별법상 중지·예방청구권들과 유사한 목적 및
효과를 보유하고 있다.[19]

    다만 여타의 equitable remedy와 마찬가지로, 미국법상 Injunction은 기본적으로
불문법인 형평법에 기초하였고 판사에게 광범위하고 유연한 재량이 부여되어 있다
는 점에서, 방해의 제거·예방·금지 청구권 등을 행사하기 위해 현행 법규정상 명시
적인 근거가 필요하고 그 요건과 효과가 엄격히 법정되어 있는 우리 법과는 본질적
인 차이가 있다.

---

19) 김현수, 전게 논문, 600, 601.

Interpretation
해석

오흥록

1. 개 념

해석(interpretation)이란 약속(promise), 합의(agreement), 또는 그 안의 용어(term)의 의미를 밝히는 작업을 의미하며,[1] 이러한 해석에 관한 법을 '계약에 관한 법(the law of the contract)'이라 칭한다.[2]

그 뜻과 관련하여, Interpretation과 construction의 관계를 살필 필요가 있다. 양자를 혼용하는 경우가 많지만, 엄밀히 말하면 Interpretation은 계약 당사자들의 의사표시의 해석인 반면, construction은 계약에 어떠한 법적 효력을 부여할 것인지의 문제라는 점에서 양자는 구별될 수 있다.[3] 이하에서는 구별론을 전제로 Interpretation에 관하여 살펴본다.

또한, 계약의 해석은 계약이 성립(form)되었는지 판단하는 단계에서 우선 문제되나, 성립한 계약에 따른 권리와 의무의 내용을 결정하는 단계에서도 마찬가지로 문제된다.

---

1) Restatement (Second) of Contracts §200. 편의상 이하에서는 '계약의 해석'으로 칭한다. 합의 (agreement)와 계약(contract)의 개념의 차이에 관하여는 U.C.C. §1-201 (b)(3), (12) 및 이에 관하여 설명하고 있는 조국현, 미국 계약법(제2판), 진원사(2019), 79-81 참조.
2) 반면 contract law는 우리가 흔히 말하는 '계약법'으로 law of contract 보다 넓은 개념이다. Farnsworth, E. Allan, Contracts(4th ed.), Aspen Publishers (2004), 413.
3) Restatement (Second) of Contracts §200 Reporter's Note; 17A C.J.S. Contracts §402 이하 및 17A Am. Jur. 2d Contracts §323 이하는 구별론을 전제로 서술한 것으로 보인다. 예컨대, 계약을 해석한 결과 그 의미는 명확하나그 계약 내용이 불공정하다(unconscious)고 평가하게 되면, 법원은 그 계약의 집행을 불허할 수 있게 되는데, 이는 interpretation이 아닌 construction의 문제이다; 한편 Farnsworth, E. Allan, 위의 책, 440도 양자의 차이를 설명하고 있으나 실무상 이를 구별하기는 어렵다고 한다.

2. 내 용

가. 준거법

계약의 해석의 준거법은 원칙적으로 계약이 체결된 장소의 주(州)법이다.[4] 이 경우에도 그 주에 통일상법전[Uniform Commercial Code, 대표적으로 Article 2는 상품의 매매(Sales of Goods)를 규율한다]을 반영한 입법 등 제정법이 있으면 그 법을 적용하고, 그 외에는 보통법(common law)을 적용한다. 아래의 제3항에서 살펴볼 계약의 해석 기준에 관한 각 주의 보통법은 대부분 유사하다.

나. 구체적 내용

계약의 해석은 표현이 불명확한(ambiguous) 경우를 전제로 한다. 따라서 표현이 명확하면 해석의 문제는 생기지 않는다.[5] 불명확하다는 것은, 계약의 전체적인 맥락과 당시 상황을 고려했을 때 둘 이상의 합리적인 해석이 가능한 경우를 의미한다.[6] 다만, 법원은 자신이 적절하다고 여기는 결과를 낳기 위하여 계약의 해석이라는 이름으로 당사자들이 의도하지 않은 새로운 계약을 만들어서는 아니 된다.[7]

앞서 본 것처럼 계약의 해석이라 함은 약속, 합의, 또는 그 안의 용어의 의미를 밝히는 작업을 가리킨다. 이는 결국 당사자의 의사(intention)를 탐구하는 작업으로, 여기서 당사자의 의사는 내심의 의사, 주관적 의사가 아니라, 표시된 의사(manifested intention), 객관적 의사를 가리킨다.[8] 문서(writing)가 작성된 경우에는 문구의 해석에서부터 시작된다.[9]

양 당사자(편의상 A, B라 한다)가 약속, 합의, 또는 그 안의 용어에 같은 의미를 부여한 경우에는 그 의미대로 해석된다. 그러나 양 당사자가 서로 다른 의미를 부여

---

4) 17A C.J.S. Contracts § 27.
5) 17A C.J.S. Contracts § 403.
6) 17A C.J.S. Contracts § 404; 이처럼 계약의 해석에서 표현의 불명확성 문제는 주로 표현이 ambiguous한지의 문제로 논의된다. 다만, 엄밀히 말하면 ambiguous와 vague는 구별되고, 표현이 vague한 경우도 표현이 불명확한 경우의 하나로 포함된다. 예컨대, 어떤 물건의 매매가격을 100 dollar로 정했는데 이때 dollar가 미국 달러와 캐나다 달러 양자 중 무엇을 가리키는지 명확하지 않은 경우는 어떤 표현이 여러 가지로 해석될 수 있는(ambiguous) 경우이다. 반면, 두 상인이 chicken의 공급계약을 체결했는데, 이때 stewing chicken도 chicken의 범위에 포함되는지 명확하지 않은 경우는 chicken이라는 단어의 외연이 모호한(vague) 경우이다. Farnswworth, E. Allan, 위의 책, 441-442.
7) 17A C.J.S. Contracts § 408.
8) Restatement (Second) of Contracts § 200 Comment b.; 17A C.J.S. Contracts § 412.
9) 17A C.J.S. Contracts § 421.

한 경우가 문제인데, ① 합의가 이루어질 당시, B가 부여한 의미에 대하여 A가 몰랐
던 반면, B는 A가 부여한 의미를 알고 있었던 경우 및 ② 합의가 이루어질 당시, B가
부여한 의미에 대하여 A가 알 수 없었던 반면, B는 A가 부여한 의미를 알 수 있었던
경우에는 A가 부여한 의미대로 해석된다. 그 이외의 경우에는, 설령 계약불성립이
초래되더라도 A와 B는 상대방이 부여한 의미에 구속되지 않는다.[10]

계약의 해석을 보조하는 규칙으로는 다음의 몇 가지가 일반적으로 받아들여
진다.[11]

(1) 말과 행동을 해석할 때, 당시의 모든 상황을 고려한다. 만일 당사자들의 주된
목적을 확인할 수 있으면 이를 중요하게 고려한다.[12]

(2) 문서는 전체로써(as a whole) 해석한다. 하나의 거래의 일부를 이루는 문서
가 여러 개 있으면 함께 해석한다.

(3) 다른 의사가 표시되지 않으면, ① 어떤 표현에 통용되는 의미가 있으면 그
의미대로 해석하고, ② 전문적(technical) 용어가 그 전문영역에 속하는 거래에서 사
용된 경우 그 전문적 의미대로 해석한다.

(4) 일방 당사자가 그 이행의 성질을 알면서 반복적으로 이행하고, 상대방이 이
의할 수 있는 기회가 있었던 경우에, 합의의 이행 과정(course of performance)이 상
대방에 의하여 승인되거나 이의 없이 묵인된 경우 이는 합의를 해석함에 있어서 중
요하게 고려한다.[13]

(5) 그렇게 하는 것이 합리적일 경우, 약속이나 합의에 대한 당사자들의 표시된
의사는 상대방 당사자의 표시된 의사와 일치하도록, 그리고 관련성이 있는 이행 과
정, 거래의 과정(course of dealing), 거래계의 관행(usage of trade)이 있는 경우에는
이와 일치하도록 해석한다.[14]

다음으로 계약의 해석에서는 다음과 같은 우선(preference) 기준이 일반적으로
받아들여진다.[15]

---

10) Restatement (Second) of Contracts § 201.
11) Restatement (Second) of Contracts § 202.
12) 상세한 내용은 17A C.J.S. Contracts § 440 참조.
13) 이처럼 당사자의 행동에 초점을 맞춘 해석을 보통 practical construction으로 부른다. Restatement
    (Second) of Contracts § 202 Comment g. 및 17A C.J.S. Contracts § 443 참조.
14) Restatement (Second) of Contracts § 202. 보다 상세한 내용은 Restatement (Second) of
    Contracts § 222 – 223. 한편 U.C.C. § 1 – 303는 이행 과정, 거래의 과정, 거래계의 관행에 관한
    정의 규정을 두고 있다. 이에 관한 설명으로 Farnsworth, E. Allan, 전게서, 469 – 473 및 엄동
    섭, 미국계약법 Ⅱ, 법영사(2012), 31 – 33 참조.
15) 이하의 항목들 중 (1) 내지 (4)는 Restatement (Second) of Contracts § 203.

(1) 모든 용어에 합리적이고(reasonable), 합법적이고(lawful) 실효적인(effective) 의미를 부여하는 해석을, 부분적으로라도 비합리적이거나, 불법적이거나, 비실효적인 의미를 부여하는 해석보다 우선한다.[16]

(2) 분명한 용어(express terms)를 이행 과정보다, 이행 과정을 거래의 과정보다, 거래의 과정을 거래계의 관행보다 중요하게 고려한다.

(3) 구체적인 용어(specific terms)와 정확한 용어(exact terms)를 일반적인 표현(general language)보다 중요하게 고려한다.

(4) 별도의 협상을 거친 용어나 부가된 용어를 표준 용어나 별도의 협상을 거치지 않은 용어보다 중요하게 고려한다.

(5) 그 문구를 제안한 당사자(drafter)에게 일반적으로 불리하게 해석한다.[17]

(6) 공공의 이익(public interest)에 부합하는 해석을 일반적으로 우선한다.[18]

어떤 협상(bargain)이 계약(contract)에 달할 정도로 충분히 특정된 경우, 그 협상의 당사자들이 자신들의 권리와 의무를 결정하기 위해 꼭 필요한 용어임에도 이에 관하여 합의를 이루지 않은 경우, 법원이 해당 상황에 합리적인 용어를 삽입한다.[19]

한편, 합의의 당사자들은 종종 문서(writing)를 작성하게 되는데, 이것이 합의의 최종적 표현(a final expression)으로 인정될 경우 위 문서에는 특별한 효력이 부여된다.[20]

---

16) 이에 더하여, 법원은 가능하면 계약이 무효로 되지 않고 유효하도록 해석하게 되고, 계약에서 당사자들은 신의성실의 원칙(good faith) 및 공정 거래 원칙(fair dealing)을 지킬 것이라고 묵시적으로 전제하므로, 이러한 점에 부합되도록 해석하게 된다. 17A C.J.S. Contracts §437. 이와 관련하여 good faith의 의미에 관한 상세한 소개로는 윤진수, "미국 계약법상 Good Faith의 원칙", 민법논고Ⅰ, 박영사(2007), 31 이하 참조.
17) Restatement (Second) of Contracts §206. 약관에 의한 계약이나, 계약서 초안 작성을 맡은 당사자가 우월한 협상력을 가지는 경우에 주로 문제된다. 17A C.J.S. Contracts §442도 참조.
18) Restatement (Second) of Contracts §207.
19) 이상 Restatement (Second) of Contracts §204. 이는 해석과 밀접하게 관련된 문제이지만, 엄밀하게 해석 문제는 아니라는 견해로 §204의 Comment a., c.
이는 우리 민법학에서 법률행위의 해석 중 보충적 해석 문제에 상응한다. 우리의 논의에서는 보충적 해석도 법률행위의 해석방법 중 하나로 거론되는 것이 일반적이다. 다만, 이에 관하여는 대법원 2006. 11. 23. 선고 2005다13288 판결(계약 당사자 쌍방의 착오에서 보충되는 당사자의 의사란 계약의 목적, 거래관행, 적용법규, 신의칙 등에 비추어 객관적으로 추인되는 정당한 이익조정 의사라고 설시), 대법원 2009. 5. 21. 선고 2009다17417 전원합의체 판결의 안대희·양창수 대법관 반대의견(보충적 해석은 엄밀히 말해 의사표시의 해석에 속하지 않는다는 취지로 설시) 및 보충적 해석은 법률행위의 외부에 존재하는 객관적인 법의 적용일 뿐 법률행위의 해석이 아니라는 견해[엄동섭, 법률행위의 해석에 관한 연구, 박사학위 논문, 서울대학교(1992), 195－197] 및 이는 당사자의 의사에 바탕을 두고 이루어진다는 의미에서 본래 의미의 계약의 해석은 아니고 계약과 법의 중간단계로 볼 것이라는 견해[윤진수, "계약 해석의 방법에 관한 국제적 동향과 한국법", 민법논고Ⅰ, 박영사(2007), 276] 참조.
20) 이상 Restatement (Second) of Contracts Chapter 9. Topic 3. Introductory Note.

이러한 문서를 완결된 합의(integrated agreement)라 하는데, 완결된 합의가 존재하는 경우 설령 위 문서 내용에 부합하지 않는 종전 합의나 협상이 있었더라도 그러한 내용은 원칙적으로 해석에서 배제되고, 위 문서의 내용만이 해석의 대상으로 된다.[21]

3. 우리 법과의 비교

우리 법의 경우 민법 제106조[22] 등 계약의 해석에 적용되는 일반적 원칙을 규정한 조문이 있기는 하나, 대부분의 경우 계약의 해석은 법원에 의한 해석의 영역으로 남겨져 있다.

판례는 "법률행위의 해석은 당사자가 그 표시행위에 부여한 의미를 명백하게 확정하는 것으로서, 당사자가 표시한 문언에서 그 의미가 명확하게 드러나지 않는 경우에는 문언의 내용, 법률행위가 이루어진 동기와 경위, 당사자가 법률행위로 달성하려는 목적과 진정한 의사, 거래의 관행 등을 종합적으로 고려하여 논리와 경험의 법칙, 그리고 사회일반의 상식과 거래의 통념에 따라 합리적으로 해석하여야 한다(대법원 2021. 5. 7. 선고 2017다220416 판결 등)."라고 일관되게 판시하고 있는바, 결국 당사자의 표시된 의사를 탐구하기 위해 문언이 있으면 문언에서부터 해석 작업을 시작하되 당시의 모든 상황을 고려하여야 한다는 취지이므로, 앞서 본 미국에서의 계약의 해석 원칙과 근본적으로는 다르지 않다고 볼 수 있다.

---

21) 상세한 내용은 본서의 구두증거 배제법칙(Parol Evidence Rule) 항목 참조.
22) 제106조(사실인 관습) 법령 중의 선량한 풍속 기타 사회질서에 관계 없는 규정과 다른 관습이 있는 경우에 당사자의 의사가 명확하지 아니한 때에는 그 관습에 의한다.

Joint and Several Liability
부진정 연대책임

최준학

1. 개 념

미국법상 Joint and several liability[1]란 동일한 책임에 대하여 둘 이상의 채무자가 있을 경우에 채권자의 선택에 따라 채무자 전체 또는 일부에게 배분되는 책임을 말한다.[2] 이는 공동불법행위의 맥락에서 불법행위자 상호 간의 책임관계에서 주로 문제가 되며, 피해자에게 단일한 불가분적 손해(indivisible injury)가 야기된 경우에 발생하는 책임이다.[3]

2. 배 경

미국법은 그 손해가 가분적이면 자신이 야기한 부분에 관해서만 책임을 지는 것을 원칙으로 한다.[4] 이와 달리 Joint and several liability는 여러 명의 가해자가 불가

---

1) 'Joint and several liability'의 국문 번역은 통일되어 있지 않은 것으로 보인다. 예를 들어 '연대책임'으로 번역한 경우도 있고[박영규, "영미법상의 공동불법행위에 관한 연구", 일감법학 제21호(2012), 394], '공동(연대)다수책임'으로 번역한 경우도 있다[가정준, "미국법상 共同多數責任 – 우리나라의 공동불법행위책임과 관련하여", 비교사법 제19권 3호(2012), 912]. 미국법상 Several Liability는 다수 채무자의 각 책임비율에 따른 분할채무를 의미하는 것이고, joint liability는 다수 채무자가 하나의 약정으로 동일한 채무 전체에 대해 부담하는 책임으로서, 채권자가 채무자들 모두를 상대로 소를 제기해야 하는 책임을 의미한다. Joint and several liability는 다수 채무자가 동일한 채무 전체에 대해 부담하는 책임이라는 측면에서는 joint liability와 유사한 반면, 채권자가 채무자 전체가 아닌 일부를 상대로도 소송을 제기할 수 있다는 측면에서는(단, 청구금액은 전체 손해액이 될 수 있다) several liability와 유사하므로, joint and several liability라 불린다. 각 단어를 직역하면 joint는 "합동" 또는 "공동", several은 "각각" 또는 "개별"로 번역할 수 있겠으나, 우리 법상으로는 부진정연대책임이 가장 가까운 개념으로 보이며, 이하 본문에서는 영문 그대로 'joint and several liability'를 사용하였다.
2) Black's Law Dictionary (11th ed. 2019), liability.
3) 74 Am. Jur. 2d Torts § 65.
4) 박영규, "영미법상의 공동불법행위에 관한 연구", 일감법학 제21호(2012), 395.

분의 손해를 야기한 경우에 그 손해에 대해 부담하는 책임의 모습이다. 그런데 현대 미국의 Joint and several liability 개념을 이해하기 위해서는 보통법(common law)상 Joint and several liability가 연혁적으로 어떤 배경을 거쳐 수정됐는지 파악하는 것이 필요하다.[5] 이는 특히 20세기 중후반까지 미국 불법행위책임의 지배적 원리였던 '기여과실(contributory negligence)'과의 관계에서 이해하는 것이 필요하다.

미국법상 '기여과실원칙'은 피해자인 원고의 행위가 가해자인 피고의 불법행위에 기여하였다고 판명된 경우, 그 기여 정도가 아무리 사소하더라도 원고가 피고에게 아무런 손해배상도 청구할 수 없다는 원칙이다. 이는 피해자에게 불리한 법원칙이다. 반면, Joint and several liability는 2인 이상의 가해자가 불법행위로 원고에게 손해를 입힌 경우, 그중 한 명이 불법행위 결과에 기여한 정도가 아무리 사소하더라도 원고는 그 가해자에게 원고가 입은 손해 전부의 배상을 청구할 수 있도록 인정하는 것으로, 가해자에게 불리한 법원칙이다. 이처럼 각각에게 불합리한 위의 법원칙들은 피해자와 가해자 입장에서 그 불리함이 상쇄되기 때문에 기여과실원칙과 Joint and several liability가 공존할 수 있었다는 점이 바로 보통법상 미국의 Joint and several liability의 출발점이었다.[6]

이와 같은 균형을 토대로 Joint and several liability는 전통적으로 폭넓게 인정되었다. 이는 피해자가 어느 한 가해자로부터 손해 전체에 대한 배상을 받을 수 있도록 하고, 무엇보다도 어느 한 가해자의 무자력(insolvency) 위험을 피해자가 아닌 나머지 가해자들이 부담하도록 하기 위한 것이었다.[7] 즉, 잘못이 없는 원고와 과실이 있는 피고들 사이에서는 후자가 그 무자력 위험을 부담해야 한다는 것이 배경 논리였다.[8]

그런데 주로 1980년대에 이러한 Joint and several liability 제도는 비판에 직면하게 되었다. 이론적으로는 기여과실원칙이 보다 합리적인 '비교과실(comparative negligence)' 원칙으로 거의 대체되는 데에 따른 영향이 있었다.[9] 전자는 피해자에게 귀책사유가 있으면 손해배상을 아예 청구하지 못하게 하는 것이었다면, 후자는 피해자와 가해자의 귀책 정도를 비교하여 그 정도에 따라 책임을 지게 하는 것이다.[10] 특히 비교과실에 있어서는 손해가 불가분이더라도 피해자의 과실 비율만큼 배상액을

---

5) 가정준, 전게 논문, 912.
6) 가정준, 전게 논문, 913-916.
7) 박영규, 전게 논문, 409.
8) Restatement (Third) of Torts: Apportionment Liability § 10 (2000), Comment a.
9) 박영규, 전게 논문, 410.
10) 박영규, 전게 논문, 410. 이는 우리나라의 과실상계(민법 제396조, 제763조)와 유사하다고 볼 수 있다.

감액하는 것이 원칙이기 때문에, 가해자들 상호간의 관계에서도 각각의 귀책 정도에 따라 책임을 분담하는 것이 비교과실의 취지와 부합한다고 생각하게 되었다.[11]

이러한 배경에 따라 미국의 많은 주들이 전통적인 Joint and several liability 개념을 폐지하거나 변경하게 되었다. 즉, 보통법에서는 Joint and several liability가 개별 불법행위자들과 손해 사이의 인과관계를 구분하지 않고 다수가 연대하여 책임을 부담하도록 했다면, 현대의 Joint and several liability는 합리적인 증거로 그 인과관계를 원인별로 구분할 수 있다면 연대책임에서 벗어나 자신의 책임 부분만 부담하는 개별 책임으로 변경될 수 있게 된 것이다.[12]

3. 내 용

두 명 이상의 가해자가 관여한 공동불법행위에서 책임을 지는 형태는 ① several liability와 ② joint and several liability로 나눌 수 있다.[13] Several liability의 책임이 있는 가해자는 불법행위로 발생한 손해에 대해 자신이 책임 있는 비율만큼만 책임을 부담한다.[14] 달리 말하면, 피해자인 원고는 자신이 입은 손해 중 각 가해자가 책임을 부담하는 범위에 대해서만 개별적으로 손해배상을 청구할 수 있는 것이 원칙이다. 이 경우 가해자들 사이에는 책임이 겹치는 영역이 없기 때문에 가해자들 상호 간에는 구상을 구할 수 없다.[15]

반면 여러 명의 가해자가 한 명의 피해자에 대해 Joint and several liability가 있는 경우, 그 피해자는 Joint and several liability가 있는 가해자 중 누구를 상대로도 그가 입은 손해 전체에 대한 배상을 구할 수 있다. 즉, 피해자인 원고는 전체 손해에 대한 배상을 구하기 위해 자신의 선택에 따라 가해자 중 한 명을 상대로 또는 그중 일부인 여러 명을 상대로 소를 제기할 수 있다.[16]

원고는 불법행위의 가해자가 피해를 야기한 하나의 법적 원인(a legal cause)이었

---

11) 박영규, 전게 논문, 410.
12) 가정준, 전게 논문, 915-916.
13) 권영준, "미국법상 공동불법행위자 상호간 구상관계", 민사법학 제64호(2013. 9), 332 참조. Restatement (Third) of Torts: Apportionment Liability에서도 joint and several liability (§ 10)와 several liability (§ 11)를 차례로 설명한다.
14) Restatement (Third) of Torts: Apportionment Liability § 11 (2000), Comment a.
15) Restatement (Third) of Torts: Apportionment Liability § 11 (2000), Comment c.
16) Restatement (Third) of Torts: Apportionment Liability § 10 (2000), Reporter's Note to Comment b.

음을 보이면 될 뿐, 그가 해당 피해의 유일한 원인(the sole legal cause)임을 입증할 필요가 없다. 따라서 Joint and several liability가 있는 다른 가해자를 찾아내고 그를 상대로 소를 제기할 부담은 피고가 지게 된다. 결국 어느 한 가해자의 무자력 위험은 Joint and several liability가 있는 다른 가해자들이 부담하게 되는 것이다.[17]

원고가 피고들의 Joint and several liability를 인정한 판결을 받을 경우, 그 피고들 중 누구를 상대로든(그것이 한 명이든 여러 명이든) 해당 판결을 집행할 수 있다. 다만, 원고는 피고들로부터 자신이 입은 전체 손해를 넘는 액수의 배상 받을 수는 없다. 설령 원고가 동일한 불가분의 손해에 대하여 Joint and several liability가 인정되는 서로 다른 피고들로부터 여러 개의 판결을 얻는다고 하더라도, 원고가 입은 전체 손해의 범위 내에서만 배상을 받을 수 있을 뿐이다.[18]

이상을 간단한 예시로 정리해보면, A에 대하여 B, C, D에게 joint and several liability가 인정되는 경우를 생각해볼 수 있다. 만약 A가 입은 전체 손해는 $100,000이고 이 중 A에게 20%의 책임이 있다고 인정될 경우, A는 B, C, 또는 D 중 누구를 상대로든 $80,000의 배상을 청구할 수 있다. 다만, A는 B, C, 또는 D에 대하여 받은 어느 판결에 의하더라도 $80,000를 넘는 손해배상은 받을 수 없다.[19]

한편, 미국 불법행위법은 전통적으로 영국 보통법의 영향을 받아 공동불법행위자 간의 구상금지원칙(no-contribution rule)을 따르고 있었다.[20] 본래 미국의 공동불법행위는 공모가 있는 경우에만 인정되었기 때문에 구상금지원칙도 이 경우에만 적용되었다.[21] 그러나 이러한 구상금지원칙이 공정성에 어긋난다는 여러 비판이 제기되면서 19세기 후반부터 구상금원칙이 후퇴하기 시작하였다.[22] 결국 20세기 중반부터는 공동불법행위에 대한 구상을 허용하는 원칙이 널리 인정되기 시작하였다.[23] 그러나 고의의 불법행위자에게는 구상권이 인정되지 않는다.[24]

현대 미국법에서 Joint and several liability가 적용되는 경우로는 (1) 고의의 불법행위로 불가분적 손해를 야기한 경우,[25] (2) 타인의 불법행위에 대해 사용자책임

---

17) id.
18) id.
19) Restatement (Third) of Torts: Apportionment Liability § 10 (2000), illustration.
20) 권영준, 전게 논문, 337.
21) 권영준, 전게 논문, 338.
22) 권영준, 전게 논문, 340.
23) 권영준, 전게 논문, 341.
24) Restatement (Second) of Torts § 886A (1979).
25) Restatement (Third) of Torts: Apportionment Liability § 12 (2000).

(vicarious liability)을 지는 경우,[26] (3) 고의의 불법행위의 특별한 위험으로부터 피해자를 보호하지 못한 책임 있는 경우,[27] (4) 공동행위(acting in concert)로 인하여 책임을 지는 경우[28] 등이 있다.

4. 우리 법과의 비교

우리 민법상 공동불법행위자들은 피해자에 대하여 연대하여 책임을 지는데(민법 제760조), 통설과 판례는 이를 부진정연대채무로 해석한다.[29] 본래 부진정연대책임 관계에서는 연대책임 관계와 달리 내부적인 부담부분이 법률상 당연히 인정되는 것은 아니지만 공평의 원칙상 이를 인정하고 있다.[30]

대법원 2016. 5. 27. 선고 2014다67614 판결에서는 영국법상 'Joint and several liability'의 의미에 대해서 설시하며 이를 민법상 부진정연대채무와 비교하였다는 점에서 참고할 만하다. 이 판결은 영국법을 준거법으로 하는 계약을 둘러싼 분쟁을 판단한 것이지만, 영미법이 보통법이라는 공통의 뿌리를 가졌다는 점에서 미국법의 Joint and several liability와 관련해서도 참고가 될 수 있을 것이다.

이 판결 사안에서는 해상운송업자인 원고가 피고1이 관리·운영하는 컨테이너 부두에서 출항하려던 중 선박 위에 크레인 장비가 추락하는 사고가 발생하였다. 이에 원고는 피고1에 대하여 터미널이용계약에 따른 손해배상을, 크레인의 소유자인 피고2 항만공사에 대하여는 크레인의 하자 점검 및 관리의무를 소홀히 한 불법행위책임으로 민법 제750조에 의한 손해배상을 청구하였고, 이들의 각 손해배상의무는 부진정연대채무 관계에 있다고 주장하였다.

대법원은 먼저 부진정연대채무 관계란 서로 별개의 원인으로 발생한 독립된 채무라 하더라도 동일한 경제적 목적을 가지고 있고 서로 중첩되는 부분에 관하여 일방의 채무가 변제 등으로 소멸할 경우 타방의 채무도 소멸하는 관계에 있으면 성립한다고 하였다. 그리고 영국법상 수인의 채무자들이 각각 동일한 내용의 채무를 이행할 책임을 부담하되, 채무자 중 1인이 채무를 만족시키는 행위를 하면 나머지 채무자도 채무를 면하는 'Joint and several liability'는, 수인의 채무자들 사이에 주관적 공

---

26) Restatement (Third) of Torts: Apportionment Liability § 13 (2000).
27) Restatement (Third) of Torts: Apportionment Liability § 14 (2000).
28) Restatement (Third) of Torts: Apportionment Liability § 15 (2000).
29) 대법원 1980. 7. 22. 선고 79다1107 판결 등.
30) 양창수·권영준, 민법 Ⅱ: 권리의 변동과 구제(제4판), 박영사(2021), 721.

동관계가 존재하는 경우뿐만 아니라, 주관적 공동관계 없이 수인의 독립적인 행위로 동일한 손해를 발생시킨 경우에도 성립한다고 설명하였다.

　　대법원은 이 사건에서 피고1의 손해배상채무는 계약상 채무불이행책임이고 피고2의 손해배상채무는 불법행위책임으로서 각각 별개의 원인으로 발생한 독립된 채무이지만, 그 각각의 원인과 상당인과관계가 인정되는 손해, 즉 이 사건 사고로 원고에게 발생한 손해의 전보라는 동일한 경제적 목적을 가진 급부를 부담하는 채무이고, 피고들의 배상책임이 동일한 손해의 전보를 목적으로 중첩되는 이상 피고들 중 일방의 채무가 변제로 소멸하면 타방의 채무도 소멸하는 이른바 부진정연대의 관계에 있다고 판시하였다. 나아가 이처럼 피고들 사이에 주관적 공동관계 없이 그들의 독립적인 행위로 동일한 손해를 발생시킨 이상 영국법상 피고1에게는 피고2와의 'Joint and several liability'가 성립된다 할 것이고, 이러한 피고1의 'Joint and several liability'는 피고2의 채무와는 별개의 독립된 채무로서 양자가 서로 중첩되는 부분에 관하여 일방의 채무가 변제 등으로 소멸할 경우 타방의 채무도 소멸하는 관계에 있으므로, 민법상 부진정연대채무에 해당한다고 판단하였다.

　　위 대법원 판결은 원고와 피고1 사이의 법률관계가 비록 영국법을 준거법으로 하고 있더라도, 피고1이 원고에게 부담하는 채무와 피고2가 원고에게 부담하는 채무는 우리 법에서 인정하는 부진정연대채무 관계로 볼 수 있다고 판단한 점에서 의의가 있다. 그리고 그 판단 과정에서 민법상 부진정연대채무와 영국법상의 Joint and several liability를 상당히 유사한 개념으로 설명한 점이 주목할 만하다.

Joint Venture
조인트 벤처

김영진

1. 개 념

　　미국법상 Joint venture는 그 빈번한 사용과 중요성에 비하여 이를 정확하게 정의하는 것은 쉽지 않으며 다양한 의미를 가진 용어로 취급된다.[1] Joint venture는 2인 이상이 영리를 목적으로 하나의 특정한 사업을 영위하기 위하여 이루는 사업체,[2] 2인 이상이 영리를 목적으로 자산, 돈, 노력, 기술, 시간, 지식 등을 결합하여 하나의 사업을 수행하는 연합체,[3] 어떤 특정한 사업적 기회에서 공동으로 이익을 얻기 위한 2인 이상의 특별한 결합으로 합명회사나 주식회사 지위를 갖지 않는 것[4] 등 다양한 방식으로 정의된다. 특정한 건설사업을 위해 여러 기업들이 결합한 건설공동수급체가 Joint venture의 가장 대표적인 사례 중 하나라고 할 수 있다.[5]

2. 배 경

　　영미의 보통법상 partnership 개념이 존재하던 중 Joint venture의 개념이 19세기부터 미국의 판결들에서 새롭게 인식되기 시작하였다.[6] Joint venture는 partnership과 동일한 것은 아니지만 두 개념의 구분 역시 명확하지 않은데, Joint venture는 보

---

1) 138 A.L.R. 968 (Originally published in 1942). Albert Pack Corp. *v.* Fickling Properties, 146 Fla. 362, 365, 200 So. 907, 908 (1941). Chapman *v.* Dwyer, 40 F.2d 468, 469 (2d Cir. 1930) 등.
2) Black's Law Dictionary (11th ed. 2019), joint venture; Tompkins *v.* Comm'r of Internal Revenue, 97 F.2d 396, 399 (4th Cir. 1938) 등.
3) Troietto *v.* G. H. Hammond Co., 110 F.2d 135, 137 (6th Cir. 1940) 등.
4) Motter *v.* Smyth, 77 F.2d 77, 79 (10th Cir. 1935) 등.
5) 이동진, "건설공사공동수급체의 법적 성격과 공사대금청구권의 귀속", 민사판례연구 제35권, 박영사(2013), 525 참조.
6) 정재오, 조인트벤처, 경인문화사(2017), 29.

다 제한된 시간과 목적 아래 하나의 특정한 사업을 위한 것이지만, partnership은 계속 기업에 관련된다는 점이 가장 큰 차이점으로 여겨지기도 한다.[7] 그렇지만, Joint venture는 partnership과 본질적 요소가 같으므로 Joint venture에 대해서는 partnership에 관한 법리가 일반적으로 적용된다.[8] Joint venture가 partnership의 한 종류로 간주되는 경우 통일합명회사법(Uniform Partnership Act)의 적용을 받게 된다.[9]

일부 주에서 Joint venture는 구성원과 별개의 법적 실체(distinct entity)로 취급되지 않는다.[10] 이러한 관할권에서는 구성원들이 Joint venture와 관련된 채무를 직접 부담하고, Joint venture의 자산을 공동으로 소유한다.[11] 마찬가지로 Joint venture는 소송당사자능력이 없고, 구성원 모두의 이름으로 소송을 수행해야 한다.[12] 반면, 다른 주에서는 Joint venture가 partnership과 같이 구성원과 별개의 법인격을 갖춘 것으로 여겨진다.[13] 연방법 하에서 연방정부와 계약을 체결하는 Joint venture는 일반적으로 별개의 법적 실체로 취급되므로, Joint venture와 개별 구성원들은 동일한 계약 당사자가 아니다.[14]

3. 내 용

Joint venture의 성립 여부는 계약의 조건, 당사자들의 행위, 사업의 성격, 그 밖의 사실관계에 따라 달라지는 사실인정의 문제이다.[15] Joint venture의 성립은 추정되지 않으며, 그 성립을 주장하는 자가 이를 증명할 책임을 부담한다.[16] 일반적으로 Joint venture의 성립을 위해서는 당사자 사이의 계약, 공동의 목적, 이익 공동체, 사업의 주요 사항과 재산에 관한 상호 지배, 당사자들의 기여가 필수적인 요소로 볼 수 있다.[17] Joint venture 성립을 위해서는 이를 구성하려는 당사자들의 의도가 명시적 또는 묵시적으로라도 있어야 한다.[18] Joint venture는 반드시 계약으로 성립하며, 당

---

7) 46 Am. Jur. 2d Joint Ventures §6; 138 A.L.R. 968 (Originally published in 1942).

8) 46 Am. Jur. 2d Joint Ventures §3.

9) 46 Am. Jur. 2d Joint Ventures §3.

10) 플로리다, 일리노이, 조지아가 그 예이다. 46 Am. Jur. 2d Joint Ventures §2, fn.1.

11) 46 Am. Jur. 2d Joint Ventures §2.

12) 46 Am. Jur. 2d Joint Ventures §2.

13) 루이지애나, 유타주가 그 예이다. 46 Am. Jur. 2d Joint Ventures §2, fn.7.

14) 46 Am. Jur. 2d Joint Ventures §2.

15) 46 Am. Jur. 2d Joint Ventures §1; 138 A.L.R. 968 (Originally published in 1942).

16) Dean Vincent, Inc. *v.* Russell's Realty, Inc., 268 Or. 456, 464, 521 P.2d 334, 338 (1974).

17) Shell Oil Co. *v.* Prestidge, 249 F.2d 413, 415 (9th Cir. 1957) 등.

18) 46 Am. Jur. 2d Joint Ventures §1.

사자들의 합의 없이 법률에 의한 성립은 인정되지 않는다.[19] Joint venture가 성립하기 위해서는 당사자들이 자본, 노동, 자산, 기술, 경험, 지식 등을 공동의 사업적 이익을 위해서 기여하여야 하지만, 그 비율이 동일할 필요는 없다.[20] 또한 Joint venture 성립을 위한 필수적 요소 중 하나는 이익뿐만 아니라 손실에 대해서도 공동으로 책임을 부담한다는 것이다.[21]

　　Joint venture 관계에서 각 구성원은 그 사업의 공통적인 목적을 위하여 행위를 할 때 자신에 대해서는 본인으로서, 다른 구성원들에 대해서는 대리인으로서 행동하는 것이다.[22] 구성원 사이에 신인관계(fiduciary relationship)가 있어야 Joint venture로 인정된다.[23] 사업 과정에서 발생한 수익이나 Joint venture의 자금으로 취득한 재산은 약정으로 달리 정하지 않는 한 사업 목적을 위해 모든 구성원들의 공동의 소유에 속한다.[24] 구성원이 Joint venture의 사업을 위해 제공한 용역 자체에 대해 별도로 보상을 청구할 수 없지만, 운영과 같은 용역 제공에 대해 별도로 보상을 정할 수 있다.[25] 달리 분담 비율에 관한 약정이 없다면, 구성원들은 출자규모와 상관없이 이익과 손실을 균등하게 분담한다.[26] 사업 과정 중 어느 구성원의 경영판단에 의해 손실이 발생한 경우 그 구성원은 다른 구성원에 대해 손해배상책임을 부담하지 않지만, 과실로 다른 구성원의 신체와 재산에 입힌 손해에 대해서는 손해배상책임을 부담할 수 있다.[27]

　　구성원은 Joint venture가 제3자에 부담하는 채무에 대해 연대책임(jointly and severally liable)을 부담하는 것이 일반 원칙이다.[28] 따라서 Joint venture가 제3자와 체결한 계약에 서명하지 않은 구성원이라고 하더라도 계약상 채무에 대해 연대책임을 부담한다.[29] Joint venture의 구성원과 거래한 제3자가 그 구성원의 권한의 한계를 알지 못했고 알지 못한 데에 과실이 없는 경우 다른 구성원들도 Joint venture의 사업 진행을 위해 합리적으로 필요한 위 계약에 구속되는 것으로 추정된다.[30] Joint ven-

---

19) 138 A.L.R. 968 (Originally published in 1942).
20) 138 A.L.R. 968 (Originally published in 1942).
21) 138 A.L.R. 968 (Originally published in 1942).
22) 46 Am. Jur. 2d Joint Ventures § 18.
23) 138 A.L.R. 968 (Originally published in 1942).
24) 46 Am. Jur. 2d Joint Ventures § 22.
25) 46 Am. Jur. 2d Joint Ventures § 19.
26) 46 Am. Jur. 2d Joint Ventures § 23, § 24.
27) 46 Am. Jur. 2d Joint Ventures § 25.
28) 46 Am. Jur. 2d Joint Ventures § 36.
29) 46 Am. Jur. 2d Joint Ventures § 36.
30) 46 Am. Jur. 2d Joint Ventures § 36.

ture의 채무자인 제3자가 구성원 중 1인에게 채무를 변제하는 경우 다른 구성원에 대한 관계에서도 채무를 이행한 것이 된다.[31] Joint venture의 사업 수행 중 제3자에 대해 불법행위 책임을 부담하는 경우 구성원들은 위 행위에 직접 가담하였는지 또는 이를 알고 있었는지 여부와 관계없이 연대하여 불법행위 책임을 부담하며, 제3자는 구성원 중 누구에 대해서라도 채권 전부의 만족을 얻을 수 있다.[32] 다만, 어느 구성원이 Joint venture를 운영하는 과정에서 사기와 같은 불법행위로 제3자에게 손해배상을 하게 되더라도, 그 구성원은 불법행위에 가담하지 않은 다른 구성원들로부터 구상할 수 없다.[33]

구성원은 다른 구성원 및 Joint venture의 채권자의 동의를 얻어 탈퇴할 수 있다.[34] 구성원 사이의 불화는 형평법 법원에 의한 해산결정을 받을 수 있는 사유가 되지만, 그러한 결정, 존속기한의 설정 또는 어느 구성원의 사업포기가 없는 한 목적이 달성되거나 달성이 불가능하게 되기 전까지는 Joint venture 약정은 유효하게 존속할 수 있다.[35] Joint venture 존속 중에는 어느 구성원이 다른 구성원을 강제로 추방할 수 없다.[36] Joint venture 약정에서 존속기간에 대한 약정 등을 하지 않은 경우 구성원은 계약위반의 책임을 부담하지 않고 탈퇴하거나 해산을 요구할 수 있다.[37]

4. 우리 법과의 비교

Joint venture와 비교할 수 있는 우리법상 개념은 역시 민법상 조합이라고 볼 수 있다. 조합은 2인 이상이 상호출자하여 공동사업을 경영할 것을 약정함으로써 그 효력이 생기고(민법 제703조 제1항), 출자는 금전뿐만 아니라 기타 재산 또는 노무로도 가능하다(민법 제703조 제2항). 모든 조합원은 출자의무를 부담하며 출자의무를 부담하지 않는 자가 있는 경우 그 계약은 조합이 아니다.[38] 그러나 조합은 반드시 하나의 공동사업 수행을 목적으로 해야 하는 것은 아니므로 Joint venture와는 차이가 있고,[39]

31) 46 Am. Jur. 2d Joint Ventures § 36.
32) 46 Am. Jur. 2d Joint Ventures § 37.
33) 46 Am. Jur. 2d Joint Ventures § 25.
34) 46 Am. Jur. 2d Joint Ventures § 26.
35) 46 Am. Jur. 2d Joint Ventures § 26.
36) 46 Am. Jur. 2d Joint Ventures § 26.
37) 46 Am. Jur. 2d Joint Ventures § 26.
38) 김용담 편집대표, 주석 민법 채권각칙(5), 한국사법행정학회(2016), 63.
39) 김용담 편집대표, 전게서, 57 참조.

법인격이 인정되지 않아[40] 조합의 이름으로 재산을 취득하거나 소송을 수행할 수는 없다. 특히 Joint venture와 달리 민법상 조합원은 정당한 사유가 있으면 다른 조합원의 일치된 결정으로 제명될 수 있다(민법 제718조). 당사자가 손익분배 비율을 정하지 않았을 때 조합의 경우 출자가액에 비례하여 이를 정하지만(민법 제711조 제1항), Joint venture의 경우 균등하게 보는 것도 차이점이다.

---

40) 대법원 2009. 1. 30. 선고 2008다79340 판결 참조.

Laches
해태

장인석

1. 개 념

미국법에서 Laches는 원고가 자신의 권리를 추구하는 것을 피고에게 불이익
(prejudice)을 주는 방식으로 불합리하게 지연하는 것을 의미한다. '권리 위에 잠자는
것(sleeping on rights)'이라고도 한다. 청구 주장을 부당하게 지연시킨 청구인을 구제
하는 것이 지연으로 인해 구제를 구하는 당사자에게 피해를 주는 경우, 법원이 구제
를 거부하는 원칙이다.[1]

2. 배 경

미국법상 Laches는 형평법상의 개념으로, 민사소송에서 원고의 소 제기에 대한
피고의 적극적 항변(affirmative defense)의 하나이며, 시효제도(statute of limitations)
와는 독립적으로 존재한다.[2] Laches의 존재와 적용은 시효제도와 독립적이지만,[3]
Laches의 관습법 원칙은 대부분 시효로 대체되었다.[4] 즉, Laches는 공백을 채우는 원
칙이지만, 시효가 있는 곳에는 채워야 할 공백이 없다.[5]

---

1) Black's Law Dictionary (11th ed. 2019).
2) 30A C.J.S. Equity § 140.
3) Ponder v. Ponder, 275 Ga. 616, 571 S.E.2d 343 (2002); SMDfund, Inc. v. Fort Wayne−Allen
   County Airport Authority, 831 N.E.2d 725 (Ind. 2005); Ross v. State Bd. of Elections, 387
   Md. 649, 876 A.2d 692 (2005); Short v. American Biomedical Group, Inc., 2002 OK CIV
   APP 114, 60 P.3d 518 (Div. 3 2002).
4) McDermott v. Coughlin, 135 Misc. 2d 659, 516 N.Y.S.2d 834 (Sup 1987).
5) SCA Hygiene Products Aktiebolag v. First Quality Baby Products, LLC, 137 S. Ct. 954, 197
   L. Ed. 2d 292 (2017).

3. 내 용

가. 일반 원칙

연방대법원은 Laches가 인정되기 위한 두 가지 요건으로, 1) 권리를 주장한 당사자의 주의 부족(lack of diligence)으로 인한 지연과 2) 그 지연이 항변을 주장한 당사자에게 불이익(prejudice)할 것을 요구한다.[6] Laches가 인정되기 위해서는 권리자가 피고에 대한 소 제기의 사유의 존재를 알았거나 합리적으로 알았어야 했던 시점부터 비합리적이고 용납할 수 없는 기간 동안 소 제기를 지연하여야 하고, 그러한 지연이 피고에게 불이익을 주어야 한다.[7]

Laches는 다른 사람들이 일반적으로 주장할 자격이 있는 청구를 하는 것을 막기 위해 제기할 수 있는 공정한 방어 수단이다.[8] Laches는 형평법상의 항변(equitable defense)이고,[9] 적절한 상황에서, 형평법상의 소(action in equity)를 제기할 수 있는 시간을 단축할 수 있지만[10] 법원은 그러한 항변은 선호되는 항변이 아니라고 선언하였다.[11] Laches의 항변은 원고가 자신의 권리 보호를 부주의하게 지연하고, 그 지연으로 피고에게 손해를 입혔다는 점이 입증된 경우, 원고가 공평한 구제를 구하는 것을 금지한다.[12]

Doctrine of laches(해태의 원칙)에 따르면, 당사자가 자신의 권리를 알면서도 적절하게 주장하지 않고, 부당한 지연으로 상대방에게 비용을 발생시키고 의무를 지게 하거나 기타 불리하게 상대방의 지위(position)를 변경한 경우, 형평성에 의해 일반적으로 이러한 권리의 집행은 거부된다.[13]

---

6) Costello *v.* United States, 365 U.S. 265, 282 (1961).

7) 최기성, "지식재산권 침해 소송에서의 해태의 법리 연구", 경희법학 제52권 제4호(2017), 244.

8) Izaak Walton League of America *v.* Lake County Property Tax Assessment Bd. of Appeals, 881 N.E.2d 737 (Ind. Tax Ct. 2008).

9) Gudenau *v.* Bang, 781 P.2d 1357 (Alaska 1989); Bakersfield Elementary Teachers Assn. *v.* Bakersfield City School Dist., 145 Cal. App. 4th 1260, 52 Cal. Rptr. 3d 486, 215 Ed. Law Rep. 106 (5th Dist. 2006); Paternity of J.A.P. ex rel. Puckett *v.* Jones, 857 N.E.2d 1 (Ind. Ct. App. 2006); Gleason *v.* Gleason, 164 S.W.3d 588 (Tenn. Ct. App. 2004); Sullivan *v.* Buckhorn Ranch Partnership, 2005 OK 41, 119 P.3d 192 (Okla. 2005) 재인용.

10) Hoffman *v.* Reinke Mfg. Co., Inc., 227 Neb. 66, 416 N.W.2d 216 (1987).

11) Moore *v.* Weeks, 85 S.W.3d 709 (Mo. Ct. App. W.D. 2002); State ex rel. Marsh *v.* Nebraska State Bd. of Agriculture, 217 Neb. 622, 350 N.W.2d 535 (1984); Tenn.—Walker *v.* Moore, 745 S.W.2d 292 (Tenn. Ct. App. 1987) 재인용.

12) Conn.—Town of Glastonbury *v.* Metropolitan District Commission, 328 Conn. 326, 179 A.3d 201 (2018).

13) Judy *v.* Judy, 383 S.C. 1, 677 S.E.2d 213 (Ct. App. 2009), decision aff'd, 393 S.C. 160, 712

나. Laches와 statute of limitations에 관한 지식재산권 침해 소송에서의 연방대법원 판결

Laches 항변의 전제는 권리자가 소 제기를 해태했으므로 피고에게 유리한 판결을 내린다는 것이다. 지식재산권 침해 소송에서는 권리자 자신의 부적절한 행동으로 인해 지식재산권 침해자로부터 정당한 보상을 받을 자격이 상실되었다는 형태로 주장된다.[14]

지식재산권 침해 소송에서 Laches에 근거한 항변이 성공하기 위해서는 (a) 권리자가 소송을 신속히 수행하지 않고 지연한 점이 비합리적이고 변명의 여지가 없으며, (b) 이러한 지연으로 인해 지식재산권 침해자가 중대한 불이익을 받게 되었다는 점이 증명되어야 한다.[15]

미국 연방대법원은 2014년 저작권에 관한 Petrella v. MGM 사건[16] 및 2017년 특허권에 관한 SCA v. First Quality 사건[17]에서 Laches 항변의 적용에 부정적인 태도를 취하였다. 저작권법 및 특허법에 시효(statute of limitation) 조항이 존재하고, 시효 조항을 입법한 것은 Laches의 이용을 배제하는 의도라고 해석하였기 때문이다. 이로 인해 향후 지식재산권 침해 소송에서 Laches 항변은 제한적으로만 가능할 것으로 판단된다.

4. 우리 법과의 비교

우리나라에는 Laches와 유사한 개념으로 신의성실의 원칙의 파생원칙인 실효의 원칙이 있다.

실효의 원칙은 본래 권리행사의 기회가 있음에도 불구하고 권리자가 장기간에 걸쳐 그 권리를 행사하지 아니하였기 때문에 의무자인 상대방은 이미 그의 권리를 행사하지 아니할 것으로 믿을 만한 정당한 사유가 있게 되거나 행사하지 아니할 것으로 추인하게 할 경우 새삼스럽게 그 권리를 행사하는 것이 신의성실의 원칙에 반

S.E.2d 408 (2011).

14) 한국보건산업진흥원, 미국 특허소송절차 및 보건산업분야 특허 판례 동향 분석(2015), 45-46
15) A.C. Aukerman Co. v. R.L. Chaides Constr. Co., 960 F.2d 1020 (Fed. Cir. 1992) (en banc)
16) Petrella v. Metro-Goldwyn-Mayer, Inc., 134 S.Ct. 1962 (2014).
17) SCA Hygiene Products Aktiebolag v. First Baby Quality Products, LLC., 137 S.Ct. 954 (2017).

하는 결과가 될 때 그 권리행사를 허용하지 않는 것을 의미한다.[18] 즉, 미국법상 Laches의 요건은 1) 권리를 주장한 당사자의 주의 부족으로 인한 지연과 2) 그 지연이 항변을 주장한 당사자에 불이익할 것을 요구하고, 우리 법상 실효의 원칙의 요건은 1) 권리자가 권리행사의 기회가 있었음에도 장기간 권리를 행사하지 않았고 2) 상대방이 권리 불행사를 신뢰하였으며 3) 권리자가 새삼스럽게 그 권리 행사를 하는 것을 요구하는 점에서 차이가 있다.

　실효의 효과로서 권리 그 자체가 소멸하는 것인지 또는 권리의 행사가 허용되지 않을 뿐인지 견해의 대립이 있으나, 우리 판례는 "권리의 행사가 허용되지 않는다"라는 표현을 사용하고 있어 실효의 효과로 권리가 소멸한다고 보고 있지는 않은 것으로 보인다.[19] 미국법상 Laches의 효과는 ① 공평한 구제를 구하는 것을 금지하는 것으로서 ② 권리 집행의 거부를 의미하는 것이므로, ① 권리의 행사를 허용하지 않지만 ② 권리가 소멸한다고 보지 않는 우리 법상 실효의 원칙과 유사한 측면이 있다.

---

18) 대법원 1994. 6. 28. 선고 93다26212 판결; 대법원 1995. 2. 10. 선고 94다31624 판결.
19) 최기성, 전게 논문, 260.

Liens
우선특권

정홍주

1. 개 념

우선특권(Lien)은 채권자가 피담보채무나 의무가 이행될 때까지 다른 사람의 재산에 대해 갖는 일종의 법적 권리 또는 이해관계이다. 가령, 정비공이 자동차를 수리하거나, 건축업자가 건물 등 부동산을 수리하거나 유지·관리하는데 공급한 노동력, 자재에 대한 지불을 보상받고자 할 때 발생하는 수리비 또는 건축공사 우선특권(mechanic's lien or construction lien)이 대표적이다. 한편, 우선특권은 법률(또는 관습법), 계약 및 판결에 의하여 성립될 수 있다.[1]

2. 배 경

보통법상 우선특권(common law lien)은 영국법원이 수공업자(artisan)들에게 타인의 동산을 개량하기 위해 지출한 노동이나 재료에 대한 공정한 대가를 확보할 수 있도록 하기 위해 동산에 대한 우선특권을 수여한 데서 유래하였다고 하거나,[2] 타인의 토지를 망친 가축을 손해배상 받을 때까지 유치할 수 있는 권리에서 유래하였다고 하며,[3] 목적물의 개량 및 점유를 필요로 한다.[4]

제정법상의 우선특권(statutory lien)은 법률이 인정하는 우선특권인데, 대표적인 예로 미국이 워싱턴 D.C. 건설과정에서부터 건설의 촉진을 위해 공사수급인과 재료공급자를 위해 인정한 건축공사 우선특권(construction lien)이 있다.[5]

---

1) Black's Law Dictionary (11th ed. 2019).
2) M. K. Woodward. The Constitutional Lien on Chattels in TEXAS. 28 Tex. L. Rev. 305 – 306 (2005).
3) Holdworth, A History of English Law, vol. Ⅶ (1914), 511 ff.
4) Woodward, ibid, 307, 308.

형평법상 우선특권(equitable lien)은 당사자 사이의 명시 또는 묵시적 합의로 성립하거나, 형평법에 기초한 법원 판결에 따라 성립한다.[6]

3. 내 용

우선특권은 저당권(mortgage), 질권(pledge), 의제신탁(constructive trust), 어음채무(note)와 유사하나 구별되는 개념이다. 저당권은 부동산에 대한 담보권이고, 우선특권은 동산 또는 부동산에 모두 성립될 수 있는 담보권이다.[7] 질권은 채무자의 채무불이행 시 질물 처분 권한이 질권자에게 있지만, 우선특권은 우선특권자에게 처분권한이 없다. 의제신탁은 수탁자가 소유권을 취득하지만, 우선특권은 우선특권자가 담보권만 취득한다.[8] 어음채무는 채무와 별도의 이행확보 수단을 취득하는 것이지만 우선특권은 피담보채무가 없는 한 성립할 수 없다.[9]

우리 민법상 유치권과 비교할 만한 것은 보통법상 우선특권이다. 보통법상 우선특권은 다시 일반우선특권(general lien)과 특별우선특권(particular lien)으로 구분되는데,[10] 전자는 약정 또는 상관습에 의하여 견련성을 문제 삼지 않고 인정되었고,[11] 후자는 숙박업자, 운송업자, 창고업자 등과 같이 직업상 공중이 이용하는 자에게 인정되며 상사유치권과 유사하다.

우선특권의 성립요건으로는 ① 동산이 채권자 또는 수치인에게 임치되어 있고, ② 그가 기술 또는 노동을 투입하여 그 재산의 가치를 증가시켰으며, ③ 재산의 소유자의 명시적 또는 묵시적 동의가 있고, ④ 채무자 또는 임치인이 그 가치증가에 대한 대가를 지급하지 아니한 경우로서, ⑤ 통상 점유의 계속이 요구된다.[12]

---

5) 이동진, "물권적 유치권의 정당성과 그 한계", 민사법학 제49권 1호(2010), 62, 63; Lawnson and Rudden, The Law of Property, 3rd ed., Oxford University Press (2002), 139; Am Jur 2nd ed. (2008), Liens §1; 51 Am Jur. 2d Liens §7에서 재인용.

6) 이동진, 전게 논문, 62, 63; Pine Lawn Bank and Trust Company *v.* Urbahns, 417 SW2d 113, 116 (Mo.App. 1967). R.J. Robertson, Jr., Attorney's Liens in Illinois; Woodward, ibid, 4, 51 Am Jur. 2d Liens §18에서 재인용.

7) 전원열, "미국의 등기제도 및 저당권(mortgage)에 대한 검토", 自律과 正義의 民法學: 梁彰洙 교수 古稀 기념 논문집, 박영사(2021), 1051.

8) 53 C. J. S. Liens §2.

9) 51 Am Jur. 2nd Liens §4, 53 C. J. S. Liens §5.

10) R.J. Robertson, Jr., Attorney's Liens in Illinois; U.L.J.1,3 (2005).

11) Halsbury, The Law of England, vol. XIX (1911), 7.

12) 이동진, 전게 논문, 62, 63; 51 Am Jur. 2d Liens §29, Rushford *v.* Haldfield (1806) 7 East, 224; Judson *v.* Etheridge (1833) 1Cr.M. 743; George *v.* Walton, 36 Ohio L. Ab. 306, 43 N.E.2d 515; Peth *v.* Breitzmann, 611 F.Supp. 50, 85−1. 이동진, 전게 논문, 62, 63에서 재인용.

우선특권자는 채무가 변제될 때까지 목적물을 유치할 수 있으나 채무의 만족을 위하여 그 목적물을 재판상 또는 재판 외에서 매각할 수는 없다.[13] 소유자가 누구인지에 관계없이 성립하고 모든 다른 권리에 우선하므로 선순위의 담보권자에 대하여도 주장할 수 있다.[14] 다만, 보통법상 우선특권은 유체동산에 대하여만 인정되고 부동산에 대하여는 인정되지 않는다.[15]

건축공사 우선특권은 등록 또는 등기를 요건으로 하고, 부동산 매각대금에 관하여 일정한 요건하에 다른 채권자에 비하여 우선변제를 받을 수 있다. 그 요건으로는 ① 보호되는 사람(protected persons)의 범위에 속하여야 하며, 여기에는 부동산 공사에 노무를 제공한 노동자(laborer), 재료를 제공한 자(materialman), 시설 혹은 장비를 대여한 자가 모두 포함된다. 또한, ② 이들이 개량(improvement)을 제공하여야 한다.[16]

건축공사 우선특권을 인정하는 근거는 노동자가 제공한 노무, 재료공급자가 제공한 재료가 완성된 부동산과 하나의 구성 부분을 이루고 있음에도 불구하고, 그 부동산의 소유자가 노무자나 재료제공자에 대한 보수 지급 없이 그 노무와 재료를 취득하는 것은 부당이득(unjust enrichment)에 해당하기 때문이다.[17] 미국에서는 건축공사 우선특권을 모든 주에서 인정하고 있고, 이 제도에 의해 부동산 공사에 노무, 재료, 장비가 보다 원활하게 제공될 수 있다.[18]

건축공사 우선특권의 기본유형은 뉴욕 시스템(New York System)과 펜실베니아 시스템(Pennsylvania System)으로 나누어 볼 수 있다. 이 두 기본유형의 근본적인 차이점은 뉴욕 시스템은 건축공사 우선특권에 의해 담보되는 피담보채권액이 도급인인 소유자의 원수급인에 대한 도급금액으로 제한되는 반면, 펜실베니아 시스템은 소유자와 원수급인 간의 도급금액에 상관없이 모든 건축공사 우선특권자가 갖는 보수

---

13) 이동진, 전게 논문, 63. Matter of Southwest Restaurant Systems, Inc., 607 F.2rd 1243, 27 U.C.C. Rep. Serv. 536 (9th Cir. 1979); Navistar Finacial Corp. *v.* Allen's Corner Garage and Towning Service, Inc., 153 Ill. App. 3d 574, 106 Ill. Dec. 530, 505 N.E.2d 1321 (2d Dist. 1987) 등. 이동진, 전게 논문, 63에서 재인용.

14) 이동진, 전게 논문, 63.Whitefield Willage Fire Dist. *v.* Bobst, 93 N.H. 229, 39 A.2d 566 (1944); Williamson *v.* Winningham, 1947 OK 231, 199 Okla. 393, 186 p.2d 644 (1947), 이동진, 전게 논문, 63에서 재인용.

15) 이동진, 전게 논문, 63.Moore *v.* Surles, 673 F.Supp. 1398 (E.D.N.C. 1987); J.T. Evans Co. *v.* Fanelli 59 N.J. Super, 19, 157 A.2d 36 (Law Div. 1959). 이동진, 전게 논문, 63에서 재인용.

16) John G. Carmen Jr., A Practitioner's Guide to Construction Law, ALI−ABA, 2003, §16−9.

17) William R. Biel. Carl. J. Seveker. California Real Estate Law & Practice (Matthew Bender, 1977), 450−452[김상용, 민사법연구(4), 법원사(2000), 358에서 재인용].

18) 김상용, 전게서, 354.

채권액의 최고한도까지 인정되는 데 있다.[19]

　건축공사 우선특권이 설정되기 위해서는 우선특권 주장자가 부동산 소재지의 주 등기공무원에게 우선특권 등록신청을 해야 한다.[20] 건축공사 우선특권은 부동산 담보이므로, 이해관계인들에게 우선특권의 존재를 공시하는 것이 필수적이다.[21]

　신청인은 일정한 기한 내에 우선특권의 등록을 신청해야 한다. 신청기간은 불변기간이므로 기간을 놓치면 우선특권의 효력이 상실되기 때문에 특별한 주의를 요한다.[22] 즉, 토지소유자가 공사완료통지 또는 공사중단고지를 등록하지 않았으면 공사완료 후 90일 이내, 공사완료고지 또는 공사중단고지를 등록하였으면[23] 그 등록 후 60일 이내에 우선특권을 등록하여야 한다.[24]

　또한, 우선특권자가 우선특권 실행을 위해 법정제소기간(statutory period) 내에 관할법원에 이해관계인들을 소명하고 우선특권에 대한 주장을 담은 소(complaint)를 제기해야 한다.[25]

　참고로, 미국의 많은 주들은 공사참여자를 두텁게 보호하기 위하여 우선특권 등록신청일보다 앞선 시점인 공사착수일로 소급하여 우선특권 효력을 발생하도록 하는 방식(relation-back doctrine)을 취한다.[26] 따라서 당해 부동산에 관한 제3취득자나 담보권 양수인들은 소급효 때문에 등기부 조사만으로는 우선특권의 존재 여부를 완전히 파악하기 어려워 반드시 부동산 현황 조사를 하여 건축공사의 진행 여부를 확인하고 그 증거를 확보해야 한다.[27] 동일한 부동산 공사에 대하여 공사가 실제로 시작된 후에 건축공사 우선특권을 취득한 자가 수인인 때에 그 수인 상호 간의 우선순위는 언제나 동순위이다.[28]

　한편, 이러한 부동산에 대하여 건축공사 우선특권이 성립하기 위해서는 이러한 공사의 결과가 영구적이어야 한다. 그리고 노무자, 재료공급자, 장비대여자가 건축공

19) 김상용, 전게서, 360.
20) John G. Carmen Jr., ibid, §16-19; Grant S. Nelson & Dale A., Whitman, Real Estate Finance Law 186 (4th ed.). West Group., 2002, 258.
21) Grant S. Nelson & Dale A., Whitman, ibid, 260.
22) Grant S. Nelson & Dale A., Whitman, ibid, 261.
23) 부동산공사가 완료되었을 때에는 토지소유자는 공사완료 후 10일 이내에 공사완료의 고지를 등록하여야 한다(§3039 Cal. Civil Code).
24) §3115 Cal. Civil Code.
25) Grant S. Nelson & Dale A., Whitman, ibid, 266.
26) §3134 Cal, Civil Code.
27) John G. Carmen Jr., ibid, §16-27;
28) 김상용, 전게서, 363.

사 우선특권을 취득하기 위해서는 그들의 노무, 재료, 장비가 실제로 그 공사에 이용되어서 그 부동산의 구성 부분을 이루어야 한다.[29] 참고로, 토목공사를 위한 준비로 먼저 항공지형도(aerial topographic maps)를 제작함에 있어서 표지판을 세우는 것은 당해 공사의 시작으로 볼 수 없다는 판결이 있다.[30] 반면, 공사를 위하여 지반공사를 시작하는 것은 공사의 시작으로 볼 수 있다는 판결이 있다.[31]

토지소유자들은 공사참여자들에게 미리 우선특권의 전부 또는 일부를 포기하게 할 수 있다. 다만, 일부 주는 건축공사 우선특권의 사전 포기를 허용하는 것이 우선특권 제도를 사실상 무력화시키는 것이라고 하여 이를 금지하고 있다.[32]

한편, 우선특권은 명시적 법률이 존재하지 않는 한 공용재산(public property)에 성립할 수 없다.[33] 또한, 공유물(coowner)인 경우에도 자신의 지분 부분에 대하여는 우선특권이 성립할 수 없다. 농가재산(homestead property)은 부당하게 취득한 재산이 아닌 한 우선특권의 대상이 아니다.[34] 계약상 우선특권(contract lien)은 계약의 내용에 따르므로 양도할 수 있는 권리를 계약상 유보할 수 있으나, 보통법상 우선특권과 법정 우선특권은 양도할 수 없다.

또한, 우선특권은 생성 시기를 기준으로 선순위 우선특권(prior lien)과 후순위 우선특권(second lien)으로 나뉜다.[35] 선순위 우선특권자는 재산을 경매할 수 있고 후순위 부담 없는 소유권을 취득할 수도 있으나, 후순위 우선특권자는 선순위 우선특권을 채무변제 등으로 소멸시키지 않는 한 스스로 우선권의 대상이 되는 물건을 경매할 수 없다.[36]

유치물이 부합(uniting) 또는 혼화(commingling) 등으로 동일성을 상실하면 우선특권은 소멸하지만, 동일성을 상실하지 않는 경우 우선특권이 유지된다. 우선특권자의 사망은 우선특권 소멸의 원인이 아니며 우선특권은 상속된다. 그리고 파산절차(bankruptcy proceedings)의 개시에도 불구하고 우선특권은 존속한다. 다만, 파산법상 일부 조항에 따라 우선특권자가 우선특권을 포기해야 할 수 있다.[37] 우선특권은 명

---

29) 김상용, 전게서, 363, 364.
30) South Bay Engineering Co. v. City of Soh(1975), 51 CA 3d 453.
31) Simons Brick Co. v. Hetzel (1925). 72 CA 1.
32) John G. Carmen Jr., ibid, § 16 − 13.
33) 51 AmJur. 2d Liens § 21.
34) 53 C. J. S. Liens § 9, § 11.
35) 53 C. J. S. Liens § 29.
36) 53 C. J. S. Liens § 53, § 61.
37) 53 C. J. S. Liens § 33, § 34.

시 또는 묵시적으로 포기할 수 있으나, 경매취하(release of foreclosure) 또는 담보물 추가의 사정만으로 우선특권을 포기한 것으로 해석하지 않는다.[38] 그러나 우선특권자가 채무자에게 담보물 처분권한을 부여한 경우 우선특권 포기의 의사로 해석할 수 있다.[39] 한편, 우선특권은 점유의 상실로도 소멸한다. 일단 우선특권이 소멸한 이상 점유를 회복한다고 해서 우선특권이 부활하지 않는다.[40] 다만, 우선특권자가 기망 또는 강탈 등 자유의사에 기하지 않고 점유를 상실한 경우에는 우선특권이 소멸하지 않는다.[41] 합병(merger)에 의해 우선특권의 대상이 되는 물건의 소유자와 우선특권자가 동일인이 된 경우 우선특권은 소멸한다.[42]

우선특권은 소유자의 동의가 없는 한 제3자의 재산에 성립할 수 없다.[43] 우선특권의 범위는 합의 또는 판결에 의해 물건 및 그와 관련한 차임에도 확대될 수 있으나, 우선특권을 특정재산에만 한정하는 합의를 한 경우 차임에 대한 우선특권을 주장할 수 없다. 또한, 우선특권은 후취재산(after-acquired property)으로 우선특권을 연장하려는 의사가 없는 한 우선특권 성립 당시 재산 범위에 한정된다.[44]

한편, 우선특권 관련 소송의 관할법원은 우선특권의 대상이 되는 물건의 소재지이며,[45] 변론 및 증거규칙은 민사소송법(civil procedure law)에 따른다.[46]

4. 우리 법과의 비교

우리법상 미국법의 우선특권과 유사한 제도로는 유치권과 저당권설정청구권을 들 수 있다.

먼저, 우리 민법상 유치권은 일정한 요건이 충족되면 법률상 당연히 성립한다.[47] 반면, 우선특권은 합의, 법률(관습법 포함) 또는 판결에 의해 성립할 수 있다. 또한,

---

38) 51 Am Jur. 2d Liens §42, 53 C. J. S. Liens §35~36. 그러나 이에 대하여 유치물에 저당권을 취득한 경우 우선특권을 포기하는 의사표시로 보아야 한다는 반론이 존재한다는 내용은 53 C.J.S. Liens §38, 51 Am Jur. 2d Liens §59.
39) 53 C.J.S. Liens §37.
40) 51 Am Jur. 2d Liens §60, 53 C. J. S. Liens §39.
41) 51 Am Jur. 2d Liens §61, 53 C. J. S. Liens §39.
42) 51 Am Jur. 2d Liens §64, 53 C. J. S. Liens §41.
43) 53 C.J.S. Liens §9.
44) 53 C.J.S. Liens §10, 51 AmJur. 2d Liens §20, §71.
45) 51 AmJur. 2d Liens §84, 53 C. J. S. Liens §57. 다만, 법령 또는 계약상 전속관할(exclusive jurisdiction)이 존재할 수 있다는 것에 51 Am Jur. 2d Liens §84, 53 C. J. S. Liens §61 참조.
46) 53 C.J.S. Liens §58, 62.
47) 양창수·김형석, 민법 Ⅲ: 권리의 보전과 담보(제4판), 박영사(2021), 347.

우리 민법상 유치권은 피담보채권의 변제기 도래, 목적물의 점유, 피담보채권과 점유와의 견련관계[48]라는 요건을 갖추면 당연히 성립하는 반면, 보통법상 우선특권은 동산의 점유를 요건으로 하지만, 목적물과 점유 사이 견련관계는 갖출 필요 없다.

저당권설정청구권과 관련하여, 우리 민법 제666조는 "부동산공사수급인은 그 보수청구권을 담보하기 위하여 공사의 목적부동산 위에 저당권을 설정할 것을 도급인에게 청구할 수 있다."고 규정하여 저당권설정청구권을 인정하고 있다. 저당권설정청구권은 이를 행사하였다고 하여 바로 저당권이 설정되는 것이 아니고, 상대방과 저당권설정등기의 공동신청을 하여야 저당권이 설정된다.[49] 저당권설정청구권자는 부동산공사의 수급인이며, 하도급의 경우에도 원수급인만이 청구권을 갖는다고 해석하여야 할 것이다.[50] 더욱이, 그 저당권설정청구권에 의해서 저당권을 설정한 경우에도 그 우선순위는 저당권설정등기를 한 때를 기준으로 하므로, 선순위의 저당권이 이미 설정되어 있고 그 피담보채권이 다액일 때에는 수급인의 저당권은 실효성이 없다.[51] 또한 수급인의 저당권설정청구권에 대해서는 10년의 일반 채권 소멸시효기간이 적용되므로 10년 내에 수급인이 저당권설정청구권을 행사하지 않고 있는 동안에 도급인이 그 공사부동산을 제3자에게 매각한 때에는 수급인은 그의 저당권설정청구권을 행사할 수 없다.

반면, 미국법상 건축공사 우선특권은 부동산 공사에 노무를 제공한 노동자, 재료를 제공한 자, 시설 또는 장비를 대여한 자 등 부동산에 관하여 주법에 의하여 우선특권을 주장할 수 있는 자격이 있는 자가 일정한 개량을 제공하고, 법정기간 내에 우선특권을 등록하기만 하면 성립되며, 도급인의 승낙을 필요로 하지 않는다. 또한, 우선특권을 등록한 일자와 상관없이 구체적으로 공사를 시작한 때에 소급해서 우선순위가 결정되므로 우선특권자의 보수청구권의 실효성을 확보할 수 있다.[52]

한편, 민법상 유치권과 보통법상 우선특권은 점유를 통해 사실상의 우선변제권을 갖는 것이나,[53] 건축공사 우선특권은 이를 등록함으로써 우선변제권을 취득하는

---

48) 권영준, "유치권에 관한 민법 개정안 소개와 분석", 민법개정안연구, 박영사(2019), 69, 70. 한편, 대법원도 피담보채권이 목적물 자체로부터 발생하거나 목적물에 지출된 경우이거나 목적물 반환청구권과 동일한 법률관계 또는 사실관계에서 발생하였을 것을 요한다(대법원 2007. 9. 7. 선고 2005다16942 판결)고 동일한 취지에서 판시하고 있다.

49) 권영준, 전게서, 78.

50) 김상용, 전게서, 355.

51) 김상용, 전게서, 369.

52) 김상용, 전게서, 369.

53) 권영준, 전게서, 54.

차이가 있으며, 민법상 유치권과 보통법상 우선특권은 얼마든지 포기할 수 있지만,[54] 건축공사 우선특권은 그 실효성을 확보하기 위해 일부 주에서는 포기가 금지된다.

---

[54] 양창수·김형석, 전게서, 366.

Liquidated Damages
손해배상액의 예정

이승현

1. 개 념

미국법에서 손해배상액의 예정(Liquidated damages)은 계약 당사자 사이에 일방 당사자가 계약을 위반할 경우 손해배상을 위해 일정한 금전을 지급하기로 사전에 정하는 합의를 말한다.[1] 법원에서는 ① 합의된 손해배상액이 계약위반으로 발생하는 손해의 정당한 배상을 계약 체결 당시에 합리적으로 예상한 것과 유사한 금액으로서, ② 계약위반으로 발생하는 손해를 정확하게 산정하는 것이 불가능하거나 매우 어려운 경우에 해당한다면 이를 Liquidated damages로 보아 그 효력을 일반적으로 인정하고 있다.[2] 손해배상액 예정 조항이 계약 상대방의 손해를 보전하기 위한 것이 아니라 위반 당사자를 벌하기 위한 것이라면 이는 위약벌(penalty)로서 무효이다.[3] 손해배상액 예정의 기준을 명확히 제시한 것으로 평가받고 있는 1914년의 *Banta v. Stanford Motor Co.* 판결에서는 이외에도 당사자에게 손해액을 미리 정해두려고 하는 의도가 있을 것을 요구하였다.[4]

2. 배 경

미국 역사상 계약의 자유를 법적으로 장려하는 것은 매우 중요한 문제였고,

---

1) Black's Law Dictionary (11th ed. 2019).
2) Restatement (Second) of Contracts §356 (1981); 통일상법전(U.C.C.) §2-718; Charles J. Goetz & Robert E. Scott, "Liquidated Damages, Penalties and the Just Compensation Principle: Some Notes on an Enforcement Model and a Theory of Efficient Breach", 77 Colum. L. Rev. 554 (1977).
3) Sally J.T. Necheles, "Cause of Action to Enforce Contractual Provision for Liquidated Damages", 79 Cause of Action 2d 217 §25 (2017).
4) Banta *v.* Stamford Motor Co., 92 A. 665 (Conn. 1914); 엄동섭, "미국 계약법상 손해배상액의 예정과 위약벌", 민사법학 제80호(2017), 217.

Liquidated damages의 영역에서 이러한 미국법상 기조는 계약 당사자가 계약 체결 당시에 계약위반으로 인하여 발생할 손해를 합리적으로 예측하려고 노력하였다면 그 합의의 효력을 인정하는 방향으로 발전하였다.[5] Liquidated damages의 장점은 뚜렷하다. 우선 계약위반으로 인한 손해가 불확실하거나 그 정확한 산출이 어려운 경우, 법원이나 배심원이 산정한 손해액이 계약 당사자들이 합의로 정한 손해액보다 정확하다는 보장이 없다.[6] 그러나 Liquidated damages 조항이 있는 경우 채권자는 실제 손해액을 증명하여야 할 부담에서 벗어나게 되고, 분쟁을 방지함으로써 신속한 손해배상을 촉진하며, 법원으로서는 판단하기 어려운 손해의 불확실성 등 문제를 사전에 조정하여 소송절차의 지연을 방지하고 소송비용을 감소시킨다.[7]

　　미국법상 손해배상법제는 기본적으로 계약위반에 따라 지급하여야 할 손해배상액을 해당 위반행위로 인해 발생한 실제 손해액을 한도로 하여 제한하고 있다.[8] 그러나 Liquidated damages는 채권자가 지급받을 손해배상액을 실제 손해액으로 확정하지 않는 대신, 미리 합의로 고정한 손해배상액을 실제 손해액과 무관하게 지급받도록 하여 계약 당사자의 사전합의로써 위와 같은 손해배상 법리에서 벗어날 수 있도록 한다. 즉, 실제 손해액보다 합의된 예정액이 더 클 수도, 적을 수도 있는 것이 Liquidated damages 조항의 본질이자 계약 당사자들이 감수하여야 할 내재된 위험이다.[9]

3. 내 용

　　Liquidated damages를 주장하는 당사자는 당사자 사이에 합의가 존재하고, 일정한 금전을 예정액으로 하여 일방이 계약상 의무를 이행하지 않을 시에 실제 손해를 대신하여 지급하도록 정하였음을 입증하여야 한다.[10] 위 기본요건 외에도, 계약 당사자가 손해배상액을 예정할 의도[11]가 인정되어야 하고, 합의한 예정액이 계약 체결

---

5) Susan *v.* Ferris, "Liquidated Damages Recovery Under the Restatement (Second) of Contracts", 67 Cornell L. Rev. 862, 863 (1982).

6) Restatement (First) of Contracts § 339 (1932).

7) Sally J.T. Necheles, "Cause of Action to Enforce Contractual Provision for Liquidated Damages", 79 Cause of Action 2d 217 § 2 (2017).

8) Oliver Wendell Holmes, "The Path of the Law", 10 Harv. L. Rev. 457, 462 (1897).

9) Sally J.T. Necheles, "Cause of Action to Enforce Contractual Provision for Liquidated Damages", 79 Cause of Action 2d 217 § 2 (2017).

10) Restatement (First) of Contracts § 339 (1932).

11) Susan *v.* Ferris, "Liquidated Damages Recovery Under the Restatement (Second) of Contracts",

시 합리적으로 예견되었던 손해액이어야 하며, 계약 체결 시 손해를 정확히 예견하기가 불가능하거나 어려웠다는 등 요건을 충족하여야 한다.[12] Liquidated damages 조항이 penalty에 해당하는지 판단함에 있어, 양 당사자가 대등한 위치에서 계약 조건을 자유롭게 정할 수 있었는지를 고려한 사안도 있다.[13]

   구체적으로 살펴보면, Liquidated damages는 계약위반 시 일정한 금전을 지급하기로 사전에 한 합의이므로, 계약위반이 발생한 후에 사후적으로 그 금액을 변경하여서는 안 되고,[14] 합의에 있어 사기·강박의 증거가 있는 경우에는 그 효력이 부정된다.[15] Liquidated damages는 실제 손해를 대신하여 지급되는 것이므로, 예정액과 실제 손해액을 중복하여 받을 수는 없다.[16] 일반적으로, 건축공사 도급계약에서 수급인이 약정한 기일 내 공사를 완성하지 못한 경우 도급인에게 지급하기로 한 지체상금은 보상을 목적으로 한 것이므로 손해배상액 예정에 해당한다고 판단하고 있다.[17] 한편, 계약에서 Liquidated damages와 실제 손해액(actual damages) 사이의 선택권(option)을 인정하는 조항이 유효한지에 대해서는 계약의 자유를 인정하여야 하므로 선택권 조항이 가능하다고 본 콜로라도와 같은 주와, 선택권 조항은 당사자간 합의로 정한 Liquidated damages을 부정하는 것과 다름없다고 보아 그 효력을 부인한 일리노이와 같은 주로 나뉜다.[18]

   Liquidated damages가 합리적으로 정해졌는지를 판단함에 있어 계약 체결 시 예견된 손해와 유사함을 증명하면 되고 이후 실제로 발생한 손해액을 기준으로 할 것은 아니지만, 계약 체결 당시에 손해를 합리적으로 예견하였는지 판단하기 위하여 실제 발생한 손해를 고려하는 것은 가능하며,[19] 실제 손해가 발생하지 않았음이 명

---

67 Cornell L. Rev. 862, 865 (1982).

12) Ian R. Macneil, "Power of Contract and Agreed Remedies", 47 Cornell L. Rev. 495, 501-509 (1962).

13) Northern Shipping Funds I, L.L.C. *v.* Icon Capital Corp., 998 F. Supp. 2d 301 (S.D.N.Y. 2014).

14) McGuire *v.* More-Gas Investments, LLC, 220 Cal. App. 4th 512, 163 Cal. Rptr. 3d 225 (2013).

15) Susan *v.* Ferris, "Liquidated Damages Recovery Under the Restatement (Second) of Contracts", 67 Cornell L. Rev. 862, 864 (1982).

16) A. Miner Contracting, Inc. *v.* Toho-Tolani County Imp. Dist., 233 Ariz. 249, 311 P.3d 1062 (Ariz. Ct. App. 2013).

17) Carrothers Const. Co., L.L.C. *v.* City of South Hutchinson, 288 Kan. 743, 207 P.3d 231 (2009); Northern Shipping Funds I, L.L.C. *v.* Icon Capital Corp., 998 F. Supp. 2d 301 (S.D.N.Y. 2014).

18) Sally J.T. Necheles, "Cause of Action to Enforce Contractual Provision for Liquidated Damages", 79 Cause of Action 2d 217 § 10 (2017).

19) Ian R. Macneil, "Power of Contract and Agreed Remedies", 47 Cornell L. Rev. 495, 504

백한 경우에 Liquidated damages의 효력을 인정할 것인지는 사안마다 다르다.[20] Liquidated damages의 효력을 인정하려면 계약 체결 시점을 기준으로 손해액을 측정하는 것이 불가능하거나 매우 어려워야 하는데, 계약 체결 당시 실제 손해를 정확히 측정할 수 있는 경우 자체가 존재하기 어렵기 때문에 적절하지 않다는 비판도 있다.[21] 예컨대 대학 농구팀 감독이 고용계약을 위반하고 중도에 사직한 경우, 티켓 판매 및 선수 영입에까지 영향을 미쳐 그 손해를 측정하는 것은 매우 어려우므로 이 경우 Liquidated damages 조항을 집행하는 것이 가능하다고 판단한 사례가 있다.[22]

4. 우리 법과의 비교

우리 민법은 제398조 제1항에서 "당사자는 채무불이행에 관한 손해배상액을 예정할 수 있다."고 규정하고 있고, 동조 제2항에서 "손해배상액 예정액이 부당히 과다한 경우에는 법원은 적당히 감액할 수 있다."고 하고 있다. 위와 같이 손해배상액 예정을 규정한 것은 손해의 발생사실과 손해액에 대한 증명 곤란을 덜고 분쟁 발생을 방지하기 위함뿐만 아니라 채무자에 대한 심리적 강제를 통한 채무 이행 확보를 목적으로 하는 것이고,[23] 손해배상 예정액의 감액 제도는 당사자들 사이의 실질적 불평등을 제거하기 위해 국가가 계약 내용에 간섭하는 것에 취지가 있다.[24] 우리나라는 위약벌의 효력을 인정하고 있다는 점에서 손해배상액 예정과 위약벌을 구분하여 위약벌의 효력을 부정하는 미국법과 본질적인 차이가 있다.

귀책사유를 요하지 않는 미국법과 달리, 우리 판례는 채무자가 귀책사유 없음을 주장·증명하는 경우 손해배상액 예정액 지급책임을 면할 수 있다고 보고,[25] 채권자와 채무자 사이에 손해배상액 예정이 있는 경우 채무불이행의 사실만 증명하면 되며 손해발생 및 손해액에 대한 증명은 필요하지 않다.[26] 손해배상의 예정액이 부당히 과다한지를 판단하는 기준으로는 미국법과 유사하게 채권자와 채무자의 각 지위, 계

(1962).

20) Bowles Sub Parcel A, LLC *v.* Wells Fargo Bank, N.A., 792 F.3d 897 (8th Cir. 2015); Boone Coleman Constr., Inc. *v.* Piketon, 145 Ohio St.3d 50 N.E.3d 502 (2016).

21) Ian R. Macneil, "Power of Contract and Agreed Remedies", 47 Cornell L. Rev. 495, 501 (1962).

22) Kent State University *v.* Ford, 26 N.E.3d 868, (Ohio Ct. App. 2015)

23) 대법원 1991. 3. 27. 선고 90다14478 판결, 1993. 4. 23. 선고 92다41719 판결 참조.

24) 대법원 1993. 4. 23. 선고 92다41719 판결, 2013. 6. 27. 선고 2012다64222 판결 참조.

25) 대법원 2007. 12. 27. 선고 2006다9408 판결.

26) 대법원 2000. 12. 8. 선고 2000다50350 판결.

약의 목적 및 내용, 손해배상액을 예정한 동기, 채무액에 대한 예정액의 비율, 그 당시의 거래관행 등 사정을 고려하며, 일반 사회관념에 비추어 그 예정액의 지급이 경제적 약자의 지위에 있는 채무자에게 부당한 압박을 가하여 공정성을 잃는 결과를 초래한다고 인정되는 경우여야 한다.[27]

---

27) 김재형, "손해배상액의 예정에서 위약금 약정으로-특히 위약벌의 감액을 인정할 수 있는지 여부를 중심으로", 비교사법 제21권 제2호(2014), 638; 대법원 2020. 11. 12. 선고 2017다 275270 판결.

Material Breach
중대한 위반

권효진

1. 개 념

Material Breach는 계약의 일방 당사자가 계약을 중대하게 위반하여 이를 부분적 계약위반이 아닌 총체적 계약위반으로 볼 수 있는 경우를 의미한다. 이에 계약위반을 당한 상대방은 자신의 계약 이행의무에서 면제되고, 계약을 위반한 당사자에게 그 손해에 대해 배상을 청구할 수 있으며,[1] 나아가 계약을 종료(termination)[2]할 수 있다.

우리나라에서는 해당 용어가 '중대한 위반'으로 번역되어 계약서 등에 사용되고 있다.

2. 배 경

위 개념은 법으로 동시이행항변권, 손해배상, 계약 해제 등이 명시적으로 규정되어 있지 않은 보통법(common law)의 산물이다.

전통적으로 미국법에서는 계약 일방 당사자가 계약을 위반하더라도 그 상대방이 계약을 종료하거나 자기 의무이행을 유보할 수 없다고 보아왔다. 그러나 영국의 Kingston v. Preston 판결에서는 비록 당사자들이 계약에 명시하지는 않았다 하더라도 각자 의무의 상호 의존성을 일반적으로 기대하고 있었다는 점을 이유로 하여, 상대방이 의무를 이행하지 않은 경우 자신의 의무를 이행하지 않아도 된다고 인정하고, 계약위반을 당한 자가 자신의 의무를 이행하지 않을 수 있는 길을 열어두었다.

---

1) Black's Law Dictionary (11th ed. 2019).
2) termination은 계약의 해제와 해지를 모두 포괄하는 개념으로, 우리 법상 해제와 해제를 '해소'라는 개념으로 설명하는 견해도 있으나[양창수·김재형, 민법 I : 계약법, 박영사(2016), 543 이하], 여기서는 미국법상 별도의 개념으로서 본래 용어에 가까운 '종료'로 번역하였다.

그런데 이와 같이 계약 일방 당사자가 의무를 불이행한 경우 상대방이 항상 자신의 반대의무를 이행하지 않아도 된다고 할 경우 이는 오히려 계약 일방 당사자의 사소한 불이행만으로 상대방이 자신의 의무를 회피하게 되어 역으로 계약을 위반한 당사자에게 불합리하게 가혹할 수 있다. 이에 따라 오직 계약 일방 당사자가 계약을 중대하게 위반한 경우에만 상대방이 자신의 의무이행을 유보할 수 있게 되었으며, 이것이 material breach의 법리로 자리잡은 것이다.[3]

3. 내 용

미국법상 당사자가 계약을 위반하더라도 상대방은 일반적으로 손해배상만 청구할 수 있으며, 자신의 계약상 채무이행의무에서 면제되지 않고, 계약위반이 중대한 경우(Material breach)에만 계약을 종료할 수 있다.

그렇다면 어떠한 경우를'중대한 위반'이라고 볼 수 있는지가 문제되는데, 미국 Restatement 제241조는 중대한 위반이 무엇인지에 대해 다음의 5가지 기준을 제시하고 있다.[4]

① 계약을 위반당한 당사자가 합리적으로 기대하고 있던 이익을 박탈당하는 정도(the extent to which the injured party will be deprived of the benefit which he reasonably expected)

② 계약을 위반당한 당사자가 박탈당한 이익을 적절히 보상받을 수 있는 정도(the extent to which the injured party can be adequately compensated for the part of that benefit of which he will be deprived)

③ 계약을 위반한 당사자가 입게 될 불이익의 정도(the extent to which the party failing to perform or to offer to perform will suffer forfeiture)

④ 계약을 위반한 당사자가 합리적인 보증을 포함한 모든 사정을 고려하여 자신의 계약위반을 시정할 가능성(the extent to which the party failing to perform or to offer to perform will cure his failure, taking account of all the circumstances including any reasonable assurances)

⑤ 계약을 위반한 당사자의 행위가 신의성실 및 공정한 거래의 기준에 부응하는 정도(the extent to which the behavior of the party failing to perform or to offer to

---

3) 김성민, "계약상 중대한 위반 조항의 해석", 저스티스 157호(2016), 94-95.
4) Restatement (Second) of Contracts § 241 (1981).

perform comports with standards of good faith and fair dealing)[5]

결국, Material breach는 계약 일방 당사자가 자신의 의무를 이행하지 않을 경우 그의 손해배상만으로는 손해가 전부 회복되지 않게 됨으로써 발생하는 상대방의 불이익과 사소한 불이행만으로 계약 이행을 거절할 경우 계약을 위반한 당사자에게 발생할 수 있는 불이익을 교량하여 계약 의무 불이행시 가장 공정한 해결방법을 마련하기 위하여 고안된 법리라고 할 것이다.

이에 대부분의 미국 판례들은 위 Restatement의 판단기준을 중심으로 Material breach인지 여부를 판단하고 있다. 그러나 이와 달리 새로운 판단기준을 내세워 Material breach를 판단한 판례들도 있어 Material breach가 무엇인지에 대해 수범자들이 예측하기 어렵다는 비판을 받기도 한다. 가령, Johnson & Johnson v. Guidant Corporation 사건에서 법원은 위 Restatement의 판단요소에 대해서는 언급하지 않은 채 계약의 가장 핵심적인 부분(key portions of the agreement)에까지 이르는 사항을 위반한 경우 Material breach라고 하면서 계약의 핵심적 부분이 무엇인지에 대해 살펴본 바 있다.

4. 우리 법과의 비교

우리 민법에 의하면, 계약의 일방 당사자가 자신의 채무를 불이행하는 경우 그 상대방은 동시이행항변권을 주장할 수 있고, 자신의 손해에 대해 손해배상을 청구할 수 있으며, 계약을 해제할 수 있다. 즉, 우리나라 민법 제536조 제1항은 "쌍무계약의 당사자 일방은 상대방이 그 채무이행을 제공할 때까지 자기의 채무이행을 거절할 수 있다."고 하여 계약의 일방 당사자가 채무를 불이행하는 경우 그 상대방도 자신의 채무를 이행할 필요가 없고, 동법 제390조에 의해 "채무자가 채무의 내용에 좇은 이행을 하지 아니한 때에는 채권자는 손해배상을 청구할 수" 있으며, 민법 제544조에 의해 "당사자 일방이 그 채무를 이행하지 아니하는 때 계약을 해제할 수 있"고, 제546조에 의해 "채무자의 책임있는 사유로 이행이 불능하게 된 때 채권자는 계약을 해제

---

5) Restatement (Second) of Contracts § 241(1981) Case Citations. Norfolk Southern Ry. Co. v. Basell USA Inc., 512 F.3d 86, 92−95. 철도 회사(원고)가 플라스틱 제조업체(피고)를 상대로 계약상 최소 수량을 공급하지 않았으므로 계약을 중대하게 위반하였다고 주장한 사안에서, 원심은 이를 중대한 위반이 아니라고 보았다. 그러나 상소심에서는 델라웨어주 법과 리스테이트먼트 241조에 명시된 요소에 대해 판단이 다를 수 있다고 판결하며, 원고가 그 계약으로부터 무엇을 기대했는지, 그러한 기대가 합리적이었는지, 피고가 신의성실에 부합하게 행동했는지, 피고가 미래에 계약을 이행하려고 의도했었는지 등을 살펴보아야한다고 판시하였다.

할 수 있"다.

그러나 판례는 계약 해제의 파급력을 고려하여 모든 채무불이행에 대하여 해제를 인정하지 않고 일정한 제한을 가하고 있다. 즉, 판례는 "당해 채무가 계약의 목적 달성에 있어 필요불가결하고 이를 이행하지 아니하면 계약의 목적이 달성되지 아니하여 채권자가 그 계약을 체결하지 아니하였을 것이라고 여겨질 정도의 주된 채무이어야 하고 그렇지 아니한 부수적 채무를 불이행한 데에 지나지 아니한 경우에는 계약을 해제할 수 없다."고 판시하여 원칙적으로 주된 채무를 불이행한 경우에만 계약 해제를 인정하고 있다. 그리고 주된 채무인지 여부를 판단하는 기준에 관하여 "계약상의 많은 의무 가운데 주된 채무와 부수적 채무를 구별함에 있어서는 급부의 독립된 가치와는 관계없이 계약을 체결할 때 표명되었거나 그 당시 상황으로 보아 분명하게 객관적으로 나타난 당사자의 합리적 의사에 의하여 결정하되, 계약의 내용·목적·불이행의 결과 등의 여러 사정을 고려하여야 한다."고 판시하고 있다.[6]

위와 같은 국내법상 해제 요건에 관한 법리는 손해배상의 요건에 더하여 계약관계를 청산하는 계약해제의 요건을 가중하기 위한 법리라는 점에서 Material breach가 있는 경우에만 계약을 해제할 수 있게 하는 미국법과 그 목적이 일치한다.[7] 다만, 미국의 경우 Material breach를 인정하여 계약을 해소하기 위해 계약을 위반한 당사자와 계약을 위반당한 당사자 사이의 이익을 비교형량하고 있는 반면에 우리나라는 '주된 채무' 혹은 '계약 목적을 달성할 수 없음'을 기준으로 계약의 해제를 인정하고 있다는 차이점이 있다.

---

6) 대법원 2015. 6. 24. 선고 2015다204205 판결 등.
7) 김성민, 전게 논문, 89.

Misrepresentation
부실표시

김승재

1. 개 념

　　Misrepresentation(부실표시)은 '잘못된 정보의 전달(the communication of false information)'[1] 혹은 '사실과 일치하지 않는 주장(assertion that is not in accord with the facts)'이라고 정의되고 있다.[2] 그러한 주장은 보통 말이나 글(spoken or written words)의 형태이지만 행동(conduct)으로부터 인정되는 경우도 있을 수 있다.[3] 미국 법에서 Misrepresentation(이하 '부실표시')은 계약법뿐 아니라 불법행위법(tort)에서도 문제된다.[4] 부실표시를 근거로 성립된 계약의 효력에 관하여는 계약법에서, 이외에 부실표시로 인하여 발생한 손해배상에 대해서는 불법행위법에서 논의하는 것이 일 반적이다.[5] 이하에서는 계약법상의 효력을 중심으로 부실표시에 관하여 살펴본다.

2. 배 경

　　일반적으로 부실표시는 사기에 의한 경우(fraudulent misrepresentation), 과실에 의한 경우(negligent misrepresentation), 그리고 선의에 의한 경우(innocent misrepresentation)로 나뉜다. 사기에 의한 경우는 표시자가 사기의 의도를 가지고 그 사실이 거짓이라는 것을 알고 하는 부실표시를 말한다. 과실에 의한 경우는 사실로 믿을 합 리적 근거 없이 부주의하게 표시가 이루어질 때 발생한다.[6] 선의에 의한 경우는 고

---

1) John Cartwright, Contract Law: An Introduction to the English Law of Contract for the Civil Lawyer, Hart Publishing (2007), 162－164 참조.
2) Restatement (Second) of Contracts, §159. "A misrepresentation is an assertion that is not in accord with the facts."
3) Restatement (Second) of Contracts, §159, comment a.
4) Steven L. Emanuel, Emanuel Law Outlines : Contracts, Aspen Publishers, 2006, 451.
5) Steven L. Emanuel, ibid., 451－452.
6) John Cartwright, ibid, 161, 163.

의는 물론 과실도 없는 경우를 말한다.[7] 즉 그 표시를 진정한 것으로 믿을 합리적 근거가 있는 경우에 존재할 수 있다.

위와 같이 유형을 구분하는 것은 종래 부실표시는 사기의 경우에만 계약의 효력에 영향을 미치는 것으로 보다가 점차적으로 확대되었기 때문인 것으로 보인다. 영국 보통법(common law)상 원래 사기에 의한 경우만 계약취소가 가능했지만 형평법원(the courts of equity)은 사기에 의한 경우뿐만 아니라 모든 부실표시에 있어 계약취소가 가능하다고 보았다.[8]

하지만 미국 계약법 Restatement는 부실표시가 계약의 효력에 영향을 미치기 위해서는 사기적(fraudulent)이거나 중대(material)해야 한다고 하고[9] 따라서 사기적인 경우 중대할 필요가 없으며, 반대로 중대한 경우에는 사기적일 필요가 없어 둘 중 하나의 요건만 충족해도 된다고 한다. 그 기준으로서 표시자가 사실이 아니라는 것을 알고 있거나, 사실이 아닐 수 있다는 점을 확신하지 못하거나, 주장하는 점에 대해서 근거없음을 알고 있는 경우는 사기적이고,[10] 합리적(reasonable)인 사람에게 승낙(assent)을 하게 만들거나 표시에 의해서 상대방이 승낙을 할 것이라는 점을 표시자가 아는 경우를 중대하다고 한다.[11] 이와 반대로, 미국 불법행위법 Restatement는 계약법의 경우와는 달리 사기적이면서도 중대할 것을 요구하고 있는 점에서 차이가 있다.[12]

3. 내 용

미국 계약법에서 부실표시는 사실(fact)의 표시(representation)에 관하여만 적용되는 것이 원칙이지만[13] 미래에 대한 약속이나 예측(promise or prediction of future events)도 현재의 사실과 관련될 수 있다면 부실표시가 될 수 있고, 심리상태(state of mind)도 사실에 해당한다고 본다.[14] 또한 의견(opinion)도 그 의견의 바탕이 된 사실이 중요한 의미를 가질 때에는 부실표시가 될 수 있고,[15] 의견에 대한 신뢰는 ① 표

7) John Cartwright, ibid, 159.
8) John Cartwright, ibid, 161.
9) Restatement (Second) of Contracts, § 159, comment a.
10) Restatement (Second) of Contracts, § 162(1).
11) Restatement (Second) of Contracts, § 162(2).
12) Restatement (Second) of Torts, § 538.
13) Restatement (Second) of Contracts, § 159.
14) Restatement (Second) of Contracts, § 159, comment c./d.
15) Restatement (Second) of Contracts, § 168.

시자와 상대방 사이에 신뢰관계가 있는 경우, ② 상대방이 표시자의 전문성이나 객관성을 신뢰할 수 있는 경우, ③ 상대방에게 그 외 표시자를 신뢰할 특수한 사정이 있는 경우에 정당화될 수 있어 부실표시의 법리가 적용될 수 있다.[16] 규범의 경우도 사실과 마찬가지로 다룰 수 있고,[17] 의도(intention)의 경우에도 그것을 약속(promise)이라고 합리적으로 볼 수 있을 경우에는 부실표시가 될 수 있다고 한다.[18]

　　은닉(concealment)은 상대방이 알 수 있었을 것을 의도적으로 숨기는 것으로 그러한 행위는 언제나 부실표시에 해당된다.[19] 그러나 상대방에게 단순히 거래와 관련된 사실을 이야기해주는 것을 잊은, 정보제공의무 없는 정보의 비제공(non-disclosure)의 경우에는 ① 그 사실을 고지해주는 것이 그 전에 표시했던 주장이 부실표시가 되지 않는데 필요한 것임을 표시자가 아는 경우, ② 그 사실을 고지하는 것이 계약을 맺는 기본적 전제에 대한 상대방의 착오를 바로잡을 수 있음을 알면서도 그 사실을 고지하지 않음이 신의칙과 공정 거래의 상당한 기준 위반에 이르는 경우, ③ 그 사실을 고지하는 것이 문서의 내용이나 효과, 합의의 전체 또는 부분에서의 증거화 혹은 구체화에 대한 상대방의 착오를 바로잡을 수 있음을 아는 경우 ④ 상대방이 계약 당사자 사이의 신뢰관계로 그 사실을 알 권리가 있는 경우에 부실표시에 해당된다고 한다.[20]

　　부실표시로 인하여 계약이 무효가 되려면(voidable) 세 가지 요건이 필요하다. (부실표시의 효과?) ① 부실표시가 사기적이거나 중대해야 하고 ② 계약을 체결하도록 유도(induce)해야 하며 ③ 상대방의 신뢰가 정당(justifiable)할 것을 요구한다.[21] 이러한 요건이 충족되면 상대방의 행사여부에 따라서 계약의 효력이 결정되고, 법원의 결정(court order)이 없이도 상대방에게 통지(notice)함으로써 계약이 소급적으로 (retrospectively) 효력이 없어진다.[22] 계약법 Restatement 제165조에 따르면 '사정변경에 의한 치유(cure by change of circumstances)'라는 표제로, 만약 계약이 부실표시로 인하여 무효화될 수 있는 경우에도 무효화하겠다는 통지 전에 사실과 주장의 합치가

---

16) Restatement (Second) of Contracts, § 169.
17) Restatement (Second) of Contracts, § 170.
18) Restatement (Second) of Contracts, § 171. 예컨대, 부동산 개별업자가 자신이 골프장을 개발할 예정이라고 하면서 개발지구 내 토지의 매수를 권유하여 매수인이 그 말을 믿고 토지를 매수하였는데 사실은 그와 같이 골프장을 개발할 의사가 없었던 경우.
19) Restatement (Second) of Contracts, § 160, comment a.
20) Restatement (Second) of Contracts, § 161.
21) Restatement (Second) of Contracts, § 164, comment a./b.
22) John Cartwright, ibid, 161-162.

이루어지면(facts come into accord with the assertion) 더 이상 계약을 무효로 돌릴 수 없다고 한다.

4. 우리 법과의 비교

민법 제110조는 "사기에 의한 의사표시는 취소할 수 있다."고 규정하고 있다. 이 때 기망행위에 있어서 고의가 필요하기 때문에 이러한 경우를 미국법상 사기에 의한 부실표시에 해당한다고 볼 수 있다. 그런데 이러한 고의는 표의자를 기망하여 착오에 빠지게 하려는 고의와 착오에 기하여 의사표시를 하게 하려는 고의, 즉 2단의 고의가 있어야 하는데, 어느 한 쪽에 고의가 아니라 과실이 있다면 사기에 의한 의사표시가 성립하지 않는다는 것이 통설의 입장이다.[23] 따라서 '과실에 의한 부실표시'나 '선의에 의한 부실표시'는 민법 제110조에 의해 규율되지 않는다고 보아야 한다. 대법원 판례에 따르면 동기가 상대방으로부터 제공되거나 유발된 경우, 동기의 표시 여부를 묻지 않고, 대부분 법률행위의 중요부분임을 인정하여 취소를 허용하고 있다.[24] 따라서 미국법상 '과실에 의한 부실표시'나 '선의에 의한 부실표시'는 우리 민법상에는 없지만 판례이론인 '상대방에 의해 유발된 착오' 법리에 의해서 규율되고 있다고 보인다. 그 외에도, 우리 민법 제110조 제2항에서 제3자에 의한 사기를 규율하는 것과 비슷하게 미국 계약법 Restatement 제164조 제2항에서도 제3자에 의한 부실표시를 규율하고 있다.

---

23) 편집대표 김용덕, 주석 민법, 총칙(2)(제5판), 한국사법행정학회(2019), 766(윤강열 저술 부분).
24) 대법원 1978. 7. 11. 선고 78다719 판결; 대법원 1990. 7. 10. 선고 90다카7460 판결 등.

Mistake
착오

김승재

1. 개 념

　미국법에서 Mistake(이하 '착오')란 사실에 관하여 부합하지 않는(not in accord with the facts) 믿음(belief)을 의미한다.[1] 착오는 계약을 체결할 시점에 존재하는 사실(fact)에 관한 것이어야 한다. 미래에 일어날 사건(event)에 대한 예상(prediction) 혹은 판단(judgement)은 착오에 해당하지 않는다.[2] 다만 여기에서 말하는 사실은 사회에서 통용되는 의미와는 차이가 있는데 예컨대 법 자체 혹은 당사자의 행위에 의하여 발생하는 법적 효과도 사실에 속한다.[3] 즉, 사회적이나 일반적인 인식에 따르면 오신(誤信)에 의해 행해지는 행위 자체 — 계약의 체결(making of contract) 등 — 도 착오라고 여겨지지만, 여기에서의 착오는 이를 제외한 오직 사실의 오신만을 의미한다.[4]

2. 배 경

　독일 등 대륙법계 국가에서는 착오를 표시상의 착오와 내용상의 착오로 구분하고 동기의 착오를 법률행위의 내용에 관한 착오에 포함시킬지 여부에 대하여 복잡한 논의를 해왔다.[5] 하지만 미국법에서는 의사와 표시 사이의 불일치와 의사형성 과정에서의 오류를 구분하지 않으므로, 동기의 착오를 특별히 다르게 취급하지 않는다.[6] 또한 착오가 생기는 경우가 변화무쌍(protean)할 뿐만 아니라 당사자들의 예견할 수

---

1) Restatement (Second) of Contracts, § 151.
2) Restatement (Second) of Contracts, § 151, comment a.
3) Restatement (Second) of Contracts, § 151, comment b.
4) Restatement (Second) of Contracts, § 151.
5) 김형석, "동기착오의 현상학", 저스티스 통권 제151호(2015), 100-110 참조.
6) 이선희, "계약 당사자 쌍방에 공통하는 동기의 착오", 법학논집 제25권 제4호(2021), 183.

없는 사정으로 인하여 착오에 빠지기 때문에 착오에 관한 규정들은 유연성(flexibility)을 특징으로 하고 있다. 또한 착오의 법리는 대부분 광범위한 재량권(discretion)을 가지는 형평법원(court of equity)에 의해서 형성되었다는 사실 때문에 착오에 관한 규정들은 유연성을 가지고 있다고 한다.[7]

3. 내 용

미국에서는 착오를 쌍방(mutual)의 착오와 일방(unilateral)의 착오로 구분하여 규정한다.[8] 쌍방의 착오란 양 당사자가 존재하는 사실에 대해 같은 잘못된 믿음을 가진 경우를 의미한다.[9] 이에 반하여 일방의 착오란 일방 당사자만 잘못된 믿음을 갖고 있었던 경우인데, 양 당사자 모두 공통하지 않는 잘못된 믿음을 가지고 있는 경우도 포함된다.[10]

쌍방의 착오를 이유로 계약을 무효로 만들기 위해서는 ① 착오가 "계약이 바탕하고 있는 기초적 전제"(basic assumption on which the contract was made)에 관한 것이어야 하고 ② 착오가 합의된 급부의 교환(agreed exchange of performances)에 중대한(material) 영향을 미쳐야 하고 ③ 착오자가 착오의 위험(risk)을 부담(bear)하지 않았어야 한다.[11] 여기서 '기초적 전제'란, 계약법 Restatement 제261조나 제266조에서의 그것과 같은 의미로써 사람이나 대상의 지속적인 존재에 관한 것이지, 시장 상황의 변동이나 당사자들의 재정 상태 등은 여기서 말하는 기초적 전제에 해당하지 않는다고 한다.[12] '중대한 영향'이 있었음을 착오자가 증명하려면, 착오가 아니었다면 계약을 맺지 않았을 것이라는 것 뿐 아니라, 합의된 급부의 교환 결과가 불균형이 너무 심해서 계약 내용대로의 이행을 요구하는 것이 공평하지 않다는 것을 보여야 한다.[13] 또한 착오가 계약에 중대한 영향을 미치는가를 판단함에 있어서는 착오를 이유로 취소를 주장하는 당사자가 취소 이외에 다른 구제(수정, 원상회복 등)를 받을 수 있는지 여부도 고려된다.[14] 또한 착오의 위험을 감수해야 하는 경우에는 취소권

7) Restatement (Second) of Contracts, § 151, introductory note.
8) Restatement (Second) of Contracts, § 152 및 § 153.
9) Steven L. Emanuel, Emanuel Law Outlines : Contracts, Aspen Publishers, 2006, 153.
10) Steven L. Emanuel, ibid, 153.
11) Restatement (Second) of Contracts, § 152.
12) Restatement (Second) of Contracts, § 152; Restatement (Second) of Contracts, § 261 b.
13) Restatement (Second) of Contracts, § 152 c.
14) Restatement (Second) of Contracts, § 152(2).

을 행사하지 못하게 되는데, (a) 위험이 당사자들의 합의에 의하여 어느 당사자에게 부과된 경우, 혹은 (b) 계약이 체결될 당시 착오와 관련 있는 사실에 관하여 자신만이 제한적인 지식을 가지는데 그럼에도 그의 이러한 제한적인 지식(limited knowledge)을 충분(sufficient)한 것으로 취급한다는 점을 알고(aware) 있는 경우, 혹은 (c) 그러한 상황에서는 그렇게 하는 것이 합리적(reasonable)이라는 이유로 법원이 그에게 위험을 분배하는 경우이다.[15] 특히 (b)의 경우를 의식적인 무지(conscious ignorance)라고 하며 예컨대 판매자와 구매자 모두가 매매목적물인 돌의 종류가 무엇인지에 대해 의심스러워하면서도 토파즈라고 믿으면서 계약에 나아갔다면, 추후 그 돌이 값비싼 다이아몬드로 밝혀진 경우라도 그러한 무지에서 기인하는 불운한 착오의 위험을 판매자에게 부담시키는 것이 합당하다고 한다.[16]

일방의 착오를 이유로 계약을 무효로 만들기 위해서는 쌍방의 착오에서의 요건에 더해서 ① 착오의 영향으로 계약을 강제하는 것이 비도덕적(unconscionable)이라고 할 정도이거나 ② 상대방이 착오를 알았다고 할 만한 이유(reason to know)가 있거나 상대방의 과실(fault)이 착오를 유발한 경우에 해당할 것을 요구한다.[17] 일방의 착오의 경우에 쌍방의 착오의 경우보다 추가적인 요건이 필요한 이유는, 일방의 착오 취소는 상대방도 같이 착오에 빠진 경우보다 더 상대방의 계약상 기대를 좌절시킨다는 점에 있다고 한다.[18]

착오에 대한 구제 중 주요한 것은 취소(avoidance)인데, 취소가 허용되는 경우에 생길 수 있는 원상회복(restitution)에 관하여 각 당사자는 계약법 Restatement 제240조와 제376조의 규정에 의한 원상회복을 포함하는 구제청구권을 가지며,[19] 만약 부당성을 피할 수 없는 경우에는 법원은 당사자의 신뢰이익의 보장을 포함하여 정의에 맞는 구제를 허여할 수 있다고 한다.[20]

그런데 미국법상 쌍방의 착오에 대한 구제 수단에는 취소뿐 아니라 수정명령(reformation)도 있다. 이것은 표시상의 착오에 대해, 즉 당사자들이 일정한 사항에 관하여 합의에 도달하여 이를 서면으로 옮겼는데, 이 과정에서 당사자들이 그 합의된 바를 올바르게 서면으로 표시하지 못한 경우, 법원이 일방의 요구에 의하여 그 서면

---

15) Restatement (Second) of Contracts, § 154.
16) Wood v. Boynton, 25N.W.42(Wis. 1885).
17) Restatement (Second) of Contracts, § 153.
18) Restatement (Second) of Contracts, § 153 c.
19) Restatement (Second) of Contracts, § 158(1).
20) Restatement (Second) of Contracts, § 158(2).

을 원래 합의했던 것으로 올바르게 수정(reform)하는 것이다.[21] 단 선의의 매수인(good faith purchasers)과 같은 제3자의 권리가 부당하게 침해받는 경우에는 그럴 수 없다.[22]

미국법상 착오에 있어서 착오자에게 과실이 있다고 하더라도 원칙적으로 착오자의 취소권 행사는 방해받지 않고, 또한 수정명령에 있어서도 마찬가지이다. 그러나 과실의 정도가 성실하고 공정한 거래의 합리적 기준에 부합되지 않는 경우에는 그렇지 않다고 한다.[23]

4. 우리 법과의 비교

민법 제109조에 따르면 "의사표시는 법률행위의 내용의 중요부분에 착오가 있는 때에는 취소할 수 있다."고 한다. 또한 착오를 표의자의 내심의 의사와 겉으로 나타난 표시상의 의사가 불일치하는 것으로 이해한다. 따라서 표의자가 내심의 의사와 다르게 표시행위를 하였어야 하는 것이 중요하다. 반면에 미국법에서의 착오는 계약 당시 존재하였던 사실에 관하여 실제와 다른 생각을 한 경우로 이해된다. 또한 우리 민법은 적어도 법령상으로는 착오의 유형을 구분하지 않고 각각에 따른 요건이 없다. 그러나 미국법에서는 착오가 공통하게 존재하는지 여부에 따라 유형을 구분하고, 각 유형에 따른 취소의 요건이 다르다. 유사한 점으로는 착오가 중요한 부분이어야 한다는 점, 착오자에게 중과실이 있는 때에는 취소할 수 없다는 점이 있다. 미국법상 착오에 대한 수정명령이 있다는 점은 주목할 만한 사실인데, 우리 민법상 이러한 제도는 없으나, 대법원 판례[24]는 공통의 동기착오 사안에서 보충적 계약 해석으로 계약내용의 수정이 가능하면 그에 의하여 처리하고, 착오취소는 해석에 따른 계약수정이 가능하지 아니한 경우에만 허용된다고 판시하고 있다.

실질적인 차이가 있는 부분은, 미국 계약법에서는 착오 취소 여부를 판단함에 있어 착오로 인하여 생기는 사회경제적 영향이 어떠한지, 착오자에게 착오에 대한 위험을 부담시키는 것이 타당한지, 착오자에게 다른 구제 수단이 허용되는지 등이 중요한 역할을 하는데, 우리 민법에서는 적어도 표면적으로는 이러한 내용이 고려되지 않고 있다는 점이다.

---

21) Restatement (Second) of Contracts, § 155.
22) Restatement (Second) of Contracts, § 155.
23) Restatement (Second) of Contracts, § 157.
24) 대법원 1994. 6. 10. 선고 93다24810 판결; 대법원 2005. 5. 27. 선고 2004다60065 판결; 대법원 2006. 11. 23. 선고 2005다13288 판결 등.

Mortgage
저당권

정홍주

1. 개 념

저당권(Mortgage)은 채무변제 또는 의무이행 확보를 위해 제공되는 부동산에 대한 담보권의 일종으로서 기본적으로 피담보채무가 소멸하게 되면 채권자가 담보로서 보유하던 권리를 다시 채무자에게 양도할 것을 약정하는 증서,[1] 그러한 거래의 기반이 되는 대출, 또는 거래에 의해 부여되는 저당권자(mortgagee)의 권리를 의미한다.[2] 한편, 저당권을 설정할 때에는 미국 계약법상 사기방지법(Statute of Frauds)에 따라 일정한 서면성을 갖추어야 한다.[3]

2. 배 경

보통법상 저당권(common law mortgage)과 대륙법상 저당권(civil law mortgage)의 본질적인 차이는 전자는 준양도로서 점유 이전을 수반하는 반면,[4] 후자는 점유 이전을 수반하지 않는 단순한 담보권 설정이라는 데 있다.[5]

종래 보통법상 저당권(common law mortgage)의 주된 권리로 들 수 있는 것은 ① 담보물을 점유할 권리, ② 환수권을 상실시킬 권리, ③ 담보목적물을 매각할 권리, ④ 수익관리인을 임명할 권리였다. 당시 보통법상 저당권은 소유권을 '양도'하는 형식을 취했고 따라서 소유자가 저당권자였기 때문에 점유권도 가졌던 것이다.[6] 진정

---

1) 59 C.J.S, Mortgages § 3.
2) Black's Law Dictionary (11th ed. 2019).
3) 조국현, 미국재산법, 박영사(2017), 462.
4) 저당권의 점유이전 여부 판단의 문제는 사실확정의 문제라는 것에 54A Am Jur 2nd Mortgages § 25 참조.
5) 59 C. J. S, Mortgages § 8.
6) 전원열, "미국의 등기제도 및 저당권(mortgage)에 대한 검토", 自律과 正義의 民法學: 梁彰洙

한 보통법상 저당권은 현대에 와서는 잘 쓰이지 않으며, 영국에서는 제정법상의 저당권(statutory mortgage)으로 완전히 대체되었다.

반면, 형평법상 저당권(equitable mortgage)은 3가지 경우에 발생할 수 있다. ① 보통법상 설정된 저당권인데 설정 대상 재산의 양도형식을 취하지 않아서 대항요건을 구비하지 못한 경우, ② 처음부터 형평법상의 저당권으로 하기로 약정한 경우, ③ 담보대상 재산 자체가 형평법상의 권리인 경우(예컨대, 신탁에서 수익자의 권리)이다. 형평법상의 저당권은 형평법상의 권리일 뿐이므로 그 목적물에 저당권 설정이 있음을 모른 채 선의로 취득한 제3자에게 대항하지 못한다는 점에서 보통법상 저당권과 차이가 있다.[7]

미국은 우리나라나 일본과 같은 대륙법계 국가와 달리 특정한 물권 내지 담보권의 종류와 내용을 법으로 규정하는 물권법정주의(物權法定主義)를 채택하고 있지 않으며, 각 주별로 저당권의 개념도 차이가 있다.[8]

3. 내 용

가. 유사 개념과의 구별

저당권은 요소·특성 면에서 유사한 성격의 다른 거래와 구별된다. 신탁(trust)은 부동산 관련 의무를 담보할 수 있다는 점에서 저당권과 목적·기능이 유사하나, 소유권을 수탁자에게 이전한다는 점에서 저당권과 차이가 있다.[9][10] 또한 신탁은 신탁자·채권자(우선수익자)·수탁자 간 3면 약정이라는 점에서도 저당권설정자와 저당권자(mortgagor) 간 2면 약정인 저당권과 차이가 있다.[11]

부동산 할부계약(real estate installment)은 ① 매도인이 매매대금 전액 지급시까지 매수인에게 양도증서(deed)를 발행하지 않는다는 점, ② 매수인이 대금지급채무를 불이행할 경우 매도인은 매수인이 지급한 금액을 몰수할 권리를 취득할 수 있고,

---

교수 古稀 기념 논문집, 박영사(2021), 1064.
7) 전원열, 전게 논문, 1062.
8) 전원열, 전게 논문, 1050.
9) 59 C. J. S, Mortgages § 15, § 18.
10) 신탁자는 부동산에 대한 법적 소유권을 수탁자에게 이전하고, 수탁자는 채권자(우선수익자)가 대출원리금 상당액을 상환받을 수 있도록 부동산을 목적에 적합하도록 관리·운용하며, 신탁자는 채권자(우선수익자)에게 대출원리금 상당액 상환 후 수탁자와 기타 비용 등 정산을 조건으로 다시 부동산에 대한 소유권 회복을 주장할 수 있다. 54A Am Jur 2nd Mortgages § 17; 59, C. J. S, Mortgages § 16.
11) 54A Am Jur 2nd Mortgages § 1; 59 C. J. S, Mortgages § 17.

경매나 사법절차 등에 의하지 않고도 매수인을 부동산에서 퇴거시킬(remove) 수 있다는 점에서 저당권과 차이가 있다.[12]

조건부 판매계약(conditional sales contract)은 특정 사건이 발생할 때 매매대금을 지급하거나, 정해진 기간 내에 특정한 가격으로 재매매하기로 하는 부동산 매매계약으로서, 채무변제나 다른 조건의 이행을 담보하기 위한 저당권과는 차이가 있다.[13] 그러나 양도 당시 양도인이 금전적 압박으로 재산처분에 대한 자유를 상실한 상태에 있었다면 조건부 판매계약의 형식을 취하였더라도 피담보채무 변제시 소유권을 회복하기로 하는 일종의 저당권으로 파악하는 것이 타당하다. 또한 매도인이 부동산을 계속 점유하고 있다면 저당권으로, 매수인에게 점유를 이전하였다면 조건부 판매계약으로,[14] 계약 당시 당사자 간 채권·채무 관계가 있었다면 저당권으로, 당사자 간 대가 또는 환매 조건으로 합의된 금액이 토지 가격으로 크게 부적절했다면 저당권으로,[15][16] 거래가 조건부 판매계약인지 저당권인지 의심스러울 경우는 저당권으로 판단해야 한다.[17]

나. 저당권의 범위 및 효과

대출 거래의 당사자는 저당권으로 특정채무 및 그에 수반하는 부수채무를 담보할 수 있을 뿐 아니라,[18] 연결 조항(dragnet clause)을 두어 현재 또는 장래 발생하는 모든 채무를 담보할 것을 약정할 수 있다.[19] 저당권 설정 당시 장래 채무까지 담보하기로 하는 약정이 없었다면 환수권 상실절차 집행은 저당권 설정 당시 피담보채무에 국한될 것이다.[20]

저당권자는 부동산의 소유자가 아니므로 원칙적으로 부동산에서 나온 차임을 수취할 수 없다. 그러나 차임을 저당권자가 수익할 수 있도록 계약 당시 특약사항으로 정했다면 저당권자는 차임 채권 양도나 질권설정 등을 통해 부동산 자체에 대한 환수권 상실절차 진행 없이도 차임에 대한 우선권을 행사하여 이를 징수할 수 있

12) 54A Am Jur 2nd Mortgages § 10; 59 C. J. S, Mortgages § 21.
13) 54A Am Jur 2nd Mortgages § 10; 59 C. J. S, Mortgages § 23.
14) 54A Am Jur 2nd Mortgages § 10; 59 C. J. S, Mortgages § 25, 26.
15) 59 C. J. S, Mortgages § 28, § 29.
16) 예를 들어, 판매가격이 피담보채무의 2배를 초과하였다면 저당권으로 판단함이 타당하다. 54A Am Jur 2nd Mortgages § 94.
17) 59 C. J. S, Mortgages § 23.
18) 54A Am Jur 2nd Mortgages § 49.
19) 54A Am Jur 2nd Mortgages § 57.
20) 54A Am Jur 2nd Mortgages § 56.

다.[21][22] 이와 같은 합의는 저당권설정계약서에 차임채권 양도합의를 포함시키는 방법이나 독립된 계약의 형태로 이루어질 수 있다.[23] 이러한 합의 없이 순수하게 저당권만 설정된 경우, 권원 부여 이론(title theory)[24]을 취하는 주에서는 다른 합의나 제정법상 반대규정이 없는 한 채무불이행 전후를 불문하고 저당권자에게 차임을 수취할 권한이 있다고 본다.[25]

나아가, 미국에서는 저당권자(대주)가 일차적으로 저당권 설정에 의해 저당권설정자(차주)에게 대출 또는 대여를 한 후 이를 유통시켜 자금을 재조달하는 것이 가능하다. 즉, 저당권부 채권은 채권(MBS, mortgage-backed security), 증권(PTS, pass-through security), 사채(MBB, mortgage-backed bond) 등으로 상품화되어 유동화하고 있다.[26] 저당권자(대주)가 저당권설정자(차주)에게 저당권을 설정하면서 대출 또는 대여를 한 후 다시 저당권부 채권을 매매·유동화하는 시장을 저당권 시장(mortgage market)이라고 하는데, 대출 및 저당권 설정이 이루어지는 시장을 1차 저당권시장(primary mortgage market), 저당권부 채권의 매매가 이루어지는 시장을 2차 저당권시장(secondary mortgage market)이라고 한다. 1차 저당권시장에서 2차 저당권시장으로 채권을 매각할 때에는 미국법상 증서등록제도(recording system)에 따라 저당권 이전등록이 이루어진다.[27] 증서등록제도에 의하면, 이중저당에서 제2 저당권자는 제1 저당권자의 청구권을 과실 없이 알지 못했고 먼저 등록한 경우에만 우선적으로 저당권을 취득하게 되는 등의 문제가 있는데, 미국에서 이런 결함 있는 제도가 유지되는 이유는 부동산 권원보험(title insurance)이 발달하였기 때문이다.[28][29]

---

21) 59 C. J. S, Mortgages § 34.

22) Grant S. Nelson and Dale A., Whitman. Real Estate Finance Law 186 (4th ed.), West Group(2002), 214; 59 C.J.S. Mortgages § 302에서 재인용.

23) Richard C. Mortgomery, George M. Cheever, Linda J. Schutjer, Lenderers' Rights to Rents After Default, Pennsylvania Bar Association Quarterly, July, 1995, 115.

24) 이는 저당권을 설정하면 저당권자에게 담보목적물에 대한 소유권적 권원이 이전된다는 것이다.

25) Alabama, Arkansas, Connecticut, District of Columbia; Maine, Massachusetts, New Hamphshire, Pennsylvania, Rhode Island와 Tennessee 등 10개의 주가 이 이론을 채택하고 있다; Grant S. Nelson and Dale A. Whitman, 전게서, 132, 각주 11 및 Pines v. Farrell, 577 Pa. 564, 848 A.2d 94 (2004) 참조.

26) 김상용, "저당권의 유동화를 위한 권원보험제도의 필요성", 민사법연구(4), 법원사(2000), 225.

27) Browder Jr. Cuningham, Roger A. Julin, Joseph R. Smith, Allan F., Basic Property Law, West Publishing Co. (1979), 1029.

28) 전원열, 전게 논문, 1053 – 1056; 김상용, 전게서, 227.

29) 모든 2차 저당권시장(secondary mortgage market)에서 저당권 양수인들이 저당권 양도인(즉 모기지를 담보로 대출을 한 은행 등)에게 권원보험의 제출을 요구한다는 설명으로, 전원열, 전게 논문, 1057 – 1058.

한편, 저당권은 피담보채무의 존재를 필수요건으로 한다. 따라서 피담보채무가 없다면 저당권은 무효이다. 다만, 관련 채무를 표시하는 어음이 무효로 판명되었다고 하더라도 저당권의 피담보채무를 증명할 수 있는 별도의 문서가 존재한다면 저당권은 유효할 것이다.[30]

분쟁 발생시 계약 당시 정황, 계약 목적, 문서의 내용 등을 종합하여 당사자가 저당권 설정을 의도하였다고 판단된다면 외부증거에 의존할 필요 없이 작성된 문서는 저당권 관련 문서로 판단되며,[31] 저당권을 주장하는 자가 이를 입증할 책임이 있으므로 당사자는 피담보채무의 존재와 문서가 피담보채무를 담보하는 것임을 입증해야 한다.[32]

저당권자가 목적물의 매각대금을 피담보채권 및 매각비용의 변제에 사용하는 절차를 환수권 상실절차(foreclosure)라고 하는데,[33] 환수권 상실절차 집행의 관할법원은 저당물의 소재지이다.[34] 저당권에 기하여 환수권 상실절차를 실행하는 방법은 크게 법원절차(judicial sale)와 비법원절차(power of sale)로 구분할 수 있으며,[35] 현재 미국에서 법원절차가 법률로써 강제되는 주는 15개주이고, 나머지 주들에서는 대체로 비법원절차가 더 활발하다.[36] 대체로 비법원절차가 법원절차에 비하여 더 신속하고 비용이 적게 드는 것으로 알려져 있으나,[37] ① 애초부터 권원에 관하여 다툼이 있는 경우, ② 담보목적물의 관리인이 필요한 경우, ③ 담보물의 가치가 피담보채권보다 낮은 경우로서 저당권자가 경매에 의하여 만족을 얻지 못하는 잔액채권에 관하여 부족액판결(deficiency judgment)을 구하려는 경우 법원절차가 이용되기도 한다.[38]

저당권자가 먼저 저당권의 실행을 하였으나 회수할 수 없는 부족액이 있는 경우에는 저당권자는 저당권 실행 절차상 매각 종료 후 90일 이내 저당권설정자를 피고로 하여 부족액판결을 구하는 소를 제기할 수 있으며, 저당권자가 이를 게을리한 경우 잔여채무의 지급을 청구할 수 없다.[39] 일부 주에서는 저당권자로 하여금 낮게 낙

30) 54A Am Jur 2nd Mortgages §50.
31) 54A Am Jur 2nd Mortgages §9, 59 C. J. S, Mortgages §20.
32) 54A Am Jur 2nd Mortgages §107.
33) 전원열, 전게 논문, 1067.
34) 54A Am Jur 2nd Mortgages §543.
35) George J. Sledel and Janis K. Cheezem, Real Estate Law(4th ed.), South–Western College Pub, 1998, 339.
36) 전원열, 전게 논문, 1067.
37) 전원열, 전게 논문, 1068.
38) 전원열, 전게 논문, 1068.
39) See 1371 DEFICIENCY JUDGMENT 3. If no motion for a deficiency judgment shall be

찰받으려는 동기를 가지지 않게 하기 위해 부족액판결을 금지한다.[40]

4. 우리 법과의 비교

우리 민법상 저당권은 유럽대륙의 법전편찬기에 등기제도와 함께 발달한 제한
물권이나, 보통법상 저당권(Mortgage)은 종종 이에 대해 '양도저당'이라는 번역어를
사용함에서도 알 수 있듯이 소유권을 양도하는 제도를 의미한다.[41]

또한 우리 민법상 저당권은 채권의 담보로 채무자 또는 제3자가 제공한 부동산
을 점유하지 아니하면서 그 부동산으로부터 다른 채권자보다 우선하여 채권의 만족
을 얻을 수 있는 비점유 담보권인(민법 제356조) 반면,[42] 미국법상 저당권은 점유를
수반하는 보통법상 저당권과 그렇지 않은 제정법상 저당권 양자를 모두 포함한다.

우리 민법상 저당권과 미국법상 저당권은 모두 저당권만 처분하는 것이 불가능
하다. 질권에서의 전질에 대응하는 전저당은 부인되며 저당권 자체의 양도나 그 순
위만 양도·포기·변경하는 합의도 허용되지 않는다. 다만, 피담보채권과 함께 양도하
거나, 피담보채권만 분리하여 양도하는 방식으로는 얼마든지 이전이 가능하다.[43]

우리 민법상 저당권의 유통은 일반적인 것은 아님에 반해, 미국법상 저당권은
저당권 시장에서 유통화가 널리 일반화되어 있다는 차이가 있다.[44]

한편 우리 민법상 저당권의 경우 점유를 수반하지 않는 권리로서 차임을 수익할
수 없다. 저당권자는 목적물을 점유할 권리가 없으며 그 사용수익의 권능을 설정자
에게 계속 맡겨 그로 하여금 차임을 수취하게 하기 때문이다.[45] 그러나 미국법상 저
당권의 경우 특약사항으로 저당권자가 차임을 수익할 것으로 정하거나, 그렇지 않더
라도 권원 부여이론을 통하여 저당권자가 차임을 수익할 수 있도록 정하고 있다.

---

made as herein prescribed the proceeds of the sale regardless of amount shall be deemed
to be in full satisfaction of the mortgage debt and no right to recover any deficiency in
any action or proceeding shall exist.

40) 전원열, 전게 논문, 1070.
41) 전원열, 전게 논문, 1061.
42) 양창수·김형석, 민법 Ⅲ: 권리의 보전과 담보(제4판), 박영사(2021). 384. 민법 제356조(저당권
   의 내용) 저당권자는 채무자 또는 제삼자가 점유를 이전하지 아니하고 채무의 담보로 제공한
   부동산에 대하여 다른 채권자보다 자기 채권의 우선변제를 받을 권리가 있다.
43) 양창수·김형석, 전게서, 423 – 429. 판례는 기본적으로 채권의 양도와 저당권의 양도를 별개로
   판단하여 그 각각의 요건에 따르도록 하는 입장(대법원 2003. 10. 10, 선고 2001다77888 판
   결)을 따르고 있다.
44) 김상용, 전게서, 226.
45) 양창수·김형석, 전게서, 399.

마지막으로, 우리 민법상 저당권 실행은 법원 절차인 임의경매만 존재한다(민사집행법 제264조).[46] 반면, 미국법상 저당권에 기한 환수권 상실절차는 법원절차와 비법원절차로 구분할 수 있다.

---

46) 민사집행법 제264조(부동산에 대한 경매신청) ① 부동산을 목적으로 하는 담보권을 실행하기 위한 경매신청을 함에는 담보권이 있다는 것을 증명하는 서류를 내야 한다.

Negligence
과실

방지혜

1. 개 념

　Negligence는 합리적으로 신중한 사람(reasonably prudent person)이 유사한 상황에서 행사했을 주의의 기준(standard of care)을 지키지 않은 것, 타인의 권리를 고의적으로 무시하는 행위를 제외한 불합리한 위험이나 손해로부터 타인을 보호하기 위해 제정된 법적 기준에 미달하는 것, 합리적이고 신중한 사람이 특정 상황에서 하지 않을 일을 하거나 그러한 사람이 그 상황에서 할 일을 하지 않는 것을 의미한다.[1]

　오늘날 미국 사법에서 Negligence는 보통 '과실에 의한 불법행위'[2]를 의미하며, 미국 불법행위법[3]을 이루는 여러 불법행위 유형 중 가장 광범위하고 중요한 부분으로 여겨진다. Negligence에서 중요한 것은 원고에게 우연한 위험을 야기한 피고의 행위이며, 피고의 정신상태는 특별한 의미를 갖지 않는다.[4]

---

1) Black's Law Dictionary (11th ed. 2019), negligence.
2) 사람의 과실 있는 행위에 대해서는 'negligent'라는 단어가 주로 쓰이며, 불법행위의 한 유형인 'negligence'를 이유로 소를 제기하기 위해서는 단순한 과실 있는 행위(negligent conduct)가 있다는 것 이상의 요건이 충족되어야 한다. Restatement (Second) of Torts §282 (1965).
3) 미국의 불법행위법은 고의에 의한 불법행위(intentional tort), 과실에 의한 불법행위(negligence), 엄격책임(strict liability)에 의한 불법행위, 생활방해, 명예훼손, 사생활침해 등으로 구성되어 있다[서철원, 미국 불법행위법, 법원사(2005). 1-12 참조; 김영희, "미국 불법행위법상 과실비교제도의 전개." 법학연구 제23권 제4호(2013. 12), 135-138 참조]. '엄격책임'은 '무과실책임'으로 번역되기도 한다[고세일, "미국 과실불법행위와 인과관계-불법행위 보통법전집 제2판의 과실규정을 중심으로." 안암법학 제42권(2013. 9), 177, 각주 38].
4) Gunn, Alan, and Vincent R. Johnson, Studies in American Tort Law. Carolina Academic Press, 2013. 235. 이와 반대로 고의에 의한 불법행위에서는 원고에게 해로운 결과를 야기하는 행위를 하려는 의도가 있거나, 이러한 결과의 발생에 대해 상당히 확실하게 알고 있는 정신상태가 중요한 성립요건으로 요구된다.

2. 배 경

　　Negligence가 불법행위법의 한 유형으로 자리잡은 것은 비교적 최근이라 할 수 있는 19세기부터이다.[5] 19세기 이전까지 사람은 자신의 잘못 여부에 관계없이 사고로 인한 피해에 대해 책임을 져야 했다.[6] 그러나 산업혁명과 함께 등장한 대량생산 기계와 운송수단인 기차로 인해 사람들이 다치는 일이 빈번하였고[7] 기존의 엄격책임 이론을 적용한다면 책임범위가 지나치게 확장되어 산업발전에 방해가 될 수도 있다는 염려가 제기되었다. 또한, 가해자에게 책임이 있고 피해자에게 책임이 없는 경우가 아니라면 피해자의 손실을 가해자에게 전가하는 것을 정당화할 수 없다는 개인주의적 철학의 대두[8]도 당시 사회에 영향을 주었다. 1825년경 Negligence는 비로소 불법행위 사건에서 소송의 한 유형으로 주목받게 되며[9], 미국의 경우 1830년대에 들어서 부주의하게 야기된 피해에 대한 일반 책임이론(general theory of liability)으로 형성되기 시작한다.[10]

3. 내 용

　　불법행위의 한 유형으로서 Negligence는 타인의 이익을 무모하게 무시하는 행위를 제외한 모든 행위로서 타인의 부당한 위해에 대한 보호를 위해 법률이 정한 기준에 미달하는 행위이다.[11]

　　Negligence가 성립하기 위한 요건은 일반적으로 다음과 같다. (1) 원고를 불합리한 피해의 위험으로부터 보호하기 위해 피고에게 특정한 기준에 부합하는 작위나 부작위를 해야 할 주의의무가 존재할 것, (2) 피고가 이러한 의무를 위반할 것, (3) 피고의 의무위반이 원고의 손해에 사실적, 법적인 원인일 것, (4) 원고의 신체나 재산에 손해가 발생할 것이다.[12]

---

5) Kelly, Kathryn et al, Prosser, Wade and Schwartz's Torts: Cases and Materials. Foundation Press/West Academic (2015), 139.

6) Posner, Richard A., "A theory of negligence", The Journal of Legal Studies. vol. 1, no. 1, 29 (1972).

7) Franklin, Marc A., and Robert L. Rabin, Tort law and alternatives: cases and materials. Foundation Press (2021), 37.

8) Posner, Richard A., ibid, 29.

9) Kelly, Kathryn et al, Prosser, ibid, 139.

10) Owen, David G., "The five elements of negligence", Hofstra L. Rev. 35. 1671, 1671 (2006).

11) Restatement (Second) of Torts § 282 (1965).

첫 번째 요건인 '주의의무(duty of care)'와 관련하여, 행위자는 자신의 행위로 인해 타인에게 신체적 위험을 야기할 경우 합리적인 주의를 기울일 의무가 있다.[13] 행위자가 어린이가 아닌 이상, 과실판단의 기준은 같은 상황에서 합리적인 사람(reasonable man)이 했을 행위를 기준으로 하며,[14] 정신적 장애(mental deficiency)가 있더라도 같은 상황에서 합리적인 사람의 기준을 적용하여 주의의무를 정한다.[15] 그러나 신체적 장애의 경우, 같은 장애를 가진 합리적인 사람이 할 수 있는 행위를 기준으로 한다.[16] 성인 자격이 요구되고 성인만 할 수 있는 활동에 참여하는 어린이의 경우(child engaging in adult activity)에는 예외적으로 해당 활동에 종사하는 성인에게 적용되는 기준을 적용할 수 있다.[17]

두 번째 요건인 '의무위반(breach of duty)'은 원고가 피고의 의무위반을 증명하는 것을 원칙으로 하지만 다음의 경우 의무위반의 증명 없이도 Negligence가 추정된다. 먼저, 'Negligence per se'[18]란 피고가 법률(statute)을 위반하는 경우 법원이 Negligence로 추정하는 법리이다. 다음으로, 'res ipsa loquitur'는[19] 일정한 경우 단순한 사고 발생 사실만으로 일응(prima facie)[20] Negligence가 성립한다고 보는 법리로, ① 적절한 주의를 기울일 경우 일반적으로 손해가 발생하지 않는 경우, ② 상해를 입히거나 피해를 입힌 무언가가 피고의 관리 및 통제하에 있는 경우, ③ 피고가 발생 원인에 대한 높은 지식 또는 정보를 보유하고 있는 경우가 아니라면 원칙적으로 적용되지 않는다.[21]

세 번째 요건인 '인과관계(causation)'와 관련하여, 피고의 행위가 원고의 손해에 대한 사실상의 원인(actual cause, factual cause)이면서 법적인 원인(proximate cause,

---

12) Kelly, Kathryn et al, Prosser, Wade and Schwartz's Torts: Cases and Materials. Foundation Press/West Academic, 2015, 140−141; Restatement (Second) of Torts §281 (1965); Black's Law Dictionary (11th ed. 2019) negligence. 다만 미국의 경우 주마다 적용되는 법리와 규정이 달라 주에 따라서는 주의의무(duty of care)와 의무위반(breach of duty)의 요건을 엄격히 따지지 않기도 한다.
13) Black's Law Dictionary (11th ed. 2019), breach of duty of care.
14) Restatement (Second) of Torts §283 (1965).
15) Restatement (Second) of Torts §283B (1965).
16) Restatement (Second) of Torts §283C (1965).
17) Restatement (Second) of Torts §283A (1965).
18) Black's Law Dictionary (11th ed. 2019), negligence per se.
19) 라틴어로 "the thing speaks for itself"라는 의미이다. Black's Law Dictionary (11th ed. 2019), res ipsa loquitur 참조.
20) 반증(disproved)되거나 반박(rebutted)되지 않는 한 사실이라고 추정되는 것이다[Black's Law Dictionary (11th ed. 2019), prima facie].
21) Black's Law Dictionary (11th ed. 2019), res ipsa loquitur.

legal cause)이어야 한다.[22] 사실상의 원인을 인정하기 위해 사용되는 법리는 '조건적 인과관계(But for test)'[23]라는 것으로 그 행위가 없었더라면 결과가 발생했겠는가를 판단하는 것이다. 만일 피고의 행위가 없었다면 원고에게 손해가 발생하지 않았을 것이라면 사실상의 원인이 있다고 인정된다. 법적인 원인을 인정하기 위해 사용되는 법리는 'foreseeability test'[24]라는 것으로 예견가능성을 의미하며, 피고의 행위가 결과 발생의 직접적인 원인(direct cause)인 경우 피고는 예견 가능한 모든 결과에 대해 책임을 진다. 다만, 이 경우에도 피고의 행위로 발생한 위험영역(zone of danger) 밖에 있는 예견 가능하지 않은 결과에 대해서는 책임지지 않는다. 만약 행위와 손해 사이에 제3의 요소(intervening factor)가 개입하여 간접적인 원인(indirect cause)이 된 경우 제3의 요소가 제3자의 범죄행위 등 비정상적인 것일 경우에 한해 인과관계는 단절되고 피고는 결과에 대해 책임지지 않는다.[25]

네 번째 요건인 '손해(damage)'와 관련하여, Negligence에서는 명목적 손해(nominal damage)가 아닌 실제 손해(actual damage)가 요구된다.[26] 징벌적 손해배상은 일반적으로 Negligence에선 잘 인정되지 않지만, 피고의 행위가 일반적인 과실을 넘어서 악의에 의한 것이거나 지나치게 부주의할 경우 인정될 수도 있다.

Negligence의 항변사유와 관련하여 중요한 법리는 ① 기여 과실(contributory negligence), ② 상대적 과실(comparative negligence), ③ 위험인수(assumed risk)이다.

첫째, '기여 과실(contributory negligence)'이란, 피고의 행위로 원고에게 발생한 손해에 원고 자신의 과실(own negligence)도 포함된 경우 피고에게 책임을 물을 수 없게 되는 것이다.[27][28] 이러한 법리는 1960년대 후반에 들어 그 불합리성을 이유로 많은 비판을 받았고, 1970년대 후반부터 대부분의 주가 전통적인 기여 과실이론을

22) 사실상의 인과관계만으로 negligence를 인정하게 될 경우 그 성립범위가 무한히 확장될 수 있으므로 사실상 인과관계가 인정되는 것 중 법적으로도 인과관계가 인정되는 것에 한정하여 인정하고 있다.
23) Black's Law Dictionary (11th ed. 2019), causation; Black's Law Dictionary (11th ed. 2019), but−for test 참조.
24) Black's Law Dictionary (11th ed. 2019), cause.
25) 조국현, 미국 불법행위법: 이론 및 실제, 진원사(2019). 165−168 참조.
26) Kelly, Kathryn et al., Prosser, Wade and Schwartz's Torts: Cases and Materials. Foundation Press/West Academic, (2015), 140; 이와 달리, 고의에 의한 불법행위의 경우 손해의 발생이 필수적인 성립요건이 아니며, 손해 또한 명목적 손해(nominal damage)만으로도 충분하다. 서철원, 미국 불법행위법, 법원사(2005), 112.
27) Black's Law Dictionary (11th ed. 2019), contributory negligence; Restatement (Second) of Torts §463 (1965).
28) 이와 달리, 고의에 의한 불법행위에서는 기여과실은 항변사유로 인정되지 않는다. 서철원, 전게서, 117.

포기하고 상대적 과실이론을 따르게 된다.[29]

둘째, '상대적 과실(comparative negligence)'이란, 원고의 피고의 행위로 원고에게 발생한 손해에 원고 자신의 과실(own negligence)도 포함된 경우 일정한 비율로 피고의 책임이 경감되는 것이다.[30] 이 법리는 다시 분화되었는데, 순수 상대적 과실(pure comparative negligence)은 원고와 피고의 과실 비율에 따라 피고는 자신의 과실 비율만큼 손해를 배상할 책임을 지는 것이고,[31] 수정 상대적 과실(modified comparative negligence)은 주에 따라 원고의 과실이 피고의 과실보다 같거나 미만이거나(not as great as), 아니면 미만일(no greater than) 경우에 한해 순수 상대적 과실(pure comparative negligence) 법리에 따라 책임을 물을 수 있게 하는 것이다.[32]

셋째, '위험인수(assumption of risk)'란, 원고가 피고의 Negligence로 야기된 위험을 알면서(aware of) 자발적으로(voluntarily) 계속(continues) 그 위험을 직면한 경우 피고에게 책임을 물을 수 없다는 것이다.[33] 묵시적 위험인수(Implied Assumption of Risk)도 일정한 경우 인정된다.[34]

4. 우리 법과의 비교

우리 민법은 불법행위의 요건으로 책임능력자[35]의 고의 또는 과실 있는 위법한 행위일 것(민법 제750조), 손해가 발생할 것(민법 제750조, 제751조), 양자 사이에 인과관계가 있을 것(민법 제750조)을 요구하고 있다.

고의 또는 과실과 관련하여, 근대 민법의 3대 원칙 중 하나인 과실책임주의에서의 과실은 고의와 과실을 포괄하는 귀책사유의 의미로 이해할 수 있다.[36] 구체적으로 과실에 대해 살펴보면, 과실은 사회생활상 요구되는 주의를 게을리하여 그 결과

---

29) Franklin, Marc A., and Robert L. Rabin, Tort law and alternatives: cases and materials. Foundation Press (2021), 449.
30) Black's Law Dictionary (11th ed. 2019), comparative-negligence doctrine.
31) 예를 들어, 원고의 과실 비율이 90%라도 원고는 피고에게 피고의 과실비율인 10%만큼의 책임을 물을 수 있다. Franklin, Marc A., and Robert L. Rabin, ibid, 450.
32) Franklin, Marc A., and Robert L. Rabin, ibid, 450.
33) Restatement (Second) of Torts §496A (1965).
34) Restatement (Second) of Torts §496C (1965).
35) 민법 제753조, 제754조는 책임무능력자의 책임을 부정함으로써 간접적으로 책임능력이 불법행위의 성립요건임을 규정하고 있다. 양창수·권영준, 민법Ⅱ: 권리의 변동과 구제, 박영사(2017), 606.
36) 신봉근, "불법행위에서 과실의 개념과 주의에 관한 사회평균인의 기준-미국법의 논의를 중심으로." 재산법연구 제35권 제4호(2019. 2), 177; 양창수·권영준, 전게서, 606.

일정한 결과가 발생하리라는 것을 인식하지 못한 것을 의미한다.[37] 과실은 주의의무 위반 정도에 따라 중과실(주의의무를 현저히 결여한 경우)과 경과실로 구분되며 과실 여부를 판단하기 위한 주의의무는 사회평균인[38]을 기준으로 객관적, 추상적으로 확정된다.[39]

우리 법상 불법행위의 성립에 있어서는 고의·과실을 구별하지 않으므로 피해자가 손해배상을 청구하는 경우에도 고의 또는 과실에 의해 손해가 발생하였다는 사실만 주장하면 되고 그것이 고의에 의한 것인지 또는 과실에 의한 것인지 주장할 필요가 없으며, 법원도 당사자의 주장과 상관없이 고의 또는 과실을 인정할 수 있다. 즉, 손해배상책임이라는 효과의 발생에 있어서 고의와 과실은 동등하게 취급된다.[40] 그러나 고의에 의한 불법행위일 경우 일반적으로 더 높은 위자료가 인정되고, 배상액 경감청구[41]의 대상이 되지 않으며, 고의의 불법행위로 인한 손해배상청구권을 수동 채권으로 하는 상계는 허용되지 않는다.[42]

우리 민법에서는 고의에 의한 불법행위와 과실에 의한 불법행위는 같은 조문인 민법 제750조에서 규정하고 있으며, 피고의 행위가 고의인지 과실인지에 따라 손해 배상책임의 내용이 달라지지 않는다. 이러한 점은 불법행위 유형을 고의에 의한 불법행위, 과실에 의한 불법행위, 엄격책임에 의한 불법행위 등으로 구분하여 그 성립 요건과 인정되는 손해배상의 내용, 인과관계를 인정하는 요건, 항변사유 등에 구별을 둔 미국의 불법행위법과 차이가 있다고 할 수 있다.

---

37) 양창수·권영준, 전게서, 606.
38) 어린이의 경우 우리 대법원은 대체로 12세 전후를 책임능력 유무의 연령 기준으로 삼고 있다. 권영준, "불법행위의 과실 판단과 사회평균인." 비교사법 제22권 제1호(2015. 2), 118−119.
39) 대법원 2001. 1. 19. 선고 2000다12532 판결.
40) 곽윤직 편, 민법주해 XⅧ, 박영사(2005), 183−185 참조.
41) 민법 제765조(배상액의 경감청구) ① 본장의 규정에 의한 배상의무자는 그 손해가 고의 또는 중대한 과실에 의한 것이 아니고 그 배상으로 인하여 배상자의 생계에 중대한 영향을 미치게 될 경우에는 법원에 그 배상액의 경감을 청구할 수 있다.
42) 민법 제496조(불법행위채권을 수동채권으로 하는 상계의 금지) 채무가 고의의 불법행위로 인한 것인 때에는 그 채무자는 상계로 채권자에게 대항하지 못한다.

Negotiable Instrument
유통증권

최지영

1. 개 념

개정 통일상법전(Uniform Commercial Code) 제3조에 따르면, 유통증권(Negotiable instrument)은 고정 금액의 지급을 약속하거나 고정 금액에 대한 지급 지시가 이루어진다는 내용이 명시된 증권을 의미한다.[1] 유통증권은 소지인이 출급하거나 소지인의 지시식으로 사용되어야 하며 일람출급(payable on demand) 또는 확정일출급(payable at a definite time)이 가능해야 한다.[2] 유통증권에는 (1) 지급을 확보하기 위한 담보의 제공, (2) 담보의 실현 또는 처분, (3) 채무자의 이익 또는 보호를 위한 법률상의 이익 포기를 지급의 조건으로 명시할 수 있는데, 이외의 다른 지급 조건을 명시할 경우 유통증권으로 구분될 수 없다.[3]

2. 배 경

유통증권은 추가 문서 등을 제출할 필요 없이 실물 인도 등으로 지급을 확보할 수 있도록 한 증권으로, 명확하고 빠른 상거래를 촉진하기 위해 사용되기 시작했다.[4]

미국에서는 유통증권을 규율하기 위해 1896년 유통증권법(Negotiable Instruments Law)이 제정되었다. 유통증권법은 유통증권에 대한 통일된 규범을 마련하기 위해 미국의 모든 주에 적용되도록 제정되었으나, 점차 주별로 독자적인 유통증권 관련 규정이 도입되기 시작했다.[5] 이에, 모든 주에 통일적인 유통증권 법률이 적용될 수 있

---

1) Am. Jur. 2nd §7. Definition and nature of negotiability of bills and notes.
2) id.
3) id.
4) id.
5) Wlliam Momus, "Negotiable Instruments Law Under the Uniform Commercial Code", W. Va.

도록 1951년 통일상법전이 제정되면서 상업어음에 관한 규정에 유통증권법이 통합
되었다.[6] 1990년 규정의 체제 정비[7]를 목적으로 통일상법전 제3조가 전면 개정되었
는데, 이때 '상업어음' 대신 '유통증권'으로 용어가 정비되었다. 이는 1962년 통일상법
전 제3조(section 3–805)에서 '거의 양도 가능한(almost negotiable) 증서' 또는 '기술
적으로 양도할 수 없는(technically non–negotiable) 수표'에 대한 내용이 삭제되었기
때문에 가능한 일이었다.[8]

3. 내 용

　유통증권은 발행 시점 또는 소유자가 처음으로 증권을 점유하게 된 시점에 무기
명 또는 지급지시 할 수 있음이 명시된 증서이다. 유통증권이 무기명으로 유통되기
위해서는 유통증권에 무기명 지급이 가능하고, 무기명으로 지급지시를 할 수 있으며,
증서를 소지한 자에게 지급된다는 것 등이 명시되어야 한다. 반면, 유통증권에 특정
인에 대한 지급지시 또는 특정인의 지급지시에 따를 것이 명시된 경우에는 지급지시
에 의해서만 유통될 수 있다.[9]

　유통증권에는 금전 지급에 대한 약속(promise)이나 지급지시(order)에 대한 내용
이 명시되어야 한다. '약속(promise)'이란 지급을 약속하는 자가 서명한 증서를 의미
한다. 이는 발행인이 수취인에게 일정액의 금전을 지급하겠다고 약속하는 것을 의미
한다. '지급지시(order)'는 지급지시자가 서명한 증서를 의미한다.[10] 이는 발행인이
일정액의 금전을 수취인에게 지급할 것을 지급인에게 위탁하는 것을 의미한다.[11] 다
만, 지급지시는 지시를 하는 사람을 포함하여 여러 사람에게 공동으로 또는 개별적
으로 지급하도록 할 수 있는데, 연속적인 지급지시는 불가하다.[12]

　유통증권은 소지인이 청구한 날 지급되거나, 증권에 명시된 특정일에 지급될 수
있어야 한다. 유통증권에 소지인의 청구에 따라 지급된다거나 소지인의 의사에 따라

　L. Rev. Vol. 64 Issue 5(1964), 458.
6) Uniform Law Commission, Articles 3 and 4 of the Uniform Commercial Code (2002)–A
　Summary.
7) UCC §3–403. Signature by Authorized Representative.
8) UCC Article 3 Negotiable Instruments, and Article 4 Bank Deposits and Collections.
9) C.J.S. §155. Words of negotiability; payable to bearer or to order.
10) C.J.S. §156. Promise or order as requisite to negotiability of instrument.
11) 만일 어느 환어음의 지급인이 은행이고 또한 일람불인 경우, 그 환어음은 수표(check)가 된다.
12) C.J.S. §157. Additional promises, orders, or the like as affecting negotiability of instrument.

지불할 수 있음이 기재되는 경우, 증서에 지급시기 등이 명시되지 않은 경우에는 유통증권은 소지인의 증권 제시에 따라 지급이 이루어진다. 반면, 유통증권에 지급하기로 날짜를 특정하여 명시할 경우 표시된 날에 지급이 이루어진다. 특정일에 지급되도록 명시된 증서가 특정일 이전에 지급 청구를 받게 되는 경우, 특정일까지는 증권 제시에 따라 지급이 이루어지며, 해당 날짜 이전에 지급 청구가 없으면 확정된 일자에 지급된다.[13]

금융상품(item)은 고정 금액으로 지급되는 경우에만 유통증권으로 구분된다. '고정금액'은 원금을 의미하는 것으로, 원금은 고정되어 있으나 이율 등에 따라 이자만 변동되어 지급되는 경우에는 유통증권으로 구분될 수 있다. 다만, 상황에 따라 특정 금액 또는 그 이상을 선지급할 수 있다고 명시한 증서는 '고정금액'을 가진다고 볼 수 없다. 또한 담보는 원금이 지급되지 않았을 경우 지급해야 될 금액이 달라질 수 있으므로 일반적으로 '고정금액'으로 구분하지 않는다.[14]

유통증권은 금전의 지급을 약속하거나 지시하는 서면이어야 하며 무조건으로 유통이 가능해야 한다.[15] 지급에 대한 조건이 명시되어 있는 경우, 특정 문서에 따라 지급 여부가 결정될 경우 등은 유통증권으로 구분될 수 없다. 유통증권의 소지인은 일반적으로 지급에 관한 권리를 결정하기 위해 다른 문서를 검토할 필요가 없다. 따라서 소지인이 지급을 청구하기 위해 다른 문서가 필요하다고 명시할 경우 그 자체로 조건이 있는 증권으로 구분된다.[16]

일반적으로 유통증권은 약속어음(promissory note),[17] 환어음(draft),[18] 수표(check),[19] 예금증서(certificate of deposit), 여행자 수표(traveler's check), 출납원 수표(cashier's check), 금전출납원 수표(teller's check)와 같은 증서 등을 의미하며,[20] 신용카드, 서명이 필요 없는 우편환, 소유권 증명서, 보험 증권 등은 유통증권으로 구분하지 않

13) C.J.S §158. Payability on demand or at definite time as requisite to negotiability of instrument.
14) C.J.S. §159. Certainty as to amount payable as requisite to negotiability of instrument.
15) C.J.S. §160. Medium of payment required for negotiability of instrument.
16) C.J.S.§161. Unconditional nature of promise or order as requisite to negotiability of instrument.
17) 발행인이 수취인에게 일정액의 금전을 지급하겠다고 약속하는 증권이다, U.C.C. §3-104(e).
18) 발행인이 일정액의 금전을 수취인인 제3자에게 지급할 것을 지급인에게 위탁하는 증권이다. U.C.C. §3-104(e).
19) 발행인이 일정액의 금전을 제3자에게 지급할 것을 지급인이 은행에 위탁하는 증권으로 일람불(payable on demand)인 증권이다. U.C.C. §3-104(f).
20) UCC §§3-104 (e).

는다.[21]

유통증권에 대한 선의취득은 (1) 증권이 위조나 변조의 증거가 없고 불완전하거나 비정상적이어서 그 진정성에 관하여 의심의 여지가 없고 (2) 취득자가 유상(for value)으로 선의(for good faith)에 의하여 증권의 만기 경과나 지급 거절 등에 대한 불이행이 있다는 사실, 증권에 무권한 서명이 있거나 변조가 있다는 사실 등에 대한 인식이 없을 경우 성립된다.[22]

유통증권에 대한 선의취득이 성립되면 양도인은 소지인에 대하여 인적 항변[23]으로 대항할 수 없지만[24] 물적항변[25]으로는 대항할 수 있다.[26] 통일상법전은 인적 항변에 대하여 구체적인 예시를 두고 있지 않으나,[27] 통일상법전 제3-305조 공식 주석 2항에 따르면 통일상법전 제3조의 항변은 증권의 미발행(non-issuance), 조건부 발행, 특정 목적을 위한 발행, 여행자 수표의 부서(countersign) 결여, 별도 계약에 의한 채무 변경, 제한적 배서(restrictive indorsement)에 위반한 지급, 대가(consideration) 없이 발행되거나, 약속의 이행 없이 발행된 증권, 환어음 인수 당시의 담보 위반(breach of warranty) 등을 의미한다.[28]

4. 우리 법과의 비교

우리 법의 유가증권은 재산적 가치가 있는 권리를 표창하는 증권으로서 그 권리의 발생·행사·이전의 전부 또는 일부에 증권의 소지가 요구되는 것이라고 해석된

---

21) C.J.S. §162. Particular types of paper as negotiable instruments.
22) U.C.C. §3-302.
23) 인적 항변 이외의 모든 항변을 의미한다(UCC §3-306).
24) 선의 취득자는 청구권(claim)과 항변(defense)의 대항을 받지 않는 반면, 선의취득자 아닌 취득자는 다른 당사자의 청구권이나 항변의 대항을 받게 된다. 일반 계약법 이론에 의하면, 당사자간에 별도의 합의가 없는 한, 계약상 권리의 양수인(assignee)은 채무자가 양도인에 대하여 가지고 있는 항변의 대항을 받는 권리를 양수하는 것이 원칙이다. 이에 반하여 선의취득자 지위를 가지고 있는 유통증권의 양수인은 일반적으로 발행인의 항변의 대항을 받지 않고 유통증권을 취득한다. 정봉진, "유통증권의 선의취득에 관한 미국법 연구", 국제거래법연구 제12호 (2003), 398.
25) 미성년의 항변, 무능력의 항변, 강박의 항변, 불법의 항변, 도산의 면책, 선의취득자에게 이미 알려진 면책, 변조, 위조 등을 의미한다(U.C.C. §3-301(a)(1)(i)~(ii), §3-601, §3-602, §3-406, §3-407).
26) 정봉진, 전게 논문, 398.
27) 통일상법전 제3조에 열거된 항변, 또는 만일 증권상의 권리자가 단순히 계약에 기하여 지급을 청구하였다면 채무자가 행사할 수 있었던 항변이라고 규정(U.C.C. §3-306).
28) Official Comment 2 to U.C.C. §3-305. 정봉진, 전게 논문, 407.

다.[29) 우리 법상 유가증권에는 약속어음, 환어음, 수표와 같은 금전지급증권 뿐만 아니라, 주식, 채권과 같은 투자증권과, 선하증권과 같은 권리증권이 포함된다.[30)

미국법상 유통증권은 빠른 거래를 위해 양도 등으로 지급이 이루어지도록 한 증서로 정의되므로 우리 법의 금전지급증권에 해당하는 개념이다. 참고로, 개정 통일상법전 제7조에서는 선하증권과 같은 권리증권(documents of title)을, 제8조에서는 주식·채권과 같은 투자증권(investment securities)을 별도로 규정하고 있다.[31)

우리 법은 어음에 적용되는 법(어음법)과 수표에 적용되는 법(수표법)을 각각 따로 두고 있는 반면, 미국에서는 어음과 수표를 "유통증권"으로 포섭하여 개정 통일상법전 제3조로 규율하고 있다.[32)

미국에서는 통일상법전에 따라 유통증권을 유상으로(for value), 선의에 의하여 (in good faith), 특정 사실에 대한 인식 없이(without notice) 충족한 취득자는 선의취득을 주장할 수 있고, 선의취득자는 통일상법전상의 모든 청구권이나 대부분의 항변의 대항을 받지 않는다.[33)

반면 우리 법에 따르면 어음·수표에 대한 선의취득은 ① 무권리자로부터 취득,[34) ② 어음법적 유통방법(일반적으로는 배서이고, 최종배서가 백지식 배서의 경우에는 교부임)에 의한 어음 취득,[35) ③ 양도인에 대하여 배서 연속에 의한 권리 외관이 있을 것을 적극적 요건으로 하고 있고, ① 악의 또는 중대한 과실이 없을 것, ② 어음 취득자에게 독립한 경제적 이익이 있을 것을 소극적 요건으로 하고 있다.[36) 이때 악의 또는 중대한 과실은 '어음·수표를 취득할 때, 통상적인 거래의 기준으로 보아, 양도인이나 그 어음·수표 자체로 양도인이 실질적 무권리자라고 의심케 할 만한 사정이 있는지의 여부'에 따른다.[37) 선의취득이 성립될 경우 선의취득자는 양도인이 무권

29) 정봉진, "어음 수표요건에 관한 미국법 연구", 국제거래법연구 14권 2호(2005), 246.

30) 정봉진, 전게 논문, 246.

31) 한국산업은행 조사부, 세계화시대의 국제금융거래법(1994. 12), 29. ; 정찬형, 영미 어음·수표법, 박영사(2001), 23.

32) 정봉진, "미국에서의 어음수표 선의취득제도와 소비자 보호", 법학논고 제30호(2009.6), 502.

33) 정봉진, 전게 논문, 502.

34) 학설은 ① 무권리자 한정설과 ② 무효취소포함설 및 ③ 절충설(양도행위자체의 무효 또는 취소 사유 중 대리인의 대리권의 흠결이나 하자만 포함한다고 보는 설)로 구분된다. 무권리자 한정설이 통설이다. 손용근, "어음수표의 선의취득", 어음수표법에 관한 제문제, 재판자료 30집, 419.

35) 어음법이 정한 방법 즉, 배서 또는 교부로 어음을 취득한 경우에만 선의취득규정이 적용된다. 따라서 포괄승계(상속, 합병)나 전부명령으로 어음을 취득한 경우, 지명채권양도의 방법으로만 양도할 수 있는 지시금지어음(어음법 제11조 제2항). 기한후 배서인 경우(어음법 제20조 제1항 단서)에는 선의취득 규정을 적용할 수 없다.

36) 윤경, "어음·수표소송의 요건사실과 입증책임", 사법연수원 논문집 제2집(2004), 17.

37) 대법원 1988. 10. 25. 선고 86다카2026 판결; 1995. 8. 22. 선고 95다19980 판결; 1997. 5.28.

리자임에도 불구하고 어음상의 권리를 원시 취득하게 된다.

이때 우리 법은 미국법과 달리 선의취득과 인적 항변 절단을 별개의 보호수단으로 하고 있다는 점에서 차이가 있다. 즉, 선의취득은 권리를 귀속하는 주장으로 기능하고 항변의 절단은 채무를 확정하는 문제로 기능한다. 선의취득의 요건으로 악의 또는 중대한 과실없이 증권을 취득해야 하는 반면, 인적항변이 절단되기 위해서는 채무자의 해함이 없어야 한다. 따라서, 항변이 성립되는 증권을 취득한 자에게 선의취득이 인정되더라도 항변의 성립 여부가 문제될 수 있다.[38]

또한, 우리 법상 금전지급증권은 지시증권[39]과 무기명증권[40] 외에도 기명증권[41]을 포함하고 있다. 반면, 미국 통일상법전에 따른 유통증권은 무기명(payable to bearer)으로 유통되거나 지시식(payable to order)이어야 하므로 기명증권은 유통증권에 포함되지 않는다는 점에서도 차이가 있다.

선고 97다7936 판결.

[38] 양석완, "선의취득자의 개재와 인적항변", 법과 정의 제2호(1996), 6.

[39] 증권상에 기재한 특정인 및 그가 지시하는 자가 권리자인 증권.

[40] 증권상에 권리자를 지정하지 않고 증권을 소지하고 있는 자가 정당한 권리자로 인정되는 증권.

[41] 증권상에 특정인을 권리자로 기재한 증권.

Novation
경개

성아윤

1. 개 념

  Novation은 넓은 의미로 기존의 구 계약을 새로운 계약 혹은 의무로 대체하는 것이라고 정의할 수 있다. 보다 구체적으로, "novation"은 현재의 유효한 채무를 면제하고 새로운 다른 유효한 의무로 대체하는 합의 또는 채무자, 채권자가 다른 채무자 혹은 채권자로 대체되는 것에 관한 당사자들 간의 상호 합의로 정의될 수 있다.

2. Substituted Contract(대체계약) 개념과의 구별

  Novation은 대체계약(substituted contract)의 한 종류로 정의되거나 설명되기도 한다.[1] Substituted contract란 본래의 의무를 대신하여 새로운 의무를 이행하는 것을 채권자가 수락한 계약을 말한다. 변경된 계약에 따른 새로운 의무는 원래 의무와 동일할 수도 있고 다를 수도 있다.[2] 대표적인 substituted contract의 유형은 기존 당사자 간의 계약에서 계약 기간이 달라지는 계약이다. 만약 당사자들이 이전 계약의 모든 조항을 대체하기 위해 새로운 계약을 체결하려고 한다면, 그 계약 역시 substituted contract이다. Restatement에 의하면 substituted contract에 의해 계약의 당사자가 변경되는 것을 Novation이라고 한다.[3] 이러한 입장에 따르면 Novation은 substituted contract 중 계약 당사자의 변경을 내용으로 하는 것을 지칭한다.

---

1) 58 Am. Jur. 2d Novation § 1.
2) Restatement (Second) of Contracts § 279, § 280.
3) Restatement (Second) of Contracts § 279 (1981).

3. 내 용

Novation이 성립하기 위한 요건은 ① 이전의 유효한 채무(obligation), ② 계약의 새로운 구성원들의 동의, ③ 구 계약의 소멸, ④ 유효한 새로운 계약이다. Novation을 구성하기 위해서, 기존의 당사자 사이의 계약은 소멸되고 반드시 새로운 계약으로 대체되어야 한다. 위 요소 중 하나라도 빠진다면 그것은 Novation라 볼 수 없다.[4]

다만, 법령(statute)이나 당사자 간의 사전 의무(obligation) 또는 계약에 의해 요구되지 않는 한, Novation은 서면에 의해 체결될 필요는 없다. 당사자들이 서면 또는 구두로 '원래의 계약이 Novation을 위해 취소되었다.'고 명시적으로 진술할 필요도 없다. 즉, Novation은 당사자들 사이에 명시적으로 "경개(Novation)", "면책(discharge)", "소멸(extinguish)", "합의(settlement)" 또는 "면제(release)"와 같은 단어를 사용하여 합의될 필요는 없는 것이다.

Novation은 법원이 해당 계약의 정확한 의미를 이해하고, 채무자의 법적 책임의 범위를 확실히 측정할 수 있을 정도로 충분히 명확해야 한다. 그러나 상황에 따라서, Novation 계약의 구체적인 내용은 법에 의해 의제 될 수 있다.[5]

Novation은 약인(consideration)을 포함하여 다른 계약과 동일한 요건이 필요하다. 그러나 새로운 계약에서의 대가는 기존 계약 당사자가 지급하거나 받을 대가가 아니기 때문에, 새로운 의무를 수행하겠다는 약속의 맥락에서 원래의 의무 이행에 대한 새로운 내용의 대가도 규정할 수 있다. 새로운 대가에 대하여 합의하기 위해 Novation 계약의 모든 당사자가 동시에 동의를 표명할 필요는 없으나 모든 당사자가 동의의 표시를 하는 것이 원칙이다. 다만, 만약 그 당사자가 새로운 계약에 의하여 수혜를 받는 기존 계약의 채무자나, 새로운 계약의 채권자인 경우, 그가 명시적으로 부인하지 않는다면 Novation은 그들의 동의 없이도 가능하다. 반면에, 기존의 채권자와 새로운 채무자의 동의는 항상 필요하다.[6]

Novation은 채무자를 대체하는 형태로 나타날 수 있다. 간단한 Novation은 채무자가 제3자로부터 대가를 지불받고 채권자의 채권을 이행할 것을 약속할 때 발생한다. 또한 채권자가 제3자에게 채무자의 의무를 이행해주고, 채무자가 그 대가로 채권자에게 무언가를 수행해주기로 한 때에도 발생할 수 있다. 그러나 의무를 대체하지

---

4) 58 Am. Jur. 2d Novation § 3.
5) 58 Am. Jur. 2d Novation § 11.
6) Restatement (Second) of Contracts § 280 (1981).

않고 제3자가 채무자의 의무를 대신하기로 한 단순한 약속은 Novation이 되지 않는다. Novation이 성립하기 위해서는, 제3자가 채무자의 의무를 대신 이행하는 대신 종전 채무자는 면책된다는 것에 채권자가 동의해야 한다.[7]

한편 Novation은 채권자를 대체하는 형태로 구성될 수도 있다. 채권자의 대체와 관련된 간단한 Novation은 채권자의 제3자에 대한 채무를 자신의 채무자가 이행하기로 한 경우이다. 또한 채무자와 채권자가 직접 계약하였지만, 그 의무이행의 내용이 제3자를 수익자로 하여 의무를 제공하는 내용인 경우에도 채권자의 대체가 발생할 수 있다. 제3자의 동의는 필요하지 않다. 그러나 그 제3자(수익자)가 동의하지 않는 경우, 그는 권리포기(disclaimer)를 함으로써, 면책을 포함한 그 계약의 효과가 발생하지 않도록(inoperative)할 수 있다.[8]

마지막으로 위와 같이 단순한 형태를 넘어서서, 복합 Novation이라고도 하는 더 복잡한 변경이 가능하다. 예를 들어, 두 가지 의무가 있고 첫 번째 의무의 채권자가 두 번째 의무의 채무자인 경우, 세 당사자는 한 당사자가 완전히 탈퇴하는 것에 동의할 수 있다. 또한, 각 당사자가 상대방에 대한 권리를 가지고 있는 경우, 그들은 제3자가 즉시 제3자에 대한 권리를 획득하고 다른 당사자의 원래 권리 및 의무를 대체하여 그들 중 한 사람에 대한 의무를 부과해야 한다는 내용으로 제3자와 합의할 수 있다.[9]

한편, Novation을 함에 있어 보증인의 동의가 없다면 새로운 계약에서는 더 이상 보증의 효력이 유지되지 않는 반면, 보증인의 동의를 받은 경우 보증인의 의무는 유지된다.[10]

Novation은 당사자들을 기존 계약의 구속력으로부터 해방시켜 준다. 원래의 채무자는 Novation 계약에 따른 의무를 수행할 의무에서 면제되고, 기존의 의무에 관한 종전의 합의는 소멸하며, Novation으로 인하여 취소된 기존 계약을 부활시킬 수 없다.

Novation은 기존 계약에 따라 존재했던 모든 청구를 소멸시키고, 기존 계약의 당사자 간에 기존 계약에 따른 권리의 주장을 배제한다. Novation은 새로운 계약의 당사자들에 의한 이행에 관계없이 기존 계약상의 의무를 소멸시킨다. 즉, 당사자의 의

---

7) Restatement (Second) of Contracts § 280 (1981).
8) Restatement (Second) of Contracts § 280 (1981).
9) Restatement (Second) of Contracts § 280 (1981).
10) 58 Am. Jur. 2d Novation § 20.

무는 새로운 계약이 나중에 위반되거나 무효 또는 시행 불가능한 것으로 결정되는 것과 상관없이 새로운 계약에 의해 정의된다. 새로운 의무만 이행될 수 있으며, Novation의 위반으로 손해를 본 당사자는 대체합의(substitute agreement)에 따른 구제만 구할 수 있다.[11]

4. 우리 법과의 비교

　　우리 민법은 제500조부터 제505조에서 경개에 관하여 규정하고 있다. 경개는 채무의 중요한 부분을 변경함으로써 동일성 없는 신채무를 성립시키는 동시에 구채무를 소멸하게 하는 계약이다.[12] 우리 민법은 substituted contract와 Novation의 개념을 구분하지 않고 "당사자가 채무의 중요한 부분을 변경하는 계약을 한 때에는 구채무는 경개로 인하여 소멸한다(민법 제500조)."고 규정하여'경개'라는 하나의 개념으로 정의하고 있다. 다만, 기존 계약의 채권자와 채무자가 변경되는 경우 별도의 조문을 두어(민법 제501조 내지 제503조), 채무자변경으로 인한 경개는 채권자와 신채무자간의 계약으로 할 수 있으나, 구채무자의 의사에 반하여는 하지 못하도록 하고 있고(민법 제501조), 채권자변경으로 인한 경개는 확정일자 있는 증서로 하지 아니하면 이로써 제3자에게 대항하지 못하며(민법 제502조), 채무자가 이의를 보류하지 않고 승낙한 경우 구 채권자에게 대항할 수 있는 사유로 신채권자에게 대항할 수 없다(민법 제503조, 제451조 제1항).

　　또한, 경개로 인한 신채무가 원인의 불법 또는 당사자가 알지 못한 사유로 인하여 성립되지 아니하거나 취소된 때에는 구채무는 소멸되지 않는다(민법 제504조). 담보의 경우, 경개의 당사자는 구채무의 담보를 그 목적의 한도에서 신채무의 담보로 할 수 있으나, 제3자가 제공한 담보는 제3자의 승낙을 얻어야 한다(민법 제505조).

　　경개 계약인지 여부를 판단하는 기준에 관하여 판례는, "민법 제500조의 경개는 기존채무의 중요부분을 변경하여 기존채무를 소멸시키고 이와 동일성이 없는 새로운 채무를 성립시키는 계약이다. 기존채무와 관련하여 새로운 약정을 체결한 경우 그러한 약정이 경개에 해당하는지 아니면 단순히 기존채무의 변제기나 변제방법 등을 변경한 것인지는 당사자의 의사에 의하여 결정되고, 만약 당사자의 의사가 명백하지 않을 때에는 의사해석의 문제로 귀착된다. 이러한 당사자의 의사를 해석할 때

---

11) 58 Am. Jur. 2d Novation § 19.
12) 편집대표 김용덕, 주석민법 채권총칙 4(제5판), 한국사법행정학회(2020), 669.

에는 새로운 약정이 이루어지게 된 동기와 경위, 당사자가 그 약정에 의하여 달성하려고 하는 목적과 진정한 의사 등을 종합적으로 고찰하여 사회정의와 형평의 이념에 맞도록 논리와 경험칙, 그리고 사회일반의 상식과 거래 통념에 따라 합리적으로 해석하여야 한다."[13]고 판시하였다.

---

13) 대법원 2019. 10. 23. 선고 2012다46170 전원합의체 판결. 이 판례에서는 공사수급인인 원고가 도급인인 피고들에 대하여 피고들이 원고에게 재건축공사대금으로 대물변제하기로 한 다세대 주택 6세대를 피고들이 직접 처분하여 공사비로 사용된 대출금상환 등에 사용하고 남는 금원을 정산하여 반환하기로 한 정산약정이 기존 공사대금 채무를 소멸시키고 이와 동일성이 없는 새로운 정산금 채무를 성립시키는 경개계약인지 여부가 문제되었는데, 대법원은 위 법리에 근거하여 '원고와 피고들 사이의 정산약정은 피고들의 원고에 대한 공사대금의 지급과 공사와 관련한 비용의 정산방법을 정한 것'이라고 보아 위 정산약정이 경개계약이 아니라는 취지로 판시하였다.

Nuisance
방해행위

성아윤

1. 개 념[1]

Nuisance(방해행위)라는 용어에 대하여 이 용어가 사용되는 모든 상황에 부합하는 정확한 정의를 내리는 것은 어렵다. 그럼에도 불구하고, Nuisance는 통상 방해행위라고 정의되어 왔으며, 재산의 사용과 향유에 대한 잘못된 침해뿐만 아니라 개인의 법적 권리와 특권에 대한 잘못된 침해라고도 이해된다. Nuisance의 의미는 자산의 자유로운 사용 또는 일상적인 사용을 방해하거나, 육체적 작업을 불편하게 하거나, 생명이나 건강을 위태롭게 하거나, 감각에 해를 끼치거나, 사회상규(law of decency)를 위반하는 등 합리적이고 편안한 재산 사용을 방해하는 모든 행위로 확장된다. 즉, Nuisance는 ① 재산, 기타 권리 또는 다른 사람의 이익을 손상시키는 방식으로 자신의 재산을 사용하는 행위, ② 다른 사람이 자신의 재산을 평화롭게 누릴 권리를 실질적으로 손상시키기 위해 자신의 재산을 비합리적으로, 흔치 않거나 부자연스럽게 사용하는 행위, ③ 개인의 자유로운 사용을 방해하거나, 일상적인 사용 또는 육체적 직업을 불편하게 만들고, 개인의 재산, 재산의 향유 또는 편안함을 방해하는 모든 행위로 정의할 수 있다.

Nuisance는 일반적으로 개인이 자신의 자산을 비합리적으로, 무책임하게, 불법적으로 사용하면서 발생하는 종류의 잘못에 적용되며, Nuisance에 의해 야기된 물질적 성가심, 불편함 또는 상해에 대해서는 법률에 따른 손해가 추정된다. 그러나 Nuisance로 취급받으려면, Nuisance를 일으키는 사물, 사실 또는 행위가 지속성 있게 나타나거나 또는 계속 발생하여야 한다.

---

1) 58 Am. Jur. 2d Nuisances § 1.

2. 내 용

가. 유사 개념과의 구별

Trespass(불법침해)는 재산의 배타적 소유를 방해하는 행위이며, Nuisance는 재산 사용 및 향유를 방해하는 행위를 포함한다. Trespass는 누군가의 재산에 대한 직접적인 침해이며, 침해는 그 자체로 잘못된 것이 아니라 그로부터 발생할 수 있는 결과가 잘못된 것이다.[2]

Negligence(과실)는 Nuisance와 동의어가 아니다. 두 단어는 완전히 다른 개념들을 묘사하는데, 그 본질과 결과에서 서로 다르다. Nuisance는 단순히 결과를 의미하지만 Neligence는 원인이다. Nuisance를 주장하는 것은 Neligence에 대한 주장 그 이상이지만, Neligence를 행한다고 해서 그 자체로 Nuisance를 구성하는 것이 아니다. Negligence는 단지 Nuisance라는 법적 책임을 묻기 위한 법적 행위 기초의 한 유형이며, 따라서 Negligence는 Nuisance의 필수요소가 아니다.[3]

Attractive nuisance(유인적 위험물) 이론은 토지주가 자신의 지배하에 있는 물건 등을 잘 관리하지 못해서 토지 내에 들어온 아동에게 상해가 발생한 경우, 토지주에게 책임을 물을 수 있다는 불법행위법상의 이론이다. 유인적 위험물 이론(attractive nuisance doctrine) 하에서의 책임이란 책임을 져야 하는 토지주가 그의 지배 하에서 유지되는 불합리하게 위험한 상태나 도구에 접근하지 못하도록 아동에게 불법 침입을 경고하는 데 있어 합리적인 주의를 기울이지 않거나, 안전하게 관리하지 못한 것에 관한 부주의에 기초한다는 점에서 진정한 Nuisance가 아니다.[4]

나. 구체적 내용

Nuisance에는 private nuisances(사적 방해행위)와 public nuisances(공적 방해행위)가 있다.

Public and private nuisances는 침해된 이익의 특성에 따라 구별된다. public nuisance는 공공의 권리에 대한 불합리한 침해로 정의된다. 역사적으로 보면 공적 방해행위는 초기에는 도로·하천의 통행을 방해하거나 국왕 소유 토지의 무단침입 등 국왕의 주권을 침해하는 일부 행위에 한정하여 성립하였으나, 시간이 지남에 따라

---

2) 58 Am. Jur. 2d Nuisances § 4.
3) 58 Am. Jur. 2d Nuisances § 6.
4) 58 Am. Jur. 2d Nuisances § 8.

국가의 경찰권에 근거하여 공공의 건강·안전·평화 등을 위협하는 사회적으로 유해한 각종 행위를 형사처벌하는 법적 근거로 발전하였다.[5] 반면, private nuisance는 개인의 토지 이용 및 향유에 대한 사적 권리를 방해하는 행위를 의미한다. 따라서 public nuisances는 일반적으로 공공의 건강과 안전을 방해한다고 주장하는 행위를 수반하며, public nuisance를 위한 소송은 원고와 피고 모두 사유재산권을 행사하는 행위를 하지 않더라도 발생할 수 있다. Public and private nuisance 모두 방지 또는 피해에 대해 조치를 취할 수 있지만, public nuisance는 경우에 따라서는 형사상 기소될 수 있다.[6] 물론 public and private nuisance가 섞여서 mixed nuisance(혼합 방해행위)로 나타나는 경우도 있다.[7]

　　법은 침해받은 자에게 Nuisance가 발생하였을 때, 치유하거나 예방하는 구제 수단을 제공한다. 합리성은 법원이 보통의 Nuisance 사건에서 구제여부를 판단하는 기준이다. 구제방법에는 손해배상(damages), 금지청구(injunctions), 제거조치(abatement)가 포함된다. 경우에 따라 사법 절차 없이 직접 Nuisance의 발생요인에 대한 제거조치를 취할 수 있으며(이를 summary abatement라 한다),[8] Nuisance가 공적인 경우 가해자를 형사 고발할 수 있다.[9]

3. 우리 법과의 비교

　　미국법상 사적 방해행위는 권원과 그 내용의 측면에서 우리나라 민법 제214조, 제217조의 방해와 개념적으로 매우 유사하다.[10] 우리 민법에서 규정하고 있는'방해'를 명확하게 정의하기는 쉽지 않으나, 사용·수익·처분 등 소유권의 권능이 타인의 점유 이외의 방법(타인의 점유의 경우에 대하여는 민법 제213조에서 소유물반환청구권을 규정하고 있음)으로 원래의 내용대로 실현되지 않고 있는 상태로 정의할 수 있다. 민법은 제217조에서 이른바 '생활방해'의 금지를 규정하고 있다. '생활방해'란 어떤 토지나 그 위의 시설물(공장, 건물, 그 밖의 공작물)로부터 나오는 매연, 증기, 액체, 소음, 진동, 그 밖에 이에 유사한 것(가스, 냄새, 먼지, 빛 등)이 이웃의 다른 토지에 흘러

---

5) 최인호, "미국법상 불법방해(Nuisance)와 유지청구 – 수인한도론과 위법성 단계설을 중심으로–", 법학논총, 제34권 제2호(2017), 131 – 132.
6) 58 Am. Jur. 2d Nuisances § 24.
7) 58 Am. Jur. 2d Nuisances § 25.
8) 58 Am. Jur. 2d Nuisances § 346
9) 58 Am. Jur. 2d Nuisances § 176.
10) 최인호, 전게 논문, 137.

들어가 이웃 토지의 사용을 방해하거나 이웃 거주자의 생활에 고통을 주는 것을 말한다.[11] '이웃 토지의 사용을 방해하거나 이웃 거주자의 생활에 고통을 주는 것'인지 여부는 구체적 사안에서 그 토지의 객관적 상태와 평균인의 통상의 감각을 기준으로 하여 판단·결정하여야 한다.[12] 또한 생활방해가 성립하기 위해서는 위 방해가 '이웃 토지의 통상의 용도에 적당한 것'이 아니어야 한다. 토지의 통상의 용도에 적당한 정도인지 여부는 토지의 장소적 조건을 고려하여 사회통념에 따라 객관적으로 판단하여야 한다. 주관적으로 생활방해가 통상의 정도를 넘었다고 느끼는 사람이 있다고 하더라도 사회 일반인의 감각에 비추어 객관적으로 통상의 정도를 넘지 않았다면 참을 한도 내라고 보아야 한다.[13] 미국법상 사적 방해행위가 성립되기 위해서는 침해의 상당성과 불합리성이 인정되어야 하며, 그 평가에 있어서 이익형량의 원칙이 적용되는데, 이는 우리나라의 참을한도론과 유사하다.[14] 반면, 미국법상 공적 방해행위는 사익이 아닌 공익을 침해하는 특수한 불법행위로써 대륙법 체계에서 유례를 찾아볼 수 없는 영미법상의 독특한 제도이다.[15]

---

11) 편집대표 김용덕, 주석 물권(1) 제5판, 한국사법행정학회(2019), 691.
12) 편집대표 김용덕, 전게서, 698.
13) 편집대표 김용덕, 전게서, 700.
14) 최인호, 전게 논문, 137-138.
15) 최인호, 전게 논문, 139.

Parol Evidence Rule
구두증거배제의 법칙

윤혜원

1. 개 념

Parol evidence rule(구두증거배제의 법칙)은 '계약 당사자들이 확정적 합의(definitive agreement)에 의하여 서면화한 계약내용은 그 이전에 혹은 그와 동시에 구두나 다른 서면으로 이루어진 합의로서 수정될 수 없다'는 원칙을 의미한다. 위 원칙에 의하면, 당사자들은 그 거래에 관하여 계약서를 작성하기까지 있었던 또 다른 약정의 존재를 주장하여 그 계약서의 내용을 부인하거나 변경할 수 없다.[1] 이는 증거법(evidentiary rule)이 아닌 계약해석의 대상에 관한 실체법(substantive rule)상의 원칙이다.[2]

2. 배 경

Parol evidence rule의 연혁은 영미법계의 특유한 배심제도와 관련되어 있다. 1677년 영국에서 입법된 Statute of Frauds는 사기 행위가 빈번했던 몇 가지 종류의 계약에 대하여 서면의 증거가 없으면 이를 바탕으로 소를 제기하지 못하도록 규정하였다. 그러나 위 법에도 불구하고 배심원으로 하여금 문서 외의 다른 증거물을 참고할 수 있도록 할 경우, 위증이나 배심원의 매수 문제로부터 당사자를 보호할 수 없다는 문제가 있었다. 이에 구두로 된 증거를 제출하여 위 법이 요구하는 문서의 내용을 바꾸거나 반박할 수 없다는 취지의 규정이 만들어졌는데, 이것이 Parol evidence rule의 출발이라고 할 수 있다.[3]

위 법리는 19세기를 거쳐 영미에서 판례법상 확립된 이론으로 발전하게 되었는

---

1) Black's Law Dictionary (11th ed. 2019).
2) Restatement Second, Contracts § 213.
3) 조희경, "구두증거원칙에 관련된 표준계약조항에 대한 소고", 성균관법학 제25권 제4호(2013), 269.

데, 특히 미국에서는 계약법 리스테이트먼트(Restatement of Contract)나 미국통일상
법전(Uniform Commercial Code)상 위 법칙을 도입하여 계약해석의 기준으로 활용하
면서 다양한 학설분쟁이 야기되었다. 이는 대체로 Parol evidence rule이 어떠한 기준
으로 적용되는지 또는 적용 후 판단기준이 무엇인지에 관한 논쟁들이었다. 이에 관
하여는 학설과 판례가 지금까지도 일관적인 태도를 보이지 않고 있다.[4]

한편 1970년대부터는 지속적으로 Parol evidence rule에 관한 문제점이 지적되어
왔다. 특히 영국의 경우 이러한 경향이 두드러졌으며, 1976년 the Law Commission의
보고서에서는 이 원칙의 폐지가 제안되기도 하였다.[5] 이와 같은 입장에서는 Parol
evidence rule에 따른 당사자 의사 형성의 훼손 가능성을 우려하며, 위 원칙이 실제로
는 당사자 간의 분쟁을 줄이는 데에 큰 도움이 되지 않는다고 주장한다. 그러나 이러
한 이유만으로 법칙의 폐지를 논할 단계는 아니라고 보는 견해들도 상당하다.[6]

3. 내 용

Parol evidence rule과 관련하여, 제2차 Restatement는 '이전의 합의에 대한 통합
된 합의(integrated agreement)의 효과'라는 표제 하에 다음과 같이 정하고 있다: ①
구속력 있는 통합된 합의는 이전의 합의와 불일치하는 범위 내에서 이전의 합의를
배제한다. ② 구속력 있는 완전히 통합된 합의(completely integrated agreement)는 그
범위 내에서 이전의 합의를 배제한다.[7] 이때 통합된 합의란 '계약조건에 관하여 최종
적인 표현을 담고 있는 서면'을,[8] 완전히 통합된 합의란 '당사자들이 계약조건에 관
하여 완전하고 배타적인 진술로 채택한 통합된 합의'를 각각 가리킨다.[9].

즉 Parol evidence rule을 적용하기 위하여는 그 대상이 된 서면 계약이 완전히
통합된 합의라고 인정되어야 한다. 따라서 당사자들의 합의가 완전한 통합(complete
integration)인지 아니면 부분적 통합(partial integration)인지를 판단하는 일이 중요한
데, 그 판단 근거 내지 기준에 대하여는 견해가 대립한다. 예컨대 당해 서면 계약만

---

4) 구두증거배제법칙에 관한 미국에서의 다양한 학설과 판례의 경향에 관한 세부적 설명은 김영
   주, "미국 통일상법전상의 구두증거배제법칙과 계약의 해석", 비교사법 통권 제73호(2016), 527
   이하 참조.
5) 정형진, "영미법상의 구두증거배제원칙", 경영법률 제17권 제1호(2006), 2.
6) 정형진, 전게 논문, 15.
7) Restatement Second, Contracts § 213.
8) Restatement Second, Contracts § 209.
9) Restatement Second, Contracts § 210; 29A Am. Jur. 2d Evidence § 1076.

을 토대로 그 성격을 판단하여야 한다는 주장이 있으나, 이와 달리 당해 서면 계약과 이전의 합의까지를 아울러 모든 관련 증거를 토대로 그 성격을 판단하여야 한다는 주장도 가능하다.[10) 이에 실무에서는 완전합의조항 내지 완결조항을 서면 계약에 포함시킴으로써 불확실성을 제거하고자 하는 경우가 많다.[11)

　　Parol evidence rule이 적용되면 당사자는 서면 계약 체결 이전에 혹은 그와 동시에 구두나 다른 서면으로 이루어진 합의를 주장할 수 없고, 그에 관한 증거를 제출하는 것 또한 허용되지 않는다. 반면 서면 계약 체결 이후에 이루어진 다른 약정 또는 의사표시는 Parol evidence rule에 의하더라도 배제되지 않는다. 계약 당사자 간의 계약에 따른 계속된 이행 과정(course of performance), 거래 과정(course of dealing), 상관습(usage of trade)과 같은 증거들은 Parol evidence rule의 적용에도 불구하고 계약 내용의 설명이나 보충을 위해 제출될 수 있다.[12)

4. 우리 법과의 비교

　　우리 판례가 인정하는 법리 중 Parol evidence rule과 비교할 만한 것으로는 처분문서의 증명력 법리가 있다. 처분문서란 증명하고자 하는 법률적 행위가 그 문서 자체에 의하여 이루어진 경우의 문서를 가리킨다. 일단 처분문서의 진정성립이 인정되면, 반증에 의하여 그 기재내용과 다른 특별한 명시적 또는 묵시적 약정이 있었다는 사실이 인정되지 않는 한 법원은 그 문서의 기재내용에 따른 의사표시의 존재와 내용을 인정하여야 하고, 합리적인 이유 설시도 없이 이를 배척하여서는 안 된다.[13)

　　물론 Parol evidence rule과 처분문서의 증명력 법리가 그 요건과 효과에 있어 완전히 같다고 할 수는 없다. Parol evidence rule은 상기한 바와 같이 실체법적 원칙으로, 완전히 통합된 합의에 대하여 이와 다른 합의에 관한 증거의 제출 자체를 제한한다. 반면 처분문서의 증명력 법리는 절차법적 원칙으로서 그 대상이 처분문서이기만 하면 족하고, 위 법리가 적용되는 경우에도 처분문서 외에 다른 증거의 제출 자체를 제한하지는 않는다.

---

10) 이와 관련하여서는 특히 Williston과 Corbin의 견해 대립이 유명하다; Robert A. Hillman, Principles of Contract Law, St. Paul, Minn.: Thomson West (2004) 등 참조.
11) 자세한 내용은 조희경, 전게 논문 참조.
12) U.C.C. §2-202; 단, U.C.C.가 적용되지 않는 사건의 경우에도 마찬가지이다. 정형진, 전게 논문, 11; 김영주, 전게 논문, 555-556.
13) 대법원 2000. 1. 21. 선고 97다1013 판결.

　　그러나 두 법리는 결과적으로 매우 유사한 기능을 수행한다. 두 법리 모두 서면 계약에 있어 법원으로 하여금 그 문언을 결정적인 근거로 하여 계약 내용을 해석하도록 하기 때문이다. 다만 Parol evidence rule은 서면 계약의 문언만을 유일한 근거로 삼도록 하는 반면, 처분문서의 증명력 법리는 서면 계약의 문언을 중요한 근거로 삼도록 한다는 점에서 그 정도의 차이가 있을 뿐이다.[14)]

---

14) 김영주, 전게 논문, 576−577; 이소은, "미국법상 구두증거배제의 원칙에 관한 연구 — 처분문서의 증명력 법리와의 비교를 중심으로 —", 비교사법 통권 제72호(2016), 387 이하 등 참조.

Partnership
파트너쉽

김영진

1. 개 념

　미국법상 Partnership은 2인 이상이 공동소유자로서 영리를 목적으로 사업을 영위하기 위해 결합한 단체이다.[1]

2. 배 경

　Partnership은 설립절차가 용이하고, 연방세법상 도관체(tax-transparent entity)로 취급되어 Partnership 자체가 아닌 각 구성원의 소득에 대해 과세가 이루어지는[2] 특징이 있어 널리 이용된다.[3]

　종래 보통법에 따르면 Partnership은 별개의 법인격을 갖지 않고 독립된 법적 실체가 없으며, 단지 구성원들의 집합(aggregate of its individual members)일 뿐이라고 여겨졌다.[4] 다만, 법원에 따라서는 법적 실체를 인정하기도 또는 그렇지 않기도 하며, 어떤 법원에서는 Partnership의 법적 실체 인정 여부를 목적에 따라 다르게 보는 혼합조직(hybrid organization)으로 취급하였다.[5] 한편, 1997년 RUPA(Revised Uniform

---

1) National Conference of Commissioners on Uniform State Laws(NCCUSL)이 모델법으로 제안한 1914년 통일합명회사법(Uniform Partnership Act, 이하 'UPA')의 정의규정에 따른 것이다. 1914년 UPA는 루이지애나를 제외한 모든 주에서 채택되었으나, 1997년 개정 통일합명회사법(이하 'RUPA')은 2021년 기준 37개 주에서 채택된 상태이다(채택하지 않은 주는 조지아, 인디애나, 매사추세츠, 미시간, 미시시피, 뉴햄프셔, 뉴욕, 노스캐롤라이나, 오하이오, 펜실베니아, 로드아일랜드, 위스콘신, 루이지애나). Refs & Annos, Unif.Partnership Act 1997 참조.
2) 26 U.S.C. §701. 국가별로 partnership에 대한 과세 방식이 다르기 때문에 국제조세와 관련한 복잡한 문제가 발생하기도 한다.
3) iPhone 시리즈로 유명한 Apple도 1976년 처음 설립되었을 때에는 Steve Jobs, Steve Wozniak, Ronald Wayne 3인의 partnership으로 출발하였다.
4) 59A Am. Jur. 2d Partnership §8.
5) 59A Am. Jur. 2d Partnership §6.

Partnership Act)에서는 Partnership을 그 구성원인 partner와 구별되는 별개의 법적 실체를 갖춘 것으로 명시적으로 인정하였는데, 이에 의하면 사실상 법인격을 부여한 것과 유사한 효과가 있다.[6] RUPA는 Partnership의 임의적 등록제도를 마련하였다 (RUPA § 105). Partnership의 종류로는, Partnership의 채무에 대해 무한책임을 부담하는 구성원으로만 이루어진 General Partnership, 무한책임 구성원 외에 유한책임을 부담하는 구성원을 둘 수 있는 Limited Partnership(이하 'LP'),[7] 유한책임을 부담하는 구성원만으로 이루어진 Limited Liability Partnership(이하 'LLP')[8]이 있다.

Partnership은 joint venture와 유사하지만, 계속적인 기업에 관한 partnership과 달리 joint venture는 통상 하나의 사업기회에 관한 것으로 더 제한적인 개념으로 여겨진다.[9] 주식회사는 법인격을 가지고, 그 소유자인 주주는 주식회사의 채무에 대해 통상 책임을 부담하지 않고 기본적인 의결사항과 이사 선임에 대해서만 의결권을 가질 뿐인데 반하여, Partnership은 법인격이 인정되지 않고 Partnership의 구성원은 통상 업무집행권을 가지면서 Partnership의 모든 채무에 대해 책임을 부담한다는 점에서 차이가 있다.[10]

3. 내 용

RUPA는 2인 이상이 공동 소유자로서 영리를 목적으로 하는 사업을 영위하기 위

---

6) 1997년 RUPA § 201. Partnership as Entity (a) "A partnership is an entity distinct from its partners." partnership은 구성원과 구별되는 별개의 실체이므로, 구성원의 변경으로 인하여 partnership 자체가 새로운 것으로 변하지 않는다. Comment to Unif. Partnership Act § 201(a).
미국법상 "distinct entity"의 개념은 대륙법계인 우리나라에서 설립등기를 함으로써 법인격을 취득하는(대법원 2009. 4. 9. 선고 2007두26629 판결 참조) 법인(法人)과 완전히 동일한 개념이라고 보기는 어렵지만, distinct entity는 구성원 개개인과 별개의 실체로서 그 이름으로 법률행위를 하고, 재산을 소유하고 채무를 부담할 수 있으며, 소송당사자가 될 수 있다. 통일상법전(Uniform Commercial Code)에서 partnership은 법인(legal entity)으로 취급된다. Matter of Katz, 563 F.2d 766, 768 (5th Cir. 1977). 연방파산법에서도 partnership을 사람(person)으로 취급한다. 11 U.S.C. § 101(41). 대륙법계의 민법(Civil Law)을 시행하는 루이지애나에서도 partnership은 주식회사와 같이 구성원과 별개의 독립된 법적 실체(distinct legal entity)이다. In re Gulf Fleet Holdings, Inc., 491 B.R. 747, 791 (Bankr. W.D. La. 2013). 이처럼 1997년 RUPA에 의하면 partnership은 사실상 법인격이 부여된 것과 유사한 효과가 있다.
7) 통일유한합명회사법(Uniform Limited Partnership Act, 이하 'ULPA')에 의해 규율되며, ULPA 역시 1916년 처음 채택된 이래 수차례 개정되었다.
8) UPA에는 1996년 개정을 통해 도입되었다. Refs & Annos, Unif Partnership Act 2013.
9) 59A Am. Jur. 2d Partnership § 15.
10) 59A Am. Jur. 2d Partnership § 16.

해 결합한 단체이기만 하면 당사자들이 Partnership을 구성할 의도가 있었는지 여부
와는 관계없이 Partnership을 구성한 것으로 인정한다(RUPA §202).

각 구성원은 Partnership의 목적을 위해 Partnership을 대리할 권한이 있고, Part-
nership의 통상적인 업무집행에 속하지 않는 행위에 대해서는 다른 구성원들로부터
그에 관한 권한을 위임받아야 한다(RUPA §301(1)(2)). 거래상대방이 구성원의 대리
권 제한에 대해 알았거나 통지받지 않았다면 그 구성원의 대리권 외의 행위도 Part-
nership에 대해 효력이 있다(RUPA §301(1)). 대리권의 제한은 등록할 수 있으며, 부
동산 양도권한에 관한 대리권 제한이 등록된 경우 제3자는 그러한 대리권 제한을 알
고 있는 것으로 간주된다(RUPA §303(a)(e)). 구성원들의 가장 중요한 의무는 신인의
무(fiduciary duty)인데,[11] RUPA는 구성원이 Partnership 및 다른 구성원에 대해 부담
하는 신인의무로 충실의무(duty of loyalty) 및 주의의무(duty of care)만을 규정한다
(RUPA §404). Partnership 약정으로 구성원의 충실의무를 제거하거나 주의의무를 비
합리적으로 낮추는 것은 원칙적으로 허용되지 않는다(RUPA §103(b)(3)(4)). 구성원
은 균등하게 이익을 분배받을 권리가 있고, 이익분배 비율에 따라 손실을 분담할 의
무가 있으며(RUPA §401(b)), Partnership은 통상적인 업무 수행 또는 재산의 보존과
관련하여 구성원이 부담하게 된 채무를 변제할 책임이 있다(RUPA §401(c)). 구성원
들은 Partnership 사업의 운영에 관하여 동등한 권리가 있으며(RUPA §401(f)), 구성원
은 Partnership을 위하여 제공한 용역에 대하여 보수를 청구할 수 없다(RUPA §
401(h)). 기존 Partnership의 새로운 구성원이 되려는 자는 기존 구성원 전원의 동의
를 얻어야 한다(RUPA §401(i)).

1997년 RUPA에서 Partnership을 독립된 법적 실체로 인정함에 따라 Partnership
이 취득한 재산도 Partnership의 것이며 구성원 개인의 것이 아니라고 규정되었다
(RUPA §203).[12] Partnership의 이름으로 취득하거나 1인 이상의 구성원이 권리양도
에 관한 문서에 그 자격을 구성원으로 표시하거나 Partnership의 존재를 표시하여 취
득한 재산은 Partnership의 재산으로 본다(RUPA §204(a)). 이러한 표시 없이 취득한
재산이더라도 Partnership의 자금으로 취득한 경우 이는 Partnership의 재산으로 추정
된다(RUPA §204(c)).

Partnership의 구성원은 Partnership의 모든 채무에 대해 연대책임을 부담한다
(RUPA §306(a)). 그러나 기존의 Partnership에 새로 가입한 구성원은 가입승인 전 발

---

11) 59A Am. Jur. 2d Partnership §270.
12) 종래에는 partnership의 재산은 구성원들이 공동으로 소유한다고 규정하고 있었다(UPA §25).

생한 Partnership의 채무에 대해 개인적인 책임을 부담하지는 않는다(RUPA §306(b)). 그러나 LLP의 경우 Partnership이 부담하는 계약, 불법행위 등으로 인한 채무에 대해 구성원 개인은 구성원이라는 이유만으로 직간접적으로 책임을 부담하지는 않는다 (RUPA §306(c)). 보통법에서는 Partnership이 독립된 실체가 아니었으므로 소송당사 자가 될 수 없었고 구성원 모두의 이름으로 소송을 수행하여야 했지만, Partnership이 독립된 법적 실체로 인정되는 1997년 RUPA에 따르면 Partnership은 소송당사자가 될 수 있다(RUPA §307(a)). Partnership을 상대로만 한 승소판결로는 구성원의 개인재산 에 대해 집행할 수 없다(RUPA §307(c)).

Partnership은 구성원들의 명시적 의사가 있는 경우, 약정한 존속 기한이 도래한 경우, 목적으로 한 특정한 사업의 목적을 달성한 경우 등의 이유로 구성원이 제기한 신청에 따라 법원이 결정한 경우에 해산할 수 있다(RUPA §801). 해산 사유 없이 구 성원이 탈퇴하는 경우 Partnership은 해당 구성원의 지분을 법률에 규정된 방식으로 정한 가격에 인수하여야 한다(RUPA §701(a)).

Partnership 약정에서 달리 정함이 없는 한 구성원 전원의 동의에 따라 General Partnership은 LP로 전환할 수 있고, 이에 따라 기존 구성원이 유한책임을 부담하는 구성원이 되더라도 그 구성원은 전환 전에 발생한 Partnership의 채무에 대해서는 무 한책임을 부담한다(RUPA §902(e)). LP의 경우에는 Partnership 약정에 달리 정함이 있다고 하더라도 반드시 구성원 전원의 찬성에 의해서만 General Partnership으로 전 환할 수 있고, 기존에 유한책임을 부담하던 구성원이 무한책임을 부담하게 되었더라 도 전환 전 발생한 Partnership의 채무에 대해서는 유한책임만을 부담한다(RUPA § 903(b)(e)). General Partnership, LP는 LLP로 전환할 수도 있다(RUPA §1001).

4. 우리 법과의 비교

미국법상 Partnership은 우리나라의 법제와 비교하기 까다로운 개념이다. 우선 미국법상 General Partnership과 비교할 수 있는 우리나라의 개념은 합명회사이다. 합 명회사는 2인 이상의 사원으로 설립할 수 있고(상법 제178조) 설립등기를 마쳐야만 하며(상법 제180조), 사원과 구별되는 법인이다(상법 제169조). 달리 정함이 없는 한 사원은 회사의 업무를 집행할 권리와 의무가 있고(상법 제200조 제1항), 회사의 재산 으로 회사 채무를 완제할 수 없거나 회사재산에 대한 채권자의 강제집행이 주효하지 못한 경우 각 사원은 연대하여 이를 변제할 책임이 있다(상법 제212조). 그러나 합명회사에는 법인격이 인정된다는 점에서 Partnership과 큰 차이가 있다. 미국법상 LP와 비교할 수 있는 개념은 합자회사이다. 합자회사는 LP와 마찬가지로 무한책임사원과 유한책임사원으로 구성된다(상법 제268조). 미국법상 LLP와 비교할 수 있는 개념은 2011년 상법 개정으로 도입된 유한책임회사이다. 유한책임회사의 사원은 그 출자금액을 한도로 책임을 부담한다(상법 제287조의7).

한편, 2011년 상법 개정으로 도입된 합자조합은 법인격이 인정되지 않는 LP와 매우 유사한 면이 있다. 상법상 합자조합은 조합의 업무집행자로서 조합채무에 대해 무한책임을 지는 조합원과 출자가액을 한도로 하는 유한책임을 지는 조합원이 상호 출자하여 공동사업을 경영하기로 하는 것이다(상법 제86조의2). 그러나 합자조합은 법인격을 갖지 못하므로 그 명의로 재산을 소유할 수 없고 소송의 당사자도 될 수 없다는 점에서 1997년 RUPA에 따른 Partnership과 결정적인 차이가 있다.[13]

---

13) 정동윤 편집대표, 주석 상법총칙·상행위(Ⅱ), 한국사법행정학회(2013), 53.

Penalty
위약벌

이승현

1. 개 념

미국법에서 계약 당사자는 계약상 의무 불이행에 따라 발생할 것으로 예견되거나 실제로 발생한 손해 및 손해입증의 어려움 등에 비추어 손해와 무관하게 별도로 일정한 금전을 합리적인 범위 내에서 손해배상액의 예정(liquidated damages)으로 정할 수 있다. 그러나 채무자가 지급하기로 한 금액이 불합리하게 과다한 경우 그 금전 지급 약정은 공서양속(public policy)에 반하는 위약벌(Penalty)에 해당하여 무효이다.[1] 위약벌의 효력을 부정하는 근거로는, ① 계약불이행 구제의 핵심은 손해전보이지 제재가 아니고, ② 위약벌로 계약을 통해 달성할 수 있는 것보다 더 큰 망외 이익을 얻는 것은 계약법의 목적에 부합하지 않으며, ③ 영미 계약법상 계약위반 요건으로 귀책사유를 요구하지 않는데, 귀책사유 없는 계약위반에 대해 사적 처벌을 가하는 것은 정당화되기 어렵고, ④ 계약위반이 사회적 효용을 증가시키는 경우가 존재하는데, 위약벌은 이를 저해하여 사회적 효용을 떨어뜨린다는 점을 들 수 있다.[2]

2. 배 경

미국법은 계약법의 기본 원칙이 채무자에게 이행을 강요함으로써 사전에 계약위반을 억제하는 것이 아니라, 채권자에게 정당한 보상을 하게 함으로써 계약위반의 효과를 바로잡는 것이라는 특유의 사상을 근거로 Penalty를 무효화하고 있다. 손해배

---

1) Restatement (Second) of Contracts §356(1) (1981); 통일상법전(U.C.C.) §2−718 "각 당사자는 계약위반에 의해 야기될 것으로 예견되거나 실제로 발생한 손해 및 손실입증의 곤란성 등에 비추어 합리적인 금액의 범위 내에서만 손해배상액의 예정을 할 수 있다. 불합리하게 과다한 배상액의 예정은 위약벌로서 공서에 반해 무효이다."
2) 권영준, "위약벌과 손해배상액 예정", 저스티스 통권 제155호(2016), 210.

상액 예정의 본래적 취지는 채무자에 대한 의무 이행의 강요, 계약위반의 금지를 목적으로 하는 것이 아니기 때문에, 계약상 의무 불이행에 따라 지급하여야 하는 금전이 부당하게 과다한 Penalty의 경우 이는 채무자에게 계약상 의무의 이행을 강요하고 계약을 위반하지 못하도록 위협한다는 점에서 계약법의 기본원칙 및 공서양속에 반한다는 것이다.[3] 이는 보통법에서 계약을 지킬 의무란 그러한 의무를 지키지 않을 경우 발생하는 손해를 위반 당사자가 지불하여야 한다는 의미일 뿐, 그 이상을 의미하지 않는다는 사상에 따르는 것이기도 하다.[4]

　　이후 발전한 효율적 계약위반(efficient breach)의 법리 역시 Penalty를 무효로 보는 이론적 근거가 되었는데, 이는 즉 계약위반이 있더라도 위반자가 상대방에게 완전한 손해배상을 하면 전체적으로는 당사자들이 경제적으로 보다 나은 상태에 놓이게 되며, 계약위반은 어느 한 당사자도 더 나쁜 상태로 만드는 것이 아니므로 Penalty를 통해 계약이행을 강제하는 것은 효율적이지 못하다는 것이다.[5] 반면 채무자로 하여금 계약위반 시 실제 손해액보다도 더 많은 금액을 지불하도록 강제한다면 이러한 efficient breach가 저해된다는 것이다.[6]

3. 내 용

　　계약 당사자가 계약상 의무를 이행하지 아니할 경우 지급하기로 약정한 금전이 부당하게 과다하여 Penalty로 보아야 하는지 판단하기 위해서는 두 가지 요소를 중점적으로 고려하여야 한다. 첫 번째는 계약상 의무를 이행하지 아니함에 따라 실제로 발생할 것으로 예견되는 손실 또는 실제로 발생한 손해이다. 발생할 것으로 예견되는 손실은 계약 체결 당시를 기준으로 판단한 것이어야 하고, 계약 체결 이후에 다른 사정이 생겼더라도 이를 고려하여서는 아니 된다.[7] 두 번째 요소는 손해입증의 곤란 또는 손해액의 불확실성이다.[8] 손해액이 불확실하여 산정하기 어려운 경우 법원이

---

3) Charles J. Goetz & Robert E. Scott, "Liquidated Damages, Penalties and the Just Compensation Principle: Some Notes on an Enforcement Model and a Theory of Efficient Breach", Colum. L. Rev. vol. 77, 554, 555 (1977).

4) Oliver Wendell Holmes, "The Path of the Law", Harv. L. Rev. vol. 10, 457, 462 (1897).

5) Aristides N. Hatzis, "Having the cake and eating it too: efficient penalty clauses in Common and Civil Contract Law", 22 Intl Rev. L. Econ. 381, 381－406 (2003); 엄동섭, "미국 계약법상 손해배상액의 예정과 위약벌", 민사법학 80호(2017), 215.

6) Patton v. Mid－Continent Sys., 841 F.2d 742, 750 (7th Cir. 1988).

7) E. Allan Farnsworth, "Legal Remedies for Breach of Contract", Colum. L. Rev. vol. 70, 1145, 1203 (1970).

400 　　　　　　　　　　　제2편 개념별 해설

추정한 손해를 지급하도록 하는 것은 계약 당사자가 계약 체결 시 예견한 손실을 지급하도록 하는 것보다 정당한 보상원칙(principle of compensation)에 오히려 부합하지 않을 수 있기 때문이다.[9]

　　관련된 사례를 살펴보면, 델라웨어주 형평법원(Court of Chancery)은 합병계약을 체결한 전기통신회사 주주들이 회사와 이사를 상대로 소를 제기한 사안에서, '합병이 실패하여 인수회사가 다른 전기통신회사와 합병계약을 하게 될 경우 5억 5천 달러를 지급하기로 하는 2단계 해약금 약정은 무효인 Penalty 조항에 해당하고 이러한 조항이 주주들로 하여금 합병에 찬성의결을 하도록 위협한다'는 주주들의 주장에 대하여, 합병계약이 실패로 끝날 경우 실제로 발생하게 될 손실을 정확히 예견하는 것은 매우 어렵기 때문에 위와 같이 금액을 정한 것이 정당한 손실을 예견한 것이라고 볼 수 있고, 회사가 주주들을 위협하였다거나 그 계약이 불공정하다고 볼 수도 없다고 판단하였다.[10] 한편, 일리노이주 법원은 피트니스클럽이 이용자들을 상대로 '계약의 조기 해지시 30일 전에 해지 통지를 하여야 하고, 조기 해지시에는 잔여기간의 50%에 해당하는 이용금액을 지급하여야 한다'고 정한 조기 해지 수수료 약정(early termination fee provision)이 이용자들이 계약을 조기 해지하지 못하도록 강제하고 있고, 위 약정에서 정한 수수료 또한 피트니스클럽이 제공하는 서비스의 품질 등을 전혀 고려하지 않은 것으로서 Penalty 조항에 해당한다고 보아 그 효력을 부인한 바 있다.[11]

　　계약위반으로 인한 손해가 전혀 발생하지 않는 극단적인 경우에 있어서도 일정한 금전을 손해배상액으로 예정하는 것의 효력이 인정될 것인지가 문제되는데, 이러한 경우에도 계약을 체결할 당시에 양 당사자가 합리적으로 예견하였던 이상, 배상액 예정 조항의 효력을 인정하여야 한다고 판단한 사례가 있는 반면,[12] 손해 자체가 발생하지 않은 경우에는 손해배상액 예정의 성격을 Penalty로 보아 효력을 부인한 사례도 있다.[13] 한편, 채무를 이행하지 아니할 경우 일정한 금전을 지급하기로 하는 약정이 유효한지 여부는 앞서 본 기준에 따라 판단하여야 하고, 약정에 효력을 부여하

---

8) "Penal Sanctions for Breach of Contract", Colum. L. Rev. vol. 34, no. 6, 1101, 1108 (1934); Banta *v.* Stamford Motor Co., 92 A. 665 (Conn. 1914).
9) Restatement (Second) of Contracts § 356 cmt. b.
10) Brazen *v.* Bell Atlantic Corp., 695 A.2d 43 (Del. 1997).
11) Jay Mau, etc. *v.* L.A. Fitness International, LLC, etc., 749 F.Supp.2d 845 (N.D. 2010).
12) Southwest Engrg. Co. *v.* U.S., 341 F.2d 998 (8th Cir. 1965); Information Sys. & Networks Corp. *v.* City of Kansas City, 147 F.3d 711 (8th Cir. 1998).
13) Norwalk Door Closer Co. *v.* Eagle Lock & Screw Co., 220 A.2d 263 (Conn. 1966).

고자 하는 계약 당사자의 의도, 혹은 약정에서 사용한 용어가 'liquidated damages'인지 아니면 'Penalty'인지 여부는 고려하지 않는다.[14] 또한 Penalty는 그 목적이 채무의 이행을 강제하기 위한 이행보장기능을 수행한다는 점에서 손해전보를 목적으로 하는 liquidated damages와는 차이가 있다.[15]

4. 우리 법과의 비교

　　우리나라 민법에서 위약벌에 관한 별도의 조항을 두고 있지는 않지만, 판례는 위약벌을 '채무 이행을 확보하기 위하여 정해지는 것으로서 채무자가 채무를 이행하지 아니할 경우 손해배상과 별도로 지급하기로 약정한 일정한 금전'으로 정의하고 있다.[16] 위약벌은 채무자로 하여금 계약으로 정한 채무를 이행하도록 간접적으로 강제하는 기능, 즉 채무 이행 확보에 더 무게를 두고 있고, 손해배상액 예정은 손해배상적 기능에 더 무게를 두고 있는 것으로 보고 있다는 점에서 미국법과 유사한 측면이 있다.[17] 판례는 예컨대, 회사가 대주주의 보유주식을 전부 양수하는 방식으로 산업기술 보유회사를 인수하는 주식양수도 계약에서, 일정기간 인수대상 회사의 영업과 동일한 영업을 하지 않기로 경업금지약정을 체결하고, 양도인이 위반 시 10억 원을 지급하기로 한 것은 '경업금지의무를 강제'할 목적으로 체결된 것이므로 위약벌 약정에 해당한다고 보았다.[18]

　　다만, Penalty를 무효로 보는 미국법과 달리 우리나라에서는 위약벌의 효력을 원칙적으로 인정하되 민법 제103조에 따라 공서양속 위반을 이유로 하여 전부 또는 일부를 무효로 할 수 있도록 한다.[19] 위약벌 규정을 일부 무효로 하는 경우 결과적으로는 위약벌에 유추적용할 수 없는 손해배상 예정액의 감액(민법 제398조 제2항)을 적용한 것과 같은 효과를 볼 수는 있으나,[20] 대법원은 위약벌의 액수가 과다하다는 이

14) "Penal Sanctions for Breach of Contract", 34(6) Colum. L. Rev. 1101, 1108 (1934).
15) American Consulting, Inc. *v.* Hannum Wagle & Cline Engineering, Inc., 136 N.E.3d 208, 213 (Ind. 2019); Gershin *v.* Demming, 685 N.E.2d 1125, 1128 (Ind. Ct. App. 1997).
16) 대법원 2015. 12. 10. 선고 2014다14511 판결 등 참조.
17) 편집대표 김용덕, 주석민법 채권총칙(Ⅱ), 한국사법행정학회(2020), 124. 다만, liquidated damages가 손해전보의 기능을 가지고 있을 뿐이라고 보는 미국법과 달리, 판례는 손해배상액 예정은 채무이행을 확보하려는 데에도 그 목적이 있다고 보고 있다(대법원 2016. 7. 14. 선고 2012다65973 판결 등 참조).
18) 대법원 2014. 4. 10. 선고 2013다216433 판결 참조.
19) 대법원 2010. 12. 23. 선고 2010다56654 판결; 대법원 2013. 12. 26. 선고 2013다63257 판결 등 참조.
20) 편집대표 김용덕, 전게서, 59.

유로 법원이 개입하여 전부 또는 일부를 무효로 하는 것은 사적 자치의 원칙에 대한
중대한 제약이 될 수 있으므로 가급적 자제하여야 한다는 입장을 취하고 있으므
로,[21] 법원에서 폭넓게 인정하고 있는 손해배상 예정액 감액과는 결과에서 큰 차이
가 있다. 우리나라 2012년 민법개정위원회 개정안은 민법 제398조를 손해배상 예정
액과 위약벌을 아우를 수 있도록 '위약금에 관한 규정'으로 바꾸어 현재 손해배상액
의 예정에만 적용하고 있는 감액 법리(제398조 제2항)를 위약벌에 대해서도 적용할
수 있도록 정하고 있다.[22]

21) 대법원 2016. 1. 28. 선고 2015다239324 판결; 대법원 2022. 7. 21. 선고 2018다248855, 248862
    전원합의체 판결.
22) 편집대표 김용덕, 전게서, 59.

Performance
이행

김민주

1. 개 념

계약의 이행(Performance)은 계약에서 요구하는 행위를 정해진 시간, 장소에서 정해진 방법대로 수행하는 것을 말한다.[1] 계약의 이행은 계약상 의무를 다함으로써 계약 당사자를 과거 또는 미래의 법적 의무로부터 해방시켜 준다. 불완전한 이행과 대비되는 개념으로 완전한 이행(full performance)이라고도 한다.[2] 일반적으로 미국법에서 계약 이행의 기준은 substantial performance rule에 의하여 '실질적 이행'을 기준으로 한다.[3] 그러나 물품계약(sale of goods)은 예외인데, 물품계약에는 perfect tender rule이 적용되어 원칙적으로 계약에서 정한 바와 다른 물품의 인도는 적법한 이행에 해당하지 않는다.[4]

2. 배 경

미국법상 계약의 이행은 '조건(condition)의 성취'라는 관점에서 설명되기도 한다. 미국법에서 말하는 조건(condition)은 우리법에서 말하는 조건보다 더 넓은 개념으로서 채무이행을 요구할 수 있는 일체의 사정을 말한다.[5] 그리고 이러한 채무이행을 요구할 수 있는 사정이 충분한지 여부를 판단짓는 기준이 바로 보통법상 실질적 이행의 원칙(substantial performance rule)이 된다. Substantial performance rule에 의하면 계약의 내용에 부합하지 않는 부분이 계약의 본질을 중대하게 저해(materially

---

1) N. Estrada, Inc., v. Terry, 293 S.W. 286 (Tex. Civ. App. Texarkana 1927).
2) Black's Law Dictionary (11th ed. 2019).
3) 17A Am. Jur. 2d Contracts § 603.
4) 67 Am. Jur. 2d Sales § 561; Black's Law Dictionary (11th ed. 2019).
5) 한종술, 미국계약법, 진원사(2009), 763.

impair)한 경우에만 계약의 위반을 주장할 수 있다. 계약의 일방당사자가 완전한 의무이행을 하지 않았다고 하더라도 위반한 의무가 비본질적인 조건(condition)에 불과하고, 계약 상대방이 의무이행으로 받은 이익이 계약의 위반으로 인하여 받은 손해보다 훨씬 큰 이상 계약상 의무를 이행하였다고 보아야 하기 때문이다.[6]

다만 substantial performance rule은 물품계약(sale of goods)에는 적용되지 않으며, 물품계약에 대하여는 perfect tender rule이 적용된다.[7] Perfect tender rule은 매도인이 하자있는 물품을 시장에 공급하는 것을 제어하기 위한 목적으로 도입되었다.[8] Perfect tender rule에 의하면 구매자는 물품의 품질(quality), 수량(quantity), 인도(delivery)가 계약에서 정한 것과 정확히 일치하지 않으면 그 물품의 수령을 거절할 수 있다. Perfect tender rule도 common law에 의하여 인정되었으나, 이후 통일상법전(Uniform Commercial Code, UCC)에서도 채택되었다.[9][10]

3. 내 용

가. Substantial performance rule

Substantial performance rule에 따르면 계약의 당사자가 선의(good faith)에 의하여 의무를 이행하려고 시도한 경우, 설령 그가 합의한 내용을 완벽하게 이행하지 못하였다고 하더라도 계약의 본질적 목적이 달성되었다면 계약을 이행한 것으로 본다.[11] 여기서 실질적 이행이라 함은 상대적인 것이므로 이를 판단하기 위하여 정해진 공식은 없다.[12]

계약 당사자 상호간의 의무의 교환으로 계약이 성립한 경우, 선이행의무가 있는

---

6) 17A Am. Jur. 2d Contracts §603.
7) 67 Am. Jur. 2d Sales §561; Black's Law Dictionary (11th ed. 2019).
8) Ben Templin, *Contracts(second*ed), Wolters Kluwer(2019), 573.
9) Marvin A. Chirelstein, Concepts and Case Analysis in the Law of Contracts, Foundation Press (1990), 112.
10) UCC §2−601. Buyer's Rights on Improper Delivery.
   Subject to the provisions of this Article on breach in installment contracts (Section 2−612) and unless otherwise agreed under the sections on contractual limitations of remedy (Sections 2−718 and 2−719), if the goods or the tender of delivery fail in any respect to conform to the contract, the buyer may
   (a) reject the whole; or
   (b) accept the whole; or
   (c) accept any commercial unit or units and reject the rest.
11) Black's Law Dictionary (11th ed. 2019).
12) 17A Am. Jur. 2d Contracts §603.

일방(이하 'A'라 한다)은 엄격한 의무이행(exact or strict performance)이 아니라 실질적 의무이행(substantial performance rule)만으로도 상대방(이하 'B'라 한다)의 의무 이행을 요구할 수 있다. 그리고 A의 실질적 의무이행의 결과 B가 이익을 얻었다면, B는 A의 이행이 완벽하지 않다는 이유만으로 자신의 의무이행을 거부할 수 없다. 단, A가 특별히 계약 당사자가 반드시 이행할 것을 명시하거나 계약의 해석상 필요하다고 인정되는 의무를 하지 않은 경우는 제외된다. 다만 substantial performance rule이 구제 수단의 적용을 배제하는 것은 아니다. 불완전한 이행으로 인한 손해는 계약 또는 당사자간의 협의에 의하여 배상될 수 있다.[13][14]

위 원칙이 적용된 대표적 판례로 Jacobs & Young *v.* Kent 사건이 있다. 위 사건에서 원고(수급인)와 피고(도급인)는 건물 건축계약을 체결하면서, 해당 건물에 'Reading'사의 'standard' 등급의 파이프를 사용해야 한다고 명시하였다. 그러나 원고의 과실로 일부 파이프에 다른 제조사의 것이 사용되었는데, 그렇다고 하더라도 이는 피고가 완공된 건물을 계속하여 점유하고 사용하는 데 어떠한 방해도 되지 않았다. 법원은 원고가 자신의 의무를 실질적으로 모두 이행하였고, 원고의 과실로 인하여 피고에게 피해가 발생하지 않았음을 이유로 원고는 피고로부터 공사대금을 지급받을 권리가 있다고 판단하였다.[15]

나. Perfect tender rule

Perfect tender rule은 UCC § 2−601에서 규정하고 있으며, 물품계약에서 물건에 조금이라도 하자가 있다면 적법한 의무 이행으로 볼 수 없다는 원칙이다. 매수인은 매도인이 제공하는 물건의 품질(quality), 수량(quantity), 인도(delivery)가 계약에서 정한 것과 정확히 일치하지 않으면 그 물품의 수령을 거절할 수 있다.[16]

다만 perfect tender rule만에 의한다면 지나치게 이행의 기준이 엄격해질 수 있

---

13) D. Federico Co., Inc. *v.* New Bedford Redevelopment Authority, 723 F.2d 122 (1st Cir. 1983); Matador Drilling Co., Inc. *v.* Post, 662 F.2d 1190, 9 Fed. R. Evid. Serv. 941 (5th Cir. 1981); Ocean Reef Club, Inc. *v.* UOP, Inc., 554 F. Supp. 123 (S.D. Fla. 1982); Alaska State Housing Authority *v.* Walsh & Co., Inc., 625 P.2d 831 (Alaska 1980); Kossler *v.* Palm Springs Developments, Ltd., 101 Cal. App. 3d 88, 161 Cal. Rptr. 423 (4th Dist. 1980); West *v.* Collins, 648 So. 2d 500 (La. Ct. App. 4th Cir. 1994); VRT, Inc. *v.* Dutton−Lainson Co., 247 Neb. 845, 530 N.W.2d 619 (1995); Dave Boothe Const., Inc. *v.* Johnson, 705 S.W.2d 204 (Tex. App. Houston 14th Dist. 1985).

14) 17A Am. Jur. 2d Contracts § 603.

15) Jacobs & Young *v.* Kent, 187 A.D. 100, 175 N.Y.S. 281 (App. Div. 1919).

16) Black's Law Dictionary (11th ed. 2019).

다는 점에서 UCC의 다른 규정들은 실질적으로 perfect tender rule을 완화하는 역할을 한다. 예컨대 매수인의 수령거절이 있을 경우 매도인의 하자치유권(seller's right to cure after rejection)에 관한 UCC § 2−508는 매도인이 이행기 전에 하자를 치유하여 다시 물품을 인도할 수 있는 권리 등을 규정하고 있다.[17)18)

4. 우리 법과의 비교[19)

민법 제390조는 '채무자가 채무의 내용에 좇은 이행을 하지 않은 경우'를 채무불이행으로 규정하고 있는데, 이에 의하면 반대로 이행은 '채무의 내용에 좇은 이행'을 의미한다고 볼 수 있다. 여기서 채무의 내용에 좇은 이행이 무엇을 의미하는지가 문제되는데, 우리나라에서도 '이행'은 주된 채무의 이행을 의미하는 것으로 보고 있다.

우리나라에서 일반적으로 채무는 주된 급부의무, 부수적 의무, 보호의무로 나뉘어 설명된다. 주된 급부의무는 해당 채권관계의 유형 및 특징을 결정짓는 의무를 말하고, 부수적 의무는 주된 급부의무가 채권관계의 내용에 따라 적합하게 실현되기 위하여 필요한 의무로서 설명의무, 성실의무, 협력의무 등을 말한다. 보호의무는 채권실현 과정에서 당사자의 생명, 신체 재산 기타 법익을 침해하지 않도록 하는 의무를 말한다.

이들 중 주된 급부의무의 이행 여부가 계약의 이행 여부를 결정짓게 된다. 주된 급부의무는 계약의 목적 달성을 위하여 반드시 필요한 의무이므로 이에 대하여는 위반 시 손해배상청구권이 인정될 뿐만 아니라 강제이행, 계약해제권도 인정된다. 반면 부수적 의무 및 보호의무는 원칙적으로 위반 시 손해배상청구권이 인정될 뿐, 계약해제와 같이 계약을 소멸시키는 권리는 대개 인정되지 않는다. 판례 또한 "채무불이행을 이유로 매매계약을 해제하려면, 당해 채무가 매매계약의 목적 달성에 있

---

17) UCC § 2−508. Cure by Seller of Improper Tender or Delivery
  (1) Where any tender or delivery by the seller is rejected because non−conforming and the time for performance has not yet expired, the seller may seasonably notify the buyer of his intention to cure and may then within the contract time make a conforming delivery.
  (2) Where the buyer rejects a non−conforming tender which the seller had reasonable grounds to believe would be acceptable with or without money allowance the seller may if he seasonably notifies the buyer have a further reasonable time to substitute a conforming tender.
18) Black's Law Dictionary (11th ed. 2019).
19) 이하 편집대표 김용덕, 주석 민법 채권총칙1(제5판), 한국사법행정학회(2020), 622~637(김상중 저술 부분) 참조.

어 필요불가결하고 이를 이행하지 아니하면 매매계약의 목적이 달성되지 아니하여 매도인이 매매계약을 체결하지 아니하였을 것이라고 여겨질 정도의 주된 채무이어야 한다."고 판시하여 주된 채무의 위반이 있어야 채무불이행을 인정할 수 있다고 한다.[20]

우리나라의 경우 물품계약과 그 밖의 계약을 구분하고 있지는 않는다는 점에서 차이가 있다고 볼 여지도 있으나, 미국에서도 다른 규정 등을 통해 perfect tender rule을 완화하고 있다는 점을 고려한다면 위 차이가 결정적인 차이라고 보기는 어려울 것이다. 따라서 계약이행을 대하는 우리나라와 미국의 태도는 상당한 부분에서 유사한 모습을 가진다고 할 것이다.

---

20) 대법원 1997. 4. 7.자 97마575 결정.

Pledge
질권

김준우

1. 개 념

　미국법에서 Pledge는 공식적인 약속, 서약(a formal promise or undertaking)이라
는 뜻도 있고, 의무를 위한 담보로 무언가를 제공하는 행위 그 자체(the act of pro-
viding something as security for a debt or obligation)를 의미하는 경우도 있으나, 주로
채무의 이행을 담보하기 위하여 제공하는 담보권(security interest) 중 부동산(real
property)이 아닌 동산(personal property)으로 계약의 이행을 담보하는 권리인 질권
을 의미하거나 그 권리의 대상이 되는 물건, 즉 질물을 의미한다.[1] 이하에서는
Pledge를 위와 같이 '질권'으로 해석하는 것을 전제로 설명한다.

2. 배 경

　질권은 인류의 역사가 시작된 만큼이나 오래된 권리로, 전당포가 증명하듯이 현
재도 활발히 쓰이고 있다. 이 거래 과정에서 채무자는 채권자로부터 돈을 빌리면서
그 담보로 채권자에게 자신의 물건의 점유를 물리적으로 이전하고 위 돈을 다 갚으
면 그 물건을 돌려받는다. 질권이 설정되면 채무자가 질권의 대상이 되는 물건, 즉
질물을 사용할 수 없으므로 채무자 입장에서는 명백히 불리한 담보권이다.[2]

　미국법상 담보권은 크게 mortgage(부동산 저당권), lien(유치권 또는 우선특권),
pledge(질권)으로 삼분할 수 있는데(다만 pledge와 lien은 둘 다 '담보'라는 의미로 사용
되기도 한다), Pledge는 mortgage와 비교해서 주로 그 대상이 부동산이 아니라 동산

---

[1] Black's Law Dictionary (11th ed. 2019).
[2] Ray D. Henson, Handbook on Secured Transactions Under the Uniform Commercial Code §
　3−1, 17 (3d ed. 1983).

이라는 점에서, lien과 비교해서는 질물을 채권자가 직접 처분할 수 있다는 점에서 차이가 있다(이에 대해서는 아래 3. 참조).

3. 내 용

전술한 바와 같이 Pledge는 주로 미국법상의 담보권 중 동산에 대한 담보권, 즉 우리 민법상 질권에 대응하는 의미로 사용된다. 먼저 Pledge가 성립하기 위해서는, ① 그 대상이 동산(personal property)이어야 하는바, 동산이라 함은 부동산이 아닌 모든 재산으로 차량이나 귀금속, 시계, 옷 등의 물리적 특성을 갖는 유형의 동산(tangible personal property) 뿐만 아니라 채권, 주식 등과 같은 무형의 동산(intangible personal property)도 포함한다. ② 다음으로 채무자, 즉 질권설정자(pledgor)와 채권자, 즉 질권자(pledgee) 사이에 구두, 묵시 또는 서면에 의한 질권 설정의 합의가 있어야 하며[3](법령에서 요구하지 않는 한 반드시 서면에 의할 필요는 없다[4]), ③ 질권설정자는 질권자에게 자신의 채무에 대한 담보로 위 동산의 점유(possession)를 완전히 이전(absolute transfer)하여야 한다.[5] 한편 질권이 설정되는 경우에도 질권자는 질물의 점유(possession)를 통해 질권이라는 담보권을 가질 뿐 법적 권원(legal title)은 여전히 질권설정자에게 있다.[6]

한편 Pledge와 lien은 둘 다 채권자, 즉 담보권자가 담보물에 대하여 특별한 권리를 가진다는 점은 동일하나, lien의 경우 담보권자는 그 담보물을 점유할 권리만을 가질 뿐 그 권리를 제3자에게 이전할 수도 없고 법원의 도움, 즉 소송 절차(judicial proceedings) 없이는 그 담보물을 직접 처분할 수 없는 반면, Pledge의 경우 질권자는 자신의 권리를 제3자에게 이전할 수도 있고 소송 절차 없이 직접 자신이 질물을 처분할 수 있다.[7]

일반적으로 질권자는 질물에 대하여 우선적인 권리(a superior right)를 얻고, 그 권리는 질권이 발생하기 전에 먼저 그 질물에 대하여 우선적인 유치권(prior liens)을 얻은 사람을 제외한 모든 사람들에게 대항가능하다. 한편 법에서 질권설정계약을 등록할(recorded) 것을 요구하는 경우에는 등록된 질권설정계약에 따른 질권은 그렇지

---

3) 72 C.J.S. Pledges §9.
4) 72 C.J.S. Pledges §13.
5) 72 C.J.S. Pledges §12.
6) 72 C.J.S. Pledges §3.
7) Black's Law Dictionary (11th ed. 2019).

않은 lien 또는 질권 등의 권리 및 그 이후에 등록된 lien 또는 질권 등의 권리보다 앞선다.[8] 만약 질권자가 선의의 질권설정자(pledgor in good faith)로부터 질물의 점유를 이전받은 경우, 그 질권자 역시 선의의 매수인(a bona fide purchaser)과 같이 여겨지며 그의 권리는 다른 권리들보다 우선한다.[9]

질권자는 질권설정자가 질권의 피담보채무를 모두 변제할 때까지 질물을 점유하거나 지배할 수 있다.[10] 다만 일반적으로 질권자는 질물을 사용할 수 없지만,[11] 질물의 성격상 질권자가 질물을 사용하더라도 그 가치가 감소하지 않는 경우에는 이를 사용하더라도 그에 따른 법률상 책임을 부담하지는 않는다.[12]

이를 허용하는 약정이 없는 경우 질권자는 피담보채무의 변제기 전에는 질물을 매각할 권리가 없으나 그러한 권리는 질권설정계약에 따라 부여될 수 있다.[13] 일반적으로 질권설정계약은 질권설정자인 채무자가 피담보채무를 모두 지급하는 등 그 의무를 이행하는 경우 종료되며, 이 경우 질권설정자 또는 그 양수인은 질물을 반환받을 수 있다.

한편 질권설정자가 주된 의무인 피담보채무를 이행하지 않는 경우 질권자는 해당 질물이 합법적으로 매각될 때까지 질권설정자의 환매권(pledgor's right of redemption)하에서 질물을 보유한다(다만 질물의 소유권을 취득하지는 않는다).[14] 일반적으로 질권설정자가 자신의 주된 의무를 이행하지 않는 경우, 질권자는 소송 절차(judicial process) 없이 질물을 매각하고 그로부터 우선적으로 변제받을 수 있다. 다만 법인의 어음이나 다른 유사한 권리를 가진 경우와 같은 일부 예외적인 경우에는 그럴 수 없다.[15] 하지만 이 경우에도 다른 특별한 약정이 없는 이상 질물의 매각은 공적경매(public auction)에 의하여야 한다. 그리고 만약 질권설정계약에서 공개경매 또는 사적경매(private auction)로 하기로 정하였다면 질권자는 이에 따라야 한다.[16]

---

8) 72 C.J.S. Pledges § 25.
9) 72 C.J.S. Pledges § 26.
10) 72 C.J.S. Pledges § 30.
11) Commercial Nat. Bank in Shreveport *v.* Parsons., 144 F.2d 231 (C.C.A. 5th Cir. 1944).
12) Hoyt *v.* Upper Marion Ditch Co., 94 Utah 134, 76 P.2d 234 (1938).
13) 72 C.J.S. Pledges § 33.
14) 72 C.J.S. Pledges § 41 – 43.
15) 72 C.J.S. Pledges § 59.
16) 72 C.J.S. Pledges § 66.

4. 우리 법과의 비교

우리 법에서도 민법 제329조부터 제355조까지 질권에 대하여 규정하고 있는바, 기본적으로 그 대상을 동산 및 권리로 하고 있는 점, 질권자가 그 목적물인 질물을 점유할 것을 요건으로 하는 점(민법 제189조의 점유개정에 의한 점유는 인정되지 않는다.[17]), 질권자는 다른 권리자들보다 우선하는 점, 질권자는 질권설정자로부터 피담보채무를 변제받기 전까지 질물을 유치할 수 있는 점, 질권설정자가 그 채무를 이행하지 않을 경우 경매 등을 통해 질물로부터 우선변제 받을 수 있는 점 등에서 동일하다.

다만 우리 법에서는 민법 제339조[18]에 따라 변제기 전의 계약으로 변제에 갈음하여 질물의 소유권을 취득하거나 법률에 처한 방법에 의하지 아니하고 질물을 처분할 것을 약정하지 못하고(유질계약 금지) 위 조항은 강행규정인 반면(다만 상법 제59조에 따라 상행위로 인한 채권을 담보하는 경우에는 허용된다), 미국법에서는 당사자 사이에 사전에 합의가 되었다면 위와 같은 내용의 계약도 가능하다.

나아가 우리 법에서는 질권자가 질권을 실행하는 경우 집행권원을 받을 필요는 없으나, ① 민사집행법의 절차에 따라 질물을 경매하거나 ② 정당한 이유가 있는 때에는 감정가에 따라 직접 변제에 충당할 것을 법원에 청구(간이변제충당)할 수 있을 뿐 사적경매는 허용되지 않는다.[19] 그러나 미국법에서는 사전에 정해진 바가 없다면 공적경매(public auction)에 의하여야 하지만 질권설정계약에서 공적경매 외에 사적경매(private auction)에 의할 것을 정할 수도 있고 이 경우 질권자는 위 방법에 따라 매각하여야 한다. 다만 미국법에서는 간이변제충당과 같은 제도는 존재하지 않는다.

---

17) 민법 제332조 질권자는 설정자로 하여금 질물의 점유를 하게 하지 못한다.
18) 질권설정자는 채무변제기전의 계약으로 질권자에게 변제에 갈음하여 질물의 소유권을 취득하게 하거나 법률에 정한 방법에 의하지 아니하고 질물을 처분할 것을 약정하지 못한다.
19) 민법 제338조 ① 질권자는 채권의 변제를 받기 위하여 질물을 경매할 수 있다. ② 정당한 이유 있는 때에는 질권자는 감정자의 평가에 의하여 질물로 직접 변제에 충당할 것을 법원에 청구할 수 있다. 이 경우에는 질권자는 미리 채무자 및 질권설정자에게 통지하여야 한다.

Possession
점유

김준우

1. 개 념

　　미국법에서 Possession은 여러 가지 의미를 가지고 있다. 먼저 자신의 지배하에 물건을 가지거나 보유하는 사실적인 상태를 의미하기도 하고, 다른 사람들과의 관계에서 배타적으로 물건을 지배할 수 있는 권리를 의미하기도 하며, 자신이 소유할 의도로 물건을 보유하거나 사용하는 것을 말하기도 한다.[1] 다만 두 번째 정의는 소유권 또는 재산권(property)을 의미하는 것으로 보이는바, 미국법에서 Possession은 물건에 대한 사실적인 지배, 즉 '점유'를 의미하기도 하고 그 물건에 대한 권리, 즉 '소유권'을 의미하기도 하는 것으로 보인다. 다만 소유권에 대해서는 주로 property라고 표현하므로 이하에서는 Possession을 물건에 대한 사실적이고 배타적인 지배 상태, 즉 '점유'를 의미하는 것을 전제로 설명한다.

2. 배 경

　　미국 재산법(property law)은 영국으로부터 많은 영향을 받았다. 영국의 부동산권은 1066년 헤이스팅 전투에서 노르만 왕조가 앵글로 색슨의 왕인 Harold를 정복한 후, 정복자인 William이 자신을 도운 영주 또는 기사들에게 빼앗은 토지의 사용권(right to use) 혹은 보유권(right to hold)을 제공한 것에서 시작된 것으로 알려져 있다. 이후 위 권리의 상속이 허용되었고 생전에도 처분할 수 있는 권리가 부여되었다.[2] 이처럼 영국의 봉건주의 시대 역사에 따라 발전되어 온 부동산, 정확히는 토지에 대한 소유권 혹은 '점유'와 관련하여 Possession의 개념이 등장하여 현재에 이르게 되었다.

---

1) Black's Law Dictionary (11th ed. 2019).
2) Barlow Burke and Joseph Snoe, Property(4th ed.), Wolters Kluwer (2012), 105－106.

　법률 이론에서 Possession의 개념보다 더 어려운 개념은 없다는 의견도 있을 정도로 오래 전 고대 로마 법률가들부터 현재의 법학자들에 이르기까지 Possession은 다양한 문헌들의 주제가 되어왔지만 여전히 많은 법학자들의 연구 대상이다.[3]

3. 내 용

　미국법은 우리 민법과는 달리 점유자의 권리, 즉 '점유권'에 대해서는 명시적으로 규정하고 있지 않다. 즉 물건에 대한 사실적인 지배 상태를 Possession이라 표현하고 그러한 상태에 있는 자에게 아래에서 보는 바와 같이 일정한 권리를 인정해 줄 뿐, 따로 우리 민법과 같이 그 상태 자체를 '점유권'이라는 하나의 권리로 규정하고 있지는 않다. 따라서 Possession을 하나의 권리라는 의미에서의 '점유권'이라고 번역할 수는 없다.

　먼저 Possession은 직접 점유(actual possession)와 간접 점유(constructive possession)로 구분된다. 직접 점유는 어떤 물건을 직접 물리적으로 지배하는 경우를 의미하고, 간접 점유는 직접 물건을 점유하고 있지는 않지만 다른 사람 등을 통해 그 물건을 지배하고 통제할 능력과 의도를 가진 경우를 의미한다. 또한, Possession은 단독 점유(sole possession)과 공동 점유(joint possession)로 구분된다. 한 사람이 혼자 물건을 직접 또는 간접적으로 점유하는 경우를 단독 점유라 하고, 2명 이상의 사람이 점유하는 경우를 공동 점유라 한다.[4]

　Possession은 소유권의 증거로서, 물건의 점유자(possessor)는 그 물건의 소유자로 추정되며 다른 모든 제3자들에게 자신의 소유권을 주장할 수 있다.[5] 따라서 부동산의 점유자는 불법침입(trespass)이나 불법방해(nuisance)로부터 자유로울 권리가 있다. 미국법에서 불법침입이란 부동산 소유자의 배타적 점유권을 침해하는 물리적 침범을 뜻하며, 점유자는 불법침입자를 몰아내기 위하여부동산 점유회복소송(ejectment)을 제기할 수 있다. 이 경우 점유자는 이전에 부동산을 점유하였음을 입증함으로써 현재 부동산을 점유할 권리를 보유하고 있음을 입증할 수 있고, 권원을 입증하기 위해 action to quiet title(소유권확인소송)을 먼저 제기하여야 하는 것은 아니다.[6] 다만

---

3) John Salmond, Jurisprudence(Glanville L. Williams ed., 10th ed.), Sweet and Maxwell (1947), 285.
4) 1A Fed. Jury Prac. & Instr. § 16:05 (6th ed.).
5) John Salmond, ibid, 285.
6) 25 Am. Jur. 2d Ejectment § 16.

이때 점유자는 자신의 권원이 대세적으로 완전한 것임을 입증할 필요는 없지만 자신의 권원 또는 점유할 권리가 상대방의 권원 또는 점유할 권리보다 우월하다는 것을 입증하여야 한다.[7] 불법방해란 타인의 부동산 사용권 및 영유권에 대한 실질적이고 불합리한 침해로서 물리적인 침해가 없이도 발생하며, 그 대표적인 예로는 역겨운 냄새, 지나친 소음 또는 조명 등이 있다.[8] 이때 점유자는 상대방에게 손해배상(damages), 금지명령(injunctions) 등을 구할 수 있다.[9]

미국법에서 Possession은 특히 adverse possession, 즉 우리 민법상의 점유취득시효 유사 제도와 관련하여 의미가 있다. 즉, 토지의 소유자가 아니더라도 일정한 시효기간(statutory period) 동안 계속적으로 그 토지를 사용(continuous use)하고, 그 점유가 공개적이며(open and notorious), 적대적(hostile or adverse), 즉 소유자의 의사에 반하며, 실질적, 배타적으로 그 토지를 점유(actual and exclusive)하는 경우, 점유자는 그 토지의 소유권을 취득한다. 다만 일부 법원의 경우 보통법(common law) 또는 주법(state law)에 따라 권리의 주장(claim of title or right), 선의 또는 악의(good faith or bad faith), 개량(improvement), 경작(cultivation) 등을 요구하는 경우도 있다.[10]

이때 취득시효의 기간의 합산(tacking), 즉 점유자의 점유기간을 계산함에 있어서 이전 점유자의 점유기간을 새로운 점유자의 점유기간으로 합산 내지 가산할 수 있는가의 문제가 있다. 즉 적대적 점유에 의해 권원의 취득에 필요한 기간을 보충하기 위해서 점유를 승계한 자(B)가 이전 점유자(A)의 점유기간을 자신의 점유기간에 가산하는 것이다. 이때 A와 B는 혈연관계, 계약, 유증, 상속, 증서 등의 비적대적(non-hostile)인 결합에 따른 계약 당사자관계(privity)가 있어야 한다. 여기서 당사자관계 내지 견련관계란 기간 합산을 위해 필요한 관계를 말한다. 그러므로 점유기간의 합산에 있어 B가 A를 쫓아내고 점유하거나 A가 점유를 포기한 후에 B가 새롭게 점유를 시작하거나 B가 A로부터 효력을 갖추지 못한 부동산 양도증서 내지 날인 증서 등의 증서를 이전받은 경우 등은 견련관계를 인정할 수 없어 취득시효 기간으로 합산되지 않는다.[11]

---

7) 25 Am. Jur. 2d Ejectment §7; Gordon *v.* Love, 380 So. 2d 287 (Ala. 1980).

8) 정하늘, 미국법해설, 박영사(2011), 201-202.

9) 58 Am. Jur. 2d Nuisances §176.

10) Barlow Burke and Joseph Snoe, Property(4th ed.), Wolters Kluwer(2012), 78.

11) Barlow Burke and Joseph Snoe, ibid, 83-84.

4. 우리 법과의 비교

먼저 우리 법은 민법에서 물권법과 채권법을 구별한 뒤 물권법 안에 점유권과 소유권을 구별하여 두고 있다. 반면에 미국법은 사법(private law)을 계약법(contract law), 재산법(property law), 불법행위법(tort law)으로 삼분하고 재산법 안에 소유(property)와 점유(possession)를 두고 있지만, 우리 법에서와 같이 점유권을 소유권과 구별되는 또다른 권리로 규정하고 있지는 않다. 따라서 미국법의 Possession의 개념이 반드시 우리 민법상의 점유 또는 점유권과 일치한다고 보기는 어렵다.

그렇다 하더라도 Possession을 우리 법상의 '점유'로 해석하는 것은 앞서 본 바와 같이 Possession이 주로 물건에 대한 사실상의 배타적인 지배 상태를 의미하며, adverse possession 역시 우리 민법상의 점유취득시효와 유사한 측면이 많기 때문이다.

또한 우리 법이 비록 '점유'외에 '점유권'을 점유자의 권리로 규정하고 있지만, 민법 제200조[12] 및 제197조 제1항[13])에 따라 점유를 하고 있으면 적법하게 보유한 것으로 추정하고 이때 소유의 의사로 점유하고 있는 것으로 추정되어 결국 점유자는 적법한 '소유권'이 있는 것으로 추정되는바, 미국법의 경우와 결과적으로 동일하다. 또한 반드시 직접 점유하는 경우뿐만 아니라 다른 사람을 통해 간접 점유하는 경우에도 점유로 인정하고 있는 점, 단독 점유와 공동 점유로 구분하고 있는 점 등도 미국법과 동일하다.

다만 우리 법상 점유자가 소유자로부터 점유의 침탈을 당하여 민법 제204조 제1항[14])에 따라 그 소유자를 상대로 점유회수청구 소송을 제기한 경우, 점유권에 기인한 소는 본권에 관한 이유로 재판하지 못하므로(민법 제208조 제2항), 위 소송에서 소유자는 자신이 소유권자라는 항변을 할 수 없으나,[15] 미국법상 부동산 점유회복소송(ejectment)에서는 점유자가 상대방인 피고보다 우월한 권리가 있음을 입증해야 하므로 위와 같은 경우 소유자는 자신이 소유권을 가지고 있음을 주장, 입증하여 승소할 수 있다.

---

12) 점유자가 점유물에 대하여 행사하는 권리는 적법하게 보유한 것으로 추정한다.
13) 점유자는 소유의 의사로 선의, 평온 및 공연하게 점유한 것으로 추정한다.
14) 점유자가 점유의 침탈을 당한 때에는 그 물건의 반환 및 손해의 배상을 청구할 수 있다.
15) 대법원 1967. 6. 20. 선고 67다479 판결.

Privacy
프라이버시

방지혜

1. 개 념

프라이버시란 자신의 행동이나 결정에 간섭이나 대중의 관심을 받지 않을 상태 또는 조건을 의미한다.[1] 일반적으로 미국 헌법에서의 Privacy right과 미국 불법행위 법에서의 invasion of privacy는 구분되며,[2] 전자는 결혼(marriage), 자녀 양육(child rearing), 낙태(abortion) 등의 사적인 결정에 국가가 관여하는 것을 제한하는 것이며 국가를 상대로만 주장할 수 있는 권리임에 반해, 후자는 훨씬 더 다양한 사건들에서 침해자를 상대로 주장할 수 있다.[3][4]

2. 배 경

Privacy는 1890년 Louis D. Brandeis와 Samuel D. Warren이 'The Right to Privacy' 란 논문을 발표하며 탄생한 개념이다. 저자들은 법원이 언론의 보도에 의한 privacy 침해에 대한 소송을 인정해야 한다고 주장하였으나 초기에 이 이론은 법원[5]에 의해

---

1) Black's Law Dictionary (11th ed. 2019), privacy.
2) 그러나 일부 법원은 privacy 권리가 연방 헌법적 보장에 근거를 둔다는 견해를 취하기도 한다. 62A Am. Jur. 2d Privacy § 2.
3) Franklin, Marc A., and Robert L. Rabin, Tort law and alternatives: cases and materials. Foundation Press (2021), 1155; Gunn, Alan, and Vincent R. Johnson, Studies in American Tort Law, Carolina Academic Press (2013), 1016.
4) 오히려 헌법상의 표현의 자유(freedom of speech), 언론의 자유(freedom of press)가 불법행위 법상의 privacy와 더 중요한 영향을 주고받는다.
5) 처음에 미시간 법원과 뉴욕 법원에서는 받아들여지지 않았지만, 1905년 조지아 법원에서 Pavesich v. New England Life Insurance Co. (1905) 122 Ga. 190, 50 S.E. 68 판결에 의해 인정되었다.Restatement (Second) of Torts § 652A (1977). 이 판결은 리딩케이스가 되었으나 이후에도 인정여부에 대한 각 주 법원의 입장이 달랐고 1930년대 들어서야 인정하는 방향으로 기울었다. 오늘날에는 미국 대부분의 주에서 인정되고 있다.

받아들여지지 않았다.

1902년 뉴욕주의 법원[6]은, 자신의 초상을 무단으로 광고 포스터에 사용한 회사에 Privacy 침해를 이유로 소를 제기한 원고의 주장을 받아들이지 않았다.[7] 그러나 이러한 결정에 대한 대중들의 즉각적인 항의가 제기되자, 뉴욕주 입법부는 Privacy 권리를 법(New York Civil Rights Law §§ 50 and 51)[8]에 명시하였다.

이후 뉴욕주 외의 다른 주에서는, 상업적 사용에 대해서만이 아니라 진실한 출판물에서도 그것이 정당한 공적 관심사(legitimate public concern) 영역 밖의 내용에 대한 것이라면 Privacy 침해 소송을 인정하는 법리를 천천히 발전시켜왔다. 그러나 1930년대 대법원은 수정헌법 제1조에 의한 표현의 자유에 대한 보호(protection of expression)를 확장하기 시작했고, 이러한 영향으로 주 법원들은 언론(media)에 대한 보호를 강화하며 반대로 사적 영역(private areas)을 축소하기 시작하였다.[9] 그럼에도 불구하고 1960년대 후반부터 컴퓨터, 데이터은행, 전자기기 등의 등장으로 일반적인 사회적 가치(general social value)로서의 Privacy가 위협받고 있다는 것에 대한 인식이 높아졌다.[10] 오늘날에는 미국 대부분의 주에서 Privacy 권리를 명확하게 인정하고 있으나, 일부 주에서는 그것을 원고의 이름과 유사성에 대한 상업적 사용에 대해서만 한정하여 인정하기도 한다.[11]

3. 내 용

불법행위법의 한 유형으로서 프라이버시의 침해(invasion of privacy)란 개인의 인격(personality)에 대한 부당한 이용(unjustified exploitation) 또는 개인의 생활(personal activities)에 대한 침범(intrusion)을 의미한다.[12]

---

6) Roberson *v.* Rochester Folding Box Co. ‒ 171 N.Y. 538, 64 N.E. 442 (1902).

7) 이런 소송에 대한 전례가 없고, 이런 법리가 법원을 통해 편입된다면 방대한 소송이 불가피하고, 어떻게 적절한 상황에 대해 한정될 수 있는지 알 수 없으며, 실제로 소송에서 법적책임(liability)을 발견하는 것에 대한 회의(skepticism)가 있다는 것이 그 이유였다.

8) 기본적인 내용은 살아있는 사람의 이름, 초상 등을 광고 내지 상업적 목적으로(advertising purposes or the purposes of trade) 사용하기 위해서는 서면에 의한 동의(written consent)가 있어야 한다는 것이다.

9) 또한, 1960년대부터 대법원은 불법행위 사건(tort cases)에도 수정헌법 1조(First Amendment protection)를 적용하기 시작하였다.

10) privacy 발전에 대한 자세한 내용은 Franklin, Marc A., and Robert L. Rabin, Tort law and alternatives: cases and materials. Foundation Press, (2021), 1155‒1158 참조.

11) Kelly, Kathryn et al, Prosser, Wade and Schwartz's Torts: Cases and Materials. Foundation Press/West Academic, (2015), 1002‒1003 참조.

12) Black's Law Dictionary (11th ed. 2019), invasion of privacy.

Privacy 침해의 유형은 일반적으로 다음의 네 가지로 분류[13]된다. ① 원고의 은둔생활(seclusion) 또는 고독(solitude)이나 사적인 일(private affairs)에 대한 침범 (intrusion), ② 원고를 당혹스럽게 하는 사적인 사실(embarrassing private facts)에 대한 공개적 폭로(public disclosure), ③ 원고에 대해 대중의 잘못된 인식(false light in the public eye)을 야기하는 사실의 공표(publicity), ④ 피고의 이익을 위해 원고의 이름이나 유사성(likeness)을 도용(approriation)하는 것이다.[14]

첫째로, '사생활 침범(intrusion)'과 관련하여, 피고가 고의적으로(intentionally) 물리적인 방식이나 또는 다른 방식으로(physically or otherwise), 타인의 은둔생활 또는 고독이나 사적인 일(private affairs)을 침범하였고, 만약 그 행위가 합리적인 사람 (reasonable)의 기준에서 매우 불쾌한(highly offensive) 정도라면 Privacy 침해에 대한 책임을 진다.[15] 사적인 사실을 보도(publish)하기 위해 피고가 창문을 넘어서 원고의 사적인 영역에 침범하거나, 원고의 전화기를 도청하거나, 편지를 열어보거나 혹은 원고를 길거리에서 미행하는 행위는 제한된다. [16]

둘째로, '사생활 폭로(public disclosure)'와 관련하여, 타인의 사생활(private life) 에 관한 사안을 공표하는 자는 그것이 ① 합리적인 사람(reasonable person)이라면 매우 불쾌하게(highly offensive) 여겼을 것이고, ② 대중들의 정당한 관심사(legitimate concern)가 아닌 것이라면 타인에게 Privacy 침해의 책임을 진다.[17] 정보가 사실이고 명예훼손적인 것이 아닌(nondefamatory) 경우라도 소송의 원인이 될 수 있다.[18]

셋째로, '허위사실 공표'와 관련하여, 대중 앞에서 타인에 대한 허위사실(false light)을 공표(publicity)하는 자는 ① 그 허위사실이 합리적인 사람이라면 매우 불쾌하게 여겼을 것이고, ② 공표된 내용의 허위성(falsity of the publicized matter)과 타인이 오해를 받게 될 것(the false light in which the other would be placed)에 대해 알고 있었거나 그것을 무모하게 무시한 채 행동했다면(acted in reckless disregard) 그 타인에게 Privacy 침해에 대한 책임을 진다.[19]

---

13) Gunn, Alan, and Vincent R. Johnson, Studies in American Tort Law. Carolina Academic Press, 2013, 1015−1016. Prosser는 불법행위법상의 privacy 침해를 네 가지 종류로 분류하였으며, 이후 이러한 분류 방식이 일반화되었다. 미국의 일부 주는 이러한 분류 방식을 성문화 (statutory form) 하였다. 네 가지 분류는 서로 상당히 겹치기도 한다.

14) Prosser, William L., "Privacy", 48 Cal. L. Rev. 383, 389 (1960).

15) Restatement (Second) of Torts § 652B (1977).

16) Gunn, Alan, and Vincent R. Johnson, ibid, 1015.

17) Restatement (Second) of Torts § 652D (1977).

18) Black's Law Dictionary (11th ed. 2019), invasion of privacy.

19) Restatement (Second) of Torts § 652E (1977).

넷째로, '이름 또는 초상 도용(approriation)'과 관련하여, 자신의 이익을 위해 타인의 이름이나 유사성(likeness)을 무단으로 사용한 자는 Privacy 침해에 대한 책임을 진다.[20] 이러한 유형의 침해를 막기 위한 원고의 권리는 '퍼블리시티권(right of publicity)'[21]이라고도 불리며, 많은 사건들이 원고의 'right to privacy'보다는 '재산권(property right)'과 관련된 것으로 보인다. 실제로 이런 사건들에서 원고는 주로 유명인이며 자신의 이름이 사용되었다(having their names used)는 것보다 이름 사용에 대해 대가를 받지 못했다(not being paid for the use)는 것에 대해 이의를 제기한다.[22]

원고는 Privacy 침해에 대해 ① 침해된 Privacy의 특정 요소(particular element)에 대한 손해,[23] ② 그의 정신적 고통(mental distress)이 그러한 침해로부터 일반적으로 기인하는 종류의 것일 경우 그 고통에 대한 손해, ③ 그 침해가 법적 원인(legal cause)이 된, 증명 가능한 특별 손해(special damage)를 배상받을 수 있다.[24] 한편, Privacy 침해에 대한 구제 수단으로는 손해배상청구가 가능하며, 손해배상청구만으로 불충분하다고 여겨지는 경우 금지명령이 내려질 수 있고, 경우에 따라서는 손해배상과 금지명령이 모두 인정될 수 있다.[25]

이름이나 유사성의 도용(appropriation)을 제외하고 Privacy 침해 행위는 Privacy 침해를 받은 살아있는 개인만(living individual)이 유지할 수 있으며 Privacy 침해를 받은 본인의 사망 후에는 소송은 유지될 수 없다. 다만 일부 주에서는 법률로 본인의 사망 전에 제기된 소송에 대해서는 유지를 허용하기도 하며, 소수의 주에서는 법률이 허용하는 경우 이미 사망한 사람의 사후에 발생한 Privacy 침해에 대해서도 생존한 친척들(surviving relatives)이 소송을 제기할 수 있도록 하고 있다. 이름이나 유사성의 도용(appropriation)[26]은 재산권의 침해(impairment of a property right)와 유사하기 때문에 사후에도 유지될 수 있다.[27]

---

20) Restatement (Second) of Torts §652C (1977).
21) 본인의 이름, 사진 또는 유사성의 사용을 통제하고 다른 사람이 본인의 동의 없이 상업적 이익을 위해 사용하는 것을 방지할 수 있는 권리이다. Black's Law Dictionary (11th ed. 2019), right of publicity.
22) Gunn, Alan, and Vincent R. Johnson, ibid, 1016.
23) 예를 들어, 침해의 네 가지 유형 중의 은둔생활에 대한 침범(intrusion)을 겪은 사람은 §652B에 따라 은둔생활의 박탈에 대한 손해를 회복할 수 있다.
24) Restatement (Second) of Torts §652H (1977).
25) 62A Am. Jur. 2d Privacy §200.
26) 앞에서 살펴본 바와 같이 '퍼블리시티권(right of publicity)'이라고 불리기도 한다.
27) Restatement (Second) of Torts §652I (1977).

4. 우리 법과의 비교

미국과 달리 대륙법에는 인격권(人格權)이라는 개념이 존재하며 Privacy에 대해 살펴보기 위해서는 먼저 인격권 개념을 이해해야 한다. 우리 헌법 제10조는 "모든 국민은 인간으로서의 존엄과 가치를 가지며, 행복을 추구할 권리를 가진다. 국가는 개인이 가지는 불가침의 기본적 인권을 확인하고 이를 보장할 의무를 진다."고 규정하여 인격권을 인정하고 있다. 이러한 인격권에는 사생활에 관한 권리인 Privacy권이 포함된다. Privacy권은 종래 헌법상 기본권에 관한 일반규정인 헌법 제10조(구 헌법 제9조)에 포함되는 것으로 해석되었다가 1980년 헌법의 전부개정으로 헌법 제17조에 "모든 국민은 사생활의 비밀과 자유를 침해받지 아니한다."는 조항이 제정되면서 헌법상 근거 규정이 마련되었다.[28]

현행 민법은 인격권 보호에 관한 일반적 규정을 별도로 두고 있지 않지만, 민법 제3조의2에 인격권을 신설하는 개정안이 2022년 입법예고된 바 있다. 대법원은 인격권이라는 용어를 사용하여[29] 그 권리성을 명시적으로 인정하고 있으며,[30] 사적 영역에 대한 원하지 않는 언론보도가 명예훼손이나 초상권이 아닌 Privacy권의 침해로 불법행위가 될 수 있음[31]을 1990년대에 들어서 비로소 인정하기 시작하였다.[32]

한편, 인격권인 Privacy권은 표현의 자유, 알 권리 등 그와 유사한 정도의 보호를 요구하는 다른 가치들과 충돌하는 특성이 있으며, 따라서 침해 여부를 판단함에 있어서 이익형량이 문제된다.[33] 사생활에 대한 침해가 존재하더라도 공중의 정당한 관심의 대상이 되는 사항이고, 공개가 공공의 이익을 위한 것이며, 표현내용 등이 부당한 것이 아닐 경우에는 위법성이 조각될 수 있다.[34] 한편, 일단 권리의 보호영역을 침범함으로써 불법행위를 구성한다고 평가된 행위가 위법하지 않다는 점은 이를 주

---

28) 곽윤직 편, 민법주해 XIX, 박영사(2005), 438.
29) 대법원 1980. 1. 15. 선고 79다1883 판결. 출근한 교사에 대하여 근무를 못하게 하면서 급료를 지급하지 아니한 채 차별대우를 한 것은 인격권 침해로서 불법행위가 된다고 하였다.
30) 곽윤직 편, 전게서, 417 – 418.
31) 대법원 1998. 9. 4. 선고 96다11327 판결. 피해자가 자신을 알아볼 수 없도록 해 달라는 조건 하에 사생활에 관한 방송을 승낙하였는데 적절한 조치를 취하지 않으므로써 신분이 노출된 사안에서 부당하게 피해자의 사생활의 비밀을 공개하였다고 하여 불법행위에 의한 손해배상책임을 인정하였다.
32) 전광백, "프라이버시의 침해–우리나라와 미국 판례를 중심으로", 법학연구 제14집 제1호 (2011. 4), 127.
33) 양창수·권영준, 민법 II: 권리의 변동과 구제, 박영사(2017), 723.
34) 대법원 2021. 4. 29. 선고 2020다227455 판결.

장하는 사람이 증명하여야 한다.[35]

　　침해가 인정되면 구제 수단으로 손해배상청구권(민법 제750조)이 인정되며, 대부분의 경우 비재산적 손해의 배상인 위자료를 인정하고 있다. 또한 인격권의 특성상 한번 침해되면 사후적 구제 수단으로는 손해의 전보가 어렵다는 점에서 사전적 구제 수단으로서 금지청구권도 인정된다.[36]

---

35) 대법원 2006. 10. 13. 선고 2004다16280 판결. 증명책임이 행위자에게 있다고 한 것은 이익형량의 저울을 권리자에게 조금 더 유리하게 기울인 것으로 볼 수 있다. 권영준, "프라이버시 보호의 정당성, 범위, 방법." 헌법과 사법, 박영사(2018), 304.
36) 대법원 1997. 10. 24. 선고 96다17851 판결; 양창수·권영준, 전게서, 739-740.

Products Liability
제조물책임

이다나

1. 개 념

미국법상 Products liability는 제품의 결함으로 인해 결과적으로 소비자, 사용자, 제3자(bystander)가 신체적 손해나 재산상의 손해를 입은 경우, 그 제품의 제조·유통·판매의 일련의 과정에 관여한 모든 당사자가 그 손해를 배상할 의무를 부담하는 것을 말한다. 제조물책임은 엄격책임(strict liability), 과실책임(negligence), 보증위반(breach of warranty) 법리에 기반할 수 있다.[1] 엄격책임 및 과실책임은 불법행위법에 근거하며, 보증위반은 계약법에 근거하고 각 청구는 독립적이다.[2]

2. 배 경

20세기 초까지 제품의 결함에 의해 손해를 입은 당사자는 제조업자로부터 직접 그 제품을 구매한 경우에만 그 제조업자 또는 판매업자를 상대로 소송을 제기할 수 있었다. 이를 영미법상 계약 당사자관계 원칙(doctrine of privity)이라고 한다. 극소수의 소비자들만이 그 제조업자로부터 직접 제품을 구매했기 때문에, 대부분의 손해를 입은 당사자는 계약 당사자관계 부족으로 인해 제조업자로부터 보상을 받는데 어려움이 있었다.[3]

그러나 1916년 제조물책임 분야에서 랜드마크적인 판결인 MacPherson v. Buick Motor Co. 판결[4]에서 법원은 '계약 당사자관계'가 없어도 불법행위책임이 성립할 수 있

---

1) Black's Law Dictionary (11th ed. 2019); Restatement (3rd) of Torts: Prods Liab., §1.
2) §1:9. Generally, Am. L. Prod. Liab. 3d §1:9
3) 잔칼슨, 미국불법행위법, 진원사(2013), 341.
4) MacPherson v. Buick Motor Co. 217 NY 382 (1916) 맥퍼슨이 중개업자로부터 구입한 차의 결함으로 인해 상해를 입고, 제조업자인 뷰익사를 상대로 소를 제기한 사건에서, 법원은 시장에서

음을 인정함으로써, 현대 제조물책임 소송의 문을 열었다. 나아가, 1963년 Greenman *v.* Yuba Power Products Inc. 판결[5]은 제조업자의 '과실요건을 제거'함으로써 불법행위법상 엄격책임(strict liability)의 법리를 최초로 채택하였다. 점진적으로 제조업자나 판매업자에게 충분한 책임을 물으려는 법원의 입장 변화는 전문화된 대규모 제조 및 기술 고도화에 따라, 정보격차로 제품이 부주의하게 제조되었다는 것을 입증하기 힘든 상대적 약자의 위치에 선 소비자 보호가 필요하다는 인식에 따른 결과였다.[6]

　　미국법률학회(American Law Institute)는 1965년에 공표한 제2차 불법행위법 Restatement 제402(A)조에서 이러한 엄격책임의 법리를 승인하였고, 이후 1998년에 제3차 불법행위법 Restatement 제2조에서 제조결함과 관련하여 엄격책임의 법리를 승인하였다.[7] 제3차 불법행위법 Restatement는 제조물책임의 초점을 결함 카테고리(제조 결함, 설계 결함, 부적절한 경고)에 맞추고, '제조 결함'의 경우에만 엄격책임을 적용한다는 점에서 제2차 불법행위법 Restatement와 다르다. '설계 결함' 및 '경고 불이행'의 경우에는 과실개념이 적용된다.[8]

3. 내 용

　　제조물책임은 불법행위법에 따른 엄격책임에 근거할 수 있다. 제조물책임은 일반적으로 엄격책임 위반으로 간주된다. 엄격책임 법리 하에서, 피고가 상당한 주의(due care)를 기울였는지 여부내지 과실유무에 상관없이, 제품에 결함이 있고 이로 인해 결과적으로 피해가 발생한 인과관계가 입증되는 경우 피고는 제조물책임을 진다. 엄격책임의 청구요건은 ① 피고는 해당종류의 제품을 정규적으로 거래하는 상인

판매할 제품을 제공함으로써 제조업자가 제품의 예견가능한 사용자에 대해 주의할 의무가 있고 (즉 계약 당사자관계를 요구하지 않음), 뷰익사가 제품의 안정성 테스트를 제대로 시행하지 않은 '상당한 주의의무' 위반이 있으므로, 뷰익사의 과실로 인한 불법행위 책임을 인정하였다.

5) Greenman *v.* Yuba Power Products, Inc. (1963) 59 Cal 2d 57, 27 Cal Rptr 697, 377 P2d 897 원고 그리먼이 소매상으로부터 나무선반에 사용되는 전동공구를 구입해 사용 중 기계 결함으로 나무 파편이 튀어 중상을 입자, 제조회사 및 소매상을 상대로 과실 및 보증위반에 근거한 소송을 제기한 사건이다. 원고는 기계의 부품을 고정시키는 나사못이 부적합한 것임을 보여주는 실체적 증거를 제출하였고, 법원은 소매상에 대한 책임은 부정하여 청구를 기각하고, 제조회사에 대하여는 책임을 인정하여 원고의 청구를 인용하였다.

6) Am. L. Prod. Liab. 3d § 1:9 ; § 13:1. Fall of the "citadel of privity", Am. L. Prod. Liab. 3d § 13:1.

7) § 16:7. Restatement formalizes doctrine, Am. L. Prod. Liab. 3d § 16:7.

8) Restatement (3rd) of Torts: Prods Liab., § 2(a).; 박영식, "외국의 PL제도 운영현황", 전기산업, 제13권 7호(2002), 57.

일 것, ② 제품이 피고의 통제를 벗어나는 시점에 결함이 존재할 것, ③ 제품이 판매
된 상태에서 큰 변화 없이 원고에게 도달할 것, ④ 원고가 손해를 입었을 때 예견가
능한(foreseeable) 사용을 하고 있을 것이다.[9] 원고는 예견가능한 사용자로서 매우 넓
게 해석되고 있으며, 계약 당사자 관계를 요구하는 것은 아니다.[10] 제품의 결함은 ①
제조 결함, ② 설계 결함, ③ 부적절한 경고가 있다. '제조 결함'은 제대로 설계된 제
품이 부적절하게 또는 결함있게 제조되어, 보통의 소비자(ordinary consumer)의 기
대치(expectation)보다 위험한 것을 말한다.[11] '설계 결함'은 설계 자체가 부적당한
경우이다. 기존 제품보다 더 안전하고(safer), 비용부담이 적고(economical), 실용적인
(practical) 대체설계가 가능했다면, 그 기존 제품에 결함이 있다고 판단할 수 있다.[12]
'부적절한 경고'는 제품의 위험이 사용자에게 명백하지 않음에도, 그 위험에 대해 경
고를 하지 않거나, 경고를 불충분 혹은 불분명하게 하는 것이다.[13] 피고의 예견가능
한 사용은 예견가능한 오용(misuse)을 포함한다.[14] 손해는 인적손해와 재산적 손해
를 포함하나, 경제적(economic) 손해는 인적손해에 부수하며, 단독으로는 청구할 수
없다.[15]

　　다음으로, 제조물책임은 불법행위법에 따른 과실 책임에 근거할 수 있다. 제조
및 유통과정에서 필요한 주의를 결한 제조업자나 판매자는 합리적으로 예견가능한
방법으로 그 제품을 사용하던 중 발생한 손해에 대해 책임을 진다.[16] 그 제조업자는
제품의 설계, 원재료 선택, 생산 또는 조립, 합리적인 테스트 및 검사, 평균적인 사람
이 인지하지 못할 수 있는 위험을 사용자에게 알리는 적절한 경고 등에 대한 주의
의무가 있다.[17] 법원은 피고의 과실정도가 매우 심각할 경우에 징벌적 손해배상을
선고하는 경우도 있다.[18] 제조물 결함과 관련된 피해자는 '과실추정의 원칙(Res

---

9) Restatement (2nd) of Torts, §402A(1)(a)−(b); Restatement (3rd) of Torts: Prods Liab., §1;
　　David G. Owen, Manufacturing Defects, 53 S.C.L.Rev. 851, 855−856(2002).; Dico Tire, Inc.
　　v. Cisneros, 953 S.W.2d 776, 783 (Tex. App. 1997).
10) Restatement (3rd) of Torts: Prods Liab., §2, Comment i, 17, Comment c.
11) 잔칼슨, 전게서, 353.; Jackson *v.* Nestle−Beich, Inc 589 N.E.2d 547 (1992).
12) Restatement (3rd) of Torts: Prods Liab., §2(b); 잔칼슨, 전게서, 362−363.
13) Restatement (3rd) of Torts: Prods Liab., §2(c); Ross v Jaybird Automation, Inc, 172 Mich
　　App 603, 606 (1988); 전게서, 367.
14) David DeBusschere, Robert Heft, 梁彰洙, "美國의 製造物責任法", 저스티스 제27권 1호, 45.
15) Restatement (2nd) of Torts, §402A; Restatement (3rd) of Torts: Prod. Liab. §1, §2 (1998)
16) David DeBusschere, Robert Heft, 梁彰洙, 전게 논문, 31.
17) Talkington *v.* Atria Reclamelucifers Fabrieken BV, 152 F.3d 254, Prod. Liab. Rep. (CCH) P
　　15288, 49 Fed. R. Evid. Serv. 1184 (4th Cir. 1998); Fukuda Moritoshi(박덕영 번역), 미국법
　　과 법률영어, 박영사(2014), 187.
18) Fukuda Moritoshi(박덕영 번역), 전게서, 189.

ipsa loquitur)'에 의존하여 제조업자가 합리적인 주의를 기울이지 않았음을 입증할
수 있다.[19]

　　마지막으로 제조물책임은 계약법에 따른 명시적 보증(express warranty) 또는 묵
시적 보증(implied warranty) 위반에 근거할 수 있다. 명시적 보증에 따른 책임은 매
도인이 사실을 확언하고, 약속을 하고, 목적물에 대해 설명하거나, 또는 샘플과 모델
을 매수인에게 보이고, 그 확언 등이 거래의 기초가 되어 있으면 발생한다.[20] 상품에
대한 묵시적 보증(implied warranty of merchantability)은 상인이 판매하는 모든 상품
이 통상의 목적에 적합해야 함을 요구한다.[21] 특정 목적 적합성에 대한 묵시적 보증
(implied warranty of fitness for a particular purpose)은 매수인이 그 물건을 매수하는
목적을 매도인이 알고 있었고 매수인이 매도인의 능력과 판단을 신뢰해서 제품을 구
매한 경우에, 그 제품이 매수인의 특정 목적에 적합할 것을 요구한다.[22] 위반 시 매
도인은 인적 손해, 재산적 손해, 경제적 손해에 대해 모두 책임을 진다.[23] 알려진 또
는 잠재적 결함은 일반적인 보증의 범위에 포함되므로, 결함의 존재를 제조업자 또
는 매도인이 알았는지 여부는 보증 위반을 인정하기 위한 필수 요건이 아니다. 다만,
원고는 보증위반 청구의 전제조건으로, 매수인이 발견했거나 발견했었어야 하는 합
리적인 시간 내에 판매자에게 보증 위반을 통지했어야 한다.[24]

4. 우리 법과의 비교

　　우리나라의 제조물책임은 계약책임, 불법행위책임, 제조물책임법 법리에 의할
수 있다. 제조물의 결함으로 손해를 입은 경우 피해자는 채무불이행책임(민법 제390
조)이나, 하자담보책임(민법 제580조) 등의 계약책임을 물을 수 있다. 한편 이와 별도
로 계약관계에 있지 않은 당해 제조물을 만든 제조업자 등에게 민법 제750조에 기한
불법행위책임을 묻기 위해서는, 하자의 존재, 가해자의 고의 또는 과실, 하자와 손해
사이의 인과관계 등에 대한 입증책임을 부담한다고 할 것이다. 그러나 제조 및 유통
과정이 고도로 분업화된 사회에서 피해자가 그런 입증을 하는 것은 거의 불가능에

---

19) Escola *v.* Coca−Cola Bottling Co., 24 Cal.2d 453, 150 P.2d 436 (1944).
20) UCC § 2−313.
21) UCC § 2−314.
22) UCC § 2−315.
23) § 19:1. Uniform Commercial Code provisions, Am. L. Prod. Liab. 3d § 19:1; Restatement
　　(Third) of Torts: Prod. Liab. § 21 (1998).
24) UCC § 2−607.

가깝다. 이에 우리나라는 2002. 7. 1.부터 제조물 책임법을 시행하여 제조물의 결함으로 인한 생명·신체 또는 재산상의 손해(그 제조물에 대하여만 발생한 손해는 제외한다)에 대하여 제조업자등이 무과실책임의 원칙에 따라 손해배상책임을 지도록 하고 있다(동법 제3조). 그럼에도 불구하고 제조물 분야의 기술적·전문적 성격으로 인하여 피해자가 실질적인 배상을 받는 것은 여전히 어렵다는 비판이 있었는바, 징벌적 손해배상제의 도입, 공급업자의 책임 확대 및 피해자의 입증책임 완화 등을 주요 골자로 하는 개정법(2018. 4. 19. 시행)이 통과되었다.

Property
재산권

오흥록

1. 개 념

미국법에서 Property의 개념은 상당히 복잡하다. Black's law dictionary에서는 이를 ① 점유하고, 사용하고, 향유할 수 있는 일련의 권리의 대상이 되는 외부적인 것(external thing), 또는 ② 토지, 동산, 또는 무형자산과 같이 가치를 가지는 자원에 대한 총체적인 권리[그리하여 흔히 권리의 묶음(bundle of rights)으로 불리게 되고, 이는 점유하고 사용할 권리, 배제할 권리, 이전할 권리를 포함한다]로 정의한다.[1] 한편 Corpus Juris Secundum에서는, Property는 포괄적인 개념이어서 쓰이는 맥락에 따라 의미가 달라질 수 있다면서, 흔히 ① 권리의 대상이 외부적인 것, 또는 ② 사람이 (그것에 대하여) 취득한 권리 또는 이해관계를 가리킨다고 한다.[2][3]

2. 내 용

가. 법원(法源)

사적 재산권(private property rights)은 미국 헌법 및 각 주(州)의 헌법에 의해 보호받는 헌법상의 근본적인 권리이다. 다만 이 중 몇몇 interests의 경우 미국 헌법에서 근거를 찾을 수 없고, 주법과 같이 별개의 법원(法源)에서 비롯된 규칙 및 해석을 통해 인정된다. 이를 규율하는 연방법이 존재하지 않는 경우 Property에 관한 권리는 주법의 산물이다.[4]

---

[1] Black's Law Dictionary (11th ed. 2019).
[2] 73 C.J.S. Property § 1.
[3] 이러한 property의 넓은 개념·용법을 고려하면, 우리 법상 '재산'이나 '재산권'에 상응한다. 이하 맥락에 따라 '재산권(property)'으로 표기하거나 원문으로 적었다.
[4] 73 C.J.S. Property § 2.

나. 구체적 내용

재산권(Property)은 권리의 묶음(bundle of rights)으로 흔히 표현되는바, 취득하고, 지배하고, 점유하고, 사용 및 향유하고, 배제하고, 처분하고, 접근할 일련의 권리를 모두 포함한다.[5] 재산권(Property)에 포함되는 것들은 매우 다양하며, 그 중 대표적인 몇 가지는 다음과 같다.

(1) 토지(land) 및 그 안의 모든 권리: 부동산(realty)에 관한 재산권(Property)은 그 부동산 안의 모든 권리나 이해관계를 포함한다. 따라서 lateral support(측면 지지권),[6] 접근권, 빛, 공기, 유수와 같은 것들이 모두 해당되고, 토지의 소유자가 자신이 원하는 대로 건축을 할 권리도 마찬가지이다. 그 밖에 지역권(easements), 유·무형의 상속가능재산(corporeal/incorporeal hereditaments)등도 모두 이에 해당한다.[7]

(2) 조건부(contingent) 권리나 이해관계: 어떠한 사건이 발생해야 비로소 완전한 권리로 되는 조건부 권리나 이해관계도 이에 해당된다. 그러나 재산에 대한 단순한 상속의 기대는 이에 해당되지 않는다.[8]

(3) 돈(money)이나 그 밖의 금융 증서(financial instruments), 예컨대 증권, 예금잔고, 어음, 수표 등: 이 역시 일반적으로 재산권(Property)에 해당한다. 그 밖에 계약상의 의무(obligation)나 금전채무(debts)도 채무자가 아닌 채권자에게는 재산권(Property)이다.[9]

(4) 계약(contracts) 및 계약상의 권리(rights in contracts)[10]: 이 역시 해당된다.

(5) 저작권이나 특허권과 같은 지적재산권(intellectual property): 이 역시 해당된다. 영업비밀(trade secrets)이나 그 밖의 경영상 기밀 정보(confidential business information)도 마찬가지이다.[11]

(6) 퍼블리시티권(right of publicity): 광고나 거래의 목적으로 성명을 사용하는 것에 대하여 보상받을 권리로, 이 역시 해당된다. 이는 보상받을 권리를 보호한다는 점

---

5) 73 C.J.S. Property § 3.
6) 인접한 토지에서 이루어지는 터파기 공사 등으로 인하여 어떤 소유자의 토지 일부가 무너지는 등 측면의 지지를 잃게 되는 경우, 그 소유자는 인접한 토지의 소유자나 공사업자를 상대로 금지 청구 등을 구할 수 있는데, 이러한 권리를 가리킨다.
7) 73 C.J.S. Property § 6.
8) 73 C.J.S. Property § 7.
9) 73 C.J.S. Property § 8.
10) 73 C.J.S. Property § 9.
11) 73 C.J.S. Property § 10.

에서 right of privacy나 privacy torts와 구별된다.[12]

(7) a chose in action(a thing in action): 이는 계약 또는 불법행위를 근거로 금전채무를 지급받거나 손해배상금을 받기 위해 소를 제기할 수 있는 권리를 가리키는데, 아래에서 볼 분류 중 personal property right에 해당하는 것으로 이해된다. 다만 일부 법원에서는 사안의 맥락에 따라 Property에 해당하지 않는 것으로 보기도 한다.[13]

Property는 다음과 같이 분류될 수 있다. 우선, 소유권 및 이용(ownership and use)을 기준으로, private property 또는 public property로 분류된다. Private property는 Property가 개인, 회사와 같은 사적 실체, 또는 국가나 정치적 하부기관(私人의 자격으로 보유하는 경우)에 배타적으로 속하는 경우를, public property는 Property가 국가나 정치적 하부기관에 배타적으로 속하는 경우를 가리킨다.[14]

다음으로, Property는 real property와 personal property로 분류된다.[15] 다만, 양자의 구별이 언제나 분명하지는 않아서, 동일한 것이 누군가에게 real property이면서 다른 사람에게 personal property일 수 있다. 일반적으로 real property는 부동산(immovables), personal property는 동산(movables)을 의미하나, personal property 중에서도 부동산인 것들이 있다.[16] 한편, immovables라고 하면, 유형물로써 이동할 수 없는 것(토지, 주택 등)을 가리키고, 사람이 그 대상(토지, 주택 등)에 대하여 갖는 이해관계(interest or estate[17])의 내용이 무엇인지는 묻지 않는다. 토지에 부착되어(affixed) 그 성질(nature)을 변경하지 않고서는 분리할 수 없는 것도 immovables에 포함된다.[18] 그 밖에, 두 가지 성질이 섞인 경우를 mixed property로 부르는데, 주 법

---

12) 63C Am. Jur. 2d Property §7.

13) 73 C.J.S. Property §12.

14) 73 C.J.S. Property §16.

15) 73 C.J.S. Property §17. 대상의 이동가능성을 기준으로, 이동할 수 없는 것(immovables)과 이동할 수 있는 것(movables)으로 분류하기도 한다.

16) 일례로, 루이지애나주에 위치한 부동산 신탁에 있어서 우선수익자의 권리는 상속세와 관련하여 무형의 부동산(incorporeal immovavbles)으로 취급된다는 판례로, St. Charles Land Trust, Achille Guibet v. St. Amant, 253 La. 243, 217 So. 2d 385 (1968).

17) estate는 일반적으로 부동산에 관한 권리를 의미하는데, 특히 부동산에 대한 점유를 수반할 수 있는 권리(possessory interest)를 말한다. Black's Law Dictionary (11th ed. 2019). 상세한 내용은 Estates 항목 참조.

18) 73 C.J.S. Property §17. 한편, 토지에 부착된 물건의 경우처럼, 분리되기 전에는 real property였으나 분리된 후에는 personal property로 전환되는 경우가 있다. 반대로 원래 personal property였으나 다른 물건에 부착되어 real property로 전환되는 경우도 있다. 이는 부착된 물건을 독립한 물건으로 취급할 것인지 아니면 기존 물건에 부합되었다고 볼 것인지에 대한 당사자들의 의사(intention)를 중심으로 몇 가지 요소를 고려하여 결정한다. 73 C.J.S. Property §19.

원에 따라 이를 인정하는 예와 인정하지 않는 예로 나뉜다.[19]

　　Real property는 엄밀히는 real estate과 구별되지만, 양자를 혼용하는 경우가 많으며, 간략하게 realty로 표현하기도 한다. 이는 토지(lands),[20] 공동주택(tenements),[21] 상속가능재산(hereditaments)[22] 및 이들에 대한 모든 권리 및 이해관계를 포함한다. 이에는 유·무형의(corporeal/incorporeal) 경우가 모두 존재한다. 많은 주에서 법률로 real property의 개념 및 적용 범위를 정하고 있는데, 법률마다, 그리고 용어가 쓰이는 상황마다 다르게 정의되기도 한다.[23]

　　Personal property는 personal estate, 또는 간략하게 personalty로 표현하기도 한다. 그 법적인 개념은 'real estate에 포함되지 않으면서, 소유권의 대상이 되는 모든 것'이지만, 때로는 개인이 소지한 물건들(personal effects)을 가리키는 좁은 의미로, 때로는 real property까지도 포함하는 넓은 의미로 쓰인다. 역시 유·무형의 경우가 모두 존재한다. 대표적인 예는 상품(goods)과 동산(chattles)이나, 그 밖에 돈(money)과 금융 증서(financial instruments)도 이에 해당한다. 계약상의 의무(obligation)나 금전채무(debts)도 같다. 다만, 주 법원이 personal property의 의미가 불분명하다는 이유로 원래의 법적 의미보다 좁게 해석하는 경우도 있다. 이러한 경우 상품과 동산, 유형물, 개인적 사용의 대상이 되는 것들만 포함하는 좀 더 좁은 개념으로 쓰인다.[24] Real property와 마찬가지로 각 주에서 법률로 personal property의 의미 및 적용 범위를 정하는 경우가 있다.[25]

3. 우리 법과의 비교

　　미국법의 Property는 real property와 personal property를 모두 포함하는 매우 넓

---

19) 73 C.J.S. Property § 18.
20) 경우에 따라서는 land가 real estate이나 real property와 같은 뜻으로 쓰이기도 한다. 이 경우의 land는 토지(lands), 공동주택(tenements), 상속가능재산(hereditaments)을 모두 포함하는 넓은 개념으로 쓰인다. 73 C.J.S. Property § 21. 때로는 주 법률에서 이러한 land의 의미 및 적용 범위를 직접 규정하기도 한다. 73 C.J.S. Property § 23.
21) 이는 좁은 의미로는 주택(house)이나 건물(building)을 가리키기도 하지만, 엄밀히 말하면 임대차(tenancy)의 대상으로 될 수 있는 영구적인 성질(permanent nature)을 갖는 것이면 무엇이든 포함한다. 73 C.J.S. Property § 24.
22) 이는 land 및 tenement, 그 밖에 상속가능한 것은 무엇이든 다 포함하고, 유·무형의 경우가 모두 존재한다. 73 C.J.S. Property § 25.
23) 73 C.J.S. Property § 20.
24) 73 C.J.S. Property § 31.
25) 73 C.J.S. Property §§ 31 – 33.

은 개념으로, 우리 법의 '재산'이나 '재산권'에 상응한다는 점은 앞서 보았다.

　우리 민법과의 차이점 중 먼저 눈에 띄는 부분은 법체계이다. 즉, 물권법과 채권법을 구별하는 우리 민법과 달리, Property에 관한 미국법의 논의는 소유권, 저당권(mortgages) 등 우리 민법상 물권법에 해당하는 영역을 주로 다루면서도, 채권법 중 계약법에 해당하는 영역도 포함한다. 예컨대 부동산에 관한 임대차계약의 경우, 우리 민법은 이를 제3편(채권법)의 제2장(계약) 제7절(임대차)에 배치하여 계약법의 일부 내용으로 다루나, 미국에서는 real property의 문제로 다루며,[26] 앞서 보았듯 계약상의 의무(obligation)도 personal property의 하나로 다룬다.

　다음으로, 미국법의 논의 중 real property에 관한 논의는 토지나 주택을 대상으로 한 소유권, 저당권, 지역권, 임차권 등 우리에게도 비교적 익숙한 문제들을 다루고 있으나, personal property에 관한 논의는 앞서 본 것처럼 상품이나 동산 외에 금융증서, 계약상의 의무, a chose in action 등 매우 다양한 유형을 포괄한다.[27]

---

26) 31 C.J.S. Property(Estates에 관한 항목이다) 및 Restatement (Second) of Property, Land. & Ten. (1977); 조국현, 미국재산법, 박영사(2017), 197.
27) property에 관한 미국법의 특징에 관하여 상세한 설명으로 조국현, 전게서, 12 이하 참조.

Punitive damages
징벌적 손해배상

윤혜원

1. 개 념

Punitive damages(징벌적 손해배상)는 피고가 무모함(recklessness), 악의(malice) 또는 사기(deceit)에 의해 행위한 경우에 실손해의 배상에 부가하여 가해자에 대한 제재나 징벌의 목적으로 인정되는 손해배상을 가리킨다.[1] 위 손해배상은 전보배상 (compensatory damages) 또는 명목적 손해배상(nominal damages)과 대비되는 개념이다. 이에 대해 제2차 불법행위법 Restatement는 '징벌적 손해배상이란 전보배상 또는 명목적 손해배상 이외에 극심한 가해행위(outrageous conduct)를 징벌하고 장래 동일한 가해행위로부터 가해자 또는 타인을 억지하기 위하여 가해지는 손해배상'이라고 규정하고 있다.[2]

2. 배 경

시민자유권을 보장하기 위하여 영국에서 기원·발달한 Punitive damages 법리는 1763년 Wilkes *v.* Wood 사건에서 처음으로 인정되었다. 위 사건에서, 원고인 Wilkes 는 정부가 일반영장을 이용하여 자신의 거주지를 수색한 후 반정치적 내용의 잡지를 몰수한 것에 대해 손해배상을 청구하였다. 이에 법원은 '정부가 일반영장을 이용할 수 있게 된다면 모든 국민의 재산 및 신체 등에 영향을 받게 될 것이며, 국민은 모든 면에서 자유를 침해받게 될 것'이라는 판단하에 Punitive damages를 인정하였다.[3]

미국법원은 18세기 이후부터 영국의 위 법리를 받아들여 1784년 Genay *v.* Norris

---

1) Black's Law Dictionary (11th ed. 2019).
2) Restatement Second, Torts § 908.
3) Wilkes v Wood [1763] 98 ER 489; 이진성, "징벌적 손해배상제도에 관한 소고", 동아법학 통권 제78호(2018), 440.

사건에서 최초로 Punitive damages를 인정하였다[4]. 이후 미국의 Punitive damages 법리는 많은 사건을 거쳐 영국보다도 오히려 보편적인 제도로 정착되었으며, 특히 19세기 후반부터는 대기업의 불법행위에까지 그 적용범위가 확장되었다[5]. 현재는 미국 대다수의 주에서 Punitive damages를 인정하는데, 다만 위 법리의 도입과 실질적인 운영에 있어서는 주별로 상당한 차이를 보이고 있다.[6]

3. 내 용

제2차 불법행위법 Restatement에 의하면 Punitive damages는 극심한 가해행위에 대하여, 피고의 악의적 동기(evil motive)나 타인의 권리에 대한 무모할 정도의 무관심(reckless indifference)을 이유로 하여 적용된다.[7] 따라서 Punitive damages를 청구하고자 하는 원고는 피고의 행위가 극심한 가해행위에 해당한다는 점을 입증하여야 하는데, 그 구체적인 입증 대상이 무엇인지에 대하여는 판례의 견해가 일치되어 있지 않다. 가령 Peete v. Blackwell 사건[8]과 Shugar v. Guill 사건[9]은 공통적으로 '원고는 피고의 행위가 무모함 내지 고의에 기한 불법행위에 해당한다는 점에 더하여 가중적인 요건까지를 입증하여야 한다'고 보았으나, 위 가중적 요건이 원고의 무모함 내지 고의에 대한 증명으로부터 추론될 수 있는지 여부에 대하여는 견해를 달리하였다.

Punitive damages는 일반적으로 가해행위를 한 본인에 대하여 부과된다. 이때 대리인의 행위를 이유로 고용주 내지 사용자에게도 Punitive damages를 청구할 수 있는지 여부가 문제되는바, 제2차 불법행위법 Restatement는 고용주 내지 사용자가 문제된 행위를 인가하였다는 등 일정한 요건이 갖추어진 경우에는 고용주 내지 사용자에게도 Punitive damages를 청구할 수 있다고 본다.[10]

Punitive damages의 액수를 산정하는 것은 기본적으로 배심원의 재량에 속한다.

---

4) Genay v. Norris, 1 SCL 6, 1 Bay 6 (1784).
5) 자동차 제조회사가 차량에 결함이 있음을 알면서도 안전대책을 취하지 않아 사고로 이어진 사안에서 제조회사 측에 punitive damage를 지급하도록 명한 Grimshaw v. Ford Motor Co., 119 Cal.App.3d 757 (1981) 등 참조.
6) 자세한 내용은 김현수, "미국법상 징벌적 손해배상 — 근대법 형성기 법리의 전개와 제한요소를 중심으로 —", 재산법연구 제29권 제2호(2012), 325 이하 참조.
7) Restatement Second, Torts § 908.
8) Peete v. Blackwell, 504 So. 2d 222 (Ala, 1986).
9) Shugar v. Guill, 283 S.E.2d 507 (N.C. 1981).
10) Restatement Second, Torts § 909.

이때 배심원은 피고 행위의 성격, 피고가 원고에게 가하였거나 가하려고 의도하였던 손해의 성질과 범위, 피고의 자력 등을 적절히 고려할 수 있다.[11] 그러나 배심원의 위 재량에도 불구하고 Punitive damages의 액수가 지나치게 높다면, 실체적 적법절차와 관련하여 그 액수가 헌법상 과도한 것은 아닌지 문제될 수 있다. 이에 대해 연방대법원은 'Punitive damages의 액수를 산정하는 보통법 방식이 그 자체로 위헌은 아니며, 다만 배심원에게 적절한 가이드가 주어져야 한다'는 취지로 판시한 바 있다.[12]

나아가 Punitive damages와 관련된 쟁점으로, 계약위반(breach of contract)을 근거로 하여서도 Punitive damages를 청구할 수 있는지 여부 또한 문제된다. 계약위반에 대하여는 Punitive damages를 청구할 수 없는 것이 원칙이나, 같은 행위가 별도로 Punitive damages의 대상이 되는 불법행위를 구성할 시에는 예외적으로 Punitive damages를 청구할 수 있다.[13] 따라서 당사자가 계약상대방보다 유리한 지위를 얻기 위하여 고의로 계약을 위반하는 등[14] 불법행위에 준하는 정도로 신의에 반하는 계약위반(bad faith as tort)을 하는 경우에는 Punitive damages의 대상이 될 수 있을 것이다.

Punitive damages와 관련하여 우리나라에서 가장 잘 알려진 판결 중 하나는 이른바 '맥도날드 커피 사건'으로 불리우는 Leibeck v. McDonalds Restaurants P.T.S., Inc. 사건이다.[15] 위 사건의 원고 Stella Liebeck은 맥도날드에서 뜨거운 커피를 포장해 가던 중 이를 쏟아 화상을 입었고, 피고 맥도날드를 상대로 치료비와 Punitive damages에 상응하는 금액의 지급을 청구하였다. 이에 법원은 Punitive damages를 포함하여 최종 배상금을 산정하였다. 다만 위 사건을 계기로 미국 내에서는 Punitive damages의 남용에 대한 논란이 일었고, 이후 Punitive damages에 대한 재검토가 본격적으로 이루어졌다.[16]

Punitive damages와 구별하여야 할 개념으로서, 3배 배상제도(treble damages)로 대표되는 이른바 배액 배상제도(multiple damages)를 살펴볼 필요가 있다. 두 제도는 처벌의 효과를 얻기 위해 실손해를 넘는 손해배상을 허용한다는 점에서 유사하나, ① Punitive damges는 보통법에 근거하여 불법행위 전반에 걸쳐 적용되는 반면 배액 배상제도는 개별 법률에 근거하여 제한된 범위에 적용된다는 점에서, ② Punitive

---

11) Restatement Second, Torts §908.
12) Pacific Mut. Life Ins. Co. v. Haslip, 499 U.S. 1, 1 (1991).
13) Restatement Second, Contracts §355.
14) Nicholson v. United Pacific Insurance Co., 710 P.2d 1342 (Mont. 1985).
15) Liebeck v. McDonalds Restaurants, P.T.S., Inc., No. D-202 CV-93-02419, 1995 WL 360309 (Bernalillo County, N.M. Dist. Ct. August 18, 1994).
16) 윤석찬, "징벌적 손해배상 도입의 상법개정안에 관한 고찰", 재산법연구 제37권 제3호(2020), 207.

damages의 액수 산정은 배심원의 재량에 속하는 반면 배액 배상제도의 액수 산정은 일반적으로 실손해에 일정한 승수를 곱하여 정해진다는 점에서 각각 차이가 있다. 미국 연방반독점법의 하나인 클레이튼법 제4조는 3배 배상에 관한 대표적인 규정으로, 피해자의 손해액이 확정되면 일체의 다른 요소에 대한 고려 없이 3배에 해당하는 배상액을 받을 수 있도록 정하고 있다.[17]

4. 우리 법과의 비교

상기한 바와 같이 Punitive damages는 보통법의 특유한 법리로, 이와 달리 형사 책임과 민사책임을 엄격히 분리하여 보는 대륙법계 국가에서는 Punitive damages를 인정하지 않는다. 대륙법계 국가 중 하나인 우리 역시 전보배상의 법리를 민사법상 손해배상의 원칙으로 하며, Punitive damages에 상응하는 징벌적 손해배상은 민법상 예정하지 않고 있다. 특히 민사소송법 제217조의2는 "법원은 손해배상에 관한 확정 재판등이 대한민국의 법률 또는 대한민국이 체결한 국제조약의 기본질서에 현저히 반하는 결과를 초래할 경우에는 해당 확정재판등의 전부 또는 일부를 승인할 수 없 다."라고 정하는데, 판례는 위 조항의 취지가 '징벌적 손해배상과 같이 손해전보의 범위를 초과하는 배상액의 지급을 명한 외국법원의 확정판결 등의 승인을 적정 범위 로 제한하기 위함'이라고 밝히고 있다.[18]

그러나 한편으로는 우리도 징벌적 손해배상 제도를 도입할 필요가 있다는 주장 역시 꾸준히 제기되고 있다. 1990년 법무부에 민사특별법 제정 분과위원회의 발족과 함께 위 논의가 공식화되면서, 2011년 하도급거래 공정화에 관한 법률에는 우리법상 처음으로 배액 배상 제도가 도입되었다. 현재 위 법 제35조는 "원사업자가 위 법을 위 반하여 손해를 입은 자가 있는 경우에는 그 자에게 발생한 손해의 3배를 넘지 않는 범 위에서 배상책임을 진다."고 정하고 있는데, 이는 미국의 반독점법상 3배 배상제도와 유사한 제도이다.[19] 이외에도 카드사의 개인정보유출사건 등 사회적 파장이 큰 사건을 계기로 하여, 징벌적 손해배상 제도의 도입 논의는 더욱 거세지고 있는 상황이다.[20]

---

17) 정병덕, "공정거래법상의 3배 배상제도에 관한 연구", 법학논총 제43권 제4호(2019), 380－382.
18) 대법원 2015. 10. 15. 선고 2015다1284 판결 등.
19) 다만 punitive damages와 우리법이 도입한 배액 배상제도를 완전히 같은 개념으로 볼 수 없 음은 상술한 바와 같다; 3배 배상제도에 관한 자세한 내용은 정병덕, 전게 논문 참조.
20) 정혜련, "미국법상 징벌적 손해배상의 운용과 경제·상거래적 효과에 대한 고찰 — 연방대법원 과 법경제학의 접근방식을 중심으로 —", 안암법학 제53권(2017), 179 이하 참조.

Recklessness
무모함

김기홍

1. 개 념

　　미국법에서 Recklessness는 '행위자가 유해한 결과를 의욕하지는 않았으나, 그 가능성을 예상하고도 의식적으로 그 위험을 받아들인 행위(conduct whereby the actor does not desire harmful consequence but nonetheless foresees the possibility and consciously takes the risk)' 또는 '자신의 행위의 결과에 대하여 무관심한 행위자의 심적상태(state of mind in which a person does not care about the consequences of his or her actions)'로 정의된다.[1] 미국법상 Recklessness는 '무모함', '부주의', '미필적 고의', '인식 있는 과실' 등으로 번역된다.[2][3]

2. 배 경

　　영미권에서 Recklessness는 불법행위법(law of tort)과 형법(criminal law) 분야에서 모두 사용되는 용어인데, 영국 형사법 분야에서 처음 유래하였다. 영국의 Regina v. Pembliton 사건[4]에서 법원은 범죄 성립의 주관적 요소인 '악의(malicious)'의 해석에 관하여 결과를 의도(intend)했든지 또는 결과발생에 대해 무모(Reckless)했든지 둘 중 하나만 확정되면 된다고 판단하며 Recklessness의 개념을 처음 도입하였다.[5] 이렇게 Recklessness는 처음에 '악의(malicious)'라는 개념을 해석하기 위한 보조 개념으로

---

1) Black's Law Dictionary (11th ed, 2019).
2) Fukuda Moritoshi 저/박덕영 역, 미국법과 법률영어, 박영사(2009), 132.
3) 이태희/임홍근, 법률영어사전, 법문사(2007), 1573.
4) Regina v. Pembliton (1874) LR 2CCR 119.
5) 김종구, "고의와 과실의 중간 개념에 관한 비교법적 고찰", 형사법의 신동향 제57호(2017. 12), 200 – 202.

고안되었지만, 이후 점차 영국에서 고의, 과실 외에 하나의 전형적인 주관적 범죄성 립요소로 인정되었다.[6)]

3. 내 용

　Recklessness는 고의(intent)와 과실(negligence)의 중간 영역에 있는 영미법 특유의 개념이다.[7)] Recklessness의 개념을 판단하는 방법에 대해 주관적 기준(subjective test)과 객관적 기준(objective test)이 있는데, 주관적 기준에 따른 Recklessness는 행위자가 위험을 인식한 심적 상태를 의미하며, 객관적 기준에 따른 Recklessness는 합리적인 사람이라면 인식했을 위험을 행위자가 인식하지 못한 심적 상태를 의미한다.[8)] 영국 법원(Regina v. G and Another[9)] 사건 판결) 및 미국 법원은 1항에서 서술한 바와 같이 행위자를 기준으로 하는 주관설에 따라 Recklessness의 개념을 판단한다.[10)11)]

　'고의(intent)'라는 말의 의미는 결과 발생을 의욕하였는지 여부와 관계없이 자신의 행위가 상당 정도 분명하게 결과를 야기한다는 사실을 인식하는 것으로 해석되는 반면, Recklessness는 비록 결과발생이 상당 정도 확실한 것은 아니지만, 자신의 행위가 결과를 야기할지도 모른다는 점을 인식하는 것을 의미한다.[12)] 고의는 거의 확실한 정도의 인식을 요하는 반면, Recklessness는 확실성이나 상당성보다는 낮은 정도의 인식을 의미한다.[13)]

　'과실(negligence)'과 Recklessness의 차이점은 행위자가 합리적인 주의의무의 기준을 벗어났는가가 아니라, 위험에 관한 행위자의 심리적 상태에 있다.[14)] 과실은 합리적인 사람이라면 위험을 인식했어야 하는데 이를 인식하지 못하고 부주의하게 위험을 받아들인 것인 반면, Recklessness는 행위자가 자신이 받아들이는 위험을 인식하고도 의식적으로 무시하면서 자신의 행위를 계속한 것이다.[15)] 양자는 모두 실질적

---

6) 김종구 전게 논문, 203.
7) 김종구, "미국 형법상 Recklessness 개념에 대한 고찰", 형사법의 신동향, 제45호(2014. 12.), 10.
8) 김종구, 전게 논문(미국 형법상 Recklessness 개념에 대한 고찰), 14.
9) Regina v. G and Another (2003) UKHL 50.
10) 영국 법원은 1982년 Regina v. Caldwell AC 341 사건에서 객관적 기준에 따른 recklessness 개념을 채택한 바 있으나, 이후 Regina v. G and Another 사건의 판결에 의해 변경되었다.
11) 김종구, 전게 논문(미국 형법상 Recklessness 개념에 대한 고찰), 11-14.
12) 57A Am. Jur. 2d Negligence § 284.
13) 김종구, 전게 논문(미국 형법상 Recklessness 개념에 대한 고찰), 15-16.
14) 김종구, 전게 논문(미국 형법상 Recklessness 개념에 대한 고찰), 17.
15) 57A Am. Jur. 2d Negligence § 278.

으로 정당화되지 않는 위험의 창출(risk creation)이라는 객관적인 측면에서 공통되지만, 그것에 대한 인식의 유무에 따라 구별된다. 즉 과실의 경우에는 Recklessness와 달리 위험에 대한 인식이 없는 것이다.[16]

고의에 의한 불법행위는 징벌적 손해배상과 명목적 손해배상이 인정되는 점에 비해, 과실에 의한 불법행위는 징벌적 손해배상은 인정되지 않는다. 그런데 Recklessness에 의한 불법행위는 일반적으로 징벌적 손해배상이 인정되므로 과실과의 구별이 중요하다.[17]

4. 우리 법과의 비교

우리 민법 제750조에서는 "고의 또는 과실로 인한 위법행위로 타인에게 손해를 가한 자는 그 손해를 배상할 책임이 있다."라고 규정하여 불법행위의 성립을 위해 고의 또는 과실을 요구한다. 이때 고의는 자기의 행위로부터 일정한 결과가 생길 것을 인식하면서 감히 그 행위를 하는 것을 가리키며, 과실은 그 일정한 결과의 발생을 인식하였어야 하는데도 부주의로 말미암아 이를 인식하지 못하는 것을 의미한다.[18]

과실은 부주의의 정도가 경미한 경과실과 그것이 중대한 중과실로 나뉘는데,[19] 민법 제750조 소정의 과실은 경과실을 의미하고, 불법행위로 인한 손해배상에서 중과실을 요건으로 할 때에는 법률에서 따로 정한다(상법 제401조 제2항, 제414조 제2항 등).

그런데 앞서 살펴본 바와 같이 Recklessness는 고의(intent)와 과실(negligence)의 중간 영역에 있는 개념으로 우리 법체계상 고의와 과실의 어느 한 영역에 포함시키기는 어려운 개념이며, 주로 미필적 고의 또는 인식 있는 중과실에 가까운 개념으로 이해된다.[20]

우리 상법은 해상기업주체에 대한 책임제한을 인정하면서 일정한 경우에는 책임을 제한할 수 없다고 하고, 그러한 책임제한의 조각 사유로서 상법 제769조 단서, 제797조 제1항 단서, 제798조 제2항 단서 등에서 '무모'의 개념을 도입하여 "자신의

---

16) 양석완, "로테르담 규칙상 경제적 손해에 관한 법적 검토", 국제거래법연구 제22권 제1호 (2013. 7.), 247.
17) 김종구, 전게 논문(고의와 과실의 중간 개념에 관한 비교법적 고찰), 199.
18) 곽윤직·김재형, 민법총칙(제8판), 박영사(2012. 2.), 39.
19) 곽윤직·김재형, 전게서, 40.
20) 양석완, 전게 논문, 247.

고의 또는 손해발생의 염려가 있음을 인식하면서도 무모하게 한 작위 또는 부작위로 인하여 생긴 것인 때"라고 규정하고 있다.[21)]

이때 '손해발생의 염려가 있음을 인식하면서도 무모하게 한 작위 또는 부작위'의 개념에 대해서 우리 법체계상의 고의에 준하는 개념이라는 견해, 미필적 고의를 말한다고 하는 견해, 미필적 고의 및 인식 있는 과실로 보는 견해 및 중과실쪽에 가깝다고 설명을 하는 견해 등이 대립한다.[22)]

이에 대하여 대법원은 "손해발생의 염려가 있음을 인식하면서 무모하게 한 작위 또는 부작위'라 함은, 손해발생의 개연성이 있다는 것을 알면서도 이를 무시하거나 손해가 발생하지 않을 수도 있다고 판단하였지만 그 판단 자체가 무모한 경우를 의미하는 것이므로 단지 그 과실이 무겁다는 정도만으로는 무모한 행위로 평가할 수는 없다."고 판시한 바 있다.[23)]

---

21) 김효신, "해상기업주체에 대한 책임제한의 조각사유로서 "고의 또는 손해발생의 염려가 있음을 인식하면서 무모하게 행한 작위 또는 부작위"의 의미", 기업법연구 제10권(2002. 9), 135.
22) 양석완, 전게 논문, 247 – 248.
23) 대법원 2005. 9. 29. 선고 2005다26598 판결, 대법원 2012. 4. 17.자 2010마222 결정 등.

Reliance Interest
신뢰이익

김형진

1. 개 념

　　수약자(promisee)는 계약을 신뢰함으로써 자신의 입장을 변경할 수 있다. 예컨대 계약 이행을 준비하거나, 계약을 이행하거나, 다른 계약 체결의 기회를 포기하는 과정에서 비용을 지출할 수 있다. 이 경우, 법원은 수약자의 신뢰에 근거하여 계약위반으로 인한 손해액을 산정할 수 있다. 즉 계약이 체결되지 않았더라면 피해 당사자가 놓였을 지위에 그를 다시 놓이게 함으로써 손해가 전보되도록 할 수 있다. 이러한 방식으로 보호되는 이익을 신뢰이익(Reliance Interest)이라 한다.[1]

2. 배 경

　　신뢰이익은 기대이익을 대신하여 계약위반으로 인한 손해를 산정하는 근거가 될 수 있다.[2] 당초 1932년 제1차 계약법 Restatement[3]는 계약위반에 대한 손해 산정의 근거로서 기대이익(expectation interest)과 원상회복이익(restitution interest)만을 설명하고 있었다.[4] 그런데 1936년 듀크대 로스쿨 교수이던 풀러(Fuller)에 의해 신뢰이익도 채무불이행으로 인한 손해의 독자적인 산정기준으로 유용하다는 주장이 제기되었다.[5] 그 후 위 주장은 많은 판례들에 의해 수용되었고, 손해배상에 의해 보호되는 계

---

1) Restatement(Second) of Contracts § 344 Comment a.
2) Restatement(Second) of Contracts § 349.
3) Restatement of Contracts. 비(非)동산거래에 적용되는 미국 각 주(州)들의 판례법들을 법전조문의 모습으로 성문화 한 것이다. 박영복·가정준, "미국 계약법상 손해배상의 범위", 동아법학 통권 제74호(2017. 2), 381.
4) Restatement(First) of Contracts § 326.
5) 그는 당시 같은 로스쿨 3학년생이던 퍼듀(Perdue)와 공저한 논문 "The Reliance Interest in

약법상 이익을 기대이익, 신뢰이익, 원상회복이익의 세 가지로 나누는 것이 미국 계약법의 기본적인 틀로 자리 잡았으며,[6] 1981년 공표된 제2차 계약법 리스테이트먼트에서도 신뢰이익이 계약위반에 대한 손해산정의 근거 중 하나로 인정받게 되었다.[7]

한편, 신뢰이익은 약인이 없는 계약(agreement without consideration)에 대해서도 손해배상의 근거가 될 수 있다. 제2차 계약법 리스테이트먼트는 "약속자(promisor)가 그 약속이 약속의 상대방이나 제3자의 작위나 부작위를 유도할 것임을 합리적으로 예상할 수 있고 또 실제로 그러한 작위나 부작위를 유도한다면 그 약속을 강제함으로써만 부정의를 피할 수 있을 때에는 그 약속은 구속력이 있다. 위반에 대한 구제는 정의의 요청에 따라 제한될 수 있다."고 설명한다.[8] 이때 구제는 수약자(promisee)의 신뢰에 따른 손해로 제한된다.[9] 이는 19세기 말부터 판례를 통해 형성되기 시작한 약속에 의한 금반언(promissory estoppel)의 원칙이 계약법 Restatement에 수용된 결과이다.[10]

3. 내 용

기대이익의 대안으로서 신뢰이익에 근거한 손해 산정은 계약의 이행 혹은 준비과정에서 발생한 지출(expenditure)에서 위반 당사자가 합리적인 확실성 하에 입증할 수 있는, 계약이 이행되었다면 피해 당사자가 입었을 손해(loss)를 제하는 방식으로 이루어진다.[11] 다음 사례를 생각해보자.[12] A는 B에게 10만 달러에 건물을 건축해주는 계약을 체결하였다. A가 해당 건물을 건축하는데 9만 달러의 비용이 소요될 것으로 예상되었다. 그런데 양 당사자가 계약을 신뢰해서 무엇인가를 하기 전, B가 계약을 파기하였다. 이 경우 A의 신뢰이익은 0이다. A는 계약을 신뢰해서 무엇인가를 행

Contract Damages"에서 계약위반으로 인한 손해배상의 본질은 계약 당사자의 신뢰를 보호하는데 있다고 주장하였다. 권영준, "계약관계에 있어서 신뢰보호", 서울대학교 법학 제52권 제4호(2011. 12), 221, 243; L. L. Fuller & William R. Perdue, "The Reliance Interest in Contract Damage", 46 Yale. L. J. 52 (1936).

6) 권영준, 전게 논문, 243.

7) Restatement(Second) of Contracts §344.

8) Restatement(Second) of Contracts §90.

9) Restatement(Second) of Contracts §349 Comment b.

10) 약인 없는 계약에 대한 신뢰이익 배상은 1932년 제1차 계약법 Restatement에 수용되었으며, 1979년 제2차 계약법 Restatement에서도 수정을 거쳐 유지되었다. 권영준, 전게 논문, 221.

11) Restatement(Second) of Contracts §349.

12) Restatement(Second) of Contracts $344 Comment a.

하지 않았기 때문이다.[13] 사안을 달리하여, A가 총 건축비용 9만 달러 중 6만 달러를 소요한 후에 B가 계약을 파기했다고 가정해보자. A는 대금을 전혀 지급받지 못했고, 지출한 6만 달러의 비용도 회수할 수 없었다. 이 경우 A의 신뢰이익은 A가 소요한 액수인 6만 달러이다.[14]

　신뢰이익은 피해 당사자가 자신의 이익(profit)을 합리적인 확실성 하에 증명하기 어려울 경우 활용될 수 있다. 기대이익에 근거한 손해액, 즉 상대방의 이행과 관련된 피해 당사자의 손실(loss in value)에서 회피한 비용이나 손실(cost or other loss avoided)을 제한 값은 피해 당사자가 계약을 신뢰하여 지출한 비용(expenditure)과 계약이 완전히 이행되었다면 생겨날 이익(profit)의 합과 같은데, 이때 피해 당사자가 이익(profit)을 합리적인 확실성 하에 증명하기 어렵다면 해당 이익(profit)을 배상받는 것을 포기하고 계약을 신뢰하여 지출한 비용(expenditure)의 배상만을 청구할 수 있다.[15] 예컨대, A가 B와 A의 상품을 1년간 판매할 수 있는 프랜차이즈 계약을 체결했다고 하자. B는 광고와 고용, 부지 마련 등에 돈을 소비했으며 이들은 다른 용도에 활용될 수 없다. 그 후 계약이 이행되기 전 A가 계약을 파기했다. 만약 양 당사자가 계약이 이행될 경우에 B가 얻을 이익(profit)이나 손실(loss)을 합리적인 확실성 하에 증명할 수 없다면, B는 이행의 준비를 위해 지출한 비용(expenditure)만을 손해액으로 청구할 수 있다.[16]

　신뢰이익에 근거한 손해배상은 기대이익에 따른 손해배상액을 초과할 수 없다.[17] 일반적이지는 않으나 신뢰이익이 기대이익을 초과하는 경우가 존재하는데, 손해를 보는 계약(losing contract)이 그 예이다.[18] 손해를 보는 계약이란 계약의 이행이 피해 당사자에게 순이익이 아닌 순손실을 가져가 주는 계약을 의미한다. 이때 피해 당사자가 신뢰이익으로서 비용 지출액에 대한 배상을 청구할 경우, 위반 당사자는 합리적인 확실성 하에 손실액(loss)을 증명하여 이를 배상액에서 제할 수 있다. 이는 결국 기대이익에 근거한 손해액 산정의 결과와 같아진다.[19]

---

13) 한편, A는 B에게 어떠한 이득(benefit)도 주지 않았으므로, A의 원상회복이익(restitution interest)도 0이다.

14) 한편, B가 부분적으로 완성된 건물에 대해 4만 달러의 이득을 가진다면. A의 원상회복 이익은 4만 달러이다.

15) Restatement(Second) of Contracts § 349 Comment a.

16) Restatement(Second) of Contracts § 349 Comment a.

17) Restatement(Second) of Contracts § 349.

18) L. L. Fuller & William R. Perdue, "The Reliance Interest in Contract Damage", 46 Yale. L. J. 52, 76 (1936).

19) Restatement(Second) of Contracts § 349 Comment a.

신뢰를 기본적 신뢰(essential reliance)와 부수적 신뢰(incidental reliance)로 구별하기도 한다. 이행의 준비와 실제 계약의 이행이 기본적 신뢰의 요소이고, 계약이 이행되었다면 진행했을 이차적(collateral)인 거래 준비가 부수적 신뢰의 요소다.[20] 예컨대, A가 B에게 자신의 소매점을 양도하는 계약을 체결했다고 하자. B는 재고(inventory)를 마련하기 위해 10만 달러를 소비하였다. 그 후 A는 계약을 파기하고 B는 그 재고를 6만 달러에 매각하였다. 만약 양 당사자가 계약이 이행된 경우 B가 얻을 이익(profit)이나 손실(loss)을 합리적인 확실성 하에 증명할 수 없다면, B는 재고 판매로 인해 입은 손실 4만 달러를 부수적 신뢰에 따른 손해액으로 청구할 수 있다.[21]

한편, 기대이익과 마찬가지로 신뢰이익에 따른 손해 산정 역시 손해 증명의 확실성 원칙(certainty)과 예견가능성(foreseeability)의 제한을 받는다. 증거를 통해 합리적인 확실성 하에 입증할 수 있는 정도를 넘어서는 손해는 배상될 수 없다.[22] 또 계약위반 당사자는 계약 체결 당시 계약위반의 합리적인 결과라고 예상할 수 없었던 손해에 대해서도 책임이 없다.[23]

4. 우리 법과의 비교

우리 민법은 제535조에서 "목적이 불능한 계약을 체결할 때에 그 불능을 알았거나 알 수 있었을 자는 상대방이 그 계약의 유효를 믿었음으로 인하여 받은 손해를 배상하여야 한다."고 하여, 원시적 불능으로서 무효인 계약이 체결된 경우에 대해 신뢰이익 배상 가능성을 규정하고 있다.[24]

그러나 판례는 민법 제535조가 적용되어 계약이 무효가 되는 경우뿐만 아니라 계약이 유효하게 성립하였으나 그 계약상 채무가 이행되지 않은 경우에도 신뢰이익 배상 가능성을 인정한다.[25] 즉, 판례는 미국의 경우와 유사하게 "계약이행으로 인하여 채권자가 얻을 이익 즉 이행이익의 배상을 구하는 것이 원칙이지만, 그에 갈음하

---

20) Restatement(Second) of Contracts § 349 Comment a.
21) Restatement(Second) of Contracts § 349 Comment a.
22) 다만, 대개의 경우에 기대이익 산정에 있어서 이익(profit)을 증명하는 것에 비하여 계약을 신뢰한 데 따른 지출액을 증명하는 것은 큰 어려움을 수반하지 않는다(Restatement(Second) of Contracts § 352 Comment a.).
23) 다만, 예견가능성에 기초한 배상액 제한은 대개 기대이익 산정에 있어서 일실이익(lost profits)에 대해 적용된다(Restatement(Second) of Contracts § 351 Comment a.).
24) 다만, 이때 신뢰이익 배상액은 계약이 유효함으로 인하여 생길 이익액, 즉 이행이익을 넘지 못한다(제535조 제1항 단서).
25) 권영준, 전게 논문, 127.

여 그 계약의 이행을 신뢰함으로써 입은 손해, 즉 신뢰이익의 배상을 구할 수도 있다."고 한다.[26] 계약의 이행을 믿고 지출한 비용이 신뢰이익 상당 손해의 전형적인 예이다.[27]

한편, 우리 민법상 신뢰이익 배상은 미국의 경우와 같이 이행이익의 범위를 초과할 수 없다(민법 제535조 제1항 단서).[28] 또한 신뢰이익의 산정에 있어서도 미국의 경우와 유사하게 제한배상주의를 취하고 있다(민법 제393조). 판례에 따르면 "신뢰이익 중 계약의 체결과 이행을 위하여 통상적으로 지출되는 비용은 통상의 손해로서 상대방이 알았거나 알 수 있었는지의 여부와는 관계없이 그 배상을 구할 수 있고, 이를 초과하여 지출되는 비용은 특별한 사정으로 인한 손해로서 상대방이 이를 알았거나 알 수 있었던 경우에 한하여 그 배상을 구할 수 있다."[29]

---

26) 대법원 2002. 6. 11. 선고 2002다2539 판결.
27) 대법원 1992. 4. 28. 선고 91다29972 판결; 대법원 2002. 6. 11. 선고 2002다2539 판결 등.
28) 대법원 2002. 6. 11. 선고 2002다2539 판결; 대법원 1992. 4. 28. 선고 91다29972 판결 등.
29) 대법원 2002. 6. 11. 선고 2002다2539 판결.

Replevin
동산점유회복청구

강예영

1. 개 념

Replevin은 보통법(common law)상 인정되는 구제 수단(remedy)의 하나이다. Replevin은 점유자(possessor)가 점유하고 있는 특정 재산(property)을 타인이 불법점유할 경우, 원점유자가 불법 점유자를 상대로 Replevin을 청구함으로써 특정 재산에 대한 자기의 점유상태를 회복하는 것을 목적으로 한다.[1]

2. 배 경

Replevin은 계약(contract)에서도 적용되고 불법행위(tort)에서도 적용된다.[2] Replevin은 연방민사소송법(Federal Rules of Civil Procedure)상 구제 수단의 하나로 규정되어 있으며,[3] 미국통일상법전(UCC, the Uniform Commercial Code)의 규정은 replevin의 적용을 대체하려는 것이 아니라 이를 보완하는 것으로 본다.[4]

또한, Replevin은 재산의 점유상태를 회복하는 구제 수단으로서 그 적용 규칙은 엄격하고, 법률에서 Replevin으로 구제받을 수 있다고 규정하는 경우에만 이를 적용할 수 있다. Replevin의 목적은 점유상태의 '회복(recover)'이므로 재산에 대한 법적 권원(title)이 다투어지고 있는 경우 점유를 박탈당한 자는 그 구제 수단으로 Replevin을 제기하여야 하고, 형평법상의 소유권 확인의 소를 제기할 수 없다.[5] Replevin의

---

1) Am. Jur. 2d Replevin § 1; Black's Law Dictionary (11th ed. 2019), replevin.
2) Am. Jur. 2d Replevin § 5.
3) Federal Rules of Civil Procedure, Rule 64.
4) Johnson *v.* Creager, 2003 WY 110, 76 P. 3d 799, 51 U.C.C. Rep. Serv. 2d 833 (Wyo. 2003).
5) Dorchester Hugoton, Ltd. *v.* Dorchester Master Ltd. Partnership, 1996 OK CIV APP 59, 925 P.2d 1213 (Ct. App. Div. 3 1996).

목적물은 동산(personal property)이고 Replevin으로 제기된 소송은 민사소송이다.[6] 목적물이 동산일지라도 국세징수법(revenue law)에 따라 취득 혹은 억류된 재산에 대해서는 Replevin을 청구할 수 없다.[7]

3. 내 용

Replevin은 재산 점유상태의 회복을 구하는 것으로서, Replevin을 청구하는 원점유자에 대해서는 목적물에 대한 직접점유를 요하고,[8] 점유침해자에 대해서는 실질적인 점유만 요한다.[9] 점유침해자는 직접점유가 아닌 경우에도 점유물을 통제하고 있다고 인정되면 Replevin 청구의 대상으로 될 수 있다. 점유추정의 경우에도 그러하다.

Replevin은 '점유(possession)'를 중심으로 논하므로, 계약에 기한 관계에서 Replevin을 청구할 수도 있고 계약에 기하지 않은 경우(즉 tort의 경우)에도 Replevin을 청구할 수 있다.[10] 또한, '점유'를 중요시하기에 Replevin의 소를 제기할 때 침해자의 점유는 종료되지 않은 상태여야 한다.[11] 점유침해자는 Replevin의 대상인 점유물을 '불법'으로 점유하고 있어야 하고, 피해자는 침해받기 전[12] 목적물을 직접점유하고 있는 상태였어야 한다.[13]

Replevin은 점유회복을 원칙으로 하고 금전배상을 예외로 한다. Replevin의 목적물은 유형·무형물을 구분하지 않고, Replevin의 소는 대물적인(in rem) 소의 성질을 가지므로 점유물은 특정된 동산(personal property)이어야 한다. 금전은 특정된 물건이 아니므로 Replevin을 적용할 수 없으나, 특수한 의미를 갖고 금전적인 유통을 위한 역할 보다 물(物)적인 역할로 점유하고 있을 경우 예외적으로 Replevin을 적용할 수 있다.[14] Replevin으로 구제 가능한 점유물의 다수는 동산(動産)이고 부동산 중 개인 소유의 건축물(building)은 예외적으로 Replevin으로 구제받을 수 있지만 부동산

---

6) Brown *v.* Reynolds, 872 So. 2d 290 (Fla. 2d DCA 2004).
7) 28 U.S. Code § 2463.
8) Am. Jur. 2d Replevin § 13.
9) Am. Jur. 2d Replevin § 5.
10) Am. Jur. 2d Replevin § 5.
11) Am. Jur. 2d Replevin § 18.
12) Am. Jur. 2d Replevin § 12.
13) Am. Jur. 2d Replevin § 13.
14) Am. Jur. 2d Replevin § 9.

(real property)은 Replevin으로 구제받을 수 없다.[15] 행위(deed)는 Replevin의 대상으로 적합하지 않다.[16]

　Replevin으로 받게 되는 구제 결과는 목적물의 점유상태의 회복, 즉 목적물의 점유가 Replevin 청구자에게 회귀하는 것을 원칙으로 하고, 점유물에 손해가 발생하여 원점유자의점유가 침해된 경우, 원점유자는 금전배상이 아니라, 먼저 침해자에게 목적물의 원상회복을 청구해야 한다. 원상회복이 불가능한 경우, 목적물이 종류물이면 침해자가 종류물을 대체물로 제공하여 원점유자가 그 대체물을 점유한다. 위 두 가지 방법이 모두 불가능할 때 비로소 금전배상으로 목적물의 가치를 전보할 수 있다.[17] Replevin으로 금전배상을 받는 경우는 매우 드물다.[18]

4. 우리 법과의 비교

　점유상태를 보호함에 있어 우리나라는 점유물보호청구권에 대한 규정을 두고 있다. 이 권리는 본권의 유무와는 관계없이 점유 그 자체를 보호를 목적으로 하므로 Replevin의 목적과 매우 유사하다.

　우리 민법상 점유보호청구권의 성질은 물권적 청구권이라고 보는 것이 통설이나, 점유침해에 의한 손해배상청구권은 채권적인 성질을 갖게 된다. Replevin의 구제 수단을 보면 금전배상도 가능한데, Replevin의 금전적인 배상 수단을 부득이한 마지막 구제 수단으로 하는 것이 우리 민법상 손해배상청구권과 다르다.

　또한 우리 민법상 점유보호청구권은 점유물반환청구권, 점유물방해제거권 및 점유물방해청구권으로 분류되고, 그 청구의 상대방은 각 현재 물건을 점유하고 있는 자, 현재 방해를 하고 있는 자, 방해할 염려가 있는 자인데, Replevin의 청구 상대방은 현재 물건을 점유하고 있는 자이고, 방해할 염려가 있는 자는 아예 Replevin의 청구대상에서 배제된다는 점에서도 우리 법과 차이가 있다.

---

15) Am. Jur. 2d Replevin § 7.
16) Am. Jur. 2d Replevin § 8.
17) Am. Jur. 2d Replevin § 1.
18) Cooley *v.* J.M. Smith Corp., 205 So. 3d 1167 (Miss. Ct. App. 2016).

Repudiation
이행거절

최준학

1. 개 념

미국 계약법의 맥락에서 이행거절(Repudiation)이란, 채무자가 채권자에게 장래에 계약을 이행하지 않겠다는 의사를 표시하는 것 또는 채무자가 자신의 의무를 이행할 수 없게 하는 자발적인 행위를 말한다.[1] 이행거절은 그 개념상 계약 의무의 이행기가 도래하기 전에 행하여지는 것이기 때문에 '이행기 전 계약위반(anticipatory breach of contract)'이라고 부르기도 한다.[2]

2. 배 경

영미법에서는 전통적으로 이행기가 도래한 뒤에 채무가 이행되지 않은 경우에만 계약위반이 발생하고, 이행기가 도래하지 않은 경우에는 계약위반이 발생할 수 없다는 것을 전제로 하였다.[3] 그 결과 이행기 전의 계약위반은 처음부터 인정되지 않았고, 채무자가 이행기 전에 이행을 거절하는 경우 채권자로서는 이행기가 도래하기를 기다린 후에야 비로소 손해배상청구소송을 제기할 수 있었다.[4]

그러나 오늘날 영국에서는 이행기 전에 이행거절이 있더라도 그 이행기의 도래를 기다릴 필요 없이 곧바로 계약을 해제하거나 손해배상을 청구할 수 있는데, 이러한 법리 형성에 결정적인 역할을 한 선결례가 Hochster v. De la Tour 사건(1853)이다.[5][6] 이 판례 이후로 채권자는 이행기가 도래하지 않은 경우에도 이행거절에 대한

---

1) Restatement (Second) of Contracts § 250 (1981).
2) Restatement (First) of Contracts § 318 (1932), Comment b.
3) 성승현, "이행기 전의 이행거절과 민법 제544조 단서", 법조 제53권 제4호(2004), 131; 이승현, "이행거절에 관한 연구: 이행기 전 이행거절을 중심으로", 석사학위 논문, 성균관대학교(2009), 7.
4) 성승현, 전게 논문, 131.
5) 성승현, 전게 논문, 131-132.

구제 수단을 행사할 수 있게 되었다.[7]

한편, 19세기 말엽까지도 미국의 주 법원들은 이행거절 법리의 수용 여부에 대해 각기 다른 입장을 취하고 있었다.[8] 예를 들어, 이행거절 법리에 가장 강하게 반론을 제기했던 매사추세츠 주대법원은 Daniels v. Newton 사건(1874)[9]에서 이를 수용할 수 없다고 밝혔다.[10] 이처럼 이행거절 법리에 대한 수용 여부와 관련한 대립 구도가 극복되지 못한 채, 20세기에 접어들자 미국연방대법원은 Roehm v. Horst 사건(1900)[11]을 통해 다시 이행거절 법리의 수용 여부를 판단하게 되었다.[12]

이 소송에서 Horst 형제들은 Roehm에게 Horst Brothers라는 농장 명의로 5년간 그 농장에서 생산되는 홉을 공급하기로 하였다. 이 계약은 4개의 계약으로 구성되었는데, 첫 번째 계약기간이 진행되는 동안 Horst Brothers 농장이 해체되어 원고들은 그 사실을 피고 Roehm에 통지하였다. Roehm은 이를 계약 종료로 간주하여 원고가 제공한 급부를 거절하는 한편, 장래에 이행될 급부의 수령 및 자신의 반대급부 이행을 거절하는 의사를 표명하였다. 이 사안에서 Roehm의 첫 번째 계약의 이행거절은 이행기 도래 후에 행해졌으므로 계약위반으로 인정되었다. 문제는 아직 이행기가 도래하지 않은 나머지 3개의 계약에 대해서도 첫 번째 계약과 마찬가지로 Roehm의 계약위반을 인정할 것인지가 문제되었다.[13]

미국연방대법원은 이 사건에서 영국에서 확립된 이행거절 법리를 수용하여 Horst 형제의 손해배상청구권을 인정하였다. 그리고 이 판결을 계기로 미국의 많은

---

6) Hochster v. De la Tour (1853) 2 E&B 678. 이 사건에서 De la Tour는 Hochster를 유럽여행에 보조인으로 고용하기로 계약을 맺었는데, 여행이 시작되기 전 De la Tour가 Hochster의 보조가 필요 없다고 통지하였다. 그러자 Hochster는 원래 계획상 여행이 시작되기 전이기는 하지만 De la Tour를 상대로 소를 제기하였고, 이에 대해 De la Tour는 아직 계약상 이행기가 도래하지 않았으므로 Hochster가 자신을 상대로 소를 제기할 수 없다고 주장하였다. 법원은 원고 Hochster의 손해배상청구권을 인정하였다. 이 사건의 사실관계 요약은 김영희, "미국법상 채무불이행 유형의 재구성", 비교사법 제22권 제2호(2015), 708, 각주 95 참조.
7) 김영희, 전게 논문, 708.
8) 성승현, 전게 논문, 138.
9) Daniels v. Newton, 114 Mass. 530 (1874).
10) 성승현, 전게 논문, 138-139 참조. 이 사건에서 매사추세츠 주대법원은 "우리는 그것이 어떻게 그 자체만으로 상대방이 가지는 권리를 실제로 침해할 수 있는지, 또한 그것이 왜 곧바로 상대방에게 소권(訴權)을 부여할 수 있는지 이해할 수가 없다 … 우리는 언급된 영국판결 [Hochster와 Frost 판결]에 동의할 수 없다 … 원고는 이행기가 도래할 때까지 어떠한 권리도 청구할 수 없다."고 판시하였다.
11) Roehm v. Horst, 178 U.S. 1 (1900). 이 사건은 원래 Horst가 원고로 소를 제기하였고, 원고승소판결 후에 피고 Roehm이 항소하였는데 원심판결이 유지되었다. 이후 Roehm이 연방대법원에 이의를 제기하였고, 연방대법원은 항소법원판결을 확인하였다.
12) 성승현, 전게 논문, 139.
13) 성승현, 전게 논문, 139-140.

주 법원들이 이행거절 법리를 수용하여 미국 내의 대립 구도는 점차 약화되었다.[14] 그러나 이후에도 미국의 학계에서는 이행거절의 이론적 문제점에 대한 비판이 제기되었는데, 실무와 학계의 격렬한 논쟁을 거쳐 제1차 Restatement에 의해 이행거절이 미국 계약법상의 보편적 법리로 공인되었고,[15] 1977년 미국통일상법전(Uniform Commercial Code: UCC)의 매매에 관한 제2편 제610조에도 포함되었다.[16]

3. 내 용

이행거절이 성립하기 위해서는 계약 상대방이 한 의사표시가 계약을 이행하지 않겠다거나 이행할 수 없다는 뜻으로 해석될 수 있어야 하고, 그 의사표시는 충분히 명확해야 한다.[17] 예컨대, 계약 상대방이 자신의 계약상 권리를 변경해주는 것에 동의하지 않는 한 계약상 의무를 전면 이행하지 않겠다고 한다면 이러한 위협은 이행거절에 해당할 것이다.[18] 그러나 상대방이 계약이행에 대한 자신의 의지 또는 능력에 단순히 의심을 표한 것만으로는 충분하지 않다.[19] 또한, 이행거절이 되기 위해서는 그 행위가 자발적이고 적극적이어야 하며, 해당 의무의 이행을 실제로 또는 외견상 불가능하게 만들어야 한다.[20]

한편, 미국법에서는 이행기가 도래하였을 때 상대방이 그 계약상 의무를 이행하리라는 기대를 해치지 않을 의무도 인정된다.[21] 그리고 만약 채무자의 채무이행과 관련하여 불안을 느낄 만한 합리적인 사유가 존재할 경우, 채권자는 서면으로 이행의 확약(assurance of performance)을 요구할 수 있다.[22] 이때, 만약 채권자가 합리적인 기간 내에 이행의 확약을 충분히 얻지 못한다면, 채무자가 이행의 확약을 제공하지 못하는 행위도 이행거절로 취급될 수 있다.[23]

위와 같이 채무자의 이행거절이 인정되면 이행기의 도래를 기다리지 않고도 채무자의 '완전한 계약위반(total breach)'[24]에 대한 손해배상청구권이 발생한다.[25] 또

---

14) 성승현, 전게 논문, 140.
15) Restatement (First) of Contracts §§ 314, 318 (1932).
16) 성승현, 전게 논문, 141; UCC § 2-610 (Anticipatory Repudiation).
17) Restatement (Second) of Contracts § 250 (1981), Comment b.
18) Restatement (Second) of Contracts § 250 (1981), Comment d.
19) Restatement (Second) of Contracts § 250 (1981), Comment d.
20) Restatement (Second) of Contracts § 250 (1981), Comment c.
21) UCC § 2-609(1).
22) UCC § 2-609(1).
23) Restatement (Second) of Contracts § 251 (1981), Comment b.

한, 쌍무계약에서 일방이 이행거절을 하면 그 상대방은 자신의 남은 계약상 의무로부터 해방된다.[26] 그러나 만약 채무자가 자신이 받아야 할 급부를 모두 이행 받은 뒤에 이행거절이 있었다면, 채권자는 완전한 계약위반에 의한 손해배상을 청구할 수 없다는 한계가 있다.[27]

한편, 채무자가 이행거절을 하였더라도 더 이상 손해배상책임을 부담하지 않게 되는 경우도 있다. 첫 번째는 채무자가 이행거절을 하였으나, 채권자 측에도 자신의 의무 이행에 대한 완전한 계약위반이 있었을 것으로 보이는 경우이다.[28] 계약 당사자 간에 서로 대가적 의무를 이행하기로 약정한 경우에는 일방 당사자의 의무 이행이 상대방의 의무 이행을 조건으로 하거나, 적어도 의무를 이행할 준비가 되어 있을 것을 조건으로 하기 때문이다.[29] 두 번째는 채무자가 이행을 거절한 의무가 실행불가능(impracticability) 또는 목적좌절(frustration)의 법리에 의해 이행기 이전에 이행할 수 없었을 것으로 인정되는 경우이다.[30] 다만, 실행불가능 또는 목적좌절 법리에 관한 사유가 채무자의 이행기 이후에 발생될 것으로 보일 때에는 손해배상의 범위에 영향을 미칠 수는 있으나 채무자의 의무를 해방시키지는 않는다.[31]

4. 우리 법과의 비교

우리 민법은 이행거절에 관하여 명문의 규정을 두고 있지 않다. 민법에서 계약상 해제권이 발생하는 것은 이행지체(민법 제544조)와 이행불능(민법 제546조)이 있는데, 이 두 유형의 채무불이행에 이행거절이 포섭되지 않는 경우가 있을 수 있다. 즉, 계약의 일방 당사자가 이행하지 않겠다는 의사를 충분히 나타냈으나 이행기가 아직 도래하지 않았고 이행이 불가능하지도 않다면, 이행지체도 아니고 이행불능도 아니므로 계약해제를 할 수 없는 문제점이 생길 수 있다.[32]

---

24) 이는 미국법에서 '부분적인 계약위반(partial breach)'이라는 개념과 대비된다. Restatement (Second) of Contracts § 253 (1981), Comment b 참조.
25) Restatement (Second) of Contracts § 253(1) (1981), Comment a.
26) Restatement (Second) of Contracts § 253(2) (1981).
27) Restatement (Second) of Contracts § 253 (1981), Comment c.
28) Restatement (Second) of Contracts § 254 (1981), Comment a.
29) Restatement (Second) of Contracts § 254 (1981), Comment a.
30) Restatement (Second) of Contracts § 254 (1981), Comment b.
31) Restatement (Second) of Contracts § 254 (1981), Comment b.
32) 김인현, "이행기전 이행거절로 인한 계약해제가 부인된 선박건조계약", 상사판례연구, 제31권 제3호(2018), 25.

그러나 위의 경우에 영미법이 이행거절의 법리로 사안을 해결할 수 있는 것과 같이 우리 대법원 판례도 이행기 전 이행거절을 이유로 한 해제권을 인정하고 있다.[33] 또한 민법 제544조 단서는 이행지체로 인한 해제와 관련하여 "채무자가 미리 이행하지 아니할 의사를 표시한 경우에는 최고를 요하지 아니한다."고 규정하는 등 이행거절의 근거를 민법 곳곳에서 찾을 수도 있다.[34]

대법원 2017. 5. 30. 선고 2014다233176, 233183 판결은 영국법상 이행거절의 법리를 다루었다는 점에서 미국법에 관하여도 참고할 만하다. 이 판결에서는 영국법을 준거법으로 한 선박건조계약상의 선박인도일이 지났거나 임박하였는데도 선박을 건조하지 않은 것이 영국법상 이행거절에 해당하여 해제권이 발생하였는지가 쟁점이 되었다.

대법원은 영국 계약법에서 이행기 전 계약위반의 법리(doctrine of anticipatory breach of contract)를 인정하고 있다며, 계약이 성립한 후 이행기 전에 당사자 일방이 부당하게 이행거절(repudiation)의 의사를 표시하고 상대방이 이를 받아들이면, 상대방은 즉시 장래의 이행의무에서 벗어나 계약을 종료(termination, 이는 우리 민법상 해제와 해지를 포괄하는 개념이다)하고 계약위반을 이유로 손해배상을 청구할 수 있다고 하였다. 나아가 대법원은 이행거절의 의사를 표시했는지 여부는 객관적으로 판단하여야 할 사실확정 문제로서, 합리적인 사고를 하는 계약 상대방의 입장에서 볼 때 채무자가 자신의 계약상 채무의 이행을 완전히 거절하고 이를 저버리려는 의도를 표명하였다는 결론에 이를 수밖에 없는 경우에 인정할 수 있고, 이행거절의 의사표시는 반드시 명시적으로 하거나 특정 행위나 말로 해야 하는 것은 아니고, 외부적으로 드러나는 행위나 일련의 행동을 통하여 묵시적으로 할 수도 있지만, 이행거절은 명확하고 분명하며 확정적이어야 한다고 밝혔다.

위와 같은 법리에 비추어 볼 때, 영미법과 민법상의 이행거절의 요건은 그 정의와 이행거절의 대상이 되는 의무에서 큰 차이가 없다고 할 수 있다.[35] 이행기 전 이행거절에 대한 구제 수단으로 이행기 전 해제 및 손해배상을 인정하되, 해제권 행사의 선택권을 부여하여 이행기까지 기다렸다가 이행기 후 계약위반에 대한 구제 수단을 강구할 수 있도록 한다는 점에서도 크게 차이가 없다.[36]

---

33) 대법원 1993. 6. 25. 선고 93다11821 판결 등.
34) 양창수·김재형, 민법 I: 계약법(제3판), 박영사(2020), 428.
35) 김민경, "이행거절에 관한 비교법적 연구 — 영국법, 국제물품매매계약에 관한 국제연합협약 (CISG), 우리 민법의 이동(異同) 및 시사점 —", 사법논집 제68집(2019), 29.
36) 김민경, 전게 논문, 50.

Res Ipsa Loquitur
과실추정의 법칙

윤나리

1. 정 의

Res ipsa loquitur는 라틴어로, '사실 그 자체가 말해주고 있다'는 뜻이다. 이는 일반적으로 '과실추정의 법칙'으로 번역되는데[1], 원고의 손해발생이 피고의 과실없이는 도저히 일어날 수 없는 특정한 상황하에서 피고의 반증이 없는 한 원고에게 손해가 발생하였다는 사실 자체만으로 피고의 주의의무 위반이 추정된다는 보통법상의 원칙을 말한다.[2]

이 원칙은 영국 법원의 1863년 Byme v. Boadle 사건에서 처음 등장했다. 이 사건에서 원고는 창문에서 떨어진 밀가루 자루에 다치게 되었는데 법원은 관리자인 피고가 주의의무를 게을리하지 않았다면 보통은 창고의 창문에서 밀가루 자루가 아래로 떨어질 리가 없다며 상황 자체로 피고의 과실이 추정된다고 하였다.[3]

2. 내 용

미국법에서 Res ipsa loquitur는 주로 불법행위법(tort law) 영역에서 사용되고 있다. 고의와 과실에 의한 불법행위를 구별하지 않고 한 조문에 불법행위의 공통적 성립요건을 규정해 놓은 우리 법과 달리 미국의 불법행위법은 불법행위를 고의에 의한 불법행위, 과실에 의한 불법행위, 엄격책임으로 나누어 각각의 요건을 달리 정하고 있다. 과실(negligence)에 의한 불법행위가 성립하기 위해서는 행위(act or omission)와 주의의무(duty of reasonable care)가 각 존재하고, 주의의무위반(breach of duty)이 인

---

[1] 법원도서관, 외국법률용어집(영어편), 2008, 10, 313; 김종호, "증명부담경감의 법리로서 과실추정의 법칙", 법이론실무연구 제5권 제3호(2017. 12), 212.

[2] 사법연수원, 미국민사법(2004. 8), 107.

[3] 김종호, 전게논문, 220.

정되어야 하며, 손해(damage)가 발생하고 그러한 행위와 손해 사이에 인과관계 (causation)가 인정되어야 한다. 원칙적으로 이러한 요건은 모두 피해자인 원고가 증명해야 한다. 그러나 원고가 피고의 주의의무위반을 직접적으로 증명하지 못하더라도 일정한 상황이 원고에 의해 증명되는 경우에는 피고의 주의위무위반을 추정해 주는 경우가 있는데 이를 Res ipsa loquitur라고 한다.[4]

   그런데 Res ipsa loquitur는 함부로 적용되어서는 안 된다. 이 원칙을 무분별하게 적용하게 되면 무과실책임을 인정하는 결과가 될 수 있기 때문이다. 따라서 Res ipsa loquitur를 적용할 수 있는 상황이 중요하다. 먼저 피고의 행동에 대한 직접적 증거가 없어야 한다. 그리고 그러한 사고는 과실 없이는 통상 발생하지 않는 종류의 것이어야 한다. 또한 피고가 손해를 발생시킨 상황을 배타적으로 지배하고 있었거나 피고가 그 사고를 일으킬 수 있었던 유일한 사람이어야 한다. 마지막으로 사고가 원고나 제3자에 의해 일어났을 가능성이 없어야 한다.[5] 이러한 전형적인 예로 수술 후 환자의 몸 속에 수술용 스폰지가 남아 있는 경우를 들 수 있다. 누군가의 주의의무위반이 없었더라면 일어날 수 없는 종류의 일이기 때문이다. 이와 대조적으로 수도관의 갑작스런 파열은 반드시 누군가의 과실에 의해 일어나는 종류의 일은 아니다.[6]

   Res ipsa loquitur가 적용되면 피고의 과실에 대한 직접적인 증거를 제출하지 않아도 된다. 즉 일정한 정황증거만 입증하면 피고의 과실이 추정되는 것이다. 따라서 Res ipsa loquitur는 원고에게 특별한 종류의 간접증거를 허용하는 것이어서 원고의 입증책임(burden of proof)을 덜어주게 된다. 즉 Res ipsa loquitur는 증거법에 관한 원칙이지 실체법상 독립된 구성요건이 아니다. Res ipsa loquitur에 의해 과실은 추정 (presume)되는 것일 뿐이므로 피고가 피고에게 과실이 없음을 증명하면 그 추정은 번복이 가능하다.

3. 우리 법과의 비교

   우리 법 역시 과실추정이라는 용어를 주로 불법행위책임영역에서 사용하고 있다. 우리 법에서 과실추정의 원칙은 법률에 의한 경우와 명문의 규정은 없으나 사실상 과실을 추정하는 경우로 나뉜다. 법률에 의한 과실추정은 과실에 대한 증명책임

---

4) C. J. S, Negligence §806.
5) 사법연수원, 전게서, 106 – 110.
6) Clifford S. Fishman and Anne T. McKenna, Jones on Evidence(7th ed.) Thomson Reuters (2004), §9:19.

이 원고에서 피고에게로 전환되는 효과, 즉 증명책임의 전환을 의미한다. 따라서 증명책임을 완화해줄 뿐인 미국법상 Res ipsa loquitur와는 구별된다. 오히려 미국법상 Res ipsa loquitur와 유사한 우리법상의 용어는 '일응의 추정'으로 보인다. 일응의 추정이란 고도의 개연성이 있는 경험칙을 이용하여 간접사실로부터 주요사실을 추정하는 경우를 말한다.[7] 주로 불법행위에 있어서 인과관계와 과실을 증명할 때 사용된다. 미국법상 Res ipsa loquitur는 과실을 증명할 때 적용되는 원칙인 반면 일응의 추정은 과실뿐만 아니라 인과관계를 증명할 때에도 사용된다는 점에서 차이가 있다. 그러나 일응의 추정 역시 Res ipsa loquitur처럼 정형적 사상경과가 문제될 경우에만 적용된다는 점에서 공통점이 있다. 즉 정형적인 사태가 진행됨에 따라 그 사실 자체로 일정한 원인행위의 과실 또는 결과와의 인과관계를 알 수 있는 경우에만 적용되는 것이다.[8]

판례는 일응의 추정을 개별적 사안에서 구체적 타당성을 고려하여 일부 적용하고 있다. 판례는 가압류나 가처분이 있은 후 본안소송에서 패소한 경우,[9] 운전 도중 자동차가 전복되는 사건이 발생한 경우,[10] 불임시술을 했는데도 다시 임신이 된 경우[11] 각 가압류권자, 운전자, 의사의 과실을 사실상 추정하였다.

이러한 일응의 추정의 원칙은 과실이 없음에도 책임을 부담하는 무과실책임의 원칙과 구별해야 한다. 무과실책임의 원칙이 적용될 때에는 피고가 자신에게 과실이 없음을 증명하더라도 책임을 면할 수 없다. 그러나 일응의 추정은 상대방의 간접반증, 즉 주요사실에 대하여 일응의 추정이 생긴 경우, 그 추정의 전제사실과 양립되는 별개의 간접사실이 증명된 경우 번복될 수 있다.[12]

---

7) 이시윤, 신민사소송법(제13판), 박영사(2019), 551.
8) 이시윤, 전게서, 552.
9) 대법원 1992. 9. 25. 선고 92다8453 판결.
10) 대법원 1959. 10. 29. 선고 4292민상67 판결.
11) 대법원 1980. 5. 13. 선고 79다1390 판결.
12) 이시윤, 전게서, 552.

Secured Transaction
담보부 거래

조서연

1. 개 념

미국법에서 Secured transaction(담보부 거래)은 구매자 또는 채무자가 판매자 혹은 채권자에게 지급 또는 의무이행을 담보하기 위하여 담보를 제공하는 거래 방식을 의미한다.[1] Secured transaction이란 담보약정에 기반한 거래를 말하는데, 담보약정이란 채무자가 채권자에게 자신이 소유하거나 혹은 담보로 제공할 수 있는 재산에 대한 권리를 부여하는 것이다. 이 재산을 담보라고 부르며 거래상의 의무를 이행하지 못하는 경우의 손실을 확보하기 위하여 채무자 또는 채권자가 이 담보를 보유한다.

2. 배 경

미국에서는 각종 담보거래를 통일상법전(UCC, Uniform Commercial Code)[2]의 제9편(Code §9) 담보부 거래에서 규정하고 있다. 미국에서는 각 주의 주법에 따른 담보제도가 운영되다가, 다양한 담보제도의 존재로 인한 불편을 해소하기 위하여 기존의 담보제도를 바탕으로 담보권(security interest)[3]이라는 새로운 개념을 창출하여 산재해 있던 담보제도들을 UCC상의 담보부 거래로 통일하였다.

---

1) Black's Law Dictionary (11th ed. 2019).
2) 1990년, UCC 상설 편집위원회, 미국법률협회 그리고 통일주법 전국위원회는 UCC 제9조에 대한 연구를 위한 위원회를 출범시켰다. 연구위원회는 1992년 1월 보고서를 발행하여 제9조의 개정안에 대한 초안위원회를 창설할 것과 제9조에 대한 구체적인 수정 사항들을 제안하였다. 1993년에서 1998년간 15차례 회의를 통해 초안위원회는 제9조의 수정안을 마련하였고, 이 조항은 2001년 수정 제1조 및 2003년 수정 제7조와 일치한다.
3) UCC §1, General Provisions, 담보권이란 채무자가 채무의 지급의무를 담보하기 위하여 특정의 물건이나 권리에 대하여 설정하는 각각의 권리를 말한다.

3. 내 용

UCC 9-203(b)에 따르면 담보권이 설정되기 위해서는 담보권설정자가 담보권자에게 일정한 대가를 제공해야 하고, 채무자가 당해 담보물에 대한 권리를 가지고 있어야 하며, 담보물이 명시된 담보계약과 그에 대한 서명 또는 전자적 승인이 있어야 한다. 한편, 설정된 담보권의 효력을 제3자에게 주장하기 위해서, 즉 대항력을 취득하기 위해서는 원칙적으로 담보설정명세서 또는 금융명세서를 채무자가 소재하는 관할 등록사무소에 등록하여야 한다.[4)]

담보부 거래는 다양한 형태로 이루어질 수 있지만 소비자에게 가장 보편적인 유형은 다음의 세 가지, 즉 pledge(질권), chattel mortgage(동산담보), conditional sale(조건부 거래)이다.

Pledge는 채무 이행을 담보하기 위하여 담보권자에게 담보물을 이전하는 것이다. 예를 들어 어떤 사람이 다른 사람으로부터 $500를 빌렸다고 하자. 그리고 돈을 빌린 사람이 빌려준 사람에게 비싼 보석을 제공한다고 하자. 만약 채무가 완전히 변제된 이후 보석이 채무자에게 반환된다면, 그리고 채무자가 채무를 갚지 않았을 때 채권자가 보석에 대한 완전한 소유권을 가지게 된다면 이러한 약정은 pledge에 해당한다.

Chattel mortgage는 pledge와 유사하나 chattel mortgage에서는 채무자가 담보로 제공된 물건을 계속 보유하는 것이 허용된다. 채무자가 채무를 변제하지 못하면, 채권자는 담보물에 대한 소유권을 취득한다.

세 번째 유형은 conditional sale인데 여기서는 매매대금담보권(purchase money security interest, PMSI)을 사용한다. PMSI란 할부매매대금에 대한 금융을 제공한 대주가 UCC 제9편에 따라 매매목적물에 대한 담보권을 취득하는 것을 말한다. 다시 말하면, 채무자가 채무를 불이행하였을 때 채권자가 자신이 대여한 자금으로 구매한 물건을 압류하거나 혹은 상환할 것을 요구할 수 있는 법정 채권이다. 이 경우 구매 물품에 대하여 구매자금의 채권자는 다른 일반 채권자에 우선권을 가진다.

4. 우리 법과의 비교

위에서 살펴본 Secured transaction의 유형 중 pledge는 우리나라의 동산질권 개

---

4) UCC 9-203(b).

념과 유사한 것으로 볼 수 있다. 질권이란 채권자가 채권의 담보로서 채무자 또는 제
3자가 제공한 동산 또는 재산권을 유치하고, 채무의 변제가 없는 때에는 목적물로부
터 우선변제를 받는 물권이다.[5] 질권은 유치적 효력이 있어서 담보물이 채권자에게
이전되는데 이 점에서 pledge와 같다.

　　Chattel mortgage는 채권을 담보하기 위해 담보물을 제공하는 점에서는 pledge
와 유사하나 채무자가 담보물을 이전하지 않고 보유할 수 있다는 점에서 차이가 있
다. 우리나라 담보법 중 이에 상응하는 것으로는 동산양도담보를 들 수 있다. 넓은
의미의 양도담보란 물건의 소유권을 채권자에게 이전하는 방법에 의하여 채권을 담
보하는 것을 가리키며, 채무자가 채무를 이행하면 목적물을 반환하지만 채무자의 이
행이 없으면 채권자는 그 목적물로부터 우선변제를 받게 된다. 동산양도담보의 경우
양도담보를 성립시키기 위하여는 동산의 인도가 있어야 하는데 판례에 따르면 이때
의 인도는 점유개정이라도 무방하다고 한다. 즉, 채무자가 담보물을 계속 보유하면
서 사용할 수 있다는 점에서 담보물의 이전을 요하는 동산질권과 다르다.

　　Conditional sale은 주로 할부매매[6]의 경우에 문제된다. 우리 민법에서는 할부
매매의 경우 매매계약을 체결하면서 매도인이 목적물을 매수인에게 인도하지만, 대
금을 모두 받을 때까지는 소유권이 매도인에게 보류된다는 특약을 하는 경우가 많으
며, 이러한 특약이 부가된 매매계약을 소유권유보부 매매라고 한다. 소유권유보부
매매의 성질에 대하여 학설은 (1) 대금의 완납을 정지조건으로 하는 소유권 양도라
는 견해와 (2) 매도인은 소유권이 아닌 담보물권을 갖는다는 견해가 대립한다. 판례
는 정지조건부 소유권이전설의 입장인 것으로 보인다. 위에서 언급한 미국법상
conditional sale(조건부 매매)과 우리나라의 소유권유보부 매매의 목적은 모두 매도인
으로 하여금 안정적으로 할부매매대금을 지급받을 수 있도록 하기 위한 것이다. 다
만 소유권유보부 매매의 경우 대금의 완급을 정지조건으로 하여 매수인에게 소유권
이 이전되는데 비해, 미국의 conditional sale(조건부 매매)의 경우에는 매수인에게 목
적물이 인도될 때 소유권이 이전되며, 매도인은 다만 매매목적물에 대한 담보권을
취득한다는 점에 있어 차이가 있다.

---

5) 민법 제329조, 제345조.
6) 일반적으로 할부매매란 매매대금을 분할하여 일정 기간마다 계속해서 지급하기로 하는 특약이
　 붙은 매매를 말한다. 송덕수, 신민법강의(제14판), 박영사(2021), 1199.

Servitude
역권

양희석

1. 개 념

  미국 재산법상 servitude(역권)은 특정한 목적을 위하여 다른 사람의 토지를 이용하는 권리(land-use arrangements)로서 토지와 함께 이전된다(run with land). 지역권(easements), 부동산과 함께 이전하는 특약 내지 부동산특약(real covenants), 형평법상 역권(equitable servitudes) 등이 이에 해당하며,[1] 수익권 내지 채취권(profit), 사용허가(licence)가 함께 논의된다.[2] 부동산권(estates)이 점유(possession)에 관한 권리인 반면, 역권(servitudes)은 부동산 사용(use)에 대한 권리로서 비점유적 권리이다(non-possessory interests).[3]

2. 배 경

  역권 중 지역권(easements)은 가장 오래된 것으로서 로마법에서 유래한 것이다.[4] 부동산특약(real covenants)은 대부분 부동산 권리의 양도에 포함되나 본질은 계약이다. 이는 20세기 들어 미국의 산업화에 따른 유연한 부동산 이용방법이 필요해졌고 계약자유가 강조되어 계약이 사회의 통제장치로서 취급됨에 따라 발달하게 되

---

1) Restatement (Third) of Property: Servitude § 1.1 (2000).
2) 수익권은 자갈, 모래, 목재 등을 채취할 수 있는 권리인데 본래 영국에서 지역권과 수익권은 별개로 발달하여 왔으나 현재 미국에서는 지역권과 같은 것으로 본다[Restatement (Third) of Property: Servitude § 1.2 (2000), Restatement of Property § 450 (1944)], 사용허가는 부동산의 소유자에 의하여 사용허가를 받은 자에게 그 부동산에 들어가게 하거나 그 부동산에서 어떤 것을 행하도록 하는 허가(permission)이다[박홍래, "미국 재산법상 역권", 민사법연구 제11권 제1호(2003), 192-193].
3) Black's Law Dictionary (11th ed. 2019), servitude; 미국 재산법에서 점유적 권리와 비점유적 권리의 구분에 대해서는 fee simple 부분 참조.
4) Restatement (Third) of Property: Servitude § 1.2 (2000).

었다. 형평법상 역권(equitable servitudes)은 영국의 형평법원에서 발달하였는데 미국
에서는 20세기 이후에야 널리 활용되었다. 형평법상 역권은 지역권이나 부동산특약
의 성립요건을 갖추고 있지 않으나 특별한 부담이 존재함을 알고서 부동산을 취득한
자에게 약속을 강제하는 것이 공정한 것으로 보일 때 법원이 적용한다.[5]

3. 내 용

미국 재산법상 지역권은 어떤 특정 목적을 위해 다른 사람의 토지를 이용 내지
향유(use or enjoyment)하는 권리이다.[6] 지역권은 부속지역권(easement appurtenant)
과 대인지역권(easement in gross)으로 나뉘는데 부속지역권은 두 토지 간에 존재하
는 지역권으로서 요역지(dominant tenement)의 편익(benefits)에 부속하는 지역권이
다. 반면, 대인지역권은 편익이 지역권자에게 개인적으로 존재한다. 부속지역권의 전
형적인 예는 인접하는 요역지로 들어가기 위하여 승역지(servient tenement)를 통행
하는 통행지역권이고, 대인지역권의 전형적인 예는 가스, 수도, 전기 등 공익사업회
사들이 이를 위해 보유하는 지역권이나 철도 지역권이다.[7] 전통적인 지역권 외에도
대부분의 주에서 환경지역권(conservation easement), 역사보존지역권(historic pres-
ervation easements), 태양에너지지역권(solar easement) 등을 인정한다.[8] 부동산에 관
한 권리의 경우 사기방지법(the Statute of Frauds)이 적용되어 문서로 작성되어야 하
므로,[9] 양도증서(deed)에 의한 명시적 수여(express grant)로 성립가능하다. 그 외 지
역권은 묵시적인 방법(by implication), 시효취득(by prescription)에 의해서도 성립 가
능하다.[10]

부동산특약은 특약자가 피특약자에게 특정 토지에 관한 작위나 부작위 이행의
무를 약속하는 것으로서, 특정 토지에 울타리를 설치하는 것처럼 어떤 행위를 하거
나, 해당 토지를 상업용 목적으로 사용해서는 안 된다는 것처럼 어떤 행위를 하지 못

---

5) 박홍래, 전게 논문, 191-193, Sheldon F. Kurt & Herbert Hovenkamp, American property law (3d ed. 1999), 584-586; Restatement (Third) of Property: Servitude § 1.4 (2000).
6) Barlow Burke and Joseph Snoe, Property 4th ed, Wolters Kluwer(2012), 471; Restatement (Third) of Property: Servitude § 1.2 (2000).
7) Restatement (Third) of Property: Servitude § 1.5 (2000).
8) 박홍래, 전게 논문, 196-197.
9) Restatement of Property § 522, 539 (1944).
10) Jesse Dukeminier, James E. Krier, Gregory S. Alexander & Michael H. Schill, Property 7th ed., Aspen Publishers(2010), 768.

하게 하는 등의 어떤 제한을 토지에 부과하기 위해 사용된다. 이는 특정 토지에 대해 어떤 부담(burden)이나 이익(benefit)이 붙어있는 경우 매수인의 승계인도 그 토지의 이전과 함께 제한에 구속된다는 면에서 부동산에 대한 약정이며(covenants that run with land at law),[11] 오직 계약에 의해서만 성립할 수 있다.[12]

　이러한 특약이 인정되기 위해서는 보통법상 법원(court of law)은 다음 요건을 충족할 것을 요구한다. ① 원래의 약정(original covenants)은 서면으로 쓰여져 있어야 하고(writing), ② 처음 약정한 당사자들이 이후의 소유자들에게 약정을 강제할 의도가 있어야 한다(intent). ③ 그 약정의 내용이 토지 자체의 이용에 관한 것이어야 한다(touch and concern the land). ④ 처음 약정한 당사자들 사이에 임대인과 임차인 등 수평적 계약 당사자관계가 존재하고(horizontal privity), ⑤ 처음 약정한 당사자와 이후의 소유자 간에 계약이나 유언, 상속 등의 비적대적 거래관계에 따른 수직적 계약 당사자관계가 있어야 한다(vertical privity). ⑥ 나중에 그 토지를 취득한 승계인이 토지를 취득할 당시 약정 내용의 통지를 수령하였어야 한다(notice). 토지의 이전과 함께 이익(benefit)이 이전되기 위해서는 ①~④의 요건이 필요하고 수직적 견련관계나 통지는 필요하지 않다.[13]

　형평법상 역권은 형평법상 토지 소유자들 간에서 발생하는, 강제로 이행될 수 있는 건물과 토지 이용에 관계가 있는 제한(a private restriction)을 말한다.[14] 계약 등 당사자 관계가 없어 보통법상으로 구제받기 어려운 경우에도 그 승계인이 인지하거나 통지를 받았다고 볼 수 있는 경우 형평법상 관점으로 보아 구제한 것이다. 따라서 토지가 부담과 함께 이전되는 경우 ①~③, ⑥요건이 필요하고 수평적 견련관계나 수직적 견련관계는 필요하지 않는 반면, 이익과 함께 이전되는 경우에는 ①~③요건으로 족하며 통지 요건도 필요하지 않다.[15] 예를 들어, 공동주택에 대한 관리규약에서 집에서 키우는 물고기와 새는 애완동물로 허용되지만, 개, 고양이, 파충류에 대한 사육은 금지된다고 정하는 경우(pet restriction), 공동주택 거주자들의 건강, 안전, 위생, 소음문제와 합리적인 관련이 있고 등록되어 있다면 구속력 있는 형평법상 역권으로 인정된다.[16]

11) Restatement (Third) of Property: Servitude §1.4 (2000).
12) Barlow Burke and Joseph Snoe, Property 4th ed, Wolters Kluwer(2012), 513.
13) Restatement (Third) of Property: Servitude §2.1.-§2.5., §2.9 (2000); Barlow Burke and Joseph Snoe, ibid, 513.
14) Restatement (Third) of Property: Servitude §1.4 (2000).
15) Restatement (Third) of Property: Servitude §2.1-§2.5, §2.9 (2000).
16) *Nahrstedt v. Lakeside Village Condominium Assoc., Inc.* 878 P.2d 1275 (1994).

부동산 특약은 보통법상(common law) 법리이므로 이를 위반할 경우 금전적 배상으로서 손해배상(damage)이 원칙이나, 형평법상의 역권은 형평법상(in equity) 법리이므로 이를 위반한 경우 형평법상 구제 수단인 금지명령(injunction) 등을 구할 수 있었다.[17] 그러나 보통법상 특약이나 형평법상 역권이 모두 하나의 역권이란 개념에 포함됨으로써 보통법상 손해배상청구나 형평법상 금지명령 등 구제 수단을 모두 사용할 수 있게 되었다.[18]

한편, 역권과 구별되는 법리로서 미국 재산법 중 이웃의 부동산간의 관계를 조정하기 위한 것으로 상린관계에 관한 법(law of neighbors), 사적 방해행위(private nuisance) 등이 있다. 상린관계에는 인접토지의 소유자나 지하채굴권자가 토지가 함몰되거나 구조물이 가라앉을 정도로 땅을 파는 채굴작업을 하는 것을 금지하는 지지권(right of support), 강이나 호수, 지표수, 지하수 등을 이용할 권리(water right) 등이 있다. 사적 방해행위는 불법침해(trespass), 악취, 소음, 진동 등으로 타인 소유 토지의 사용에 실질적이면서도 비합리적인(substantial and unreasonable) 방해를 주는 것을 금지한다.[19] 이는 독립한 권리가 아니라 부동산 상호간의 이용에 대한 법률에 기한 최소한의 조절로 당사자의 합의가 필요하지 않다.[20]

4. 우리 법과의 비교

우리 민법상 Servitude에 대응하는 제도로는 지역권이 있다. 위에서 설명한 바와 같이 미국 재산법상 지역권은 부속지역권과 대인지역권으로 나눌 수 있는데 우리나라의 지역권은 미국 재산법상 지역권 중 부속지역권과 같다.[21]

우리 민법상 지역권은 설정행위에 의해 정한 일정한 목적을 위하여 타인의 토지를 자기의 토지의 편익에 이용하는 부동산 용익물권이다(민법 제291조). 요역지와 승역지가 편익을 주고받는 관계에 있어야 한다. 편익을 받는 것이 토지가 아니라 특정인이라면 인역권이 문제되나 우리 민법에서는 인역권을 인정하지 않고 특수지역권(민법 제302조)이 인역권의 성질을 갖는다.[22]

---

17) Barlow Burke and Joseph Snoe, ibid, 513.
18) Restatement (Third) of Property: Servitude § 2.1, 3.1 (1944).
19) Barlow Burke and Joseph Snoe, ibid, 465.
20) 지원림, 민법강의(제17판), 홍문사(2020), 707.
21) 박홍래, 전게 논문, 193.
22) 지원림, 전게서, 707, 443.

지역권 중에는 통행지역권, 인수지역권이 대표적이나, 그 외에도 승역지 소유자에게 부작위의무를 부담시키는 지역권이나, 요역지의 관망이나 일조확보를 위해 공작물설치를 제한하는 관망지역권 또는 일조지역권 등을 설정할 수도 있다.[23] 지역권은 계약과 등기에 의해 취득되는 것이 보통이나 취득시효, 상속, 양도 등에 의해서도 취득할 수 있으며,[24] 요역지의 처분은 지역권의 처분을 수반한다(지역권의 부종성, 민법 제292조). 지역권은 요역지 전부를 위하여 승역지 전부를 이용하는 것이므로 불가분성을 가지며 공유·분할 등의 경우에는 관계자 전부에 대해 효력을 가진다(지역권의 불가분성, 민법 제293조).

한편, 우리 민법에서도 지역권과 구별되는 제도로 부동산 상호간의 이용에 대한 조절을 위해 상린관계 내지 생활방해에 대한 규정을 두고 있다(민법 제217조부터 제244조까지).

---

23) 지원림, 전게서, 708.
24) 지원림, 전게서, 709.

Setoff
상계

이정헌

1. 개 념

Setoff란 채권자가 채무자에게 일정한 채무를 부담하는 경우, 양 당사자가 대등한 가액범위 내에서 채무를 소멸시켜 청산하는 법리로 우리 법의 상계에 대응하는 개념이다.[1]

2. 배 경

두 당사자가 상호 일정한 요구를 교차적으로 행할 수 있는 상황에서, 더 작은 수요를 구별하고 더 작은 그 범위만큼 더 큰 수요를 줄이거나, 상호 요구량이 같으면 둘 다 소멸시켜야 한다는 Setoff의 법리가 어떤 관습에서 성립했는지는 분명하지 않다. 영국의 경우, 예컨대 A가 B에 대해 채무행위의 원인이 있고, B가 A에 대해 동일한 금액의 채무행위의 원인이 있다면, 각자는 자신의 권리를 주장할 수 있을 뿐 상대방의 권리와 상쇄하는 것은 허용되지 않으나, 1729년 의회 입법을 통해 제한적으로 Setoff를 허용하면서 점차 그 적용 범위가 확대되었다.[2]

3. 내 용

Setoff는 당사자가 공격방어방법으로 제출하는 것이 아니라 별도의 소제기를 통해서 주장되며, 그런 점에서 단순히 항변이 아니라 해당 권리 자체를 행사 및 실현하

---

[1] Black's Law Dictionary (11th ed. 2019).
[2] Edwin E. Bryant, The Law of Pleading Under the Codes of Civil Procedure(2d ed.), Little, Brown and co. (1899), 250 – 251.

는 성질을 가진다. 일반적으로 Setoff는 자신이 법적으로 독립된 소를 제기하여 주장할 수 있는 상태에 놓인 권리에 근거해야 하며,[3] 그런 점에서 Setoff를 주장하는 피고는 실질적으로 해당 권리에 관한 소송에서 원고의 지위를 가진다.[4]

몇몇 주 법이 예외적으로 규정한 경우를 제외하면, 일반적으로 Setoff에 대한 판단을 받기 위해서는 동일한 당사자가 서로에게 청구권을 보유하고 있어야 하며 Setoff를 주장할 당시를 기준으로 양 청구권 모두가 행사 가능한 상태(즉, 이행기가 도래하지 않았거나 급부가 확정되지 않으면 불가)에 있어야 한다.[5]

소송에서 Setoff를 주장하는 것은 법령에 근거가 있거나 법원이 형평의 관할권을 행사하는 상황에서만 가능하다.[6] 일반적으로 법령에 근거한 Setoff는 반드시 동일한 거래로부터 발생한 권리 간에만 이루어져야 할 필요는 없으나, 미국통일상법전(Uniform Commercial Code)상 몇몇 주 법률은 Setoff로 판매자와 구매자 간에 청산될 양 권리가 동일한 계약으로부터 발생했을 것을 요한다.[7]

한편 법원은 반드시 법령에 근거가 없더라도 소송에서 형평(equity)에 의해 판단하는 과정에서 정의와 상식에 어긋나는 결과를 방지하기 위해 Setoff의 허용 여부를 결정할 수 있다. 형평에 의한 Setoff는 당사자가 상호 간에(mutual) 채무를 부담하는 상태에서만 허용되며, 상이한 상황에서 발생한 별도의 채무로 Setoff를 행하거나[8] 당사자들의 능력이 상이했던 상태에서 법률행위를 하였다면 위 상호성이 인정되지 아니한다.[9] 다만 상호성이 인정되지 않은 상황에서도 명백히 정의관념에 어긋나는 결과를 방지하기 위한 구제책이 필요한 상황에서는 형평에 의한 Setoff가 예외적으로 허용되는바, 이를 위해서는 정의관념에 어긋나지 않기 위한 다른 구제책이 없다는 예외적인 사정이 충분히 입증되어야 한다.[10] 그 외에도 형평에 따른 Setoff는 그것이 오히려 불공정한 결과를 초래하거나[11] 공적 정책의 취지에 반한다면 허용되지 아니

---

3) Charles S. Martin Distributing Co., Inc. *v.* Bernhardt Furniture Co., 213 Ga. App. 481, 445 S.E.2d 297 (1994).

4) Hope's Architectural Products, Inc. *v.* Fox Steel Co., 44 Conn. App. 759, 692 A.2d 829 (1997).

5) CJS SETOFFS § 3, John J. Dvorske, J.D., M.A., Corpus Juris Secundum.

6) Cearfoss Const. Corp. *v.* MMSG Ltd. Partnership, 904 F. Supp. 450 (D. Md. 1995).

7) Celex Group, Inc. *v.* Executive Gallery, Inc., 877 F. Supp. 1114 (N.D. Ill. 1995).

8) Soo Line R. Co. *v.* Escanaba & Lake Superior R. Co., 840 F.2d 546 (7th Cir. 1988).

9) International Union of Bricklayers and Allied Craftsmen *v.* Gallante, 912 F. Supp. 695 (S.D. N.Y. 1996).

10) Stewart Title Guar. Co. *v.* Community Title Co., 924 S.W.2d 62 (Mo. Ct. App. E.D. 1996).

11) Hutchinson Coal Co. *v.* Miller, 20 F. Supp. 718 (N.D. W. Va. 1937).

하며,[12] 법원은 이를 확인하기 위해 구체적인 사실관계와 당사자들의 진의를 검토해야 한다.[13]

한편 Setoff를 주장하는 소의 제기는 관련 법령으로부터 해당 주장이 가능하다고 해석할 여지가 있을 때 가능하며,[14] Setoff로 주장할 권리가 별도의 소송으로써 상대방에게 주장할 수 있었던 권리여야 한다.[15]

4. 우리 법과의 비교

Setoff는 한국의 상계에 대응하는 개념이지만 구체적인 특성에 있어서 여러 차이가 있다. 우선 한국의 민사소송에서 상계를 주장하는 것은 특정한 소를 제기해서 하는 것이 아니라, 대부분 상대방이 소를 제기하여 반대채권의 이행을 구할 때 청구를 기각시키기 위한 항변으로 제출하는 방식에 의한다. 이와 달리 미국의 Setoff는 상대방이 반대채권을 소송상 청구할 때 별도의 반소를 제기하여 양 채권이 대등액에서 소멸시킬 것을 주장하는 방식에 의한다. 그런데 한국의 민사소송에서 확정된 판결에 발생한 기판력은 판결의 주문에만 미칠 뿐 판결이유에는 미치지 않는 것이 원칙이나, 피고의 상계항변이 받아들여진 경우 반대채권의 존재 및 상계로 주장한 가액에 대하여 기판력이 미치므로[16] 기판력의 범위에 있어서는 미국에서 반소로 Setoff를 주장했을 때와 같다.

미국의 Setoff는 동일한 당사자 상호 간에 동일한 거래에서 발생한 채권을 대등액에서 소멸시키는 경우가 일반적인 반면, 한국의 경우 민법 제492조 제1항에 따른 상계적상에 있는 반대채권이 있다면 그것이 동종의 법률관계로부터 발생했는지와 무관하게 상계항변을 주장할 수 있다. 물론 미국의 소송에서도 법원이 별개의 법률관계에서 발생한 반대채권에 의한 청산이 형평의 원칙에 부합하다고 판단한다면 Setoff가 가능할 것이다.

한편 Setoff를 주장하는 소의 제기는 본래 소송에서 피고가 원고에게 소를 제기하며 주장할 수 있었던 권리이어야 하나, 한국의 경우 반드시 본래 소송에서 피고가

---

12) Mynatt *v.* Collis, 274 Kan. 850, 57 P.3d 513 (2002).
13) In re Harr, 319 Pa. 89, 179 A. 238 (1935).
14) Noblesville Milling Co. *v.* Johnson, 116 Ind. App. 437, 65 N.E.2d 250 (1946).
15) Ritz—Craft Corp. *v.* Stanford Management Group, 800 F. Supp. 1312, 19 U.C.C. Rep. Serv. 2d 987 (D. Md. 1992).
16) 대법원 2013. 11. 14. 선고 2013다46023 판결.

원고에게 청구할 수 없었던 권리일지라도 상계항변이 가능하다. 예를 들어 채권자대위소송에서 제3채무자는 채무자에 대해 가지는 모든 항변사유로 채권자에게 대항할 수 있으므로, 제3채무자는 자신이 채무자에게 가진 반대채권이 상계적상에 있음을 이유로 피대위권리가 소멸하였음을 원고인 대위채권자에게 주장할 수 있으며, 채권양수인이 제기한 양수금 청구소송에서 채무자는 민법 제451조 제2항을 원용하며 채권양도의 통지를 받기 전에 상계적상이 발생한 (채권양도인에 대한) 반대채권에 의한 상계를 원고인 채권양수인에게 주장할 수 있다.

　　다만 Setoff의 경우에도 채무자가 채권이 양도되기 전 양도인에게 이를 주장할 수 있었던 상황에서 채권이 양도(및 통지)된 후에도 그 주장을 허용할지는 형평의 원칙에 기초하여 판단하여야 한다는 취지의 판례[17]도 존재하므로 그 결과에 있어서는 한국의 상계와 큰 차이를 찾기 어렵다. 해당 사건에서 양수금 지급을 청구한 원고(채권양수인)에게 피고는 채권양도 당시 이미 채권양도인에게 반대채권으로 Setoff가 가능한 상태였으므로 이를 원고에게도 주장한 바, 재판부는 피고의 Setoff를 허용하는 것이 형평에 부합한다고 판단하였다. 당시 재판부는 채권양도인이 채권을 양도하면서 해당 채권이 채무자에 의한 Setoff가 가능한 상태라고 알릴 어떤 의무가 있다고 보기는 어려우며, 채권양도 당시 원고가 피고와 직접 Setoff를 배제하기로 합의하지 않은 한 피고가 Setoff를 주장하는 것을 배척할 수 없고, 피고가 비교적 오랜 기간이 지나고 나서야 Setoff를 주장하는 것이 금반언(estoppel)에 반한다고 보기 어렵다고 보았다. 위 판결에 나타난 재판부의 법리는, 채무자가 이의를 보류하지 아니하고 전조의 승낙을 한 때에는 양도인에게 대항할 수 있는 사유(예컨대 반대채권에 의한 상계)로써 양수인에게 대항하지 못한다는 우리나라 민법 제451조 제1항을 적용한 결과와 유사하다고 볼 수 있다.

---

17) Bibby Factors Northwest Ltd v HFD Ltd [2015] EWCA Civ 1908.

Specific Performance
특정이행

이정헌

1. 개 념

Specific performance는 법령이나 계약상 의무위반에 대하여 금전배상을 명하는 것이 부적절한 경우에 명하는 구제방법이다. 채권자가 채무불이행을 주장하며 손해배상을 청구한 소송에서 법원이 일정한 요건 하에 손해배상 대신 불이행한 채무의 이행을 명하는 경우가 일반적이며, 우리 법의 특정이행에 대응하는 개념이다. 부동산이나 귀중품의 거래와 같이 법령이나 관습에 의하여 손해를 산정하는 것이 불가능하거나 금전으로 배상하는 것이 불충분한 상황에서는 법원이 재량권을 행사하여 공평한 배상방식으로 Specific performance(보통 본래 급부의 강제이행)를 이행할 것을 명할 수 있다.[1]

2. 배 경

영미법에서 보통법원은 의무위반에 대한 금전배상을 명하는 것에 중점을 두었고, Specific performance를 통해 본래 의무의 완전한 이행을 명하는 것은 형평법원의 주된 판단대상이었다. 그러나 양자의 기능이 통합된 대부분의 미국 법원은 우선 금전배상을 통해 의무위반으로 인한 손해를 전보하는 것이 가능한지 판단한 후, 금전배상을 명하는 것이 부적절하다고 판단되는 급부(주로 부동산거래)에 대하여는 형평법원의 기능을 수행하여 형평법상 구제 수단으로서 일정한 요건 하에 예외적으로 Specific performance를 명하고 있다.[2]

---

[1] Black's Law Dictionary (11th ed. 2019).
[2] 조국현, "미국 계약법상 특정이행의 한계에 관한 연구", 홍익법학 제16권 3호(2015), 797-823.

3. 내 용

Specific performance는 당사자의 권리행사가 아닌 법원의 재량권 행사를 통해 가능하며, 형평의 원칙과 사안별 사실관계를 고려하여 행사되어야 한다.[3] 이는 권리의 문제가 아니라 특정 사건의 사실에 따라 형평법원이 적용하는 구제책이며,[4] 법원은 형평과 원칙 내에서 그 구제책을 부여하거나 보류할 수 있다. Specific performance의 허용 여부에 대하여는 획일적인 원리가 적용되지 아니하나[5] 이는 형평의 원칙에 부합하여야 하는바, 특정한 사건의 전체적인 맥락에 비추어 볼 때 이러한 구제책을 부여하는 것이 정의의 목적을 명백히 달성할 수 있다고 판단되며,[6] 그러한 목적을 달성하기 위한 다른 구제책이 없을 때 가능할 것이다.[7]

Specific performance를 허용하기 위해서는 당사자에게 이를 청구할 수 있는 분명한 권리가 존재해야 하며, 이는 충분한 증거에 기초하여 이행되어야 할 계약이 있다는 점, 그 계약의 이행이 상대방에게 불공정하다고 볼 수 없다는 점, 의무이행을 강제하지 아니하면 손해가 발생할 것이 예상된다는 점이 합리적으로 입증되어야 하며, 이를 거부하는 상대방이 해당 법률관계가 사기나 착오 등으로 인해 성립하였다는 점을 입증하지 못했을 것을 요한다.[8] 나아가 Specific performance는 당사자들 간에 유효한 계약의 존재를 전제로 하고, 이를 현실적인 위반한 사실이 증명되어야 한다.[9]

일반적으로 Specific performance는 다른 적절한 구제를 받을 수 없는 상황이 명백하지 않는 한 허용되지 아니하며,[10] 법령에 의한 다른 적절한 구제책이 제공될 경우 이를 청구할 수 없다.[11] 계약 자체에서 본래의 의무를 이행하는 것보다 해당 사안에 더 적합한 자체적인 구제방안을 정한 경우에도 Specific performance는 보류될 것이나,[12] 계약에서 제공하는 구제책이 부적절하다면 이는 허용될 것이다.[13] 한편 계

3) Humphrys *v.* Jarrell, 104 So. 2d 404 (Fla. 2d DCA 1958)/

4) Howard—Arnold, Inc. *v.* T.N.T. Realty, Inc., 145 Conn. App. 696, 77 A.3d 165 (2013).

5) Holtmeier *v.* Dayani, 862 S.W.2d 391, 23 U.C.C. Rep. Serv. 2d 1210 (Mo. Ct. App. E.D. 1993).

6) Landis *v.* Blomquist, 257 Cal. App. 2d 533, 64 Cal. Rptr. 865 (2d Dist. 1967).

7) Saunders *v.* Davis, 31 Tenn. App. 674, 220 S.W.2d 883 (1948).

8) In re Stokes, 198 B.R. 168 (E.D. Va. 1996).

9) Carondelet Health System, Inc. *v.* Royal Gardens Associates, 943 S.W.2d 669 (Mo. Ct. App. W.D. 1997).

10) Wehen *v.* Lundgaard, 41 Cal. App. 2d 610, 107 P.2d 491 (2d Dist. 1940).

11) Moreschi *v.* Mosteller, 28 F. Supp. 613, 1 Fed. R. Serv. 48 (W.D. Pa. 1939).

약에 손해액의 청산 또는 몰수 조항이 있더라도 그러한 방식이 계약위반의 유일한 구제책임을 특정하지 않는 한 Specific performance는 배제되지 아니한다.[14]

Specific performance는 법원의 재량에 의한 판단으로 허용된다. 즉 위반된 계약의 이행을 강행하는 것은 권리행사의 문제가 아니라 법원이 형평의 원칙에 기초하여 개별적인 사안의 특수한 맥락을 모두 검토하여 인정하는 것이다.[15] Specific performance가 자주 인정되는 부동산 매매의 경우에도 권리이전을 강제하는 것이 논리필연적인 것은 아니나, 매도인이 계약을 위반한 상황에 대한 적절한 구제책으로 종종 그러한 결정이 이루어진다.[16] 재판부가 형평의 원칙에 따른 재량권 행사의 결과로 Specific performance를 명한 경우, 그것이 재량권의 일탈이나 남용에 해당하거나 명백한 증거를 무시한 것이 아닌 이상 항소심은 원심의 그러한 판단을 번복하지 아니한다.[17]

한편 Specific performance의 구제책은 기존에 위반되었던 의무와 상호성(mutuality)이 존재해야 하는바, 동일한 계약의 양 당사자가 모두 해당 계약상 의무이행을 청구할 수 있어야 하며,[18] 각 당사자의 의무이행이 일방적 이익 내지는 불이익을 초래하는 경우 허용되지 않는다.[19] 다만 상호성이 있어야만 반드시 Specific performance가 허용되는 것은 아니며, 사안의 특수성과 형평의 원칙을 고려한 예외적인 사례도 다수 존재한다.[20]

4. 우리 법과의 비교

대륙법계 국가인 한국과 달리 영미법계 국가인 미국은 Specific performance, 혹은 특정이행에 대한 법리를 상이한 전제하에서 구성한다. 미국의 경우 계약파기의

---

12) Miller Yacht Sales, Inc. *v.* Scott, 311 So. 2d 762 (Fla. 4th DCA 1975).
13) Shannon *v.* Cavanaugh, 12 Cal. App. 434, 107 P. 574 (2d Dist. 1910).
14) Bradford *v.* New York Times Co., 501 F.2d 51 (2d Cir. 1974).
15) Omni Partners *v.* Down, 246 Ill. App. 3d 57, 185 Ill. Dec. 657, 614 N.E.2d 1342 (2d Dist. 1993).
16) Scott *v.* Sebree, 986 S.W.2d 364 (Tex. App. Austin 1999).
17) Mearida *v.* Murphy, 106 Ill. App. 3d 705, 62 Ill. Dec. 380, 435 N.E.2d 1352 (4th Dist. 1982).
18) Amtote Intern., Inc. *v.* PNGI Charles Town Gaming Ltd. Liability Co., 998 F. Supp. 674 (N.D. W. Va. 1998).
19) Baker *v.* Dawson, 216 Md. 478, 141 A.2d 157 (1958).
20) Gould *v.* Stelter, 14 Ill. 2d 376, 152 N.E.2d 869 (1958), State Highway Commission *v.* Golden, 112 N.J. Eq. 156, 163 A. 551 (Ch. 1933).

자유 원칙 내지 효율적 계약위반의 법리(the principle of efficient breach of contract)[21]
에 근거하여 계약위반이 발생한 경우 그 급부의 달성을 강제하기보다 그로 인한 손
해배상에 중점을 두고 특별한 사정이 있을 때 Specific performance를 통해 이행을 강
제한다. 반면 우리나라는 '약속은 지켜져야 한다(pacta sunt servanda)'는 원칙에 기초
해 상대방의 채무불이행이 있을 경우 채권자가 그 이행을 강제하기 위해 소를 제기
할 수 있으며, 강제이행의 유형도 법률로써 구체화하고 있다. 민법 제389조 각항은
채무의 강제이행의 각 유형을 규정하는바, 직접강제는 채무자의 의사와 무관하게 소
송을 통해 채권의 내용을 실현하고, 대체집행은 채무의 목적이 법률행위인 경우 채
무자의 의사표시에 갈음할 재판을 청구하거나 채무가 일신에 전속하지 아니한 작위
를 목적으로 한 경우 채무자의 비용으로 제삼자에게 이를 하게 할 것을 법원에 청구
하는 방식이며, 간접강제는 채무가 부작위를 목적으로 한 경우에 손해배상의 지급명
령, 벌금, 구금 등의 수단으로 채무자를 심리적으로 압박하여 채권 내용을 실현하는
방법이다.

　　나아가 미국과 달리 한국의 경우 채권자는 채무불이행이 있을 경우 그 이행을
강제할지, 이행에 갈음하는 손해배상을 청구할지 스스로 선택하여 소를 제기할 수
있으며, 법원은 채권자가 주장한 이행청구 또는 손해배상청구가 그 요건을 구비했는
지에 대해 판단할 뿐 재량권을 행사하여 채권자가 주장하지 아니한 구제책을 명하지
아니한다. 예컨대 부동산 거래에서 매수인이 대금을 전부 지급했음에도 매도인이 소
유권이전등기 절차의 이행을 지체한 경우, 매수인은 위 계약을 해제하여 원상회복을
청구하거나(민법 제548조), 상당한 기간을 정하여 위 의무이행을 최고하였음에도 이
행이 없었던 경우 전보배상을 청구할 수도 있으며(민법 제395조), 본래의 의무인 소
유권이전등기절차를 이행할 것을 청구할 수도 있다(민법 제389조 제2항). 이때 법원
은 원고의 각 청구가 이유 있는지 판단하면서 주장에 모순된 점이 있거나 불완전·불
명료한 점이 있을 때 이를 지적하여 정정·보충할 수 있는 기회를 부여할 수 있을 뿐
(민사소송법 제126조), 원고가 주장하지 않은 구제방식이 적절하다고 판단하여 청구
취지를 변경하는 등 법률효과에 관한 새로운 요건사실을 제출할 것을 권유하는 것은
변론주의의 원칙에 반하여 허용되지 아니한다.[22]

　　예를 들어 부동산 매매대금을 전부 지급하였음에도 매도인이 소유권 이전을 거

---

21) 미국에서는 계약 유지를 원치 않으면 배상의무를 이행하면 된다(if you do not want to keep
　　a contract, you should pay damages)는 전제에서 계약위반의 효과를 규율하고 있다. 효율적
　　계약위반의 법리에 대해서는 위약벌(penalty) 항목 2항 부분의 설명을 참조할 것.
22) 대법원 2001. 10. 9. 선고 2001다15576 판결.

부하여 매수인이 소송에서 매매계약 해제 및 원상회복청구를 주장하는 경우, 우리 법원은 매수인이 잔대금을 지급한 사실을 입증할 자료를 제출하지 않았을 때 이를 지적하여 입증의 기회를 부여할 수는 있어도, 소송 진행 도중 매도인이 입장을 번복하여 소유권을 이전해주겠다는 의사를 표명할 때 매수인에게 청구취지 및 이유를 소유권이전등기 절차이행 청구로 바꾸도록 요구하는 것은 허용되지 아니한다. 반면 영미법의 경우 위 상황에서 매수인이 대금을 모두 지급한 사실이 증명되어 부동산의 소유권이 이전되어도 매도인에게 딱히 불공정한 사정을 찾기 어렵고, 소유권 이전을 명하지 아니하면 매수인에게 매매대금 상당의 손해가 발생할 것이 예상되며, 해당 매매계약으로부터 의사표시의 하자 기타 위법한 요소를 찾기 어렵다면, 법원은 매수인이 주장하지 아니한 매도인의 부동산 소유권이전절차의 이행을 명할 수 있을 것이다.

Standard of Care
주의의무의 기준

이한길

1. 개 념

영미법계에서 Standard of care는 불법행위법상 행위자에게 과실이 인정되는지, 나아가 행위자에게 과실에 의한 불법행위책임이 성립하는지를 판단함에 있어 활용되는 주의의무의 기준을 통칭하는 개념이다.[1] 미국 불법행위법에서 행위자는 그에게 적용되는 주의의무의 기준을 위반한 행위로 인해 타인에게 손해를 가한 경우에 과실책임을 부담한다.

영미법계에서 주의의무의 기준은 합리성(reasonableness)이라는 개념을 활용하여 가상의 주체를 규정한다.[2] 이에 따라 주의의무를 다하였는지 여부는 특별한 경우를 제외하고는 통상 구체적인 상황에서 주의 깊고 신중한 '합리적인 사람'이라면 기울였을 정도의 주의를 기준으로 하여(reasonable standard) 판단되는 경향이 있다.[3]

2. 배 경

Standard of care는 불법행위법 분야 중 특히 과실책임과 관련하여 사용되는 용어이다. 미국 불법행위법상 과실책임은 (i) (피해자가) 침해를 입은 법익이 행위자의 고의에 기하지 않은 경우에도 보호되는 것으로서, (ii) 행위자의 행동이 그러한 법익 또는 기타 유사한 이익과 관련하여 과실이 인정되고, (iii) 행위자의 행동이 법적인 침해의 원인이면서, (iv) 피해자 스스로 그 침해와 관련하여 소를 제기하는 것을 금지할 만한 행동을 하지 않은 경우에 인정된다.[4]

---

1) Restatement (Second) of Torts § 282, 283.
2) 권영준, "불법행위의 과실 판단과 사회평균인", 비교사법 제22권 1호(2015. 2), 96.
3) Restatement (Second) of Torts § 283, 298.
4) Restatement (Second) of Torts § 281.

위 요건 중 (i), (iii). (iv)는 기본적으로 행위자의 행동이 과실에 기한 것임을 전제로 하여 그 행위가 과실책임으로 인정되기 위한 조건인 반면, (ii) 요건은 직접적으로 과실(negligence)의 개념이 무엇인지와 관련이 있다.[5] 그런데 보통법상 '합리적인 사람(reasonable person)'의 개념을 불법행위책임의 성립과 관련하여 도입한 초기 판례로 알려진 영국의 Vaughn *v.* Menlove 판결의 경우, '신중한 사람이 그 상황에서 성실한 주의를 기울여 취하였을 행동'을 기준으로 하여 행위자에게 과실책임이 성립하는지 여부를 객관적으로 판단하였다.[6] 미국 불법행위상 과실(negligence)의 개념을 판단하기 위한 주의의무의 기준 또한 그 연장선상에 있는 것으로 보인다.

3. 내 용

과실이란 통상 '합리적인 사람(reasonable person)'이라면 일반적으로 고려하였을 사항에 비추어 감수할 만한 행동이 아닌 것으로서, 보호가치 있는 타인의 법익을 '비합리적인 위험'으로부터 보호함에 있어 법상 요구되는 기준에 미달하는 행동을 가리킨다고 한다.[7] 한편, 타인의 보호가치 있는 법익에 끼칠 수 있는 잠재적인 손해를 고려해 '합리적인 사람'이라면 하지 않았을 행동을 '과실에 기한(negligent)' 것이라고 본다면, 결국 과실을 판단하는 기준으로서 Standard of care는 문제되는 상황에서 합리적인 인간이라면 기울였을 정도의 주의 내지 신중함을 의미하게 된다. 이에 미국법상 주의의무의 기준은 주로 유사한 상황(like circumstances)에서 합리적인 인간(reasonable man)이라면 어떻게 행동했을지 여부를 가정하여 적용되는 것으로 보인다.[8]

주의의무의 기준으로 작용하는 '합리적인 인간(reasonable man)'이란 통상 사회적으로 그 구성원들이 스스로의 이익과 타인의 이익을 보호함에 있어 요구되는 지식, 지능, 판단능력 및 신중함을 가진 자를 가리킨다.[9] 과실 판단에 있어 요구되는 주의의무는 늘 '합리적인' 수준의 것이나, 실제로 특정한 행위자에게 요구되는 주의

---

5) Restatement (Second) of Torts § 282.
6) (1837) 132 ER 490 (CP), "*proceed[ed] with such reasonable caution as a prudent man would have exercised under such circumstances.*"(밑줄 강조는 필자가 추가)
7) Restatement (Second) of Torts § 282; Black's Law Dictionary (11th ed, 2019).
8) Restatement (Second) of Torts § 283; Bradshaw *v.* Rawlings, 464 F. Supp. 175; 아이의 행위와 관련하여 과실책임이 문제되는 경우에는, 성인을 기준으로가 아니라 같은 나이대의 지능과 경험을 가진 아이들에게 기대되는 수준의 행동에 비추어 주의의무 위반을 판단한다. Roberts *v.* Ring, 143 Minn. 151, 173 N.W. 437.
9) McKee *v.* Iowa Ry. & Light Co., 204 Iowa 44, 214 N.W. 564, 565; Bowers *v.* J. D. Halstead Lumber Co., 28 Ariz. 122, 236.

의무가 '합리적인 것인지' 여부는 그의 행동에 수반하는 위험에 따라 달라진다.[10] 예를 들자면 후각을 상실한 행위자가 담뱃불을 켜 가스가 폭발한 경우 가스냄새를 맡지 못한 것에 과실이 없다고 한 미국판결이 있다.[11] 다양한 사실관계에서 '합리적인 사람'이 어떻게 행동했을지, 행위자의 행동이 '합리적인 사람', 즉 주의의무의 기준(Standard of care)에 미달하는 것인지 여부를 판단하는 기준을 도식적으로 설명하기는 어렵고, 이는 결국 구체적인 사건에서 사실관계를 판단하는 배심원 또는 법원의 판단에 달려 있는 것으로 보인다.[12] 따라서 구체적으로 주의의무의 기준이 실무상 어떻게 작용하는지는 각 사건마다 구체적인 사실관계에 따라 다르게 판단(case-by-case analysis)되는 것으로 보이기도 한다. 다만 특정한 행동이 매우 빈번히 발생하고 명백히 사회가 수용할 수 없는 것인 경우, 성문법에서 특정한 행위는 과실에 기한 것으로 일응 추정(rebuttable presumption)하는 방식으로 규정하기도 하는데(이른바 negligence per se),[13] negligence per se의 대표적인 예로는 교통법규 위반이 있다.[14]

주의의무의 기준을 적용함에 있어 실제로 무엇이 과실책임의 성립요건인 '비합리적'인 행동으로서 과실에 기한 것일지를 판단하는 것은 쉬운 문제가 아니다. 이와 관련하여 미국 불법행위법은 원칙적으로 그 행위가 수반하는 위험의 크기(magnitude of risk)와 그 행위의 효용(utility of the act)을 형량하여 과실을 판단하는 것으로 보인다.[15] 이와 관련하여 중요한 함의가 있는 판례 중 하나는, 불법행위법상 과실책임을 판단함에 있어 주의의무의 기준을 결정하는 방식을 판시한 United States v. Carroll Towing Co.이다.[16] 제2연방항소법원의 Learned Hand 판사는 위 판결에서 (i) 사고 방지를 위하여 사전 조치를 하는데 드는 비용/부담(Burden), (ii) 사고가 발생할 확률(Probability), 그리고 (iii) 사고가 발생할 경우 피해의 정도(Loss)를 도출한 뒤 만약 'B < P×L'인 경우에는 주의의무를 위반하였다고 보아 과실을 인정하고, 그와 달리 'B ≥ P×L'인 경우에는 주의의무를 다한 것으로 볼 수 있다는 공식을 판시하였다.[17] 이 기

---

10) Restatement (Second) of Torts § 298
11) Stephens v. Dulaney, 78 N.M. 53, 428 P.2d 27 (1967). 김영희, "미국 불법행위법상 과실비교 제도의 전개", 법학연구 제23권 제4호(2013. 12), 137.
12) Restatement (Second) of Torts § 285.
13) Restatement (Second) of Torts § 288B; Black's Law Dictionary (11th ed, 2019).
14) Restatement (Second) of Torts § 288B.
15) Restatement (Second) of Torts § 291, 292, 293.
16) United States v. Carroll Towing Co., 159 F.2d 169 (2d. Cir., 1947).
17) United States v. Carroll Towing Co., 159 F.2d 169 (2d. Cir., 1947). 원문은 다음과 같다: "Since there are occasions when every vessel will break from her moorings, and since, if she does, she becomes a menace to those about her; the owner's duty, as in other similar

준은 법경제학상 중요한 논의로 이어졌으며, '핸드 공식(Hand formula)' 내지 '과실계산(calculus of negligence)'이라고 한다.

4. 우리 법과의 비교

우리 법제상 통설은 객관적 과실 개념에 입각하여 불법행위책임을 판단함에 있어 추상적 경과실이 요구되고, 구체적인 사안에서의 평균적인 사람을 기준으로 과실 유무를 결정한다는 입장이다.[18] 판례 또한 미국에서의 주의의무의 기준을 적용하는 방식과 유사하게, "불법행위의 성립요건으로서의 과실은 (중략) 사회평균인으로서의 주의의무를 위반한 경우를 가리키는 것이지만, 그러나 여기에서의 '사회평균인'이라고 하는 것은 추상적인 일반인을 말하는 것이 아니라 그때그때의 구체적인 사례에 있어서의 보통인을 말하는 것"[19]이라고 한다. 이로 인해 업무상 과실 등이 문제되는 의료과오책임의 경우, 의사의 주의의무는 원칙적으로 진료행위를 할 당시 의료기관 등 임상의학분야에서 실천되고 있는 진료행위의 수준이 기준이 되나, 그 의료수준은 '통상의 의사'에게 진료행위 당시 일반적으로 알려져 있고 또 인정받고 있는 소위 의학상식을 뜻하는 것으로 이해된다.[20] 결국 우리 법상 주의의무의 기준 역시 '합리적인 사람'을 기준으로 하여 주의의무의 기준으로 삼는 미국 불법행위법 및 의료과오 소송(medical malpractice suit)에서의 일련의 판례들과 유사한 것으로 평가된다.

한편 대법원은 2019년 수영장의 설치·보존상 하자가 문제된 사안에서, 공작물 점유자에게 불법행위책임을 인정하는 기준을 판단함에 있어, 우리 판례상 최초로 미국 불법행위법상 주의의무의 기준인 핸드 공식(Hand Rule)을 적용하여 '사회통념상 요구되는 위험방지조치'를 다하였는지 여부를 고려할 수 있다는 취지의 판시를 하였다.[21] 이는 미국법상 주의의무의 기준에 관한 판례 및 법리가 우리 판례에 영향을 준 사례로 보인다.

---

situations, to provide against resulting injuries is a function of three variables: (1) The probability that she will break away; (2) the gravity of the resulting injury, if she does; (3) the burden of adequate precautions. Possibly it serves to bring this notion into relief to state it in algebraic terms: if the probability be called P; the injury, L; and the burden, B; liability depends upon whether B is less than L multiplied by P: i.e., whether $B < PL$."

18) 지원림, 민법강의(제6판), 홍문사(2008), 1503.
19) 대법원 2001. 1. 19. 선고 2000다12532 판결.
20) 대법원 2003. 11. 27. 선고 2001다2013 판결; 대법원 2005. 10. 28. 선고 2004다13045 판결.
21) 대법원 2019. 11. 28. 선고 2017다14895 판결.

Standard Terms
약관

최상진

1. 개 념

미국법상 Standard terms는 사업자에 의하여 혹은 특정한 산업 분야 내에서 반복적으로 사용되는 사전에 마련된 계약 조항을 의미한다.[1] 한편, 이는 Standard forms, terms and conditions, boilerplate로 일컬어지기도 한다. Standard terms는 그 자체만으로는 의미를 갖지 않고 그와 같이 사전에 마련된 계약 조항에 대하여 상대방이 동의를 하는 경우에 계약의 내용이 되는 것으로서 Standard term contract 혹은 Standard form contract라는 용어로 사용되는 것이 더 일반적이다. 이와 같은 계약은 주로 더 강한 교섭력(bargaining power)을 가진 당사자에 의하여 작성되고 반대 당사자는 이에 대하여 교섭하거나 수정을 요구할 힘을 갖지 못한 채 이에 그대로 따르기(adhere) 때문에 부합계약(adhesion contract)이라고 부르기도 한다.[2]

2. 배 경

19세기 근대계약이론의 핵심은 계약 당사자들이 자신의 이익을 추구하기 위하여 자유롭게 계약을 체결할 수 있다는 점에 있었다. 따라서 계약의 효력을 다투는 자는 해당 계약에 관하여 계약 체결의 자유가 없었음을 주장함으로써 그 구속력으로부터 벗어날 수 있었고, 그 사유로는 사기(fraud), 강박(duress), 부실표시(misrepresentation),[3] 서명부인(non est factum)[4] 등이 인정되었다.[5] 그러나 당사자가 자유로운 계

---

1) Black's Law Dictionary (11th ed. 2019).
2) Friedrich Kessler, "Contracts of adhesion — some thoughts about freedom of contract", 43 Colum. L. Rev. 629, 632 (1943).
3) 미국법상 부실표시는 "사실과 일치하지 않는 주장(assertion that is not in accord with the facts)"이라고 정의된다. Restatement (Second) of Contracts, § 159.
4) 미국법상 서명부인은 "소가 제기된 서면상 서명의 부인(a denial of the execution of an

약 체결 의사에 따라 계약서에 서명한 사실이 인정된다면 그가 계약서를 읽지 않았
고 그 내용을 몰랐더라도 이는 계약의 효력에 아무런 영향을 미치지 못하는바, 무지
(fool)는 보호의 대상이 되지 못하였다.[6] 또한 완전한 계약 체결의 자유가 보장되는
상황에서 당사자들은 자유로운 교섭을 통해 각자의 이익을 추구하는 한편 부당한 계
약으로부터 스스로를 보호할 수도 있었다.[7]

그러나 산업혁명에 따른 대량생산의 시대가 도래함에 따라 계약 체결 방식은 급
격한 변화를 겪게 된다. 효율성 제고를 위해 기업들은 시간과 비용을 들여 고객들과
개별적으로 교섭하는 대신 사전에 대량의 표준화된(standardized) 계약서를 마련하여
이를 고객에게 제시하고 그에 대한 동의를 받음으로써 계약을 체결하였다.[8] 이와 같
은 Standard terms는 특히 교통, 보험, 은행업 분야에서 점차 정교화되었고, 이후 모
든 종류의 거래 분야에 통용되기에 이르렀다. 한편, 기업들은 Standard terms를 통해
교섭 비용을 절감할 수 있을 뿐만 아니라 다수 고객과의 계약을 통일적으로 관리함
으로써 계약으로부터 파생되는 위험 또한 예측하고 통제할 수 있게 되었다.[9] 기업의
비용 절감은 고객이 지급해야 하는 가격의 인하로 이어지게 되므로 Standard terms가
궁극적으로 사회 전체의 효용을 증진하였다는 점에는 의문의 여지가 없었다. 그러나
앞서 언급하였듯이 Standard terms는 주로 강한 교섭력을 가진 기업들이 작성하고 재
화나 용역이 필요한 반대 당사자는 개별 교섭 없이 이에 동의할 수밖에 없었기에, 계
약 당사자의 개별적인 교섭 및 자유로운 계약 체결 의사를 전제로 하는 근대의 계약
이론은 Standard terms에 대해서는 그대로 적용될 수 없게 되었다.[10]

이처럼 초기의 Standard terms에서는 주로 계약 당사자 간 교섭력의 차이가 문제
되었다면, 시간이 지나면서 정보나 전문성에 있어서 비대칭성(asymmetry)의 문제 역
시 대두되었다. 특히 사회가 고도화됨에 따라 Standard terms는 그 내용이 굉장히 방
대해졌고, 이는 결과적으로 반대 당사자가 Standard terms의 내용을 전혀 읽지 않는
상황까지 초래하였다.[11] 이러한 상황 속에서 기업들은 일방적이며 불공정하고 비효

instrument sued on)"이라고 정의된다. Black's Law Dictionary (11th ed. 2019).
5) George Gluck, "Standard Form Contracts: The Contract Theory Reconsidered", 28 Int'l &
   Comp. L. Q. 72, 72−74 (1979).
6) Parker v. South Eastern Railway Co. [1877] 2 CPD 416; L'Estrange v F Graucob Ltd. [1934]
   2 KB 394.
7) Friedrich Kessler, "Contracts of adhesion − some thoughts about freedom of contract", 43
   Colum. L. Rev. 629, 630−631 (1943).
8) George Gluck, ibid, 72, 73.
9) Friedrich Kessler, ibid, 629, 631−632.
10) George Gluck, ibid, 72, 74.

율적인 조항들을 Standard terms에 포함시킬 유인을 가지게 되었고, 이를 막기 위해
서 미국법에서는 여러 법리(doctrine)를 통해 standard term contract의 구속력에 대해
통제를 가하게 되었다.[12]

한편, 미국법률협회(American Law Institute)는 standard terms의 통제에 관하여
축적되어 온 미국 각 주의 판례 법리를 서술하는 소비자계약법(consumer contracts)
Restatement를 마련하기 위해 2012년부터 노력해왔고 그 결과 잠정초안(tentative
draft)을 마련하여 이를 2019년 연차총회에 제출하였으나 그 내용에 대한 법률가들의
의견 불일치로 인해 정의와 적용범위(definitions and scope)에 관한 제1조를 제외한
나머지 부분은 2020년 연차총회로 그 투표가 연기되었다. 그러나 2020년 연차총회는
코로나 바이러스 감염증(COVID 19)으로 인해 취소되었고, 2021년 연차총회에서도
위 Restatement는 투표 대상에 포함되지 아니함으로써 현재로서 이는 잠정초안에 불
과하게 되었다.[13]

3. 내 용

미국법에서 Standard term contract를 통제하는 방법은 크게 두 가지로 나눠진다.
첫 번째는 상호합의 법리(doctrine of mutual assent)를 통한 통제이다. 이는 사업자
와 고객의 상호합의가 있어야 standard terms가 계약으로 편입(adopt)된다는 전제에
서, 어떤 경우 standard terms가 계약으로 편입되는지를 규율한다. 두 번째는 stand-
ard terms의 내용에 대한 통제이다. 이는 standard terms를 작성하는 사업자의 재량을
제한하고, 용인될 수 있는 계약 조항의 범위를 설정함으로써 이뤄진다.[14] 이하에서
그 내용에 대해 구체적으로 살핀다.

우선, Standard terms가 계약으로 편입되기 위해서는 반대 당사자가 동의(assent)

---

11) Yannis Bakos·Florencia Marotta－Wurgler & David R. Trossen, "Does Anyone Read the
　　Fine Print? Consumer Attention to Standard Form Contracts", 43 J. Leg. Stud. 1 (2014)에
　　의하면 90개의 온라인 소프트웨어 사이트에서 48,154명의 사용자들을 대상으로 조사한 결과
　　실제로 약관의 내용을 최소한 1초라도 읽은 사람은 전체의 약 0.1%에 불과하였다.

12) Oren Bar－Gill·Omri Ben－Shahar· Florencia Marotta－Wurgler, "The American Law
　　Institute's Restatement of Consumer Contracts: Reporters' Introduction", ERCL 15(2), 92,
　　(2019).

13) 소비자계약법 리스테이트먼트에 관한 미국 법학계의 의견 대립에 관한 국내 문헌으로는 김현
　　수, "미국 소비자계약법 리스테이트먼트(초안)에 관한 고찰", 소비자문제연구 제51권 제1호
　　(2020), 178－180 참조.

14) Oren Bar－Gill·Omri Ben－Shahar· Florencia Marotta－Wurgler, ibid., 92.

를 표시(manifest)하여야 하는데, 이때 사업자는 Standard terms에 대하여 고객에게 합리적인 통지(reasonable notice)를 하고 이를 검토할 기회(opportunity to review)를 부여하며 이를 계약으로 편입하고자 하는 의사를 표시하여야 한다.[15] 즉, 고객이 비록 Standard terms를 실제로 읽고 검토하지는 않더라도, 최소한 사업자가 고객에게 Standard terms의 존재 자체는 통지하여야 이를 계약의 내용으로 주장할 수 있다. 따라서 고객이 Standard terms 자체를 제시받지 못한 경우, 합리적인 통지가 있었다고 볼 수 없으므로 이에 대한 고객의 동의가 있었다고도 볼 수 없다.[16] 합리적인 통지가 있었는지 판단함에 있어서 법원은 전체적인 정황(totality of circumstances),[17] 사용된 언어(language)와 조항의 배치(placement),[18] 거래 관습(market norms)과 소비자의 기대(consumer expectations)[19] 등을 고려한다.

　　고객의 동의를 통해 Standard terms가 계약으로 편입되더라도 그 효력이 무조건 인정되는 것은 아니다. 미국법에서는 Standard terms의 내용에 대하여도 통제를 가하는데, 법원은 주로 비양심성(unconscionability)의 법리를 통해 불공정한 조항들을 통제해왔다.[20] 비양심성의 법리는 Standard terms에 대하여만 적용되는 것이 아니라 미국 계약법 일반에 적용되는 법리인데, 이때 비양심성은 계약 체결 당시의 정황을 고려할 때 문제된 조항이 지나치게 일방적인 경우를 의미한다.[21] 비양심성 여부는 절차적 비양심성과 실체적 비양심성을 모두 고려하여 판단한다. 다만, 비양심성의 구체적 의미에 대한 명확하고 일반적인 기준은 확립되어 있지 않고, 법원의 비양심성 판단은 사실관계에 따라 사안별로 이뤄지는 것으로 평가된다.[22] 문제된 조항이 비양심적이라 인정되는 경우, 법원은 해당 조항의 구속력을 부정할 수 있지만, 반드시 그 조항의 구속력을 부정해야 하는 것은 아니다.[23] 법원은 (i) 계약 자체를 무효로 보거

---

15) Restatement of the Law, Consumer Contracts §2 TD (2019) Reporter's Notes.
16) In re Zappo's Litigation, 893 F. Supp. 2d 1058 (D. Nev. 2012), 웹사이트 하단의 여러 링크 속에 terms of Use가 묻혀있고 이가 눈에 띄지 않으며 웹사이트 자체에서도 이를 전혀 안내하지 않았던 경우 충분한(sufficient) 통지가 없었다고 판단한 사안.
17) Meyer v. Uber Technologies, 868 F.3d 66 (2d Cir. 2017).
18) Bernardino v. Barnes & Noble Booksellers, Inc., No. 17-CV-04570 (LAK) (KHP), 2017 WL 7309893 (S.D.N.Y. Nov. 20, 2017).
19) Cullinane v. Uber Technologies, Inc., 893 F.3d 53 (1st Cir. 2018).
20) Oren Bar-Gill·Omri Ben-Shahar· Florencia Marotta-Wurgler, ibid, 95; 비양심성 일반에 대해서는 이 책의 '비양심성' 항목 참조.
21) UCC §2-302, official comment 1. "so one-sided as to be unconscionable under the circumstances existing at the time of the making of the contract"
22) James R. Maxeiner, "Standard Terms Contracting in the Global Electronic Age: European Alternatives", 28 Yale J. Int'l L. 109, 118-120 (2003).
23) James R. Maxeiner, ibid, 109, 115.

나, (ii) 문제된 조항을 제외한 나머지 계약을 유효로 보거나, (iii) 문제된 조항의 적용을 제한하는 방법 중 한 가지를 선택할 수 있다.[24] 이때 법원은 어떠한 방법을 선택할 것인지에 관하여 광범위한 재량권을 갖는다.[25] 한편, 비양심성의 법리 외에도 고객의 합리적 기대(reasonable expectations)라는 기준 또한 Standard terms의 내용을 통제함에 있어서 적용되는데,[26] 해당 계약에 관한 고객의 합리적 기대를 무력화하거나 약화시키는 조항에 대해서도 법원은 그 구속력을 완화할 수 있다.[27]

4. 우리 법과의 비교

우리나라에서는 약관의 규제에 관한 법률(이하 "약관법")을 통해 약관에 대한 통제를 가하고 있는데, 우리 약관법 제2조 제1호는 약관을 "계약의 한쪽 당사자가 여러 명의 상대방과 계약을 체결하기 위하여 일정한 형식으로 미리 마련한 계약의 내용"이라고 정의하는바, 이는 미국법상 Standard terms의 개념과 동일하다고 볼 수 있다. 일반적으로 우리 약관법상 약관통제는 약관이 계약의 내용으로 편입되었는지 여부에 관한 편입통제, 약관 문언의 해석에 관한 해석통제, 약관의 불공정성에 관한 내용통제의 체계로 이뤄진다고 보는데,[28] 이 또한 미국법상 약관에 대한 통제와 유사하다.[29] 편입통제와 관련하여 우리 약관법은 고객이 약관의 내용을 모른다고 하여 약관의 계약에의 편입을 부정하지는 않지만,[30] 고객에게 약관의 구체적 내용의 인식가능성을 보장하기 위해 사업자에게 명시·설명의무를 부과하고 이를 위반하는 경우 해당 약관을 계약의 내용으로 주장할 수 없도록 규정하고 있다(약관법 제3조). 이는

---

24) UCC §2-302 (1).
25) UCC §2-302. §2-302:5 Remedies for unconscionability.
26) Oren Bar-Gill·Omri Ben-Shahar· Florencia Marotta-Wurgler, ibid, 95.
27) James R. Maxeiner, "Standard Terms Contracting in the Global Electronic Age: European Alternatives", 28 Yale J. Int'l L. 109, 121 (2003).
28) 윤진수, "한국법상 약관규제법에 의한 소비자 보호", 민사법학 제62호(2013), 314.
29) 미국법에서의 약관 통제는 앞서 언급한 바와 같이 크게 약관의 계약으로의 편입에 관한 통제와 약관의 내용에 대한 통제로 이뤄지기는 하나, 약관의 해석에 관하여도 일정한 통제가 이뤄지기는 한다. 예컨대 Restatement (Second) of Contracts, §211 (2)은 standardized agreement의 문구는 비슷한 입장에 있는 모든 상대방에 대하여 동일하게 해석되어야(interpreted as treating alike all those similarly situated) 한다고 규정하고 있으며, Padberg v. DISH Network LLC, 2012 WL 2120765 (W.D. Mo. June 11, 2012); Lebowitz v. Dow Jones & Co., 508 F. App'x 83, 84 (2d Cir. 2013) 등의 판례들에 의하면 사업자에게 재량권을 부여하는 조항은 신의성실 및 공정거래의 원칙(duty of good faith and fair dealing)에 따라 해석되어야 한다.
30) 대법원 1985. 11. 26. 선고 84다카2543 판결; 대법원 1992. 7. 28. 선고 91다5624 판결 등.

고객이 약관을 실제로 읽지는 않더라도 고객에게 약관을 검토할 기회는 보장한다는 측면에서 미국법과 비슷한 통제 방식이다. 한편, 우리 법상 약관의 해석은 모든 고객에 대하여 통일적으로 해석되어야 하고 그 뜻이 명백하지 않은 경우 고객에게 유리하게 해석되어야 한다(약관법 제5조 제2항). 마지막으로 내용통제에 관하여 우리 약관법은 제6조에서 포괄적인 무효사유를 정하며 제7조부터 제14조까지 개별적인 무효사유를 열거하고 있는데, 제6조 제1항에서 "신의성실의 원칙을 위반하여 공정성을 잃은 약관 조항"을 무효라고 보고 있다. 이때 약관법상 내용통제 기준으로 작동하는 신의성실의 원칙과 관련하여 판례는 "그 작성자가 상대방의 정당한 이익과 합리적인 기대에 반하지 않고 형평에 맞게끔 약관조항을 작성하여야 한다는 행위원칙"이라고 설시하는바,[31] 이는 미국법에서의 합리적 기대(reasonable expectations) 기준과 유사한 것으로 보인다. 한편, 우리 법상 약관의 전부 또는 일부 조항이 불공정약관에 해당하는 경우, (i) 계약은 나머지 부분만으로 유효하게 존속하나 (ii) 유효한 부분만으로 계약의 목적 달성이 불가능하거나 그 유효 부분이 한쪽 당사자에게 부당하게 불리한 경우 계약 전체가 무효가 되는데(약관법 제16조), 이 또한 미국법이 불공정약관의 효력에 관하여 취하는 태도와 유사하다고 볼 수 있다.

---

31) 대법원 1991. 12. 24. 선고 90다카23899 판결.

Stare Decisis
선례구속의 원칙

이인환

1. 개 념

Stare decisis란 소송에서 동일한 쟁점이 다시 문제되었을 때 법원은 그에 앞서 이루어진 법원의 판단을 따라야 한다는 선례구속의 원칙이다.[1] 법원이 특정한 사실관계에 대해 법률 적용을 한 경우, 법원은 위 원칙에 따라 사실관계가 실질적으로 동일한 그 이후의 사안들에 대해서도 동일한 법률 적용을 하여야 한다.[2]

Stare decisis에는 수평적(horizontal)인 면과 수직적(vertical)인 면이 있다. 전자는 법원이 자신의 선례를 따라야 하는 것을 의미하며, 후자는 같은 관할권 내에서 하급심 법원이 상급심 법원의 결정을 따라야 하는 것을 의미한다.[3] 한편, Stare decisis는 소송의 당사자가 다른 경우에도 적용될 수 있고 선례에 포함되어 있는 법원칙에 관한 것이라는 점에서, 법원 판단의 소송 당사자와 후소 법원 등에 대한 기속력을 의미하는 res judicata(기판력)와는 구별되며, 하나의 소송에서 상급심 재판의 하급심에 대한 기속력을 의미하는 law of the case와도 구별된다.[4]

2. 배 경

미국의 Stare decisis는 18세기 영국의 common law에 기원을 두고 있다.[5] Stare decisis는 사법적 정책으로서, 안정성과 예측 가능성의 보장을 목표로 하는 것으로,[6]

---

1) STARE DECISIS, Black's Law Dictionary (11th ed. 2019).
2) 20 Am. Jur. 2d Courts § 125.
3) STARE DECISIS, Black's Law Dictionary (11th ed. 2019).
4) 20 Am. Jur. 2d Courts § 126.
5) Murrill, Brandon J. "The Supreme Courts Overruling of Constitutional Precedent." (2018).
6) CSX Transp., Inc. *v.* McBride, 131 S. Ct. 2630, 180 L. Ed. 2d 637 (2011).

공평하고 예측 가능하며 지속적인 법원칙의 발전을 촉진하고 사법적 결정에 대한 신
뢰를 증진시키며 사법절차의 충실성(integrity)을 확보하는 데에 기여한다.[7] 이를 통
해, 법원에 의해 확립된 원칙들에 의해 사안이 판단될 것임이 보장되며,[8] 자원 절약
과 사법적 효율성의 증진 또한 도모할 수 있게 된다.[9]

3. 내 용

Stare decisis의 대상인 선례가 되기 위해서는 법률문제(point of law)에 관한 사법
적인 판단이 존재해야 하고,[10] 상급법원의 공개된 결정이 있어야 한다.[11] 따라서 법
무장관(attorney general)의 의견, 상고허가신청에 대한 기각 결정(denial of a writ
certiorari), 당사자의 서면에 포함되어 있었으나 판결문에는 언급되지 않은 당사자들
의 주장 등은 구속력을 갖지 않는다.[12] 한편, 어떤 주 법원의 결정이 다른 주의 법원
에서 구속력을 갖지는 않는다.[13]

특정한 법률문제에 관한 선례가 되기 위해서는, 그 문제가 제기되어 법원에 의
해 결정되어야 하며, 그 결정이 해당 사안에 대한 판단의 일부가 되어야 한다.[14] 상
급심의 결정이라고 하여 그 판결의 모든 내용이 선례로 되는 것은 아니며, 실제로 검
토되어 결정된 문제만이 선례로 될 수 있다.[15]

일반적으로, 법원의 부수적인 의견(dicta)은 선례로서의 구속력이 없다.[16] 그러
나 법원의 부수적인 의견도 법원의 판단에 상당하는 것일 수 있으며 상충되는 결정

---

7) State Oil Co. *v.* Khan, 522 U.S. 3, 118 S. Ct. 275, 139 L. Ed. 2d 199 (1997); People *v.*
Moore, 470 Mich. 56, 679 N.W.2d 41 (2004); Herrera *v.* Quality Pontiac, 2003-NMSC-
018, 134 N.M. 43, 73 P.3d 181 (2003).
8) Corby *v.* McCarthy, 154 Md. App. 446, 840 A.2d 188 (2003).
9) State *v.* Ferguson, 260 Conn. 339, 796 A.2d 1118 (2002).
10) Rush *v.* Chattanooga Du Pont Emp. Credit Union, 210 Tenn. 344, 358 S.W.2d 333 (1962).
11) Mid-Century Ins. Co. *v.* Fish, 749 F. Supp. 2d 657 (W.D. Mich. 2010); Wenke *v.* Gehl
Co., 2004 WI 103, 274 Wis. 2d 220, 682 N.W.2d 405 (2004).
12) 20 Am. Jur. 2d Courts § 129.
13) Balmer *v.* Elan Corp., 278 Ga. 227, 599 S.E.2d 158 (2004); Superior Court *v.* Ricketts, 153
Md. App. 281, 836 A.2d 707 (2003).
14) 따라서 판단이 묵시적이거나 결정에 전제되어 있지만 발표되지 않은 판단은 선례로 기능할 수
없다. In re Elliott's Estate, 22 Wash. 2d 334, 156 P.2d 427, 157 A.L.R. 1335 (1945).
15) People *v.* Evans, 44 Cal. 4th 590, 80 Cal. Rptr. 3d 174, 187 P.3d 1010 (2008).
16) Lewis *v.* Slack, 110 Conn. App. 641, 955 A.2d 620 (2008); 미국 연방대법원은, 본 사안에서
는 쟁점에 해당하지만, 기존 사안에서는 충실히 심리되지 않았던 쟁점에 대한 해당 사안의 부
수적인 의견에 구속되지 않는다. Central Virginia Community College *v.* Katz, 546 U.S. 356,
126 S. Ct. 990, 163 L. Ed. 2d 945 (2006).

이 없는 경우에는 구속력을 가질 수 있고,[17] 일부 법원에서는 부수적인 의견이 하급심에 대해 사법적 지침을 구성하는 경우 그 의견에 구속력을 부여하기도 한다.[18]

선례의 구속력은 판단의 대상이 된 법률문제가 같거나[19] 실질적으로 동일[20]한 경우에 인정된다. 일반적으로 사실관계가 본질적으로 다른 사안의 판단은 구속력을 갖지 못하나,[21] 사실관계가 다른 사안에 대한 법원의 판단도 참고될 수는 있다.[22] 법률문제가 동일한지 혹은 실질적으로 같은지를 판단하기 위해, 법원은 결정이 내려진 당시의 사실관계와 쟁점들의 맥락에서 선례를 검토하여야 한다.[23] Stare decisis를 따를지 여부를 판단할 때의 고려요소에는 선례의 노후도(antiquity)와 신뢰이익 등이 포함되며 그 선례가 합리적으로 설시되었는지 또한 고려된다.[24] 특히, 재산 및 계약 등 관련 사안에서는 당사자들이 거래를 이행하기 위해 기존의 법원칙에 부합하는 형태로 행동하였을 수 있기 때문에 신뢰이익은 중요한 고려요소이다.[25]

중대한 침해(great injury)나 불공정(injustice)이 야기되는 경우가 아닌 한, 선례를 따르는 것이 공공 정책의 측면에서도 필요하며,[26] 현재의 법원에 의해 검토되었다면 달리 판단될 수 있는 사안도 선례로 존중되어야 한다.[27] 그러나 Stare decisis가 무조건적으로 준수되어야 하는 것은 아니며, 충분한 이유가 있는 때에는 선례가 변경(overrule)될 수 있다.[28] 선례의 적용을 배제할 것인지는 법원의 재량에 속하나, 선례의 적용을 배제할 때에는 충실하고 완전한 설명이 이루어져야 한다.[29]

---

17) Nudell *v.* Forest Preserve Dist. of Cook County, 207 Ill. 2d 409, 278 Ill. Dec. 542, 799 N.E.2d 260 (2003).
18) Ex parte Harrison, 741 S.W.2d 607 (Tex. App. Austin 1987); State *v.* Koput, 142 Wis. 2d 370, 418 N.W.2d 804 (1988). 한편, 연방법원의 하급심의 경우 설령 부수적인 의견이라고 하여도 항소법원이 선언한 내용을 신중하게 고려하여야 하는 것이 원칙이다. In re Cavalry Const., Inc., 496 B.R. 106 (S.D. N.Y. 2013).
19) District of Columbia *v.* Gould, 852 A.2d 50 (D.C. 2004); U.S. Fire Ins. Co. *v.* J.S.U.B., Inc., 979 So. 2d 871 (Fla. 2007).
20) Harris *v.* Oro−Dam Constructors, 269 Cal. App. 2d 911, 75 Cal. Rptr. 544 (3d Dist. 1969).
21) Lee *v.* Insurance Co. of North America, 70 Haw. 120, 763 P.2d 567 (1988).
22) Gammage *v.* Weinberg, 355 S.W.2d 788, 95 A.L.R.2d 1086 (Tex. Civ. App. Houston 1962), writ refused n.r.e., (June 27, 1962).
23) Nix *v.* Smith, 32 Ill. 2d 465, 207 N.E.2d 460 (1965); Fisher *v.* Pendleton, 184 Kan. 322, 336 P.2d 472, 74 A.L.R.2d 1274 (1959).
24) Montejo *v.* Louisiana, 556 U.S. 778, 129 S. Ct. 2079, 173 L. Ed. 2d 955 (2009).
25) Citizens United *v.* Federal Election Com'n, 558 U.S. 310, 130 S. Ct. 876, 175 L. Ed. 2d 753 (2010).
26) Parkman *v.* Sex Offender Screening and Risk Assessment Committee, 2009 Ark. 205, 307 S.W.3d 6 (2009).
27) People *v.* Garcia, 39 Cal. 4th 1070, 48 Cal. Rptr. 3d 75, 141 P.3d 197 (2006).
28) Com. *v.* Blakely, 223 S.W.3d 107 (Ky. 2007).
29) Naftalin *v.* King, 257 Minn. 498, 102 N.W.2d 301 (1960).

Stare decisis의 적용을 배제하기 위해서는 특별한 정당화 사유(special justifica-tion)가 필요하며, 선례가 잘못 결정되었다는 것 그 이상이 요구된다.[30] 구체적으로, (1) 당시에 결정이 잘못 이루어졌거나 환경의 변화로 인해 그 선례를 따르는 것이 더 이상 정당화되지 않는 경우, (2) 현실적인 실행가능성(practical workability)이 없게 되는 경우, (3) 선례를 폐기하는 것이 그 선례를 신뢰한 사람들에게 부당한 어려움(undue hardship)을 야기하지 않는 경우 등에는 해당 선례의 적용이 배제될 수 있다.[31] 나아가, 법원은 법의 변화나 발전으로 인해 선례의 근거가 약해진 경우, 새로이 확인된 사실에 부합하는 결정을 하기 위해 필요한 경우, 법의 통일성과 일관성을 확보하기 위해 필요한 경우 등에도 선례의 적용을 배제할 수 있고,[32] 선례에 명백한 혹은 중대한 오류가 있는 때,[33] 원칙이 채택된 이후 환경에 중대한 변화가 있는 때,[34] 특정 사안에서 선례를 따르지 않아 공동체에 발생할 수 있는 피해보다 선례를 따라 발생할 수 있는 피해가 더 클 가능성이 있는 경우,[35] 공익에 심각한 피해가 발생할 가능성이 있는 경우[36] 등에도 선례의 적용이 배제될 수 있다.

4. 우리 법과의 비교

대륙법계 국가에서는 법관은 헌법과 법률에만 구속되기 때문에 판례는 사실적 구속력만 가지고 따라서 판례의 법원성(法源性)은 부정되는 것이 일반적이다. 이는 한국에서도 마찬가지로,[37] 대법원의 판례가 법률해석의 일반적인 기준을 제시한 경우에 유사한 사건을 재판하는 하급심 법원의 법관은 판례의 견해를 존중하여 재판하여야 하는 것이나, 판례가 사안이 서로 다른 사건을 재판하는 하급심 법원을 직접 기속하는 효력이 있는 것은 아니다.[38] 따라서 선례구속의 원칙을 명시적으로 인정하는 미국법과는 상당한 차이가 있다. 다만, 우리나라에서도 상급법원의 재판에 있어서의

---

30) State *v.* Hickman, 205 Ariz. 192, 68 P.3d 418 (2003).
31) Groch *v.* Gen. Motors Corp., 117 Ohio St. 3d 192, 2008 – Ohio – 546, 883 N.E.2d 377 (2008).
32) State *v.* Young, 2006 WI 98, 294 Wis. 2d 1, 717 N.W.2d 729 (2006).
33) Kiesau *v.* Bantz, 686 N.W.2d 164 (Iowa 2004); Morrow *v.* Com., 77 S.W.3d 558 (Ky. 2002).
34) Puryear *v.* State, 810 So. 2d 901 (Fla. 2002).
35) State ex rel. Moore *v.* Molpus, 578 So. 2d 624 (Miss. 1991).
36) Vitro *v.* Mihelcic, 209 Ill. 2d 76, 282 Ill. Dec. 335, 806 N.E.2d 632 (2004).
37) 허완중, "헌법재판소결정의 선례적 구속력", 저스티스 제110호(2009. 4.), 7 참조.
38) 대법원 1996. 10. 25. 선고 96다31307 판결.

판단은 당해 사건에 관하여 하급심을 기속하며(법원조직법 제8조), 사건을 환송받거나 이송받은 법원은 상고법원이 파기의 이유로 삼은 사실상 및 법률상 판단에 기속된다(민사소송법 제436조 제2항).

Statute of Limitations
소멸시효

장인석

1. 개 념

미국법에서 Statute of limitations는 일정 기간이 지나면 청구를 금지하는 법, 또는 소송을 제기할 수 있는 기간을 규정하는 법률을 의미한다. 그러한 법률의 목적은 당사자가 법적 청구권이 있음을 알고 있는 경우 성실히 그에 관한 소송을 제기하여 법적 문제에 대한 종결성(finality)과 예측 가능성을 제공하고, 증거가 합리적으로 이용 가능하고 시일이 많이 경과하지 않았을(fresh) 때 청구가 해결되도록 하는 것이다. 청구제한법(nonclaim statute) 또는 제한 기간(limitation period)이라고도 한다.[1]

2. 배 경

Statute of limitations는, 해태의 원칙(doctrine of laches)과 마찬가지로 증거가 사라지고 기억이 흐려지며 증인이 사라질 때까지 잠자코 있던 주장의 다시 제기하는 불의타(surprise)를 방지함으로써 정의를 증진하기 위해 고안되었다.[2] 미국의 소멸시효제도는 1623년 영국의 소멸시효법(the Limitation Act of 1623)에 기초로 한 것으로 알려져 있다.[3]

---

1) Black's Law Dictionary (11th ed. 2019).
2) Order of R.R. Telegraphers *v.* Railway Express Agency, 321 U.S. 342, 348-49, 64 S.Ct. 582, 586 (1944).
3) 진도왕, "소멸시효의 중단사유로서 채무승인에 관한 시론적 고찰 – 미국 소멸시효법에서의 시사점", 아주법학 제15권 4호(2022), 231.

3. 내 용

Statute of limitations는 일반적으로 시효가 경과된 후에 제기된 청구를 금지한다.[4][5] Statute of limitations는 절차적인 제약(procedural constraint)일 뿐, 소송당사자의 실체법적 권리에 영향을 미치는 것은 아니다.[6] 또한 Statute of limitations는 적극적인 항변(affirmative defense) 사유일 뿐 해당 소송에 대한 사물관할권(subject matter juridiction) 문제가 아니기 때문에, 시효가 만료되었다고 하여 법원의 관할권 자체가 부정되는 것은 아니다. 그러나 법률에서 시효를 사물관할권 인정요건으로 규정하고 있거나, 입법자의 의도상 시효가 관할 요건임이 분명한 경우라면 법원은 이를 이유로 관할권 자체를 부정할 수 있다. 또한 시효기간 경과 전에 제기된 소송의 청구원인을 증명하기 위해서 어떤 증거가 제출된 바 있다면, 그 증거는 시효기간이 경과한 청구와 관련이 있는 것이라 하더라도 제출이 허용된다.[7]

나아가, 일방 당사자가 권리 또는 청구권의 집행에 대해 둘 이상의 구제 수단을 갖고 있고 구제 수단별로 다른 시효기간이 적용되는 경우 한 구제 수단이 Statute of limitations에 의해 금지된다는 사실이 다른 구제 수단을 금지하지 않는다. 예를 들어, 불법행위가 동시에 계약위반에 해당하고 원고가 계약위반을 이유로 소송을 제기하는 경우, 불법행위가 Statute of limitations에 의해 금지되었다고 해서 계약상 구제 수단이 금지되는 것은 아니며, 동일한 사건에 대해 불법행위에 대한 Statute of limitations가 만료되어도 계약상 구제 수단은 청구할 수 있다.[8]

---

4) Veltmann *v.* Walpole Pharmacy, Inc., 928 F. Supp. 1161 (M.D. Fla. 1996); Nelson *v.* Ho, 222 Mich. App. 74, 564 N.W.2d 482 (1997); Gleason *v.* Borough of Moosic, 15 A.3d 479 (Pa. 2011); Gillman *v.* City of Beaufort, 368 S.C. 24, 627 S.E.2d 746 (Ct. App. 2006); Russell Packard Development, Inc. *v.* Carson, 2005 UT 14, 108 P.3d 741 (Utah 2005); Corkill *v.* Knowles, 955 P.2d 438 (Wyo. 1998).

5) 미국 저작권법에서는 제507조 (b)에 3년, 특허법 제286조에 6년의 기간을 두고 있고, 상표법에는 이러한 규정이 없다.

6) 51 Am. Jur. 2d Limitation of Actions §11; 일부 반대되는 판결로는 Malone *v.* Corrections Corp. of America, 553 F.3d 540 (7th Cir. 2009) (applying Wisconsin law); Jones *v.* Montana Nineteenth Judicial Dist. Court, 2001 MT 276, 307 Mont. 305, 37 P.3d 682 (2001) 등 참조.

7) 51 Am. Jur. 2d Limitation of Actions §15; Barcume *v.* City of Flint, 819 F. Supp. 631 (E.D. Mich. 1993); Bohrer *v.* DeHart, 943 P.2d 1220 (Colo. App. 1996). 소멸시효기간 내에 소를 제기하였다면, 이후 청구원인을 변경하였더라도 동일한 원인에 기초한 것은 최초 소제기시를 기준으로 시효 경과 여부를 판단해야 한다고 본 사례; Rease *v.* Anheuser−Busch, Inc., 644 So. 2d 1383 (Fla. Dist. Ct. App. 1st Dist. 1994). 피고의 행위가 assault, battery뿐 아니라 outrageous conduct에도 해당하는 경우, assault나 battery의 시효기간이 지났다고 하더라도 outragoues의 시효기간이 지나지 않았다면 원고는 여전히 outrageous conduct에 대한 손해배상 청구 소송을 제기할 수 있다고 본 사례.

청구가 Statute of limitations에 의해 금지되면 해당 청구와 견련관계 있는(inter-twined) 다른 청구도 금지된다. 한 가지 청구원인이 발생하면 일반적으로 그에 의존하는(dependent) 또는 견련관계 있는 청구원인에 대해 시효기간(limitation period)이 진행되기 때문이다. 대표소송(derivative claim)은 본래 권리자의 청구(origianal claim)에 대한 Statute of limitations의 적용을 받기 때문에 통상 본래의 청구가 시효에 의해 금지되는 경우 대표소송 역시 시효에 의해 금지된다.[9]

절차적 Statute of limitations는 개인의 이익을 위한 항변으로서,[10] 금반언 원칙에 따라 그러한 항변은 제한될 수 있다.[11] 또한 피고가 Statute of limitations를 주장하지 않겠다고 명시적 또는 묵시적으로 약속하거나 채무를 승인하는 경우, 이는 시효이익의 포기(waiver) 또는 시효의 중단(toll) 내지 정지(suspension) 사유가 될 수 있다.[12]

4. 우리 법과의 비교

우리 법상 Statute of limitations와 유사한 개념으로 소멸시효와 제척기간이 있다.

우리 법상 소멸시효는 권리자가 그의 권리를 행사할 수 있음에도 불구하고 시간의 경과에도 그 권리를 행사하지 않는 상태가 지속된 경우 해당 권리를 소멸시키는 제도로서,[13] 종래 영속한 사실상태를 존중하여 사회질서의 안정을 꾀하고, 과거 사실의 증명 곤란으로부터 권리자를 구제하며, 권리행사의 태만에 대한 제재로서 권리 위에 잠자는 자를 보호하지 않는다는 점에서 미국법상 Statute of limitations 원칙과 그 목적과 의의를 같이 한다.[14] 그러나 앞서 살펴본 바와 같이, 미국법상 Statute of limitations는 절차적 항변사유로서 일정 기간이 지나면 청구를 금지하는 것일 뿐 실체적 권리와는 무관한 것으로 보는 반면, 우리 법에서는 시효완성 시 실체법적 권리가 소멸하여 기각된다고 보면서도, 이를 당연히 소멸하는 것이라고 볼 것인지(절대적 소멸설), 아니면 시효의 이익을 받을 자에게 이를 원용할 권리가 생기는 것일 뿐인지

---

8) 51 Am. Jur. 2d Limitation of Actions § 13.

9) 51 Am. Jur. 2d Limitation of Actions § 14.

10) 이 논의는 예를 들어 부당한 사망에 대한 소송이 시작되어야 하는 시간과 같이 소송이 유지될 수 있었던 소송의 권리가 만료되도록 하는 소위 실질적인 시간 제한과 관련이 없다. "절차적" 및 "실질적" 제한에 대한 일반적인 논의를 위해, see 51 Am. Jur. 2d, Limitation of Actions § 15.

11) 51 Am. Jur. 2d, Limitation of Actions § 359.

12) 51 Am. Jur. 2d Limitation of Actions § 284, 348, 354

13) 강인원, "소멸시효 제도의 존재의의 및 소멸시효 중단사유로서의 승인에 대한 소고", 인권과 정의(2018. 12), 67.

14) 편집대표 박준서, 주석 민법 : 물권(제4판), 한국사법행정학회(2011), 688-689.

(상대적 소멸설)에 관하여 견해가 대립한다.[15)

　　한편, 우리 법상 제척기간은 권리가 발생한 때로부터 일정 기간의 경과시 권리를 더 이상 행사할 수 없게 하는 제도이다. 제척기간의 인정 취지는 권리관계를 조속히 확정시키기 위한 것이다. 제척기간의 경우 권리가 발생함과 동시에 일정 기간이 기산되고 그 중단이나 정지가 문제되지 않는 점에서 소멸시효와 구별되며,[16) 제척기간이 제소기간에 해당하는 경우 제척기간 경과 후에 제기된 소는 각하된다.

---

15) 지원림, 민법강의(제17판), 홍문사(2021), 422-423. 우리 판례는 종래 절대적 소멸설을 취한 것으로 설명되어 왔으나, 근래에는 시효원용권자만이 시효완성을 주장할 수 있다고 하여 상대적 소멸설에 가까운 것으로 설명하는 견해도 있다. 대법원 2007. 11. 29. 선고 2007다54849 판결 등 참조.

16) 강인원, 전게 논문, 67.

Strict Liability

엄격책임

신유리

1. 개 념

Strict liability(엄격책임)란 어떠한 행위로 인해 손해가 발생한 경우 고의나 과실이 없이도 이에 대해 배상해야 하는 책임을 가리킨다.[1] 엄격책임은 행위자의 과실없이도 부여되거나, 적어도 행위자의 과실을 입증할 필요가 없는 책임이다.[2] 'Liability without fault'로 불리기도 한다.[3] 엄격책임은 그 적용에 있어 제한이 있고 항변이 가능하다는 점에서 절대책임(absolute liability)과 구별된다.[4]

2. 배 경

미국법상 불법행위(tort)는 고의에 의한 불법행위(intentional tort), 과실에 의한 불법행위(negligent tort), 엄격책임에 따른 불법행위로 유형화된다.[5] 미국 보통법(common law)상 동물 소유자나 점유자의 책임, 비정상적으로 위험한 활동(abnormally dangerous activity)에 대한 책임, 제조물책임(products liability)에 엄격책임을 적용하는 법리가 발전되어 왔다.

엄격책임은 사회 정책적으로 특정한 행위에 내재된 비정상적인 위험으로 인해 다른 사람에게 발생하는 손해를 배상하게 하려는 경우에 적용된다.[6] 즉, 엄격책임은

---

1) Black's Law Dictionary (11th ed. 2019).
2) Restatement (Third) of Torts: Phys. & Emot. Harm 4 Scope Note (2010).
3) Black's Law Dictionary (11th ed. 2019).
4) Restatement (Third) of Torts: Phys. & Emot. Harm § 20 (2010). 제한과 항변의 예는 Restatement (Third) of Torts: Phys. & Emot. Harm § 24, 25, 29 참조.
5) 김영희, "미국 불법행위법의 기본 구조에 관한 연구 — 불법행위의 유형과 성립요건을 중심으로 —", 법학연구 제21권 제4호(2011. 12), 41.
6) 74 Am. Jur. 2d Torts § 14.

'비정상적으로(abnormally)' 위험한 활동에 적용되는데, 그 책임의 근거는 행위자가 공동체를 비정상적인 위험에 노출시키는 의도적인 행동을 하였다는 점이다.[7] 제조물책임의 경우 엄격책임만으로 구성되는 것은 아니지만, 제품에 하자가 있는 경우 제품의 제조자나 공급자에게 고의나 과실을 불문하고 책임을 지도록 하는 법리가 판례에 의해 발전되어 왔는데, 제조물책임에 엄격책임을 적용한 것은 제품 생산이 대량 생산 체제로 변경됨에 따라 제조 공정에 대한 정보에 접근할 수 없는 소비자를 보호하고자 제품의 하자로 인한 위험을 제품을 시장에 내놓아 제품 판매로 이익을 얻은 사람, 제품의 하자를 제거할 방법을 아는 사람이 부담하도록 하고, 손해를 입은 소비자는 과실을 입증할 필요 없이 배상을 받을 수 있도록 하려는 것이다.[8]

3. 내 용

앞서 본 바와 같이 엄격책임이 적용되는 유형으로 동물의 소유자나 점유자의 책임, 비정상적으로 위험한 활동에 대한 책임, 제조물책임이 거론된다. 우선 동물의 소유자나 점유자의 책임과 관련하여, 타인의 토지에 침입한 가축의 소유자는 가축의 침입으로 인한 토지, 토지 소유자, 가족 구성원, 동산에 대한 손해에 대하여 소유자가 그 침입을 방지하기 위해 최대한의 주의를 기울였더라도 합리적으로 그 침입을 예상할 수 있는 경우 책임을 진다.[9] 유사하게, 자신의 가축이 그 부류의 가축에 비해 비정상적으로 위험한 성향이 있음을 알고 있거나 알고 있었어야 하는 가축의 소유자는 그 가축이 그러한 성향으로 타인에게 입힌 손해에 대해 엄격책임을 진다.[10] 야생동물의 소유자 또한 그 부류 야생동물의 위험한 성향이나 소유자가 알고 있거나 알고 있었어야 하는 야생동물의 위험한 성향으로 인해 야생동물이 타인, 타인의 토지, 동산에 가한 손해에 대해 엄격책임을 진다.[11]

비정상적으로 위험한 활동을 하는 행위자도 활동에 따른 물리적 손해에 대해 엄격책임을 진다.[12] 비정상적으로 위험한 활동은, 모든 행위자가 합리적인 주의를 기울이는 경우에도 그 활동이 피해자에게 물리적 손해를 입힐 예측가능하고 매우 중대

---

7) 74 Am. Jur. 2d Torts § 14.

8) 63 Am. Jur. 2d Products Liability § 508.

9) Restatement (Second) of Torts § 504 (1977).

10) Restatement (Second) of Torts § 509 (1977).

11) Restatement (Second) of Torts § 507 (1977); Restatement (Third) of Torts: Phys. & Emot. Harm § 22 (2010).

12) Restatement (Third) of Torts: Phys. & Emot. Harm § 20 (2010).

한 위험(highly significant risk)을 발생시키고, 그 활동이 통상적인 용법(common us-age)의 하나가 아닌 경우를 가리킨다.[13] '비정상적으로 위험한' 활동인지 여부를 판단함에 있어서는 타인의 신체, 토지 또는 동산에 손해를 끼칠 높은 위험의 존재, 그로 인한 손해가 클 가능성, 합리적인 주의를 기울이더라도 위험을 제거할 수 없다는점, 통상적인 사용 방식이 아닌 활동, 활동이 수행되는 장소의 부적절성, 공동체에대한 가치 등을 종합적으로 고려한다.[14]

다만 비정상적으로 위험한 활동에 대한 엄격책임은 그 활동이 공적 의무에 따른것일 경우에는 적용되지 않는다.[15] 그리고 피해자가 비정상적으로 위험한 활동을 인지하고 그 위험을 자발적으로 수용한 경우에는 면책될 수 있다.[16] 피해자의 기여과실(contributory negligence)은 엄격책임의 면책 사유가 될 수 없지만, 피해자가 위험에 자신을 고의로 불합리하게 노출시킨 경우에는 면책 사유가 될 수 있다.[17]

오늘날 엄격책임이 적용되는 대표적인 유형으로 거론되는 것은 제조물책임이다.[18] 제조자가 제품의 하자에 대한 검사 없이 제품이 사용된다는 것을 알면서 제품을 시장에 출시하였는데 그 하자로 소비자가 손해를 입은 경우 제조자는 엄격책임을진다.[19] 엄격책임은 제조상 결함, 설계상 결함, 제품 사용에 수반하는 위험 고지 불이행으로 인해 발생할 수 있다.[20] 제조자는 그의 과실이 없더라도 제품의 사용으로인해 소비자에게 발생한 손해에 책임을 지지만, 소비자가 제품을 정상적인 환경에서합리적으로 사용하였음에도 안전하게 작동하지 못하여 발생한 손해에 대해서만 책임을 지고, 제조자가 의도하지 않은 방식으로 소비자가 제품을 사용하여 손해를 입은 경우에는 엄격책임을 지지 않는다.[21]

구체적으로 제조물책임에서 엄격책임이 인정되려면, ① 제품의 공급자가 해당제품을 공급하는 사업에 종사하고 있고, ② 제품이 공급될 때 하자가 있었으며, ③제품이 사용자나 소비자에게 비합리적으로 위험하고, ④ 제품이 공급된 조건의 실질

---

13) Restatement (Third) of Torts: Phys. & Emot. Harm § 20 (2010).
14) Restatement (Second) of Torts § 520 (1977).
15) Restatement (Second) of Torts § 521 (1977).
16) Restatement (Second) of Torts § 523 (1977).
17) Restatement (Second) of Torts § 524 (1977).
18) 74 Am. Jur. 2d Torts § 15.
19) Greenman *v.* Yuba Power Products, Inc. 59 Cal. 2d 57, 27 Cal. Rptr. 697, 377 P.2d 897, 13 A.L.R.3d 1049 (1963).
20) 63 Am. Jur. 2d Products Liability § 506.
21) Talkington *v.* Atria Reclamelucifers Fabrieken BV, 152 F.3d 254, 49 Fed. R. Evid. Serv. 1184 (4th Cir. 1998).

적 변경 없이 소비자에게 도달하였으며, ⑤ 그 제품이 소비자에게 물리적 손해를 입
혔어야 한다.[22][23] 위험 고지 불이행이 문제되는 경우에는 피해자의 손해가 예측가능
했던 경우에만 책임이 인정된다.[24]

　　그러나 제조물책임에서의 엄격책임은 제조자나 판매자에 대해 절대 책임을 부
과하는 것은 아니다.[25] 피해자는 제조자나 판매자의 과실을 입증할 필요는 없지만,
적어도 제품에 하자가 있다는 점은 입증해야 한다.[26] 하자가 손해를 유발한 유일한
원인일 필요는 없지만, 적어도 실질적인 요인이어야 한다.[27] 하자가 사용자나 제3자
의 제품의 개조 등의 사유로 발생한 것으로 판명된 경우에는 제품의 제조자나 판매
자는 책임을 면할 수 있다.[28]

4. 우리 법과의 비교

　　우리 민법은 제750조에서 과실책임주의를 규정하고, 이를 불법행위책임의 원칙
으로 삼고 있다. 다만, 민법 제758조는 공작물 소유자는 그가 손해의 방지에 필요한
주의를 기울였는지를 불문하고 피해자에게 손해를 배상할 2차적 책임이 있다고 규정
하고 있다. 이는 손해 방지에 대한 과실을 입증할 필요가 없다는 점에서 엄격책임과
유사하다. 동물의 점유자의 책임의 경우 민법 제759조는 동물의 종류와 성질에 따라
점유자가 그 보관에 상당한 주의를 해태하지 아니한 경우에는 그 동물이 타인에게
가한 손해를 배상할 책임을 면하는 규정을 두고 있어, 과실책임주의를 취하고 있다.
우리나라에는 무과실책임 법리에 관한 일반 규정은 존재하지 않고, 제조물 책임법
제3조, 환경정책기본법 제44조, 원자력손해배상법 제3조 등 일부 특별법에서 무과실

22) 63 Am. Jur. 2d Products Liability § 530.
23) Restatement (Second) of Torts 402A조는 사용자나 소비자 또는 그의 재산에 불합리하게 위험
　　한 하자가 있는 상태의 제품을 판매하는 자는 (a) 판매자가 그러한 제품을 판매하는 사업에
　　종사하고 있고, (b) 제품이 판매 조건의 실질적인 변경 없이 사용자나 소비자에게 도달할 것
　　으로 예상되고 도달하는 경우, 사용자나 소비자 또는 그의 재산에 발생한 물리적 손해에 대해
　　책임을 지고, 이는 (i) 판매자가 그 제품의 준비와 판매에 있어 모든 가능한 주의를 기울이고,
　　(ii) 사용자 또는 소비자가 그 판매자로부터 그 제품을 구매하거나 그 판매자와 계약 관계를
　　체결하지 않았더라도 적용된다고 규정하고 있다.
24) Kurrack v. American Dist. Telegraph Co. 252 Ill. App. 3d 885, 192 Ill. Dec. 520, 625
　　N.E.2d 675 (1st Dist. 1993).
25) 72A C.J.S. Products Liability § 7.
26) Myrlak v. Port Authority of New York and New Jersey, 157 NJ 84, 723 A.2d 45 (1999).
27) 63 Am. Jur. 2d Products Liability § 591, § 592.
28) 63 Am. Jur. 2d Products Liability § 594.

책임을 규정하고 있다. 이 중 제조물 책임법 제3조는 제조물의 결함으로 인하여 생명, 신체, 재산에 손해가 발생한 경우 제조업자의 과실을 입증할 필요 없이 제조업자가 손해를 배상하도록 하고 있어, 미국의 제조물책임과 유사하다.

Tenancy
임차권

방지훈

1. 개 념

임차권(Tenancy)은 하나의 재산권으로서 어떤 부동산을 점유하여 이용할 수 있는 권리 자체를 의미하고,[1] 이러한 권리를 성립시키는 계약이 임대차계약이다. 미국에서 부동산에 대한 임차권은 비자유부동산권(nonfreehold estates)으로 완전한 자유부동산권(freehold estates)을 인정하는 것이 아니다. 즉, 임차권은 임대인이 임차인에게 목적물의 점유와 사용을 허락하고 임차인은 이에 대한 대가로 차임을 지급하는 임대차계약 관계에서 성립하고 해당 임대차계약이 만료하면 임차인은 목적물을 임대인에게 반환해야 한다.[2]

2. 배 경

미국법상 부동산에 대한 점유적 권리인 부동산권(estates)은 크게 자유보유부동산권과 비자유보유부동산권으로 구분되며, 전자는 우리법상의 소유권, 후자는 임대차 관계에 일응 빗대어 볼 수 있다. 이러한 구조를 이해하기 위해서는 그 뿌리인 영국의 봉건적 토지제도를 이해할 필요가 있다.[3]

봉건적 토지제도 하에서는 오직 국왕만이 토지를 궁극적으로 소유할 수 있으며, 국왕을 제외한 개인은 토지에 대한 일정한 형태의 보유권(hold)을 갖고 토지를 사용하되 국왕에 대하여 토지보유권과 결부되어 있는 일정한 의무를 부담한다. 즉, 왕으

---

1) Black's Law Dictionary (11th ed. 2019).
2) 전장헌, "미국부동산에서 주택임대차의 성립요건과 의무에 대한 고찰 — 미국주택임대차법을 중심으로 —", 한국법학회 법학연구 제19권 제2호(2019. 6), 334.
3) 김영주, "미국법상의 부동산권 연혁 및 체계를 중심으로", 한국법학원 저스티스 166호(2018. 6), 111.

로부터 봉토를 수여 받은 자들은 그 대가로 왕에게 기사를 제공하고 수익의 일부를 바쳐야 하는 의무를 부담한다. 또한 기사를 보유한 봉토의 보유자인 영주는 자신에게 충성을 맹세하는 자에게 봉토를 재수여하고, 이들은 다시 봉토를 수여한 영주에게 기사를 제공하고 수익의 일부를 바쳐야 하는 의무를 부담한다.[4]

이러한 계층적 구조에서 자유롭게 토지에 대한 권리를 행사할 수 있는 자들의 권리가 자유부동산권에 해당하고, 농노와 같이 토지를 점유하면서 경작하지만 자유롭게 토지에 대한 권리를 행사할 수 없는 자들의 권리가 비자유부동산권에 해당한다.[5] 미국에서 부동산권의 개념과 유형은 본질적으로 위와 같은 영국의 봉건적 토지제도를 계수한 것이며, 비자유부동산권은 여러 유형의 임차권을 통칭한다.[6]

한편 미국의 전미통일주법위원회에서는 주택임대차 분쟁에 대하여 통일된 법의 제정을 각 주에 촉진하고 표준 법률로서의 기능을 수행하기 위해 1972년 통일주택임대차보호법(Uniform Residential Landlord and Tenant Act)을 제정하였다. 통일주택임대차보호법은 2015년 13개 조항으로 개정되었고, 현재 26개주에서 그 전부나 일부를 수정 또는 인용 등을 하여 사용하고 있다.[7] 상가임대차에 관하여는 미국통일상법전(Uniform Commercial Code) Article 2A Lease(임대차)에서 규정하고 있다.[8]

3. 내 용

비자유부동산권인 임차권은 임대차계약 관계에서 성립하는데 일반적으로 임대차계약에는 당사자, 목적물, 차임 및 기간에 관한 합의가 포함된다.[9] 이러한 임대차계약을 체결하는 당사자들은 법률행위 능력을 갖추어야 한다.[10] 또한 사기방지법(Statute of Frauds)상 3년 이상의 임대차계약은 반드시 서면으로 체결하여야 하는데, 대부분 주에서는 이를 수정하여 1년을 넘는 존속기간을 약정하는 경우에는 서면에 의할 것을 강제하고 있다.[11]

임차권의 유형은 다음과 같이 4가지 유형으로 나뉜다. 확정형 임차권(tenancy for

---

4) 김영주, 전게 논문, 112-115.
5) 김영주, 전게 논문, 114.
6) 김영주, 전게 논문, 134.
7) 전장헌, 전게 논문, 334-336.
8) 임정호, "한국과 미국임대차 제도 비교연구", 주택연구 제18권 제4호(2010. 11.), 145.
9) 49 Am. Jur. 2d Landlord and Tenant § 18.
10) Restatement (Second) of Property, Land. & Ten. § 1.3 (1977).
11) 김영주, 전게 논문, 135.

years)은 확정된 기간 동안 부동산을 점유하는 임차권으로, 약정된 기간이 경과하면 자동으로 종료된다.[12] 정기형 임차권(periodic tenancy)은 당사자들의 의사에 따라 일정 기간 동안 부동산을 점유하는 임차권으로, 일정한 기간이 도래한 때 어느 일방 당사자가 해지하지 않는 한 자동으로 갱신된다.[13] 임의형 임차권(tenancy at will)은 당사자들의 의사가 유지되는 기간 동안 부동산을 점유하는 임차권으로, 어느 일방 당사자의 의사에 따라 언제든지 종료된다.[14] 묵인형 임차권(tenancy at sufferance)은 위 3가지 유형의 임차권이 종료한 이후에도 임차인이 해당 부동산을 계속 점유하는 임차권으로, 처음부터 무단으로 침입한 자와 임차권 종료 이후의 임차인을 구별하기 위한 것이다.[15]

임차인은 목적물에 대하여 평온한 점유를 향유할 약정(covenant of quiet enjoyment)상의 권리를 가진다.[16] 만약 겨울에 난방이 고장났는데 임대인이 수리를 해주지 않는다면 그것은 결과적으로 임차인이 추운 날씨에 목적물을 사용할 수 없도록 방해한 행위에 해당하기 때문에 임대인은 향유의무(임차인의 권리에 상응하는 임대인의 의무)를 위반한 것이 된다. 이와 같이 임대인이 임차인의 평온한 점유를 향유할 약정상의 권리를 방해하였다면 임차인은 임대인이 하자를 해결할 때까지 차임 지급을 중지하거나 퇴거하고 임대인을 상대로 계약위반을 원인으로 한 손해배상을 청구할 수 있다.[17]

한편 임차인은 임대차계약상 임대인에게 차임을 지급할 의무를 부담한다. 만일 임차인이 차임을 지급하지 않을 경우 임대인은 계약을 해지할 수 있다. 보통 계약서상에 차임을 몇 회 이상 지급하지 않으면 해지할 수 있다는 내용이 기재된다. 그리고 임차인은 임대차기간 동안 목적물에 대한 보존·이용의무를 부담한다. 즉, 임차인은 임차권이라는 비자유부동산권자로서의 지위를 갖고 따라서 임대차 기간의 종료 후 임대인에게 점유를 반환해야 하므로 목적물을 멸실·훼손하거나 개조 또는 잘못 사용하지 않아야 할 의무를 부담한다.[18]

임차권의 양도(assignment)란 임차인이 임대차 계약상 남아있는 임대차기간 동안 임차권의 전부를 제3자인 양수인에게 양도하는 것을 말하고, 임차권의 전대

---

12) 52 C.J.S. Landlord & Tenant §25.
13) 49 Am. Jur. 2d Landlord and Tenant §115.
14) 49 Am. Jur. 2d Landlord and Tenant §118.
15) 49 Am. Jur. 2d Landlord and Tenant §125.
16) 52A C.J.S. Landlord & Tenant §768.
17) 전장헌, 전게 논문, 344.
18) 조국현, 미국재산법, 박영사(2017), 217-219.

(sublease)는 임차인이 제3자인 전차인에게 임대차계약상 남아있는 기간보다 더 적은 기간동안 해당 부동산의 일부나 전부에 대한 점유권을 이전시키는 것을 말한다. 기본적으로 임대인이든 임차인이든 자신의 권리를 자유롭게 양도하거나 전대할 수 있다. 즉, 특별히 명시적인 규정이 없는 한 자유롭게 전대나 양도가 가능하고, 비록 전대금지 조항이 명문으로 있다고 해도 양도는 가능한 것으로 엄격히 해석하는 것이 원칙이다.[19]

임차권은 당사자 간의 합의, 일방 당사자의 사망, 해당 목적물의 멸실, 공용수용 등을 이유로 종료한다. 이외에도 계약상 자동종료 조항이 있는지 여부, 계약상의 의무불이행시 그 상대방이 계약을 종료시킬 수 있는 조항이 있는지 여부, 쌍방 당사자 모두 의무를 위반한 경우, 혼동의 경우 등은 경우에 따라 임차권의 종료사유가 된다. 보통법상 임차인은 임차권의 존속기간 동안 목적물과 관련된 모든 손해에 대하여 책임을 부담하는 것이 원칙이다. 하지만 자연재해 등 임차인의 책임 없는 사유로 해당 부동산이 멸실되거나 훼손되는 경우 임차인은 책임을 부담하지 않고 임대차를 종료시킬 수 있다.[20]

4. 우리 법과의 비교

우리 주택임대차보호법과 상가건물임대차보호법은 임차인을 사회·경제적 약자로 인정하고 임차인의 우선적 지위를 법적으로 보장하고 있다. 반면에 미국은 임대인과 임차인간 법적 관계가 계약법과 재산권법에 근거하고 있고, 임대인과 임차인중 누구에게도 우선적 지위를 인정하고 있지 않다. 즉, 계약자유의 원칙에 따라 당사자 간의 자유의사를 존중하는 것이 기본원칙으로 되어있다. 연방정부 차원에서 보면, 임대기간의 경우 별도의 규정 없이 임대인과 임차인의 자유의사를 존중하고(단, 각 주마다 주거용 부동산을 수익의 목적으로 사용하는 경우는 대부분 주별로 임대기간 최소 1년을 보장하고 있다), 임대료의 경우에도 인상폭을 당사자들에게 일임하고 있다(단, 한국의 시군에 해당하는 County(군)와 City(시)에서 임대료인상규제를 국지적으로 적용하여 최대한도의 인상폭을 규제하고 있다). 나아가 상가임대차의 경우 주택임대차에서 인정하는 보증금 상한제와 그 운용 또는 임대료의 인상한계폭 등의 제한이 없다.[21]

---

19) 조국현, 전게서, 225 – 227.
20) 조국현, 전게서, 235.
21) 임정호, 전게 논문, 144 – 145.

한편 우리의 임대차보호법은 보증금의 보호와 안전한 반환에 중점이 있는데, 이는 임대기간 동안 보증금의 운용에 대해서 임대인의 독점적 지위를 인정하기 때문이다. 이에 반해 미국법상 주택의 경우 보증금은 임대인의 소유도 임차인의 소유도 아니다. 보증금은 임차인의 임대차계약 이행을 보증하기 위한 금전적인 보증인 것이다. 따라서 임차인이 임대인에게 보증금을 지불하나 임대인은 그 돈을 임의로 소비할 수 없고 법에 정해진 방법에 따라 관리만을 할 수 있으며, 그 관리내용을 임차인에게 통보해야 한다.[22]

---

22) 임정호, 전게 논문, 156.

Third-party beneficiary
제3의 수익자

윤현수

1. 개 념

Third-party beneficiary는 계약 당사자는 아니지만 계약으로부터 이익을 얻는 수익자를 의미한다. Third-party beneficiary contract는 계약 당사자가 아닌 수익자가 계약 당사자 일방에 대하여 직접 권리를 취득하고 소를 제기할 수 있도록 하는 '제3자를 위한 계약'을 의미한다.[1]

2. 배 경

종래 보통법 국가에서는 계약 당사자관계 원칙(privity of contract)에 따라, 설령 제3자가 계약으로부터 어떤 이익을 얻더라도, 제3자가 계약 당사자에 대하여 급부를 요구할 수 있는 권리(ius quaesitum tertio)가 인정되지 않았다. 그러나 미국에서는 19세기 중반부터 당사자주의에서 탈피하여 Third-party beneficiary contract의 효력을 인정하기 시작하였는데, 주로 보험법 영역에서 수익자의 권리 보호가 논의되었다.

미국법에 따르면 계약이 제3자를 위하여 체결된 것인지를 판단하는 기준은 계약서 그 자체로 판단되는데, 계약서 문언상 제3자에게 권리가 있음이 명확히 드러나야 제3자를 위한 계약에 해당한다.[2]

---

[1] Black's Law Dictionary (11th ed. 2019); 17A Am. Jur. 2d Contracts § 414.
[2] Garrett Enterprises Consolidated, Inc. *v.* Allen Utilities, LLC, 176 So. 3d 800 (Miss. Ct. App. 2015).

3. 내 용

제3자인 수익자의 권리는 계약의 목적이 그 제3자에게 수익을 제공하기 위한 경우, 그리고 그 제3자가 이를 승낙하거나 신뢰한 경우에 인정된다. 요약자(promisee)는 일반적으로 제3자에게 채무가 있어 이를 면하기 위하여, 또는 제3자로부터 이익을 얻기 위하여 그 제3자를 수익자로 하는 계약을 체결한다. 그리고 수익자는 계약의 당사자가 아님에도 불구하고 낙약자(promisor)에 대하여 계약상 의무이행을 구할 수 있다. 이러한 제3자인 수익자의 지위가 인정되기 위해서는 서면으로 된 계약서에, 수익자에게 직접 권리를 부여하려는 의사를 명확히 기재해야 한다. 단순히 수익자에 대한 언급만 있는 것으로는 제3자인 수익자에게 직접 권리를 부여할 수 없다.[3]

Third-party beneficiary contract는 요약자가 자신의 이름으로 스스로를 위하여 계약을 체결한다는 점에서 대리와는 구분된다. 또한, 수익자는 반드시 계약 체결 당시에 이름으로 특정될 필요는 없고, 특정 가능한 사람에게 권리를 부여하려는 의사가 나타나면 되며, 낙약자에 대한 권리를 취득하는 시점에만 특정되면 족하다.[4]

수익자의 권리가 인정되기 위해서는 계약 당사자들 사이에 유효한 계약이 체결되어야 하고, 당사자들이 수익자에게 단순한 반사적 이익이 아니라 급부(benefit)를 제공하고자 하는 의도가 있어야 한다.[5] 이러한 내용은 계약서에 명시되어야 하며, 법원이 계약 당사자들에게 그러한 의도가 있었는지 섣불리 추단해서는 안 된다.[6]

특히 수익자는 계약의 의도에 따른 수익자(intended beneficiary)여야 하고, 우연한 수익자(incidental beneficiary)여서는 안 된다.[7] 후자는 계약으로부터 이익을 얻기는 하나, 그 계약 당사자들의 의도와는 관계없이 반사적 이익을 얻는 자이다. 이를 구분하는 기준 중 하나는, 요약자가 낙약자의 제3자에 대한 급부에 대해 일정한 대가(약인, consideration)를 제공하였는지 여부이다. 만약 낙약자가 제3자에게 급부를 제

---

3) 17A Am. Jur. 2d Contracts § 415.

4) Coverdell *v.* Countrywide Home Loans, Inc., 375 S.W.3d 874 (Mo. Ct. App. S.D. 2012).

5) Casey *v.* Jesup Creamery Co., 224 Iowa 1094, 278 N.W. 214 (1938); Hamilton & Spiegel, Inc. *v.* Board of Ed. of Montgomery County, 233 Md. 196, 195 A.2d 710 (1963); Case *v.* Case, 203 N.Y. 263, 96 N.E. 440 (1911); Grand Lodge of Scandinavian Fraternity of America, Dist. No. 7 *v.* U.S. Fidelity & Guar. Co., 2 Wash. 2d 561, 98 P.2d 971 (1940).

6) Klenc *v.* John Beal, Incorporated, 484 S.W.3d 351 (Mo. Ct. App. E.D. 2015), reh'g and/or transfer denied, (Jan. 25, 2016) and transfer denied, (Apr. 5, 2016).; First Bank *v.* DTSG, Ltd., 472 S.W.3d 1 (Tex. App. Houston 14th Dist. 2015), reh'g overruled, (Sept. 22, 2015) and petition for review filed (Dec. 7, 2015).

7) Dollens *v.* Wells Fargo Bank, N.A., 2015-NMCA-096, 356 P.3d 531 (N.M. Ct. App. 2015).

공하는 것에 대하여 요약자가 약인을 제공하기로 하였다면, 이는 요약자가 제3자를 위하여 계약을 체결하였다는 유력한 근거가 된다. 다만 수익자의 낙약자에 대한 약인은 요건이 아니라고 보는 것이 일반적이다.[8]

한편 일부 주에서는 단지 계약이 체결되기만 하여서는 수익자가 권리를 취득하지 못하고, 수익자가 이를 수락하면 그때부터 권리가 생긴다고 본다.[9]

이와 같이 제3자를 위한 계약을 통해 수익자가 권리를 취득하게 되면, 계약 당사자들은 계약에 구속되어 이에 따른 채무를 이행하여야 하고, 그 때부터는 계약을 취소하거나 수정할 수 없음이 원칙이다. 만약 요약자가 마음을 바꿔 낙약자에게 돈을 주면서 제3자에 대한 급부를 이행하지 않도록 요구하면 이는 제3자의 채권침해를 원인으로 하는 불법행위(tort)를 구성한다. 낙약자가 제3자인 수익자에 대한 급부를 이행하지 않으면, 수익자는 자기의 이름으로 낙약자에 대하여 그의 급부 이행을 위한 소를 제기할 수 있다.[10]

4. 우리 법과의 비교[11]

우리 민법 제539조는 '제3자를 위한 계약'이라는 표제 하에, "계약에 의하여 당사자 일방이 제3자에게 이행할 것을 약정한 때에는 그 제3자는 채무자에게 직접 그 이행을 청구할 수 있다"고 하여 제3자의 이행청구권을 명시적으로 규정하고 있다. 대법원도 제3자를 위한 계약에 대해 "요약자와 낙약자 사이에 낙약자가 제3자에게 일정한 급부를 할 것을 약속하고 이에 따라 제3자가 낙약자에 대하여 직접 그 급부를 청구할 권리를 취득케 하는 계약이다"라고 판시하고 있다.[12]

제3자를 위한 계약의 개념 자체는 미국법상의 Third-party beneficiary contract 와 유사하다고 할 수 있다. 다만 제3자가 권리를 취득하게끔 하는 요건에 있어서 우

---

8) 17A Am. Jur. 2d Contracts §428.
9) Wolters Village Management Co. *v.* Merchants and Planters Nat. Bank of Sherman, 223 F.2d 793 (5th Cir. 1955).
10) Blackard *v.* Monarch's Mfrs. & Distributors, Inc., 131 Ind. App. 514, 169 N.E.2d 735, 97 A.L.R.2d 1255 (1960); Maddock *v.* Riggs, 106 Kan. 808, 190 P. 12, 12 A.L.R. 216 (1920); Greenlees *v.* Owen Ames Kimball Co., 340 Mich. 670, 66 N.W.2d 227, 46 A.L.R.2d 1205 (1954); Holt *v.* United Security Life Ins. & Trust Co., 76 N.J.L. 585, 72 A. 301 (N.J. Ct. Err. & App. 1909); The Home *v.* Selling, 91 Or. 428, 179 P. 261, 21 A.L.R. 403 (1919); James Stewart & Co. *v.* Law, 149 Tex. 392, 233 S.W.2d 558, 22 A.L.R.2d 639 (1950).
11) 편집대표 김용덕, 주석 민법 채권각칙(제5판), 한국사법행정학회(2019), 463 이하.
12) 대법원 1966. 6. 21. 선고 66다674 판결.

리 법이 요구하는 정도와 미국법의 그것이 다소 차이가 있다. 우리 법에서는 제3자를 위한 계약을 당사자 사이의 보통 계약과 크게 다르게 취급하지 않는다. 따라서 우리 대법원은 제3자를 위한 계약인지 여부를 판단할 때에도 계약의 해석 원칙에 따르면서, 명시적인 경우뿐만 아니라 묵시적인 의사표시인 경우에도 의사해석에 따라 제3자의 권리를 인정하고 있다.[13] 그러나, 앞서 본 바와 같이 미국법에서는 계약의 효과가 계약 당사자에게 미치는 것이 원칙이라고 보아, Third-party beneficiary contract로 보기 위해서는 그러한 의사가 명시적으로 계약서에 표시되어야 한다.

한편, 우리 민법 제539조 제2항은 제3자의 권리는 그 제3자가 채무자에 대하여 계약의 이익을 받을 의사를 표시한 때에 생긴다고 규정하는바, 미국법에서는 이를 명시적인 요건으로는 하고 있지 않고 있으며 미국 일부 주에서만 해당 사항을 요구하고 있다는 점에서도 차이가 있다.

---

13) 대법원 1976. 12. 28. 선고 75다1610 판결.

Timesharing
타임쉐어

방지훈

1. 개 념

　　Timesharing(시분할, 時分割)은 특정 기간 동안 휴양시설을 사용할 수 있는 권리로서,[1] 여러 사람이 기간을 정해 번갈아 가며 점유하는 부동산의 공동 소유권 또는 공동 임차권을 말한다.[2] Timesharing의 단위는 Timesharing의 구매자가 그 매수한 권리를 사용할 수 있는 기간이다.[3]

　　미국에서 대부분의 콘도미니엄 운영방식은 Timesharing 방식으로 이루어지고 있으며, 이는 일반적으로 하나의 객실을 여러 명에게 판매하여 그 객실을 정해진 기간에 저렴한 비용으로 이용하고 안락한 휴가를 보낼 수 있도록 하는 제도이다.[4]

2. 배 경

　　기본적으로 Timesharing은 휴양시설의 소유권을 각 구매자가 독점적인 권리를 갖는 고정된 기간으로 분할하는 것을 전제로 성립한다. 이러한 Timesharing의 명칭은 컴퓨터 산업에서 여러 사용자가 각기 다른 목적을 위해 하나의 컴퓨터 시스템을 동시에 사용하는 Timesharing 방식과 유사하다는 점에 착안하여 붙여진 것이다. Timesharing은 1950년대 후반에 유럽에서 처음 도입되었고, 미국에는 경기 침체로 인해 휴양시설의 개발자가 휴양시설을 판매하기 어려웠던 1970년대 초반에 도입되었다.[5]

---

1) 31 C.J.S. Estates § 286.
2) Black's Law Dictionary (11th ed. 2019).
3) 31 C.J.S. Estates § 286.
4) 김향자, "휴양콘도미니엄 제도 개선방안", 한국관광연구원(1997. 7), 84–85.
5) NTS Am. Jur. 2d Real Estate Time–Sharing § 1.

Timesharing의 도입 이후 활용 빈도는 빠르게 증가했으며, 이러한 추세는 앞으로
도 계속될 것으로 예상된다. 그 이유는 휴양시설 개발자가 Timesharing 판매를 통해
서 휴양시설의 구매 가격을 상당히 낮추는 동시에 구매자 전체의 이익을 증가시킬
수 있기 때문이다. 즉 Timesharing 구매자는 실제로 사용할 휴양시설의 특정 기간만
을 구매함으로써 휴양시설의 구매 및 유지 관리 비용을 낮출 수 있고, 그 결과 휴양
시설을 소유하는데 소요되는 상당한 비용을 조달하기 위해 휴양시설을 다른 사람에
게 임대할 필요가 없다. 또한 Timesharing 구매자는 휴가의 반복성을 줄이기 위해 다
른 Timesharing 구매자와 자신의 Timesharing을 교환할 수도 있다.[6]

3. 내 용

Timesharing을 이용방식에 따라 구분하면 고정시간제(fixed time)와 유동시간제
(floating time)로 구분된다. 고정시간제 방식은 보통 1년을 주 단위로 구분하여 52개
주로 나누고 각 주 단위의 Timesharing을 판매하는 방식이므로 성수기에 이용이 중
복되는 일이 없다. 각 단위는 이용 계절, 시설의 지리적 위치, 이용할 수 있는 부대시
설의 종류 등에 따라 가격이 차등 적용된다. 국제적인 표준기간은 1주간(7박 8일)이
며, 통상 운영을 위한 1주를 제외한 51개의 단위로 판매된다. 유동시간제 방식은 고
정시간제 방식과 대칭되는 운영방식으로 회원이 이용할 수 있는 일수만 정해주고 사
용하고 싶을 때 별도의 예약을 통하여 이용할 수 있는 방식이다. 우리의 휴양 콘도미
니엄이 이 방식으로 운영되고 있는데 성수기에는 예약이 매우 어렵다.[7]

또한 Timesharing을 권리형태에 따라 구분하면 완전소유제(fee simple owner-
ship), 임대차·면허제(lease or license arrangements), 포인트제(point systems)로 구분
된다. 완전소유제에서 구매자는 특정기간 동안 휴양시설을 배타적으로 점유할 수 있
는 소유권을 갖는다. 구매자는 소유권 양도증서를 통해 휴양시설에 대한 소유권을
취득하고 이를 제3자에게 임대, 판매, 증여할 수 있다. 임대차·면허제에서 구매자는
휴양시설에 대한 소유권을 갖지 않으며 특정기간 동안 휴양시설에 대한 사용권을 갖
는다. 이러한 사용권은 계약에 따라 그 내용이 정해지는 권리라는 점에서 임차권·면
허권과 유사하다. 포인트제에서 구매자는 구입한 포인트로 특정 그룹 내의 다양한

---

6) NTS Am. Jur. 2d Real Estate Time-Sharing § 1.
7) 김범지, 나승열, "타임쉐어를 적용한 콘도미니엄 운영의 개선방안에 관한 연구", 경영교육연구
　　제33권 제1호(2004. 3), 244-245.

휴양시설에 대한 사용권을 갖는다. 모든 유형의 Timesharing이 가지는 공통적인 특징은 구매자가 연간 유지관리 비용을 지불해야 하는 의무를 부담한다는 것이다. 이 비용은 현장관리, 시설의 유지보수, 세금납부 등 휴양시설의 품질유지에 사용된다.[8]

이처럼 다양한 형태의 Timesharing이 지속적으로 더 널리 보급되고 교환 네트워크가 점점 더 대중화됨에 따라 Timesharing에 대한 규율을 통일하는 것이 중요해졌다. 이에 통일주법전국위원회(National Conference of Commissioners on Uniform State Laws)는 1979년 통일부동산타임쉐어법(The Uniform Real Estate Time-Share Act, URETSA)을 통과시켰고, 1980년 이를 모델법으로 공포하였다.[9]

위 통일부동산타임쉐어법의 구성을 보면 제1장(§1-101~112)은 총칙으로 법 전체에 적용되는 정의와 일반적인 사항을, 제2장(§2-101~108)은 Timesharing의 성립, 종료, 및 기타 사건과 관련하여 필수적으로 포함되어야 하는 정보, 유지관리 비용의 할당, 의결권 등을, 제3장(§3-101~117)은 Timesharing 부동산의 관리와 관련한 불법행위, 계약책임, 보험, 유지관리 비용에 대한 평가 등을, 제4장(§4-101~118)은 구매자 보호와 관련하여 개발자의 Timesharing 정보제공 의무, 구매자의 청약 철회권, 개발자의 보증의무 등을, 제5장(§5-101~110)은 Timesharing의 관리 및 등록으로 개발자의 활동을 감독하기 위한 행정기관을 설립하려는 경우에 포함되는 선택적 조항을 각 규정하고 있다.[10]

그 중에서 구매자 보호에 관하여 규정하고 있는 제4장에 관하여 조금 더 자세히 보면, 개발자가 Timesharing과 관련된 상세한 정보를 명시한 공시서(Public Offering Statement)를 작성하도록 규정하고 있고(§4-102~104), 구매자가 계약 체결 7일 전에 위 공시서를 수령하지 않았다면 해당 공시서를 수령하고 7일 내에 계약을 철회할 수 있도록 규정하고 있다(§4-106). 다만, 이때에도 Timesharing을 양도하였다면 취소할 수 없고 개발자의 행위가 사기에 해당할 경우 환불이나 손해배상을 청구할 수 있을 뿐이다. 그리고 개발자가 구매자에 대하여 Timesharing 시설이 설명내용에 부합한다는 등의 명시적인 보장을 하고(§4-111), 그 Timesharing 시설이 일반적인 사용에 적합한 상태라는 등의 묵시적인 보증을 한다는 것을 규정하고 있다(§4-111~112).

---

8) David A. Bowen, "Timeshare Ownership: Regulation and Common Sense", 18 Loy. Consumer L. Rev. 464, 467 (2006).
9) URETSA Prefatory Note.
10) NTS Am. Jur. 2d Real Estate Time-Sharing §9.

4. 우리 법과의 비교

우리 관광진흥법은 '휴양 콘도미니엄업'을 관광사업의 종류로 분류하고 그 중 관광숙박업의 하나로서 관광객의 숙박과 취사에 적합한 시설을 갖추어 이를 그 시설의 회원이나 공유자, 그 밖의 관광객에게 제공하거나 숙박에 딸리는 음식·운동·오락·휴양·공연 또는 연수에 적합한 시설 등을 함께 갖추어 이를 이용하게 하는 업으로 정의하고 있다(제3조 제1항 제2호 나목). 그리고 '회원'을 관광사업의 시설을 일반 이용자보다 우선적으로 이용하거나 유리한 조건으로 이용하기로 해당 관광사업자와 약정한 자(제2조 제4호), '공유자'를 단독 소유나 공유(共有)의 형식으로 관광사업의 일부 시설을 관광사업자로부터 분양받은 자(제2조 제5호)로 각 정의하고 있다.

또한 관광진흥법은 휴양 콘도미니엄업을 하려는 자는 특별자치시장·특별자치도지사·시장·군수·구청장에게 등록하도록 정하고 있고(제4조), 그 등록 전에 사업에 대한 사업계획을 작성하여 위 행정기관의 승인을 받도록 정하고 있으며(제15조 제1항), 분양 또는 회원 모집을 하려는 자는 대통령령(관광진흥법 시행령 제24조)으로 정하는 분양 또는 회원 모집의 기준 및 절차에 따라 분양 또는 회원 모집을 하도록 정하고 있다(제20조 제4항).

나아가 관광진흥법은 분양 또는 회원 모집을 한 자는 공유자·회원의 권익을 보호하기 위하여 '공유지분(共有持分) 또는 회원자격의 양도·양수(제1호), 시설의 이용(제2호), 시설의 유지·관리에 필요한 비용의 징수(제3호), 회원 입회금의 반환(제4호), 회원증의 발급과 확인(제5호), 공유자·회원의 대표기구 구성(제6호), 그 밖에 공유자·회원의 권익 보호를 위하여 대통령령으로 정하는 사항(제7호)'에 관하여 대통령령(관광진흥법 시행령 제26조)으로 정하는 사항을 지키도록 정하고 있고(제20조 제5항), 분양 또는 회원모집을 하려는 자가 사용하는 약관에는 제5항 각 호의 사항이 포함시키도록 정하고 있다(제20조 제3항).

이처럼 우리의 관광진흥법은 사업자를 중심으로 하여 사업의 등록, 사업자의 준수사항 등 행정규제를 중점적으로 규정하고 있는데, 이는 위에서 본 미국의 통일부동산타임쉐어법이 구매자 보호에 관한 장을 별도로 규정하여 소비자보호에 중점을 두고 있고 오히려 사업자의 등록에 관한 장은 선택적 조항으로 규정하고 있는 것과는 차이가 있다. 이와 관련하여 우리의 법은 휴양 콘도미니엄의 사업자와 회원 사이의 회원계약을 전형계약으로 규정하고 있지 않고, 또한 이러한 회원계약에 대한 학설과 판례가 미흡한 상태라는 점을 고려하면, 우리도 미국의 통일부동산타임쉐어법

과 같이 소비자보호에 중점을 둔 입법이 필요하다고 볼 수 있다.[11)12)]

　　한편 위에서 본 것처럼 우리의 휴양 콘도미니엄은 회원이 이용할 수 있는 일수
만 정해주고 사용하고 싶을 때 별도의 예약을 통하여 이용할 수 있는 유동시간제 방
식으로 운영되고 있는데 성수기에는 예약이 매우 어렵다. 이러한 점을 개선하기 위
해서는 우리도 미국과 같이 1년을 주 단위로 구분하여 52개 주로 나누고 각 주 단위
의 시분할을 판매하는 고정시간제 방식의 휴양 콘도미니엄 제도 도입을 고려할 필요
가 있다는 견해도 제기된다.[13)14)]

---

11) 김성천, "회원계약관련 법제개선방안", 법제(2001. 5), 10.
12) 김향자, 전게 논문, 121–127.
13) 표용태, "휴양콘도미니엄산업의 효율적인 운영방안에 관한 연구", 한국전통상학회 제17권 제2
　　호(2003. 12), 140.
14) 김향자, 전게 논문, 98–105.

Title
권원

윤현수

1. 개 념

Title은 통상적으로 재산법(property law)의 '소유권'으로도 해석되는데, 영미법에서는 이를 '물건을 지배 및 처분할 수 있는 법적 권리들(소유, 점유, 소지 등)의 묶음(bundle of rights)'이라고 설명[1]하고 있어, 실질은 소유권보다 조금 더 넓은 개념으로서의 '권원'에 보다 가까운 개념이다. 이 각각의 권리는 독립적으로 처분될 수 있고, 각기 다른 사람에 의해 행사될 수도 있다.

Title은 '권원' 이라는 해석 이외에 그러한 권원을 표상하는 증서를 의미하기도 한다.

2. 배 경

영미의 재산권 체계는 1066년 노르만(Norman)이 잉글랜드를 정복하고, 정복자 윌리엄 1세가 잉글랜드의 모든 토지를 자신의 소유라고 선언하면서, 정복지에 대한 군사적 통제를 위한 수단으로 그의 지지자들에게 봉토(feudum, fee)를 하사(grant)해 주었던 노르만식 봉건제도에서 유래한다. 오직 국왕만이 토지를 궁극적으로 소유할 수 있었고, 국왕을 제외한 개인은 토지에 대해 일정한 형태의 보유권(hold)을 갖고 토지를 사용(use)할 수 있었을 뿐 토지를 소유할 수는 없었다. 토지 보유권을 취득한 개인은 국왕에 대하여 토지 보유권과 결부되어 있는 일정한 의무 내지 역무를 부담했다.[2]

---

[1] Black's Law Dictionary (11th ed. 2019).
[2] 김영주, "미국법상의 부동산권 ― 연혁 및 체계를 중심으로", 저스티스 통권 제166호(2018. 6), 113.

물론 미국이 독립한 이후 미국에서 토지는 더 이상 국왕의 소유가 아니었고, 그 결과 토지에 대한 단순부동산권(fee simple)은 보다 더 대륙법상의 소유권 개념에 근접하게 되었다.[3] 그럼에도 불구하고 미국의 재산법이 영국의 그것에 뿌리를 두고 있기 때문에, Title이라는 개념을 단순히 '소유권'으로 치환하기는 어려운 면이 있다.

3. 내 용

위와 같은 연혁적인 이유에 더해, 부동산은 동산과 달리 그 소유자가 명확하지 않으므로, Title은 주로 부동산에서 논의된다. 부동산은 서류를 등록(recording)함으로써 소유 관계가 공시되는데, 이를 위한 별도의 등기부가 존재하지는 않는다. 미국법상 부동산에 대한 Title의 증표는 주로 보험회사(title insurance companies)들이 작성한 보고서이다. 보험회사는 recording 기재를 통해 해당 물건의 권원을 조사하고(title search) 이를 보장하며, Title을 둘러싼 분쟁이 발생할 경우 피보험자에게 보상을 한다. 물건이 자동차인 경우 정부가 발급한 자동차등록원부에 이러한 내용이 기재된다.

Title 명의자로 기재된 자는 일반적으로 그 물건의 소유자로 추정된다.[4] 이 추정은 당사자 간에 이와 달리 실제 소유자가 다른 사람이라는 합의나 이해가 있었다는 증거가 있을 경우에만 번복될 수 있다.[5] 이를 통해 국가는 소유권의 안정 및 거래 안전을 도모할 수 있다. 그리고 부동산은 그 소유권자가 반드시 존재하고, 누군가에게 부동산에 대한 권리가 부여되는(vested) 개념으로 이해된다.

Title의 주요 권리는 배타적 점유, 배타적 사용, 취득, 양도, 지역권(easement), 담보권(hypothecation) 등으로 구분된다. 여기서 점유는 점유할 권리가 있는지와 별개로 그 물건을 가지고 있는 상태를 말하고, 점유권은 점유의 적법성(실제로 점유하고 있는지를 불문)을 말한다.

예컨대 A가 B로부터 물건을 훔쳤는데, 그 물건은 B가 선의로 C로부터 구입한 것이었고, C는 이를 D로부터 훔친 것이었으며, D의 조상이 이를 아주 오래 전 E로부터 훔쳐 D가 상속받은 것이었다고 가정해 보자. A가 물건을 점유하고 있고, B는 구매기록을 통해 일응의 점유권을 가지고 있으며, D는 절대적인 점유권을 가지고 있으나, E의 상속인들은 증명할 수만 있다면 그 물건의 소유권을 가지고 있다고 할 수 있

---

[3] 김영주, 전게 논문, 121.
[4] U.S. *v.* Morales, 36 F. Supp. 3d 1276 (M.D. Fla. 2014).
[5] In re Marriage of Brooks, 169 Cal. App. 4th 176, 86 Cal. Rptr. 3d 624 (4th Dist. 2008).

다. 좋은(good) Title은 점유 상태, 점유권, 소유권을 한 사람이 가지고 있는 상태를 의미한다.

Title은 legal title(보통법상 소유권, 공부상 소유권)과 equitable title(형평법상 소유권)로 구분할 수 있다. Legal title은 겉으로 드러나는 소유권을 표상하지만, 반드시 실제로도 소유권이 있음을 보장하는 것은 아니다(즉, 공신력이 없다). 반면 equitable title은 legal title을 취득할 수 있는 권리가 된다.[6] 가령 부동산 매매계약이 체결되면, equitable title이 매수인에게 이전되고, 계약상 쌍방이 의무를 모두 이행(조건을 만족)함으로써 legal title 역시 매수인에게 이전된다. 따라서 특히 부동산의 Title을 온전히 취득하기 위해 미국법에서는 전술한 Title search를 일반적으로 거치게 되며, 이는 권리 행사 등을 위해 중요한 절차로 인식된다. 한편, legal title은 자연인 또는 법인격이 부여된 법인만이 가질 수 있다.

협의의 소유(ownership)란, 그 물건을 사용·수익하고 그것에 대한 배타적 지배를 할 수 있는 권리를 말한다. 부동산의 소유는 legal title과 동일한 경우가 많지만, 때로는 그 부동산의 Title이 다른 자에게 있음에도 불구하고 이를 배타적으로 지배하는 자를 소유자라고 부르기도 한다.[7]

4. 우리 법과의 비교

우리나라에서도 역시 소유권과 점유권, 점유상태에 대한 개념이 존재하고, 이를 분리하여 인식한다. 다만 보다 넓은 개념인 영미법의 Title에 정확히 대응되는 명칭을 사용하지는 않는다.

미국과 달리 우리나라는 대륙법상의 소유권이라는 개념이 확고하게 정착되어 있다. 소유권은 물건이 가지는 교환가치와 이용가치를 포괄적으로 지배하는 전면적 지배권으로, 우리 민법 제211조는 소유권에 관하여 "소유자는 법률의 범위내에서 그 소유물을 사용·수익·처분할 권리가 있다."고 규정하고 있다. 이 조항은 소유권이 개별적 권능의 단순한 총합임을 표현한 것이 아니라 소유권의 전면적, 절대적 지배권으로서의 성격을 표현한 것이다.

또한 소유권은 객체인 물건에 대한 현실적 지배와 결합되어 있지 않으며, 현실적 지배와 분리되어 물건을 지배할 수 있는 관념성을 가지고 있다. 따라서 현실적으

---

6) 63C Am. Jur. 2d Property § 29.
7) 63C Am. Jur. 2d Property § 30.

로 물건을 사용하지 않은 소유자라도 그 물건을 취득한 제3자에 대하여 물권적 청구권을 행사할 수 있는데 소유권의 관념성은 물권적 청구권에 의하여 지켜지고 유지된다.

그러나 영미법의 권리묶음이론(bundle of rights theory)은 이러한 전면적, 절대적, 관념적 소유권의 개념과 다소 상이한 면이 있다. 권리묶음이론을 완성하였다고 평가받는 A. M. Honore는 소유권(ownership)의 속성을 물건을 점유할 권리(right to possess), 사용할 권리(right to use), 관리할 권리(right to manage), 수익할 권리, 원본권(right to capital), 책임재산성(liability to execution) 등으로 열거하고, 소유권은 이들 속성을 가지는 자에게 분속하며, 물권을 점유하는 자나 물건을 처분할 권리를 가지는 자는 모두 소유자(owner)에 해당한다고 설명하였다.[8]

즉, 영미에서는 소유권과 관련하여 절대적 권리는 인정되지 않고(특히 영국에서는 절대적 소유권이 왕에게만 있었으므로) 권원의 상대성(relativity of titles)이 인정될 뿐이다. 토지에 대한 권원에 대하여 다툼이 있는 경우에 법원은 당사자가 주장하는 권원 중 누가 우월한 권원(better title)을 가지는지만 심리하면 된다. 만약 A와 B가 소송당사자인 경우에 A가 B보다 우월한 권리를 가지고 있으면, 설령 C가 A보다 우월한 권리를 가지더라도 C가 소송당사자가 아니고 B가 C의 권리에 기하여 해당 토지를 점유하는 것이 아닌 한, A는 그 소송에서 승소하게 된다.

영미의 유연한 물권 개념은 신탁 법리가 발전하는 토대를 마련하였다. 신탁은 수탁자에게 신탁재산의 처분권이라는 보통법상 소유권(legal ownership)을, 수익자에게 신탁재산을 향유할 수 있는 형평법상 소유권(equitable ownership)을 분속시킴으로써 소유권의 분할을 바탕으로 한 재산관리제도로 성장하게 되었다.[9]

---

8) A. M. Honore, "Ownership", in Oxford Essays in Jurisprudence(A.G. Guest ed., Oxford, 1961), 112−128.
9) 편집대표 김용덕, 주석 민법 물권법(제5판), 한국사법행정학회(2019), 583.

Trespass
불법침해

강예영

1. 개 념

Trespass는 협의로는 타인의 점유에 대한 불법적인 침입을 의미하고, 광의로는
타인이나 타인의 재산 및 권리에 대한 불법적인 침해행위를 의미한다.[1] 미국법상 고
의에 의한 불법행위는 우리법과 같이 '위법행위'라는 추상적 개념에 의해 성립하는
것이 아니라 폭행(battery), 폭력위협(assault), 불법감금(false imprisonment), 고의에
의한 정신적 고통유발(intentional infliction of emotional distress), 부동산/동산에 대한
불법침해(trespass to land/chattels), 동산의 횡령(conversion), 사생활침해(invasion of
privacy), 악의적 기소(malicious prosecution), 절차남용(abuse of process), 사기(fraud),
명예훼손(defamation)등 몇 가지 유형에 국한되는데,[2] Trespass는 이중 토지에 대한
불법침해(trespass to land) 및 동산에 대한 불법침해(trespass to chattle)의 유형에서
문제된다.[3]

2. 배 경

Trespass는 타인의 배타적 점유권을 침해하는 유형재산에 대한 침입행위(inva-
sion)로서, 협의로는 타인의 토지에 대한 불법적인 진입(entry)만을 의미하지만, 광의
로는 해당 재산의 소유자가 갖는 권리에 대한 허가받지 않은 개입(unauthorized in-
terference)을 포함한다.[4] Trespass는 점유(possession)에 대한 침해를 원인으로 하는

---

1) 75 Am. Jur. 2d Trespass § 1.; Black's Law Dictionary (11th ed. 2019), trespass.
2) 김영희, "미국 불법행위법의 기본 구조에 관한 연구 ― 불법행위의 유형과 성립요건을 중심으로"
   법학연구 제21권 4호(2011), 43.
3) Black's Law Dictionary (11th ed. 2019), trespass.
4) 75 Am. Jur. 2d Trespass § 1.

것이지 권원(title) 자체에 대한 침해를 원인으로 하는 것이 아니며, 또한 토지의 배타
적 점유에 대한 점유자의 이익 침해를 청구원인으로 하는 것이지 침해당한 재산 자
체에 대한 손해배상청구를 청구원인으로 하는 것이 아니다.[5] Trespass는 보통법상
인정되는 것으로, 성문법에 따라 불법행위로 규정되는 경우도 있으나, 통상 성문법
에 의해 인정되는 Trespass는 보통법보다 인정 범위를 좁게 하여, 의도적으로 타인의
점유에 있는 토지에 물건이나 사람의 침입을 야기하는 행위를 하는 자에게 적용되도
록 하고 있다.[6]

3. 내 용

　　Trespass가 성립하기 위해서는 ① 먼저 점유권을 침해하는 적극적인 행위(affir-
mative act interfering with possessory rights)가 있어야 한다. 침해행위는 반드시 적극
적인 행위여야 하고, 단순한 의무불이행이나 부작위(nonfeasance or omission)만으로
는 부족하다.[7] ② 다음으로는 이러한 행위와 손해와의 인과관계가 존재해야 한다.[8]
③ 또한 Trespass가 성립하기 위해서는 전통적으로 피고에게 가해진 힘(force)의 직
접적인 결과로 침해행위가 발생하였을 것이 요구되어 왔는데, 토지에 대한 진입행위
(entry)는 가해진 힘의 정도와 무관하게 침해행위로 인정되며, 간접적인 힘(indirect
force)에 의해 야기된 경우에도 Trespass가 인정된다.[9] ④ 나아가 침해의 결과로 손해
(injury) 혹은 피해(harm)가 발생하였을 것도 Trespass의 요건으로 논의되어 왔으나,
재산적 권리에 대한 침해는 그 자체로 피해를 미치는 것으로 인정되므로, 재산적 권
리에 대한 Trespass는 실제로 산정가능한 손해와 무관하게 청구원인이 될 수 있으며
실제 손해를 입증할 필요가 없다.[10] ⑤ 마지막으로 침해자의 고의(intent)가 요구된
다. 그러나 이때 고의는 행위에 대한 고의를 의미하며, 특정한 손해를 발생시킬 의도
까지는 필요하지 않다.[11] 행위에 대한 고의가 있었다면 무의식 혹은 법률이나 사실

---

5) 75 Am. Jur. 2d Trespass § 2; AmSourth Bank N.A.v. City of Mobile, 500 So. 2d 1072 (Ala.
　 1986).
6) 75 Am. Jur. 2d Trespass § 1, McLaughlin v. Emera Maine, 2017 ME 232, 175 A.3d 657 (Me.
　 2017).
7) 75 Am. Jur. 2d Trespass § 5
8) 75 Am. Jur. 2d Trespass § 6.
9) 75 Am. Jur. 2d Trespass § 7; AmSouth Bank, N.A. v. City of Mobile, 500 So. 2d 1072 (Ala. 1986).
10) 75 Am. Jur. 2d Trespass § 8; 87 C.J.S. trespass § 3; Chicago Title Land Trust Co. v. JS II,
　　 LLC, 2012 IL App (1st) 63420, 364 Ill. Dec. 709, 977 N.E.2d 198 (App. Ct. 1st Dist. 2012).
11) 75 Am. Jur. 2d Trespass § 9, 10.

상 착오로 침해행위를 하였더라도 Trespass가 성립하나, 일부 주에서는 선의의 침입자(innocent trespasser)에 대해서는 Trespass를 인정하지 않는 경우도 있다.[12] 고의가 없더라도 무모하거나(reckless) 과실이 있거나(negligent) 또는 극히 위험한(ultrahazardous) 행위의 결과인 경우에도 Trespass가 인정될 수 있으나, 일부 주에서는 과실로 인한 Trespass는 인정하지 않기도 한다.[13]

토지에 대한 Trespass는 해당 부동산에 대한 권리가 없는 점유자라 하더라도 적법한 소유자가 아닌 이상 그의 점유를 부적법하게 방해한 사람 누구에 대해서도 주장할 수 있다.[14] Trespass에 대해서는 통상적으로 몇 가지 유형의 소송이 인정되는데, 대표적으로 'Trespass quare clausum feregit'는 부당하고 강제적으로 그 영역 내에 침입한 자에 대한 부동산 소유자의 구제책이고,[15] 'Trespass on the case'는 토지소유자(owner of the fee)의 토지 자체에 발생한 금전적 손해에 대한 구제책이며, 'Trespass vi et armis'는 원고 자신 또는 그 재산에 대한 직접적인 힘이나 폭력(direct or immediate force or violence)으로 가해진 손해에 대한 소송이다.[16] 'Trespass on the case'의 경우에는 청구자가 침해행위 당시 부동산에 대한 법적 권원이나 상속권(reversionary interest)을 가지고 있어야 한다.[17]

4. 우리 법과의 비교

우리 법상 불법행위에 있어서의 '침해'는 미국 불법행위법상 광의의 Trespass와 유사하다. 미국법상 Trespass는 침해자의 불법행위로 인한 점유상태에 손해가 발생한 경우 이를 구제하는 것을 목적으로 하는데, 보통법상 Trespass는 점유 상태 자체에 대한 침해만을 문제삼을 뿐 그 권원에 대한 침해여부를 묻지 않는다는 점에서 점유권 자체를 독립적인 물권으로 보는 우리 법과는 다소 차이가 있다. 그러나 점유권을 침해하는 행위에 대해 손해배상청구권이 인정된다는 점에서는 양자의 결론이 동일하다고 볼 수 있다.

---

12) 75 Am. Jur. 2d Trespass § 11.
13) 75 Am. Jur. 2d Trespass § 12; Lawrence *v.* Buena Vista Sanitation Dist., 989 P.2d 254 (Colo. App. 1999).
14) 75 Am. Jur. 2d Trespass § 35.
15) 87 C.J.S. trespass § 66; Mueller *v.* Hill, 158 Idaho 208, 345 P.3d 998 (2015).
16) 87 C.J.S. trespass § 65.
17) 75 Am. Jur. 2d Trespass § 89; 87 C.J.S. trespass § 64; Mueller *v.* Hill, 158 Idaho 208, 345 P.3d 998 (2015).

Trust
신탁

윤정운

1. 개 념

Trust는 신탁, 신탁상 권리, 신인관계 등을 의미할 수 있다. 일반적으로 신탁(trust)이란 의사표시로 형성되는 신탁재산에 관한 신인관계(fiduciary relationship)를 뜻하며, 이로써 수탁자는 공익 또는 한 명 이상의 수탁자가 아닌 사람의 이익을 위하여 재산을 관리할 의무를 부담하게 된다.[1] 신탁의 본질적 속성은 소유권의 분할인데, 수탁자는 법적 소유권(legal title)을 가지고 수익자는 형평상의 권리(equitable title)를 갖는다.[2]

2. 배 경

현대 신탁의 기원은 자산 소유가 금지된 수도사를 위하여 법적 소유권을 제3자에게 이전하되 수도사의 사용을 가능하도록 한 중세의 사용권(use) 제도이다. 수익자가 취할 수 있는 보통법상 구제 수단의 결여로 신탁은 형평법을 통하여 발달하였다.[3] 미국에서의 신탁 제도는 명목상 판례법에 근거하고 있지만 Restatement 및 통일신탁법(Uniform Trust Act)의 제정으로 성문화되었다. 여러 주에서 채택된 통일신탁법은 공익 또는 비공익 명시신탁(charitable or noncharitable express trust) 및 그와 같은 방식으로 운용되어야 하는 법령 등에 의한 신탁에 적용된다.[4] 이하에서는 통일신탁법을 중심으로 미국법상 신탁을 개괄한다.

---

1) Restatement (Third) of Trusts § 2.
2) 76 Am. Jur. 2d Trusts § 1.
3) Sitkoff/Dukeminier, Wills, Trust and Estates(10th ed), Wolters Kluwer(2017), 386, 387.
4) Uniform Trust Code § 102.

3. 내 용

　　통일신탁법상 신탁은 비공익신탁(noncharitable trust), 공익신탁(charitable trust), 명예신탁(honorary trust)으로 구별된다.[5] 신탁은 위탁자(settlor), 수탁자(trustee), 수익자(beneficiary) 및 신탁재산(trust property)을 필수 개념으로 한다. 위탁자는 신탁을 설정하는 사람으로 생전 신탁(inter vivos trust)의 설정자뿐만 아니라 유언에 의한 신탁 설정자까지 포함하며 한 명 이상일 수 있다. 수탁자는 신탁재산을 소유하는 사람이다. 위탁자 스스로 수탁자가 되거나 수익자가 될 수 있다. 수익자는 신탁재산의 이익을 향유하는 자이다. 통일신탁법은 수익자를 '확정적이든 불확정적이든 신탁에 있어서 현재 또는 장래의 수익을 받을 권한을 가지는 자' 또는 '수탁자와는 다른 자격에서 신탁재산에 관한 수익자지명권을 가지는 자'로 정의한다. 신탁재산이란 신탁에 속하는 재산을 말한다. 전체로서의 신탁재산을 일컫는 경우에는 신탁자산(trust estate)이라는 용어가 사용되기도 한다. 유형 또는 무형의 법적 이익이 일반적으로 신탁재산을 구성하지만, 형평상 이익(equitable interests) 역시 신탁재산이 될 수 있다.[6]

　　신탁은 신탁재산의 이전(transfer of property),[7] 신탁선언(declaration),[8] 또는 수탁자에 대한 지정권 행사(exercise of a power of appointment)의 방법으로 설정된다.[9] 유효한 신탁설정을 위하여서는 일정한 요건을 갖추어야 하는데, 통일신탁법은 신탁설정능력, 신탁설정 의사표시, 확정수익자의 존재 또는 공익신탁 등의 해당성, 수탁자의 이행의무, 단일 수탁자와 단일 수익자의 비동일성을 요구하고 있으며,[10] 이 중 어느 하나라도 충족되지 않으면 신탁은 성립하지 않는다.[11]

　　통일신탁법은 원칙적으로 임의규정이다.[12] 따라서 대부분의 규정은 신탁조항(terms of the trust)이 특정 문제를 해결하지 못하거나 불충분한 경우에만 적용된다.

---

5) Uniform Trust Code Overview. 비공익신탁은 전형적인 신탁으로 확정가능한 수익자(ascertainable beneficiary)와 유효한 목적(valid purpose)을 요건으로 한다. 공익신탁은 일반 공중을 위하여 설정되는 것을 본질적 목적으로 한다. 명예신탁은 확정가능한 수익자가 존재하지 않음에도 통일신탁법 규정에 따라 효력이 인정되는데, 대표적으로 동물보호를 위한 신탁을 들 수 있다.

6) Uniform Trust Code § 103; Restatement (Third) of Trusts § 3.

7) 위탁자의 생전행위나 유언 그 밖에 위탁자의 사망 시에 효력이 발생하는 처분행위에 의하여 제3자에게 그를 수탁자로 하여 재산을 이전하는 방법을 말한다.

8) 재산의 소유자가 특정 재산을 수탁자로서 보유한다고 선언하는 방법을 말한다.

9) Uniform Trust Code § 401.

10) Uniform Trust Code § 402.

11) 76 Am. Jur. 2d Trusts § 40.

12) Uniform Trust Code § 105.

신탁조항이란 소송절차에서 증명될 수 있는 방법으로 표시된 신탁 규정에 관한 위탁
자의 의사표시로 정의된다.[13] 따라서 유언, 사기방지법, 구두증거배제의 법칙(parol
evidence rule) 등으로 의사표시의 효력이 인정되지 않는 경우 신탁조항으로 취급되
지 않는다.[14] 법정신탁의 경우 법원의 명령 등이 신탁조항의 기능을 수행한다. 신탁
증서는 위탁자에 의하여 작성된 신탁조항과 그에 관한 수정사항을 포함하는 증서를
의미한다. 신탁증서상 문언이 신탁조항의 해석에 있어 가장 중요하지만, 구두 진술,
수익자의 상황, 신탁의 목적, 해당 신탁이 관리되어야 하는 상황, 해석 규칙 등이 신
탁조항의 의미를 밝히는 데 고려되어야 한다.[15]

법적 소유권과 수익권이 같은 사람에게 속하는 신탁은 존재할 수 없다. 따라서
신탁의 설정과 유지를 위해서는 신탁재산의 법적 소유권과 수익권이 분리되어야 한
다. 여기에서 수탁자와 수익자의 관계가 도출된다. 신탁재산을 소유하는 수탁자는
수익자에 대하여 신인의무(fiduciary duty)를 부담한다.[16] 나아가 수탁자는 충실의무
(duty to loyalty)를 부담하므로 수익자의 이익보다 다른 이익을 우선하여 추구하여서는
안 되고, 합리적인 주의, 기술 및 경계(reasonable care, skill and caution)를 기울여 신탁
을 관리하여야 하며, 수익자에게 신탁사무에 관한 고지를 합리적으로 하여야 한다.[17]

신탁재산은 수탁자의 고유재산과 별개로 취급되어야 하므로 수탁자는 신탁재산을
구별하여 관리하여야 한다.[18] 신탁재산의 독립성과 관련하여 철회가능신탁(revocable
trust), 낭비방지조항(spendthrift provision), 재량신탁(discretionary trust)을 살펴보면
다음과 같다. 철회가능신탁은 위탁자의 신탁철회권이 유보된 신탁으로 유언 대용으
로 흔히 사용된다.[19] 철회가능신탁의 유효성이 인정된 이후,[20] 종래에는 반대증거가
없는 이상 신탁은 철회불능으로 추정되었으나,[21] 통일신탁법은 이를 변경하여 신탁
조항에 철회불능이라고 명시되어 있지 않은 한 위탁자는 신탁을 철회 또는 변경할
수 있다고 규정한다.[22] 위탁자가 생존하는 동안 철회가능신탁에 의한 신탁재산은 위

13) Uniform Trust Code § 103; Restatement (Third) of Trusts § 4.
14) Restatement (Third) of Trusts § 4.
15) Uniform Trust Code § 103.
16) Uniform Trust Code § 105; 76 Am. Jur. 2d Trusts § 43, 334.
17) Uniform Trust Code § 802, 804, 813.
18) Uniform Trust Code § 810.
19) Uniform Trust Code § 601. 이계정, "미국 신탁법에 관한 연구", 재판자료: 외국사법연수논집
    (31), 법원도서관(2012), 288.
20) Farkas *v.* Williams, 125 N.E.2d 600 (1955).
21) Restatement (Second) of Trusts § 330.
22) Uniform Trust Code § 602; Restatement (Third) of Trusts Section § 63.

탁자의 채권자를 위한 책임재산이 된다는 점에서 특징적이다.[23] 낭비방지조항은 수익자가 자신의 수익권을 양도하는 것을 금지하고 수익자의 채권자가 수익권을 압류하는 것을 제한하는 신탁조항을 말한다.[24] 낭비방지조항이 있는 경우 수익자의 채권자는 수탁자에 의한 분배가 이루어질 때까지 수익권에 대하여 강제집행할 수 없지만, 유효한 낭비방지조항이 없는 경우에는 채권자는 수익자의 다른 재산과 마찬가지로 수익권에 대하여 통상의 강제집행을 할 수 있다.[25] 재량신탁은 수탁자가 수익자에게 이익을 배분할지 여부 및 배분하는 경우 그 액수에 관하여 재량을 행사할 수 있는 신탁이다.[26] 재량신탁의 경우에, 수익자의 채권자는 수탁자에게 이익의 분배를 강제할 수 없으므로, 채권자는 결국 수익자의 권리에 대한 강제집행이 불가능하게 된다.[27]

4. 우리 법과의 비교

신탁법상 신탁은 수익자신탁과 목적신탁으로 나뉘고, 수익자신탁은 자익신탁과 타익신탁으로 나뉜다.[28] 신탁관계인으로서 위탁자, 수탁자, 수익자 및 신탁재산의 개념은 미국법과 크게 다르지 않다. 신탁의 설정은 성립시키고자 하는 당사자의 의사에 의한 경우가 전형적이고 법률규정에 따라 존속이 간주되기도 한다(신탁법 제101조 제4항). 강행규정에 위반되지 않는 한 신탁의 구체적인 내용은 신탁조항에 관한 의사해석에 따라 결정된다. 수탁자는 신탁조항으로 달리 정한 경우가 아니라면 선량한 관리자의 주의로 신탁사무를 처리하여야 하고, 수익자의 이익을 위하여 신탁사무를 처리하여야 한다(신탁법 제32조, 제33조). 신탁계약에 의하여 재산이 수탁자에게 이전된 경우 그 신탁재산은 수탁자에게 절대적으로 이전하므로,[29] 신탁재산은 위탁자의 재산으로부터 분리될 뿐만 아니라 수탁자의 고유재산으로부터 구별되는 독립성을 갖게 된다.[30] 철회권이 유보된 신탁을 설정하는 것은 일반적으로 가능할 뿐만 아니

23) Uniform Trust Code §505.
24) Uniform Trust Code §103, 502; 이계정, 전게 논문, 305.
25) Uniform Trust Code §501. 낭비방지조항은 수익권의 자발적 또는 비자발적 양도 모두를 제한하는 경우에만 유효하다.
26) 이계정, 전게 논문, 306.
27) Uniform Trust Code §504; 권경선, "우리나라 신탁법상 유언대용신탁, 수익자연속신탁에 관한 미국 신탁법 연구", 재판자료: 외국사법연수논집(39), 법원도서관(2020), 41, 42.
28) 최수정, 신탁법, 박영사(2019), 22.
29) 대법원 2008. 3. 13. 선고 2007다54276 판결.
30) 대법원 2002. 12. 6.자 2002마2754 결정.

라,[31] 유언대용신탁에 관한 명시적 규정도 존재한다(신탁법 제59조). 다만, 위탁자의 생존 중 신탁재산이 위탁자의 책임재산이 되는지가 명백한 것은 아니다.[32] 당사자가 임의로 압류금지채권을 형성할 수 없다는 점에서,[33] 수익자의 채권자에 의한 압류를 제한하는 기능을 갖는 낭비방지조항을 상정하기는 곤란하다.[34] 그러나 재량신탁은 금지할 법률상의 근거가 없고 신탁계약상 인정될 수 있으므로 수익자의 채권자가 가지는 권리를 약화하는 수단으로 사용될 수 있다.[35]

---

31) 이계정, 전게 논문, 290.
32) 이를 부정하는 견해로는 임채웅, "유언신탁 및 유언대용신탁의 연구", 인권과 정의 제397호 (2009), 127; 권경선, 전게 논문, 35.
33) 대법원 2002. 8. 27. 선고 2001다71699 판결.
34) 이계정, 전게 논문, 306.
35) 이계정, 전게 논문 307; 재량신탁은 신탁설정 당시 예상하지 못하였던 사정의 변경 등을 반영할 수 있는 유연성을 제공한다는 견해로는 최수정, 전게서, 36.

Unclean Hands
깨끗하지 않은 손

윤호열

1. 개 념

Unclean Hands는 "형평법으로 들어오는 사람은 깨끗한 손(clean hands)을 가지고 와야 한다(Whoever comes into equity must come with clean hands)."는 법언을 구체화하는 법리이다.[1] 이 법리에 따르면, 신의성실(good faith)과 같은 형평법상의 원칙(equitable principle)을 위반한 당사자는 형평법에 따른 적극적 구제 수단(affirmative relief)을 청구하거나 형평법에 따른 항변을 할 수 없다.[2]

2. 배 경

Unclean hands 법리의 인정근거는 공익(public policy)이다.[3] 구체적으로 살펴보면, ① 정의와 형평(justice and equity)의 수호,[4] ② 일반예방, ③ 법체계가 불법한 목적으로 남용되는 것의 방지, ④ 법률 시스템에 대한 일반인의 신뢰 유지가 근거로 논해진다.[5] 다만 응징은 근거가 아니다.[6] Unclean hands는 부도덕한 삶을 살아온 당사자에 대한 징벌이 아니다. 형평법은 당사자가 비난받을 점이 없는 삶을 살아왔을 것

---

1) In re Hat, 363 B.R. 123 (Bankr. E.D. Cal. 2007); Mona *v.* Mona Elec. Group, Inc., 176 Md. App. 672, 934 A.2d 450 (2007); Peterson *v.* Holiday Recreational Industries, Inc., 726 N.W.2d 499 (Minn. Ct. App. 2007).
2) Black's Law Dictionary (11th ed. 2019).
3) Jackson Law Office, P.C. *v.* Chappell, 37 S.W.3d 15 (Tex. App. Tyler 2000).
4) Cardinal Freight Carriers, Inc. *v.* J.B. Hunt Transport Services, Inc., 336 Ark. 143, 987 S.W.2d 642 (1999).
5) (2), (3)은 Brian A. Blum, "Equity's Leaded Feet in a Contest of Scoundrels: The Assertion of the in Pari Delicto Defense Against a Lawbreaking Plaintiff and Innocent Successors", *Hofstra Law Review* Vol. 44 No. 3(2016), 787−788 참조.
6) Bateman Eichler *v.* Berner, 472 U.S. 299 (1985); Small *v.* Parker Healthcare Mgmt. Org., Inc., No. 05−11−01471−CV, 2013 WL 5827822, 3 (Tex. App. Oct. 28, 2013).

을 요구하는 것이 아니다.[7] 당사자가 한 비난받을 만한 행위가 청구 또는 주장과 얼마만큼 관련이 있는지를 살피는 것이다.

3. 내 용

Unclean hands 법리는 일반적으로 보통법상의 청구가 아닌, 형평법상의 청구를 배척하기 위해 적용된다.[8] 이 경우, ① 적극적 구제 수단을 청구하는 당사자가, ② 사기(fraud), 기망(deceit), 비양심적 행위(unconscionablity), 신의에 반하는 행위(bad faith) 등을 했는데, ③ 그 행위가 적극적 구제 수단과 직결되어(directly related), ④ 타방 당사자에게 피해를 입혔고, ⑤ 당사자 사이 형평의 균형에 영향을 준 경우, 그 구제 수단이 배척된다.[9] 나아가 Unclean hands 법리의 적용을 통해, 태만행위(laches),[10] 금반언의 원칙(estoppel)[11]과 같은 형평법상 항변도 배척할 수 있다.

Unclean hands 법리가 적용된 판례를 살펴보면, 형평에 반하거나, 불공평하거나, 부정직하거나, 기망적인 행위,[12] 비양심적인 행위,[13] 신의에 반하는 행위,[14] 고의 또는 중과실로 피해를 입힌 행위,[15] 올바르지 않고 강압적인 행위,[16] 비난받을 만한 행위[17]에 unclean hands 법리를 적용하였다. 단순히 무지하거나 과실이 있었던 사정,[18] 부적절한 행위가 있었던 사정[19]만으로는 위 법리가 적용되지 않는다. Unclean hands 법리의 적용은 법원의 재량에 크게 의존하지만, 법원은 이 법리의 적용에 신중한 경향이 있다.[20]

---

7) Loughran *v.* Loughran, 292 U.S. 216, 229 (1934).

8) 27A Am. Jur. 2d Equity § 19. 금전상의 손해배상청구와 같은 보통법상 청구에 unclean hands 법리는 적용되지 않는다.

9) Romero *v.* Allstate Ins. Co., 52 F. Supp. 3d 715, 95 Fed. R. Evid. Serv. 833, 89 Fed. R. Serv. 3d 1812 (E.D. Pa. 2014).

10) Pinkette Clothing, Inc. *v.* Cosmetic Warriors Limited, 894 F.3d 1015 (9th Cir. 2018).

11) 30A C.J.S. Equity § 123.

12) Performance Unlimited, Inc. *v.* Questar Publishers, Inc., 52 F.3d 1373, 1995 FED App. 0133P (6th Cir. 1995).

13) Snodgrass *v.* Snodgrass, 241 Neb. 43, 486 N.W.2d 215 (1992).

14) Epstein *v.* Epstein, 915 So. 2d 1272 (Fla. 4th DCA 2005).

15) Pinkette Clothing, Inc. *v.* Cosmetic Warriors Limited, 894 F.3d 1015 (9th Cir. 2018).

16) PNC Bank, National Association *v.* Smith, 225 So. 3d 294 (Fla. 5th DCA 2017).

17) Ferguson *v.* Boron, 2018−Ohio−69, 105 N.E.3d 424 (Ohio Ct. App. 7th Dist. Columbiana County 2018).

18) Thomas *v.* McNair, 882 S.W.2d 870 (Tex. App. Corpus Christi 1994).

19) Ferguson *v.* Boron, 2018−Ohio−69, 105 N.E.3d 424 (Ohio Ct. App. 7th Dist. Columbiana County 2018).

　　원고와 피고 모두가 비난받을 만한 행위를 한 경우, 법원은 원고의 비행과 피고의 비행이 각 당사자에게 끼친 피해와 공익에 대한 침해 정도를 비교하여 Unclean hands의 적용을 주장하는 당사자의 비행이 더 무겁다고 판단할 경우, Unclean hands 법리를 적용하지 않는다. 위 법리를 적용한 Northbay Wellness Group, Inc. *v.* Beyries 판결을 자세히 살펴보기로 한다.[21] 원고 회사는 의료용 대마 시약소(dispensary)를 운영했고, 피고는 변호사 겸 원고 회사의 이사였다. 원고 회사는 회사의 임직원이나 고객이 마약법 위반으로 구속되는 경우 법률비용으로 사용하기 위한 용도로 25,000 달러를 피고에게 주면서 관리를 위임하였다. 그런데 위 금원은 원고 회사가 대마를 불법으로 판매하여 조성된 자금의 일부였다. 그 후 피고는 위 금원을 횡령하고 사직을 하였으며, 나중에 파산하였다. 원고 회사는 파산법원에 피고의 위 횡령으로 인한 채무에 관하여 면책 이의의 소를 제기하였다. 여기에 대해 피고는 Unclean hands 법리의 적용을 주장하였고, 파산법원은 피고가 횡령한 자금은 원고 회사와 피고가 공동으로 대마의 불법판매에 관여하여 조성한 것이라는 이유로 불법성의 항변을 받아들여 원고 회사의 청구를 배척하였다. 원고 회사는 항소하였고, 항소심인 연방제 9항소법원은 "Beyries는 Northbay의 이사로서 사업의 동반자라고 할 수 있으므로 불법적인 대마 판매에 대하여는 Northbay와 동등한 책임이 있다.[22] (중략) Beyries는 Northbay와 공동으로 불법적인 대마 판매를 한 것에 더하여 별도의 비행을 저질렀는바, 고객의 돈 25,000달러를 훔친 것이다. Beyries의 변호사업무와 관련하여 Northbay는 고객이다. (중략) Beyries가 파산절차를 통하여 고객의 돈을 횡령한 데 대한 책임을 면하도록 허용하는 것은 변호사로 하여금 고도의 윤리기준을 준수하도록 해야 하는 공익을 근본적으로 훼손하는 것이다."[23]라고 판시하면서 Unclean hands 법리의 적용을 부정하면서 원고의 청구를 인용하였다.

　　형평법에 따른 청구나 항변이 제기되면, Unclean hands 법리가 적용될 요소가 없는 것으로 추정된다. 즉, 형평법에 따른 청구나 항변을 제기한 당사자의 손은 깨끗한 것으로 추정된다. 하지만 Unclean hands 법리의 적용을 주장하려는 당사자가 Unclean hands 법리의 적용 요건이 충족되었다는 것을 보임으로써 위 추정을 복멸할 수 있다. 구체적으로, ① 타방 당사자가 어떠한 잘못을(wrongdoing) 저질렀고, ② 그

---

20) 30A C.J.S. Equity § 123.
21) Northbay Wellness Group, Inc. *v.* Beyries, 789 F.3d 956 (2015).
22) Northbay Wellness Group, Inc. *v.* Beyries, 789 F.3d 956, 960 (2015).
23) Northbay Wellness Group, Inc. *v.* Beyries, 789 F.3d 956, 961 (2015).

위법행위(wrongful act)가 소송상 청구 또는 항변과 관련이 있다는 점을 보여야 한다. 하지만 원고의 청구 자체로부터 Unclean hands 법리가 적용될 것이 명백하다면 별다른 증명 없이 Unclean hands 법리가 적용될 수 있다.[24]

4. 우리 법과의 비교

Unclean hands 법리는 형평법에 따른 청구 또는 항변에 적용되는 법리이므로 우리나라의 법체계와 직접적인 비교는 어렵지만, 우리 민법 제746조에 의한 불법원인급여와 비교해볼 수 있다.[25] Unclean Hands와 불법원인급여와의 비교는, Unclean hands가 형평법상의 법리라는 것 외에는 illegality 부분에서의 설명과 같다(illegality 항목 부분 참조).

한편, Unclean hands 법리가 신의에 반하는 행위에도 적용된다는 점에서는 우리 법상 신의칙과도 비교해 볼 수 있는데, 두 법리 모두 엄격한 요건에 따라 적용 여부가 결정된다기 보다는, 형평의 관점에서 제반 사정을 종합적으로 고려한 법원의 재량 판단에 의존한다는 공통점이 있다. 적용이 인정될 경우, 청구 또는 항변이 일반적인 성립요건을 갖추었는지와 무관하게, 법원이 이를 인정하지 않고 배척한다는 점도 동일하다.

그러나 Unclean hands 법리와 신의성실의 원칙은 그 적용의 평면이 동일하지 않다. Unclean hands 법리는 태만행위(laches), 금반언의 원칙(estoppel) 등 형평법상의 항변을 배척하기 위한 법리이기도 한데, 우리 법상 신의성실의 원칙의 일부를 이루는 항변이 Unclean hands 법리의 적용을 통해 배척되는 것이다. 다만 우리나라에서 사기(fraud), 기망(deceit), 비양심적 행위(unconscionablity), 신의에 반하는 행위(bad faith) 등을 한 당사자가 신의성실의 원칙을 주장한다고 하더라도 법원은 신의성실의 원칙이 적용될 사안이 아니라고 하며 그 적용을 부정할 것이므로 사안의 결론은 유사할 것이다.

---

24) 30A C.J.S. Equity §111.
25) 진도왕, "영국법상의 불법원인급여제도 적용기준", 민사법학 제79호(2017), 79, 89 이하.

Unconscionability
비양심성

이다나

1. 개 념

미국법에서 Unconscionability는 계약의 집행(enforcement)에 대한 항변사유 (defense)이다. 계약성립시 계약이 일방 당사자에게 억압적(oppressive)이거나 불공정 (unfair)해서 남용(abuse)이 암시되는 경우, 법원은 해당 계약을 비양심적이라고 판단하고 집행을 거부할 수 있다. 불공정한 교섭(unfair bargaining) 및 불공정한 실체적 조건(unfair substantive terms)을 모두 입증하는 경우 계약이 비양심적이라고 판단될 가능성이 가장 높다.[1]

2. 배 경

1952년 미국 통일상법전(Uniform Commercial Code: 이하 'UCC'라 한다)이 비양심성 법리를 명문으로 규정하기 전에, 역사적으로 형평법(equity) 법원은 불공정하거나 비양심적인 계약의 특정이행(specific performance)을 거부하는 판례들을 축적해왔다. 18세기에 판례들에서 자주 인용된 문구로, 비양심적인 계약이란 "지각을 갖춘 자가 착각에 빠진 경우가 아니라면 한편에서는 하지 않고, 합리적이며 정직한 사람이라면 다른 한편에서는 수락하지 않는 것"이다.[2] 거부 근거로는 사기(fraud), 강박(duress), 부실표시(misrepresentation), 부당 위압(undue influence), 경제적인 교섭력의 차이 (differences in economic bargaining power) 등이 있었다.[3] 이렇게 판례들에 의해 형

---

1) Legal Information Institute (LII), "Unconscionability", https://www.law.cornell.edu/wex/unconscionability (2021.11.07.).
2) Hume *v.* United States, 132 U.S. 406, 411 (1889).
3) Francish, Dennis R., "Uniform Commercial Code − Section 2−302 − Unconscionability − Time Element as Test − Williams Walker Furniture Co.", *Land & Water Law Review*: Vol. 1 :

성된 비양심성 법리는 UCC § 2−302에 명문화되었고, 제정과 거의 동시에 대부분의 주 법원들이 이를 받아들였다. 이로써 비양심성의 법리는 성문화되어 많은 거래에 적용할 수 있게 되었고, 보통법과도 통합되었다.[4] UCC § 2−302는 다음과 같다.:

(1) 법원은 법률상 계약 전체 또는 계약 중 어느 조항이 계약 체결 시에 비양심적 인 것이었다고 인정된 경우에는, 해당 계약의 집행을 거부하거나 비양심적인 조항을 제외하고 나머지 부분의 계약을 집행하거나 또는 비양심적인 결과를 피 하도록 해당 조항의 적용을 제한할 수 있다.

(2) 계약 전체 또는 계약 중의 어느 조항이 비양심적인 것이라고 주장되거나 또는 법원이 그와 같은 의심이 있다고 인정하였을 때는, 당사자에게 법원의 결정을 돕기 위하여 해당 계약의 거래상의 배경, 목적 및 효과에 관한 증거를 제출할 수 있는 상당한 기회를 부여해야 한다.

UCC § 2−302는 비양심성의 요건 및 효과를 정의하지만 개념을 정의하지는 않는 다. 다만, UCC § 2−302에 대한 공식적인 주석에서 '기본 테스트는 일반적인 상사적 배경(commercial background)과 특정 거래 또는 사건의 상사적 필요성(commercial needs of the particular trade or case)에 비추어 볼 때, 관련 조항이 계약 체결 시 비양 심적일 정도로 일방적(so one−sided as to be unconscionable)인지 여부이다. 비양심 성 법리는 억압(oppression)과 불공정한 기습(unfair surprise)을 방지하는 것을 목적 으로 한다.'라는 일반 지침을 제공하였다.[5] 한편 UCC § 2−302는 동산의 판매계약 (sale of goods)만이 아니라, 계약법 일반에 적용되는 법리로 정착되었고,[6] 제2차 계 약법 Restatement 제208조[7]에서도 동조와 거의 동일한 내용의 비양심성 법리를 규정 하고 있다.

Iss. 1, 309, 309−311 (1966).

4) Carol B. Swanson, "Unconscionable Quandry: UCC Article 2 and the Unconscionability Doctrine", 31 N.M. L. Rev. 359, 361−362 (2001).

5) UCC § 2−302, Comment 1; William B. Davenport, "Unconscionability and the Uniform Commercial Code", 22 U. Miami L. Rev. 121, 121−122 (1967).

6) 동산 매매계약이 아닌 일반 계약에서 법원이 비양심적인 계약이라고 판단한 사건은 Fairfield Lease Corp. v. Pratt, 6 Conn. Cir. Ct. 537, 278 A.2d 154 (1971)(리스계약서(Lease Agreement)); American Home Improvement, Inc. v. MacIver, 105 N.H. 435, 201 A.2d 886 (1964) (집수리 계약).

7) Restatement Second of Contracts § 208 (1981).

3. 내 용

비양심성에 대한 기념비적 판결인 Williams *v.* Walker—Thomas Furniture Co.,
350 F.2d 445 (D.C. Cir. 1965)은, 비양심성이란 일반적으로 '상대방에게 불합리하게
유리한 계약 조건'과 함께 '일방 당사자의 의미 있는 선택의 결여'를 포함하는 것으로
인식된다고 한 바 있다. 여기서 '상대방에게 불합리하게 유리한 계약 조건'은 실체적
비양심성, 계약교섭과정에서 '의미 있는 선택의 결여'는 절차적 비양심성으로 일반적
으로 분류되기도 한다.[8] 그러나 절차적·실체적 비양심성의 경계가 명확하지는 않
다.[9] 실체적 비양심성은 '계약 조건이 너무 일방에 치우쳐서 양심에 충격을 주는 것'
이라고 정의되기도 한다. 절차적 비양심성은 억압(oppression)과 기습(surprise)이라
는 두 가지 요소에 중점을 둔다. '억압'[10]은 당사자 간의 교섭력의 불평등으로 인해,
약한 당사자가 협상하고 계약 조건을 선택할 의미 있는 기회를 누리지 못하는 경우
이다. '기습'은 합의된 교섭 조건이 분쟁이 있는 조건을 강제하려는 당사자가 작성한
문서에 숨겨져 있는 것을 말한다. 계약이나 조항의 집행을 거부하기 위해서는 절차
적 및 실체적인 비양심성이 모두 존재해야 한다. 그러나 실체적인 비양심성의 정도
가 클수록 계약 또는 조항을 무효화하는데 필요한 절차적 비양심성의 정도는 낮아
진다.[11]

비양심성이 인정된 사건의 몇 가지 예는 다음과 같다. 우선, '억압' 요소와 관련
된 사건에서 법원은 판매자가 소비자에게 현실적인 협상 기회를 제공함이 없이 'take
it or leave it' 방식으로 생활필수품(예: 운송 수단)의 구매에 대한 부합계약(contracts
of adhesion)을 체결하는 경우 그 계약이 비양심적이라고 판단한 바 있다.[12] 또 다른
예로, 법원은 급하거나 부당한 위협(형사고발의 위협)이 있는 교섭상황에서 합당한

---

8) Arthur Allen Leff, "Unconscionability and the Code—The Emperor's New Clause", 115
   U.PA. L. REV. 485, 487 (1967)에서 Leff 교수가 처음 절차적·실체적 비양심성을 구분하는 개
   념을 도입한 이후, 학자들과 법원에 의해 사용되었다.

9) Carol B. Swanson, 전게 논문, 361.

10) Jane P. Mallor, "Unconscionability in Contracts between Merchants", 40 SW L.J. 1065, 1072
    (1986). '억압'은 계약 조건이 당사자에게 큰 부담이 되는 상황이나 강한 당사자가 불리한 조
    건을 부과하여 약한 당사자를 억압할 수 있는 상황 중 하나를 의미하여, 실체적 비양심성으로
    분류되기도 한다.

11) Ellis *v.* McKinnon Broad. Co. — 18 Cal. App. 4th 1796, 23 Cal. Rptr. 2d 80 (1993); Ingle *v.*
    Circuit City Stores, Inc., 328 F.3d 1165, 1171 (9th Cir. 2003); Richard L. Barnes,
    "Rediscovering Subjectivity in Contracts: Adhesion and Unconscionability", 66 La. L. Rev.,
    150—151 (2005).

12) Henningsen *v.* Bloomfield Motors, Inc., 32 N.J. 358, 161 A.2d 69, 87(1960).

대안 없이 체결된 계약을 비양심적이라고 판단하였다.[13] 다음으로, '기습' 요소와 관
련된 사건에서 법원은 표준서식 계약에서 일반인의 눈에 띄지 않거나 이해하기 어려
운 위험전환조항을 비양심적이라고 판단하였다. 이런 조항의 예는 자백판결 조항
(confession of judgment),[14] 담보책임 배제조항,[15] 할부구입계약에서 새로 구입한 물
건에 대한 대금을 지불하지 않을 경우 판매자로부터 구입한 모든 재산이 판매자에게
반환되도록 하는 '애드온(add-on)' 조항[16] 등이 있다. 또 다른 예로는 구제 수단의
제한을 들 수 있다. 재산 피해에 대한 책임을 제한하는 계약 조항은 일반적으로 비양
심적인 것으로 판단되지 않는다. 그러나 계약이 당사자가 특정한 구제 수단을 선택
하도록 제한하고, 그 제한된 구제 수단으로는 본질적 목적을 달성하지 못하는 경우,
법원은 그 제한을 비양심적이라고 판단하고 이를 인정하지 않을 수 있다.[17] 마지막
으로, 소비재의 경우 인적 피해로 인한 결과적(consequential) 손해에 대한 제한은 그
자체로(per se) 비양심적이다.[18]

4. 우리 법과의 비교

미국법상 비양심성의 법리는 우리 법상 불공정한 법률행위에 상응한다. 민법 제
104조에 규정된 불공정한 법률행위는 객관적으로 급부와 반대급부 사이에 현저한 불
균형이 존재하고, 주관적으로 위와 같이 균형을 잃은 거래가 피해당사자의 궁박, 경
솔, 또는 무경험을 이용하여 이루어진 경우에 한하여 성립하는 것으로서 약자적 지

---

13) Germantown Mfg. Co. *v.* Rawlinson, 341 Pa. Super. 42, 491 A.2d 138, 146 n.5 (1985).
14) 채무불이행시 채권자가 소송을 제기하더라도 응소하지 아니하고 의제자백 판결을 받을 수 있
   도록 하는 내용의 계약 조항. Patricia J. Whitten, "An Attack on Confession of Judgment
   Clauses in Residential Leases through Section 2-302 of the UCC", 50 Chi.-Kent L. Rev.
   482, 493 (1973).; Architectural Cabinets Inc. *v.* Gaster, 291 A.2d 298 (1971).
15) Jane P. Mallor, "Unconscionability in Contracts between Merchants", 40 SW L.J. 1065, 1083
   (1986). Martin *v.* Joseph Harris Co.-767 F.2d 296 (6th Cir. 1985) 사건에서 원고는 양배추
   종자 구매에 대한 담보책임 배제조항에 이의를 제기한 농부였다. 원고는 피고로부터 토마토
   재배 장비를 구매하기 위한 표준서식계약에 포함된 담보책임 및 결과적 손해 배제특약에 이의
   를 제기했다. 두 경우 모두 법원은 매수인과 매도인의 경제적 힘의 차이, 매수인의 거래 경험
   과 선택의 부족, 위반 조건의 가혹성, 표준서식계약에 위반 조항의 포함을 강조했다. 두 법원
   은 판매자가 구매자가 해당 조건을 이해하고 있었음을 보여줄 의무가 있다고 결론지었다.
16) Williams *v.* Walker-Thomas Furniture Co., 198 A.2d 914(1964), 350 F.2d 445(D.C.Cir.
   1965).
17) UCC §2-719(2); UCC §2-719, Comment 1.
18) UCC §2-719(3); Arthur Allen Leff, "Unconscionability and the Code-The Emperor's New
   Clause", 115 U.PA. L. REV. 485, 517-523 (1967).

위에 있는 자의 궁박, 경솔 또는 무경험을 이용한 폭리행위를 규제하려는 데에 그 목적이 있다.[19] 우리 법상 불공정한 법률행위가 무효가 되기 위해서는 민법 제104조의 객관적 요건 및 주관적 요건을 모두 갖추어야 한다.[20] 공정한 법률행위인가 여부를 판단할 표준시기에 대해 통설과 판례[21]는 법률행위 당시, 즉 계약을 체결한 때라고 한다.

---

19) 대법원 1994. 11. 8. 선고 94다31969 판결.
20) 김영주, "미국 판례법상 비양심성 법리의 전개", 기업법연구 제27조 제2호(2003), 130 – 131.
21) 대법원 1965. 6. 15. 선고 65다610 판결.

Unilateral Contract
편무계약

최예영

1. 개 념

미국법에서 Unilateral contract는 계약의 일방당사자만이 이행할 의무를 승낙하는, 하나의 약속으로 이루어진 계약을 의미한다.[1] 즉 청약자(offeror)가 자신의 청약(offer)에 대한 승낙방식으로 피청약자(offeree)의 반대약속(return promise)을 요구하지 않는 계약을 말한다.

2. 배 경

미국에서 계약법을 규율하는 법원(source of law)으로는 보통법(common law)과 형평법(equity law)이 있다. 이 외에도 각 주에서는 통일상법전(UCC: Uniform Commercial Code)을 채택하여 주 법으로 입법화하기도 하며, 이 밖에 미국법률협회(ALI: American Law Institute)가 판례들을 조문의 형식으로 정리하여 두 차례에 걸쳐서 발간한 제1차 계약법 Restatement와 제2차 계약법 Restatement 또한 미국의 계약법 원칙을 이해하는 데 주요한 수단을 제공한다.[2] 이하에서는 이 중 제1차 계약법 Restatement와 제2차 계약법 Restatement의 내용을 중심으로 Unilateral contract에 관하여 살펴본다.

3. 내 용

Unilateral contract의 본질은 한 당사자의 약속이 다른 당사자의 의무 이행에 의

---

[1] Black's Law Dictionary (11th ed. 2019).
[2] 명순구, 미국계약법입문(제2판), 법문사(2008), 5-8; 엄동섭, 미국계약법 I, 법영사(2010), 19-27 참조.

해서만 집행될 수 있게 된다는 것이다.[3] Unilateral contract에서는 계약 당사자 일방, 즉 청약자만이 채무를 부담한다.[4] 따라서 피청약자는 이행에 착수한 이후에도 계약 위반의 책임을 지지 않고 언제든지 이행행위를 중도에 그만둘 수 있다.[5] Unilateral contract의 대표적인 예로는 유실물을 발견한 후 유실물의 실제 가격에 따라 보수를 지급하기로 약속하는 것이다.[6]

Unilateral contract의 청약은 상대방이 이행, 즉 청약 당사자가 원하는 이행을 실제로 수행함으로써 수락하도록 유도하는 것이다.[7] Unilateral contract를 맺기 위한 청약은 특정행위를 하는 것만이 그에 대한 승낙으로 인정될 수 있다는 뜻을 명백히 밝히고 있거나 또는 이러한 뜻이 청약의 형식이나 기타 상황에 비추어 명백해야 한다. Unilateral contract에서 피청약자로서는 사실상 자신의 이행행위를 계약 성립 전에 미리 하는 셈이어서, 청약자의 지위가 피청약자의 지위보다 현저하게 유리하기 때문에 거래 안전상의 최소한의 요구가 갖추어졌다고 볼 수 있다.[8] 이 밖에 Unilateral contract도 bilateral contract와 마찬가지로 계약의 성립요건으로 대가적 교환(bargained-for exchange)과 법적 가치(legal value)를 기본요소로 하는 약인(consideration)을 필요로 한다.

Unilateral contract를 판단하는 기준은 계약의 성립 시에 미이행의 (아직 이행되지 아니한) 의무가 어느 쪽에 있는지에 달렸다. 청약자에게만 미이행의 의무가 있다면 이는 Unilateral contract이다. Unilateral contract에서 청약에 대한 승낙은 대부분의 경우 청약자에 대한 별도의 통지 없이 지정된 행위를 이행함으로써 이루어진다. 그러나 다음과 같은 상황에서는 이행사실을 통지하여야 할 의무(duty to give notice of performance)가 부과되기도 한다. (1) 청약자가 통지를 요구한 경우이다. 이 경우에 있어서 피청약자는 청약자에게 이행사실을 통지하여야 한다. (2) 이행행위가 청약자에 의하여 인식되지 않은 경우이다. 지정된 이행행위가 보통 상당한 기간 내에 청약자에 의하여 인식되지 않는 것일 때에는, 피청약자는 이행행위를 한 후 상당한 기간 내에 청약자에게 이를 통지할 의무를 부담한다. 이는 통지가 없을 경우, 청약자는 같은 내용의 청약을 다른 사람에게 반복할 가능성이 있기 때문이다.[9] 이 밖에 승낙을

---

3) 17A Am. Jur. 2d Contracts §7.
4) Auto Glass Exp., Inc. *v.* Hanover Ins. Co., 293 Conn. 218, 975 A.2d 1266 (2009).
5) Dahl *v.* Hem Pharmaceuticals Co., 7 F.3d 1399 (9th Cir. 1993).
6) P.S. Atiyah, An Introduction to the Law of Contract 3rd ed, Oxford: Clarendon Press; New York: Oxford University Press (1981), 32.
7) 17A Am. Jur. 2d Contracts §7.
8) 한종술, 미국계약법, 진원사(2009), 53.
9) 명순구, 전게서, 51-53.

한 당사자는 그의 승낙에 대한 대가로 상대방의 승낙을 받지 않으며[10] 상대방에 대한 승낙을 이행할 때까지 그 구속력과 강제력은 존재하지 않는다.[11]

　　과거에는 이러한 Unilateral contract를 폭넓게 인정하였으나 오늘날의 미국 계약법(contract law)에서는 '계약의 청약자가 이행(performance)의 완수로만 청약이 승낙될 수 있다는 것을 명확하게 하는 경우'와 '잃어버린 개를 찾아주면 $50를 주겠다는 광고를 하는 것과 같이 불특정 다수에 대한 현상금의 청약(reward offer)을 하는 경우'만을 Unilateral contract로 인정하고 있다.[12]

4. 우리 법과의 비교

　　미국법상 Unilateral contract와 같이 계약에 의하여 당사자 일방만이 채무를 부담하는 계약을 우리 법에서는 '편무계약(片務契約)'으로 해석한다.[13] 편무계약에서 행위를 통해서 승낙을 한 자는 청약자에게 정해진 대가를 요구할 권리를 갖게 되고 그 청약자만이 그 대가 지불의 의무를 지게 된다. 미국법상 Unilateral contract는 피청약자의 특정행위의 완료(이것은 그 실질상 이미 성립한 계약상의 채무를 이행하는 것이라고 볼 수 있을 정도의 가치를 갖는 급부를 실제로 하는 것이다)만이 승낙으로 인정될 수 있다는 점에서 그 실질은 이른바 요물계약(要物契約)의 일종이다.[14] 이러한 점에서 비추어 볼 때, 미국법상 unilateral contract는 우리 법상 광고자(청약자)가 어느 행위를 한 자에게 일정한 보수를 지급할 의사를 광고(청약)를 통하여 표시하고, 이에 응한 자가 그 광고에 정한 행위를 완료함으로써 효력이 발생하는 현상광고[15]와 가장 흡사하다. 현상광고는 광고자만이 채무를 부담하지만, 광고자의 채무와 응모자의 행위가 서로 대가관계에 있다는 점에서 유상계약이며, 당사자의 합의 외에 기타 급부를 하여야만 계약이 성립할 수 있다는 점에서 요물계약이다.[16] 요컨대 우리 법의 기

---

10) Cook *v.* Coldwell Banker, 967 S.W.2d 654 (Mo. Ct. App. E.D. 1998).
11) U.S. Scholtes *v.* Signal Delivery Service, Inc., 548 F. Supp. 487 (W.D. Ark. 1982); Pine Builders, Inc. *v.* U.S., 413 F. Supp. 77, 19 U.C.C. Rep. Serv. 306 (E.D. Va. 1976); Pettingill, 403 B.R. 624 (Bankr. E.D. Ark. 2009); Wash. Saletic *v.* Stamnes, 51 Wash. 2d 696, 321 P.2d 547 (1958).
12) 서철원, 미국계약법, 법원사(2015), 15-16; 명순구, 전게서, 12 참조.
13) 지원림, 민법강의(제18판), 홍문사(2021), 1340 참조.
14) 한종술, 전게서, 53-54.
15) 민법 제675조. 현상광고는 광고자가 어느 행위를 한 자에게 일정한 보수를 지급할 의사를 표시하고 이에 응한 자가 그 광고에 정한 행위를 완료함으로써 그 효력이 생긴다.
16) 지원림, 전게서, 1340-1341 참조.

준에 따를 때, 미국법상 Unilateral contract는 유상·편무·요물계약이다. 이 밖에 우리 법상 현상광고의 경우는 불특정 다수인만을 상대로 광고의 방법에 의해서만 청약을 하는 것이나, 미국법상 Unilateral contract의 경우는 특정인을 상대로 또는 광고가 아닌 방법으로도 청약을 할 수 있다는 점에서 다르다.[17]

우리 법상 계약은 당사자 간의 의사표시의 합치를 의미하는 것으로, 그러한 의사표시를 절대적 요건으로 하고, 그 두 개의 의사표시를 각각 '청약'과 '승낙'이라고 부른다(다만, 실제적인 의사표시가 아닌 묵시적 방법에 의한 의사표시도 인정한다). 그런데, 미국계약법의 Unilateral contract에서는 청약자의 청약에 대해 피청약자는 반드시 청약자가 요구하는 특정행위를 완성하는 방식만이 허용된다는 점도 우리 법과는 다소 차이가 있는 특징이다.[18]

이 밖에 미국법상 Unilateral contract에서 청약자는 승낙이 이루어지기 이전까지 청약을 철회할 수 있다.[19] 우리 법은 청약이 도달되기 전까지 청약자는 청약의 의사표시를 철회할 수 있지만[20] 청약이 도달한 때에는 청약자가 임의로 이를 철회하지 못한다.[21]

청약자와 피청약자가 서로를 알지 못할 수 있는 편무계약의 경우 피청약자가 계약이행에 착수한 후 청약자가 청약을 철회하여 승낙자가 손해를 보는 불합리한 결과가 발생할 수 있다. 이 경우를 방지하기 위해 Unilateral contract 중 피청약자의 반대급부의무는 청약에서 정해진 기간 또는 그 기간이 정해지지 않은 경우에는 합리적인 기간 내에 청약자의 이행행위가 완료되는 것을 조건으로 한다.[22] 이 원칙은 우리 민법에서도 찾아볼 수 있는데, 현상광고는 광고에 행위의 완료기간을 정하지 아니한 때 지정행위를 완료한 자가 있기 전에는 철회할 수 있으나[23] 이를 모르고 지정행위를 완료한 자가 있으면 그에게 보수를 지급하여야 하는 것이 그것이다.

---

17) 한종술, 전게서, 22.
18) 한종술, 전게서, 21 – 22 참조.
19) Tepper, Pamela R. The Law of Contracts and the Uniform Commercial Code. Delmar Thomson Learning (1995), 10.
20) 양창수·김재형, 민법 I : 계약법(제3판), 박영사(2020), 36; 양형우, 민법의 세계(이론과 판례, 제12판), 정독(2021), 1192.
21) 민법 제527조(계약의 청약의 구속력) 계약의 청약은 이를 철회하지 못한다.
22) Restatement of the Law of Contracts, First (1932) § 45.
23) 민법 제679조의2. 광고에 행위의 완료기간을 정하지 아니한 때에는 그 행위를 완료한 자 있기 전에는 그 광고와 동일한 방법으로 광고를 철회할 수 있다.

Vicarious Liability
대위 책임

신유리

1. 개 념

Vicarious liability(대위 책임)는 직접적인 행위를 하지 않은 당사자가 행위자와의 관계로 인해 행위자의 행위에 대하여 부담하는 책임으로, 사용자와 같이 감독상 지위에 있는 당사자가 피용자와 같이 종속적 지위에 있는 당사자의 행위에 대해 부담하는 책임이다.[1] 대위 책임은 자신의 주의의무위반에 대한 직접 책임(direct liability)과 달리 다른 사람의 주의의무위반으로 인하여 부담하는 책임으로, 피용자를 고용하거나 감독하는 데 있어 자신의 주의의무위반으로 인해 지게 되는 책임과는 구별된다.[2] 'Imputed liability'라고도 불린다.[3]

2. 배 경

행위자의 행위로 인해 이익을 얻은 당사자는 행위자의 행위로 인해 발생한 제3자의 손해에 대해 대위 책임을 지는데, 이는 감독상 지위에 있는 당사자의 이익을 위해 직접 행동한 행위자의 행위로 발생한 위험을 궁극적으로 그 행위에 대해 이해관계를 가진 당사자에게 적절히 분산시키려는 것이다.[4] 대위 책임은 제3자에게 손해가 발생했을 때 재정적으로 책임 있는 당사자가 불법행위자가 지게 되는 책임의 몫 전부에 대해 책임을 지도록 한다.[5]

---

1) 74 Am. Jur. 2d Torts § 60; Black's Law Dictionary (11th ed. 2019).
2) 65 C.J.S. Negligence § 149; 74 Am. Jur. 2d Torts § 60; Black's Law Dictionary (11th ed. 2019).
3) Black's Law Dictionary (11th ed. 2019).
4) 30 C.J.S. Employer—Employee § 203; Reed *v.* House of Decor, Inc. 468 So.2d 1159 (La.1985).
5) Restatement (Third) of Torts: Apportionment Liab. § 13.

3. 내 용

대위 책임은 자신의 목적을 달성하고자 다른 사람을 통해 행동하는 경우에 부과 된다.[6] 대위 책임자는 행위자의 행위를 지배(control)할 수 있었을 경우 행위자의 과 실에 대해 대위 책임을 지므로, 대위 책임을 발생시키는 관계에 있어 가장 중요한 요 소는 결과 또는 그 결과를 달성하기 위해 사용된 수단에 대한 지배권(right to control) 이다.[7]

대위 책임이 적용되는 특수한 관계의 대표적인 경우로 사용자와 피용자의 관계 가 있다. 사용자가 그의 업무를 수행하기 위해 고용된 피용자에게 업무 수행과 관련 하여 지배권을 행사할 수 있는 경우 사용자는 피용자의 불법행위에 대하여 대위 책 임을 진다. 반면, 사용자는 독립 계약자의 행위에 대해서는 일반적으로 대위 책임을 지지 않는데,[8] 사용자의 지배(control) 하에 있는 피용자인지 아니면 독립 계약자인 지는 작업의 세부 사항에 대해 행사할 수 있는 통제의 범위, 행위자가 별개의 직업이 나 사업에 종사하는지 여부, 작업이 일반적으로 사용자의 지시에 의해 행해지는지 아니면 감독 없이 전문가에 의해 수행되는지 여부, 특정 직업에서 요구되는 기술, 작 업을 수행하는 사람을 위해 도구나 장소를 제공하는지 여부, 고용된 기간, 대가 지급 이 시간당 이루어지는지 작업당 이루어지는지 여부, 그 작업이 사용자의 정규 업무 의 일부인지 여부 등의 요소가 고려된다.[9]

사용자는 피용자가 고용의 범위 내(within the scope of employment)에서 행동하 면서 저지른 불법행위에 대해 책임을 진다.[10] 피용자의 행위가 고용의 범위 내에 있 다고 판단되려면 ① 피용자가 그러한 종류의 행위를 하기 위해 고용되었어야 하고, ② 피용자의 행위가 실질적으로 허락된 시간과 장소에서 이루어져야 하며, ③ 최소 한 부분적으로라도 사용자를 위한 목적으로 행해져야 하고, ④ 만약 피용자가 고의 로 행동한 경우라면 이는 사용자에게 예측가능한 것이어야 한다.[11]

---

6) Restatement (Third) of Torts: Apportionment Liab. § 13; Bergman *v.* St. Louis Southwestern Ry. Co. 134 Cal. App. 3d 696, 185 Cal. Rptr. 150 (5th Dist. 1982).

7) 65 C.J.S. Negligence § 149.

8) 사용자가 비정상적으로 위험한 활동과 관련된 작업을 독립 계약자에 위임하는 경우 등 독립 계 약자의 행위에 대하여 대위 책임을 지는 경우에 관하여는 Restatement (Third) of Torts: Phys. & Emot. Harm §§ 58−65 (2012) 참조.

9) Restatement (Second) of Agency § 220.

10) Restatement (Second) of Agency § 219.

11) Restatement (Second) of Agency § 228.

특정한 행위가 고용의 범위 내에 있는지 여부를 판단하는 기준 중 하나는 해당 행위가 사용자에 의해 승인되었는지 여부이다.[12] 일반적으로 피용자의 행위는 사용자가 그 행위를 할 권한을 부여한 경우 고용의 범위 내에 있다.[13] 구체적인 행위가 사용자에 의해 승인되지 않았더라도, 승인된 행위와 충분한 연관성이 있는 경우에는 고용의 범위 내에 속할 수도 있다.[14] 고의적 불법행위라고 하더라도 고용의 범위 내에 속할 수 있지만, 순전히 개인적인 차원에서 저지른 불법행위는 고용 범위에 포함되지 않는다.[15] 한편, 고의적인 범죄행위는 고용의 범위 내에 있다고 보기 어렵다.[16]

대위 책임이 문제되는 다른 관계로는 자동차 소유자와 운전자의 관계가 있다. 많은 주에서는 성문법과 판례를 통해 자동차 소유자의 허가를 받아 자동차를 사용하는 운전자가 제3자에게 행한 불법행위에 대해 자동차 소유자에게 대위 책임을 지도록 하고 있다.[17] 또한 일부 주에서는 미성년 자녀의 불법행위에 대해 부모에게 대위 책임을 부과하는 법령을 두고 있다.[18] 이 경우 미성년 자녀가 부모의 통제 하에 부모의 업무를 수행하는 과정에서 제3자에게 불법행위를 하였다면 부모가 대위 책임을 지게 된다.[19]

대위 책임은 책임의 근거가 될 1차 책임이 인정되지 않는 경우에는 성립할 여지가 없다.[20] 대위 책임을 지게 될 당사자는 행위자가 지는 책임 전체에 대해 책임을 진다.[21] 즉, 불법행위자와 같은 정도로 피해자에게 책임을 부담한다. 한편, 대위책임을 지는 당사자가 피해자에게 손해를 배상한 경우 대위자는 행위자에게 구상할 수 있다.[22]

---

12) 27 Am. Jur. 2d Employment Relationship § 361.
13) Wong-Leong *v.* Hawaiian Independent Refinery, Inc. 76 Haw. 433, 879 P.2d 538 (1994).
14) 27 Am. Jur. 2d Employment Relationship § 361.
15) Restatement (Third) Of Agency § 7.07 (2006).
16) Restatement (Third) Of Agency § 7.07 (2006).
17) Restatement (Third) of Torts: Apportionment Liab. § 13 Comment (2000).
18) Restatement (Third) of Torts: Apportionment Liab. § 13 Comment (2000).
19) 서철원, 미국 불법행위법, 법문사(2005), 252.
20) 65 C.J.S. Negligence § 149.
21) American Home Assur. Co. *v.* National Railroad Passenger Corp. 908 So. 2d 459 (Fla. 2005); Dabasse *v.* Reyes, 963 So. 2d 288 (Fla. Dist. Ct. App. 2d Dist. 2007).
22) Restatement (Third) of Torts: Apportionment Liab. § 13, § 22 (2000).

4. 우리 법과의 비교

대위 책임은 가장 대표적인 관계가 사용자와 피용자 사이의 관계인만큼 사용자 책임으로 불리기도 하며, 우리 민법 제756조의 사용자 책임과 비교된다. 민법 제756조는 타인을 사용하여 어느 사무에 종사하게 한 자는 피용자가 그 사무집행에 관하여 제3자에게 가한 손해를 배상할 책임이 있다고 규정하고 있다. 사용자와 피용자 사이에 사용자가 행위자를 실질적으로 지휘·감독하는 관계인 '사용관계'가 있어야 한다[23]는 점은 사용자가 피용자의 행위를 지배하거나 지배할 권리를 가지고 있어야 한다는 대위 책임의 법리와 유사하다. 또한 민법 제756조는 피용자가 '사무집행에 관하여' 제3자에게 손해를 가할 것을 요건으로 하고 있어, 대위 책임에서 피용자가 '고용의 범위 내(within the scope of employment)'에서 행동하면서 저지른 불법행위를 요건으로 하는 것과 유사하다. 다만, 우리나라 학설과 판례는 사무집행관련성을 판단함에 있어 사무집행의 외형을 기준으로 삼는 외형이론을 따르고 있어, 피용자의 직무집행행위 자체가 아니더라도 그 행위의 외형상 직무의 범위 내에 속하는 것과 같이 보이는 행위도 포함된다고 본다.[24] 한편, 민법 제756조는 사용자가 피용자의 선임과 사무감독에 상당한 주의를 하였거나, 상당한 주의를 하여도 손해가 있을 경우에는 손해배상의 책임이 없다고 규정하고 있는데, 대위 책임 하에서는 과실이 없거나 주의의무위반이 없다고 하더라도 행위자의 불법행위에 대해 책임을 진다는 점에서 민법 제756조와 대위 책임은 차이가 있다.

---

23) 대법원 1999. 10. 12. 선고 98다62671 판결.
24) 대법원 1985. 8. 13. 선고 84다카979 판결.

Warranty
보증

심인혜

1. 개 념

Warranty[1]는 특정한 사실에 대한 진술이 진실하고 상대방이 신뢰할 수 있다는 것에 대한 보장(assurance) 또는 약속(promise)이다.[2] 재산법의 측면에서 Warranty는

---

[1] Warranty는 '매도인의 담보책임(대법원 1988. 12. 13. 선고 87다가2986 결정)', '담보(대법원 1996. 10. 11. 선고 94다60332 판결)', '보증(대법원 2003. 11. 28. 선고 2001다26828 판결)', '품질보증(대법원 2014. 5. 16. 선고 2012다72582 판결)' 등으로 다양하게 번역되고 있다. 김영주, "미국 통일상법전(UCC)상 물품의 묵시적 보증", 국제상학 제34권 제2호(2019. 6), 39(각주 6)에서도 warranty의 번역과 관련한 고민을 담고 있다. '보증'이라는 용어를 사용하는 문헌으로는 석광현, 국제물품매매계약의 법리, 박영사(2010), 143 이하; 이동진, "기업인수계약상 진술·보증약정위반과 인수인의 악의", 서울대학교 법학 제57권 제1호(2016. 3); 주지홍, "품질보증책임(warranty)의 법적 성격", 법학연구 제55권 제4호(2014. 11); 손영화·손수진, "품질보증제도 개선에 관한 연구: 미국의 품질보증법제를 중심으로", 한양법학 제20호(2007. 2); 및 김민지, "집합건물의 하자담보책임에 관한 비교법적 연구: 미국 집합건물 보증 관련 판례에 대한 분석을 중심으로", 아주법학 제11권 제4호(2018. 11)가 있고, '담보' 또는 '담보책임'이라는 용어를 사용하는 문헌으로는 서정일, "UCC상 Warranty 위반의 구제에 관한 연구", 중재연구 제13권 제2호; 이재찬, "미국통일상사법전(Uniform Commercial Code)상의 담보책임(Warranty)에 관한 연구", 서울대학교 법학석사학위논문(2008. 2); 신건훈, "영국 해상보험법상 담보(warranty)에 관한 연구", 무역상무연구 제42권(2009. 5), 최성수, "해상보험법상 담보의무제도의 현안과 과제", 법학연구(전북대학교) 통권 제46집(2015. 12) 등이 있다. 일부 문헌은 한국법상 하자담보책임 또는 보증 개념과의 혼동을 우려하여 "warranty" 또는 "워런티"라는 용어를 그대로 사용하기도 한다. 가정준, "미국 계약법상 물건에 대한 warranty와 그 책임", 비교사법 제21권 제3호(2014); 이정원, "2015년 영국보험법상 워런티의 의의와 법률 효과에 관한 고찰", 저스티스 통권 제150호(2015. 10); 박정수, "영국 해상보험법상의 워런티(Warranty)에 관한 연구", 문화산업연구 창간호(2001. 2) 등 참조.
한편 대법원 2018. 10. 12. 선고 2017다6108 판결은 기업인수(M&A) 계약에 일반적으로 포함되는 representations and warranties 조항(매도인이 대상회사의 상태에 관하여 진술하고 보증하는 내용을 담고 있음)을 "진술·보증 조항"이라고 번역하고 있고, 적어도 물품 매매계약과 관련하여서는 "보증"이라는 용어가 상대적으로 정착된 것으로 보인다. 다만 이하에서는 물품 계약뿐만 아니라 부동산임대차, 보험 등 여러 분야의 warranty를 간략하게 다루고 있는 점을 고려하여 일단 원 용어인 warranty를 그대로 사용하되, 맥락에 따라 '보증' 또는 '담보'라는 용어를 사용한다.

[2] D. Batten (Ed.), Gale Encyclopedia of American Law (3rd ed.), Gale Research Inc. (2010).

양도인(grantor)이 양수인(grantee)에게 양도증서(deed)를 통하여 양도된 재산을 보장(secure)하고, 만약 더 강력한 권원을 가진 자가 나타나서 양수인이 퇴거(evict)당하는 경우 그에게 보상하겠다는 약정(covenant)을 의미한다.[3] 한편, 계약법의 측면에서는 계약의 일방 당사자(특히 매도인)에 의해 보장(guarantee)되는 명시적 또는 묵시적인 약속을 의미한다.[4] 매수인이 계약을 통하여 인도받은 물품 등의 품질이 매도인이 계약 시 제시한 명시적, 묵시적 약속과 일치하지 않는 경우 매도인은 배상책임을 지게 된다.[5] 미국법상 계약불이행책임은 원칙적으로 채무자의 고의나 과실을 불문하고 부담하게 되는 엄격책임(strict liability)이며,[6] Warranty 책임 역시 매도인의 과실 여부를 불문하고 부담한다.

비교 개념으로서 guaranty는 타인의 채무, 파산, 이행불능에 관하여 책임지겠다는 약속인 반면,[7] Warranty는 주로 부동산, 보험, 물품 및 서비스의 판매, 임대차(lease)와 같은 다양한 영역에서 계약의 목적물이 진술된 것과 같거나 같을 것이라는 약속이다. 따라서 Warranty가 보다 1차적인 의무(primary obligation)에 가까운 성질을 지닌다.[8][9]

미국은 통일상법전(Uniform Commercial Code, 이하 "UCC"라 한다), 매그누손-모스 보증법(Magnuson-Moss Consumer Product Warranty Act),[10] 연방조달규정(Federal Acquisition Regulation, 이하 "FAR"라 한다) 및 각 주의 품질보증서비스계약 관련 법률 등을 통하여 Warranty를 규율하고 있다.[11]

2. 배 경

보통법(common law)에서는 종래 로마법적 연원을 가지는 'caveat emptor(let the buyer beware, 매수인 위험부담 원칙)'을 바탕으로 매수인의 권리를 제한하였다.[12] 즉

---

3) Black's Law Dictionary (11th ed. 2019), warranty.
4) *Ibid.*
5) 서정일, "UCC상 Warranty 위반의 구제에 관한 연구", 중재연구 제13권 제2호(2003), 292.
6) Restatement (Second) of Contracts 11 Intro. Note (1981).
7) 구체적인 내용은 'Guaranty' 항목 참조.
8) 67A Am. Jur. 2d Sales §598. 다만 맥락에 따라 warranty와 guaranty는 동의어로 사용되기도 한다.
9) 주지홍, 전게 논문, 241-242.
10) 15 U.S.C. §§ 2301-2312. 소비재의 제조업자 및 판매업자에게 소비자에 대한 warranty 정보를 상세히 제공할 것을 의무 지우고 있는 법이다.
11) 손영화·손수진, 전게 논문, 303-334 참조.
12) 가정준, 전게 논문, 1267.

명시적 보증(express warranty)이 없다면, 매도인이 사기(fraud)적 수단을 사용하지 않는다는 전제 하에 계약 체결 이후에는 계약 목적물에 대한 모든 검사, 판단, 시험 책임이 매수인에게 있고, 일단 매수인이 물건을 수령하고 나면 그 하자에 대해 아무런 권리를 주장할 수 없다고 보았다.[13]

보통법계의 전통에 따라 미국에서도 19세기 중반까지는 매수인이 계약 목적물을 수령한 이후에는 매도인에게 물건의 품질과 관련하여 책임이 없다고 보았다. 그러나 이는 본격적인 산업사회가 되면서 매수인의 과도한 부담을 초래하고 거래비용의 증가를 유발한다는 비판을 받았다. 19세기 후반부터 일부 주에서 물품판매에 있어 묵시적 보증(implied warranty) 법리를 도입하기 시작하였고, 20세기 초반에는 37개 주가 영국을 따라 물품매매에 있어 상품성의 묵시적 보증 법리를 도입하였다.[14][15]

3. 내 용

앞서 살펴본 바와 같이 Warranty는 물품매매, 부동산임대차, 보험 등 다양한 영역에서 사용되고 있다. 이하에서는 UCC상 물품매매에 관한 Warranty를 기본으로 부동산임대차, 보험 영역의 Warranty를 설명한다.

가. 물품 매매 및 리스

물품 매매 또는 리스 계약은 해당 물품을 실제로 소유한 자의 Warranty를 담고 있다. 이때 적용되는 보증은 명시적 보증과 묵시적 보증으로 구분된다. 명시적 보증은 매도인이 제공하는 구체적 약속으로서, 매도인의 ① 사실 또는 약속에 대한 확언(affirmation), ② 계약의 기초인 목적물에 대한 기술(description), 또는 ③ 계약의 기초가 되는 목적물의 샘플 또는 모델(sample or model)을 통하여 성립된다.[16] UCC상 설득력 있는 증거(competent evidence)를 통하여 수립된 확정적인 보증에 불합치할 경우 명시적 보증에 위반된다.[17] 이때 위반을 주장하는 원고는 '물건의 하자'가 아니

---

13) 67A Am. Jur. 2d Sales §610.
14) David Owen, Products Liability Law Restated, 49 S. C. L. Rev. 273(1998), 275.
15) 한편 부동산임대차와 관련한 implied warranty (of habitability)의 연혁적 배경과 관련하여서는, 장민, "미국 주택임대차에 있어서 주거적정성의 묵시적 보장", 숭실대학교 법학논총 제26권(2011. 7), 157-160.
16) 각 UCC §2-313(1)(a), UCC §2-313(1)(b), 및 UCC §2-313(1)(c).
17) 67A Am. Jur. 2d Sales §627.

라 '해당 물건의 성능이 피고가 자발적으로 한 약속과 다름'을 증명하여야 한다.[18]

묵시적 보증은 명시적 보증이 없는 경우 법률을 통해 묵시적으로 제공된다.[19] 상인(계약을 통해 판매되는 물품 또는 서비스의 판매 사업을 하는 자)이 체결하는 모든 판매 계약에는 소위 '상품성의 묵시적 보증(implied warranty of merchantability)'이 포함된다.[20] 이때 계약의 목적물인 '상품성'은 6가지 기준을 통하여 확정된다.[21] 매매 계약에는 이른바 '특정 목적을 위한 적합성의 묵시적 보증(implied warranty of fitness for a particular purpose)'이 포함되기도 한다.[22] 이러한 Warranty는 특별한 용도로 사용되는 물품에 대한 약속으로서, 매도인이 매수인의 특별한 목적(대상 물품이 그 목적에 적합하다는 것)을 알 수 있었다면 이러한 보증이 묵시된(implied) 것으로 본다.[23] 매도인이 면책규정(disclaimer)을 제시하였거나, 매수인이 물품을 조사하였거나 조사를 거부하는 경우에는 묵시적 보증이 실효되거나 면제되기도 한다.[24] 한편 매도인은 구두 또는 서면으로 상품성의 보증에 관해 면책을 선언할 수 있지만, '특정 목적의 적합성의 보증'은 구두로 면책을 고지할 수 없고 서면으로 고지되어야 한다.[25]

나. 부동산

토지, 주택 기타 부동산 매도시 매도인은 매수인에게 보증증서(warranty deed)를 제공하여 해당 부동산의 소유권이 완전하며 흠결(defects)이 없음을 보증할 수 있다.[26] 부동산의 매도인이 곧 시공사이기도 하다면, 소위 '묵시적 주거적합성의 보증

---

18) *Ibid*.
19) Warranty, Black's Law Dictionary (11th ed. 2019).
20) UCC §2-314. 본 조항은 매도인이 상인인 경우의 매매계약에만 적용된다. 더욱 구체적인 내용은 김영주, 전게 논문, 41-49.
21) UCC §2-314(2): ① 거래관계에서 거래명세서대로 이의 없이 통용되는 물건일 것; ② 대체물일 경우, 기술의 범위 내에서 중등품(fair and average quality)일 것; ③ 해당 물건이 사용되는 통상의 목적에 적합할 것; ④ 계약에 의해 허용되는 범위 내에서, 각 단위 및 관련된 모든 단위 내에서 동등한 종류, 품질 및 수량일 것; ⑤ 계약에 의해 요구할 수 있는 바와 같이 내용물의 용기, 포장 및 표시가 적절하게 이루어질 것; 그리고 ⑥ 용기 또는 포장에 사실에 대한 약속 또는 확약이 있을 경우에는 그에 적합할 것.
22) 김영주, 전게 논문, 49-55.
23) 거래 목적물에 대한 매수인의 주관적 기대에 대한 보증이며, 매수인은 해당 물품이 특별한 목적에 사용될 것임을 매도인에게 구체적으로 통지할 필요는 없다. 합리적인 매도인의 입장에서 그 목적에 대하여 알 수 있으면 충분하다. UCC §2-315; Black's Law Dictionary (11th ed. 2019).
24) UCC상의 warranty 전반에 관한 더욱 구체적인 내용으로 손영화·손수진, 전게 논문, 307-310.
25) UCC §2-316(2).
26) Warranty. (2010). In D. Batten (Ed.), ibid, 405-410. 이외에 특별 warranty 증서와 추가 보장 확약(covenants of further assurance)도 있다.

(implied warranty of habitability)'이 자동적으로 부착된다.[27] 해당 건물이 주의 건축법령(building codes)에 부합하고, 거주에 적합함을 약속하는 것이다.

주거성의 보증은 부동산 임대차계약에도 적용된다.[28] 1970년 *Javins* 판결[29]을 통하여 '묵시적 주거적합성의 보증'이 최초로 인정된 이래 미국 대다수의 주에서 이러한 보증을 인정하고 있다.[30] 미국 통일주법위원회(National Conference of Commissioners on Uniform State Laws)는 1972년 통일주택임대차법(Uniform Residential Landlord and Tenant Act)을 제정하였는데, 동 법은 '묵시적 주거적합성의 보증'이라는 용어를 직접적으로 사용하지는 않았지만, 판례의 법리를 수용하고 있다.[31]

다. 보 험

보험법상 Warranty는 보험증권(insurance policy) 또는 그 증권에 적절히 편입(incorporated)된 문서에 나타나는 피보험자의 진술, 기술 또는 약속이다.[32][33]

---

27) Residences of Ivy Quad Unit Owners Association, Inc. *v.* Ivy Quad Development, LLC, 164 N.E.3d 142 (Ind. Ct. App. 2021).

28) Warranty, Black's Law Dictionary (11th ed. 2019). 구체적으로 임대인은 신속하고 합리적인 방식으로 필요한 보수(repair)를 하며, 수도, 가스 및 전기 등 기본 서비스를 제공하여야 한다. 만약 임대인이 이러한 묵시적 주거성의 보증을 위반할 경우 임차인은 임료를 내지 않을 수 있으며, 그 위반으로 인한 금전적 손해를 청구하거나, 금지명령(유지명령), 계약 취소, 해제 또는 해지를 청구할 수 있다. 김영희, "미국법상 임대차주택의 주거적합성에 관한 연구", 법사학연구 제57권(2018. 4), 377.

29) Javins *v.* First National Realty Corp. 428 F.2d 1071 (D.C. Cir. 1970). 임차 주택에서 해충이 나오는 등의 위생 문제를 이유로 임차인이 임차료 지급을 거절한 사안. 연방항소법원은 주택임대차가 부동산권의 양도 문제임과 동시에 계약법의 법리가 적용되는 영역임을 확인하고, 임대인이 임차료 미지급을 이유로 임차인에 대하여 퇴거소송을 제기한 경우 임차인이 임대인의 주택관리법규 위반 사실을 들어 퇴거소송에 대항할 수 있다고 판단하였다.

30) 위 Javins 판례에 이르기까지의 미국 판례의 흐름에 관하여는, 김영희, "미국법상 임대차주택의 주거적합성에 관한 연구", 법사학연구 제57권(2018. 4), 370-372 참조.

31) 장민, "미국 주택임대차에 있어서 주거적정성의 묵시적 보장", 숭실대학교 법학논총 제26권(2011. 7), 165-166. 구체적 조항으로는 임대인의 수리 및 유지의무에 관한 §2.104가 있으며, 이러한 임대인의 의무를 배제하기로 합의하는 것은 무효이며(§1.403), 임대인이 위와 같은 의무를 위반할 시 임차인은 임대차계약을 해지하거나(§4.101) 차임을 지급하지 않을 수 있다(§4.104).

32) 44 Am. Jur. 2d Insurance §1023.

33) 참고로, 영국의 해상보험법(Marine Insurance Act of 1906 (MIA)) 제33조 제1항에 의하면 warranty란 특정한 사항이 이행되거나 이행되지 않을 것, 또는 특정한 조건이 성취되거나 특정한 사실의 존재를 확인하거나 부정하는 것을 피보험자가 약속하는 것이다. 보험법상 고지의무가 중요한 사실에 관하여 인정되는 반면, warranty는 중대성(materiality) 여부를 불문한다는 점에서 구별된다. 영국의 경우 일단 보험계약상의 warranty가 한 번 위반되면 그 날로부터 보험자가 자동적으로 면책되었는데, 이것이 지나치게 보험자에게 편향된 법리라는 비판을 받았고, 결국 2015년 영국 보험법 제10조 제2항은 warranty 위반에 대한 보험자의 면책은 피보험자의 warranty 위반 시부터 warranty 위반의 치유 전까지만 가능하다고 명확히 규정하고 있

Warranty로 인정되려면 그 사실이 보험증권에 명시되어야 한다.[34] 보험계약에서 Warranty는 크게 확인적 보증(affirmative warranty)과 확약적 보증(promissory warranty)으로 구별된다. Affirmative warranty는 계약 체결 시점의 어떤 사실에 관한 진술이며,[35] 이러한 진술이 진실하지 않을 경우 보험계약은 당초부터 무효이다. Promissory warranty는 피보험자가 보험계약이 발효한 후 계약 기간 동안 어떤 행위가 이행되거나 이행되지 않을 것을 보증한다.[36] 그 위반 시 보험자는 Warranty 위반일로부터 책임을 면한다.[37]

피보험자가 Warranty를 위반한 모든 경우에 보험자가 계약을 취소하거나 지급을 거절할 수 있는 것은 아니고, 계약에 규정된 조건 및 Warranty에 관하여 사실과 달리 보증한 경우에만 보험자에게 그러한 권리가 있다.[38] 계약서상의 '진술 및 보증(representations and warranties)'으로 인정되기 위해서는 해당 조항이 명시적으로 계약서에 포함되어야 하며, 계약 당사자들이 그 진술의 진실성에 따라 피보험자와 보험자의 권리를 규율할 것을 의도하였음을 명확히 알 수 있어야 한다. 미국 법원은 피보험자의 진술(representation)을 보증으로 해석하는 데 엄격한 입장을 취한다.[39][40]

4. 우리 법과의 비교

매매에 의하여 매수인이 취득하는 권리나 물건에 하자 내지 불완전한 점이 있는 경우 매도인이 매수인에 대하여 부담하는 책임을 매도인의 담보책임이라고 하며, 그중 목적물에 하자가 있는 경우를 하자담보책임이라 한다.[41] 미국 계약법상 Warranty는 물건에 하자가 있거나 불완전한 경우에 책임을 진다는 점에서 우리 민법상 하자담보책임과 유사하다.[42] 그러나 Warranty는 ① 계약 당사자관계(privity)를 확장할 수

다. 이정원, 전게 논문, 117, 124.

34) CNH Capital *v.* Janson Excavating, Inc., 171 Ohio App. 3d 694, 2007-Ohio-2127, 872 N.E.2d 980 (1st Dist. Hamilton County 2007).

35) Black's Law Dictionary (11th ed. 2019).

36) D & S Realty, Inc. *v.* Markel Ins. Co., 280 Neb. 567, 789 N.W.2d 1 (2010); Black's Law Dictionary (11th ed. 2019).

37) 예를 들어, 피보험자가 화재보험의 목적물이 폭발물 배합 용도로 사용되지 않을 것이라고 보장하였다면, 보험계약자가 해당 목적물을 폭발물 배합에 사용하기로 결정하였다면 보험자는 계약을 취소할 수 있다.

38) Warranty. (2010). In D. Batten (Ed.), *supra* note 2.

39) Bankers' Reserve Life Co. *v.* Matthews, 39 F.2d 528 (C.C.A. 8th Cir. 1930).

40) City Bank & Trust Co. *v.* Commercial Cas. Co., 176 So. 27 (La. Ct. App. 2d Cir. 1937).

41) 지원림, 민법강의(제17판), 홍문사(2020), 1441.

있으므로 하자담보책임보다 피해자 보호의 범위가 더 넓을 수 있고,[43] ② 의무자가
자신의 의무를 성실히 이행하지 않을 경우 책임 제한 규정이 실효되며, ③ 미국법상
불완전이행의 기준 법리로 작용하여 민사거래에 관련된 소송에서 약 60%를 차지할
정도로 중요성이 높다는 차이가 있다.[44]

　　한편 보험계약상의 Warranty와 관련하여, 우리 상법은 보험편에서 고지의무에
관한 규정(제651조)을 두고 있으나, 피보험자의 Warranty에 관한 규정은 없다. 따라
서 보험자가 보험계약자와 이에 관한 약정을 하여야만 피보험자의 Warranty 의무가
발생한다.[45]

---

42) 가정준, 전게 논문, 8-9.
43) 예를 들어 소비자는 구매한 제품에 대하여, 구매계약을 직접 체결한 판매자가 아니라 직접 계
　약관계가 없는 제조업자에게 warranty 책임을 물을 수 있다. 손영화·손수진, 전게 논문, 309.
44) 주지홍, 전게 논문, 8-9.
45) 최성수, "해상보험법상 담보의무제도의 현안과 과제", 법학연구(전북대학교) 통권 제46집(2015.
　12), 165.

Will
유언

심인혜

1. 개 념

Will(유언)이란 사람이 사망한 후 본인 재산의 처분에 관한 의사를 나타내는 법적 의사표시(legal expression)이다.[1] 나아가, 이러한 의사를 표시하여 둔 '문서'를 지칭하는 의미로도 사용된다.[2] 종래 동산을 처분하는 문서는 'testament'라 하고,[3] 부동산을 처분하는 문서는 'Will'이라 하여 구분하는 것이 영미법계의 전통이었다. 그러나 이제 그러한 구분이 사라져서 'Will(또는 'last will and testament')'이라고 하면 보통 부동산 및 동산 모두를 처분하는 문서를 의미한다.[4]

유언은 유언자(testator)가 사망하기 이전에는 미래에 자신의 재산을 특정한 방식으로 처분하겠다는 의사표시에 불과하고, 유언자가 사망하여야 그 효력이 발생한다.[5] 다만 조건부 유언(conditional will) 방식도 가능하다.[6]

2. 배 경

미국에서 유언으로 재산을 처분할 개인의 자유는 법률로 통제된다. 미국에서 상속은 원칙적으로 연방법이 아닌 각 주의 관할사항이기 때문에, 각 주마다 판례법과

---

1) Will. (2010). In D. Batten (Ed.), Gale Encyclopedia of American Law (GEAL) (3rd ed., Vol. 10), 405−411; 79 Am. Jur. 2d Wills § 1.
2) Black's Law Dictionary (11th ed. 2019), will.
3) Black's Law Dictionary (11th ed. 2019), testament.
4) 79 Am. Jur. 2d Wills § 1.
5) 79 Am. Jur. 2d Wills § 1; Candies *v.* Hulsey, 277 Ga. 630, 593 S.E.2d 353 (2004); In re Estate of Graham, 690 N.W.2d 66 (Iowa 2004).
6) 조건부 유언(conditional will)이란 불확정한(uncertain) 어떠한 사건의 발생을 유언의 효력개시 요건으로 하는 유언을 말한다. 반면 contingent will 이란 특정한 사건이 발생하는 경우에만 효력이 발생하는 유언을 의미한다. Black's Law Dictionary (11th ed. 2019), will.

제정법으로 구성되는 각기 다른 내용의 상속법이 존재하였다.[7] 이에 미국 통일주법 위원회(National Conference of Commissioners on Uniform State Laws)가 각 주의 상속법을 통일하기 위한 목적으로 1969년 통일유언검인법(Uniform Probate Code, 이하 'UPC'라 한다)을 제정하였다. [8][9] 1970년대부터 많은 주들이 UPC의 전부 또는 일부를 채택하였다.[10] 이하에서는 UPC의 내용 위주로 설명한다.

3. 내 용

유언이 유효하기 위한 요건은 크게 세 가지이다. 첫째, 유언자가 유언능력(testamentary capacity)을 갖추어야 한다.[11][12] 유언능력은 미국 모든 주에서 법령으로 규율된다. 유언능력은 헌법상 근본적인 권리라는 견해도 있지만, 다수 견해는 유언능력이 자연인 고유의 또는 헌법상 권리가 아니라 법령에 의해 창설된 권리라고 본

---

7) 류일현, "미국의 상속포기 제도", 가족법연구 제34권 제3호(2020. 11), 99. 이에 의하면 미국에서 '상속법'에 포함되는 주제는 크게 무유언상속법(intestate succession), 유언법(wills), 및 신탁법(trusts)의 세 가지이다. 무유언상속법이란 피상속인의 유언이 없는 경우에 법정상속분에 따라 진행되는 상속 관련 법리를 의미한다.

8) UPC는 1969년 최초로 제정된 이래 1975, 1982, 1987, 1989, 1990, 1991, 1997, 1998, 2002, 2003, 2008, 2010 및 2019년 각 개정되었다.

9) 검인(probate)이란 문서로서의 유언(testamentary document)이 유효한 유언(valid will)임을 확인하는 사법절차(judicial procedure)이다. 번복되지 않는 한, 유언의 검인은 유언능력, 사기 또는 부당 위압의 존재, 그리고 유언의 집행에 관하여 모든 당사자에게 최종적이다. Black's Law Dictionary (11th ed. 2019), probate.

10) 2021년 현재 다음의 19개 주가 UPC를 전부(in entirety) 또는 일부 (수정하여) 채택하고 있다: 아이다호(1971), 알래스카(1972), 콜로라도(1973), 아리조나(1973), 사우스다코타(1974), 네브래스카(1974), 몬타나(1974), 미네소타(1974), 유타(1975), 뉴멕시코(1975), 미시간(1978), 펜실베니아(1979), 메인(1979), 미네소타(1985), 사우스캐롤라이나(1986), 하와이(1996), 노스다코타(1999), 뉴저지(2004), 매사추세츠(2009). 괄호 안은 각 주의 채택 연도를 의미한다. https://www.uniformlaws.org/committees/community−home?CommunityKey=a539920d−c477−44b8−84fe−b0d7b1a4cca8 (2021. 12. 19. 최종방문).

11) 미국법상 유언자는 유언 당시 만 18세 이상으로서 온전한 정신능력을 가지고 있어야 한다. UPC § 2−501. 재산에 관한 제3차 리스테이트먼트(The Restatement (Third) of Property)는 온전한 정신능력에 관하여 ① 재산의 범위와 성질, ② 상속재산의 추정 상속인(natural objects of his or her bounty), ③ 그가 행하는 재산에 대한 처분에 관하여 알고 이해하여야 하고, ④ 재산의 처분에 관한 정돈된 계획을 수립하기 위해 그러한 요소의 상호 관계를 연결시킬 수 있는 방법을 알 수 있는 능력을 가져야 한다고 규정한다(이를 four−prong test라고 하기도 한다). 이는 계약 체결능력 등 다른 법률행위에 필요한 능력에 비하여 상대적으로 낮은 수준의 능력이다.

12) 한편 Cunningham v. Stender 사건에서 발전된 Cunningham test에 의하면 유언자가 ① 자신의 행동을 이해하고, ② 자신의 재산 규모를 알고, ③ 유언에 의해 이루어질 재산 처분을 이해하고, ④ 추정 상속인을 알고 있고, ⑤ 유언이 유언자의 희망을 나타내야 한다. 255 P.2d 977, 981−82(Col. 1953).

다.[13] 일부 주는 성인 또는 18세 이상의 사람에게만 유언능력을 인정하기도 한다.[14] UPC는 18세부터 유언을 할 수 있으며 유언자의 정신이 건강해야(sound mind) 한다고 규정한다.[15] 둘째, 흔히 "statute of wills"라고도 불리는 형식적 요건을 충족하여야 한다. Statute란 유언자의 의도를 진실히 나타내었음을 보증하기 위한 문서이다. 셋째, 유언자가 해당 문서가 법적 효력을 가질 것을 의도하였어야 한다. 유언의 유효성은 유언의 집행 시점이 아닌 유언자의 사망 당시에 유효한 법에 따라 결정된다.[16]

유언의 유효성을 다투는 자(contestor 또는 caveator)는 검인 법원(probate court)에 유언의 유효성 판단을 청구할 수 있다.[17] 유언장에 상속인으로 기재된 사람은 유언의 옹호자(proponent of a will)로서 그러한 공격에 대하여 방어한다. 이 절차를 'Will contest'라고 한다.[18] Contestor의 청구가 성공하면 유언자의 재산은 유언이 아니라 법률 규정에 따라 분배된다.

유언자는 사망할 때까지는 유언을 변경할 수 있고,[19] 유언의 전부 또는 일부를 자유롭게 철회할 수도 있다. 다만 정신건강의 악화 등으로 유언능력이 결여되면, 선행 유언의 철회가 제한될 수 있다.[20] 각 주는 유언철회의 방법을 정하고 있는데, 주요한 것으로는 후행 유언, 유언보충서(codicil),[21] 유언의 파훼(불태우기, 찢기 등) 등이 있다.[22] 철회된 유언은 무효로 된다.[23] 유언자가 유언장을 찢는 경우, 또는 유언

---

13) 79 Am. Jur. 2d Wills § 48.

14) 79 Am. Jur. 2d Wills § 60.

15) UPC § 2-501.

16) 79 Am. Jur. 2d Wills § 49.

17) Contestor는 유언의 내용에 이해관계를 가진 자이거나(Logan *v.* Thomason, 202 S.W.2d 212 (Tex. 1947)), 유언의 내용으로 인하여 상속분에 영향을 받는 법정상속권자(intestate heir) 또는 그 수익자(beneficiary)여야 한다(Sheldone *v.* Marino, 501 N.E.2d 504 (Mass. 1986).

18) 관련하여, 유언의 내용에 이의를 제기하는 자는 유산을 상속받을 수 없다는 내용이 유언에 규정되는 경우, 이러한 조항을 'no-contest clause (또는 in terrorem clause라고도 함)'라고 한다. Black's Law Dictionary (11th ed. 2019). 이러한 'no-contest' 조항에도 불구하고, contestor가 contest를 제기할 충분한 이유가 있었다는 법원 판단이 있는 경우에는 해당 조항을 적용하지 않는다(UPC § 3-905). In re Seymour's Estate, 600 P.2d 274 (N.M. 1979)

19) 79 Am. Jur. 2d Wills § 4; In re Estate of Schiwetz, 102 S.W.3d 355 (Tex. App. Corpus Christi 2003).

20) 79 Am. Jur. 2d Wills § 455; Heirs of Goza *v.* Estate of Potts, 2010 Ark. App. 149, 374 S.W.3d 132 (2010); Oliver *v.* Hays, 121 Md. App. 292, 708 A.2d 1140 (1998).

21) 유언자가 유언 조항을 대체, 확대 또는 제한하거나 설명하거나 혹은 철회할 목적으로 기존 유언장을 보충하거나 그에 추가하는 문서로서, 그 명칭이 반드시 codicil일 필요는 없다. 79 Am. Jur. 2d Wills § 575.

22) 79 Am. Jur. 2d Wills § 457.

23) 79 Am. Jur. 2d Wills § 583; In re Estate of Burleson, 738 A.2d 1199 (D.C. 1999); Foy *v.* County Com'n of Berkeley County, 191 W. Va. 29, 442 S.E.2d 726 (1994).

을 철회하려는 유언자의 지시에 따라 제3자가 유언장을 찢은 경우, 그 철회는 유효하다. 이후에 조각을 붙이는 등 물리적으로 유언장을 복원한다고 해도 그 철회가 번복되지 않는다.[24]

　　유언자가 부당 위압(undue influence),[25] 사기(fraud)[26] 또는 착오(mistake)로 인하여 유언을 작성한 경우 그 유언은 무효이다.[27] 부당 위압이란 불법하거나, 강박 또는 강제에 이를 정도의 영향력을 의미한다.[28] 법원은[29] 부당 위압 여부를 고려함에 있어 ① 부당 위압 행사자와 유언자 간의 신임관계,[30] ② 유언자의 신체적 상태,[31] ③ 유언자의 정신 상태,[32] ④ 영향력에 대한 취약성을 나타내는 징표인 유언자의 재산 처분의 부자연스러움의 정도,[33] 그리고 ⑤ 부당 위압이 행해진 일시, 장소 및 관련 정황을 고려한 요구의 정도[34]를 고려한다. 부당 위압을 주장하는 contestor는 위 요소에 대한 증명책임을 진다.[35] ① 주요 수익자(beneficiary) 가족이 유언자와 긴밀한 관계를 유지하기 위하여 활발히 활동하며, ② 유언자에게 조언할 독립적인 변호사가 없는 경우, ③ 고령의 유언자가 신체적·정신적으로 약해진 경우 등의 상황에는 부당 위압의 추정이 성립할 수 있다.[36] 부당 위압이나 사기로 인해 무효가 되는 부분을 다른 부분과 분리할 수 있는 경우에는 유언의 일부만이 무효가 될 수도 있다.[37]

---

24) 79 Am. Jur. 2d Wills § 586; In re Nish's Estate, 220 Iowa 45, 261 N.W. 521, 100 A.L.R. 1516 (1935).

25) 79 Am. Jur. 2d Wills § 356 (undue influence); 부당 위압을 이유로 유언의 무효를 청구하는 contestor는 일응 입증(prima facie case)을 성공할 수 있도록 충분한 증거를 제시하여야 한다. Matter of Will of Jones, 114 N.C. App. 782, 443 S.E.2d 363 (1994).

26) 79 Am. Jur. 2d Wills § 381.

27) 79 Am. Jur. 2d Wills § 382.

28) In re Freeland, 360 B.R. 108 (Bankr. D. Md. 2006) (applying Maryland law); Simmons *v.* Norton, 290 Ga. 223, 719 S.E.2d 421 (2011).

29) 79 Am. Jur. 2d Wills § 359.

30) 79 Am. Jur. 2d Wills §§ 367 to 372.

31) 79 Am. Jur. 2d Wills § 366.

32) *Id.*

33) 79 Am. Jur. 2d Wills § 406.

34) Scottrade, Inc. *v.* Davenport, 2012 WL 2019679 (D. Mont. 2012) (applying Montana law).

35) 92세 노인이 세 딸에게는 각 5,000달러씩만을 주고 가정부에게 500,000달러를 주는 내용의 유언을 작성하였는데, 부당 위압의 증거가 불충분함을 이유로 법원이 자식들의 will contest를 기각한 사안으로서 In re Colbeck's Will, 45 A.D.2d 796 (1974).

36) In re Estate of Clinger, 22 Neb. App. 692, 860 N.W.2d 198 (2015). 즉 부당 위압은 직접적인 증거가 있는 경우보다는 정황 증거만 있는 경우가 다수이기 때문에 contestor가 부당 위압의 존재를 증명하기가 매우 어렵다. 따라서 미국 법원은 입증책임을 전환하는 태도를 취하고 있다. 정소민, "유언능력에 관한 연구", 법학논집(한양대학교) 제35권 제2호(2018. 6.), 83.

37) 79 Am. Jur. 2d Wills § 357; Williams *v.* Crickman, 81 Ill. 2d 105, 39 Ill. Dec. 820, 405 N.E.2d 799 (1980).

타인의 유언장을 보관하는 자는 유언자의 생존 기간 동안 유언장을 안전하게 보관하고 반환할 의무가 있다.[38] UPC에 의하면 보관장소에는 법원이 포함된다.[39]

한편 미국에서는 네바다(2001) 주가 처음 전자유언 제도를 도입한 이래 인디애나(2018), 아리조나(2019) 주에서 전자유언 제도를 도입하였다.[40] 2019년 통일주법위원회는 통일전자유언법(Uniform Electronic Wills Act)을 제정하였는데, 2021년 기준 콜로라도, 노스다코타, 워싱턴 및 유타 주가 이를 채택하고 있다.[41] 동법에 따르면 전자유언(electronic will)이란 전기·디지털·자기·무선·광학·전자기 그 밖에 이와 유사한 능력의 기술을 활용한 유언을 의미한다(동법 §2(1), §2(3), 및 §5(a)).

4. 우리 법과의 비교

한국법상 유언의 정의는 '유언자가 자기의 사망과 동시에 일정한 법률효과를 발생시킬 목적으로 일정한 방식에 따라 행하는 상대방 없는 단독행위'이다.[42] 법정사항에 한하여 유언이 가능하며, 방식에 반하는 유언이 무효가 되는 점은 미국법과 동일하다.

우리 법상 유언은 일반법인 민법으로 규율되고 있는 반면, 미국에서는 1969년 통일유언검인법(UPC)이 제정되어 미국 19개 주가 위 법을 전부 또는 일부 채택하여 시행 중이다. 우리 법상 유언연령은 만 17세이고, UPC 기준으로 유언연령은 18세이다. 우리 민법상 유언자가 유언 당시 유언능력을 가져야 한다는 명문의 규정은 없으나 학설은 일치하여 유언능력이 요구된다고 한다.[43] 반면 미국은 유언능력에 관하여 자세히 규정하고 있다.[44]

영미법계의 전통에 따라 미국은 유언의 자유를 강력하고 광범위하게 보장하고 있다.[45] 따라서 유언이 유언자의 자유로운 의사가 아닌 타인의 부당한 위압이나 우

---

38) Scholen *v.* Guaranty Trust Co. of New York, 288 N.Y. 249, 43 N.E.2d 28, 141 A.L.R. 1273 (1942).

39) UPC §2−515.

40) 현소혜, "전자유언 제도 도입을 위한 시론: 미국법에 대한 검토를 중심으로", 비교사법 제28권 제1호(2021), 359−361.

41) https://www.uniformlaws.org/committees/community−home?CommunityKey=a0a16f19−97a8−4f86−afc1−b1c0e051fc71 (2021. 12. 19. 최종방문).

42) 지원림, 민법강의(제17판), 홍문사(2020), 144.

43) 정소민, 전게 논문, 84.

44) 38 Am. Jur. Proof of Facts 3d 227, §§13−28.

45) 따라서 미국에서는 우리와 같은 강력한 유류분 제도 대신 그와 유사한 기능을 하는 유족부양

월한 영향력에 종속된 경우에 관하여 미국에서는 부당 위압(undue influence), 사기 또는 착오 등의 법리를 풍부하게 발전시켰다.[46] 반면 우리 법에는 부당 위압에 관하여 규율하는 법리가 없다.[47] 이에 관하여는 유언자의 의사를 조종하는 행태의 비난 가능성, 그러한 유언에 따라 발생하게 될 관계인들의 재산상태 변화 등을 종합적으로 고려하여 민법 제103조에 따라 해결해야 한다는 견해가 있다.[48]

　　미국에 특유한 점은 각 주마다 유언자의 유언을 확인하고 집행하는 검인법원 (probate court)이 있다는 점이다. 미국에서는 한국과 달리 유언에 관하여 검인 (probate) 절차를 거쳐야 한다. 피상속인이 사망하면 검인법원이 유언의 유효성을 판단한다. 유언이 유효하지 않거나 없는 경우 거소지법에 따라 재산 처분을 실행한다.[49] 이러한 검인법원의 검증 및 집행 과정은 공개된다.

　청구권(family allowance) 제도(UPC §2−404(a)), 강제분(forced share) 제도 또는 선택분 (elective share, UPC §2−202) 제도 등을 통하여 생존 배우자 및 자녀의 생계를 제한적으로 보장하고 있다. 현소혜, "유산기부 활성화를 위한 유류분 제도의 개선방안: 영국, 미국 사례로부터의 시사점", 외법논집 제43권 제2호(2019. 5.), 60−61; 가정준, "유언의 자유와 제한을 통해 본 유류분제도의 문제점과 그 개선방안", 비교사법 제24권 제3호(2017. 8.), 1292−1302.

46) Ronald J. Scalise Jr., "Undue Influence and the Law of Wills: A Comparative Analysis", 19 Duke Journal of Comparative & International Law 41.

47) 정소민, 전게 논문, 101−102.

48) 이동진, "불륜관계의 상대방에 대한 유증과 공서양속", 비교사법 제13권 제4호(2006), 32; 최선영, "부당위압의 요건: 영국 판례 중심", 법학연구 제55권 제2호(2014. 5), 21−23.

49) Will. (2010). In D. Batten (Ed.), GEAL, ibid, 405−411.

Willful Misconduct
고의적 불법행위

김기홍

1. 개 념

미국법에서 Willful misconduct의 개념은, 행위자가 자신의 행위가 위법행위라는 것과 그 행위가 초래할 수 있는 결과를 인식하면서도 이를 인용한 의도적인 작위 또는 부작위를 의미한다.[1] 대륙법에서는 불법행위에서의 과실을 그 경중에 따라 통상의 과실(simple negligence), 경과실(slight negligence), 중과실(gross negligence)로 구분하는데, 미국법에서도 주에 따라 대륙법에서와 같이 법률로서 과실의 경중을 구분하는 예가 있다.[2] 그 중 Willful misconduct는 경중의 측면에서 통상 중과실과 유사한 것으로 비교되기도 하지만, 'willful'에는 고의성(intent)이 개재된다는 점에서 과실과 질적인 차이가 있다.[3]

2. 배 경

불법행위에서 Willful misconduct는 운송책임과 관련하여 많이 사용되는데, 운송책임과 관련하여 Willful misconduct라는 개념이 처음 사용된 것은 국제항공운송인의 책임에 관한 조약인 1929년 바르샤바 협약(국제항공운송에 있어서 일부 규칙의 통일에 관한 협약, The Convention for the Unification of Certain Rules relating to International Transportation of Air, 이하 바르샤바 협약이라 한다) 제25조이다.[4] 바르샤바 협약 제25조는 운송인 책임 제한의 예외사유에 관하여 'Willful misconduct 또는 관계된 법원이

---

1) 최준선, "선박소유자 등의 책임제한조각사유로서의 고의·인식·무모의 의미", 고시계(1994. 8), 138.
2) 65 C.J.S. Negligence §85
3) 65 C.J.S. Negligence §95
4) 최준선, 전게 논문, 133.

속하는 국가의 법률에 의하면 Willful misconduct에 상당하다고 인정되는 과실에 의
하여' 손해가 발생한 때에는 운송인의 책임은 제한되지 않는다고 명시하였다.

바르샤바 협약의 공식 언어는 프랑스어였는데 이때 책임제한의 예외사유를 지
칭하는 단어는 프랑스어인 'dol'이었고, 이는 의도적으로 해를 가할 의사로 행하여진
작위 또는 부작위를 의미하는 것으로서, 고의 및 고의보다는 약간 넓으나 중과실까
지는 포함하지 않는 개념이라고 한다.[5] 그리고 바르샤바 협약의 'dol'은 영미법계에
서 'Willful misconduct'으로 번역되었다.[6]

그런데 이러한 'Willful misconduct' 및 'Willful misconduct에 상당하다고 인정되
는 과실'의 개념의 의미가 무엇인가에 관하여 그 해석이 법정지법에 맡겨졌고,[7] 각국
법원은 해석을 달리하였다. 그리하여 운송인에 관하여 유한책임과 무한책임 사이의
정확한 경계선을 이끌어내는 것이 어려워졌으며, 이로 인하여 기존의 법률용어가 아
닌 전혀 새로운 번역으로 대체함으로써 각국 간은 물론이고 대륙법체계 국가와 영미
법계 국가 간의 법체계의 불일치를 해소하고 규정내용을 명확히 하기 위한 시도가
이루어졌다.[8]

이에 1955년 헤이그(Hague)에서 개정된 바르샤바 협약(헤이그 의정서)에서는
Willful misconduct의 개념을 보다 명확히 하기 위하여 책임제한 예외사유를 「운송인
및 그 피용자의 ① 손해발생의 고의로서(with intent to cause damage), 또는 ② 손해
발생의 개연성을 인식하면서도 무모하게(recklessly and with damage), 작위 또는 부
작위로 나아감으로써 손해를 발생시켰다고 증명되는 경우」라고 Willful misconduct의
내용을 구체적으로 서술하는 현재의 문언으로 대체하였다.[9] 그 이후 Willful mis-
conduct라는 개념은 많은 조약(1968년 헤이그비스비규칙, 1974년 아테네해상여객운송조
약, 1978년 함부르크규칙, 1980년 유엔국제복합물건운송조약 등)에서 사용되고 있는바,
국제적으로 널리 인정되고 있는 개념이 되었으며, 운송법 분야에서 책임제한권을 상

---

5) 양석완, "여객의 연착 및 수하물에 관한 운송인의 책임제한 배제사유", 국제법무 제1권 제1호
   (2009. 5.), 117; 장상균, "개정된 바르샤바협약 제4조 소정의 책임제한 조항 배제사유의 해석"
   (대법원 2006. 10. 13. 선고 2005도3724 판결), 대법원판례해설 제63호(2007. 7), 458; Goldhirsch.
   Lawrence B., The Warshaw Convention annotated : a legal handbook. Boston: Kluwer Law
   International (2000), 153.
6) 최준선, 전게 논문, 137.
7) 양석완, 전게 논문, 118.
8) 김효신, "해상기업주체에 대한 책임제한의 조각사유로서 "고의 또는 손해발생의 염려가 있음을
   인식하면서 무모하게 행한 작위 또는 부작위"의 의미, 기업법연구 제10권(2002. 9), 123.
9) 양석완, "여객의 연착 및 수하물에 관한 운송인의 책임제한 배제사유", 국제법무 제1권 제1호
   (2009. 5.), 118.

실시키는 요건의 보편적 원칙으로 인정되고 있다.[10]

3. 내 용

　전술한 바와 같이 Willful misconduct가 성립하기 위해서는 행위자가 그 자신의 행위 및 그 행위로 인한 손해발생 가능성(probability of injury)을 인식해야 한다.[11] 다만, willfulness가 고의성(intent)[12]을 전제로 하는 것이라 하더라도 개연성 있는 결과(probable consequence)를 무모하게 무시(reckless disregard)하였다면 이는 'willful'한 것으로 의제되며,[13] 행위자가 피해자의 손해에 대한 실제 악의(actual will or malice)를 가졌을 것까지 요구되는 것은 아니다.[14]

　미국의 항공운송법 판례에 나타난 Willful misconduct의 성립요건을 정리해보면, 행위자의 행위가 그 성격에 있어서 무법(outrageous)하고 그 정도에 있어 극심(extreme)할 때 이는 Willful misconduct에 해당한다고 한다.[15] 또한 미국 법원[16]은 Willful misconduct의 성립요건으로 ① 위법행위임을 인식하고 행한 의도적인 작위 또는 부작위가 있을 것(an intentional act or omission done with the conscious awareness that such an act or omission was wrongful), ② 행위자가 자신의 행위가 초래할 수 있는 결과를 인식하였을 것(an awareness of the probable consequences of the act or omission), ③ 행위와 손해발생 사이의 인과관계가 존재할 것(a causal relationship between the act and omission and the injury sustained) 등을 요구한다.[17] 여기서 인과관계 문제는 별론으로 하고, Willful misconduct의 요건은 1항에서 서술한 바와 같이 행위자가 자신의 행위가 위법행위임을 또 그 행위가 초래할 수 있는 결과를 인식하면서도 이를 인용한 의도적인 작위 또는 부작위라고 할 수 있다.[18]

---

10) 김효신, "해상기업주체에 대한 책임제한의 조각사유로서 "고의 또는 손해발생의 염려가 있음을 인식하면서 무모하게 행한 작위 또는 부작위"의 의미", 기업법연구 제10권(2002. 9.), 124.
11) 65 C.J.S. Negligence §102
12) "Intent"라는 용어는 영국의 형법에서 사용되는 용어인데, 판례상 이는 현실의 주관적 의도(subjective intent)를 의미하고 형법상의 범죄의 고의(범의, mens rea)를 의미하는 것으로서, 어떤 자가 그 자신의 작위, 부작위의 결과로 손해가 초래되는 것을 인식하고 또한 스스로 어떠한 방법으로 그러한 결과를 초래하려고 한다는 의미라고 한다. 김효신, 전게 논문, 127.
13) 65 C.J.S. Negligence §104.
14) 65 C.J.S. Negligence §105.
15) 최준선, 전게 논문, 138.
16) United States District Court, District of Columbia, 7 November 1988: 21 Avi 18, 561.
17) 최준선, 전게 논문, 138.
18) 최준선, 전게 논문, 138.

책임제한 배제사유인 Willful misconduct의 입증책임은 이를 주장하는 청구권자(여객 또는 화주)에게 있으며, 우리 대법원도 바르샤바협약 제25조에 정한 책임제한 배제사유에 대한 입증책임은 책임제한 조항의 적용배제를 구하는 사람에게 있고 그에 대한 증명은 정황증거로써도 가능하다고 판시한 바 있다.[19]

4. 우리 법과의 비교

우리 민법상 불법행위에서 주관적인 요소는 고의, 과실로 구분되고, 과실은 (통상의) 과실, 중과실, 경과실로 구분될 뿐, 미국법의 'willfulness'와 같이 고의와 과실의 중간 단계에 해당하는 개념은 존재하지 아니한다. 그러나 우리 상법은 해상기업주체에 대한 책임제한을 인정하면서 일정한 경우에는 책임을 제한할 수 없다고 하고, 그러한 책임제한의 조각 사유로써 상법 제769조 단서, 제797조 제1항 단서, 제798조 제2항 단서 등에서 "자신의 고의 또는 손해발생의 염려가 있음을 인식하면서도 무모하게 한 작위 또는 부작위로 인하여 생긴 것인 때"라고 규정하고 있다.[20] 이러한 상법의 규정은 바르샤바 조약과 같은 국제조약에서 사용되어 왔던 Willful misconduct의 개념을 우리 법체계에 도입한 것이다.

한편, 대법원은 영국해상보험법상 보험자의 면책사유가 문제된 사건에서 Willful misconduct를 고의적 불법행위로 해석한 바 있다.[21]

---

19) 대법원 2006. 10. 13. 선고 2005다3724 판결.
20) 김효신, 전게 논문, 135.
21) 대법원 2005. 11. 25. 선고 2002다59528, 59535 판결.

Zoning
용도지역제

이한길

1. 개 념

　미국에서 Zoning이란 주로 주 정부가 입법을 통해 토지를 여러 구역으로 구분하고, 각 구역 내에서 그 구역의 용도 및 개발방식 등을 규율하는 것을 가리키는 개념이다.[1] 국내에서는 Zoning에 대응하는 개념으로 여러 단어가 혼용되어 왔으나,[2] 이하에서는 국토의 계획 및 이용에 관한 법률상 용어[3]를 고려하여 Zoning을 '용도지역제'로 번역하고, 용도지역제의 주요 장치인 Zoning ordinance를 '용도지역 조례'로 번역하기로 한다.

　미국에서 용도지역제는 원칙적으로 주 정부(state government) 내지 도시(municipality) 차원에서 공공의 이익을 추구하기 위해, 정부가 관할하는 토지 전체에 대하여 종합적인 계획을 세우면서 사인의 토지 사용(즉 소유권의 행사 방식)에 강력한 규제 내지 제한을 가한다.[4] 이러한 점에서 용도지역제는 사인의 권리행사와 공권력 간의 조화 문제와도 관련이 있다.[5]

---

1) 83 Am. Jur. 2d Zoning and Planning § 3; Black's Law Dictionary (11th ed. 2019); Miller *v.* Board of Public Works of City of Los Angeles, 195 Cal. 477, 234 P. 381, 384, 38 A.L.R. 1479; Elizabeth City *v.* Aydlett, 201 N.C. 602, 161 S.E. 78, 79. 다만, Restatement (Fourth) of Property의 초안 내용(다만 이는 American Law Institute의 공식 발행본이 아니며 추후 그 내용이 변경될 수 있음, 해당 내용은 초안 중 2017. 9. 초안에 기초함)에 따르면 zoning의 개념에 성문법으로서 zoning law 이외에 관련 용도지역 결정(zoning decisions)도 포함되어야 한다는 견해도 있다.
2) 정우성, "도시형 토지관리를 위한 용도지역제와 지목제도의 연계화 방향에 관한 연구", 한국지적정보학회지 제15권 제2호(2013. 12) 참조. 관련 국내 논문들을 살펴보면, 국내에서 zoning은 '지역지구제', '용도지역제', '용도지역 설정', '용도지역·지구제'등으로 다양하게 번역되어 왔던 것으로 보인다.
3) 국토의 계획 및 이용에 관한 법률 제2조 및 제36조.
4) Sonia Hirt, "Zoned in the USA: The Origins and Implications of American Land-Use Regulation," Cornell University Press (2014), p.245; 김흥순, "혁신에서 배제로 — 미국 용도지역제의 등장과 진화 —", 대한건축학회 논문집 제34권 제4호(2018. 4), 123.

2. 배 경

최초의 용도지역제는 1916년 뉴욕에서 고층빌딩에 의해 일조나 공기가 차단되는 것을 방지하기 위해 제정된 조례에서 그 근거를 찾을 수 있다고 한다.[6] 역사적으로 살펴보면, 용도지역제는 20세기 초 백인들이 주로 거주하는 지역에서 해당 지역의 주택가격 하락을 방지하기 위한 목적으로 유색인종이 거주하는 것을 금지하는 방식으로도 활용되었다.[7]

미 연방대법원은 위와 같이 인종차별적인 내용을 포함한 용도지역 조례(zoning ordinance)에 대하여, 해당 지역을 관할하는 주 정부 내지 도시 정부에게는 토지규제권을 행사하여 공공의 건강, 안전 및 복지를 증진할 광범위한 이익이 있다고 인정하면서도, 해당 조례는 수정헌법 제14조의 적법절차 위반이라는 점에서 위헌이라고 판시하였다.[8] 이를 보더라도 용도지역제(Zoning)는 재산권 행사만이 아닌 다양한 헌법적 권리와도 관련이 있을 뿐 아니라 정치적 관점에서도 의미가 있다.[9]

3. 내 용

용도지역제는 기본적으로 토지 사용을 규율할 수 있는 주 정부기관의 경찰권(police power) 내지 규제권한에서 유래하며,[10] 입법적 기능을 한다.[11] 토지를 특정 목적으로 사용·개발하는 행위를 제한하는 용도지역제는, 부동산 거래 내지 부동산 개발 프로젝트를 계획하거나 이에 참여하는 당사자들에게 중요한 시사점이 있다.

구체적으로 미국에서 토지소유자의 재산권 행사방식을 현저히 제한하는 내용의 용도지역 조례가 과연 합헌적인지 여부를 다룬 초기 판례로 Euclid *v.* Ambler Realty가 있다.[12] 미 연방대법원은 위 사건에서, 정부의 용도지역 조례가 특정 토지를 주거

---

5) Dwight Merriam, The Complete Guide to Zoning: How to Navigate the Complex and Expensive Maze of Zoning, Planning, Environmental and Land-Use Law, McGraw-Hill Education, 1st ed., (2004), 3.

6) 김상진, "미국법상 토지 용도지역 설정(Zoning) 규제의 전개에 관한 고찰", 충남대학교 법학연구 제28권 제4호(2017. 11), 95.

7) Buchanan *v.* Warley, 245 U.S. 60 (1917); 김흥순, 전게 논문, 128-129 참조.

8) Buchanan *v.* Warley, 245 U.S. 60 (1917).

9) Board of Zoning Appeals *v.* Schulte, 172 N.E. 2d 39 (Ind. 1961). 용도지역제 위원회(zoning board)가 헌법상 교회와 종교 교육기관을 주거지역에서 제외할 수 없다고 판시한 사안; 김흥순, 전게 논문, 125, 128-129 참조.

10) 83 Am. Jur. 2d Zoning and Planning §6.

11) 83 Am. Jur. 2d Zoning and Planning §470.

지역으로 지정하여 결과적으로 토지소유자가 해당 토지를 산업용도로 개발할 수 없게 된다 하더라도, 이는 일응 공공의 복리를 위한 토지규제권의 행사로서 정당화될 수 있다고 판시하였다.[13]

　　용도지역제는 주 정부 내지 지방 당국이 토지소유자들의 토지 사용이 주 정부 차원의 계획 및 공익에 부합하도록 하는 가장 강력한 수단 중 하나로 평가된다. 미국에서 용도지역제는 각 주마다 그 내용이 상이한데, 통상 해당 지역의 용도지역 조례(zoning ordinances)를 통해 지역 내 토지의 계획, 이행 및 각종 집행 등의 방식이 규율되는 경향이 있다.[14] 일반적으로 용도지역 조례(zoning ordinance)는 근린지역 내의 토지 사용 방식을 통제하고, 공동체 개발을 위한 종합적인 계획의 일부로서 기능을 한다.[15] 한편 미국 상무부(Department of Commerce)는 1922. 8. 표준 주 용도지역제 활성화법(Standard State Zoning Enabling Act)을 공표하고, 1927. 3. 표준 도시 계획 활성화법(Standard City Planning Enablic Act)을 공표함으로써, 연방 차원에서 각 주 정부에 전통적인 용도지역제 시행을 위한 모델법을 제공하기도 하였다.[16]

　　일부 연방법[예를 들어 미국장애인법(Americans with Disabilities Act of 1990), 공정주거법(The Fair Housing Act), 국가역사보존법(The National Historical Preservation Act) 및 각종 연방 환경규제]이 용도지역제 및 토지 용도의 규제를 다루기는 하나,[17] 구체적인 토지의 용도를 관장하는 법은 주법, 그 중에서도 특히 용도지역 조례(zoning ordinances)로 보인다.[18] 따라서 특정 주에서 용도지역 조례를 제정할 경우, 그 주는 다양한 행정공무원들, 기획 위원회, 용도지역제 항소위원회(Zoning Board of Appeals)를 포함한 정부기관 및 각종 준정부기관을 통해 해당 조례를 집행함으로써 해당 정부 내지 지방 당국이 수립한 종합적인 개발계획을 달성하기 위해 노력한다.

　　구체적으로 각 주 정부 및 지방 당국은 용도지역 조례를 통해 관할구역의 토지를 용도에 따라 주거구역(residential district), 상업구역(business and commercial districts), 산업 및 생산구역(industrial and manufacturing districts), 특별목적구역(special

---

12) 김상진, 전게 논문, 99-101.
13) Village of Euclid *v.* Ambler Realty Co., 272 U.S. 365 (1926); 같은 취지의 판결로서 Elizabeth City *v.* Aydlett, 201 N.C. 602, 161 S.E. 78, 79.
14) 김상진, 전게 논문, 96-98; 83 Am. Jur. 2d Zoning and Planning § 129.
15) 83 Am. Jur. 2d Zoning and Planning § 3.
16) Stuart Meck, "Model Planning and Zoning Legislation: A Short History", Modernizing State Planning Statutes (American Planning Association, March 1996); 김상진, 전게 논문, 95.
17) 83 Am. Jur. 2d Zoning and Planning § 7.
18) 83 Am. Jur. 2d Zoning and Planning § 3.

purpose districts) 등으로 구분함으로써 토지의 사용 방식을 규율한다. 또한 용도지역
조례는 사용용도 외에도 해당 토지 개발의 구체적인 방식과 관련하여 각종 제한(용
적률, 건폐율, 주차공간 관련 규제, 미관 규제, 문화재 관련 규제 등)을 두기도 한다.

나아가 용도지역제 관련 규제는 토지소유자로 하여금 해당 토지에서의 권리행
사와 관련해 지방 정부로부터 허가를 받도록 하고 있는 경우도 있다.[19] 무엇보다 용
도지역제는 본질적으로 공권력의 행사를 통해 사인의 권리에 제한을 가하는 것이므
로, 용도지역제와 관련한 주 정부의 권한 행사는 사법심사의 대상이 될 가능성이 있
다.[20] 단, 구체적으로 문제되는 권한 행사가 사법심사의 대상이 될 수 있는지는 각
주법의 규율 방식이나 권한 행사의 주체가 누구인지 등에 따라 달라지며, 사법심사
를 구하는 형식 또한 차이가 있을 수 있다.[21]

4. 우리 법과의 비교

미국법상 용도지역제가 연방 차원보다는 주로 주(state) 차원에서 문제되는 반
면,[22] 우리나라에서는 전국적인 차원에서 용도지역제를 규율하고 있다. 예를 들어
대한민국 정부는 국토의 계획 및 이용에 관한 법률을 통해 전국에 대해 국토이용계
획을 수립함으로써, 도시지역과 비도시지역 모두에 종합적·계획적 관리를 도모하고
있다(국토의 계획 및 이용에 관한 법률로 통합되기 전에는 비도시지역의 용도지역은 국토
이용관리법으로, 도시지역의 용도지역은 도시계획법으로 지정·관리하였다).[23]

용도 차원에서 토지의 사용을 규율한다는 점에서는 우리나라의 용도지역제와
미국의 Zoning이 유사하다. 단, 미국의 경우 3.항에서 전술한 바와 같이 특정한 정책
적 목적에 따라 용도지역제와 관련성을 가지는 연방법이 있기는 하지만, 기본적으로
는 주 정부 내지 해당 도시 차원에서 용도지역제에 따라 토지의 용도 및 이용방식을
구분하여 집행하는 것으로 보인다. 이에 반해 우리나라의 용도지역제는, 국토의 계
획 및 이용에 관한 법률 뿐 아니라, 각 용도나 정책적 목적에 따라 그 이용방식을
규율하는 개별 법률이 다수 제정되어 중첩적으로 적용되고,[24] 그 소관부처 또한 국

19) Restatement (Fourth) of Property, 2017. 9. 초안, Chapter 32(단, 해당 초안은 최종본이 아니
므로 American Law Institute의 공식 발행본이 아니며, 추후 그 내용이 변경될 수 있음).
20) Schad v. Borough of Mount Ephraim, 452 U.S. 61; 김상진, 전게 논문, 124.
21) 83 Am. Jur. 2d Zoning and Planning §872, 873, 874.
22) Dwight Merriam, ibid, 3.
23) 정희남, 최혁재, "국토이용체계 개편에 따른 용도지역지구구역 등의 정비방향 연구", 국토연구
원(2001), 36.

토교통부 이외에도 환경부, 행정안전부, 해양수산부, 국방부, 농림부 등 매우 다양하다.[25]

　　한편 용도지역 조례 및 그 변경이 사법심사의 대상이 될 수 있듯, 우리나라의 용도지역제 관련 규제 또한 국민의 기본권(통상 재산권)에 제한을 가한다는 점에서 사법심사의 대상이 된다. 이에 도시계획시설로 지정하고도 20년이 지나도록 사업을 집행하지 않으면 도시계획시설 지정을 취소하도록 하는 이른바 '장기 미집행 도시계획시설 일몰제'의 위헌성이 헌법재판소에서 4차례에 걸쳐 다투어진 바 있고,[26] 해당 사건에서는 토지소유자의 재산권 및 평등권과 국가가 도시계획시설결정을 통해 달성하고자 하는 공익이 비교형량의 대상이 되었다.[27] 이는 재산권 및 기본권과 주 정부차원의 용도지역제 관련 권한을 비교형량하는 미국의 보통법과 유사한 법리로 판단된다.

---

24) 박찬호, 최환용, 이순태, "시장토지안전 정책 법제 정합성 연구", 경제인문사회연구회 협동연구총서 09-25-13, 정책과 법제의 격차해소를 통한 규제개혁 실행방안연구, 한국법제연구원(2010. 1.), 102; 정희남, 최혁재, 전게 논문, 31-33, 표 3-1.

25) 정희남, 최혁재, 전게 논문, 33-34, 표 3-2.

26) 헌법재판소 2005. 9. 29.자 2002헌바84등 결정; 헌법재판소 2009. 7. 30.자 2007헌바110 결정; 헌법재판소 2014. 7. 24.자 2013헌바387 결정; 헌법재판소 2018. 4. 26.자 2017헌가5 결정.

27) 헌법재판소 2018. 4. 26.자 2017헌가5 결정.

국문색인

영문색인

집필진 약력

권영준
서울대학교 법과대학 졸업(학사)
하버드 로스쿨 졸업(LL.M)
서울대학교 대학원 졸업(석사, 박사)
서울지방법원 등 판사
(現) 서울대학교 법학전문대학원 교수

강예영
중국 서북정법대학(학사)
중국 연변대학(법학석사, 민법)
(現) 서울대학교 법학과 박사과정 수료(민법)

공영진
서울대학교 정치학과(학사)
고려대학교 법학과(전문석사)
서울대학교 법학과 박사과정 재학(민법)
(現) 법무부 공익법무관

권효진
서울대학교 서어서문학과(학사)
서울대학교 법학전문대학원(전문석사)
서울대학교 법학과 박사과정 재학(민법)
(現) 법무법인 율촌 변호사

김경우
고려대학교 법학과(학사)
서울대학교 법학전문대학원(전문석사)
서울대학교 법학과 박사과정 재학(민법)
공익법무관
(現) 법무법인 KCL 변호사

김기홍
서울대학교 경영학과(학사)
연세대학교 법학전문대학원(전문석사)
서울대학교 법학과 박사과정 재학(상법)
공군법무관
(現) 법무법인(유한) 세종 변호사

조인영
서울대학교 법과대학 졸업(학사)
하버드 로스쿨 졸업(LL.M), 뉴욕주 변호사
서울대학교 대학원 졸업(석사, 전문박사과정
　수료)
서울지방법원 등 판사, 부장판사
(現) 연세대학교 법학전문대학원 부교수

김민주
서울대학교 자유전공학부(학사)
서울대학교 법학과(석사, 행정법)
서울대학교 법학과 박사과정 재학(행정법)
공군법무관
대법원 재판연구관
(現) 서울중앙지방법원 판사

김보라
서울대학교 경제학과(학사)
경희대학교 법학전문대학원(전문석사)
서울대학교 법학전문대학원 박사과정 수료(민법)
서울고등법원 재판연구원
(現) 법무법인(유한) 바른 변호사

김승재
경찰대학 법학과(학사)
서울대학교 법학과 석사과정 재학(민법)
(現) 경기북부지방경찰청 경위

김영진
서울대학교 법학과(학사)
서울대학교 법학과(석사)
Columbia University(LL.M.)
서울대학교 법학전문대학원 전문박사과정
　재학(노동법)
육군법무관
서울중앙지방법원 판사, 대법원 재판연구관
　(부장판사), 서울고등법원 고법판사
(現) 김앤장 법률사무소 변호사

김윤민
연세대학교 경영학과(학사)
서울대학교 법학전문대학원(전문석사)
서울대학교 법학전문대학원 박사과정 재학
  (민법)
(現) 법무법인(유한) 세종 변호사

김재경
서울대학교 법학과(학사)
서울대학교 법학과 석사과정 수료(행정법)
김앤장 법률사무소 변호사
(現) 대구지방법원·대구가정법원 경주지원
  판사

김준우
서울대학교 법학과(학사)
서울대학교 법학과 석사과정 재학(공정거래법)
군법무관
(現) 대구지방법원 서부지원 판사

김형진
서울대학교 법학과(학사)
고려대학교 법학전문대학원(전문석사)
서울대학교 법학과 박사과정(민법)
공익법무관
(現) 국회입법조사처 입법조사관

김효손
고려대학교 법학과(학사)
서울대학교 법학과 석사과정 재학
사법연수원 제44기
(現) 한국은행 과장, 변호사(통화정책국)

남현우
고려대학교 경영학과, 정치외교학과(학사)
서울대학교 법학전문대학원(전문석사)
서울대학교 법학과 박사과정(민법)
(現) 김앤장 법률사무소 변호사

박관우
삼육대학교 약학과(학사)
전남대학교 법학전문대학원(전문석사)
서울대학교 법학과 박사과정 재학(행정법)
공익법무관
건강보험심사평가원(법규송무부)
(現) 김앤장 법률사무소 변호사

박윤경
이화여자대학교 법학과(학사)
서울대학교 법학과(석사)
서울대학교 법학과 박사과정 재학(노동법)
사법연수원 36기
(現) 고용노동부 서기관(과장)

박정언
고려대학교 경제학과(학사)
서울대학교 법학전문대학원(전문석사)
(現) 서울대학교 박사과정 재학(민법)

박정현
연세대학교 경제학과, 정치외교학과(학사)
서울대학교 법학전문대학원(전문석사)
서울대학교 법학과 박사과정 수료(민법)
서울고등법원 재판연구원
(現) 김앤장 법률사무소 변호사

박정훈
서울대학교 법학과(학사)
서울대학교 법학과(석사, 행정법)
서울대학교 법학과 박사과정 재학(행정법)
사법연수원 44기
서울고등법원 재판연구원
(現) 김앤장 법률사무소 변호사

방지혜
연세대학교 법학과(학사)
서울대학교 법학과 석사 졸업(민법)
AIIB(아시아인프라투자은행) 정상급 비공개회
  의 진행요원
국회미래연구원 단기연구원

방지훈

서울대학교 법학과(학사)
고려대학교 법학전문대학원(석사)
서울대학교 법학과 박사과정 재학(민법)
해군법무관
(現) 법무법인(유한) 광장 변호사

백혜

중국정법대학교 법학과(학사)
서울대학교 법학과(석사)
서울대학교 법학과 박사과정 수료(상법)
중국 중륜법률사무소 중국 변호사
법무법인(유) 율촌 중국 변호사
(現) 삼성전자 DS부문 사내변호사

성아윤

연세대학교 아동가족학과(학사)
서울대학교 법학전문대학원(전문석사)
서울대학교 법학과 박사과정(민법)
대전지방법원, 대전고등법원 재판연구원
(現) 법무법인(유한) 광장 변호사

신유리

서울대학교 경영학과, 법학과(학사)
서울대학교 법학과(석사)
서울대학교 법학과 박사과정 수료(행정법)
사법연수원 41기 수료
(現) 서울중앙지방법원 판사

심인혜

연세대학교 정치외교학과, 경제학과(학사)
서울대학교 법학과(석사)
연세대학교 법학전문대학원(전문석사)
서울대학교 법학과 박사과정 수료(국제법)
K&L 태산 법무법인 변호사, 법무부 법무심의
  관실 변호사
(現) 법무부 국제분쟁대응과 변호사(사무관)

양희석

한양대학교 법학과(학사)
서울대학교 법학과(석사)
서울대학교 법학과 박사과정 수료(상법)
사법연수원 41기 수료
법무법인 민주 변호사
(現) 농협생명보험 준법감시팀 변호사

오흥록

서울대학교 법학과(학사)
서울대학교 법학과(석사)
New York University(LL.M)
서울대학교 법학과 박사과정 수료(민법)
육군법무관
서울중앙지방법원 판사
(現) 부산지방법원 서부지원 부장판사

윤나리

서울대학교 법학과(석사)
서울중앙지방법원 등 각급 법원 판사
법무법인 LKB 파트너 변호사
(現) 부산대학교 법학전문대학원 부교수

윤정운

연세대학교 경영학과(학사)
서울대학교 법학전문대학원(전문석사)
서울대학교 법학과 박사과정 수료(민법)
서울고등법원 재판연구원
대법원 재판연구관
(現) 대전가정법원 판사

윤현수

서울대학교 법학과(학사)
고려대학교 법학전문대학원(전문석사)
서울대학교 법학과 박사과정 재학(법경제학)
공익법무관
(現) 법무법인 케이씨엘 변호사

윤혜원
서울대학교 국어국문학과(학사)
서울대학교 법학전문대학원(전문석사)
서울대학교 박사과정 재학(행정법)
(現) 대법원 재판연구관

윤호열
서울대학교 법학과(학사)
서울대학교 법학과(석사)
서울대학교 법학과 박사과정 재학(민법)
서울고등법원 재판연구원
김앤장 법률사무소 변호사
법무법인(유) 원 변호사
(現) SK이노베이션 사내변호사

이다나
이화여자대학교 정보통신학과(학사)
University of Pennsylvania Law School(LL.M.)
서울대학교 법학과 박사과정 수료(지식재
    산권)
리앤목 특허법인 변리사
미국(일리노이주) 변호사
(現) 특허청 특허제도과 사무관

이민령
서울대학교 법학과(학사)
서울대학교 법학과(석사)
서울대학교 법학과 박사과정 재학(민법)
서울고등법원 재판연구원
(現) 부산지방법원 판사

이승현
연세대학교 경영학과(학사)
서울대학교 법학전문대학원(전문석사)
서울대학교 법학과 박사과정 재학(상법)
(現) 서울고등법원 재판연구원

이언호
연세대학교 컴퓨터·산업공학과(학사)
성균관대학교 법학전문대학원(전문석사)
법무부 국제법무과 사무관

법무법인 세창
KB인베스트먼트 이사
(現) 법무법인 한영 대표변호사

이인환
서울대학교 정치학과(학사)
서울대학교 법학과(석사)
서울대학교 법학전문대학원 전문박사과정
    수료(법경제학)
육군법무관
(現) 김앤장 법률사무소 변호사

이정헌
서울대학교 법학과 박사과정 재학(국제법
    전공)
공군 군법무관
(現) 법무법인 화현 변호사

이호영
서울대학교 경제학과(학사)
서울대학교 법학과(석사)
서울대학교 박사과정 재학(상법)
육군 특수전사령부 법무관
김앤장 법률사무소(자산운용부서)
(現) 대전지방법원 판사

임동민
연세대학교 정치외교학과(학사)
서울대학교 법학전문대학원(전문석사)
서울대학교 법학과 박사과정 재학(금융규제법)
해군법무관
(現) 서울중앙지방검찰청 검사

임한솔
서울대학교 법학과(학사)
서울대학교 법학과(석사)
서울대학교 법학과 박사과정 재학(세법)
University of California, Irvine,
    School of Law - Tax LL.M.
사법연수원 43기
(現) 법무법인(유한) 광장 조세그룹 변호사

장인석

연세대학교 건축공학, 전기전자공학과(학사)

미국 University of Minnesota l(LL.M)

서울대학교 법학과 석사과정 재학(지식재
　산권)

특허법인 아주 변리사

삼성전자 IP센터 사내변리사

(現) 쿠팡 주식회사 IP Legal팀 사내변리사

정선호

서울대학교 경제학부(학사)

서울대학교 법학전문대학원(전문석사)

서울대학교 법학과 박사과정 재학(민사소송법)

(現) 육군 법무관

정영태

서울대학교 법학과(학사)

서울대학교 법학과 석사과정 수료(경제법)

사법연수원 47기

(現) 법무법인(유한) 광장 공정거래팀 변호사

정홍주

이화여자대학교 법학과(학사)

서울대학교 법학과(석사)

서울대학교 법학과 박사과정 재학(민법)

사법연수원 40기

(現) 우리은행 법무실 변호사

조서연

서울대학교 중어중문학과(학사)

한양대학교 법학전문대학원(전문석사)

서울대학교 법학과 박사과정 재학(행정법)

농림부 행정사무관(국제협력국)

(現) 외교부 외무서기관(재외동포영사실)

최상진

서울대학교 경영학과(학사)

서울대학교 법학전문대학원(전문석사)

서울대학교 법학과 박사과정 수료(민법)

육군법무관

(現) 김앤장 법률사무소 변호사

최아라

중앙대학교 법학과(학사)

서울대학교 법학과 석사과정 수료(형법)

사법연수원 47기

(現) 창원지방법원 진주지원 국선전담변호사

최예영

중국 연변대학교 법학과(학사)

중국 연변대학교 법학과(석사)

(現) 서울대학교 법학과 박사과정 재학(민법)

최준학

서울대학교 경제학부(학사)

서울대학교 법학전문대학원(전문석사)

서울대학교 법학전문대학원 전문박사과정
　수료(국제투자법)

(現) 김앤장 법률사무소 변호사

최지영

성균관대학교 경제학과(학사)

성균관대학교 법학전문대학원(전문석사)

서울대학교 법학과 박사과정 재학(상법)

(現) 한국은행(디지털화폐연구팀)

미국사법의 이해

초판발행   2023년 3월 30일

엮은이   권영준·조인영 외
펴낸이   안종만·안상준

편 집   이승현
기획/마케팅   조성호
표지디자인   이수빈
제 작   고철민·조영환

펴낸곳   (주) **박영사**
                서울특별시 금천구 가산디지털2로 53, 210호(가산동, 한라시그마밸리)
                등록 1959. 3. 11. 제300-1959-1호(倫)

전 화   02)733-6771
f a x   02)736-4818
e-mail   pys@pybook.co.kr
homepage   www.pybook.co.kr
ISBN   979-11-303-4347-1   93360

정 가   39,000원